清華簡與上古史

李怡嚴 ——— 著

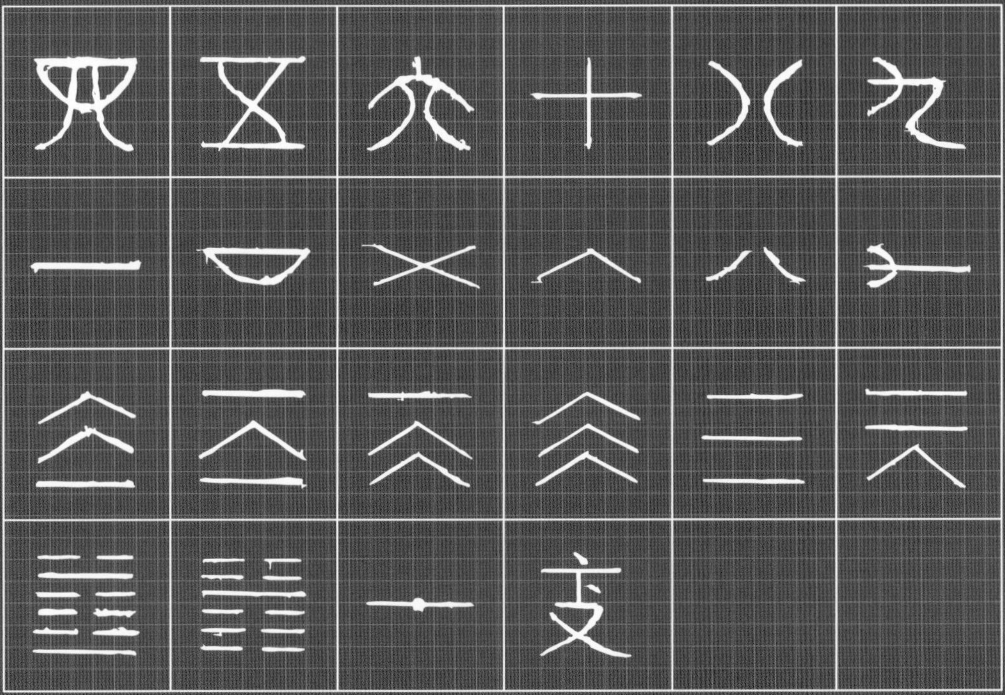

國立清華大學出版社
NATIONAL TSING HUA UNIVERSITY PRESS

歲月留影

懷念李怡嚴老師

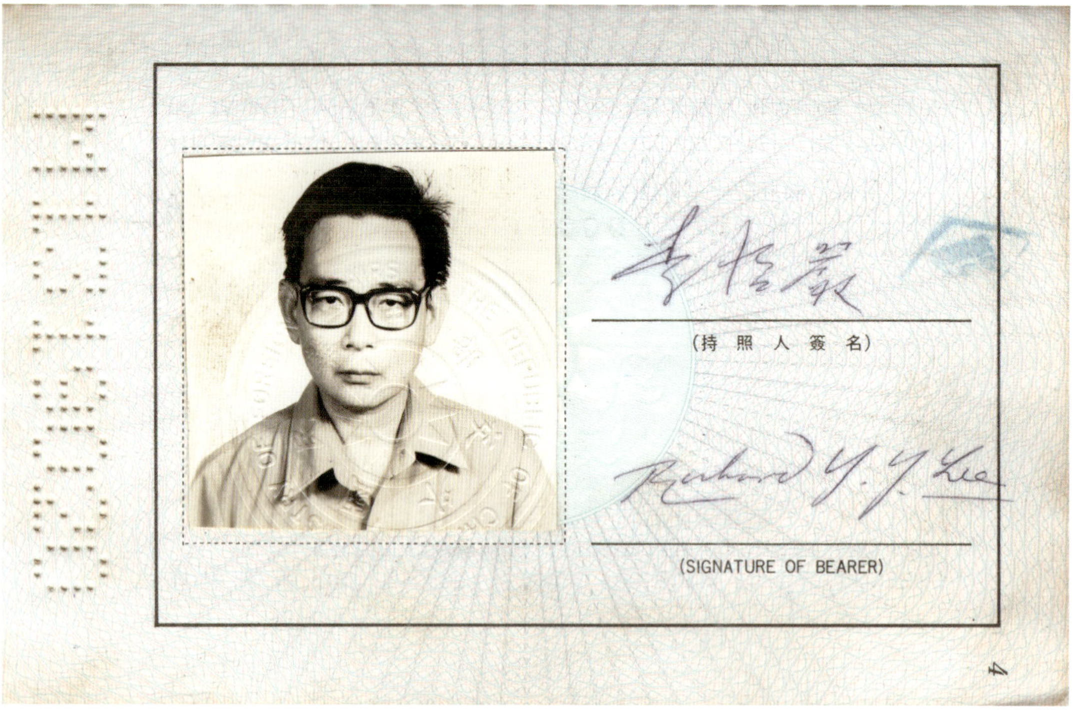

1984 年李怡嚴護照。

1982 年李約瑟博士造訪清華於百齡堂聚餐合影。右起孫觀漢、梅廣、孫方鐸、楊覺民、李約瑟博士、魯桂珍、毛高文校長伉儷、衛聚賢、葉錫溶、李怡嚴、李亦園。

1984 年 4 月 2 日吳大猷教授（左起）與林家翹先生、李怡嚴教授、金明明教授、孫方鐸教授於梅園合影。

1985 年校慶餐會，沈君山校長（左二）與趙岡教授（左一）、楊覺民教授（中）、李怡嚴教授（右二）、李亦園院士（右一）。

1985 年 6 月 11 日李怡嚴教務長接待美國五大洲教育部長。

1986 年葉銘泉教授（左起）與楊敏京教授、毛高文校長、余光中教授、李亦園院士、李怡嚴教授、陳萬益教授、洪泉湖教授等人於百齡堂前合影。

約 1987 年台大經濟系退休教授施建生（左六）到清華演講，與李亦園院士（左二）、李怡嚴教授（左四）、毛高文校長（左八），以及經濟系教師於清華合照。

1983 年畢業典禮，教務長李怡嚴教授致詞。

1983 年 6 月 18 日畢業典禮，教務長李怡嚴教授（右五）隨毛高文校長帶領畢業生繞校園。

沈君山校長（右二）與李亦園院士（右一）、毛高文校長（左二）、李怡嚴教授（左一）於校園中合影，商議人社院設立。

李怡嚴教授（左三）與李亦園院士（左二）、許倬雲院士（左四）、沈君山校長（右五）、毛高文校長（右三）、洪同訓導長（右一）、梅廣教授（左一）等人於百齡堂合影，約 1986 年。

1987 年毛高文校長（左一）惜別酒會，李怡嚴教授與接任的劉兆玄校長等人取用餐點。

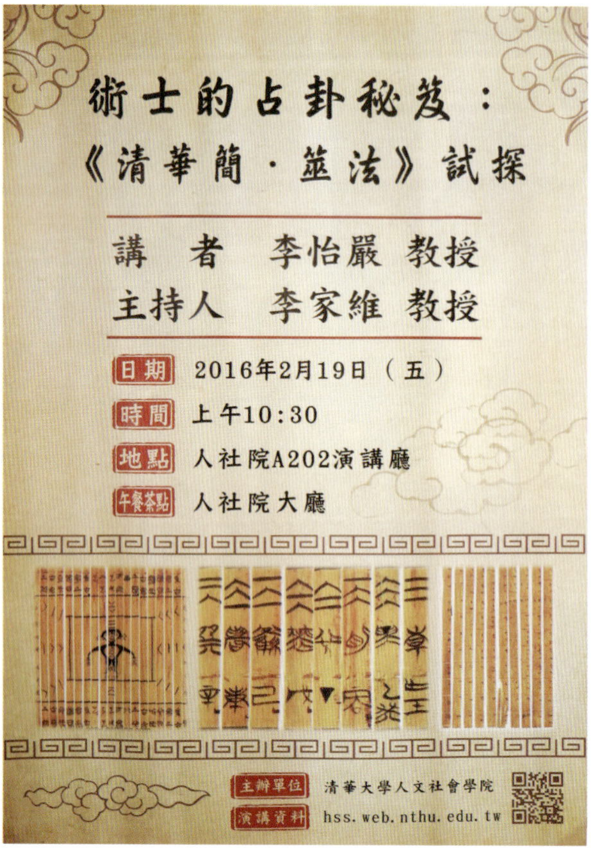

2016 年 2 月 19 日李怡教授嚴於人社院演講「術士的占卦秘笈：《清華簡．筮法》試探」，展示《清華簡》。

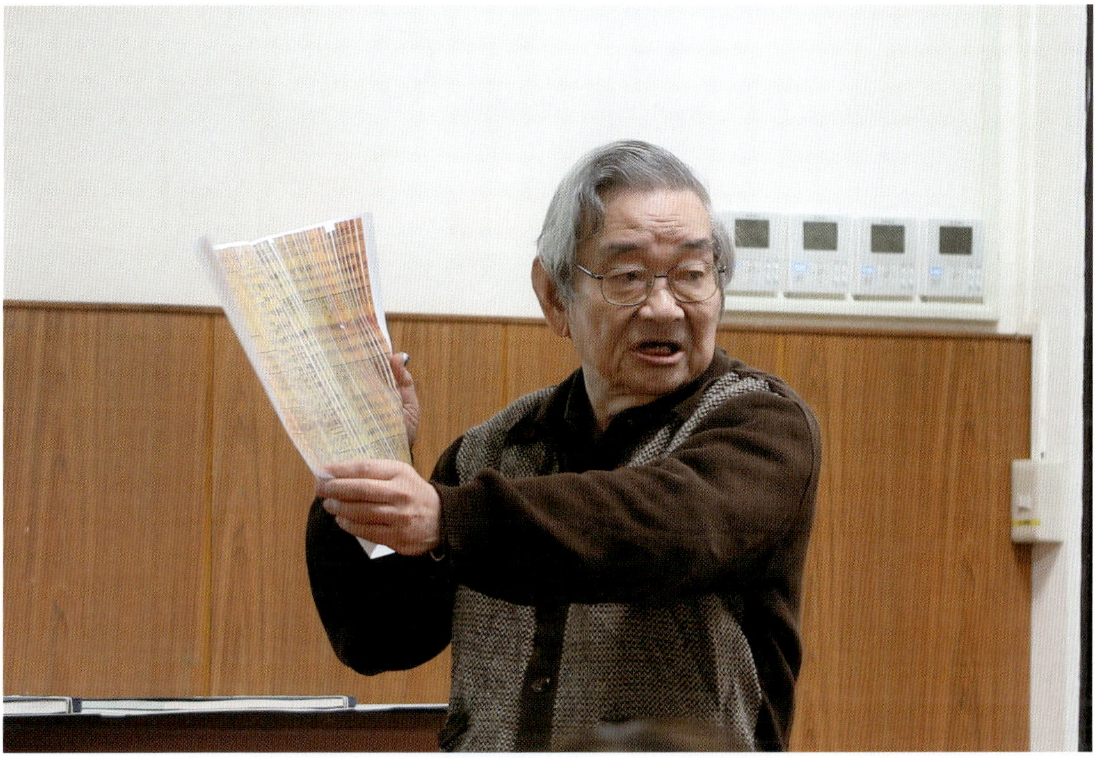

2016 年 2 月 19 日李怡嚴教授於人社院演講「術士的占卦秘笈：《清華簡．筮法》試探」。

2016 年 2 月 19 日李怡嚴教授於人社院演講「術士的占卦秘笈：《清華簡．筮法》試探」。

2016 年 2 月 19 日李怡嚴教授於人社院演講「術士的占卦秘笈：《清華簡 · 筮法》試探」。左起李怡嚴教授、李家維教授伉儷、黃一農教授、黃忠天教授（右一）。

2016 年 2 月 19 日人社院演講後簽書。左為物理系校友、材料系教授張士欽，右為李怡嚴教授。

2016 年 12 月 22 日李怡嚴教授於清華大學中文系教授休息室。

2016 年 12 月 22 日李怡嚴教授（左）與黃忠天教授（右）於清華大學中文系教授休息室。

2020 年 11 月在清華放映徐露紀錄片。左起徐露女士、王俊秀教授、李怡嚴教授。

2023 年夏魯經邦（左二起）、蔣亨進、閻愛德、胡進錕（夫人及長公子）探視李怡嚴（左一）。

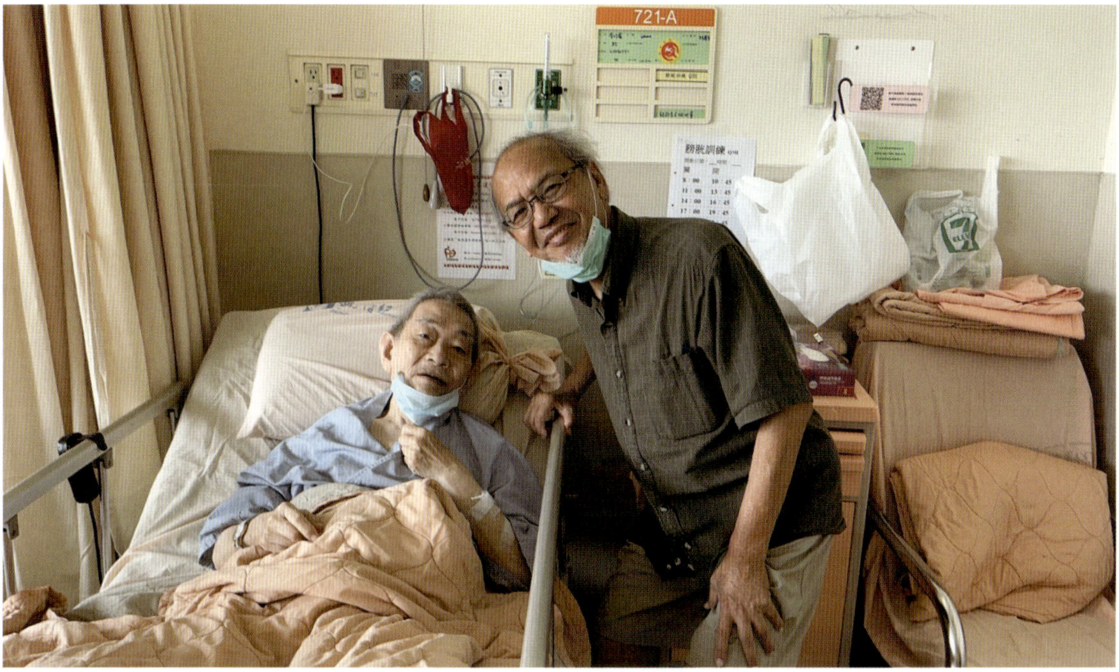

2023 年 8 月 3 日李怡嚴教授與賴建誠教授於馬偕醫院 721A。

2023 年 11 月 18 日於馬偕，左起賴建誠教授、李怡嚴教授、黃一農教授。

2023 年 12 月 8 日李怡嚴教授捐贈儀式。

目　　次

歲月留影——懷念李怡嚴老師

第壹編　先秦人物 1

壹、上甲微事跡鉤沉 2

貳、子服景伯其人其事 4

參、夏姬的身分與年齡問題 7

肆、叔向與夏姬關係考 10

伍、試釋《春秋》之嬰齊 13

陸、過渡時期的救時宰相——子產：兼論《清華簡．子產》篇對《左傳》的補充 16

柒、大夫種考辨 43

捌、西施考辨 46

玖、仲嬰齊爲公孫歸父之後考辨 50

第貳編　清華簡 54

壹、術士的占卦秘笈——《清華簡．筮法》試探 55

貳、坎坷復國路——從《清華簡．繫年》與《國語》重探失落的春秋衛國史實 92

參、克黎後的慶功宴——試釋《清華簡．耆夜》撰作的學術背景與內涵 110

肆、周穆王有三公嗎——試析《清華簡．祭公之顧命》「三公」問題 123

伍、眞的「傅說之命」三篇——試析《清華簡·傅說之命》衍生的學術問題 131
陸、純理論的治國術——從《清華簡·命訓》談《逸周書·度訓》等三篇詮釋問題 138
柒、對《清華簡·別卦》的研討 149
第參編　春秋史實 164
壹、左丘明與《左傳》、《國語》關係再揣測 165
貳、吳國史記——左丘明的未竟之業 185
參、春秋前之魯國 220
肆、文侯之名與曲沃代翼新探 239
伍、春秋時期的陳國政局 276
陸、辰陵會盟的「陳侯」是誰 281
柒、仲子歸魯問題的意見與感想 283
第肆編　子思與《中庸》 288
壹、論子思與《中庸》 289
貳、再論子思與《中庸》 316
參、讀《中庸》拾零 320
肆、爲《中庸》第十八章進一解 336
伍、由《郭店楚簡·五行篇》看子思的學術思想 338
陸、戰國「誠」作爲德目的演變 345
柒、我讀《中庸》 352

第伍編　文史雜論 356
壹、獲麟解 357
貳、微言大義解 361
參、周文王與《周易》關係的臆測 367
肆、孔子與《周易》關係的揣測 378
伍、《帛書繫辭》異文異釋舉隅 384
陸、《易》、《詩》、《書》中的「君子」與「小人」 388
柒、關於「中」與「正」——黃忠天教授〈《周易》的中正義理及其實踐進路〉讀後感 399
捌、補《史記》之褚先生非褚少孫辨 404
玖、「李白」二詞〈憶秦娥〉與〈菩薩蠻〉新探 412
拾、屈原〈離騷〉與「自我焦慮」 433
拾壹、左史記言右史記事 436
拾貳、史書運用史料不經意的錯誤 438
第陸編　學術評議 440
壹、嚴靈峰《老子》、《列子》、《易經》的學術觀察 441
貳、戴君仁《尚書》學思想評論 444
參、趙生群《左傳疑義新證》疑義商榷 448
肆、論朱高正對朱熹《易本義》的理解 450
伍、對廖名春〈試論孔子易學觀的轉變〉的幾點意見 454
陸、對黃忠天《中庸釋疑》之「致齊」誌疑 456

第柒編　其他 460
壹、節氣溯源——《清華簡（捌）．八氣五味五祀五行之屬》讀後 461
貳、我對國歌國徽的修改建議 468
參、由「地圓說」說到古印度的世界傳說 469
肆、先父亦卿公行述 473
第捌編　附錄 475
永遠的教務長——李怡嚴教授 476
學術界的福爾摩斯——李怡嚴教授 478
李怡嚴教授訪談稿 481
李怡嚴教授演講側記：〈術士的占卦秘笈——《清華簡．筮法》試探〉 495
參考文獻 496
編後語 509

第壹編

先秦人物

壹、上甲微事跡鉤沉

楚辭《天問》稱上甲微為「昏微」，[1] 我認為「昏」字應為「厥」字之誤。「厥微循跡」的「厥」字應為發語詞，以湊足四字句。《集韻》顯示「厥」字的古體與「昏」字很近。[2] 戰國文字的「厥」字通常與「氏」很近，[3] 其隸定通常為「上氏下十」，作「氒」，很容易被誤寫為「昏」。

由《清華簡．保訓》看來，上甲微能夠「假中于河」，[4] 應該不是一個昏主。由甲骨文中對上甲微祭祀的隆盛看來，殷人認上甲微為一個重要的先公。由《史記．殷本紀》所載的世系：

> 契卒，子昭明立。昭明卒，子相土立。相土卒，子昌若立。昌若卒，子曹圉立。曹圉卒，子冥立。冥卒，子振立。振卒，子微立。微卒，子報丁立。報丁卒，子報乙立。報乙卒，子報丙立。報丙卒，子主壬立。主壬卒，子主癸立。主癸卒，子天乙立，是為成湯。[5]

可知上甲微是創始以天干為名的人，此傳統一直為後世繼承，可見他對殷商的統治階層已建構起一套特殊的意識型態，這是需要睿智才辨得到的。

---

1 蔣驥撰，于淑娟點校，《山帶閣注楚辭》（上海：上海古籍出版社，2019），卷 3，〈天問〉，頁 83。本書凡引古籍，皆於首出加注版本，後不另注。

2 丁度等撰，方成珪考正，《集韻：附考正》第 9 冊（上海：上海商務印書館，1939），卷 9，頁 1406。入聲九，月字韻。

3 請參閱清華大學出土文獻研究與保護中心編，李學勤主編，《清華大學藏戰國竹簡（壹）》（上海：中西書局，2010），〈保訓〉，頁 145，注 16。本書以下將《清華大學藏戰國竹簡》簡稱為《清華簡》，不另行說明），注 16：「氒即『厥』，字形與『氏』混訛。」

4 李學勤主編，《清華簡（壹）》，〈保訓〉，頁 143。

5 司馬遷著，裴駰集解，司馬貞索隱，張守節正義，《史記》第 1 冊（北京：中華書局，1963），卷 3，〈殷本紀第三〉，頁 92。與甲骨文比較，「冥」應為「季」，「振」應為「亥」。

〈保訓〉說上甲微「假中于河」，後面又說「追中于河」，[6] 文義不清晰，因此眾說紛紜。我猜想這兩個「中」字用的是引申是義，指奮鬥的目標而言。上甲微既向河伯借兵討伐有易，當然會。來到河水下游的九河區域。他看到九河流過廣大的地區，可是都奔向大海而去。他不禁有所感觸。他的祖先習慣於遷徙游牧兼經商的生活，沒有長期的目標。就算他這次出兵報仇，報完仇以後又完成了什麼？他由河水的奔流，聯想到他日後的努力也應該有一個目標（土地的征服與統治）。我認為這就是他由河水所「假」的「中」。

上甲微的復仇之戰打勝了，也殺了有易之君緜臣。我相信他根據既定的目標，併吞了有易的土地，以為將來武裝拓殖的基礎。他成功了以後，追源最初定此目標，是由於河水的聯想，因此對河神舉行盛大的祭典。這就是《保訓》所說的「追中于河」。

上甲微將這個目標留傳給子孫，終於建立了一個強大的諸侯國；到成湯滅了夏桀，更加形成了一個堅強的信念，認為他們受有「天命」。一直到末代的紂，還口口聲聲「我生不有命在天」。[7] 最初都是由上甲微的「中」演變而來的。

周文王對上甲微的事非常清楚，所以在遺言中吩咐武王要建立自己的「中」。他們的口號是：天終於厭棄了殷商，「乃眷西顧」。[8] 用這個口號，終於完成了滅商的使命。

6 李學勤主編，《清華大學藏戰國竹簡（壹）》，〈保訓〉，頁 143。

7 司馬遷著，裴駰集解，司馬貞索隱，張守節正義，《史記》第 1 冊，卷 3，〈殷本紀第三〉，頁 107。

8 毛亨傳，鄭玄箋，孔穎達疏，《毛詩正義》，收入《十三經注疏》整理委員會整理，《十三經注疏》（北京：北京大學出版社，2000，清嘉慶二十一年（1816）阮元校刻本），卷 16，〈皇矣〉，頁 1196。

貳、子服景伯其人其事

子服景伯（見於哀公七年、八年）[1] 子服景伯即子服何，子服是氏，景是諡號，伯是字。子服氏為仲孫氏支派。魯哀公三年公宮發生火災，火苗踰牆，延燒桓公與僖公廟，廟中多藏典籍，救火人員只顧搶救府庫錢財，南宮敬叔（孔子弟子）、子服景伯、季桓子先後到場巡視，都指示要優先救出典籍，子服景伯還特別指明禮書，且要好好保管整理，以備不時參考。魯人重視文化傳承由此可見。子服景伯服膺儒術，雖無證據證明他曾受教於孔子，但他很尊敬孔子，與孔子門人子路、子貢皆有交情。叔孫武叔在朝中對人說子貢賢於仲尼，叔孫大概以為子貢勤勞國事，遠赴吳、越，折衝樽俎，說服吳、越王，緩解魯國被齊國侵略的危難，對魯國貢獻極大，他從事功的觀點衡量，而有此評語。子服景伯不以為然，便轉告子貢，大有捍衛孔子聲望的用意。子貢因此以一番譬喻說明，他說：「譬之宮牆，賜之牆也及肩，闚見室家之好。夫子之牆數仞，不得其門而入，不見宗廟之美，百官之富。」[2] 這個譬喻非常得體貼切。子貢這樣理解，顯然比叔孫深入得多，子服景伯應該也有這樣的認識，只是不能說得如此透徹明白而已。又《論語．憲問》記：公伯寮在季孫面前讒害子路，子服景伯打抱不平，他聲言：如有需要，他願為子路出氣，憑他能力可以讓公伯寮陳屍於市朝。足見他愛護子路以及孔門聲譽何等深切。[3]

魯哀公七年夏，魯哀公在鄫邑（今山東臨沂市蘭陵縣）與吳王夫差相會。不久，吳人向魯國徵收百牢（牢分太牢、少牢，牛羊豕三牲全具稱太牢，僅具羊豕稱少牢，不加少字，當指太牢），案盟主徵會諸侯無此規矩，吳王本非盟主，但自以為勢大，故以盟主自居；但即使為盟主，也當依制而行，不能對諸侯需索無度。

---

1 有關哀公七、八年，參考左丘明傳，杜預注，孔穎達正義，《春秋左傳正義》，收入《十三經注疏》整理委員會整理，《十三經注疏》（北京：北京大學出版社，2000，清嘉慶二十一年（1816）阮元刻本），卷 58，〈哀公六年至十一年〉，頁 1887-1898。

2 何晏注，邢昺疏，《論語注疏》，收入《十三經注疏》整理委員會整理，《十三經注疏》（北京：北京大學出版社，2000，清嘉慶二十一年（1816）阮元刻本），卷 16，〈子張第十九〉，頁 298。

3 同前引，卷 14，〈憲問第十四〉，頁 206-233。

因此子服景伯代表魯國抗議道：自先王以來無此規矩。吳人卻自以為有理，道：宋人獻給我們百牢，魯人怎可以落居宋人之後？而且魯國曾餽贈晉大夫超過十牢，那送給吳王百牢也算合理吧！景伯答道：晉大夫范鞅貪而棄禮，利用大國的勢力恐嚇我們，敝邑不得已送給他十一牢；君若以禮命令諸侯，那就有規定的常數，假如也學晉大夫棄禮，那就超過常數了。周國稱王後，制定各種禮儀，就算天子祭社稷之牢，也只有十二，這是效法上天有十二星次而來，諸侯的牢數則依次遞減。如今貴國竟想棄禮非要百牢不可，那也好任由尊使了。吳人聽不下去，執意要求百牢。景伯對同僚說：吳國將要滅亡了，棄天而背本（吳國祖先為泰伯，乃姬氏之後，當以周禮為根本），這樣強橫，如果不給，必棄絕憎恨於我。於是只好照吳人所求，獻給百牢。

吳人這樣欺負魯人尚嫌不足，吳太宰伯嚭使人召見季康子（這時季桓子已死，由季康子繼任為季孫），季康子不願前去，使子貢推辭。伯嚭說：國君尊貴年長不嫌路遠，尚且前來會盟，大夫不肯出門，那是什麼道理？子貢答道：來不來難道依禮決定，只是害怕大國而已。大國不以禮命令諸侯，如果都不循禮而行，那諸侯之間哪有程量是非的標準？寡君已恭奉大國命令來了鄫邑，執政大夫又怎敢拋棄自己的國家而不顧？當年太伯端委（禮服）以治周禮，到仲雍嗣位時，卻追隨吳俗，斷髮文身而為裝飾，這難道合於周禮嗎？只是有不得不這樣做的原因。子貢陳明，季康子為了守護國家，不能冒險奉召，以免連魯君一起被吳人藉故扣押，至於寧非禮不奉召，也因太宰之召非禮在先的緣故。魯人從鄫邑回國後，做了檢討，認為吳人一味棄禮而行，不可能稱霸於諸侯。於是不太將吳人放在心上。

季康子想討伐邾國，於是宴請眾大夫商量。子服景伯說：小國事奉大國靠的是信，大國保護小國賴的是仁，背棄大國無信，征伐小國不仁，人民靠城牆保護，城牆要道德保護，失去信、仁二德，面臨危險，要靠什麼保護？孟孫怪諸大夫不肯出聲，便問：諸位認為如何？子服大夫如說得對，大家何必反對？眾大夫答道：大禹在塗山會合諸侯，執玉的大國以及執帛的附庸加起來不下萬國，如今剩下的不到數十，就因大國不愛護小國，小國不肯事奉大國的緣故。如果知道伐邾一定會有危險，那怎會不出聲？眾大夫等於說目前伐邾並無風險，既無風險，那伐邾只是順應歷史發展，根本不用考慮義不義，他們這樣說其實是阿附季孫的主張。孟孫聽了生氣，說：魯國之德並不比邾國高明，卻強行出兵征討，這說得過去嗎？由於季、孟意見不合，宴會於是不歡而散。

畢竟季孫勢大於孟孫，伐邾終於成為事實，當魯師到達范門（邾郭門）時，還聽得到鐘鼓作樂的聲音，也就是邾國全無防備，雖有大夫勸諫，邾子（名益，亦稱邾隱公）卻不聽從，大夫茅成子請向吳國求援，也不肯答應。邾子說：魯國擊柝，聲音可傳到邾國，吳國與我相去千里，沒三個月，救兵不能抵達，哪來得及救我？而且憑我們自己的力量難道無法抗拒魯師？茅成子憤而據茅邑叛變。邾子耽迷女樂，又狂妄無知，只會說大話，邾人其實擋不住魯師，不久便被攻陷。魯師入邾，住在邾子宮中，白天到處搶掠。邾軍殘部聚保於繹山（在今山東鄒城市北），魯師又在夜間搜掠，抓到邾子益，將他帶回魯國，由於他亡國情形與殷紂相似，因此將他獻於亳社。並囚禁在負瑕（在今山東兗州市北），負瑕本就有些邾國俘虜居住，讓邾子在那裏生活是存心相辱。邾國茅夷鴻帶著束帛乘韋（五匹綢緞四張皮革），自行到吳國求救，他到吳國說：魯國以晉國衰弱，吳國又遠，於是憑恃他們的軍隊，背棄了吳王的盟誓，又以為吳王執事僻陋，而侵陵我小國，邾國非自敢愛惜，只是擔憂吳王之威不立，吳王之威不立，是我小國之憂。譬如夏天剛盟於鄫衍（即鄫邑），秋天就背叛盟約。若魯國對邾國所求得遂，而邾國不敢違背，那四方諸侯還有誰願意事奉吳王？而且魯國兵車八百乘，足可與吳國為敵，邾國兵車只有六百乘，不致與吳人為敵，就如屬於吳王所有一般。把吳王私有的邾國兵力讓給敵人，您認為划算嗎？希望您考慮考慮！吳王聽從了他的意見。

翌年春，吳國為邾國之故出兵伐魯，三月攻破武城，孟懿子問景伯該怎麼辦？景伯說：吳師若來，便即迎戰，又何必害怕呢？而且是我們背盟，招惹吳師前來，又能求誰同情呢？由於魯人積極抗戰，吳王怕有所損傷，於是使人求成。季孫也因戰事處於劣勢，怕犧牲太多精英，早有罷戰之意。兩國將盟，景伯卻表示反對，他說：從前楚人圍宋，宋人易子而食，析骸而爨，還不肯接受城下之盟，如今我軍損失未重，就訂城下之盟，這是拋棄國家。吳人輕車遠來，不能持久，就將回去了，請稍作等待，季孫不從。景伯背著載書到萊門，將要出城訂盟。魯人表示可留子服何於吳為人質，吳人想要答應，魯人卻又提出要吳公子姑曹留魯為人質以相抵，吳人不願，於是作罷。

子服景伯重義輕利，而且好禮，與孔門教育精神相近。他極為機智，言語明快而不離道義。以信事大，以仁字小，仁信俱失，則危而不保之論，更是擲地有聲。且有勇氣，強敵壓境，而堅決抗敵，不願屈受城下之盟。所言不售，又勇於接受任務，背負載書，親赴敵營訂盟，不畏被強敵扣留。他是哀公一朝的魯國忠臣。

2016 年 10 月 27 日

參、夏姬的身分與年齡問題

《清華簡貳・繫年・第十五章》載有關夏姬與夏徵舒的事，引述如下：

> 楚莊王立，吳人服于楚。陳公子徵舒取妻于鄭穆公，是少盐。莊王立十又五年，陳公子徵舒殺其君靈公，莊王率師圍陳。王命申公屈巫適秦求師，得師以來。王入陳，殺徵舒，取其室以予申公。連尹襄老與之爭，敓之少盐。連尹止於河澭，其子黑要也又室少盐。莊王即世，共王即位。黑要也死，司馬子反與申公爭少盐。申公曰：「是余受妻也。」取以為妻。司馬不順申公。王命申公聘于齊。申公竊載少盐以行，自齊遂逃適晉。[1]

《繫年》所載，雖然大體與《左傳》、《國語》相同，可是其細節仍有所不同，值得討論。

姑且暫置較小的差異不論，最顯著的差異是：《繫年》的「少盐」是徵舒的妻子，而《左傳》、《國語》的「夏姬」是徵舒的母親。對這項差異，《清華簡《繫年》集釋》[2] 程薇與馬楠都認為《繫年》較勝，而且在《左傳》的各段中，也沒有明言夏姬是徵舒之母。祇有《國語・楚語上》說：「昔陳公子夏為御叔娶於鄭穆公，生子南。子南之母亂陳而亡之，使子南戮於諸侯。」[3] 可是這整段都是椒舉（伍舉）向楚令尹子木諍諫的一部分，其主體是：「雖楚有材，晉實用之。」[4] 上面所引的那一段僅作為背景資料，用於引出下文：「至于今為患，則申公巫臣之為也。」[5] 前面的背景資料即使有錯（伍舉有可能為誤記），也不會影響後面的結論，

1 清華大學出土文獻研究與保護中心編，李學勤主編，《清華大學藏戰國竹簡（貳）》（上海：中西書局，2011），〈繫年〉，頁 170。

2 李松儒，《清華簡《繫年》集釋》（上海：中西書局，2015），頁 212-219。

3 韋昭注，《國語》第 2 冊（上海：商務印書館，1931），卷 17，〈楚語上〉，頁 66。

4 左丘明傳，杜預注，孔穎達正義，《春秋左傳正義》，卷 37，〈襄公二十六年〉，頁 1199。

5 韋昭注，《國語》第 2 冊，卷 17，〈楚語上〉，頁 67。

聽的人也不會去追究細節。所以《國語》這段文章的證據力比較弱，現在要斷二千餘年前的公案，必須從事件的時序關係是否合理去設想。

《繫年》、《左傳》、《國語》都認為夏姬是鄭穆公（蘭）的女兒，這是一個很好的起始點。

鄭穆公即位於 627 B.C.，至 606 B.C. 去世，唯《左傳》沒有他的生年，僅在 606 B.C.（魯宣公三年）追記：「初，鄭文公有賤妾曰燕姞，夢天使與己蘭，……既而文公見之，與之蘭而御之。……生穆公，名之曰蘭。」[6]《史記》記此事於鄭文公之二十四年，即 649 B.C.，然未言其所據。然而在鄭文公四十五年之中，不斷有兒子顯示出野心而最終失敗（死或被逐），在這些情況中都未聞涉及公子蘭，一個很可能的理由就是當時公子蘭太小或甚至尚未出生。到最後鄭文公感到不耐煩而驅逐群公子時，公子蘭才受到牽連而奔晉，弄到鄭文公在晚年沒有繼承人，晉文公才能利用這種情況，逼鄭立公子蘭為太子。由這些觀點看來，《史記》認為鄭穆公即位時約 22 歲，或大約生於 649 B.C. 不會有大錯誤。

現在回到 599 B.C. 徵舒弒靈公之年，徵舒已經年長到可以射箭的地步了，可見已是青年人，其母到達生他的年齡，也至少要有十七八歲。如果假設夏姬是徵舒之母，則夏姬出生時應早於 599 + 35 = 634 B.C.，那時穆公尚未即位，很可能仍未成年。所以由時間上的不合理，幾乎就可以排除「夏姬為徵舒之母」的假設，如果認為夏姬是徵舒之妻，則嫁與徵舒時年輕貌美，構成對靈公以及孔寧、儀行父的引誘，亦使得楚國君臣為爭娶她而互相排擠。這些事件都不會顯得不合理。

其次較小的差異簡略討論於下：

1. 《繫年》稱徵舒為「公子徵舒」，其實徵舒的祖父子夏才是公子，在春秋時的慣例，徵舒可以稱為「公孫」，可是已有「夏」的氏名，徵舒的氏名當然為「夏」，這就是《左傳》的稱呼。可是《繫年》編纂於戰國中期的南方，當時對「公子」的稱謂已普遍化，不像春秋時嚴格。
2. 《繫年》謂楚莊王入陳前命申公屈巫至秦國求師，這與《左傳》不同。我比較相信《左傳》，入陳的時機很重要。從秦國運軍至陳，以當時的交通情形當需要不下數月，不太可能。我猜楚莊王最多驅使幾個尾巴國家一起出兵，以構成「會同諸侯」的假象。
3. 《繫年》載楚莊王殺徵舒在入陳之後，此與《左傳》不同，我也比較相信《左傳》。理由在前面已經講過了。

---

6 左丘明傳，杜預注，孔穎達正義，《春秋左傳正義》，卷 21，〈宣公元年至四年〉，頁 695。

4.《繫年》載「連尹襄老」之子「黑（墨）要」後面有一個「也」字（且出現兩次），《清華簡《繫年》集釋》中又各種討論，我都不太贊成，我認為他的名就是「黑要也」。春秋吳楚人名多為譯音，到後期才有漢化，「襄老」可能就是譯音。「黑要也」也是，衹是《左傳》將之簡化而已，這有點像吳國「夫槩王」的例子。

肆、叔向與夏姬關係考

一般人總以為春秋晉國的大夫叔向（羊舌肸）是夏姬的女婿，根據的是《左傳．昭公二十八年》的一段記載：

> 夏，六月，晉殺祁盈及楊食我。食我，祁盈之黨也，而助亂，故殺之，遂滅祁氏、羊舌氏。初，叔向欲娶於申公巫臣氏，其母欲娶其黨。叔向曰：「吾母多而庶鮮，吾懲舅氏矣。」其母曰：「子靈之妻殺三夫、一君、一子，而亡一國、兩卿矣，可無懲乎？……苟非德義，則必有禍。」叔向懼，不敢取。平公強使取之，生伯石。[1]

似乎寫得非常明白，然而這樣會造成一個困難：夏姬生女之年齡會太大，按叔向娶婦時，晉平公已在位。晉平公元年為 957 B.C.，故夏姬生此女的時間，最早為 577 B.C.。

可是《左傳．宣公九年》（600 B.C.）已經記載：「陳靈公與孔寧、儀行父通於夏姬」[2] 這時，夏姬的兒子徵舒已經成長到可以弒君的地步，所以當 600 B.C.，夏姬的年齡無論如何不會小於 34 歲，這樣算至 577 B.C.。夏姬的年齡正好 57 歲，在此高齡產女，雖然不是絕對不可能，可是在春秋時醫學不發達的情況，的確是非常勉強。而且如果是那樣，應該會成為對此女的一個不利因素；何以叔向之母不提出作為反對的理由呢？

除此之外，還必需考慮申公巫臣年齡。巫臣在楚本為申公，在蕭之戰獲知於楚莊王，然得罪於子重與子反。共王即位後，二人權重巫臣不敵，本就在等待時機出奔他國，他在申本有基礎，而且他的長子已長成，成公時出使於吳，教吳車戰，必

---

1 左丘明傳，杜預注，孔穎達正義，《春秋左傳正義》，卷 52，〈昭公二十六年至二十八年〉，頁 1715-1718。

2 同前引，卷 22，〈宣公五年至十一年〉，頁 716。

非年輕人所能勝任，考慮各種因素，我估計當魯成公二年（589 B.C.）巫臣的年齡必不小於 50 歲，且巫臣自投晉為邢大夫以後，除於五年後獻策連吳，使子重、子反疲於奔命之外，甚少事跡，很可能壽亦不長。基於所有這些考慮，我認為將叔向之妻認作夏姬之女確有困難。

其實由上引的那一段文字來看，並不一定非認定叔向之妻一定要是夏姬之女，關鍵處在於：「初，叔向欲娶於申公巫臣氏」這一句。「申公巫臣氏」指的是由申公巫臣所建立的一個氏族。而且這個名稱本來並不嚴謹。「申公」為巫臣的舊稱。因此我認為杜預之注「夏姬女也」可能不確，而楊伯峻也未能改正。如果將叔向欲婚之女認作夏姬的孫女，而叔向之母為了要阻止叔向的行動，盡量曝露此一家族的醜事，「子靈之妻」云云，祇是追源其祖，則一切都很順當。我嘗試估計各事發生的次序（當然年代僅為約數），則頗能自圓其說，下面是我的估計：

魯僖公二十七年（633 B.C.）夏姬出生。按此時為鄭文公四十年，因此《史記．鄭世家》認為鄭穆公生於鄭文公二十四年，可能不確。然此為另一問題。

魯文公十年（617 B.C.）夏徵舒出生。

魯宣公十年（599 B.C.）夏徵舒弒陳靈公，孔寧、儀行父奔楚。

魯宣公十一年（598 B.C.）楚莊王伐陳殺夏徵舒，俘夏姬歸楚，其後以夏姬妻連尹襄老。

魯宣公十二年（597 B.C.）楚連尹襄老死於邲之戰。

魯成公二年（589 B.C.）巫臣使齊，盡定以行，聘夏姬於鄭，奔晉為邢大夫。

魯成公三年（588 B.C.）巫臣與夏產一子，以後可能繼為邢大夫。此時夏姬之年齡估計為 46 歲，已為高齡產婦。

魯成公七年（584 B.C.）巫臣聯吳之策生效，使子重、子反一歲七奔命。

魯襄公九年（564 B.C.）夏姬孫女出生，日後為叔向之妻。

魯襄公二十五年（548 B.C.）叔向娶姬孫女。

魯襄公二十六年（547 B.C.）叔向之子羊舌食我（伯石）出生。

魯昭公五年（537 B.C.）伯石 11 歲，晉韓宣子與叔向如楚送女，楚靈王欲俘叔向以為司宮，聽還啟彊之諫而止，其諫字有：「晉人若喪韓起、楊肸，五卿八大夫輔韓須、楊石，……。」[3] 故知此時羊舌食我尚未成長，故需要輔佐。

3 左丘明傳，杜預注，孔穎達正義，《春秋左傳正義》，卷 43，〈昭公五年至六年〉，頁 1406。

魯昭公二十八年（514 B.C.）羊舌食我年 34 歲，正壯年，坐祁盈之黨而被殺，羊舌氏族滅。

這樣的安排，一切都十分順當。所需的假設亦不多，僅需要將「申公巫臣氏」解釋為氏族之名，而認叔向之妻為夏姬之孫女即可。

伍、試釋《春秋》之嬰齊

《公羊傳．成公十五年》為《春秋經》之「三月，乙巳，仲嬰齊卒」[1]一句，強為之解。不知何以歷代學者這樣看重這一段。

> 仲嬰齊者何？公孫嬰齊也。公孫嬰齊，則曷為謂之仲嬰齊？為兄後也。為兄後，則曷為謂之仲嬰齊？為人後者，為之子也。為人後者為其子，則其稱仲何？孫以王父字為氏也，然則嬰齊孰後？後歸父也。……
> 魯人徐傷歸父之無後也，於是使嬰齊後之也。[2]

這一段完全是《公羊傳》無中生有，附會出來的，此段經文，《左傳》無傳，而《穀梁傳》則又生別解：

> 此公孫也。其曰，仲何也？子由父疏之也。[3]

《穀梁傳》此言也沒有道理。宣公十八年經有：「公孫歸父如晉」，[4]則並未因父（襄仲）說其子（歸父）。何以此處又「子由父疏之也」？可見公穀兩傳皆以為《春秋經》之稱呼多麼嚴格！寓褒貶意，才生出各種說法。

其實春秋時「公子」、「公孫」皆習慣之稱謂，並非氏名，更不可能有褒貶之

---

1 公羊壽傳，何休解詁，徐彥疏，《春秋公羊傳注疏》，收入《十三經注疏》整理委員會整理，《十三經注疏》（北京：北京大學出版社，2000，清嘉慶二十一年（1816）阮元刻本），卷 18，〈成公十一年至十八年〉，頁 457。

2 同前引，卷 18，〈成公十一年至十八年〉，頁 457-460。

3 范甯注，楊士勛疏，《春秋穀梁傳注疏》，收入《十三經注疏》整理委員會整理，收入《十三經注疏》整理委員會整理，《十三經注疏》（北京：北京大學出版社，2000，清嘉慶二十一年（1816）阮元刻本），卷 14，〈成公九年至十八年〉，頁 266。

4 同前引，頁 267。

寓意，《公羊》說：「孫以王父字為氏也」，也是荒謬的，實則習慣上子以其父之字為氏名（然而氏名亦可變動，例如鄭然丹奔楚後改稱「鄭丹」），僅因大家以公孫名之，故不稱氏而已。然而《左傳．昭公元年》：「鄭徐吾犯之妹美，公孫楚聘之矣……子產曰：『直鈞，幼賤有罪，罪在楚也。』……五月，庚辰，鄭放游楚於吳。」[5] 前稱「公孫楚」，後稱「游楚」，可見「游」為楚之氏名（從其父之字「子游」而來），由此可見《公羊》以氏名歸之「王父」之不確。

其實當時魯國有兩個「公孫嬰齊」，[6] 成公二年帥魯師會晉郤克戰於鞍以及成公十七年十一月「壬申，公孫嬰齊卒於貍脤」的「公孫嬰齊」，又稱「聲伯」，事跡較多。公孫歸父之弟則甚無事跡。據《左傳．宣公十八年》，當時季文子（行父）權大，逼臧宣叔逐東門氏。既言逐東門氏，則公孫歸父之弟嬰齊當然連帶被疏。歸父出奔後，其弟雖仍留在魯，恐亦被監視，不可能有重要地位。（他可能仍保有卑微之官職）至成公十五年嬰齊死，僅在魯史（春秋經）上順帶記一筆。因不重要，且免得與「聲伯」相混，故未稱為「公孫」。因無事跡，故《左氏傳》亦無傳。

《穀梁傳》以為稱呼的改變，寓有多少「微言大義」，故猜想是由於「子由父疏」。其實季文子本與襄仲一黨。由於發現了歸父使晉帶有「去三桓」的秘密使命，才強將罪名加在襄仲頭上（反正襄仲已死了），臧宣叔當時就已經發怒：「當其時又不能治也，後之人何罪？」可是抗拒不了季文子的權利，而逐東門氏。歸父既已奔齊，嬰齊亦連帶被疏。而《穀梁傳》還要以為孔子在《春秋經》中用改變稱呼作「嚴於斧鉞」的貶責，陷孔子以「打落水狗」的罪名。這恐怕是《穀梁傳》的作者始料未及的。

《公羊傳》的附會則更大。《公羊傳》的作者為了要維護「孫以王父字為氏」的偏見，竟然附會出「嬰齊為歸父之後」的記載，並且創造出「為人後者，為之子也」的「微言大義」，不但影響了日後儒家對「禮」的規定，而且也也害了日後宋朝「濮議」與明朝「大禮議」做出不合理的決議，可謂影響深重。

其實《公羊傳》根本沒有任何根據說「嬰齊同意為歸父之後」，即使按照《公羊傳》捕風捉影之說，還祗是：「魯人徐傷歸父之無後也，於是使嬰齊後之也。」[7] 這裡用了一個「徐」字，是「日後」之意，有多後呢！至少不能在季文子當

[5] 左丘明傳，杜預注，孔穎達正義，《春秋左傳正義》，卷 41，〈昭公元年〉，頁 1325-1326。

[6] 同前引，卷 28，〈成公十六年至十八年〉，頁 909。

[7] 以上引文參見公羊壽傳，何休解詁，徐彥疏，《春秋公羊傳注疏》，卷 18，〈成公十一年至十八年〉，頁 460。

政時，而仲嬰齊之死，先於季文子。所以魯人以嬰齊後歸父，是在嬰齊死後，根本沒有嬰齊本人的同意。

所以即使《公羊傳》的傳說中有些「魯人」，有「使嬰齊後歸父」之意，那個「後」字也是紀念的性質，不是正式做為歸父的「後嗣」。

其實以弟為兄的「後嗣」的事，本身就是荒唐的，沒有哪個儒家學者會承認。《公羊傳》為了要維護「孫以王父字為氏也」的偏見，而創為「嬰齊為歸父之後」之說，衹能說是一時的糊塗。

何休顯然看出此點，故注曰：「弟無後兄之義，為亂昭穆之序，失父子之親，故不言仲孫，明不與子為父孫」，[8] 可是他還是要維護《公羊》之原文，並將「徐」字強釋以：「徐者，皆共之辭也」，[9] 可謂錯上加錯。

又，「嬰齊」一語，在春秋各國似乎多用作名，我很懷疑「嬰齊」是幼子的「俗稱」，不見得是正式的名字，衹是有時歷史上失記其名，被逼用「俗稱」來代替，若其人為「老么」，即稱為「嬰齊」。這衹是我的猜想，也許有追索的價值（有些像《史記》稱劉邦之父為「太公」）。

[8] 公羊壽傳，何休解詁，徐彥疏，《春秋公羊傳注疏》，卷 18，〈成公十一年至十八年〉，頁 460。

[9] 同前引。

陸、過渡時期的救時宰相——子產：兼論《清華簡・子產》篇對《左傳》的補充

一、導言

有關子產的史料，一向集中在《左傳》。諸子書裡衹有一些零碎的遺聞軼事。[1]至於《史記》，雖列子產於〈循吏傳〉，又敘之於〈鄭世家〉，然而對於史實殊欠考訂，甚至兩處互相矛盾，[2]殊少參考價值。

《清華簡（陸）・子產》[3]包含了一些新資訊，是可以增進我們對子產的瞭解，可惜有用的材料還是不夠多。這篇文章，似乎是戰國時期的儒者借子產之名，來託古改制，以宣揚其政治主張。文章中的絕大部分，是透過一種制式的論辯，來建立一些抽象的政治原則。例如第一段的論辯，就是這樣進行的：

昔之聖君取處於身，勉以利民，民用信之；不信不信。求信有事，淺以信深，深以信淺。能信，上下乃周。不良君怙位固福，不懼失民。懼失有

---

1 戰國諸子涉及子產而比較可靠的記載，主要在《呂氏春秋》與《韓非子》；在《孟子》中也有兩則（以乘輿濟人、受欺於校人，顯示子產的仁心）。其餘如列子、莊子、尸子等，多借子產之名以推行自己的主張，較少歷史價值。

2 例如《史記・鄭世家》謂子產為鄭成公少子，又謂子產卒於鄭聲公五年，皆誤。其年代亦與《史記・循吏傳》之「治鄭二十六年而死」合不攏。《史記・循吏傳》謂子產執政前「鄭昭君之時，以所愛徐摯為相」云云，亦殊為失考。衹有記載子產死後民眾懷念之情：「丁壯號哭，老人兒啼曰：『子產去我死乎！民將安歸？』」有一些參考價值。司馬遷著，裴駰集解，司馬貞索隱，張守節正義，《史記》第 10 冊，卷 119，〈循吏列傳第十九〉，頁 3101。

3 李學勤主編，《清華大學藏戰國竹簡（陸）》（上海：中西書局，2016），〈子產〉，頁 136-145。參見此篇之說明、釋文與注釋。

戒，有戒所以申命固位，位固邦安，邦安民遂，邦危民離。此謂存亡在君。[4]

我們必須由這些論辯的夾縫中，過濾出史實。

全篇文章共分十段，其中前九段都是像前引的那樣，以「此謂……」作結。中間的論辯，顯然對我們瞭解歷史很少幫助。在前引的那段，甚至沒有提到子產，而將所建立的抽象原則，歸之於「昔之聖君」，似乎此文的作者對歷史的事實不是那樣熟悉（或不是那樣有興趣）。

可是如果再看下去，就可以發現有些段落，的確將論辯的主角歸之於子產，甚至還引一些史實作為依據。由於此文作者似乎沒有看過《左傳》，他所引的史實，應是獨立於《左傳》之外，顯得格外有價值。

在下面的第二節，我將列出《清華簡（陸）·子產》一文前九段的大要，並且援引《左傳》中的有關記載，來為每一段所建立的抽象觀念來作印證。祇有在這麼做之後，我才能確定文中所指的「昔之聖君」、「君王」等名稱，還是在影射著子產。《清華簡（陸）·子產》篇的作者衹是為了求行文的變化，才在有些段落不提「子產」。這樣才能放心利用文中有限的歷史資料去補充《左傳》，並進一步瞭解當日子產的政治環境，是在世卿制將崩潰前，過渡時期的情況。而子產卻能在此情況下，達成「救時」的任務，這是以後數節的內容。

二、《左傳》對《清華簡（陸）·子產》篇的印證

〈子產〉篇的全文，經過李學勤教授的釋文與注釋，[5] 已大致可讀。本文將前九段的主旨列出，並用《左傳》中相關的史料來印證。

1. 第一段的全文已在前一節引出，雖然以「此謂存亡在君」來收尾，全段的主旨卻在強調執政者必須達成上下的互信，尤其是得到民眾的信賴。《左傳》有一段記載，特別顯示子產堅持對商賈的守信，甚至不惜抗拒晉范宣子的要求。〈昭公十六年傳〉記載：

---

4 本文所引《清華簡·子產》的段落，並不用其隸定，而是接受了〈釋文〉括弧中的解釋（否則就必須造新字）。

5 有些細節可能需要商榷，由於不太影響主旨的瞭解，本文不再追索。

宣子有環，其一在鄭商。宣子謁諸鄭伯，子產弗與，……韓子買諸賈人，既成賈矣，商人曰：「必告君大夫。」韓子請諸子產曰：「日起請夫環，執政弗義，弗敢復也。今買諸商人，商人曰：必以聞，敢以為請。」子產對曰：「昔我先君桓公，與商人皆出自周。庸次比耦，以艾殺此地，斬之蓬蒿藜藋，而共處之。世有盟誓，以相信也，曰：『爾無我叛，我無強賈，毋或匄奪。爾有利市寶賄，我勿與知。』恃此質誓，故能相保，以至于今。今吾子以好來辱，而謂敝邑強奪商人，是教敝邑背盟誓也，毋乃不可乎！吾子得玉而失諸侯，必不為也。若大國令，而共無藝，鄭，鄙邑也，亦弗為也。僑若獻玉，不知所成，敢私布之。」韓子辭玉，……。[6]

鄭商何以堅持「必告君大夫」？必定由於以區區之商人，不敵晉卿之勢，交易必有吃虧之處，他提出對子產的信賴，是作為自保的最後一著。而子產也宣稱由於與商人有盟誓，不能失信以造成對商人的威脅。由於子產的堅持，鄭國商人對政府的信任遂能維持，而商人由於受到保護，能夠發展而增強國力，這就是〈子產〉篇所謂「存之在君」的原由。當然這祇是一個例子，由於涉及韓宣子，而為《左傳》記下。然而子產既然會對商人守信，當然也會對其他「國人」以及民眾守信，因此「上下乃周」。

2. 第二段一開始就將議論的主體指實為「子產」，終結為：「此謂亡好惡」。[7] 段中主旨強調子產始終以君子之心為政，能夠自勝其好惡之心，而達到中道。《左傳》的確有幾次這樣的記載，尤其是在他執政之初，面對強大的公族壓力（特別是駟豐兩家），往往對他的施政掣肘；在這種情形下，子產還能克服自己的好惡之心，以達成中道，這相當不容易。謹舉豐氏兩人為例，公孫段（伯石）原本已是上大夫，在伯有死後，本來有資格晉升為卿，可是他為人太虛偽，往往有種種做作。《左傳》記載：

子產為政，有事伯石，賂與之邑。子大叔曰：「國皆其國也，奚獨賂焉？」子產曰：「無欲實難。皆得其欲，以從其事，而要其成。非我有成，其在人乎？何愛於邑，邑將焉往？」……既，伯石懼而歸邑，卒與

6 左丘明傳，杜預注，孔穎達正義，《春秋左傳正義》，卷 47，〈昭公十四年至十六年〉，頁 1556-1559。

7 李學勤主編，《清華簡（陸）》，〈子產〉，頁 137。

之。伯有既死，使大史命伯石為卿，辭。大史退，則請命焉。復命之，又辭。如是三，乃受策入拜。子產是以惡其為人也，使次己位。[8]

伯石雖然喜歡虛飾，可是為人還不太壞，做事還能達成使命，因此子產始終克制著自己的反感，而與他正常相處。當然，在瞭解到他的短處之後，不會讓他碰真正重要的事。

對伯石的弟弟公孫卷（子張），子產卻遭逢到更大的困難。《左傳．襄公三十年》載：

豐卷將祭，請田焉。弗許，曰：「唯君用鮮，眾給而已。」子張怒，退而徵役，子產奔晉，子皮止之，而逐豐卷。豐卷奔晉。子產請其田里，三年而復之，反其田里及其入焉。[9]

如果不是子皮（罕虎）用他強大的貴族力量干預，子產在鄭國就待不下去了。可是子產在三年之後還是復了他的大夫之位，並且不沒入他的田里，原因是豐卷的行動僅對子產造成威脅，還沒有成事就被子皮制止且驅逐，沒有造成大亂。出奔三年之後，子產覺得他已受夠了懲罰，而且也已失勢，不會對鄭國造成災難，故復他大夫之位，這是「以直報怨」，可謂合乎「中道」。

3. 第三段的開頭，並沒有提這段議論的主體，應該仍沿襲上一段為子產。這一段的結論是：「此謂嘉理」，[10] 整段的主旨，在強調施政必須著重禮；所謂「禮」，不僅是表面的儀節而已，而且須出言與行事審慎，自知在哪些地方有理，這些都是「勉政、利政、固政」的先決條件。[11]

在《左傳》中，子產行止有禮，是出了名的，〈襄公三十年傳〉載：

伯有死於羊肆，子產襚之，枕之股而哭之，斂而殯諸伯有之臣在市側者。既而葬諸斗城。子駟氏欲攻子產，子皮怒之，曰：「禮，國之幹也。殺有

---

[8] 左丘明傳，杜預注，孔穎達正義，《春秋左傳正義》，卷 40，〈襄公三十年至三十一年〉，頁 1289-1290。

[9] 同前引，頁 1290-1291。

[10] 李學勤主編，《清華簡（陸）》，〈子產〉，頁 137。

[11] 子產的外交辭令一向以犀利著稱。其實他是以深厚的學問為根底，加以審慎判斷的結果，故能無往不利。這裡不再就這方面追索。

禮，禍莫大焉。」乃止。[12]

在上一年，吳季札聘於鄭，見子產，也不忘提醒：「子為政，慎之以禮。不然，鄭國將敗。」[13] 子產對禮的主張，對其後輩子大叔談過，子產去世以後，子大叔轉告晉國的趙簡子。〈昭公二十五年傳〉記載子大叔轉述的話：

「夫禮，天之經也，地之義也，民之行也。」天地之經，而民實則之。則天之明，因地之性，生其六氣，用其五行。氣為五味，發為五色，章為五聲。淫則昏亂，民失其性。是故為禮以奉之，為六畜，五牲，三犧，以奉五味，為九文、六采、五章，以奉五色；為九歌、八風、七音、六律，以奉五聲。為君臣上下，以則地義；為夫婦外內，以經二物；為父子、兄弟、姑姊、甥舅、昏媾、姻亞，以象天明，為政事、庸力、行務，以從四時，為刑罰威獄，使民畏忌，以類其震曜殺戮；為溫慈惠和，以效天之生殖長育。民有好惡、喜怒、哀樂，生于六氣。是故審則宜類，以制六志。哀有哭泣，樂有歌舞，喜有施舍，怒有戰鬭，喜生於好，怒生於惡。是故審行信令，禍福賞罰，以制死生。生，好物也；死，惡物也。好物，樂也；惡物，哀也。哀樂不失，乃能協于天地之性，是以長久。[14]

在春秋中後期，已有種種嘗試，想將原來行於貴族之間的「禮」，推廣到較低層的「國人」。因為那是一個過渡的時期，「國人」的努力（如商人弦高主動前往犒賞秦師）也可對國家有貢獻。因為適用範圍的擴大，故對「禮」的詮釋，必須基於普遍的人性。子產的這段議論，可以代表這種嘗試。

4. 第四段的開頭是：「子產不大宅域。不建臺寢，不飾美車馬衣裘」，結尾是：「此謂卑逸樂」。主旨是：子產主觀地認為享受與逸樂是不好的，應該避免；「勿以駢也」，因為「宅大心張，美外態蹠，乃自失」。[15] 由《左傳》的記載看，子產的「國氏」雖然也屬於「七穆」之一，卻從來不是大族。他的父親公子發（子國）雖然當過司馬，可是當遭到西宮之難，他與

[12] 左丘明傳，杜預注，孔穎達正義，《春秋左傳正義》，卷 40，〈襄公三十年至三十一年〉，頁 1286。
[13] 同前引，卷 39，〈襄公二十九年〉，頁 1273。
[14] 左丘明傳，杜預注，孔穎達正義，《春秋左傳正義》，卷 51，〈昭公二十四年至二十五年〉，頁 1666-1675。
[15] 李學勤主編，《清華簡（陸）》，〈子產〉，頁 137。

子駟、子耳同被「盜」（尉止、司臣、侯晉、堵女父、子師僕）所殺時，子產所能掌握的僅是兵車十七乘，他就憑這十七乘兵車攻入北宮平亂。亂平後，公子嘉（子孔）執政，子產沉潛約有十年之久，一點也不為自己打算。到魯襄公十九年，子孔受誅後，子產始被立為卿，雖然多所立功，他卻經常謙虛地推辭賞賜。鄭伯賞入陳之功而賜之六邑，子產也辭去了一半。七穆中雖有很多人習於奢汰，子產之族獨無之。[16]

子產於魯昭公元年聘晉，並問晉平公疾，對晉君疾病的議論，可以反映子產了解逸樂之害，可用於照應此段的結尾：

僑聞之，君子有四時：朝以聽政，晝以訪問，夕以脩令，夜以安身。於是乎節宣其氣，勿使有所壅閉湫底，以露其體。茲心不爽，而昏亂百度，今無乃壹之，則生疾矣。[17]

5. 第五段的主旨，強調執政者必須抱著「君人亡事，民事是事」的態度，不以私事使民，對官職「非所能不進」。結論是：「此謂不事不戾」。[18]

這一段講執政者蒞民之道的，可是中間的論辯反而將這個目標模糊了。其實由《左傳》看來，子產很注重民政，在還沒有執政時，他就與然明討論過。〈襄公二十五年傳〉記載：

晉程鄭卒，子產始知然明，問為政焉。對曰：「視民如子，見不仁者誅之，如鷹鸇之逐鳥雀也。」子產喜，以語子大叔，且曰：「他日吾見蔑之面而已，今吾見其心矣。」子大叔問政於子產。子產曰：「政如農功，日夜思之，思其始而成其終。朝夕而行之，行無越思。如農之有畔，其過鮮矣。」[19]

---

[16] 〈昭公七年傳〉載：「子皮之族飲酒無度，故馬師氏與子皮氏有惡。齊師還自燕之月，罕朔殺罕魋。罕朔奔晉。」子皮在「七穆」中素有賢名，連他也無法阻止其族人因奢汰而起衝突，其他貴族可想而知。左丘明傳，杜預注，孔穎達正義，《春秋左傳正義》，卷 44，〈昭公七年至八年〉，頁 1439。

[17] 左丘明傳，杜預注，孔穎達正義，《春秋左傳正義》，卷 41，〈昭公元年〉，頁 1336-1338。

[18] 李學勤主編，《清華簡（陸）》，〈子產〉，頁 137。

[19] 左丘明傳，杜預注，孔穎達正義，《春秋左傳正義》，卷 36，〈襄公二十五年〉，頁 1181。

他執政後心中始終有一個準繩：就是在施政過程中，盡量避免犯錯。這個準繩，子產平日雖未掛在嘴邊，卻在晚年有一次對富子發脾氣的時候，漏了出來。〈昭公十六年傳〉載：

> 子產怒曰：「發命之不衷，出令之不信，刑之頗類，獄之放紛，會朝之不敬，使命之不聽，取陵於大國，罷民而無功，罪及而弗知，僑之恥也。」[20]

這才是真正的「不事不戾」。

6. 為了避免掛一漏萬，第六段文字還是整段照錄好：

> 有道之君，能修其邦國，以和民。和民有道，在大能政，在小能支；在大可久，在小可大。有以答天，能通於神，有以徠民，有以得賢，有以禦害傷。先聖君所以達成邦國也。此謂因前遂故。[21]

由於子產始終在鄭國執政，而相對來說，鄭國是一個小國。因此這裡的「在大」，應指「事大」而言，即以「國小而偪」的鄭國，[22] 透過種種途徑，來應付大國（晉楚）的誅求。下面的「在小能支」，指的是讓鄭國本身的民眾能夠支持，不至於負擔太重，甚至可以享有幸福的生活，可以吸引外邦民眾與才幹人士至鄭。我想這就是「在小可大」的意義。

子產在處理對晉楚的外交事務，是全力以赴的。他的基本方針，是「事之以誠」，在可能的範圍之內，用自己的才幹去幫助晉楚解決他們的問題，以贏得他們的感激與尊重。[23]

---

[20] 同前引，卷 47，〈昭公十四年至十六年〉，頁 1554-1555。

[21] 李學勤主編，《清華簡（陸）》，〈子產〉，頁 137。

[22] 左丘明傳，杜預注，孔穎達正義，《春秋左傳正義》，卷 40，〈襄公三十年至三十一年〉，頁 1289。

[23] 例如〈昭公三年傳〉載：「子產乃具田備，王以田江南之夢。」參見左丘明傳，杜預注，孔穎達正義，《春秋左傳正義》，卷 42，〈昭公二年至四年〉，頁 1368。又〈昭公四年傳〉載楚靈王問禮於子產，子產獻伯子男會公之禮六，又回答「諸侯其來乎？」的問題，答稱除了魯衛曹邾四國外，其餘必來。在回答時還不忘規勸：「求逞於人不可，與人同欲盡濟。」以上引文參見左丘明傳，杜預注，孔穎達正義，《春秋左傳正義》，卷 42，〈昭公二年至四年〉，頁 1374。〈昭公元年傳〉載子產回答晉叔向所問：「寡君之疾病，卜人曰：『實沈臺駘為祟。』史莫之知，敢問此何神也？」參見左丘明傳，杜預注，孔穎達正義，《春秋左傳正義》，卷 421，〈昭公元年〉，頁 1332。子產詳述其典

對於大國的誅求，由於當時的慣例，「盟主國」可以要求小國諸侯輸幣，子產無法完全避免，衹好用外交途徑求盡量減輕，並盡量減少附加的花費。[24] 在他未執政時，就已經寓書勸晉之范宣子輕幣。〈襄公二十四年傳〉載：

范宣子為政，諸侯之幣重，鄭人病之。二月，鄭伯如晉，子產寓書於子西，以告宣子，曰：「子為晉國，四鄰諸侯不聞令德，而聞重幣，僑也惑之。僑聞君子長國家者，非無賄之患，而無令名之難。夫諸侯之賄聚於公室，則諸侯貳。若吾子賴之，則晉國貳。諸侯貳，則晉國壞。晉國貳，則子之家壞。何沒沒也！將焉用賄？夫令名，德之輿也；德，國家之基也。有基無壞，無亦是務乎？有德則樂，樂則能久。……恕思以明德，則令名載而行之，是以遠至邇安。毋寧使人謂子：『子實生我。』而謂『子浚我以生』乎？象有齒以焚其身，賄也。」宣子說，乃輕幣。[25]

可是大國的欲壑是難填的。晉國作為「盟主國」，往往不能替小國解決問題，反而多所誅求。到魯襄公二十七年向戌「弭兵」後，本來衹向晉國輸幣的小國，又必須向楚國負同樣的義務。鄭國夾在晉楚兩大國之間，向來就需要向兩邊討好，趁著「弭兵」後的和平時期，力圖增加生產以開源（不僅在農業），還感覺好一些。可是拖到魯昭公十三年，還是受不了了。《左傳》記載，此年子產與子大叔相鄭伯到晉國平丘會盟。就在這個盟會中，子產抓到機會又請求減低貢賦。〈昭公十三年傳〉載：

及盟，子產爭承，曰：「昔天子班貢，輕重以列，列尊貢重，周之制也。卑而貢重者，甸服也。鄭伯，男也，而使從公侯之貢，懼弗給也。敢以為請。諸侯靖兵，好以為事，行理之命無月不至，貢之無藝，小國有闕，所

故，然而認為山川星辰之神與晉侯之疾無關，另進「君子有四時」之說（見第四段所引）。又提醒晉侯有四個同姓姬妾，可能為得病之源。〈昭公七年傳〉載子產回答晉韓宣子問晉侯「黃熊入於寢門」之夢，子產謂可能是鯀之神，並建議韓宣子祀夏郊。

[24] 例如《左傳．襄公三十一年》載，子產相鄭伯如晉輸幣，由於一時不能陳幣，子產使壞其館之垣，以納車馬，並乘機責備晉人招待諸侯的館舍如隸人舍，門不容車，而不可踰越，結果趙文子道歉。又如《左傳．昭公十年傳》載，晉平公卒，鄭子皮赴晉會葬，子皮不聽子產之諫，載幣而行，結果不獲見新君。子皮盡用其幣而回，始佩服子產的先見。

[25] 左丘明傳，杜預注，孔穎達正義，《春秋左傳正義》，卷 35，〈襄公二十二年至二十四年〉，頁 1153-1154。

以得罪也。諸侯脩盟，存小國也。貢獻無極，亡可待也。存亡之制，將在今矣。」自日中以爭，至于昏，晉人許之。既盟，子大叔咎之曰：「諸侯若討，其可瀆乎？」子產曰：「晉政多門，貳偷之不暇，何暇討？國不競亦陵，何國之為？」[26]

子產爭承，言辭雖有強辭奪理處，可是辭鋒銳利。晉人似乎怕了他，答應他的請求。其實那時晉與魯國交惡，無暇對付鄭，卻被子產抓到機會，無怪乎孔子要稱讚他：「足以為國基矣。」[27]

在晉楚兩大國的夾縫間，鄭國維持了數十年沒有戰爭的和平，可是子產對兩大國的野心仍然沒有疏忽提防。〈昭公元年傳〉載：

元年，春，楚公子圍聘于鄭，且娶於公孫段氏，伍舉為介。將入館，鄭人惡之。使行人子羽與之言，乃館於外。既聘，將以眾逆。子產患之。使子羽辭曰：「以敝邑褊小，不足以容從者，請墠聽命！」

在伯州犁強辯後，子羽索性攤開來講：

「小國無罪，恃實其罪，將恃大國之安靖己，而無乃包藏禍心以圖之？小國失恃，而懲諸侯，使莫不憾者，距違君命，而有所壅塞不行是懼。不然，敝邑館人之屬也，其敢愛豐氏之祧？」伍舉知其有備也，請垂櫜而入，許之。[28]

〈昭公十八年傳〉載：

火之作也，子產授兵登陴。子大叔曰：「晉無乃討乎？」子產曰：「吾聞之，小國忘守則危，況有災乎！國之不可小，有備故也。」[29]

---

[26] 左丘明傳，杜預注，孔穎達正義，《春秋左傳正義》，卷 46，〈昭公十三年〉，頁 1529-1531。

[27] 同前引，頁 1532。

[28] 以上兩段引文請參見左丘明傳，杜預注，孔穎達正義，《春秋左傳正義》，卷 41，〈昭公元年〉，頁 1310-1311。

[29] 同前引，卷 48，〈昭公十七年至十九年〉，頁 1587。

對付晉邊吏之責讓，子產用不卑不亢的辭令反駁，終於令晉人語塞，這就是子產「在大可久」的措施。

當然，對晉楚的貢賦還是要應付。為了開源，子產不得不作丘賦，為此還被「國人」毀謗，而子產始終堅持。對於這個問題，下面會用專節來討論。這裡先提醒一句，謗者為「國人」而非「野人」，可知這不是田賦。子產的措施，有利於賦稅的均衡，這可以印證《清華簡．子產》篇的「在小能支」、「在小可大」。事實上子產是詳細考慮了鄭國的環境，才推出這些政策，這可以印證「因前遂故」的段尾結論。

7. 第七段也值得整段錄下：

> 前者之能役相其邦家，以成名於天下者，身以處之。用身之道，不以冥冥抑福，不以逸求得，不以利行德，不以虐出民力。子產傳於六正，與善為徒，以愸事不善，毋茲違拂其事。勞惠邦政，端使於四鄰。怠皃懈緩（此句意指官員怠於緩急的政事），更則任之，善則為人，勛勉救善。以助上牧民，民有過失，敹佚弗誅，曰：「苟我固善，不我能亂，我是荒怠，民屯戔然。」下能式上，此謂民信志之。[30]

春秋中葉的鄭國，政權仍在貴族手中，六卿與大部分的大夫，都由穆公的子孫輩族人輪流執掌。對這種狀況，子產也無能為力，衹能勉力適應。[31] 好在罕族的子皮極力支持他，對此他也極為感激，並對子皮知無不言，以為報答。[32] 對其他的人，他以誠心爭取到印氏與游氏兩族支持他；對於已失敗而死的良霄，他基於同胞之愛而殯葬之。為此，他得罪了駟豐二氏，面對這兩族的壓迫，他衹能以一身面對（以身處之）。如果不是子皮的強硬支持，他早已出奔或甚至可能被殺，更不要講執政了。

然而子產始終以光明磊落的態度處之（不以冥冥抑福，不以逸求得，不以利行

---

30 李學勤主編，《清華簡（陸）》，〈子產〉，頁 138。

31 《孟子．離婁上》還說：「為政不難，不得罪於巨室。」到孟子的時代，貴族的世卿制度已經崩潰，而孟子仍如此講法，可知在政壇中的惰性，是多難克服了。趙岐注，孫奭疏，《孟子注疏》，收入《十三經注疏》整理委員會整理，《十三經注疏》（北京：北京大學出版社，2000，清嘉慶二十一年（1816）阮元刻本），卷 7 上，〈離婁章句上〉，頁 229。

32 《左傳．襄公三十一年》載子產諫子皮使尹何為邑，而講了一段非常感人的話：「人心之不同，如其面焉。吾豈敢謂子面如吾面乎？抑心所謂危，亦以告也。」從此以後，子皮對鄭國的政事盡量聽子產的意見。左丘明傳，杜預注，孔穎達正義，《春秋左傳正義》，卷 40，〈襄公三十年至三十一年〉，頁 1303。

德）。對豐卷的蠻幹，子產在逐出三年以後復其大夫之位，而且還其田里（見第二段的討論）。對子晳與子南爭室一事，子產顧慮駟氏的內庇，放子南以避其兇鋒，[33] 讓子晳誤以為他的蠻幹的方法奏效，更加變本加厲，於「薰隧之盟」矯君位，最後危及駟帶之位，才數三罪以誅之。必定要用這種迂迴的方式行事，以求避免更大的內爭，這可以印證「不以逸求得」。對於公孫段的虛矯，子產掌握到他「器小易盈」的特點，升他為卿，並讓他有機會得到晉國韓宣子所賜的州田。終他之世，沒有再引起麻煩。[34]

對於子大叔，子產開誠布公，與他合作施政；同時竭力訓練他成為自己的接班人，經常開導他有關政策的疑慮。當鄭簡公的葬除以及以後因火災的大蒐，子產都避過不毀游氏廟；到臨終，他還不忘提醒大叔施政不能太寬。對待一般的貴族，他的策略是：「大人之忠儉者從而與之；泰侈者，因而斃之。」[35] 此可謂「以愨事不善，毋茲違拂其事。」

至於面對一般民眾，子產的做法是盡量提升政事效率。他所推行的一些措施，如都鄙有章，上下有服，田有封洫，廬井有伍等等，民眾在開始時總會不適應，不免會發怨言。子產為了貫徹其政策，必需有所堅持，那時更是：「以身處之」，以期待民眾的逐漸習慣。《左傳．襄公三十年》載：

> 從政一年，輿人誦之曰：「取我衣冠而褚之，取我田疇而伍之。孰殺子產，吾其與之。」及三年，又誦之曰：「我有子弟，子產誨之。我有田疇，子產殖之。子產而死，誰其嗣之？」[36]

後來他為了開源而作丘賦，更是需要面對國人之謗言：「其父死於路，已為蠆尾。以令於國，國將若之何？」他處置謗言的態度，是堅持而不壓抑；他說：「何害？苟利社稷，死生以之。且吾聞為善者不改其度，故能有濟也。民不可逞，度不可

[33] 《左傳》載：「將行子南，子產咨於大叔。」可見這是個權宜措施。左丘明傳，杜預注，孔穎達正義，《春秋左傳正義》，卷 41，〈昭公元年〉，頁 1326。

[34] 薰隧之盟，《左傳》稱：「鄭為游楚亂故，六月丁巳，鄭伯及其大夫盟於公孫段氏。」子產用這一招推出公孫段主盟，因而防止豐氏與子晳的聯合。左丘明傳，杜預注，孔穎達正義，《春秋左傳正義》，卷 41，〈昭公元年〉，頁 1330。

[35] 左丘明傳，杜預注，孔穎達正義，《春秋左傳正義》，卷 40，〈襄公三十年至三十一年〉，頁 1290。另，楊伯峻，《春秋左傳注》下冊（北京：中華書局，2018），頁 1023。釋「斃」為「踣」，義為罰而使之去職。

[36] 左丘明傳，杜預注，孔穎達正義，《春秋左傳正義》，卷 40，〈襄公三十年至三十一年〉，頁 1291。

改。詩曰：『禮義不愆，何恤於人言？』吾不遷矣。」[37] 雖然到了最後，大家都能瞭解他的苦衷而合作，可是在開始時，「以身處之」的困擾也夠他忍受的。[38] 他不壓抑民眾的謗毀，最有名的事跡，就是「不毀鄉校」。《左傳．襄公三十一年》記載：

> 鄭人游于鄉校，以論執政。然明謂子產曰：「毀鄉校，何如？」子產曰：「何為？夫人朝夕退而游焉，以議執政之善否。其所善者，吾則行之；其所惡者，吾則改之。是吾師也，若之何毀之？我聞忠善以損怨，不聞作威以防怨。豈不遽止，然猶防川，大決所犯，傷人必多，吾不克救也。不如小決使道，不如吾聞而藥之也。」然明曰：「蔑也今而後知吾子之信可事也。小人實不才，若果行此，其鄭國實賴之，豈唯二三臣？」仲尼聞是語也，曰：「以是觀之，人謂子產不仁，吾不信也。」[39]

《左傳》這些描述，我認為是《清華簡（陸）．子產》第七段：「民有過失敖佚，弗誅，曰：『苟我固善，不我能亂，我是荒怠，民屯剁然。』下能式上。」[40] 一段話最好的印證。

8. 第八段的重點是：「子產用尊老先生之俊，乃有桑丘仲文。杜逝、肥仲、王子伯願；乃設六輔：子羽、子剌、蔑明、卑登、俖富之支鞭，王子百。」[41] 這段的主旨，無非是子產施政時能善用別人的智慧。中間列出他的師承與輔佐者的名字，是〈子產〉篇的特色。至於前面的一段論辯：「古之狂君，……，重任以果將」，近於老生常談，我認為沒有必要抄在這裡。後面一段說他流竄了一批人：辛道、飤語、管單、相冒、韓樂，其罪名或是虛

---

[37] 以上引文參見左丘明傳，杜預注，孔穎達正義，《春秋左傳正義》，卷 42，〈昭公二年至四年〉，頁 1385-1386。

[38] 為此他還被渾罕詛咒「國氏其先亡乎！」左丘明傳，杜預注，孔穎達正義，《春秋左傳正義》，卷 42，〈昭公二年至四年〉，頁 1386。其實子產之子國參（字子思）一直在鄭國卿大夫之位。《春秋經．昭公三十二年》記載他代表鄭國城成周。至魯哀公二十七年鄭國抵抗晉知伯之役，子思還在，離魯昭公二十年子產去世，已經四十七年了。可知《左傳》記載此事，祇是為了突顯渾罕的無稽。

[39] 左丘明傳，杜預注，孔穎達正義，《春秋左傳正義》，卷 40，〈襄公三十年至三十一年〉，頁 1301-1302。

[40] 李學勤主編，《清華簡（陸）》，〈子產〉，頁 138。

[41] 同前引，〈子產〉，頁 138。這可以與《清華簡（參）．良臣》相印證。可惜〈良臣〉篇僅有人名而無事實。見清華大學出土文獻研究與保護中心編，李學勤主編，《清華大學藏戰國竹簡（參）》（上海：中西書局，2012）。

言無實，或是生活奢汰，（飾美宮室衣裘，好飲食醧釀。）有些空泛；不過也許可作「泰侈者，因而斃之」一語的印證。那些人名，在已知的文獻中也找不到根據，我認為可疑，衹能當作是戰國時各種誇大傳言的一部分。[42]

《左傳》沒有記載子產的師承，可是由子產廣博的知識看來，他所受的教育一定非常扎實。由他勸諫子皮之言[43]「僑聞學而後入政，未聞以政學者也。若果行此，必有所害」，[44]可知他自已在入政以前，一定做了充分的準備。他自小就聰明，在魯襄公八年（當時他僅十六、七歲），全國都在為侵蔡獲利而欣喜時，唯獨他擔憂：「小國無文德而有武功，禍莫大焉。楚人來討，能勿從乎？從之，晉師必至。晉、楚伐鄭，自今鄭國不四、五年，弗得寧矣。」[45]為此他還被父親怒責。兩年後，他的父親子國在西宮被殺，他就已能鎮靜應付：「為門者，庀羣司，閉府庫，慎閉藏，完守備，成列而後出」，[46]並且還能率領十七乘兵車攻盜於北宮；事定後，又能力諫子孔焚載書，可見當時的能力已經相當強。可能他在童年時，在家已接受了充分的（貴族）教育。從魯襄公十年到魯襄公十八年一段時間，鄭國由子孔執政，子產為了表示無意與子孔爭權，讓他「子得所欲」，完全絕跡於政壇。我認為他在此時期可能在外國從師，以求學問的深造，同時亦藉此躲避子孔的迫害。《清華簡（參）· 良臣》列出「子產之師」四人，其中有三人與《清華簡（陸）· 子產》所列「先生之俊」相同，可見多少有些根據。可是這些人名又不見於其他文獻（尤其是《左傳》），我猜想他們都是子產在國外所從之師。其中有「王子伯願」，很可能就是周之王子。鄭國鄰近於周，很可能有一段時間，子產在周從師，並得觀周室的府藏典籍。[47]

---

42 以上引文參見李學勤主編，《清華簡（陸）》，〈子產〉，頁 138

43 《左傳 · 襄公三十一年》記載子皮欲使尹何為邑，以為：「使夫往而學焉，夫亦愈知治矣。」子產諫止之。左丘明傳，杜預注，孔穎達正義，《春秋左傳正義》，卷 40，〈襄公三十年至三十一年〉，頁 1302。

44 左丘明傳，杜預注，孔穎達正義，《春秋左傳正義》，卷 40，〈襄公三十年至三十一年〉，頁 1303。

45 同前引，卷 30，〈襄公五年至九年〉，頁 982。

46 同前引，卷 31，〈襄公十年至十二年〉，頁 1020。

47 《莊子》記載子產師事「伯昏無人」，《列子》作「伯昏瞀人」，其內容似為寓言。然而，既然提出「伯昏無人」的名字，可能當時有此一傳說。參見郭慶藩撰，王孝魚點校，《莊子集釋》（北京：中華書局，1961），卷 2 下，〈德充符第五〉，頁 196；張湛注，《列子注》，《諸子集成》第 3 冊（北京：中華書局，1978），卷 2，〈黃帝第三〉，頁 16。我懷疑「伯昏」是「伯願」的誤傳。在上古韻部中，「願」與「昏」相近，「願」屬元部，「昏」雖屬「文」部，可是在詩韻中「昏」卻屬「十三元」，可見二字韻部可通。至於聲母，二字同屬牙喉音，發音亦相近（願字屬疑紐 ŋ，昏字屬曉紐 x）。

至於〈子產〉篇的「六輔」，大部分都在文獻（尤其是《左傳》）中有所記載，也與〈良臣〉篇相符。其中「子羽」（即公孫揮）、「蔑明」（即然明）、「卑登」（即裨諶）三人最常見。「富之鞭」很可能就是《左傳．昭公十六年》諫子產的「富子」。僅「子剌」與「王子百」二人未見，不過鄭國有「王子」氏，如《左傳．宣公六年》批評公子曼滿欲為卿的王子伯廖，《左傳．襄公八年》鄭及楚平後告于晉的王子伯駢等，可能「王子氏」世為鄭大夫，「王子百」可能是其後代。衹有「子剌」沒有著落。可是《左傳．襄公三十一年傳》載：

> 子產之從政也，擇能而使之。馮簡子能斷大事，子大叔美秀而文，公孫揮能知四國之為，而辨於其大夫之族姓、班位、貴賤、能否，而又善為辭令。裨諶能謀，謀於野則獲，謀於邑則否。鄭國將有諸侯之事，子產乃問四國之為於子羽。且使多為辭令，與裨諶乘以適野，使謀可否。而告馮簡子使斷之，事成，乃授子大叔使行之，以應對賓客，是以鮮有敗事。[48]

這裡出現的「馮簡子」，也出現在同年稍早記述歡迎北宮文子的文字中：「馮簡子與子大叔逆客」，顯示馮簡子應該也是重要的鄭國大夫。「簡子」的稱呼像是謚號，而不像名字。與《清華簡．子產》比較，我很懷疑「子剌」就是馮簡子的字，其人也許年齡較高，經驗豐富，故擅長於決斷；可是他也可能比較早去世，故在《左傳》後文中不復見。

第八段的宗旨，應是子產受四位師長的教育以打下根砥，再善用六輔（應該還加上子大叔），使鄭國有數十年的治世，自然有過失的人就少了。這應該就是該段的結論：「此謂由善散愆」的精義。

9. 第九段的主旨很簡單，但非常重要。關鍵的字眼是子產「肄三邦之令，以為鄭令、野令」、「肄三邦之刑，以為鄭刑、野刑」。[49] 這份資訊，可謂大都是全新的，是《清華簡（陸）．子產》對古史最重要的貢獻。這一段告訴我們，子產在鄭國主持編製了四份文件：鄭令、野令、鄭刑、野刑。並且在編製時，是參考了「三邦」的材料。這裡唯一可以和《左傳》印證的地

[48] 左丘明傳，杜預注，孔穎達正義，《春秋左傳正義》，卷 40，〈襄公三十年至三十一年〉，頁 1301。《論語．憲問》也有類似的記載：「為命，裨諶草創之，世叔討論之，行人子羽脩飾之，東里子產潤色之。」（見何晏注，邢昺疏，《論語注疏》，卷 14，〈憲問第十四〉，頁 210。）當然，孔子所引述的過程是「為命」而非「諸侯之事」，可是一樣顯示出子產唯才是視，以及不專擅的態度。

[49] 李學勤主編，《清華簡（陸）》，〈子產〉，頁 138。

方，是〈昭公六年傳〉所載子產鑄刑書的事，值得拿來比較：

> 三月，鄭人鑄刑書。叔向使詒子產書，曰：「始吾有虞於子，今則已矣。昔先王議事以制，不為刑辟，懼民之有爭心也，猶不可禁禦，是故閑之以義，糾之以政，行之以禮，守之以信，奉之以仁，制為祿位，以勸其從。嚴斷刑罰，以威其淫。懼其未也，故誨之以忠，聳之以行，教之以務，使之以和，臨之以敬，涖之以彊，斷之以剛。猶求聖哲之上，明察之官，忠信之長，慈惠之師，民於是乎可任使也，而不生禍亂。民知有辟，則不忌於上，並有爭心，以徵於書，而徼幸以成之，弗可為矣。夏有亂政，而作禹刑。商有亂政，而作湯刑。周有亂政，而作九刑。三辟之興，皆叔世也。今吾子相鄭國，作封洫，立謗政，制參辟，鑄刑書，將以靖民，不亦難乎？……民知　端矣，將棄禮而徵於書。錐刀之末，將盡爭之。亂獄滋豐，賄賂並行，終子之世，鄭其敗乎！肸聞之：『國將亡，必多制。』其此之謂乎！復書曰：「若吾子之言，僑不才，不能及子孫，吾以救世也。既不承命，敢忘大惠？」[50]

姑且不去評判叔向的意識型態（下面另談），先解決「三邦」的問題。據李學勤教授的注釋，「三邦」指夏、商、周，[51] 對此解釋我不敢苟同。夏、商、周在傳統上稱為「三代」，未聞稱為「三邦」。且夏商年代久遠，連孔子都認為文獻不足徵，子產由哪裡找到資料來參考？戰國時期往往有託古改制者（例如《韓非子》、《呂氏春秋》等），流傳著一些三代的史料，大多不可信。我不認為子產會將全心投入的「令」與「刑」，根植於不可信的傳聞上。我認為這裡所謂的「三邦」，是與子產同時期的春秋諸國。「三」，按汪中〈釋三九〉，是虛數。如果一定要指實，則晉楚兩國的做法，都可能是子產參考的對象（也許還可以加上管仲時期的齊國）。〈子產〉篇說子產「為鄭刑、野刑」，可見他在鑄刑書的時候，把「鄭」與「野」分開。前者的對象，是鄭都邑中的「國人」；後者的對象，是在野地工作的農夫。至於上層的貴族，那時鄭國政壇還沒有完全脫離「刑不上大夫」[52] 的意識型態，需要執政者

---

[50] 左丘明傳，杜預注，孔穎達正義，《春秋左傳正義》，卷 43，〈昭公五年至六年〉，頁 1411-1416。

[51] 李學勤主編，《清華簡（陸）》，〈子產〉，頁 143。〈子產〉篇第九段「肄三邦之令」下的〔注 79〕說「三邦」，指夏、商、周。「三邦之刑」下的〔注 83〕說：「『……叔向使詒子產書。』其中提到『夏有亂政而作《禹刑》，商有亂政而作《湯刑》，周有亂政而作《九刑》』，即此處『三邦之刑』。」

[52] 鄭玄注，孔穎達疏，《禮記正義》，收入《十三經注疏》整理委員會整理，《十三經注疏》（北京：北京大學出版社，2000），卷 3，〈曲禮上〉，頁 91。

特別處理。看子產在放逐游楚的時候，宣布的罪狀是：「直鈞，幼賤有罪，罪在楚也。」[53] 就可以知道，子產不會將上層貴族當成「刑書」的處理對象，這完全是過渡時期的特色。

至於「鄭令」與「野令」，我認為那些是管理「國人」與「野人」的政令，如「都鄙有章，上下有服，田有封洫，廬井有伍」之類，[54] 也許包括稅賦辦法之類行之有效的政策。〈子產〉篇的「令」字，本為「命」字，此兩字古時本相通。本文所引《論語．憲問》孔子之言：「為命，裨諶草創之……」[55] 的「命」字，其中可能就包含有「鄭令」、「野令」在內。〈子產〉篇第九段所強調的「行以尊令裕儀，以釋亡教不辜，此謂張美棄惡。」說得太玄虛了，我認為還不如《左傳》所載「輿人之誦」（見第七段的討論）來得明曉。就算他後來為了開源而作丘賦，而受到「國人」的謗言，子產還是「身以處之」，而不與校。久之，他的「救世」之心，終會大明。當鄭在晉楚兩國夾縫之間，數十年不受兵革（當然他不敢放鬆），民生逐漸寬裕時，民眾違反教令的情形當然會減少。這就是「張美棄惡」的印證，亦顯示他「救世」理想的成功。

三、子產時代鄭國政經局勢的揣測

鄭國位於中原四戰之地，雖在春秋初期（鄭莊公時）有稱霸之勢，後來卻受齊、秦、晉、楚相繼的攻伐，國內又屢次發生弒君事件，國力因此大衰。當齊、楚、晉輪流成為「盟主」時，鄭祇能托身在他們的旗下以求庇護。因此，百姓的民脂民膏，除了供應國內貴族揮霍之外，還要向「盟主」「輸幣」，可以想見執政者所面對的困難。鄭國並不像齊國那樣有魚鹽之利，也不像「泗上諸國」那樣，有平衍肥沃的田地。子產必須盡量利用鄭國本身的資源。

鄭桓公的封地本來在關西。到周幽王的末期，鄭桓公意識到周室危機四伏，聽從史伯的建議，將族人與財賄寄放於關東虢鄶之間（即今新鄭縣附近）。後來就在這塊地方生根。當時此地人民怠沓，[56] 其地多丘陵，不利於農業發展。可是那裡人口密集，交通方便，長久以來，就成為附近商品的集散地。這吸引了關西一批商人

---

[53] 左丘明傳，杜預注，孔穎達正義，《春秋左傳正義》，卷 41，〈昭公元年〉，頁 1325。

[54] 同前引，卷 40，〈襄公三十年至三十一年〉，頁 1290。

[55] 何晏注，邢昺疏，《論語注疏》，卷 14，〈憲問第十四〉，頁 210。

[56] 見《國語．鄭語》史伯之言。韋昭注，《國語》第 2 冊，卷 16，〈鄭語〉，頁 56-62。

也逃難到此地，投到鄭桓公的轄下。他們能夠吃苦耐勞，所賺得的財富可以繁榮鄭國；他們也認同這塊土地，願意為鄭國的安全貢獻一己之力。《左傳・僖公三十三年》載：

> （秦師）及滑，鄭商人弦高將市於周，遇之，以乘韋先，牛十二，犒師，曰：「寡君聞吾子將步師出於敝邑，敢犒從者。不腆敝邑，為從者之淹，居則具一日之積，行則備一夕之衛。」且使遽告于鄭。……孟明曰：「鄭有備矣，不可冀也。攻之不克，圍之不繼，吾其還也。」滅滑而還。[57]

孟明的軍隊必定是在離鄭國還有一段距離時，就被發現了，不然，孟明不會就近滅滑。弦高的商隊遠行做生意，一定會有相當的資產；他們發現了秦軍，必定意識到鄭國將有災禍。他們不顧一切，假裝為鄭國的使者犒師，除了表現出應變能力之外，也顯示出對鄭國強烈的認同心。由此可知，商賈的確為鄭國生產經濟的重要部分。在過渡時期，鄭國大概會有一些官員管理他們。除此以外，當時的手工業，應該已經萌芽，在傳統的紡織業之外，礦冶也應該佔有一部分。鐵器那時應已傳入，不過技術還沒有太熟練，民眾不免以其為「惡金」而抗拒，僅用之為耒耜來破土。[58] 丘陵地宜於畜牧，鄭國大概也不會放過，畜養的可能以牛羊為主，馬則不如晉國。就農耕來說，栽植的除了稷、黍、麥之外，也許還有桑與麻，以供應紡織的原料。對山林的保持，應該也是子產施政的一部分。《左傳・昭公十六年》載：

> 鄭大旱，使屠擊、祝款、豎柎，有事於桑山。斬其木，不雨。子產曰：「有事於山，蓺山林也。而斬其木，其罪大矣。」奪之官邑。[59]

可知山林也應該是鄭國經濟的一部分。

〈子產〉篇認為子產施政，將「國人」與「野人」分別處理，「野人」應該就是農民。鄭國的農業環境並不好，田地受丘陵約束而破碎，用以灌溉的河流（洧水與溱水）短而促，而且水流量冬夏差別大，又常會鬧旱災。[60] 子產對於田地的管理

---

57 左丘明傳，杜預注，孔穎達正義，《春秋左傳正義》，卷 17，〈僖公二十九年至三十三年〉，頁 544-546。

58 請參閱李怡嚴，《科學與歷史》（臺北：三民書局，2015），〈論《穆天子傳》的西王母〉，頁 222。

59 左丘明傳，杜預注，孔穎達正義，《春秋左傳正義》，卷 47，〈昭公十七年至十九年〉，頁 1562。

60 見於《左傳》的旱災。除前引〈昭公十六年傳〉的記載外，還有〈襄公二十九年傳〉記載：「鄭子

辦法，是田有封洫，廬井有伍，封洫是為了灌溉與水土保持，同時也讓田地分開而避免兼併。「廬」應該指農民聚居之屋舍，「井」應指為飲食與日常用的水而掘的水井。[61] 那時的「廬」，是簡陋的茅草屋。那時的「井」，是丈餘深的淺井。廬需要經常維護，井需要經常渫洗。以五家為單位造廬與掘井，可以造得較堅固，掘得較深，維修與渫洗，可以分擔，顯然這是改善農民生活的措施。

子產對於農業生產一向很重視。他回答子大叔的問政，說：「政如農功，日夜思之，思其始而成其終。朝夕而行之，行無越思，……。」[62] 固然是用農功來比喻施政，可是反過來，也可以讓我們瞭解，當時當地的農民，需要不斷應付環境的挑戰。子產很瞭解農耕技術的局限，不會加重他們的負擔。所以日後子產為了開源而創的「丘賦」，對象應為居住於都邑中的「國人」，他們比較負擔得起。當然，抱怨而毀謗他的，也是「國人」。楊伯峻的〈注〉認為「丘賦」可能類似於〈成公元年傳〉的「丘甲」，[63] 我認為「丘」是都邑中的區域單位，《莊子．則陽》有「丘里」，可作參證。[64]「國人」本來需負擔戰鬥的任務，等他們瞭解子產的策略，可讓鄭國數十年免除兵革之苦時，自然就不會再毀謗子產了。

四、子產對「禮」與「信」的態度

由子大叔轉述子產關於「禮」的話（見第（二）節第三段的討論），子產似乎將「禮」奠基於人性。從理論上看來，似乎「禮」可以施予任何人；可是《左傳》上的子產卻沒有這個跡象。他竭力將「禮」用於貴族同僚，可是遇到既不講「禮」

展卒，子皮即位，於是鄭饑而未及麥，民病。子皮以子展之命，餼國人粟，戶一鍾，……。」這個大飢荒，很可能也是乾旱所引起的。由於乾燥，也容易發生火災。我揣測當時鄭國不宜於種稻。見左丘明傳，杜預注，孔穎達正義，《春秋左傳正義》，卷 39，〈襄公二十九年〉，頁 1254。

61 請參閱李怡嚴、賴建誠，〈論孟子的井地說——兼評梁啟超的先秦田制觀〉，《新史學》，13.4（臺北：2002），頁 119-164。春秋中葉的掘井技術還不夠成熟，多數為淺井，為保持水質，需要經常渫井。而且當時不會用井水灌溉，尤其不會在田中央掘井。因為掘井會降低地下水的水位，反使農作物的根部得不到滋潤。如果再將井水汲出灌溉，根本是多此一舉。

62 左丘明傳，杜預注，孔穎達正義，《春秋左傳正義》，卷 36，〈襄公二十五年〉，頁 1181。

63 見楊伯峻，《春秋左傳注》下冊，頁 671。我認為不見得與「軍賦」有關。

64 郭慶藩撰，王孝魚點校，《莊子集釋》，卷 8 下，〈則陽第二十五〉，頁 909。可是對於《周官．小司徒》的所謂：「九夫為井，四井為邑，四邑為丘，四丘為甸，四甸為縣，四縣為都」的說法（鄭玄注，賈公彥疏，《周禮注疏》，收入《十三經注疏》整理委員會整理，《十三經注疏》（北京：北京大學出版社，2000，清嘉慶二十一年（1816）阮元刻本），卷 11，〈小司徒〉，頁 329。），我則抱保留的態度。《周官》應該是戰國末期的理想化建構，實際情形不會那樣整齊劃一。

又不講道理的公孫黑，他還是不能不暫時妥協。《清華簡・子產》篇說子產將「鄭令」與「野令」分開處理。很可能他會嘗試將「禮」的適用對象擴大到「國人」。這裡他會發現單憑禮還不足以施政，他必須獲得民眾的信任，這就是〈子產〉篇第一段所強調的：為獲得商人的信任，他堅持不給韓宣子玉環。他鑄刑書的目標之一，也是企圖獲得民眾的信任，所以才將「鄭刑」與「野刑」的條文鑄在笨重的鼎上，並公開陳列，讓民眾瞭解這些條文的要求，一定會為執政者所信守，不致因人而變動。這種以「信」補充「禮」的想法，在數十年後就被孔子所繼承。《論語・顏淵》記述：

> 子貢問政。子曰：「足食，足兵，民信之矣。」子貢曰：「必不得已而去，於斯三者何先？」曰：「去兵。」子貢曰：「必不得已而去，於斯二者何先？」曰：「去食。自古皆有死，民無信不立。」[65]

這裡以「信」作為一種德目，其淵源似乎起於集團之間，而非個人之間。這與後來「信」成為「朋友間的倫理」，是不同的。

可是在鄭國，當時的貴族集團間卻很難彼此信任，有時為了維持表面上的「信」，還不得不倚賴於訴諸鬼神的盟誓。《左傳》載駟良之事，說子晳發怒，將罰伯有氏，大夫們為了和解，「十二月己巳，鄭大夫盟於伯有氏。」[66] 結果這種表面上的盟誓，效果當然不會長。有時子產自己，也必須參與這種形式上的盟誓。《左傳・襄公三十年》載：

> 子產斂伯有氏之死者而殯之，不及謀而遂行。印段從之，子皮止之。眾曰：「人不我順，何止焉？」子皮曰：「夫子禮於死者，況生者乎？」遂自止之。壬寅，子產入，癸卯，子石入。皆受盟于子晳氏。乙巳，鄭伯及其大夫盟于大宮。盟國人於師之梁之外。[67]

而在伯有死於羊肆後，《左傳》繼續敘述：

---

[65] 何晏注，邢昺疏，《論語注疏》，卷 12，〈顏淵第十二〉，頁 180。

[66] 左丘明傳，杜預注，孔穎達正義，《春秋左傳正義》，卷 39，〈襄公二十九年〉，頁 1275。

[67] 同前引，卷 40，〈襄公三十年至三十一年〉，頁 1285-1286。

> 於是游吉如晉還，聞難不入，復命于介。八月，甲子，奔晉。駟帶追之，及酸棗。與子上盟，用兩珪質于河。使公孫肸入盟大夫。己巳，復歸。[68]

即使到了子產執政之後，如前文的注 34 所述，子產還是必須參與「薰隧之盟」，以應付公孫黑的危機。即使這是祕密的「私盟」，還是被公孫黑闖入而破壞。〈昭公元年傳〉載：

> 鄭為游楚亂故，六月，丁巳，鄭伯及其大夫盟于公孫段氏。罕虎、公孫僑、公孫段、印段、游吉、駟帶私盟于閨門之外，實薰隧。公孫黑強與於盟，使大史書其名，且曰「七子」。子產弗討。[69]

何以貴族的卿大夫們需要一再靠盟誓來維持信任，甚至連鄭伯也需要與大夫盟誓呢？關鍵在於春秋中葉，世卿制度仍舊時興。在此過渡時期，各貴族集團為了維護自己的權益，多（或多或少）擁有自己的軍隊，[70] 權力不集中。子產自從解決了公孫黑以後，瞭解到盟誓不能達到維持公族合作的目標，對同僚皆以禮相待，從此不再有盟誓之事。[71] 他並以實際行動來贏取民眾的信任（例如鑄刑書），卻不以「信」作為道德的要求。這是子產比同時期各國大卿夫高明的地方。

---

68 左丘明傳，杜預注，孔穎達正義，《春秋左傳正義》，卷 40，〈襄公三十年至三十一年〉，頁 1286。

69 同前引，卷 41，〈昭公元年〉，頁 1330。

70 看到《左傳》敘述「子皙以駟氏之甲，伐（伯有氏）而焚之」與「子張怒，退而徵役（欲攻子產）」，就可知道各族擁兵自重的情況。（以上引文參見左丘明傳，杜預注，孔穎達正義，《春秋左傳正義》，卷 40，〈襄公三十年至三十一年〉，頁 1285、1290。）〈襄公十九年傳〉載子孔被討時，「以其甲及子革，子良氏之甲守」、「子展、子西率國人伐之，殺子孔而分其室。」（以上引文參見左丘明傳，杜預注，孔穎達正義，《春秋左傳正義》，卷 34，〈襄公十九年至二十一年〉，頁 1104。）可以想見當時需要用一場戰役來懲罰一個貴族集團。又，當時各族不但各自擁兵，亦各自有財源。這可從〈襄公二十六年傳〉所載，鄭人請釋印堇父於秦，取貨於印氏而得知。

71 當魯襄公二十九年鄭大夫盟於伯有氏的時候，裨諶就已經引《詩・小雅・巧言》的「君子屢盟，亂是用長」來譏刺這種行動。子產以當事人的身分，當然更瞭解「君子屢盟」的荒誕性。可惜春秋的其他國家，並沒有從鄭國的事件中獲得智慧。〈定公六年傳〉載：「陽虎又盟公及三桓於周社，盟國人于亳社，詛于五父之衢。」（左丘明傳，杜預注，孔穎達正義，《春秋左傳正義》，卷 55，〈定公五年至九年〉，頁 1805。）結果當然是盟誓無效，次年陽虎劫持魯定公與叔孫武叔以作亂。

五、子產有「法治」思想嗎？

因為子產有「鑄刑書」的舉動，顯然是鑄之於鼎，讓民眾都看得到。因此由清末起，頗有人認為這是中國成文法的起源。梁啟超認為：

> 法家成為一有系統之學派，為時甚晚，蓋自慎到尹文韓非以後。然法治主義，則起源甚早。管仲子產，確已萌芽。[72]

鄭克堂著《子產評傳》在〈結論〉中強調：

> 法治主義之出現於羣治演進之世，完全關於法律能夠公開而已。倘不關於法律公開，則呂侯之刑書，何嘗不講法治？但不公開就不能算做法治，不公開就不能使貴賤一律平等。子產鑄刑書於鼎，就是將刑律公布出來，用以維持禮治不足支配的局面，誠不愧為救世主義，……。[73]

可是《清華簡（陸）· 子產》篇說子產將「鄭刑」與「野刑」分開處理。即使這兩份文件都鑄在鼎上，衹能夠警告民眾不要觸犯這些刑律，而不可能使貴賤一律平等。所以我認為，不能用戰國時法家的理想，去詮釋子產「鑄刑書」的行為。而且很顯然，「刑書」對於公族，也是不適用的。當子皙與子南發生爭妻的事件，子產的判語是：「直鈞，幼賤有罪，罪在楚也。」[74] 顯然將長幼列入判斷的標準。可是當子皙失去駟氏的庇蔭時，子產數子皙之罪，也有「昆弟爭室，而罪二也」一條。[75] 可見誰有罪誰沒有罪，還得看勢力而定，這完全不合戰國法家的精神。

在韓宣子聘鄭的場合，孔張後至以致失位，富子向他進諫：「孔張失位，吾子之恥也。」[76] 子產卻認為這不是執政者應該負責的，因為孔張是子孔之後，屬於公

---

72 見梁啟超，《先秦政治思想史》，《飲冰室合集第十三冊 · 飲冰室專集之五十》（上海：中華書局，1936），頁 132-133。他另有《中國法理學發達史論》，可以參閱。請見梁啟超，《中國法理學發達史論》，《飲冰室合集第五冊 · 飲冰室文集之十二》（上海：中華書局，1936）。

73 鄭克堂，《子產評傳》（長沙：商務印書館，1941），頁 185。

74 左丘明傳，杜預注，孔穎達正義，《春秋左傳正義》，卷 41，〈昭公元年〉，頁 1325。

75 同前引，卷 42，〈昭公二年至四年〉，頁 1353。

76 同前引，卷 47，〈昭公十四年至十六年〉，頁 1554。

族，他的私人行為執政者管不了，因此「僑焉得恥之？」[77] 所以除了分別「國人」與「野人」之外，還得將公族分開作為另外一類（用傳統的禮來管理）。可見這是一個過渡時期。

子產將他對於刑獄的態度，告訴了子大叔，後來子大叔又告訴了晉國的趙簡子：「為刑罰威獄，使民畏忌，以類其震曜殺戮。」可知子產著重的，還是「使民畏忌」。[78] 這與他臨終前對子大叔講的話：「夫火烈，民望而畏之，故鮮死焉；水懦弱，民狎而翫之，則多死焉。故寬難」[79] 是相通的。而將「刑書」公布出來，除了徵信於民外，亦可以增強這種「使民畏忌」的效果。既然公布了，子產當然有義務去維持其公正性，可是這是「守信」，而不是「守法」。「守信」也是子產單方面的，沒有要求對方也守；他對富子表示：「發命之不衷，出令之不信，刑之頗類，獄之放紛，……僑之恥也」，[80] 就是這種宣示。這是「立信」，還談不上有「法治」精神。

《左傳》並沒有交代子產「刑書」的內容與其根據，可是〈子產〉篇說他參考（原文為「肄」）了「三邦」的「令」與刑。前面我曾經假設，「三邦」應該包括晉與楚。進一步的考察，可以從〈昭公二十九年傳〉孔子批評晉范宣子的「刑鼎」一段話得到暗示。表面上看來，魯昭公六年晉叔向對子產的詒書，與孔子對范宣子刑鼎的批評好像很類似，其實不然。孔子應該很熟悉子產鑄刑書的事，可是並無批評，卻反而稱讚子產：「其養民也惠，其使民也義」，[81] 可見孔子並不反對子產公布刑書。孔子在意的是刑書的內容。孔子批評范宣子刑鼎的話，著重在：「文公是以作執秩之官，為被廬之法，以為盟主。……且夫宣子之刑，夷之蒐也，晉國之亂制也，若之何以為法？」[82] 這段話很值得進一步探討。

魯僖公二十七年的「被廬之蒐」與魯文公六年的「夷之蒐」，都是為了練兵。因為「師出以律」，所以軍刑之出現也往往較早，而針對民眾制定之刑律，往往也會參照軍刑之形式與精神。[83] 孔子認為晉文公無自私之心，守被廬的法則，故可以

---

77 左丘明傳，杜預注，孔穎達正義，《春秋左傳正義》，卷 47，〈昭公十四年至十六年〉，頁 1554。

78 同前引，卷 51，〈昭公二十四年至二十五年〉，頁 1674。

79 同前引，卷 49，〈昭公二十年〉，頁 1620-1621。

80 同前引，卷 47，〈昭公十四年至十六年〉，頁 1554-1555。

81 何晏注，邢昺疏，《論語注疏》，卷 5，〈公冶長第五〉，頁 68。

82 左丘明傳，杜預注，孔穎達正義，《春秋左傳正義》，卷 53，〈昭公二十九年至三十二年〉，頁 1741-1742。

83 請參閱顧頡剛，《史林雜識初編》（北京：中華書局，1963），〈古代兵、刑無別〉，頁 82-84。此文指出遠古時兵刑無別。由此我們才能夠瞭解到春秋時代，兵刑初分時，「刑」往往以「兵」為

作盟主；而「夷之蒐」則被當時晉國諸卿的私心所介入，一蒐而三易中軍帥，徒啟爭端，故為晉國之亂制。由此看來，子產定刑書之內容時，可能會師法晉國被廬之法的精神，以大公之心行之，故孔子無譏。而范宣子的刑鼎，出於范宣子的私心，故孔子譏之。由此可以判斷：晉叔向詒書子產，無關於「禮法之爭」。[84] 更不能由這段記載，判斷子產的拒絕，是出於法家的堅持。

固然，先秦法家派別也很多，我們不應用後世典型法家的標準來判斷子產。可是子產生活在春秋中期，那時諸子思想還沒有出現。子產對一般貴族還是守傳統的禮，祇是為了對庶民施政立信才定刑書，這還是符合孔子「教之」的原則的。觀孔子對子產的態度，就可知道他並不認為子產的施政有可非議的地方。我認為後世將子產列為「法家」的人，祇是想替戰國法家勉強找一個源頭，而不惜轉變歷史的判斷。因此，我堅決反對將子產列為法家。[85]

六、結語：救世與救時

《清華簡（陸）· 子產》的最後一段，似乎有一些費解的新資料，「為民刑程，

藍本。我認為唯有從這個方向去思考，才能瞭解何以孔子在批評范宣子的刑鼎時，會訴諸表面上不相干的「被廬之法」與「夷之蒐」。請注意孔子所講的「被廬之法」的「法」字，指「法度」、「法則」而言，以關合前面「夫晉國將守唐叔之所受法度」與後面的「若之何以為法」，而沒有戰國時法家所倡「法」的意義。（左丘明傳，杜預注，孔穎達正義，《春秋左傳正義》，卷 53，〈昭公二十九年至三十二年〉，頁 1741。）事實上一直到《孟子 · 離婁上》的「徒善不足以為政，徒法不能以自行」，也還沒有涉及「律法」的意義。（趙岐注，孫奭疏，《孟子注疏》，卷 7 上，〈離婁章句上〉，頁 219。）

84 〈叔向詒子產書〉一開頭就說：「始吾有虞於子，今則已矣。」尤有酸味。（左丘明傳，杜預注，孔穎達正義，《春秋左傳正義》，卷 43，〈昭公五年至六年〉，頁 1411。）叔向在晉國長期為大夫，卻始終被強族所擠壓而無緣晉升為卿。他當然瞭解范宣子所著的「刑書」的偏失，他自己甚至一度被捲入欒盈之獄，而幾為范宣子所殺（魯襄公二十一年）。面對這些強族，他無可如何。可能當時晉國諸卿已有意公布范宣子的刑書，可是還有所遲疑。晉國一向尊重子產，所以叔向希望子產能夠發揮一些影響力，去阻止范宣子刑書的公布（始吾有虞於子）。現在子產自己在鄭國公布了他自己的刑書，其中雖然沒有「夷之蒐」的缺失，卻容易被晉國當作口實而學樣，讓范宣子刑書之公布更無法阻擋，故叔向急到要詛咒子產：「終子之世，鄭其敗乎！」子產在回信上說他不在乎（「僑不才，不能及子孫」）等於給叔向一個軟釘子碰！事實上子產雖然沒有為子孫謀，其政策仍由子大叔所繼承。（以上引文參見左丘明傳，杜預注，孔穎達正義，《春秋左傳正義》，卷 43，〈昭公五年至六年〉，頁 1415、1416。）

85 同樣，我也反對將管仲列為法家。

上下維輯，野三分，粟三分，兵三分。」[86] 李學勤教授的〈注釋〉認為這句話可能與叔向詒書中的「制三辟」有關；又懷疑「刑書」中會有「野」、「粟」、「兵」三部分[87] 按前一段明言「野令」與「鄭令」分別，則此處不應有矛盾。從前面兩句著想，我懷疑子產為了增進行政效益，而將此三事皆三分，而由他自己，子皮與子大叔分別負責。[88]

在《左傳》中，子產對子皮與子大叔雖然屢作建議，知無不言，可是並沒有強迫他們接受自己的意見。例如〈昭公十年傳〉載子皮如晉葬晉平公，固請將幣以行，違子產之諫；結果祇能盡用其幣而歸。又如〈昭公十三年傳〉載子產與子大叔相鄭伯會於平丘，子產以幄幕九張行，子大叔以四十，既而減損之。在前一日，「子產命外僕速張於除，子大叔止之，使待明日。及夕，子產聞其未張也，使速往，乃無所張矣。」[89] 這裡顯示子產與子大叔很可能各有獨立的支援系統，平日不相干擾。當二人同時赴晉，失於協調，遂互相干擾，因子大叔的一時失算，影響到子產的幄幕也無地可張。這暗示平日在鄭國，也有分工的安排。

〈子產〉篇繼續敘述：「是謂處固，以助政德之固。固以自守，不用民於兵甲戰鬥」。[90] 這段話的確是子產努力的目標。他盡量使鄭國的國力投入生產，避免奢侈與浪費。他維持一定的兵力以固守，避免受到大國的侵陵，卻也不向外擴張，避免浪費民力。所創造的財富，除了應付大國的貢賦外，還得作災荒的準備（例如旱災與火災），再有剩餘，才能用於改善生計。子產對叔向的回信宣稱：「僑不才，不能及子孫，吾以救世也。」[91] 他所救的「世」，也就是鄭國的現世。在子產為卿之前，鄭受晉楚兩國的交偪，被迫要「惟強是從」，不但要奉玉帛以求成，而且長年的軍事行動，使民生亦大受影響。到子產執政以後，終子產之世，鄭國沒有受到外兵入侵過。他衹用外交方式去爭取鄭國的最大利益，並杜絕大國的覬覦。子產有時貢獻其學識於晉楚（如魯昭公四年向楚國獻禮，昭公元年、昭公七年回答晉侯

---

[86] 李學勤主編，《清華簡（陸）》，〈子產〉，頁 138。

[87] 同前引，頁 144。請見釋文 87。

[88] 這種分工的情形可能有點像《國語．齊語》中的「公帥五鄉焉，國子帥五鄉焉，高子帥五鄉焉」、「三軍，故有中軍之鼓，有國子之鼓，有高子之鼓」的安排。《國語．齊語》出現的時間可能在春秋末期，很可能後於子產，可是也沒有證據說齊桓公時沒有這種制度。當時鄭國的貴族，自子晳誅後，駟豐兩族漸衰，僅罕游兩族為大。參見韋昭注，《國語》第 1 冊，卷 6，〈齊語〉，頁 76。

[89] 左丘明傳，杜預注，孔穎達正義，《春秋左傳正義》，卷 46，〈昭公十三年〉，頁 1529。

[90] 李學勤主編，《清華簡（陸）》，〈子產〉，頁 138。

[91] 左丘明傳，杜預注，孔穎達正義，《春秋左傳正義》，卷 43，〈昭公五年至六年〉，頁 1416。

有關疾病的問題），都是藉此獲致大國的好感，[92] 並趁機瞭解該國的政情。《清華簡（陸）‧子產》說：「可用而不遇大國，大國故肯作其謀。」我認為講的就是這個意思。[93]

我並不否認《清華簡（陸）‧子產》中有戰國人託古改制的地方，可是上面的那些引述，還是很能符合《左傳》對子產的描述，所以我認為值得採信。在檢視了〈子產〉篇的內容後，我們可以匯合它與《左傳》的相關部分來探討子產成功的因素：

子產所以能夠「救世」，在於他的博學以及基於學問而得到的高超判別能力。他能夠在最適當的時機，採取最適當的行動。當西宮之難，子產把握了最有利的時間，攻盜於北宮，而避免了政變之擴大。當子孔得勢，子產見機沉潛了約十年之久，以躲避迫害，並充實自己。當魯襄公二十二年，晉徵朝於鄭，初為卿的子產看穿晉國當時能力不足，祇是藉此下台階，故他的對辭暗示可能從楚以示其忌，又顯示守信的誠心以安其意；晉國真的為這些言辭所折。當子皮授政時，子產坦然拒絕道：「國小而偪，族大寵多，不可為也。」[94] 必定要激使粗線條的子皮拍胸口答應：「虎帥以聽，誰敢犯子？」[95] 才答應接下這個擔子，並且恃子皮的支持，以整頓鄭國公族的頹風。當子晳肆行蠻橫時，子產首先不討以示弱，等到聽說駟氏也受不了他時，子產唯恐子晳得訊逃走，趕緊乘遽而至，迫令自殺，而且暴尸加木，趁機對失控的公族示威。當鄭國的強族都對子產歸心時，他主動分權給子皮與子大叔，以顯示他對子皮的感激並培養子大叔為接班人。當楚公子圍（即後來的楚靈王）城犨、櫟、郟時，子產判斷他將篡位自立，而且於鄭無害。子產遂乘此機會自強，[96]

---

92 左丘明傳，杜預注，孔穎達正義，《春秋左傳正義》，卷 44，〈昭公七年至八年〉，頁 1435。《左傳‧昭公七年》：「韓子祀夏郊，晉侯有間，賜子產莒之二方鼎。」可見晉侯感激之情。

93 李學勤主編，《清華簡（陸）》，〈子產〉，頁 138。李學勤教授在〈說明〉中判斷：「〈子產〉篇末歎息子產沒有機會在「大國」執政，以致未能充分實現其理想抱負。」（「李學勤主編，《清華簡（陸）》，〈子產〉，頁 136。）我反覆閱讀原文，感受不到有「歎息」的意思。原文想講的應是：子產雖然是鄭國的執政，卻也偶然向「大國」進言。他的誠意讓大國相信他真的想幫助該「大國」，所以放心接受他的進言。

94 左丘明傳，杜預注，孔穎達正義，《春秋左傳正義》，卷 40，〈襄公三十至三十一年〉，頁 1289。

95 同前引。

96 〈昭公元年傳〉載子產回應鄭人的憂懼道：「不害。令尹將行大事，而先除二子也。禍不及鄭，何患焉？」又於楚靈王即位後回答子大叔的預測道：「不數年未能也」。到昭公四年，子產已經看出楚靈王一定會失敗。他對宋左師道：「吾不患楚矣！汏而愎諫，不過十年！」左丘明傳，杜預注，孔穎達正義，《春秋左傳正義》，卷 41，〈昭公元年〉，頁 1344、1346；卷 42，〈昭公二年至四年〉，頁 1383。

以擺脫楚國的勢力。當魯昭公四年，晉平公、楚靈王皆無暇謀鄭，而國內貴族多已歸心，子產知道積極革新內政的時機已臨，遂無視國人之謗而作丘賦，並於兩年後為使庶民免於刑戮而鑄刑書，以主動取信於民眾，並教育他們。當楚公子棄疾赴晉時，子產預料到日後他將為王，趁他路過鄭國的機會，陪鄭簡公前往慰勞，以先期結交。當「相驚伯有」的謠傳正盛，駟帶與公孫段相繼愧懼而死亡，子產了解到民眾在替伯有鳴冤，趁人心惶惶時，為伯有平反，並立公孫洩與良止，以取媚於民。[97] 當魯昭公十三年，晉昭公趁楚靈王新被弒，楚國政局暫挫時，會諸侯於平丘以示威，子產看到晉國不能處理魯邾間的糾紛，知道晉國政出多門，其實色厲內荏，遂在盟會上爭承，從中午起爭到黃昏，終於逼得晉國讓步，為鄭國減輕負擔。當魯昭公十八年，鄭國火災，子產雖然不贊同裨竈禳火，其實無時不在戒備。當火起時，他指揮各官吏滅火與推行各項應變措施，秩序井然；尤其注重救助民眾（書焚室而寬其征，與之材。三日哭，國不市）[98] 他特別防備鄰國的趁火打劫：辭晉公子公孫於東門，使司寇出新客，禁舊客勿出於宮；授兵登陴以防晉，又於事後大蒐，以提高警覺。（試比較《左傳》所載魯國哀公三年桓僖災，群臣救災時雜亂而無統攝的情況，就可了解子產能力之高。）當他病重得將要死時，顧慮到子大叔的性格太柔弱，鎮不住刁蠻之徒，恐影響到鄭國的長治久安，遂把握最後的機會，提醒子大叔「寬難」的道理。〈子產〉篇的結論說：「知其所生，以先謀人」[99] 就是此意。

子產知道適「時」反應的重要，故能將鄭國從獨特的不利環境拯救出來。〈子產〉篇的結句：「以能成卒」[100] 就是此意。不但子產自己「成卒」，並且功延到子大叔之世，使鄭國安定數十年，可謂「救時宰相」。[101]（當然當時還無「宰相」之名，子產的地位是「當國」。）

---

[97] 請參閱李怡嚴，《科學與歷史》，〈「人之無良」——伯有的勞騷〉，頁 181-197。

[98] 左丘明傳，杜預注，孔穎達正義，《春秋左傳正義》，卷 48，〈昭公十七年至十九年〉，頁 1585。

[99] 李學勤主編，《清華簡（陸）》，〈子產〉，頁 138。

[100] 同前引。

[101] 請參閱魏源，《魏源集》上冊（北京：中華書局，1983），〈默觚下．治篇七〉，頁 54。論「才臣」與「能臣」之別：「至若兼才能而有之，若管仲、子產、蕭何、諸葛亮，尤古今不數人也；姚崇、張詠，抑其次也。欲求救時之相，非才臣不可。」另外馮李驊的《左繡．首卷．十二公時事圖說》與姜炳璋的《讀左補義》也提過子產為救時之相。可參閱姜炳璋，《讀左補義》（臺北：文海出版社，1968，影印清乾隆三十三（1768）年刻本），卷 40，頁 1809-1854。

《國語・晉語八》記載：「鄭簡公使公孫成子來聘。」[102] 顯示子產的諡號為「成子」，這可以與〈子產〉篇的結句「以能成卒」相印證。[103]〈諡法〉稱：「安民立政曰成。」[104] 這顯示鄭國對子產功績的承認。

---

[102] 韋昭注，《國語》第 2 冊，卷 14，〈晉語八〉，頁 47。

[103] 李學勤主編，《清華簡（陸）》，〈子產〉，頁 138。

[104] 朱右曾，《逸周書集訓校釋》（臺北：世界書局，1957），卷 6，〈諡法第五十四〉，頁 154。〈諡法〉見《逸周書》第五十四篇。今本《史記》最後也有一篇〈諡法解〉，是《史記正義》的著者張守節根據當時（唐朝）所傳的《周書》抄錄的。可是其文字與次序錯誤頗多，不如《逸周書》之文本可靠。

柒、大夫種考辨

「大夫種」這一人名，首先出現於《左傳・哀公元年》：

> 越子以甲楯五千保于會稽，使大夫種因吳太宰嚭以行成。[1]

《杜注》對此並沒有任何解釋。這個人名，還出現於《國語》(〈吳語〉、〈越語上〉、〈越語下〉)，對他的事跡，有所補充。可是卻並沒有交待他的姓氏與出身。韋昭的注僅有：「種，越大夫」一句。[2] 等於什麼也沒有說。近人楊伯峻在他的《春秋左傳注》中歸納後出的資料如下：

> 據《吳越春秋》、《呂氏春秋・當染篇・高誘注》、《吳世家・索隱》及《太平寰宇記》，大夫為官名，文其氏，種其名，字禽，楚之南郢人，楚平王時曾為楚之宛令。[3]

他所引的資料，最早也僅出於東漢中期。趙曄的《吳越春秋》有：「大夫文種前為祝，……」[4] 的字眼。這是我所知道最早稱「文種」的可靠記載。在此以前，都稱為「大夫種」。最顯著的例子。是《史記》中的〈吳太伯〉與〈越王勾踐〉兩世家，以及《漢書・古今人表》。明顯記錄著「大夫種」與「范蠡」兩人名。(〈古今人表〉列「大夫種」於「中上」，而列范蠡於「上下智人」)[5]《漢書》寫成的年代。已經是東漢前期了。顯示在此以前，並沒有稱「文種」的記載。

---

1 左丘明傳，杜預注，孔穎達正義，《春秋左傳正義》，卷 57，〈哀公元年至五年〉，頁 1853。
2 韋昭注，《國語》第 2 冊，卷 19，〈吳語〉，頁 83。
3 楊伯峻，《春秋左傳注》下冊，頁 1403。
4 趙曄，《吳越春秋（下）》，《中國野史集成》第 1 冊（成都：巴蜀書社，年份不詳，上海涵芬樓景印明弘治廣璠本），卷 7，〈勾踐入臣外傳第七〉，頁 48。
5 班固，《漢書》第 3 冊（北京：中華書局，1964），卷 20，〈古今人表第八〉，頁 861-954。

唯一可能的例外，來自《韓非子・內儲說上》，可是這裡卻有版本的問題。由現存的版本，明刊門無子《韓子迂評》與「凌瀛初本」皆作：「越王問於大夫種曰：……」[6] 而「趙用賢本」則作「越王問於大夫文種曰…… 」。[7] 根據清代王先慎《韓非子集解》的考證：

> 先慎曰：乾道本「種」上有「文」字。盧文弨云：凌本無「文」字。先慎案：《藝文類聚》五十四又八十、《御覽》六百三十八引無「文」字。今據刪。[8]

由前人類書引文作依據（類書之編纂應較嚴謹），理由充足。雖然今人陳奇猷《韓非子集釋》不接受王先慎的考據，然而他並沒有給出可信的理由。考慮《漢書》以前並沒有稱「文種」的其他記載，我認為王先慎的考據應可成立。因此，稱「文種」應自《吳越春秋》始；《韓非子・內儲說》中的「文」字，應該是後人竄入的。

然而今本的《吳越春秋》（巴蜀書社《中國野史集成》影印《四部叢刊》本）中，並沒有記載「文種」的字以及出身。正相反，在其〈勾踐入臣外傳第七〉一章，一開始就跳到：「越王勾踐五年五月與大夫種范蠡入臣於吳」，[9] 似乎在前面脫落了一大段文章；而在「范蠡」後面，卻有雙行小字之夾注：

> 《呂氏春秋・高誘解》：范蠡，楚三戶人也，字少伯。大夫種姓文氏，字會，楚之鄒人。按鄒本邾子之國。此云「楚之鄒人」，蓋鄒為楚所并爾。又太史公《素王妙論》曰：范蠡本南陽人。《列仙傳》云：徐人。《索隱》曰：「大夫」，官，「種」名也。一云：「大夫」姓。猶司馬、司空之此；今按：「大夫」官名。如以為姓也，則大夫逄同，大夫臯如等，豈皆其姓耶！[10]

---

[6] 有關《韓子迂評》，請見韓非撰，凌瀛初輯評，《韓子迂評》，《中國子學名著集成》第 70 冊（臺北：中國子學名著集成編修委員會，1978），卷 29，〈內儲說上〉，頁 11。

[7] 有關「凌瀛初本」與「趙用賢本」，請見陳啟天編，《韓非子校釋》（昆明：中華書局，1941），卷 5，〈內儲說上〉，頁 456。

[8] 王先慎撰，鍾哲點校，《韓非子集解》，《新編諸子集成》（北京：中華書局，2003），卷 7，〈內儲說上〉，頁 229。

[9] 趙曄，《吳越春秋（下）》，《中國野史集成》第 1 冊，卷 7，〈勾踐入臣外傳第七〉，頁 48。

[10] 同前引。

注文中顯然有錯字，而且此注顯然是很後的人所為，因此居然引及《呂氏春秋・高誘解》、《列仙傳》等書。要知道「大夫種」的出身。不能由此抽取資料。其所引《高誘解》之文字，見於今傳《呂氏春秋・當染篇・高誘注》。唯「會」字應作「禽」，而謂他是「鄒」人，顯然不合理。後人雖然對他的籍貫有各種猜測，可是都沒有確據。例如《太平寰宇記・江陵府》說：「文種，楚南郢人」，[11] 也沒有交待其出處；又說他曾為「宛令」，然而「宛」在南陽，春秋時屬晉，且當春秋時楚國的縣官稱為「縣公」(例如「申公」)，是相當高的貴族，怎會放棄其貴族地位到越國去吃苦？因此我認為後人對「大夫種」出身的猜測，都不可靠。

我曾經提過一個假設：由各種記載來判斷，越國「十年生聚」期間的民生建設，大部分要歸功於大夫種。若非帶有一份「服務桑梓」的感情，很難想像他會如此投入。所以我寧可相信大夫種是越國的土著。他與范蠡不同。范蠡本非越人，故功成之後，容易棄之而去。而大夫種則寧冒「兔死狗烹」的命運。當時的越國，正處於半開化的狀態。《史記》載越王允常以前，還是「斷髮，披草萊」的時期。[12] 後來國力漸強，雖然模仿中原，設置「大夫」等官職，畢竟沒有宗法社會的根底，故其人不見得會有姓氏。由《左傳》所記載的幾個人名（昭公二十四年的「胥犴」、「倉」、「壽夢」，[13] 定公十四年的「靈姑浮」[14]）來看，都像是譯音，不像有姓氏。就「譯音」來說，《左傳》載吳王闔廬的弟弟為「夫槩王」，[15] 更是顯著。越國的王室雖然附會為大禹的後代，也未聞有「姒」姓的傳承。(與吳國的「姬」姓不同。) 很可能「大夫種」本來沒有姓氏，因此，一直到東漢的前期，所有的文獻還一直以其官「大夫」稱之，正如昭公二十四年稱「公子倉」一樣。[16] 而到了東漢後期，雖然已經有了稱「文種」的稗官記述，可是流傳並不普遍。尤其是當時的經學家都沒有看重這種記述。所以一直到三國吳時的韋昭，在注《國語》時，還僅以「種，越大夫」一句塞責。到西晉杜預注《左傳》時，在「大夫種」下面並沒有任何注釋。這兩位博聞的學者都似未聞「文種」之名，可見這個名稱流傳不廣。

我的結論是：「文種」之名為《吳越春秋》所創，並非歷史真相。

---

11 樂史撰，王文楚點校，《太平寰記》第 6 冊（北京：中華書局，2007），卷 146，〈山南東道五〉，頁 2834。

12 司馬遷著，裴駰集解，司馬貞索隱，張守節正義，《史記》第 5 冊，卷 41，〈越王勾踐世家第十一〉，頁 1739。

13 左丘明傳，杜預注，孔穎達正義，《春秋左傳正義》，卷 51，〈昭公二十四年至二十五年〉，頁 1662。

14 同前引，卷 56，〈定公十年至十五年〉，頁 1845。

15 同前引，卷 55，〈定公五年至九年〉，頁 1797。

16 同前引，卷 51，〈昭公二十四年至二十五年〉，頁 1662。

捌、西施考辨

號稱「中國四大美人」之一的「西施」，她的故事在文獻上出現得很遲。東漢的《吳越春秋．勾踐陰謀外傳第九》如此記述：

> 十二年，越王謂大夫種曰：「孤聞吳王淫而好色，惑亂沉湎，不領政事。因此而謀，可乎？」種曰：「可破，夫吳王淫而好色，宰嚭佞以曳心。往獻美女，其必受之！惟王選擇美女二人而進之。」越王曰：「善！」乃使相者國中，得苧蘿山鬻薪之女，曰西施、鄭旦。飾以羅縠，教以容步，習於土城，臨於都巷。三年而服，而獻於吳。乃使相國范蠡進曰：「越王勾踐竊有二遺女；越國洿下困迫，不敢稽留。謹使臣蠡獻之大王，不以鄙陋寢容，願納以供箕箒之用。」吳王大悅曰：「越貢二女，乃勾踐之盡忠於吳之證也！」[1]

與《吳越春秋》出現時間相近的《越絕書．記地傳第十》有一段配合的記述：

> 美人宮，周五百九十步；陸門二，水門一。今北壇利里丘土城，句踐所習教美女西施、鄭足宮臺也。女出苧蘿山，欲獻於吳。自謂東垂僻陋，恐女樸鄙，故近大道居，去縣五里。[2]

連步數都記得如此精確！好像這真是由春秋時留下的古蹟。這兩段記述已出現類似後世「西施故事」的雛形。有一個重要的不同點：西施與鄭旦的本業是賣柴的，屬於「山民」。這與後世「居於水邊浣紗」的形象大異。由此可以看到故事在流傳中

[1] 趙曄，《吳越春秋（下）》，《中國野史集成》第 1 冊，卷 9，〈勾踐歸國外傳第九〉，頁 630。

[2] 袁康，《越絕書》，《中國野史集成》第 1 冊（成都：巴蜀書社，年份不詳，上海涵芬樓借江安傳氏雙鑑樓藏明藏雙栢堂刊本），卷 8，〈越絕書外傳記地傳第十〉，頁 117。

演變的情景。

自從《吳越春秋》與《越絕書》將「西施」定位為「越王派駐吳國的女間諜」後，日後的文人就更加容易加油添醋了。在東漢時期，就出現了兩種關於「西施」的結局。《吳越春秋・逸篇》（此篇未必為趙曄所著）謂：「吳亡後，越浮西子於江，令隨鴟夷以終。」可以有不同的解讀方式，不如宋姚寬《西溪叢話》引《吳越春秋》謂：「吳國亡，西子被殺」[3] 來得直截（可是今傳本《吳越春秋》無此句）。而《越絕書》則謂：「西施亡吳國後，復歸范蠡，同泛五湖而去。」[4] 到殘唐五代出現的《吳地記》（題陸廣微譔）則謂范蠡在送「西施」赴吳的路途上，與「西施」潛通，經三年始抵吳，且在路途產一子，生一歲即能言云云，可謂極「扯」之能事。到宋董穎的《西子詞》，又是另一種講法。到後來戲曲勃興，這段故事更有發揮的餘地。趙明道有《范蠡歸湖》雜劇；關漢卿有《姑蘇台范蠡進西施》雜劇；宮天挺有《會稽山越王嘗膽》雜劇；南戲中也有《浣紗女》傳奇。而以明梁辰魚的崑曲《浣紗記》為集其大成之著。後世對「西施」的印象因此劇而得以凝固可是在歷史文獻中，卻完全沒有這種「西施」的記載。勉強要找相近的記載，祇能求諸《國語》。《國語・吳語》有：「句踐請盟一介嫡女執箕箒，以晐姓於王宮，一介嫡男奉槃匜以隨諸御。」[5]《國語・越語上》有：「願以金玉子女，賂君之辱，請句踐女女於王，大夫女女於大夫，士女女於士。……」[6] 這裡並不單純訴諸「美色」，更重要的是以貴族子女為質，以求吳國放心。至於「美色」的進貢，祇用於對吳國的大臣。《國語・越語上》復云：「越人飾美女八人，納之太宰嚭，曰：「子苟赦越國之罪，又有美於此者，將進之。」[7] 這裡完全沒有提「美女」之名 。《國語・越語下》最後記載范蠡辭越王之言：「君行制，臣行意」，顯然是冒著「身死，妻子為戮」的危險，[8] 可見他並無打算攜帶任何「美女」一齊走。

可是「西施」或「西子」這個人名，卻在戰國與漢初被諸子學者廣為運用，作為「美女」的典型。下面是一些運用的樣本，以見其趨勢的一斑：

《墨子・親士》：比干之殪，其抗也；孟賁之殺，其勇也；西施之沉，其

---

3 姚寬，《西溪叢語》，《唐宋史料筆記叢刊》（北京：中華書局，1997），卷上，〈西子歸宿〉，頁 33。
4 袁康，《越絕書》，《中國野史集成》第 1 冊，卷 12，〈越絕內經九述第十四〉，頁 130-133。
5 韋昭注，《國語》第 2 冊，卷 19，〈吳語〉，頁 84。
6 同前引，卷 20，〈越語上〉，頁 96。
7 同前引。
8 以上引文參見韋昭注，《國語》第 2 冊，卷 21，〈越語下〉，頁 105。

美也；吳起之裂，其事也。故彼人者，寡不死其所長。[9]

《孟子．離婁下》：西子蒙不潔，則人皆掩鼻而過之。雖有惡人，齋戒沐浴，則可以祀上帝。[10]

《管子．小稱》：毛嬙、西施，天下之美人也。[11]

《戰國策．齊策》：世無毛嬙、西施，王宮已充矣。[12]

《莊子．天運》：西施病心而矉其里；其里之醜人見之而美之，歸亦捧心而矉其里。[13]

《荀子．正論》：好美而惡西施也。[14]

《韓非子．顯學》：故善毛嗇、西施之美，無益吾面。[15]

《淮南子．齊俗訓》：待西施、毛嬙而為配，則終身不家矣！[16]

《淮南子．說林訓》：西施、毛嬙，狀貌不可同。[17]

《淮南子．說山訓》：嫫母有所美，西施有所醜。[18]

在這些引文中（《墨子》一段可能為後人所竄入，不過時間應還在戰國，諸子學者從正面或反面訴諸「西施之美色」，以宣揚他自己的主張；似乎所訴諸的是眾所周知的事，無須多加解釋。沒有一個例子是與吳越歷史有關的。東漢末的趙岐，在注《孟子》那段引文時，也無視於《吳越春秋》的故事，僅說：「西子，古之好女西施也。」[19] 可以反映當時多數學者對「西施」的認識，沒有超過「古之美女」的印象。這正像戰國時經常會出現的話頭：「信如尾生，廉如伯夷，孝如曾參。」[20] 不過是借這些人名來代表一些典型。東漢新出現的故事，不過是利用這種現成的典型以

---

9 孫詒讓，《墨子閒詁》第 1 冊（上海：商務印書館，1931），卷 1，〈親士第一〉，頁 3。

10 趙岐注，孫奭疏，《孟子注疏》，卷 8 下，〈離婁章句下〉，頁 271。

11 戴望，《管子校正》，《諸子集成》第 5 冊（北京：中華書局，1954），卷 11，〈小稱第三十二〉，頁 180。

12 高誘注，《戰國策》第 1 冊（上海：商務印書館，1934），卷 11，〈齊策〉，頁 96。

13 郭慶藩撰，王孝魚點校，《莊子集釋》，卷 5 下，〈天運第十四〉，頁 515。

14 楊倞注，王先謙集解，《荀子集解》，《諸子集成》第 2 冊（北京：中華書局，1954），卷 12，〈正論第十八〉，頁 230。

15 王先慎撰，鍾哲點校，《韓非子集解》，《新編諸子集成》，卷 19，〈顯學第五十〉，頁 462。

16 劉安著，高誘注，莊逵吉校，《淮南子》第 4 冊（上海：中華書局，1930），卷 11，〈齊俗訓〉，頁 13。

17 劉安著，高誘注，莊逵吉校，《淮南子》第 5 冊，卷 17，〈說林訓〉，頁 14。

18 同前引，卷 16，〈說山訓〉，頁 13。

19 趙岐注，孫奭疏，《孟子注疏》，卷 8 下，〈離婁章句下〉，頁 271。

20 高誘注，《戰國策》第 3 冊，卷 29，〈燕策〉，頁 57。

加深聽者的印象而已。

至於「西施故事」的起因，我的猜想與曾永義教授的〈西施故事志疑〉（刊於《中國古典文學研究叢刊．小說之部》）的主張稍有不同。我猜想在東漢初期的江浙地區，最初出現了一連串有關吳越戰爭的「假古蹟」，如「美人宮」、「樂野」、「射浦」等，（可能為了吸引遊客與移民），因此也產生了一連串配合這類「古蹟」的傳奇故事。一定有許多故事因流傳不廣而被淘汰，可是有一些（包括有關「西施」的事跡）卻僥幸流傳下來，被袁康與趙曄吸收，並添加細節，成為《越絕書》與《吳越春秋》，供後人作再發揮的題材。

玖、仲嬰齊為公孫歸父之後考辨

《公羊傳．成公十五年》的一段記載大有問題：

> 三月，乙巳，仲嬰齊卒。
> 仲嬰齊者何？公孫嬰齊也。公孫嬰齊，則曷為謂之仲嬰齊，為兄後也。為兄後則曷為謂之仲嬰齊？為人後者，為之子也。為人後者為其子，則其稱仲何？孫以王父字為氏也。然則嬰齊孰後，後歸父也。歸父使于晉而未反。何以後之？叔仲惠伯，傳子赤者也。文公死，子幼。公子遂謂叔仲惠伯曰：「君幼，如之何？願與子慮之。」叔仲惠伯曰：「吾子相之，老夫抱之，何幼君之有？」公子遂知其不可與謀，退而殺叔仲惠伯，弒子赤而立宣公。宣公死，成公幼，臧宣叔者，相也。君死不哭，聚諸大夫而問焉，曰：「昔者叔仲惠伯之事，孰為之？」諸大夫皆雜然曰：「仲氏也，其然乎？」於是遣歸父之家，然後哭君。歸父使乎晉，還自晉，至檉，聞君薨家遣，墠帷哭君成踊，反命于介，自是走之齊。魯人徐傷歸父之無後也，於是使嬰齊後之也。[1]

這一段的歷史為追述，《公羊傳．宣公十八年》的記載：「歸父還自晉，……自是走之齊。」除了多一段：「還者何？善辭也」的評斷外，[2] 都重現於〈成公十五年傳〉。然而將「遣歸父之家」的主動者，歸之臧宣叔，則不周全，按《左傳．宣公十八年》的記載，主動者為季文子，當時為相者，為季文子（按《左傳．襄公五年》）：「相三君矣。」[3] 可知當時之相非臧宣伯，《左傳》之文為：

---

1. 公羊壽傳，何休解詁，徐彥疏，《春秋公羊傳注疏》，卷 18，〈成公十一年至十八年〉，頁 457-460。
2. 以上引文參見公羊壽傳，何休解詁，徐彥疏，《春秋公羊傳注疏》，卷 16，〈宣公十年至十八年〉，頁 424。
3. 左丘明傳，杜預注，孔穎達正義，《春秋左傳正義》，卷 30，〈襄公五年至九年〉，頁 970。

> 季文子言於朝曰：「使我殺適立庶，以失大援者，仲也夫。」臧宣叔怒曰：「當其時不能治也，後之人何罪？子欲去之，許請去之。」遂逐東門氏。[4]

可見臧宣叔之逐東門氏，完全是受季文子所逼，《公羊傳》此處之記載失真。當而這還不是其最大之缺陷，最大的問題是用「仲嬰齊，為公孫歸父之後」的前題也解釋《春秋》稱「仲嬰齊」而不稱「公孫嬰齊」下面分數點討論：

1.《春秋經・成公十五年》稱「仲嬰齊」是為了與叔肸之子「叔嬰齊」分別（兩人都是「公孫」），並無特別高深的意義，這一點，有兩篇文章已講得很清楚。

 ①傅隸樸，《春秋三傳比義》，台北：臺灣商務印書館，2006，頁 826-828。

 ②李衡眉、張世響，〈從一條錯誤的禮學理論所引起的混亂說起〉，《史學集刊》，11.4，長春：2000，頁 78-82。

又再重複。

2. 根據《左傳》，臧宣叔逐東門氏，「東門氏」為襄仲後人全族，「仲嬰齊」既為公孫歸父之弟，當然也會被驅逐，而且他當時在魯國，更容易被驅逐。公孫歸父自晉歸來，所以要奔齊，是因為全族已被逐，回國將無依靠，既然公孫歸父與其弟（以及其他家人）都被逐，「魯人」如何能「使嬰齊後之」呢？《公羊傳》這段記載真是沒有道理。

3. 也許有人會說：《公羊傳》有特別資訊：「仲嬰齊」沒有被逐，故可被立為後。然而這還是不合理，公孫歸父衹是奔齊，並沒有死。他在齊自然會有後，「魯人」怎麼能「傷歸父之無後也」？（這不合事實）而冒昧替他「立後」？既立嬰齊為後，萬一歸父能夠回魯，那嬰齊該怎麼辦？他與公孫歸父的兒子應如何稱呼？還是根本不准公孫歸父回國？！

4.「立後」是那麼容易一件事嗎？《公羊傳》說「魯人，……，『於是使嬰齊後之』」，[5]「魯人」是誰？是季文子？臧宣叔？魯成公？還是另有其人？所謂「立後」是誰講了才算？誰有這種權力？《公羊傳》的這段記載，可以引出一籮框問題，都不易解決。

5.《公羊傳》中有一個很奇怪的字：「魯人『徐』傷歸父之無後也」中的

---

[4] 同前引，卷 24，〈宣公十三年至十八年〉，頁 783-784。

[5] 公羊壽傳，何休解詁，徐彥疏，《春秋公羊傳注疏》，卷 15，〈宣公元年至九年〉，頁 391。

「徐」字，通常這個字作「遲」、「緩」解，然而「徐」到多久呢？由宣公十八年歸父奔齊至成公十五年仲嬰齊卒，一共十五年，這十五年中，季文子始終在位（他卒於襄公五年）。如果在這十五年中，季文子對仲氏的心結始終未解，「魯人」如何能替歸父立後？

6. 就是因為這個緣故，使何休別出心裁說：

徐者，皆、共之辭也，關東語。[6]

照何休的解釋，「魯人」並非「後求」才「傷歸父之無後」而是當時就有此共識，然而此共識是如何表現出來的呢？難道當時有民意調查？

7. 而且何休的解釋，除了他說的「關東語」（後證實與春秋時又差數百年）外，別無佐證，「徐」字在春秋經傳中，出現的次數並不多，除了為地名、國名、人名（或姓氏）等專有名詞之外，其他祇出現九次。

三次在《公羊傳》，除了成公十五年那次之外，其他二次為：

(a)〈僖公十六年〉：「徐而察之則退飛。」[7]
(b)〈宣公八年〉：「聞喪徐行而不反。」[8]

此兩處的「徐」字都應作「遲」、「緩」解，何休亦無異辭。

春秋經傳其他六次出現「徐」字皆在《左傳》：

(a)〈襄公二十六年〉：「公徐聞其無罪也，……。」[9]
(b)〈昭公五年〉：「請行以觀王怒之疾徐，而為之備。」[10]
(c)〈昭公十一年〉：「單子會韓宣子于戚，視下言徐。」[11]
(d)〈昭公二十年〉：「清濁小大、短長、疾徐、哀樂、剛柔……。」[12]

---

6 公羊壽傳，何休解詁，徐彥疏，《春秋公羊傳注疏》，卷 15，〈宣公元年至九年〉，頁 391。
7 同前引，卷 11，〈僖公八年至二十年〉，頁 273-274。
8 同前引，卷 15，〈宣公元年至九年〉，頁 389。
9 左丘明傳，杜預注，孔穎達正義，《春秋左傳正義》，卷 37，〈襄公二十六年〉，頁 1197。
10 同前引，卷 43，〈昭公五年至六年〉，頁 1408。
11 同前引，卷 45，〈昭公九年至十二年〉，頁 1481。
12 同前引，卷 49，〈昭公二十年〉，頁 1619。

(e)〈定公四年〉：「由于徐蘇而從。」[13]

(f)〈哀公十一年〉：「不狃曰：『惡賢？』徐步而死。」[14]

此六處之「徐」字，亦皆應作「遲」、「緩」解，由此可知，何休之異解實不可從。

由上面的討論，可知仲嬰齊一定不會是公孫歸父之後。

可是有一個問題大家沒有注意，即在成公十五年時，何以春秋經常記載他的去世，顯然那時他有「大夫」之位。如果宣公十八年東門氏全族被逐，則在成公時東門氏應該回魯。

當宣公十八年，宣公剛去世，季文子遇到一連串挫折，未免遷怒到襄仲身上。他說：「失大援」，有幾分真。[15] 杜預注：「南通於楚，既不能固，又不能堅事齊晉」。[16] 這使他堅持驅逐東門氏。既然公孫歸公奔齊，很可能整個東門氏全族也在齊國落根。然而成公二年鞌之戰之後，齊的國力大衰，而魯國取回洛陽之田，季文子的政權得到鞏固，在齊國的東門氏可能就被容忍回國，季文子除了好抓權之外，為人還不太壞。他能容忍東門氏回國，是合理的。公孫歸父回國以後，可能就退出政局，而季文子為了表現他的大度，可能就立歸父之弟嬰齊大夫。所謂「仲嬰齊為歸父後」的傳聞，可能就是「季文子立仲嬰齊為大夫，取代歸父之位」，而傳誤的。

---

13 左丘明傳，杜預注，孔穎達正義，《春秋左傳正義》，卷 54，〈定公元年至四年〉，頁 1791。

14 同前引，卷 58，〈哀公六年至十一年〉，頁 1907。

15 同前引，卷 24，〈宣公十三年至十八年〉，頁 783-784。

16 同前引，頁 784。

第貳編
清華簡

壹、術士的占卦秘笈
——《清華簡‧筮法》試探

一、導言

《清華簡（肆）》共收三篇文章，其中第一篇〈筮法〉[1] 顯得很特殊。它共有六十三枝竹簡，而且保存良好，沒有缺損。簡後有絲帶黏膠的痕跡，可見原主多麼寶貝它。[2] 每支竹簡的編號在正面下端，這也和其他《清華簡》的情形不同（那些編號都在背面）。還有一個特點，是每支竹簡上的文字，並非從上到下寫足全簡的長度，而是分欄位（最多分到四欄）。而且上面還有圖，有表格，以至有些句子每簡僅一到三字。有些節又寫得非常密集，如第廿六節「祟」、第廿九節「爻象」，似乎企圖在最小面積內，塞入最多字數；並且打橫由右及左，橫跨七、八支簡才寫完一節。

就是因為如此，我猜此簡編的原主，希望將最多的資料，密集塞進一篇內（有點像現代的圖表紙）。他當然害怕簡編散掉，所以在後面用絲帶粘貼，又在正面編號，讓散亂的危險減到最低。這些特點使〈釋文〉的安排煞費苦心，將每一欄分排到每一節，並且另附一大張圖，顯示原來本字及圖表的位置。有了這一大張摹寫圖，閱讀時才不會迷失。[3]

一般來說，全編的前一半（右方）以解釋卦例為主，一共引了五十七個卦例。

---

1 清華大學出土文獻研究與保護中心編，李學勤主編，《清華大學藏戰國竹簡（肆）》（上海：中西書局，2013，本文皆簡稱《清華簡（肆）》）。全書分上下冊。〈筮法〉是此書的第一篇，竹簡的原尺寸圖刊在 2-9 頁，放大圖在 19-52 頁。本文所引〈筮法〉各文皆出自此書。另可參：李學勤，《初識清華簡》（上海：中西書局，2013）。

2 李學勤主編，《清華簡（肆）》，頁 75「說明」、頁 126-127「《筮法》揭取說明」。

3 同前引，頁 77「《筮法》區域劃分圖」，此圖顯示各欄位各節的位置。書後所附的「摹寫圖」，最能表現全篇的抄寫形態，縮小版見本文末附圖。

後一半則將卦與爻，設法與各種應用場合，例如天干、地支、四時、人身各部、自然現象、四方位、男女，以及社會地位等等拉上關係。

因為在全編的最後，將大眾最常貞問的事物歸納為十七種，稱為「十七命」，故〈釋文〉前一部分的分節，也以照應到這十七項為主。「十七命」的項目為：果、至、享、死生、得、見、瘳、咎、男女、雨、娶妻、戰、成、行、雠、旱、祟，其實這些分類很粗糙（留到後面討論）。

既然談到占卦，當然不免與《周易》來比較。在這方面，〈筮法〉所宣示的系統比較原始。它只涉及八經卦（乾、坤、坎、離、震、巽、艮、兌），只是有些名稱與《周易》有異（這可以歸之於傳授的分歧，並不太嚴重）。卻沒有重卦，以及六十四個重卦的卦名。每一卦例用四個三爻卦，排成上下左右。左邊兩卦或右邊兩卦，雖非重卦，其六爻卻自成一單位，對於吉凶的推斷有關係，因此可看作一種重卦的雛型。在本文內，姑以「疊卦」稱之。因此每一卦例用兩個疊卦。[4]

以下各節，我將討論〈筮法〉系統的各項特點。

二、有關數字卦的特色

在〈筮法〉中，每一卦有三爻，皆用數字來表示，這是與《周易》不同的地方。所用的數字有六個：一、四、五、六、八、九，可是絕大部分是一與六。四、五、八、九這四個數字用得絕少。我就全部五十七個卦例的六百八十四爻數了一下，六個數字使用的次數如表一：

表一：數字爻出現的次數

一	312	45.62%	陽爻（奇數） 占 348 (50.88%) 陰爻（偶數） 占 336 (49.12%)
四	7	1.02%	
五	13	1.90%	
六	319	46.64%	
八	10	1.46%	
九	23	3.36%	

4 王化平、周燕說：「《筮法》雖不用六爻卦，在背後卻隱含有六爻卦的理念。」就有這個意思。為了與《周易》的「重卦」區分，我正式建議用「疊卦」之名。王化平、周燕，《萬物皆有數：數字卦與先秦易筮研究》（北京：人民出版社，2015），頁 165。

可以看出四、五、八、九這四數用得絕少。不僅如此，在〈筮法〉諸例中，分布得也非常不均勻。這些「特殊」數字多出現於第十四節「貞丈夫女子」的前四例與第十六節「戰」。很像是將有特別數字的卦，特別賦予這些意義。可是〈筮法〉全文中，並沒有談到如何得到這些數字，僅在第三十節簡單地說一句：

> 凡是，各當其卦，乃扐占之，占之必扐，卦乃不忒。[5]

這裡提到「扐」字，[6] 此字在《周易》占法中意義明確，乃是將一部分蓍草夾在手指間的名詞。

為比較起見，我們先討論《周易》之占法。一般的共識認為，至少到春秋戰國，其占法見於〈繫辭傳上〉第八章：

> 大衍之數五十，其用四十有九。分而為二以象兩，掛一以象三，揲之以四，以象四時，歸奇于扐以象閏。五歲再閏，故再扐而後卦。……是故四營而成易，十有八變而成卦，……。[7]

這一段需要解釋。根據朱熹的《易本義・筮儀》，先由 49 根蓍草開始。先任意分為左右二大堆（第一營），再從右堆中取一根，用左手小指勾住（即掛，以上第二營），再將左堆之蓍草，以四根為一小堆細分（揲之以四）。所餘之數（或一，或二，或三，或四），用左手中三指夾住（歸奇於扐）。

請注意：所謂「奇」，即一般所謂「餘數」，然而在這裡不算零。如可被四除盡，則「奇」作四論。左堆分完後再細分右堆（也是揲以四），將「奇」用右手中三指夾住（以上為第三、第四營）。將左右手所扐所掛之蓍草放開，而將分作小堆的草合併。合併後的蓍草數（稱過揲之數），或為 44，或為 40。以上全部過程稱為「第一變」。

再從第一變所得的 44 或 40 根蓍草開始，再照第一變的分、掛、揲、扐的過程

---

5 李學勤主編，《清華簡（肆）》，〈筮法〉，頁 122。

6 在〈筮法〉文本中，「扐」寫作「力」。本文贊成〈釋文〉解釋為「扐」，並且在引文中以「扐」代「力」。在後文中，除非特別提出異議，一切引文皆以〈釋文〉為準。

7 王弼注，孔穎達疏，《周易正義》，收入《十三經注疏》整理委員會整理，《十三經注疏》（北京：北京大學出版社，2000，清嘉慶二十一年（1816）阮元刻本），卷 7，〈繫辭傳上〉，頁 328-332。

做一次，[8] 這次所得的蓍草過揲之數或為 40，或為 36，或為 32。以上稱為第二變。

再將第二變過揲之數，按第一變的分、掛、揲、扐的過程，再做一次（此稱第三變）。最後過揲之數或為 36，或為 32，或為 28，或為 24。事實上，過揲而得小堆的數目，或為 9，或為 8，或為 7，或為 6，即用這四個數字，決定卦中之一爻。陽爻為 9 或 7，又細分之：9 為「老陽」、7 為「少陽」。陰爻為 8 或 6，又細分之：6 為「老陰」、8 為「少陰」。陽爻（老少不論）以記號「—」表之。陰爻（老少不論）以記號「--」表之。

這樣得到的爻為「第一爻」，放在最下方。然後用同樣的方法，由下至上，再得五爻，結果就得一六爻的「卦」。顯然所有可能的卦數為六十四，各有卦名，稱為「本卦」。可是如果還要顧及爻的「老」或「少」，則少陽與少陰不變，而老陽或老陰則變：「老陽」變為陰爻，「老陰」變為陽爻，如此形成另一個卦，稱為「之卦」。

舉一個例，《國語．晉語四》記晉公子重耳所占的卦：

> 公子親筮之，曰：「尚有晉國」，得貞屯悔豫，皆八也。[9]

「貞屯悔豫」即本卦為「屯」（䷂），之卦為「豫」（䷏）。可知重耳所占出的數字卦為：九、八、八、六、九、八（由下至上）。所謂「皆八也」，指不變之爻皆是八，也就是沒有七。

至於在本卦、之卦的卦辭、爻辭間如何斟酌，歷史的記錄並不清晰，可能這屬於主占者的解釋權。

前面講過〈筮法〉系統的每個卦例，用四個經卦，或兩個疊卦，好像比《周易》系統為複雜，其實不然。《周易》系統每卦例兼用本卦與之卦，就經卦而言，還是四個。當然，《周易》系統有卦辭、爻辭，還有〈十翼〉所倡的各種取象法則，要比〈筮法〉系統複雜多了。在進一步討論取象法則之前，讓我們先就朱子所祖述的成卦方式，去看每一爻出現的機率。

---

8 請注意：根據朱熹《易本義》：「復四營如第一變之儀，而置其掛，扐之策于格上第二小刻，是為二變。」因此，第二變也要像第一變一樣，經過分、掛、揲、扐諸過程。可是第一變由 49 策開始，掛一策以後總數成為四的倍數，而第二、三變由四的倍數開始，掛一策以後，總數成為四的倍數減一。這會影響後面對 9、8、7、6 四數出現機率的計算。朱熹撰，楊家駱主編，《易本義》（與《易程傳》合印本）（臺北：世界書局，1986），〈筮儀〉，頁 63。

9 韋昭注，《國語》第 2 冊，卷 10，〈晉語四〉，頁 9。

我們先假設在每一變的中分過程中，忽略其中一堆根數過多或過少的「邊緣效應」。因為蓍草總數相當多。這個假設應可成立。由簡單的組合數學考慮，僅第一變比較特別。比較 49 → 44 與 49 → 40 兩種情形。前者的機率為 3/4，後者的機率為 1/4。至於第二、第三變：各種雙分情況（44 → 40、→ 36；40 → 36、→ 32；36 → 32、→ 28；32 → 28、→ 24），其雙分機率皆為 1/2。現在考慮由 49 至 28，為三種情形相加：49 → 44 → 36 → 28、49 → 40 → 36 → 28、49 → 40 → 32 → 28，其總機率為 3/16 + 1/16 + 1/16 = 5/16。餘仿此。因此最後爻數為 9、8、7、6 的機率分別為 3/16、7/16、5/16、1/16。由此得出陰爻與陽爻的機率各為 1/2。可是在陽爻中，老少之比為 3:5；在陰爻中，老少之比為 1:7。這種機率分布，是成卦方式的必然結果。

可是在〈筮法〉系統中，爻數有六：一、四、五、六、八、九，其（經驗的）出現機率分別為 45.62%、1.02%、1.90%、46.64%、1.46%、3.36%。很難想出一種成卦法，有這麼奇怪的機率分布。最不合理之處，為數字的不相連續，由一跳過二、三而至四、五、六，然後缺了七，再進至八、九。在第三十節，〈筮法〉強調「占之必扐」，可想而知，在成卦過程中，還是要數蓍草的數目。可是無論怎樣數，怎麼會由六跳到八？

想來想去，一個不可避免的假設，就是〈筮法〉的作者，在表達「數字卦」時，用「一」來代「七」（第十六節的〈注釋〉，也這樣猜）。這樣六個爻數為四、五、六、七、八、九。這六個數字連續起來，其中兩個數字「六」與「七」，出現的機率（由卦例顯示）分別為 46.64% 與 45.62%，顯然最多。前後數字出現的機率都很小，這樣才符合統計的原則。[10]

本來數字卦的卦畫，為了節省地方，那些數字已盡量壓扁。例如戰國文字中的數字「四、五、六、七、八、九」，多寫作「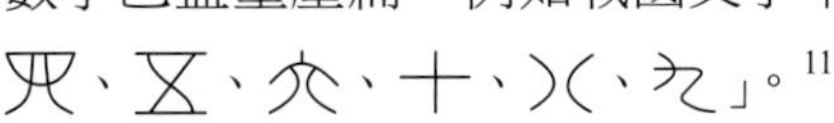」。[11] 然而在第二十八節「地支與爻」中，「五、六」二數字已簡化為「」，這正是在卦畫中所出現的。在卦畫中的「四、八、九」則寫作「」，而在「地支與爻」一節，此三數字並未簡化。

然而不論在何處，「—」還是寫成一長横。因此李學勤教授在第二十八節的

[10] 劉彬考慮用不同根蓍草為起始點的可能，可是仍無法照顧到「不正常爻數」出現機率驟降的現象。劉彬，〈清華簡《筮法》筮數的三種可能演算〉，《周易研究》，4（濟南：2014），頁 24-28。

[11] 相關古文字資訊可參湯餘惠主編，《戰國文字編》（福州：福建人民出版社，2001）；李守奎編著，《楚文字編》（上海：華東師範大學出版社，2003）。

〈注釋〉中確認：「此表證明簡文一般用以表示陽爻的『—』、陰爻的『∧』，確是『一』、『六』兩個數字」。[12]

不特此也，在每支竹簡下端所記的數字，有時「四、八、九」還是會不經意地寫成「⊖、八、九」。然而其中的「七」，卻始終寫成「十」，而不避忌此字與「十」太相似。

這樣說來，我上面所提以「一」代「七」的假設，在〈筮法〉中竟得不到支援。而且，即使古文「十」不容易壓扁，戰國簡文還是有寫成「—•—」（一橫中間加上一點）的例子，[13] 似乎上面的假設不能成立。

然而統計分布的不正常，始終困擾著我。不得已，我只得再假設，在卦畫中以「一」代「七」之舉，是〈筮法〉作者的秘密符號，用意在使人不能由卦例反推成卦之法。〈筮法〉的卦例以及取象原則（下一節要談及），只為了替人占筮時查閱之用，至於成卦之法，則秘而不宣（可能只由師徒口耳相傳）。[14]

目前我們唯一的線索，就是第三十節的「占之必扐」。表面上看來，似乎與《周易》系統相似，其實《周易》系統連用「分」、「掛」、「揲」、「扐」的手法。[15] 那裡的「扐」字只出現於「歸奇于扐」一語，「扐」為名詞，作「指間」解。「歸奇于扐」只是在每一變淘汰掉一些蓍草數目，成卦則要看過揲之數。而〈筮法〉系統只提一個「扐」字，似乎將它當動詞用，而且似乎「分」、「掛」、「揲」的過程都不需要。如果不用過揲之法，則原始的根數必不能太多。

現在姑且考慮用十三根蓍草或竹籤，用手指拈起大約一半，這樣所拈起的數目以六或七最可能。因為僅憑目視，不能太準確，故拈起的根數也可能大至八或九，也可能小至五或四，可是其數目必不會太多。這樣似乎可以照應前面所提的經驗性百分比，只是當所拈數目為「七」時，以「一」記之。[16]

這樣將「扐」解釋為以手指拈起的動作，[17] 對術士而言既迅速又明確。既然

---

[12] 李學勤主編，《清華簡（肆）》，〈筮法〉，頁 119。

[13] 湯餘惠主編，《戰國文字編》，頁 957。據其所引出處為：《睡虎地秦墓竹簡》「答問 6」。

[14] 參閱本文末「附言，商榷一」。然而同屬楚地出土之「包山楚簡」與「天星觀楚簡」，亦大量用「一」，而從未用「七」。似乎這種用法，已成為占筮家之慣例。究竟誰開此端，亦耐人尋味。

[15] 林忠軍由「占之必扐」之語，認為在〈筮法〉中也有「分」、「掛」、「揲」。我以為有「增字解經」之嫌。林忠軍，〈清華簡《筮法》筮占法探微〉，《周易研究》，2（濟南：2014），頁 5-11。

[16] 這種方法，僅是我個人建議。我無意排除有其他方法的可能。至於以「一」代「七」，應該只是術士間的「行規」，而不為外間人士（包括求占筮之顧客）所了解。所謂「秘傳」者指此。

[17] 朱熹撰，楊家駱主編，《易本義》，〈繫辭上傳〉，頁 60。朱熹《易本義》：「扐，勒於左手中三指之兩間也。」通常實行「歸奇於扐」的過程時，當然將所餘之草幹，置於食指、中指與無名指之兩指

〈筮法〉的作者沒有明言，似乎將成卦之法當作其業務祕密。在二千餘年以後的今日，也唯有作這樣的猜想，以滿足自己的好奇心。

還有幾句題外話。我們注意到，〈筮法〉中並沒有提占卦的工具。上面只是比照《周易》以及「占之必扐」的話，將此工具定為蓍草。〈說卦傳〉說：「幽贊于神明而生蓍」，[18] 好像將這種蓍草講得有多神奇。其實如果按照前述的分、掛、揲、扐等動作，來擺弄這些草幹，不用太多次折騰，那些草幹就會被盤弄爛了（注意要將草幹夾在手指間，草幹必不能太粗）。

當貴族將占卦據為神聖事業，用到占卦時不太多，那些柔軟的草幹還可以勉強使用。當使用的人多了，而且流傳到民間術士手中，就需要較耐折磨的工具。在戰國後期出現的《楚辭》中，屈原的〈離騷〉有：「索藑茅以筳篿兮，命靈氛為余占之。」據王逸的注：「藑茅，靈草。《本草》謂之旋覆花。筳，小折竹也。結草折竹以卜曰篿。」[19]

所謂「靈草」，大概是像蓍草一類的草。當時已用到「小折竹」，可能就是顧慮到草幹不經用，屈原雖是貴族，可是他一向很關心民間的習俗。可能在戰國後期，南方民間的術士已經以竹代草，而且為了易於把弄，可能已將竹幹製成細籤形。上面是我個人的猜想，當然也有可能在南方，竹子為常見之物，使人樂於使用。

三、〈筮法〉中的爻象與卦象

由卦畫（在〈筮法〉中用一、四、五、六、八、九這六個數字組成）轉變成對所占問事項的吉凶判斷，需要一套聯想的方法。《周易》的這套方法，表現在卦爻辭以及〈十翼〉中，一般稱為「取象」。

〈筮法〉八經卦的卦名與《周易》相同，因為是數字卦，只算數字之奇偶，三奇為「乾」，三偶為「坤」。（由上至下）偶奇奇為「兌」，偶偶奇為「震」，奇偶奇為「離」（〈筮法〉稱為「羅」），偶奇偶為「坎」（〈筮法〉稱為「勞」），奇奇偶為「巽」，奇偶偶為「艮」，記取〈筮法〉對「坎」、「離」的異名「勞」、「羅」後，我們可以和《周易》的取象比較。

縫中。可是如果沒有分、掛、揲的步驟，只是直接用此三指來夾取一定量的草幹，則其動作差不多就是「拈取」。

18 王弼注，孔穎達疏，《周易正義》，卷 9，〈說卦〉，頁 380。

19 蔣驥撰，于淑娟點校，《山帶閣注楚辭》，卷 1，〈離騷〉，頁 83。

《周易．說卦傳》第三章給出《周易》對八經卦主要的取象：

天地定位，山澤通氣，雷風相薄，水火不相射，……。[20]

這由乾、坤、艮、兌、震、巽、坎、離八卦給出：天、地、山、澤、雷、風、水、火八種主要的聯想。可是在〈筮法〉中，只有第二十四節「卦位圖、人身圖」中提到「震」與「雷」的關係：

奚故謂之震？司雷，是故謂之震。[21]

此條寫在右上方，與震卦的卦畫 ☳ 的方位，一點關係也沒有。與此條相配合的左上方、右下方、左下方三條，分別為：

奚故謂之勞？司樹，是故謂之勞。（左上）
奚故謂之兌？司收，是故謂之兌。（右下）
奚故謂之離？司藏，是故謂之離。（左下）[22]

此四條分別指出震、坎（勞）、兌、離（羅）四卦之所「司」，為「雷、樹、收、藏」四種物事，與一般所講的「春生、夏長、秋收、冬藏」又有不同。〈釋文〉之〈注釋〉謂「含意相似」，[23] 恐誤。我們很難將「雷、樹」聯想到「春生、夏長」，只好將這些資料看作〈筮法〉作者的特殊傳承。[24] 此章真正涉及四方位（東、西、南、北）的四條，分別寫為：

東方也，木也，青色。（寫於右方）
南方也，火也，赤色也。（寫於上方）
北方也，水也，黑色也。（寫於下方）

---

[20] 王弼注，孔穎達疏，《周易正義》，卷 9，〈說卦〉，頁 384。

[21] 李學勤主編，《清華簡（肆）》，〈筮法〉，頁 111。

[22] 同前引，頁 111-112。

[23] 同前引，頁 111。

[24] 「春分」之前，固然有「驚蟄」，然而夏天的雷雨更多，很難將「雷」當作春天的特徵。至於「夏長」，一般指農作物而言。「樹」的生命，則跨越四季（即使會落葉），更難視為夏天的特徵。

西方也，金也，白色。（寫於左方）[25]

這將東、西、南、北四方位，聯想到木、火、水、金四行，又聯想到青、赤、黑、白四色，顯然受五行思想的影響（唯欠缺中央黃色的土）。這些與圖四周所畫的八個經卦卦畫的方位，應無關係。〈釋文〉之〈注釋〉，擔心〈筮法〉「羅、勞」二卦的方位，與〈說卦傳〉所定的南北方位相反（唯「四正卦」的成分則不變），恐怕是將〈筮法〉上的圖看得太死了。

〈筮法〉上的圓圈次序，固然與根據〈說卦傳〉所畫的不同，然而那裡並沒有寫明「羅」一定在北方，「勞」一定在南方。不然，如第十節第3卦例，「巽」何以不屬火？「艮」何以不屬木？就甚費解。[26] 只要假設，最外圈中間所寫的四方位，與「次外圈」的八個卦畫，沒有必定的連繫，則可將圈上的次序，當成另一種可能的排列。正如「伏羲序次」，也是另一種排列一樣。

在最內圈，則畫了一個人的身體，將八經卦連繫到人身的各部分。在圖中，乾卦在頭頂，坎卦在耳朵，兌卦在嘴巴，坤卦在胸部，離卦在腹部，艮卦在手部，巽卦在大腿（股），震卦在足部。

與〈說卦傳〉第九章相比較，坤卦在〈說卦傳〉中為腹，在〈筮法〉中移到胸部，而將〈說卦傳〉的離卦，由眼睛下移至腹部。其他都一樣。八卦中有六卦與〈說卦傳〉相符，不能說沒有關係。可是離卦的移動很顯著，只能當成〈筮法〉作者的另一項獨有的傳承。[27]

---

25 李學勤主編，《清華簡（肆）》，頁 111。

26 解決此問題的一個方案，就是假設〈筮法〉的作者，根本沒有「八方位」的觀念，只有東、南、西、北四個方位，而且將八經卦分屬四個方位（巽、震屬東；艮、離屬北；乾、兌屬西；坤、坎屬南）。換言之，既然在〈筮法〉第二節，可以用一條斜線界分左右，現在當然也可以用兩條斜線界分四方位，如下圖所示。這方面的討論，亦可參閱梁韋弦，〈有關清華簡《筮法》的幾個問題〉，《周易研究》，4（濟南：2014），頁 15-23。他的解釋似乎很複雜。

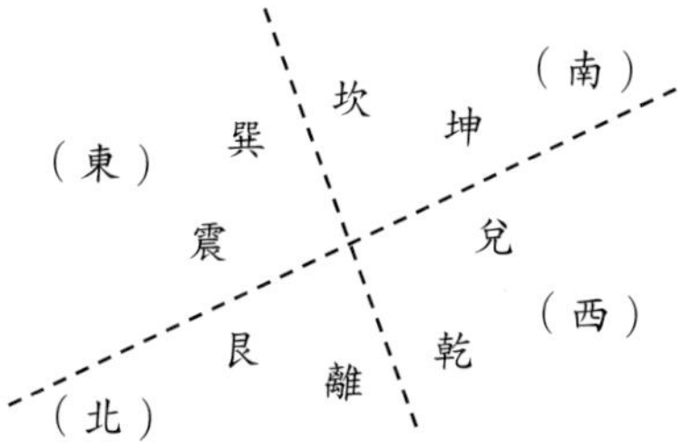

27 當然也可以說：八經卦與身體各部的連繫觀念早於〈說卦傳〉，只是在傳承中有所演變。而〈筮法〉的「人身圖」，代表一種較原始的傳承。這僅是其中一個可能。我們由人身圖只能看出〈筮法〉與〈說卦傳〉有關係。至於其細節，單憑人身圖還不足以判定。可參閱張克賓，〈論清華簡

〈說卦傳〉第三章所說的八種基本卦象，在〈筮法〉中除了震卦以外，似乎都沒有照應。就乾卦與坤卦所對應的天與地而言，在〈筮法〉的卦例中就沒有涉及。僅第二十六節「祟」中，提一下「監天」、「昊天」與「天之道，男勝女」，[28] 一點也沒有連繫到天與地這兩種主要的自然現象上。不過在很多卦例中，的確將乾與坤比作男與女（例如第二節「得」），甚至比作夫與妻。在此節的第 7 例中，又將乾與坤比作較抽象的「陽」與「陰」（作於陽，入於陰，亦得）。

這是〈筮法〉明文談到陽與陰的地方，與《周易》對比，《周易》反而沒有如此明顯。雖然《莊子‧天下篇》提到：「易以道陰陽」，[29] 可是在《周易》的卦爻辭中，一個「陽」字也沒有，「陰」字倒有一個（中孚九二「鳴鶴在陰」作樹蔭解）。連稍後出的「彖辭」與「象辭」，「陰」與「陽」也出現得很少（否與泰之彖辭，乾初九，坤初六之象辭，如此而已）。

《周易》中大講陰陽的地方，在〈繫辭傳〉與〈說卦傳〉，那些篇幅較彖辭及象辭出現得又較晚（可能晚到戰國）。我猜在民間下層社會，本有素樸的陰陽學說，到戰國一方面被鄒衍一派發揚，另一方面滲入《周易》，構成〈十翼〉的主要理論部分。這種素樸的陰陽學說，也出現於〈筮法〉的一個卦例中。

除了乾坤二卦，〈筮法〉也將其他六種卦聯想為男或女，其條例是：卦畫二偶一奇者為男，卦畫二奇一偶者為女，因此勞、震、艮三卦為男，羅、兌、巽三卦為女。[30] 見第一節第 7、9 卦例，第二節第 4、5 卦例，第六節的二個卦例，第七節的第 1 卦例，第八節的二個卦例，第十二節的一個卦例，在這些卦例中，〈釋文〉之〈注釋〉都引用了〈說卦傳〉的第十章：

> 乾，天也，故稱乎父。坤，地也，故稱乎母。震一索而得男，故謂之長男。巽一索而得女，故謂之長女。坎再索而得男，故謂之中男。離再索而得女，故謂之中女。艮三索而得男，故謂之少男。兌，三索而得女，故謂之少女。[31]

《筮法》卦位圖與四時吉兇〉，《周易研究》，2（濟南：2014），頁 12-18。他以〈說卦傳〉「其於人也，為大腹」來支援人身圖中將「離」移至腹部，顯得勉強。參見張克賓，〈論清華簡《筮法》卦位圖與四時吉兇〉，頁 13。

28 李學勤主編，《清華簡（肆）》，〈筮法〉，頁 115。

29 郭慶藩撰，王孝魚點校，《莊子集釋》（北京：中華書局，1985），卷 10 下，〈天下第三十三〉，頁 1067。

30 可以將三爻（數字）卦的三個數字相加，若其和為奇數，則為男；若為偶數，則為女。

31 王弼注，孔穎達疏，《周易正義》，卷 9，〈說卦〉，頁 388。

〈說卦傳〉將八卦組織成一個家庭。可是在上引〈筮法〉諸例中，只能判定某一卦的男女屬性，而無任何跡象分判其排行，並沒有「一索，再索，三索」之分別。而且第六節的二個卦例，其「三女」連「坤」而言，其「三男」連「乾」而言，並沒有將乾坤當作父母。因此我認為〈釋文〉之〈注釋〉，引用〈說卦傳〉並不恰當。

不僅如此，〈說卦傳〉第二章強調：「是以立天之道曰陰與陽，立地之道曰柔與剛，立人之道曰仁與義。兼三才而兩之。」[32]〈筮法〉中雖出現陰陽，可是並沒有剛柔，更不要提儒家的仁義。因此〈釋文〉一再認為〈筮法〉受〈說卦傳〉的影響，我卻認為證據不足。

與男女有關的術語「昭穆」很令人困擾，因為傳統的昭穆指「祖上的兩個世代」與卦象的相連並不明顯。我認為還需要再研究。我的初步猜想是：這可能與「左昭右穆」有關。[33]

〈筮法〉中最特殊的取象法則是爻象，因為〈筮法〉用的是數字卦，每一爻除了奇偶，還要看其數字：「一、四、五、六、八、九」。〈筮法〉將最常出現的「一、六」數字除外（歸作八經卦的卦象處理），對其餘特別的爻數字「四、五、八、九」有特別的聯想，載於第二十九節內。

> 八為風，為水，為言，為飛鳥，為腫脹，為魚，為罐筩，在上為醪，下為汏。
> 五象為天，為日，為貴人，為兵，為血，為車，為方，為憂懼，為飢。
> 九象為大獸，為木，為備戒，為首，為足，為蛇，為它，為曲，為玦，為弓、琥、璜。
> 四之象為地，為圓，為鼓，為珥，為環，為踵，為雪，為露，為霰。
> 凡爻，如大如小，作於上，外有吝；作於下，內有吝；上下皆作，邦有兵命、燹怪、風雨、日月有食。[34]

最後那一段寫在一支竹簡上，而且從頭至尾書寫，顯然與前面的段落不同。其爻數雖限於特異數，然著眼點在其爻位。

---

32 王弼注，孔穎達疏，《周易正義》，卷 9，〈說卦〉，頁 383-384。
33 參見本文的「附錄一」。
34 李學勤主編，《清華簡（肆）》，〈筮法〉，頁 120。

這一節可以和〈說卦傳〉第十一章對比：

> 乾為天，為圜，為君，為父，為玉，為金，為寒，為冰，為大赤，為良馬，為老馬，為瘠馬，為駁馬，為木果。
>
> 坤為地，為母，為布，為釜，為吝嗇，為均，為子，母牛，為大輿，為文，為眾，為柄，其於地也為黑。
>
> 震為雷，為龍，為玄黃，為旉，為大塗，為長子，為決躁，為蒼筤竹，為萑葦。其于馬也為善鳴，為馵足，為作足，為的顙。其于稼也為反生。其究為健，為蕃鮮。
>
> 巽為木，為風，為長女，為繩直，為工，為白，為長，為高，為進退，為不果，為臭。其于人也為寡髮，為廣顙，為多白眼，為近利市三倍。其究為躁卦。
>
> 坎為水，為溝瀆，為隱伏，為矯輮，為弓輪。其于人也，為加憂，為心病，為耳痛，為血卦，為赤。其于馬也，為美脊，為亟心，為下首，為薄蹄，為曳。其于輿也，為多眚，為通，為月，為盜。其于木也，為堅多心。
>
> 離為火，為日，為電，為中女，為甲冑，為戈兵。其于人也，為大腹。為乾卦，為鱉，為蟹，為蠃，為蚌，為龜，其于木也，為科上槁。
>
> 艮為山，為徑路，為小石，為門闕，為果蓏，為閽寺，為指，為狗，為鼠，為黔喙之屬。其於木也，為堅多節。
>
> 兌為澤，為少女，為巫，為口舌，為毀折，為附決。其于地也為剛鹵。為妾，為羊。[35]

二者皆用「枚舉」的方式取象，可是一為爻象，一為卦象。〈說卦傳〉所舉的項目較多，似乎較完善。可是枚舉的方式，一定會掛一漏萬，試比較兩份名單，一定會覺得很有趣味。

〈筮法〉將本來為卦象的「風、水、天、地」四項，分別補在「八、五、四」三種爻數之內，可是還是照顧不到「火、山、澤」三者。〈說卦傳〉將「圜」合於「天」類，而〈筮法〉將「圜」合於「地」類。〈說卦傳〉僅舉「玉」為一總類，而〈筮法〉分舉「玦、琥、璜、珥、環」。對動物，〈筮法〉舉鳥、魚、蛇，以及

[35] 王弼注，孔穎達疏，《周易正義》，卷 9，〈說卦〉，頁 389-393。

「大獸」。而〈說卦傳〉則徧舉馬、牛、龍、鱉、蟹、蠃、蚌、龜、狗、鼠、羊，就是沒有與〈筮法〉所舉重疊的項目。我想，用不著再比較下去了。唯一的結論是：〈筮法〉的作者不太可能看過〈說卦傳〉，他只聽說「震」與「雷」有關。至於「天、地、水、風」那很常見的自然事物，他只在「爻象」裡補救。而「山」、「澤」與「火」卻完全漏掉。如果〈筮法〉的作者看過〈說卦傳〉，很難會有這些遺漏。

可是〈筮法〉的作者，卻將這些特殊的枚舉，歸諸四個特別的數字。偏偏這四個數字，在卦例中又很少出現，在已有的五十七個卦例中，密集的特殊爻，出現於第十四節「貞丈夫女子」的首四例，與第十六節「戰」的二例。此六例的文字說明，又沒有涉及那些枚舉物。這使人懷疑，涉及這些特殊數字的占筮，都是很特殊的占筮，特別數字的出現，可由占筮者控制。由於我們不知道扐占成卦的方法（這似乎是他的業務秘密），故也不知道如何去「控制」。這項懷疑，我也知道有點匪夷所思，姑且寫在這裡。希望將來續有古簡上的占例被發現，可以澄清這項懷疑。[36]

四、〈筮法〉中的「卦位」與時間指涉

要從四個卦畫得出吉凶的判斷，單單取象還不夠，總要從這些卦或爻之間的相對位置，獲致一些有意義的聯想。這裡姑且將這類聯想，統稱為「卦位」。至於何以會產生此種聯想，則占筮者有解釋的自由，不在我們的探討範圍。

〈筮法〉中對「卦位」的使用，變化很多。可以用其中的幾個卦例，去熟悉其中的術語。

第一節「死生」第 7 例：「震（右上）坤（右下）巽（左上）離（左下）」，此例可以利用前面所述八卦對男女的取象，上面兩卦（震與巽）為一男一女。這種情形稱為「相見在上」（下面二卦坤與離皆為女，不去管），在同節的第 9 例為：「坎（右上）震（右下）離（左上）兌（左下）」，也是上面兩卦（坎與離）象一男一女，因此也算作「相見在上」。至於同節第 8 例為：「艮（右上）坤（右下）乾（左上）艮（左下）」，在對角線上乾坤相匹配，然被兩個艮卦所間，就不能「相見」。

---

36 現在已知比較大量的數字卦占筮，除了〈筮法〉之外，還有「包山楚簡」與「天星觀楚簡」。對「包山楚簡」，我的印象是全缺「四、九」。「天星觀楚簡」有兩個「九」（15 之 1 號與 150 號），可是還是沒有「四」。兩種楚簡中的「八」較多，可是無法由記載的占筮結果，看出與〈筮法〉「爻象」枚舉的各物有什麼關聯。可能還需要更多的卦例。

據此例〈釋文〉的解釋，為「一卦亢之」，此處「亢」釋為遮蔽。[37]

對這三個卦例，我們暫且只注意其卦位的部分，至於判斷吉凶的部分，留到本文的下一節。

再看〈筮法〉第二節第1例：「乾（右上）坤（右下）坤（左上）巽（左下）」，乾與坤有夫妻之象，而乾卦（夫）的左方以及下方都是坤卦，〈筮法〉釋之為：「妻夫同人」。

同節第4例：「坎（右上）震（右下）震（左上）巽（左下）」，坎震皆象男，此卦所表現的是「三男同女」。同節第5例：「坤（右上）離（右下）兑（左上）乾（左下）」，坤離兑皆象女，此卦表現的是「三女同男」。[38]

但〈筮法〉第八節的第1例為：「坤（右上）巽（右下）巽（左上）坎（左下）」，亦為「三女同男」。第七節「讎」的兩例亦然。其第1例：「震（右上）乾（右下）艮（左上）離（左下）」亦為「三男同女」。[39] 第九節與第十節的術語「上毀」，指左上與右上皆為男或皆為女。[40]

以上所引，只是一些較常見與較明顯的事例。其餘還有一些原則，是〈筮法〉作者特別指出來的。例如第二十四節所特別畫出的卦位圖與人身圖，在前面的卦例中，偶然也會應用到。在第十一節「雨旱」的第2卦例中，用到「金木相見」、「水火相見」，這與外圍之「方位圖」相應。[41] 第五節也將震、兑、坎、離稱為「四正卦」，「其餘易位」也指此圖而言。[42] 還有第二十節「四位表」，將每一卦例的四個卦畫（右上、右下、左上、左下），連繫到軍旅、朝廷、家庭以及居室的四個尊卑之位。四位表特別適用於第十九節「志事、軍旅」的兩個卦例中，這些我都不再重複。[43]

可是在〈筮法〉中，有些涉及卦位的事例，還牽涉到個別的爻位。例如第十五節「小得」的第3例，表面上「三同一，乃得之」，[44] 似乎不是新的情況。可是這

---

37 李學勤主編，《清華簡（肆）》，〈筮法〉，頁78-80。相見」疑與第七節的「妻夫相見」有關，參見本文的「附錄一」。

38 以上引文參見李學勤主編，《清華簡（肆）》，〈筮法〉，頁81-84。

39 以上引文參見李學勤主編，《清華簡（肆）》，〈筮法〉，頁90-91。

40 以上引文參見李學勤主編，《清華簡（肆）》，〈筮法〉，頁92-93。

41 以上引文參見李學勤主編，《清華簡（肆）》，〈筮法〉，頁92-93。雖然〈筮法〉第二十四節「卦位圖」中的「坎」、「離」二卦，與〈說卦傳〉的卦位相反，可是這不影響「四正卦」的成分。

42 以上引文參見李學勤主編，《清華簡（肆）》，〈筮法〉，頁87。

43 以上引文參見李學勤主編，《清華簡（肆）》，〈筮法〉，頁106。

44 以上引文參見李學勤主編，《清華簡（肆）》，〈筮法〉，頁100-101。

裡的「一」，是左下方一個特別的坎卦，其數字（由上至下）作「六、五、四」排列。這些特別的卦，一定與普通卦有別。至於如何有別，很難歸納得出，也許這就是從事占筮業者的秘密。同樣的情形，也見於第二節的第6例「見丁數」，其左上的兌卦的數字為「四、五、九」(由上至下)。[45] 第十七節第1例四個卦，都出現「五」，似非偶然（能如此就乃成，不如此，則不成）。[46] 當然，前面已經提到過，第十四節的1-4例，與第十六節的兩例都有密集的特殊爻，值得注意。

還有第一節的第1、2例，提到「六虛〔同〕」與「五虛同」，[47] 也要比較爻位。不過此二例比較隱晦，我認為還值得再研究。

其他可能還有一些獨特的事例，我沒有照顧得到（有關指涉時間的事例在後），暫且不管。不過有一個卦例非常特別。第十二節「男女」，其四個卦為：「坤（右上）艮（右下）巽（左上）離（左下）」。卦畫下的說明為：「凡男，上去二，下去一，中男乃男，女乃女。」[48] 照他的說明，將右與左兩個疊卦的第三、四、五爻（由上至下）單獨提出來，都成為「六、一、六」，亦即坎卦，為男。可是這種由疊卦中提出三爻的做法，在《周易》中（有重卦）要等到漢代的「互體」才有。

〈筮法〉的「疊卦」，本來不像《周易》重卦那樣明顯，卻引出類似「互體」的做法。使人猜疑漢易的很多特殊名目，很可能也有先秦民間或下層社會的秘密傳授。設想如果〈筮法〉的竹簡沒有被發現，大多學者會認為，「互體」是漢代焦京之徒的發明（而且用在先秦的事例，如《左傳．莊公二十二年》的事，也非常勉強）。如果類似的事例將來繼續出土，可能會影響易學研究的方向。[49]

下面再花一些篇幅，討論與時間有關的事例。首先請注意，第二十一節「四季吉凶」，其文錄於第37、38兩簡，可是抄錄者卻抄漏了二句。好在其排列夠整齊，

---

45 以上引文參見李學勤主編，《清華簡（肆）》，〈筮法〉，頁81-84。

46 以上引文參見李學勤主編，《清華簡（肆）》，〈筮法〉，頁103。

47 以上引文參見李學勤主編，《清華簡（肆）》，〈筮法〉，頁78。

48 李學勤主編，《清華簡（肆）》，〈筮法〉，頁96。

49 素樸的「互體」觀念，也許始自先秦。然而後人希望從《左傳》得到印證，則屬徒勞無功。尤其是《左傳．莊公二十二年》的「風為天於土上，山也」，杜注：「自二至四，互體有艮之象，艮為山」，用「否」卦為言，是十分勉強的。左丘明傳，杜預注，孔穎達正義，《春秋左傳正義》，卷9，〈莊公十一年至二十二〉，頁310。高亨〈左傳國語的周易說通解〉有很好的討論。高亨，〈左傳國語的周易說通解〉，收入黃沛榮編，《易學論著選集——附朱熹周易本義》（臺北：長安出版社，1985），頁409-410。相關討論亦可見李怡嚴，〈易學書簡〉，《幼獅月刊》，49.1（臺北：1979），頁63；王化平、周燕，《萬物皆有數：數字卦與先秦易筮研究》，頁166，唯王、周稱之為「互卦」。又，劉大鈞也將此卦例視為「互體」，參劉大鈞，〈讀清華簡《筮法》〉，《周易研究》，2（濟南：2015），頁5-9。

〈釋文〉可以據前文補足缺句（下面八卦之名皆改為通行者）。[50]

春：震巽大吉，坎小吉，艮離大凶，兌小凶。
夏：坎大吉，震巽小吉，艮離小凶，兌大凶。
秋：兌大吉，艮離小吉，坎大凶，〔震巽小凶。〕
冬：艮離大吉，兌小吉，震巽大凶，〔坎小凶。〕[51]

其秋、冬最後小凶部分，即〈筮法〉作者抄漏，而〈釋文〉補足者。這些吉凶原則不獨用於最後吉凶之判，也用於取象之用，見第一節「死生」的第3-6四個卦例。

卦例3：震（右上）坎（右下）坎（左上）兌（左下），三吉同凶，待死。
卦例4：兌（右上）兌（右下）離（左上）震（左下），三凶同吉，待死。
卦例5：震（右上）坎（右下）坎（左上）兌（左下），三吉同凶，惡爻處之，今焉死。
卦例6：兌（右上）兌（右下）離（左上）巽（左下），三凶吉，惡爻處之，今焉死。[52]

可以推測，此四卦例為春季或夏季所占，故震、巽、坎皆屬於「吉」的一邊，艮、離、兌皆屬於「凶」的一邊。故第3、5例皆「三吉同凶」，第2、4例皆「三凶同吉」，第5例左下的兌為「六、五、九」，第6例的巽為「九、五、六」（由上至下）。都有二個不正常的爻（五、九），故稱為為「惡爻」。遇到這些爻，就與正常爻判斷有別。

再請注意：「震巽」與「坎」在春與夏季皆為「吉」（雖有大小之分），「艮離」與「兌」在春季與夏季皆為「凶」（雖有大小之分），故在〈釋文〉之〈注釋〉中，雖將此四例安排在春季，其實春季與夏季均可。還有，在此四例內，「凶」字皆

---

50 在第二十一節「四季吉凶」，〈筮法〉用「來」字表示「震」。可是在第二十四節「卦位圖、人身圖」、第二十五節「天干與卦」、第二十六節「祟」、第二十七節「地支與卦」，都用「震」字。可知〈筮法〉只是偶然用了一個別名，沒有多少用意。

51 李學勤主編，《清華簡（肆）》，〈筮法〉，頁107。

52 同前引，頁78-79。

寫為「兇」字，可是在第二十一節的兩簡，「兇」字則不出現，而僅出現於後文「惟兇之所集」與「以名其兇」。反覆比較，我覺得〈筮法〉的作者，並無意分辨「凶」與「兇」字，往往雜用。

上面的四例，是以「吉凶」當取象之用（如前面的男女），故與斷卦的吉凶不同。可是〈筮法〉的作者特別指出，如果所筮之事為「志事」或「軍旅」，則特別要參閱第二十節「四位表」，查出所關心的位階（在軍旅則看上中下軍，志事則涉及家庭、朝廷、及建築物之各位階），然後將所筮之卦（右上、右下、左上、左下）在此一方位之卦取出（假設非乾或坤），按筮時之春夏秋冬所示的吉凶來定。這裡不像第一節的四例，「吉凶」不作取象之用，故其吉凶之大小亦須講究。

對時間的指涉，除了四季，有時也要看一月中的「月朝」與「月夕」。這兩個術語見於第三節「享」的兩個卦例、第十四節「貞丈夫女子」、第二十二節「乾坤運轉」。據第三節之〈注釋〉，謂：「上旬為月之朝，中旬為月之中，下旬為月之夕。」[53] 唯在〈筮法〉內，似乎只有「月朝」與「月夕」，而無「月中」，是否僅為遺漏，或僅以每月頭數日為「月朝」，尾數日為「月夕」，而不管中間，或曰望之前為「月朝」，望之後為「月夕」。我認為還有研究的餘地。目前只好將「月朝」了解為「大致為月初」，將「月夕」了解為「大致為月尾」。[54]

第二十一節「四季吉凶」沒有照顧到乾坤兩卦，在第十四節「貞丈夫女子」有兩種特殊情形。第 1-4 卦例，照「右上、右下、左上、左下」的次序，分別為：「乾、乾、乾、艮」、「乾、乾、乾、坤」、「乾、乾、震、坤」、「乾、乾、艮、坤」。這四個卦例都有二至三個乾卦，下面有個總說明：「凡貞丈夫，月夕乾之萃，乃純吉，亡春夏秋冬。」[55] 因為有多個「乾」，故云「乾之萃」。如在月夕貞問有關丈夫之事，則無需再問春夏秋冬，一定是「純吉」。不過前面已經提過，此四例有密集的非正常爻數（九）。是否影響到斷卦之語，還待研究。

同節第 5-8 卦例分別為：「坤、坤、坤、巽」、「坤、坤、坤、離」、「坤、坤、

---

53 李學勤主編，《清華簡（肆）》，〈筮法〉，頁 85。

54 這裡困難之處，在於「月朝」與「月夕」既是取象，又是指涉時間。第三節之「月朝」，取象於三個坤卦，再加上左下二陽一陰之卦（巽）。「月夕」則為三個乾卦，再加上左下二陰一陽之卦（艮）。這兩種情形皆無「中間」可言。可能在斷卦時，亦排除了中間的日期。本節之「純牡」、「純牝」，除取象外，亦兼指祭享之用牲。第十四節則稍異：「月夕」前三卦皆為乾，左下則不拘（甚至可以是坤），稱之為「乾之萃」，以象丈夫。「月朝」則前三卦皆為坤，左下亦多變化，稱之為「坤之萃」，以象女子。亦無「月朝」與「月夕」的中間日期。第二十二節則未給卦例，其取象不明。劉大鈞以漢易之「天體納甲」說之，似可備一說。劉大鈞，〈讀清華簡《筮法》〉。

55 李學勤主編，《清華簡（肆）》，〈筮法〉，頁 98。

坤、兌」、「坤、坤、坤、艮」。這四個卦例都有三個坤卦，下面有個總說明：「凡貞女子，月朝坤之萃，乃吉，亡春夏秋冬」。[56] 如在月朝貞問有關女子之事，則無需再問春夏秋冬，一定是「吉」。此四例並沒有密集的非正常爻數（僅第 8 例的艮卦有一個「九」，斷卦之辭亦變為「吉」），是否有關聯，亦需研究。

上面所說，是有特多乾坤的情形，如按第二十四節「四位表」所涉及的一位上過到乾卦或坤卦，則按第二十二節「乾坤運轉」作為補充。此節在竹簡上，記於第 39、40 兩簡。第 39 簡的文字，從簡下半開始，是上一節文字「以名其兇」的繼續，故知此是對上節的補充。除了再次強調乾在月夕、坤在月朝，定是「吉」之外，當「晦之日」，乾與坤皆當作「巽」卦，按巽的吉凶判定。到「入月五日」（〈注釋〉認為是初五日），則乾坤皆當作「艮」卦，按艮的吉凶判定，到初十則乾坤各返回原位。〈注釋〉猜想，這種「運轉」每十日循環一次。可是這只是猜想，〈筮法〉的原文並沒有這樣說。

這使我們更懷疑，「月夕」與「月朝」是否真的如第三節〈注釋〉那樣，作「下旬」與「上旬」解。既然整個「旬」都是「吉」，又要隨日運轉，顯有矛盾。〈筮法〉此處也講不清楚，很可能另有傳承。

這裡涉及乾、坤、巽、艮四卦會隨日運轉，很可能是民間的秘傳，在《周易》的〈十翼〉中毫無跡象。然而到漢代，大量「易緯」之書出現，有卦氣消息之說，才按六十四卦來作運轉。是否這種想法受民間素樸的傳授所影響，也是值得研究的項目。[57]

〈筮法〉在第二十五節「天干與卦」與第二十七節「地支與卦」，進一步將八卦與時日相連。中國從殷商起就用干支紀日，可能到戰國時，也用干支紀年與紀月。因此在占卦時，就至少牽涉到一個干支。如在所筮得的四個卦中，出現了與該干支相涉的卦，則稱為「見術日」，會影響到吉凶的判斷。這個名詞（見術日）出現於第九節「咎」，第十節「瘳」。在第十一節「雨旱」，特別分判「當日在下」與「當日在上」。即指占筮當日所涉及的卦在左右下或左右上而言。第五節「至」第 2 例亦言「當日」。在第十八節「志事」明言「見當日如〔或〕當辰」。[58]「當辰」當然特別指與該辰地支相涉的卦。若無適合條件之卦，則可以稍放寬鬆一些，計入五

---

[56] 李學勤主編，《清華簡（肆）》，〈筮法〉，頁 98-99。

[57] 劉震，〈清華簡《筮法》中的「象」「數」與西漢易學傳承〉，《周易研究》，3（濟南：2014），頁 77-82。

[58] 李學勤主編，《清華簡（肆）》，〈筮法〉，頁 87、104。

日內之干支相涉之卦，也算在期限之內，五日之內可以很寬鬆這個斟酌的標準，恐怕也是術者的秘傳。

第二十三節「果」，又分言「歲在前」、「月在前」、「日乃〔在〕前」[59]（分大中小事），應指與此歲、月、日相涉的干支卦，出現在「前」。〈注釋〉認為「在前」指出現在上卦，可是如果是這樣，就與「在上」無別。我懷疑這裡「在前」可能指出現於右方。

「地支與卦」的指涉，排除了乾坤兩卦，以子午當震，丑未當巽，寅申當坎，卯酉當離，辰戌當艮，巳亥當兌。這種對應，別的地方似未聞出現，也可算是〈筮法〉作者的秘傳。唯「天干與卦」，以乾當甲壬，坤當乙癸，艮當丙，兌當丁，坎當戊，離當己，震當庚，巽當辛，其對應關係與漢人的「納甲」的所「納」全同，令人驚奇。可能素樸的「納甲」想法，在先秦的術士中已經秘密流傳，其始不過是想將占筮的時間與卦象、卦位等其他線索連接起來，以使斷辭更有彈性的餘地。流傳到漢朝，焦京之徒見而喜之，發揚光大，且師其意，將八卦「納」到其他自然現象上，例如日相、音律等，構成漢易「象數之學」的主體。[60]

在八卦中，〈筮法〉的作者似乎特別傾心於兌卦，在天干的連繫上，它相當於丁，所以這個又稱為「丁數」。這個術語首先出現於第二節「得」的第 6 卦例：「震（右上）坎（右下）兌（左上）巽（左下）」。[61] 在這裡兌卦出現在左上，而且似乎為了特別標出這個卦，所有的爻數都是不正常的（由上到下：四、五、九），在後面很多地方，這個兌卦的「丁數」甚至簡稱為「數」。在第四節的兩個卦例，例 1 為：「兌（右上）乾（右下）坤（左上）坤（左下）」、例 2 為：「艮（右上）坤（右下）乾（左上）兌（左下）」。[62] 此兩例的兌，都出現在「右上—左下」的對角線上，而且被另一對角線「右下—左上」的乾卦與坤卦隔開：兌在右上稱為「數而出」，兌在左下稱為「數而入」，這兩種情形導致相反的判斷。第十一節「雨旱」第 1 例，言「數而入」與「數而出」。[63] 第十三節「行」言「數出」、「數入」。第二十三節「果」，言「數而出」、「數入」（無例），皆可作此解釋。虛詞「而」用不用都無所謂。唯第七節「讎」的第 2 例：「艮（右上）乾（右下）離（左上）艮

[59] 李學勤主編，《清華簡（肆）》，〈筮法〉，頁 110。
[60] 有關漢易的引介，可參閱李道平撰，潘雨廷點校，《周易集解纂疏》（北京：中華書局，1994）。
[61] 李學勤主編，《清華簡（肆）》，〈筮法〉，頁 81。
[62] 同前引，頁 86。
[63] 同前引，頁 94。

（左下）」，未涉及兌卦。而下面的說明多一句：「數出，乃亦饉」，[64] 當指若以兌代替左上或右上之任一卦，亦有同樣的判辭。

第二十八節「地支與爻」，將六個爻數「一、四、五、六、八、九」與十二個地支連繫起來：子午應九、丑未應八、寅申應一、卯酉應六、辰戌應五、巳亥應四。除了寅申卯酉之外，所對應的爻數都是不正常的。如筮卦的年、月、日，甚至時有這些爻數相應的，而所成之卦又出現這些不正常的爻數，則很可能影響斷卦之辭。至於如何影響，〈筮法〉則未言。如果筮者可以用指扐控制這些不正常爻數的出現，亦可增加斷辭之多樣性。這些恐怕也在術士秘傳的範圍。

這些不正常爻數，亦與春夏秋冬四季連繫起來，見第二節「得」第 8-11 四卦例。其中左下之卦，如在春天遇八，夏天遇五，秋天遇九，冬天遇四，則亦影響斷卦之辭。[65]

五、十七命與斷卦的考慮

〈筮法〉將最常被貞問的事物歸納為十七種，稱為「十七命」。第三十節的〈注釋〉，將這種分類與《周禮．太卜》的「以邦事作龜之八命」作比對。[66] 所謂「命」，當然指「命卦之辭」，也就是求筮者面對筮卦者（術士）時，所提要求預知後果的事項。術士經驗多了，將這些事項按其性質分類，以作卦例的索引。這種做法 恐怕是戰國時術士的傳統。《周禮》其實就是出現於戰國末期的《周官》[67]（最後的冬官已亡，以《考工記》補之），可能就受了這些傳統的影響，而表現於「龜之八命」之內。而且《周官》之八命，也並不限於龜卜，後面明言「贊《三兆》，《三易》，《三夢》之占」，[68] 可見有普遍性。八命的內容為：征、象、與、謀、果、至、雨、瘳，其中果、至、雨、瘳四項與〈筮法〉分類全同，受影響的跡象很顯著。

〈筮法〉將「十七命」當作卦例的索引之用，在簡編的前半部分欄記述。可是就是少了前面的「果」與最後一命「祟」，對這兩個命，一個卦例也沒有給。對

---

[64] 李學勤主編，《清華簡（肆）》，〈筮法〉，頁 97、110、89。

[65] 谷繼明，〈清華簡《筮法》偶識〉，《周易研究》，2（濟南：2015），頁 23-26。

[66] 鄭玄注，賈公彥疏，《周禮注疏》，卷 24，〈太卜〉，頁 751。

[67] 有關《周官》著作年代的考證，參閱錢穆，《兩漢經學今古文平議》《錢賓四先生全集》第 8 冊（臺北：聯經出版，1998），〈周官著作年代考〉，頁 319-493，該文原發表於 1932 年《燕京學報》第十一期。

[68] 鄭玄注，賈公彥疏，《周禮注疏》，卷 24，〈太卜〉，頁 753。

「祟」在第 43-51 簡的下半部，用密集的文字記述其原則，[69] 這種處理方式值得進一步探索。對「果」只在第二十三節有簡單的原則提示。

前面卦例的部分，除了十六項之外，還多出一個「支」，在第四節有兩個卦例。〈注釋〉認為涉及冠禮，這個解釋我認為有商榷餘地。這兩個卦例是：例 1：「兌（右上）、乾（右下）、坤（左上）、坤（左下）」。說明：「凡支，數而出，乃遂。」例 2：「艮（右上）、坤（右下）、乾（左上）、兌（左下）」。說明：「凡支，數而入，乃復。」[70] 如果涉及冠禮，怎會有「乃遂」、「乃復」的斷辭？再與第十三節「行」的一個卦例比較：「兌（右上）、乾（右下）、坤（左上）、艮（左下）」。說明：「凡行，數出，遂；數入，復。」[71] 比較兩者，處理的方式很相像。就「行」而言，低層民眾的旅行，會遭遇到困難，故需要貞問是否能遂（「復」作不遂解）。「冠禮」似無這種顧慮。按「支」為「鞭」之古文。[72]「鞭」雖然與「弁」字音近，似未聞可以通假，我覺得還是要從原來的「鞭」字來著想。按「鞭」有「鞭笞」、「鞭辟」、「鞭策」之意，引申可作「驅使」。若貞問者有需要驅使之事，想知道此事遂否，那當然可以構成一個求神問卦的項目。我認為這樣解說比較合理。[73]

對這種索引式的分類，當然很粗糙，而且很可能有漏失的部分。有些項目就帶有「雜項」的性質，例如：得、讎、果。「讎」（即「售」），在第七節講得很含糊（可能不僅指「售賣」）。第二十三節「果」，更是一個卦例也不給，只將欲貞問成否之事，分判為大事、中事、小事。又分判為「內事」與「外事」，以為斷卦之辭的變化作準備。僅第二節「得」，是卦例給得最多的。卦例中並沒有具體的事實，而其取象卻多變化，這就是「雜項」的徵象。〈筮法〉作者顯然覺得前面所給的十一卦例還不夠，所以在第十五節又給「小得」四例，作為補充。而最後一例「邦去政已，於公利分」，[74] 顯然是一件大事，卻與各「命」無關，只放在這裡作為附錄。[75]

---

69 〈筮法〉的抄寫者，顯然沒有好好規劃整個抄寫空間：右前面雖然分欄，還是很疏朗，而後面空間不夠了，第二十六節就抄得十分密集。由本文末所附的「摹寫圖」，很容易看出。

70 李學勤主編，《清華簡（肆）》，〈筮法〉，頁 86。

71 李學勤主編，《清華簡（肆）》，〈筮法〉，頁 97。

72 按《說文解字》第三篇下：「鞭，驅也」。許慎撰，段玉裁注，《說文解字注》（上海：上海古籍出版社，1981），卷 6，頁 110。

73 子居認為應用「變」釋此字。然而事物經常會有變化，不分辨往何方向變化，很難成為一個占問事項。子居，〈清華簡《筮法》解析（修訂稿上）〉，《周易研究》，6（濟南：2014），頁 17-28。

74 李學勤主編，《清華簡（肆）》，〈筮法〉，頁 101。

75 此條有可能是另一人抄入的，參見本文的「附錄二」。

家屬或朋友瀕臨生死邊緣，是很多人感覺最無助的時刻，往往要求神問卦。〈筮法〉第一節「死生」的卦例有九個之多，通常「死生」問題，其實就是「會不會死」的問題，故其斷卦之辭也分為：「死」、「待死」、「將死」、「今焉死」（還不會死）。第 7-9 卦例加上貞問者的條件：「筮死妻者」、「筮疾者」、「筮死夫者」。第 1 例稍加變化：「其病哭死」。至於斷辭如何與取象連接，卦例中所舉各種情況：「六虛」、「五虛同」、「三吉同凶」、「三凶同吉」，還要看是否有不正常的爻數（惡爻處之）「相見在上」，或是否被同一卦在對角線上遮蔽（一卦亢之），也似乎沒有特殊的形態。大概也是基於術士的秘傳了。[76]

第三節貞問有關祭享之事，其取象特別苛刻：「月朝純牝」、「月夕純牡」。[77] 大概當時一般民眾不像貴族，祭享並不容易。這與《周易》動不動就言「利亨」，是很不同的。順帶提一點：《周易》好以「利」字連繫上某一項動作，如「利亨」、「利涉大川」、「利見大人」、「无不利」等。而〈筮法〉則少言「利」字。我判斷：這可能緣於南方與西方方言的不同。在〈筮法〉中多用「乃」字，亦然。[78]

第十三節「行」與第五節「至」，都是有關旅行的。其斷卦之辭連繫卦位、時日，與「數出」、「數入」，可是就沒有透露一些有關旅行的細節，不像《周易》很多的卦爻辭，都出現「利涉大川」。當然在南方的江河水量，四季變化不會像北方那樣明顯，不會有「大川」可涉。不過雖然旅行的遂不遂，行人的至不至，需要占問，卻不過問路途情況。我想在戰國的南方，商業較前發達，道路的開闢較以前為多，橋樑的建築較普遍，[79] 而舟船的安全程度亦有改進。所以旅行是否成功，與自然因素的關聯不如與政治及治安因素來得重要，故有此分別。

一般人生活可能遭遇的事項，大致表現在第六節「娶妻」、第十節「瘳」與第十二節「男女」（生兒育女）。這三節的卦例，對斷卦之辭的取象標準，都不見有什麼聯想性的關聯。想像這些貞問，求占者往往求自己安心，而不太計較事後的準與不準。而術士按秘傳原則來作判斷，其用語亦有一定的模糊程度，而不怕事後的追問。

---

[76] 李學勤主編，《清華簡（肆）》，〈筮法〉，頁 78-80。
[77] 同前引，頁 85。
[78] 參見本文的「附錄二」。
[79] 《孟子．離婁下》：「子產聽鄭國之政，以其乘輿濟人於溱洧。孟子曰：『惠而不知為政。歲十一月徒杠成，十二月輿梁成，民未病涉也。』」最可顯現戰國時的造橋技術，遠超過春秋時代，以致孟子將「十一月徒杠成，十二月輿梁成」，當成理所當然之事。趙岐注，孫奭疏，《孟子注疏》，卷 8 上，〈離婁章句上〉，頁 253。

第九節「咎」與第八節「見」，都涉及貞問者的人事關係，可以憑個人努力而部分操控。貞問者希望透過卦象知道，經過努力後是否能免咎，或能夠順利結交到特別的人物（尤其是上級的「大人」）。斷卦的標準根據術士之秘傳，不具論。唯這種對「見」與「咎」的事前關心，顯然是人類的基本習性。在《周易》卦爻辭中，就常看到類似「何其咎」、「无咎」、「利見大人」等。

第十一節「雨旱」、第十六節「戰」、第十七節「成」，都涉及個人無法控制，而又深受影響的事項。到術士那裡占卦，術士憑秘傳的取象法則來斷吉凶。說是凶了，可以有一些準備；說是吉了，聽著心裡舒服。無論吉凶都不會影響到日後的結果。

可是如果某個人有志從軍，或是有志為官，則「戰」或「成」之事，就不是他不能控制的事了。對此情形，〈筮法〉的作者特別闢了五節來討論：第十八節「志事」、第十九節「志事與軍旅」、第二十節「四位表」、第二十一節「四季吉凶」、第二十二節「乾坤運轉」。

第十八節寫於第 24-31 竹簡的最下方，第十九節寫於第 32-36 簡最上方（連同兩個卦例），第二十節是四個四位表，分表在軍中、家庭中、朝廷中、建築物內外四部位（右上、右下、左上、左下），與所占之卦的對應。這四個表分布在第十九節的下方。第二十一節與第二十二節寫在第 37-40 竹簡上，占了竹簡的全長。[80]

這五節的次序使我傷透腦筋。第十八節二十四字（八行，每行三字）塞在竹簡的最下方，我認為這一小段應在第二十二節之後，剛好在一群卦例下面有一小塊空白，就塞在那裡。

因此這五節內容，應該始自第十九節的兩個卦例：「坤（右上）、艮（右下）、離（左上）、震（左下）」、「乾（右上）、兌（右下）、坎（左上）、巽（左下）」。下面的說明（兼兩卦例而言）是「凡筮志事，而見同次於四位之中，乃曰爭之，且相惡也。如筮軍旅，乃曰不和，且不相用命。」[81] 我們很容易看出，第 1 例的四個卦的中間一爻都是陰爻，而第 2 例的中間一爻都是陽爻。如果貞問者欲謀求志事或軍旅事業，而筮得的四卦其中間一爻全同，則所謀必不遂。這一段先供給一個負面的斷辭，而完全不用四位表。四位表是為配合後兩節設計的，經過第十九節的淘汰後，再從「四位表」中，找出貞問者所欲的階位所對應的卦（前面已經解釋過）。如果其卦不是乾或坤，則照「四季吉凶」所述，以定吉凶（吉凶還分大小）。如果其卦是乾或坤，則以第二十二節「乾坤運轉」所述為補充。所以〈筮法〉對於「志

[80] 唯第 40 竹簡最後六字，屬於第二十三節「果」。

[81] 李學勤主編，《清華簡（肆）》，〈筮法〉，頁 105。

事」與「軍旅」貞問的斷辭是凶多於吉，用意大概是不鼓勵民眾走上那條路。可是如果所占之四卦內，有合乎占卦當日或當辰所對應的卦，則按第十八節所述，無論吉凶，皆有加速的效果。第十八節的斷辭，是加在其他各節（19-22 節）的斷辭之上，我認為這一小段有抄錯的地方。其他皆將「志事」與「軍旅」連言，這裡單講「志事」不太合理，第 28 簡最後一個「疾」字，放在這裡也不相稱，我認為應是「軍旅」之誤。而且這裡的「速」字，[82] 應指不論吉凶都加速浮現，而不是如〈注釋〉所言，解為「速得」。

如此我們對「十七命」斷卦的討論，只剩下一個「祟」（第二十六節）。這個「命」在〈筮法〉中是很特殊的一節，值得深入研究。

根據《說文》，「祟」是「神禍」。古時有人遭遇到不幸，往往懷疑觸犯哪個鬼神，往往用卜筮的方法求知道是哪個神道為祟，以為祭祀作準備。《左傳．昭公元年》載：

> 叔向問焉，曰：「寡君之疾病，卜人曰：『實沈、臺駘為祟』，史莫之知，敢問此何神也？」[83]

諸侯國君的被祟，要追索到古神明實沈與臺駘，而且要靠子產的博學，才能解釋到底是什麼神。一般民眾的被祟，往求筮者告知為祟者，也是很普遍的事。〈筮法〉將這一類貞問，連繫到不正常的爻數（四、五、八、九）上。凡是所成四卦中，有一卦其三爻全為不正常爻數所構，則是為祟的跡象。又按那些數字，來分辨是哪一種神鬼為祟。

〈筮法〉按八卦分為八種為祟者：

(1) 乾卦之祟：如三爻都是五，那是被滅宗的鬼為祟（因為滅宗而無人祭祀）。如果三爻全是九，則是山神為祟。如果混有五與九，則是貞問者的父親未葬。可是如果在晚上占出純卦（純九或純五），則需要對他父親作「室中之祀」。

(2) 坤卦之祟：需要實行門或行兩種祭祀。若為純四或純八，對象為母親。若非純，若二八一四，祟者為死奴，要西祭。若二四一八，祟者為吊死鬼。

以上兩卦之「純」字，我認為指純一種數字而言，我不贊成〈注釋〉所言，純

---

[82] 李學勤主編，《清華簡（肆）》，〈筮法〉，頁 104。〈筮法〉的〈注釋〉謂：「筮占疾病時，則為速瘥。」然第十節「瘳」已談到疾病。這裡憑空出一「疾」字，又未提「瘥」，我認為應予保留。

[83] 左丘明傳，杜預注，孔穎達正義，《春秋左傳正義》，卷 41，〈昭公元年〉，頁 1332。

「一」之乾或純「六」之坤，因為那種卦太多了。[84]

(3) 艮卦之祟：祟者為路葬者。其陽爻若為九，則為玃鬼。若為五，則為魃鬼。

(4) 兌卦之祟：祟者為被嚇死的女子，或長女為人家的妾而死者。

(5) 坎卦之祟：一般而言為風伯，或長男之殤者。其一陽爻若為五，則為伏劍自殺的鬼魂。若為九，則為祟者為雌玃鬼。其二個陰爻若皆為四，則祟者為吊死鬼。若陽爻為五，陰爻為一四一八，則祟者為磔死鬼（分屍而死者）。

(6) 離卦之祟：為祟者一般為燒死鬼或落水鬼。若其一陰爻為四，則為吊死鬼。若陰爻為四，而二陽爻為一五一九，則為長女之殤死鬼。若為二五夾一四，則為磔死鬼。

(7) 震卦之祟：一般而言，視占卦的時間，而需要祭祀各該自然神明。其一陽爻若為五，則為祟者生前為狂者。若一陽爻為九，則需戶祀。

(8) 巽卦之祟：一般為生育而死者。若陰爻為八，陽爻為一五一九，則為祟者生前為巫。若二陽爻皆為九，則為「柆、攣子」。[85] 若一陰爻為四，則非狂者即吊死者。

以上是〈筮法〉作者對貞問為祟之鬼神，以及如何祭祀的對策。雖然並沒有講得十分肯定，我還是假設所涉及的卦，需要全為不正常之爻數。這個假設當然還有研討的餘地。

至於附抄的「夫天之道，男勝女，眾勝寡」，如果一定要與「祟」拉上關係，可能建議祭祀時需要男人多一些，以壓制陰氣。

六、結語：〈筮法〉性質的猜測

由〈筮法〉的內容看來，它代表一支民間的占卦傳統。這支傳統沉默於歷史的廢墟中已久，到最近才透過考古的發現，浮現出來。

《清華簡》出土已久，一切原始埋藏的跡象都已消失，這對考古不利。現在一般的共識，多認為這批竹簡埋藏的時間，最早大約在戰國中期。但是也沒有理由認為，埋藏的時間不會晚至戰國末期。甚至不同批的竹簡，埋藏的時間亦不同。出土

---

84 許慎撰，段玉裁注，《說文解字注》，卷 11，頁 269。子居亦以「機率顯然太大」，來反對列入「純一」。子居，〈清華簡《筮法》解析（修訂稿下）〉，《周易研究》，1（濟南：2015），頁 60-71。

85 「柆」，音「拉」。按《說文解字》卷六上：「柆，折木也。」段注：「此與手部拉義殊。」疑為爬樹折木而跌死者。

的地點在南方，受楚文化影響的地區。就這些微薄的資訊，也許可以作一些猜想。

中國當時的占卦傳統，一向以《周易》為主體，《周易》開始於西周初期的上層貴族，到春秋時，已為中原各諸侯國所普遍接受。到戰國時，並在原來的基礎上衍生出〈十翼〉。〈十翼〉各篇的作者，普遍受戰國諸子（儒、道、陰陽等學派）的影響，而有哲學化的趨勢。可是另一支象數的傳統，卻在中下層社會中成為潛流，到漢代才會光大。其實這些潛流，也是建基於〈十翼〉的龐大系統上，尤其是〈繫辭傳〉、〈文言傳〉與〈說卦傳〉。

南方受楚文化影響的地區卻有些不同，楚國的貴族似乎對《周易》沒有興趣。《左傳》與《國語》記載了二十二次春秋時占易或引易的事例（包括二次其繇辭不見於今本之例，這可以用卦爻辭的演化解釋）。若以國別來分類，則晉佔十次，魯佔五次，秦鄭各佔二次，齊衛陳各一次。南方各國一次也沒有。陳國的那一次（魯莊公二十二年）也是在初期，後來進入楚文化圈，就未聞有占易之事。[86] 我們知道楚國政府有龜卜的建置，《左傳．桓公十一年》載：「莫敖曰：『卜之。』〔鬬廉〕對曰：『卜以決疑。不疑何卜？』遂敗鄖師於蒲騷，卒盟而還。」[87] 楚國卿大夫與鬬廉一樣想法的人還不少。另一例，是楚靈王在篡位前卜不吉，乃投龜於地，見《左傳．昭公十三年》之追記。

楚國歷史上不少重要的決策，似乎都未謀之卜筮。例如魯僖公二十八年，因為信任成得臣（子玉），而導致城濮之戰。在前一年，蔿賈的批評已預言「子玉剛而無禮，不可以治民」。[88] 可是楚成王還是派子玉出去。到了城濮之戰失敗，楚成王又縱使子玉自殺。又如魯成公十六年鄢陵之戰，楚共王信任公子側（子反），明知子反好酒而不顧。到後來召子反不至，又輕易放棄。到後來又用酸話，逼子反不得不自殺。這些決策，本來稍微遲疑一下就可以改變。如果謀諸卜筮，就可有遲疑的餘地。我只能假設在春秋時，楚國貴族不大有卜筮的習慣。上層貴族沒有人倡導，下層社會的占筮傳統，就只能靠師徒傳授，以作自然的演化。[89]

---

86 可能楚國貴族自認為與周為敵體，因此不願意用由周室發展出來的《周易》。

87 左丘明傳，杜預注，孔穎達正義，《春秋左傳正義》，卷 7，〈桓公七年至十八年〉，頁 224。

88 同前引，卷 16，〈僖公二十五年至二十八年〉，頁 500。

89 近來的考古發現，有一些占筮記錄與楚國的貴族有關。例如「包山竹簡」第 233 簡，涉及「大司馬悼愲」（不僅於此一簡出現）。參見陳偉，《包山楚簡初探》（武漢：武漢大學出版社，1996），「附錄二」。「天星觀楚簡」編號 15 之 1，有「左師虍（從口）」，見許道雄，〈天星觀 1 號楚墓卜筮禱祠簡釋文校正〉，《湖南大學學報》（社會科學版），22.3（長沙：2008），頁 8-14。這些卦都與《周易》不同，而與〈筮法〉一樣，是數字卦（唯數字「四」似未出現）。其占筮時間：「包山楚簡」晚至楚懷王時代（見陳偉，《包山竹簡初探》，頁 9-20，第一章第二節之考證）。「天星觀楚

也許可以舉《周易》在北方的遭遇作為對比。《周易》開始時，當然也是民間師徒相傳的占卦方術，也許源流綿長（也許始於殷商之時）。為了某些未知原因，受到周王室的青睞，從此有整個官僚系統來支援發展（周室的太卜、太史等），有足夠的人手收集下層社會的卦例與斷卦之辭。只有在這樣的支援下，才能發展成有系統的卦辭與爻辭。[90] 在西周之時，《周易》始終只是《周禮》的一部分，侷限在上層貴族範圍，成為一件神聖的傳統。而民間的傳承，並不受到影響。可是到了春秋，王室的治權下移到各諸侯國，連帶很多《周禮》的系統，也被這些諸侯國吸收。隨著教育的開始下移，《周易》的影響也擴散到下層貴族（士）。這時就有很多可能情況，與民間本有的傳承作資訊交換。結果就成了上層社會的〈十翼〉，以及下層社會的象數潛流。因為《周易》卦爻辭，本來已成一個龐大的系統，所以〈十翼〉以及象數，也有樣學樣大量系統化。

可是在南方，由於沒有貴族所建立的系統骨架，其傳承的表現就遠較北方鬆散。這是我們在閱讀〈筮法〉時都可以感受到的。

在西周以前，西方的筮卦傳承也許同樣鬆散，也許更為超過。那些傳承也許與現有的〈筮法〉有同一個祖先，也許其中包含有八經卦（以數字九、八、七、六表示），也許包含有「疊卦」的雛型，也許包含有「之卦」的雛型。因為《周易》已經與這些原始傳承離開很遠，所以無法由《周易》去追索其原型。現在我們有了〈筮法〉作比較，可以想像原來就已經分別了陽爻與陰爻，並且取象為男與女。只要假設這兩種傳承有共同的祖先，則由〈筮法〉發現，有些跡象也出現在〈說卦傳〉的章節內，就不會覺得很奇怪，因為它們的確有某些關聯（correlation）。可是千萬不能將「關聯」解釋成「因果關係」（causation）。換言之，不能因此認為〈筮法〉受了〈說卦傳〉的影響。因此我一再反對〈注釋〉內，引用〈說卦傳〉第十章

簡」的占筮時間，雖沒有考證結果，然而其用辭與「包山楚簡」相近（例如「包山楚簡」第145簡，與「天星觀楚簡」編號16，都出現「鄗客」（「鄗」可能同「亳」））。所以這些後期的占筮，可能是下層社會的占筮系統，反過來影響貴族。在晚期，楚的國力減弱，貴族的自信心亦減弱，故我前面的結論，還是對的。相關研究也可參湖北省荊沙鐵路考古隊編，《包山楚簡》（北京：文物出版社，1991）。後來我又看到有關「葛陵楚簡」的研究，見邴尚白，《葛陵楚簡研究》（臺北：臺大出版中心，2009），頁141-245；王化平、周燕，《萬物皆有數：數字卦與先秦易筮研究》，「附錄」。那也是數字卦，不屬於《周易》系統。亦有受到民間影響的可能，時間可能早到肅王時，顯示悼王之死，為楚國國力減弱的關鍵時刻。這當然只是我個人的猜想。

90 就是因為如此，卦爻辭才會有一致的專用字，也會出現一貫之體例。如從一群爻辭抽取關鍵字，作重卦之卦名，如「咸」、「井」等。屈萬里教授即由此而堅持「卦爻辭成於一手」。見屈萬里，〈周易卦爻辭成於周武王時考〉，《臺大文史哲學報》，1（臺北：1950），頁81-100；亦收入黃沛榮編，《易學論著選集——附朱熹周易本義》，頁141-164。

「震一索而得男……」的那一段，來解釋〈筮法〉的取象法則。[91]

也許可以引用生物學的一個隱喻來說明。由於地緣的隔離，哺乳動物在澳洲演化為有袋類，在其他地區演化為胎盤類，可是不能說胎盤類就是由有袋類演化而成的。

同樣需要小心的，是由〈筮法〉內發現一些跡象，與後世輯佚的《歸藏》有關，就推翻《歸藏》是偽書的論點。我們知道殷商的貴族，非常依賴甲骨的貞卜術。而由目前發現的大量卜辭中，沒有筮易的痕跡，因此至少在殷商後期，民間的筮卦傳承，是得不到王室的支援。因此很難相信在殷商時期，就已發展出一套與《周易》媲美的《歸藏》系統。「三易」的說法，出自戰國末期出現的《周官》，本來是一個龐大的「烏托邦」系統（漢代將《周官》追尊為《周禮》，其記載才變神聖化）。一個可能性是在漢魏時有一些類似〈筮法〉的竹簡出土，被偽造《歸藏》者所利用。其書因未能立學官而失傳，可是留下一些零碎資料，讓後世輯佚者收集。可以說〈筮法〉與那些輯佚資料有關聯，但若說〈筮法〉出於一部完整的《歸藏》，就太過分了。[92]

在這些批判後，我還是要讚嘆〈筮法〉釋文的整理與出版，這使我們進一步瞭解下層社會筮卦的傳承與演化。這在文化史上很重要。李學勤教授所花費的精力，對學術的貢獻巨大無比。

我說「下層社會」，是因為在戰國中期，那些占卦術士還不大可能真正屬於平民。他們至少識字，識數字，能作初步的推理。而在戰國中期，教育還沒有普及到那個地步，所以也不能排除那些術士，屬於落魄的低層貴族。

現在應該可以猜一猜：寫滿〈筮法〉的那一張竹簡編排，是什麼性質？我猜那是一個術士徒弟，從他的師父那裡抄來的一張占卦秘笈，以供他進入占卦職業之用。這份秘笈他平常捲起來不示人，只有在發生疑義時，才打開來研究。至於扐占成卦之法，那更是秘傳的一部分，連秘笈上也不會講。就這樣等他年老的時候，他會將這份秘笈連同成卦法，再傳給他的徒弟。如此一代傳一代，就構成當時南方占卦方術的傳承。

---

[91] 有關此問題的原始考慮，請參閱李學勤，〈清華簡《筮法》與數字卦問題〉，《文物》，8（北京：2013），頁 66-69；廖名春，〈清華簡《筮法》篇與《說卦傳》〉，《文物》，8（北京：2013），頁 70-72。然在〈注釋〉中表達得更清楚。

[92] 請參閱李學勤，〈《歸藏》與清華簡《筮法》、《別卦》〉，《吉林大學社會科學學報》，54.1（長春：2014），頁 5-7。此文只強調〈筮法〉與《歸藏》有關係，而未涉及「因果關係」。而程浩雖主張〈筮法〉與《歸藏》有關係，但亦表明這種出土文獻，是否確為《周禮》所稱《歸藏》，「目前尚沒有直接的證據」。程浩，〈清華簡《筮法》與周代占筮系統〉，《周易研究》，6（濟南：2013），頁 11-16。

附圖：〈筮法〉摹寫圖

圖片來源：《清華大藏戰國竹簡（肆）》（上海：中西書局，2013），書末附圖。
（上海中西書局有限公司授權）

附錄一：「昭穆」與「妻夫」臆解

〈筮法〉的〈釋文〉認為，〈筮法〉採用了〈說卦傳〉（或其前驅者）第十章一段：「乾，天也，故稱乎父。……兑，三索得女，故謂之少女。」[93] 因此在〈筮法〉中，很多卦的解釋都引以為說，遇到第八、九兩節出現「昭穆」的名詞，認為：「『昭穆』在宗法指兩個世代」。因此在卦例中，「下乾、坤男女相對，上艮、離亦以少男、中女相對。」[94] 解釋為與「昭穆」之象相合。我在前文中曾表示懷疑，然而沒有就此問題深入討論，在此附錄中，我會做一些補充（不列第二十三節，因無卦例）。

〈筮法〉的所有卦例中，我只看到將八經卦分判男女的取象，而看不到用輩分來取象的跡象。例如第二節「得」第4、5卦例：

> 卦例4：坎（右上）、震（右下）、震（左上）、巽（左下）：三男同女，乃得。
> 卦例5：坤（右上）、離（右下）、兌（左上）、乾（左下）：三女同男，乃得。[95]

用每一卦三爻數字之和為奇或偶，作為分判男或女的條件，我們很容易看出：坎、震、乾皆為男，巽、坤、離、兌皆為女，分別滿足二卦例的「三男同女」及「三女同男」條件。可是如果要顧及「世代」，則卦例5涉及二個世代，卦例4僅涉及一個世代。而在「說明」並沒有涉及世代的字眼，使人懷疑世代到底有多重要。我分析所有的卦例，除非將第八節卦例3，以及第九節的唯一卦例所提到的「昭穆」，硬當作世代來理解，此外都沒有提及世代的地方。而「昭穆」的解釋，正是問題的重點，如果能找到另外解釋的方式，則可以建立一個可能的結論：〈筮法〉中並不重視〈說卦傳〉所提的世代。按「昭穆」之名稱，除了涉及世代，也涉及宗法禮節。在春秋戰國時，貴族之宗廟皆按「右昭左穆」排列，墓葬亦然。不僅

[93] 王弼注，孔穎達疏，《周易正義》，卷9，〈說卦〉，頁388。
[94] 李學勤主編，《清華簡（肆）》，〈筮法〉，頁91。
[95] 同前引，頁82。

如此，當廟祭之時，子孫亦按「左昭右穆」排列，以致「左昭右穆」成為眾人皆知的成語。我認為〈筮法〉的「昭穆」，就是利用這個成語來對卦位的取象。[96]

在第二節第 2、3 卦例，〈筮法〉提出卦之「左右」性質：

> 卦例 2：離（右上）、艮（右下）、巽（左上）、坤（左下）：三左同右，乃得。
>
> 卦例 3：坤（右上）、兑（右下）、兑（左上）、離（左下）：三右同左，乃得。[97]

〈注釋〉利用第二十四節的卦位圖，在「坎巽之間」與「乾離之間」劃一直線，將八卦劃分為兩部：坎、坤、兑、乾屬右，巽、震、艮、離屬左。用此判準看上述兩卦例，則卦例 2 為三左一右，卦例 3 為三右一左，合乎其說明。再用此判準，來看第八節卦例 3，以及第九節的唯一卦例：

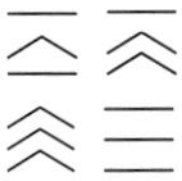
離艮 左左
坤乾 右右
（第八節卦例 3）[98]

離巽 左左
坤乾 右右
（第九節唯一卦例）[99]

此二卦例在「說明」中，皆涉及「昭穆」。而其左右卦的位置，皆為上面兩個左，下面兩個右。用「左昭右穆」的成語來表示，就成為由上至下的「昭穆」。我認為這樣的解釋，要比〈注釋〉訴諸「二個世代」自然多了。當然，後一個卦例的取象，除了「昭穆」之外，還有「妻夫」與「上毀」。由四個卦的位置，可以發現都會相合。例如「上毀」，指上面離與巽兩卦都屬女，不能相配。「妻夫」則指下面的乾與坤相配。事實上，「妻夫」這個名稱，在全部卦例中出現三次（「妻」在「夫」前，很怪）：第二節例 1，第七節例 1，與第九節的唯一例，只有第七節例 1 稱「妻夫相見」。不過仔細考慮後，我覺得「妻夫」是「夫妻相見」的簡稱。而既云「相見」，就要左右相鄰。故第二節例 1，指的是上面的乾與坤。第七節例 1，指的是上

---

[96] 王化平也將祖先的二個世代，解釋成父母子女的二個世代。我覺得很勉強。王化平，〈讀清華簡《筮法》隨札〉，《周易研究》，3（濟南：2014），頁 71-76。

[97] 李學勤主編，《清華簡（肆）》，〈筮法〉，頁 81。

[98] 同前引，頁 90。

[99] 同前引，頁 92。

面的艮與兌。第九節則是下面的乾與坤。

至於第二節的「妻夫同人」，我認為應作「妻夫」、「同人」。「同人」指在左右兩個疊卦中都有坤卦，〈注釋〉似乎將兩個獨立的取象結合了，有點不自然。

附錄二：〈筮法〉的一個特殊卦例

〈筮法〉第十五節「小得」有四個卦例，前三個很正常，第 4 卦例則很特殊。列在下面：

卦畫：坤（右上）、乾（右下）、巽（左上）、震（左下）
說明：邦去政已，於公利分。[100]

這個簡單的卦例，寫在竹簡第 30、31 號的第三欄位。表面上看不出什麼特別，多想一想就發現一大堆問題。[101]

首先吸引我的是那個「利」字。我們知道在《周易》的卦爻辭中，到處都是「利」字，如「利貞」，「利見大人」、「无不利」、「利建侯」、「利用刑人」、「无攸利」、「利涉大川」、「不利為寇」等等，簡直不勝枚舉。可是在〈筮法〉中，卻幾乎看不到這個字。好容易在第十五節看到這個「利」字，我還想多找一些事例，可是沒有。整篇〈筮法〉，「利」字只出現這一次。

這讓我進一步去追索其他的字。我發現八個字中，倒有五個（「政」、「已」、「公」、「利」、「分」）在〈筮法〉中僅出現一次，「邦」字在第二十九節再出現一次：「邦有兵命」。[102] 可是又寫得不同，兩處都將「耳朵旁」寫在左邊。可是第十五節的「邦」下面還多一個「土」字，而上面右邊的「丰」字只寫二橫，而二十九節的「邦」有三橫。

再追索「去」字，這在第十二節出現兩次：「上去二」、「下去一」（第 19、20 簡）。[103] 可是「邦去」的「去」，上面的「土」的兩橫簡單地下垂。而在第十二節的兩個「去」，上面兩橫向下彎得很誇張。這驅使我假設第十五節的八個字，是不是另外一個人寫下去的。

---

[100] 李學勤主編，《清華簡（肆）》，〈筮法〉，頁 101。

[101] 子居認為此卦例仍為「小得」的一部分。然斷卦之辭，毫無「得」的意味。「避禍手段」云云，未免太勉強。子居，〈清華簡《筮法》解析（修訂稿）上〉，《周易研究》，6（濟南：2014），頁 18-28。

[102] 李學勤主編，《清華簡（肆）》，〈筮法〉，頁 120。

[103] 同前引，頁 120。

還有一個最普通的「於」字，除了第十五節，還有四節六處出現：(1) 第二節「作於陽」、「入於陰」（第 13、14 簡），(2) 第十九節：「次於四位之中」（第 33 簡），(3) 第二十一節：「於四位是視」（第 39 簡），(4) 第二十九節：「作於上」、「作於下」（第 61 簡）。[104] 可以從竹簡的照相複製版上看出，下六個「於」字，下面三根平行線，都與右邊的一斜豎獨立，而第十五節的「於」字，則最上那根線連續到右邊的斜豎。這顯然是兩個人的筆跡（如果一定要說是同個人寫的，那也必定是不同時期的書法）。在前文中，我曾假設整張簡篇是徒弟從師傅那裡繼承的秘笈。我們可以繼續假設，那徒弟自已執業後，聽說一件邦國反覆事件，又涉及一次占卦，就將所聞記錄在簡篇的空白處，以備將來可能會用到。從〈釋文〉所附的簡篇圖看來，在第 30、31 簡的第三欄（在「四位表」旁邊），的確有一個空缺，右邊與「小得」的三個卦例不類。上邊已被「貞丈夫女子」的兩欄佔滿，下面第四欄又被「戰」與「成」的四個卦例佔滿。那個空缺正好用來填寫他的新知。

就那個卦例的內容來說，「去」應作「除」解，「已」應作「止」解。「邦去政已」是說：國亡了，施政也停止了。「於公利分」是說：這時這個公國的領地很容易被瓜分。〈注釋〉也是這麼講法，可是又懷疑：「似與稱王之楚國不合」。

其實楚固是王國，下面還是有公。在《左傳》中就見到「申公」、「白公」、「葉公」的名稱，[105] 戰國時當會更多。《左傳．哀公十二年》記載白公勝作亂，最後被攻滅之事。白公勝本是楚太子建之子。楚子西將他由吳召回而立為公。後為伐鄭之事與子西交惡，遂殺子西而劫惠王，後為葉公沈諸梁所敗而自殺。這不過是一個例子，說明在楚國也可能發生公爵之國被滅，其領地被瓜分之事。白公之亂在春秋末期，到戰國時，楚國的政局更為動盪，所以現在我們不可能知道，〈筮法〉中的「公」到底是哪個公。

〈注釋〉懷疑，這個卦例是一次實筮的記錄，且懷疑其取象為：「震長男在巽長女之下，顛倒不當，故云失政。」[106] 其實卦例的說明，並沒有交待斷卦之辭的由來，則任何猜想都很自由，也可能有人看到，右邊坤居乾之上，而以乾坤顛倒為失

[104] 李學勤主編，《清華簡（肆）》，〈筮法〉，頁 83、105、108、120。

[105]《左傳．莊公三十年》杜注：「申，楚縣也，楚僭號，縣尹皆稱公。」（左丘明傳，杜預注，孔穎達正義，《春秋左傳正義》，卷 10，〈莊公二十三年至三十二年〉，頁 338。）則楚之「公」，相當於後世之「縣尹」。然「公」之名，既習見於《左傳》，則其名當亦為楚人所習用。其處官之地，固不同於周室之「公國」，然而其幅員往往相當於以前的一國（往往每亡一國，即以其地置一縣）。而尹其地者，皆楚國之上層貴族，且其子孫亦多有以食邑之地名為氏。在一般人的觀念中，與周室之「公」，相差亦不會太遠。

[106] 李學勤主編，《清華簡（肆）》，〈筮法〉，頁 101。

政之主因。[107] 據我看來，唯一可確定的，是這次占筮未受《周易》的影響。因為如照《周易》將上下卦解釋成重卦，則右邊成泰卦，左邊成益卦。兩卦都不是很壞的卦（僅泰上六貞吝，益上九凶），可見此卦例的吉凶與《周易》無關。而且這個卦例，也與〈筮法〉的主要精神不符，因為〈筮法〉除此之外，沒有特別涉及政事的地方（連「政」字也沒有）。

〈筮法〉是將政事歸作「志事」當作一類，與「軍旅」皆作特別處理。可知大部分向〈筮法〉主人求占的，皆為一般民眾，僅有少數人進入政界或軍界，故其占筮的處理與一般民眾不同。至於第十五節的那個卦例，涉及的不只是個人，還涉及整個公國民眾的流離失所（如果遭遇到大型戰役）。對〈筮法〉的主人來說，可能很少遇到，所以只從別的地方採錄一個卦例，抄寫在簡篇的空白處，以應不時之需。也因此帶進了一個別處少用的字眼：「利」。

〈筮法〉其他地方，不但沒有「利」字，連「趨勢性」的字眼，如「宜」也沒有，其斷卦之辭總是非常直截乾脆。常見的字眼是「乃」與「凡」。其例不勝枚舉，如：

第一節第 7、8、9 卦例：乃曰死，乃曰將死
第二節第 1、2、3 卦例：乃得
第三節第 1 卦例：凡享……乃饗
第六節第 1、2 卦例：凡娶妻
第八節第 1、2 卦例：凡見
第十二節唯一卦例：凡男……中男乃男，女乃女[108]

到後面涉及原則的部分，「凡」與「乃」兩個字用得更多，不再舉例了。

「乃」字雖然是一個很普通的字，可是在〈筮法〉中都有「就是」、「就會」、「就成」的意義。我們很可以用《周易》來相比，《周易》的卦爻辭中完全沒有「凡」字；[109]「乃」字雖有幾個，都有特別意義：屯六二「十年乃字」作「才」解。隨上六「乃從維之」作「於是」解。萃初六「乃亂乃萃」作句首助辭，六二

[107] 我有一個狂野的想法，寫在這裡留個紀錄。這支卦，可能在楚漢之間，由項羽的謀士傳出。「邦」與「政」皆是人名，當時楚已抑制了劉邦（邦去），而且秦國也完了（政已）。因此可以放心分封諸侯了（此處「公」應作「公義」解）。

[108] 李學勤主編，《清華簡（肆）》，頁 80、81、85、88、90、96。

[109] 哈佛燕京學社編輯，《十三經引得》（臺北：成文出版社，1966）。

「孚乃利用禴」作「於是」解。困九五「乃徐有說」作「然後」解。革卦辭「已日乃孚」作「才」解，六二「已日乃革之」作「才」解。

這些都與〈筮法〉的用法不同。由〈筮法〉斷卦之辭的直截，可以意會到第十五節中「於公利分」的特殊，也突顯出其別有來源。

附言

我在本文快寫完時，才得知王化平、周燕《萬物皆有數：數字卦與先秦易筮研究》，談及《清華簡》中的〈筮法〉。此書有不少地方可以與我的意見相發明，不過我的文章不想再改了。除了在關鍵部分表現在注腳外，謹在下面附加一點想法和二點商榷。

〔想法〕

關於第三章〈王家台秦墓「易占」簡研究〉其中已用重卦後的卦名，可見是後出的。按秦墓建於楚之郢都附近，其時間一定在秦佔郢都之後。再按：秦本來繼承了《周易》的傳統。不過《周易》到了戰國末年已不夠用，秦墓之簡應為一種嘗試，將後出的神話，附會進《周易》之內。這類嘗試當時一定不會少。而且未經秦火，一定被漢人繼承，就被偽著《歸藏》的人所吸收。不過《秦墓易占簡》對這些神話只是點到為止，而漢人的《歸藏》又加進不少後出的神話。

〔商榷一〕

第四章第四節：我也想過「一」是「七」簡寫的想法，可是〈筮法〉在竹簡末端的記數，「三十六」簡寫了「六」;「十九」、「廿九」、「卅九」、「四十九」、「五十九」，皆簡寫了「九」;「四」、「十四」、「廿四」、「卅四」、「四十四」、「五十四」皆至少簡寫一個「四」。而「七」始終不見簡寫。「十七」、「四十七」、「五十七」還特別將「七」的一豎加長，好像與「十」作分別。戰國時「七」本有簡寫為「—•—」，中間加一點，放在卦畫中也很方便。故我覺得是〈筮法〉的作者，或是當時的一群術士，主動地不想透露出，以「一」代「七」的用法。

〔商榷二〕

同節「占法」問題，〈筮法〉只提「扐」而未提「分」、「揲」、「掛」的步驟。我試過增加蓍草數目，以適應《周易》的揲與掛。結果發現「八、五」、「九、四」出現的次數一定是漸降的，不會如〈筮法〉卦例的驟降。我在本文第二節曾提出一個很大膽的猜想，拿十三根竹簽，用手指拈取一部分，以此解說「扐」，沒有「分」、「掛」，也沒有「揲」。如果在拈取時，避免取出或留下之數目，等於或小於三，則由於心理的影響，很容易拈取其半，即「六、七」，而對邊緣的「五、八」、「四、九」驟降，[110] 我現在還是覺得，這是最可能的成卦步驟。畢竟，〈繫辭傳〉的複雜過程，應該是逐漸演化成的。如果〈筮法〉保存了《周易》初成形時的一些做法，那應該是較原始的過程才對。

〔再附言〕

寫作本文時也想到，大陸可能有不少資料可供參考，但因資源有限，蒐集不廣。由於〈筮法〉與傳統的《周易》相異非常大，因而疏忽了《周易研究》這項期刊。蒙審稿人提醒，改稿時我盡量在注腳列入有關文獻，並在文末的引用書目詳列出處（絕大部分出於《周易研究》，小部分散見各大學的學術刊物）。謹向審稿人致謝。

【附記】我要特別感謝賴建誠教授的鼓勵，並代為打字。沒有他的督促，本文是寫不成的。

[110] 賈連翔仿《周易》成卦方法，來計算各爻數出現之機率（當然要多兩變）。然而不能解釋「不正常數字」的驟降（而非漸降）。我在注 10 對劉彬的嘗試也有同樣的懷疑。賈連翔，〈清華簡《筮法》與楚地數字卦演算方法的推求〉，《深圳大學學報》（人文社會科學版），31.3（深圳：2014），頁 57-60。

貳、坎坷復國路——從《清華簡・繫年》與《國語》重探失落的春秋衞國史實

一、導言

《清華簡・繫年》的釋文出版後，增加了我們對春秋（以及戰國初期）歷史的瞭解。就《繫年》的本身看來，只不過是一些簡短的歷史事實（以及傳聞）的堆砌。雖然不似魯春秋之斷爛，可是已經簡短到只剩骨架，也剝脫掉對話以及史評。若與《左傳》相比較，可以發覺它所記述的事項基本可靠，可是也免不了有不少誤記以及粗心的錯失。記事的範圍，以楚晉間的爭霸為主，以齊與秦為陪襯。至於其他諸侯，以及較遙遠的周初事跡，只不過點到為止。雖然如此，我們反而可以由它的過失，增強對春秋史的判斷。後面我們將選擇衞國的歷史為例。

近來 Yuri Pines 有一篇論文討論《繫年》的這些特點。[1] 他也推測這部書的編纂目標，是為了讓楚國的對外使節（行人）有一些基本的歷史知識背景。Pines 的推想固然相當有說服力，我卻認為還有其他可能性。

《繫年》編纂的時間大致在戰國前期，當時楚國的國力已相當膨脹，現在湖北與河南地區的許多小國，都被滅亡。除了小部分分封自己的貴族，大部分設縣來管理。那些中層的管理人員，都需要從頭訓練，而當時的農耕技術與工商業進步得非常快，管理人員需要學習的知識也遠比以前多。除了專門人才外，一般人不可能花費太多時間在歷史掌故上。因此需要將歷史濃縮作為教材，在空間上著重於與楚關係較密切的晉秦齊等國，在時間上較詳於春秋中期以後。不在這個範圍的材料，就大幅被犧牲掉。

我相信《繫年》就是在這種要求下，所編寫的歷史教科書。從春秋後期開始，

1 Yuri Pines, "Zhou History and Historiography: Introducing the Bamboo Manuscript Xinian," *T'oung Pao* (2014), 100.4-5, pp. 287-324.

教育事業就逐漸由貴族移至民間。我猜想《繫年》的編者，可能是楚國的低層貴族，但其教育對象，則包含民間的俊秀。他掌握一批官方資料（尤其是春秋後期的），可是他不受官方控管，時常有粗忽的地方。有些錯誤是很難說得通的，例如第十五章：「王命申公屈巫適秦求師，得師以來。」我只能假設編者對楚莊王時期的歷史細節，太缺乏判斷能力。

二、《繫年》對衛國歷史的記載

《繫年》的第四章，致力於介紹衛國的歷史。除了起首一段，談到康叔封由康移國至衛的原由外，後面就談到衛文公的避狄與復國，引述如下：

> 周惠王立十又七年，赤翟王峁唐起師伐衛，大敗衛師於睘，幽侯滅焉。翟遂居衛，衛人乃東涉河，遷于曹，焉立戴公申，公子啟方奔齊。戴公卒，齊桓公會諸侯以城楚丘，□公子啟方焉，是文公。文公即世，成公即位。翟人或涉河，伐衛于楚丘，衛人自楚丘遷于帝丘。[2]

「□」是竹簡上的缺損，我猜是「立」字。

為比較起見，謹將《左傳》中的對應記載（除成公遷于帝丘那一部分，那是三十年後的事，見後）錄如下：

> （《左傳·閔公二年》）冬，十二月，狄人伐衛。衛懿公好鶴。鶴有乘軒者。將戰，國人受甲者皆曰：「使鶴！鶴實有祿位，余焉能戰？」公與石祁子玦，與甯莊子矢，使守，曰「以此贊國，擇利而為之。」與夫人繡衣，曰「聽於二子。」渠孔御戎，子伯為右；黃夷前驅，孔嬰齊殿。及狄人戰于熒澤，衛師敗績。遂滅衛。衛侯不去其旗，是以甚敗。狄人囚史華龍滑與禮孔，以逐衛人。二人曰：「我，大史也，實掌其祭。不先，國不可得也。」乃先之。至，則告守曰：「不可待也。」夜與國人出。狄入衛，遂從之，又敗諸河。初，惠公之即位也少，齊人使昭伯烝於宣姜，不可，強之。生齊子、戴公、文公、宋桓夫人、許穆夫人。文公為衛之多患

---

2 李學勤主編，《清華簡（貳）》，〈繫年〉，頁 144。

也，先適齊。及敗，宋桓公逆諸河，宵濟。衛之遺民男女七百有三十人，益之以共、滕之民為五千人。立戴公以廬于曹，許穆夫人賦載馳。齊侯使公子無虧帥車三百乘，甲士三千人以戍曹。歸公乘馬，祭服五稱，牛、羊、豕、雞、狗皆三百，與門材。歸夫人魚軒，重錦三十兩。……（僖之）二年，封衛于楚丘……衛國忘亡。衛文公大布之衣，大帛之冠，務材訓農，通商惠工，敬教勸學，授方任能。元年，革車三十乘；季年，乃三百乘。[3]

《左傳》這裡記載了自 660 B.C. 至 635 B.C. 間凡 26 年的史跡，頗有一些細節。《繫年》之記載雖簡，但也顯露出一些問題，值得研究。

首先是「懿公」與「戴公」兩個諡號的問題。這在《左傳》已記載得很清楚，可是《魯春秋》卻完全沒有寫。事實上，《魯春秋》只有「狄入衛」三個字。原來《魯春秋》對諡號的承認，只透過對先君的葬禮，而書寫「葬某某公」（例如僖公二十五年先書「夏，……，衛侯燬卒」，再書：「秋，……，葬衛文公」）。[4] 未葬以前，對故君只稱名，而且在沒有稱「即位」之前，對新君降稱為「子」。

現在我們很容易把這些呆板的玩意，當成周室封建，或是孔子「正名」的「文字遊戲」。可是現在我們發現，未經正式赴告的名分，在傳聞上，的確會產生若干差異。例如戴公申立後不久去世，沒有正式即位。《左傳》的事後追記只說「立戴公以廬于曹」，《繫年》也只記「立戴公申」。這裡用的「悳」字，就是現在的「德」字，可是後面記載他的去世，卻寫「䚕公卒」，這裡的「䚕」字，很可能就是「職」字。

我仔細看過竹簡的放大圖，《繫年》的確用了兩個不同的字，作為衛君申的諡號。〈釋文〉引用了音韻上的因素作為解釋，可是我相信「戴公」的稱號，是日後才定下來的，當時兵荒馬亂，根本沒有時間發正式文告。大家只感念他在危急中，肯出來支撐大局，有人認為他有德，有人認為他盡職。傳到遼遠的楚國後，《繫年》的編者就不知如何取捨，而兩存之。當然，追諡為「戴公」後，一定會在楚國的政府文件留下記錄。可是《繫年》的編者，卻沒有興趣追查，這也許是比較合理的推想。

---

3 左丘明傳，杜預注，孔穎達正義，《春秋左傳正義》，卷 11，〈閔公元年至二年〉，頁 354-362。
4 同前引，卷 16，〈僖公二十五年至二十八年〉，頁 488-489。

再來談滅於狄的那個亡國之君，《左傳》稱他為衛懿公。可是《繫年》的記述，卻是「幽侯滅焉」。似乎他諡號是「幽侯」，這不是個好諡。事實上，在《論衡・儒增》還看到另一諡號「衛哀公」，同一篇還引述「弘演納肝」的故事。這些都是與《左傳》違異的。

現在回到《左傳》所述的現場，衛侯是率領了一小隊軍人（包括少數戰車）與狄人戰死的。由於兵力懸殊，衛師大潰，而且沒有多少人能夠逃脫。狄軍隨即入城（可能繼而屠城），留守的衛臣與百姓紛紛逃亡。在這種情況下，當然不會有人去戰場收屍。《論衡》引述「哀公」屍體被食的故事，固然不大可能，而暴骨沙場則是無可避免的。故定諡號的事，一定在繼起的政權稍微穩定之後才會實行。

我推測「衛哀公」的諡號，是戴公在漕邑時賦與的，以與現實相符。文公在楚丘休養生息後，一定想起故君雖然不得民心，然究意有殉國的英勇事蹟。尤其在赴死前從容安排守城之事，又贈夫人繡衣作為留念，這一幕必定感人心弦。他在位僅九年，可能還很年輕，也沒有兒子（否則會交待臣下保護出險）。民眾原本因為他好鶴而產生的反感，到後來逐漸被遺忘。而他的英勇事蹟則被加強流傳，以增強敵愾之意，因此改了「懿公」的善諡。據〈諡法解〉:「溫柔聖善曰懿」，[5] 這也許就是文公朝眾人的想法。

至於《繫年》的「幽侯」，並未晉爵至「公」，不可能是正式的諡號。也許是《繫年》的編者，採自早期的傳聞（因而反映了流離百姓對他的憎恨），尚無暇向楚國官方紀錄查考（因為衛國對先君諡號的變更，一定會赴告到楚國），這是他粗疏的地方。

《繫年》這一章還有些資訊值得注意。《左傳》只說「狄入衛」，[6] 而《繫年》則講明是「赤翟」，與《竹書紀年》合。它甚至給出「赤翟」國王的名字「峁虐」，是別的史料所無。無可比較，姑置之。

可是《左傳》與《國語》往往只稱「狄」，而戰國與以後的史書，往往雜稱「翟」與「狄」，似乎這兩個字可以通假。可是從二字的文義看來，又無可通假之處。尤其是《繫年》的「翟」字，還加上「邑」字邊，成「鄱」，似乎他們已學華夏諸國定居，並建了城邑。

我推測「狄」字，本是華夏人對這些部落的稱呼，本取遼遠之意。這些遠方族人進入華夏定居，必不樂意被稱為「狄」，而另以取義「羽飾」的「翟」作國名，

5 朱右曾，《逸周書集訓校釋》，卷 6，〈諡法第五十四〉，頁 154。
6 左丘明傳，杜預注，孔穎達正義，《春秋左傳正義》，卷 11，〈閔公元年至二年〉，頁 351。

甚至加上「邑」字邊旁。狄族的不同部落分別建國，與華夏打交道，其較重要的有「赤狄」、「白狄」與「長狄」。在春秋初期，活動於今山西與河南間的「赤狄」較強盛。攻滅衛國，以及日後晉文公所寄居的「狄」，就是赤狄，那時儼然成為一個強國，與華夏各諸侯有外交關係，有時甚至通婚。

春秋時女子稱姓，此國的女子就以「隗」為姓（例如晉文公在狄所娶的季隗。此字不知是否由「鬼方」的名稱而來？）。由於《繫年》的「翟」加「邑」字邊，我認為此時的「狄患」，已與西周時的遊牧民族不同，應比照諸侯國來看待。

三、宣姜諸子女對衛國復興的貢獻

《繫年》的記載與傳世之史書，最大的差異在下面這段：「公子啟方奔齊。……城楚丘，□公子啟方焉，是文公。」[7]《繫年》認為，衛文公本來是「公子啟方」，可是《魯春秋》與《左傳》明載，衛文公名「燬」，見下面各條：

> 《左傳．僖公十八年傳》：冬，邢人、狄人伐衛，圍菟圃。衛侯以國讓父兄子弟，及朝眾，曰：「苟能治之，燬請從焉。」眾不可，而後師于訾婁。[8]
>
> 《魯春秋經．僖公二十五年》：春，王正月，丙午，衛侯燬滅邢。夏，四月，癸酉，衛侯燬卒，……秋，……。葬衛文公。[9]
>
> 《左傳．僖公二十五年》：「正月丙午，衛侯燬滅邢」，同姓也，故名。[10]

公穀也有類似的記載。《繫年》以衛文公為公子啟方，似乎只是個單純的錯誤，沒有什麼好談的。真是這樣嗎？

讓我們回溯第二節所引《左傳．閔公二年》的一段：「……昭伯烝於宣姜……生齊子、戴公、文公、宋桓夫人、許穆夫人。」[11]「昭伯」顯然是屬於衛國的公族，他

---

7 李學勤主編，《清華簡（貳）》，〈繫年〉，頁 144。

8 左丘明傳，杜預注，孔穎達正義，《春秋左傳正義》，卷 15，〈僖公二十二年至二十四年〉，頁 449。

9 同前引，卷 16，〈僖公二十五年至二十八年〉，頁 488-489。

10 同前引，頁 489。

11 同前引，〈閔公元年至二年〉，頁 356。

的兒子才能繼任衛君。幾乎所有後來的史書，都追隨《史記》將昭伯等同於黔牟與惠公朔爭國的人）的弟弟公子頑。昭伯與宣姜生了五個孩子，其中至少有四位，對抗拒衛國淪亡有貢獻。戴公與文公都繼位為衛君，而文公的貢獻為尤大。

至於二個女兒，宋桓夫人的丈夫是宋桓公御說，當狄軍攻入衛國的都城，百姓渡河逃亡時，宋桓公及時伸出援手，率兵保護難民在晚間渡河水（黃河），立足於漕邑，並幫助戴公成立臨時政府。不必說，宋桓公的夫人一定發揮了影響力。至於許穆夫人，由於許國的國力太弱，不能出兵助守，許穆夫人就自己出面，呼籲各大國出面支援，為此與許國的大夫有所爭執，她賦詩明志。《左傳》特別提她賦了〈載馳〉。現在該詩還見於《詩．鄘風》：

> 載馳載驅，歸唁衛侯。驅馬悠悠，言至於漕。大夫跋涉，我心則憂。既不我嘉，不能旋反。視爾不臧，我思不遠。既不我嘉，不能旋濟。視爾不臧，我思不閟。
> 陟彼阿丘，言采其蝱。女子善懷，亦各有行。許人尤之，眾稺且狂。
> 我行其野，芃芃其麥。控于大邦，誰因誰極。大夫君子，無我有尤。百爾所思，不如我所之！[12]

可以看出她為祖國所盡的心力。五個孩子，似乎只有「齊子」沒有著落，那時他在哪裡呢？

首先要確定的，是「齊子」的性別，答案其實很明顯。如果「齊子」是女，《左傳》一定不會用「齊子」稱她。因為春秋時女子稱姓，稱「某子」的女子，只限於「子姓」（例如宋國）。「齊子」若為男子，則可解為：在齊國的那位先生，自然多了，所以昭伯與宣姜生的，是三男二女。

五個男女的排行如何，由《左傳》實在看不出來。《左傳》的引述，似乎沒有特定的次序。唯一可講的是，戴公的年齡一定比文公大。所以在立君的考慮上，先考慮戴公。如果沿著這條思路判斷，（如果不計入女兒的話）「齊子」應該是老三。

五個孩子的年齡差異不應該太大。因為當宣姜生他們的時候，應該已是高齡產婦，不會到很老還生孩子。我們可以先估計一下宣姜的年齡。

宣姜從齊國嫁到衛國，本來是作為太子急子的夫人，卻被急子的父親衛宣公強佔作為妻子。她與宣公生了兩個兒子，壽與朔，壽到魯桓公 18 年（702 B.C.）時，

---

12 以上引文參見毛亨傳，鄭玄箋，孔穎達疏，《毛詩正義》，卷 3，〈載馳〉，頁 250-252。

已長大到能夠與急子爭相赴死。假定當年壽是 15 歲，則宣姜的生年，無論如何不會遲於 734 B.C.，則 695 年宣姜改嫁昭伯時，宣姜已差不多 40 歲。到 660 B.C. 狄入衛，宣姜如果還活著，應該已年高 75 歲。假如她改嫁後每年生一個孩子，則當狄入衛時，最小的孩子為 30 歲，當然這只是上限。如宣姜遲幾年生他們，他們就會年輕幾歲。

二十餘歲的青年，已經夠成熟赴國難了。可是衛文公是當年奔齊嗎？又不然，《左傳》明明記載：「文公為衛之多患也，先適齊。」[13] 換言之，當狄入衛時，文公已在齊國，而不是事後奔齊。《繫年》的記載，就這點來說並不正確。

再看看狄入衛之前，衛國有多麼「多患」。可能衛懿公即位時太年輕，沒有受太好的教養，權抓在手後就胡作非為。衛國當時並非沒有老臣，尤其是懿公最後交待的石祁子與甯莊子（名速），竟連一點挽救的餘地也沒有麼？

這還得從惠公講起。惠公本靠著齊魯之助，攻入衛國，成功復位。復位後將國庫與宗廟的寶物，用來賄賂齊襄公與魯莊公。卻為了報仇，而殺了本來甚得民心的左公子洩與右公子職，並放逐了舊臣甯跪（好在他的孫子甯速後來被招回）。原來得周室支持的黔牟，逃回周室，惠公因此也怨了周室（人民也因此對他離心離德）。本來以為有魯齊可以倚靠，可是齊的助衛本是勉強，而且不久之後（魯莊公十一年）齊襄公被弒，經過一段短時期混亂後，桓公即位，任用管仲。他不會對衛惠公有特別的感情，而魯莊公之出兵助衛朔，本為了自己在諸侯間立威。趕走黔牟，取走賄賂後，有他的事業要忙，也不會多管衛國的事。

齊桓公稱霸後，衛惠公雖勉強參預盟會，可是在國際中充尾巴，終是不爽。終於至魯莊公十九年（675 B.C.，衛惠公復入後 13 年），周室有亂事。周惠王與王子頹爭權。王子頹失敗後奔衛，衛惠公以為機不可失，聯絡了南燕出兵，趕走周惠王，送王子頹回周，可是周惠王很快得鄭厲公（突）之助復國（魯莊公 21 年），並殺了王子頹。

衛惠公本來以為可以在周室建立一個親自己的政權，結果押錯了寶，花費國庫的錢出兵，卻得到完全相反的結果。自此之後，衛惠公在國際上更加孤立。至魯莊公 25 年（669 B.C. 惠公復入後 19 年），衛惠公卒，傳位懿公，國際形勢毫無改善。反而周惠王忽然想起衛惠公納王子頹之恨，利用齊桓公「尊王」的招牌，派召伯廖命令齊桓公伐衛，以懲罰從前擁立王子頹的罪行。

齊桓公當然奉命唯謹，於魯莊公二十八年出兵伐衛，要他們為九年以前的愚行

[13] 左丘明傳，杜預注，孔穎達正義，《春秋左傳正義》，卷 11，〈閔公元年至二年〉，頁 356。

負責，剛即位三年的懿公，大概還不知道如何上戰場。臣下如何是齊桓公的對手？好在齊桓公只是奉王命申斥一番，年輕的懿公只好代表他父親認錯。可是齊桓公出兵的這筆帳還是要算在衛君頭上，需要賠償軍費。

《春秋．莊公二十八年經》載：「王三月，甲寅，齊人伐衛。衛人及齊人戰，衛人敗績。」[14]《左傳》載：「春，齊侯伐衛，戰，敗衛師，數之以王命，取賂而還。」[15] 衛懿公吃了這個窩囊虧，當然心中不服氣，對老臣的勸諫也不大願意聽了（因為他要為前人的爛攤子負責），大概這時就染上了養鶴的癖好，以為對人無害。老臣雖然心知人民的反感，也很難釜底抽薪。

那時赤瞿已經強大，魯莊公 32 年冬（衛懿公七年），狄伐邢，那時邢在今河北邢台市附近，位於衛國北方。次年齊桓公還出兵救邢，這些事對衛懿公都構不成警惕。當然，從一個旁觀的人眼中，衛國是夠「多患」的。衛文公即時大概已警覺到了赤翟向東侵略的野心，才離開父母赴齊，希望引起齊桓公的注意。他在齊桓公底下，大概有一段從政的時間。

那麼《繫年》所述的「公子啟方奔齊」，指的到底誰呢？我認為能照顧到最多方面的假設，就是將《左傳》的「齊子」與《繫年》的「公子啟方」等同起來。換言之，「公子啟方」是未來衛文公的弟弟。他急忙地到齊國（而不是「奔齊」！通常這個術語只用在失權的大夫或國君身上）找哥哥，報告衛國現況，順便向齊桓公求援。為了要支援這個設定，讓我們設身處地，想一想當事人遭遇的情境。

昭伯與宣姜在惠公打回衛國之前，可能逃到成周附近隱居起來，本來決定專心教育子女，不再介入政治。可是到魯莊公 21 年，王子頹事件平定以後，昭伯與宣姜意味到惠公的倒行逆施，將對衛國造成禍害。他們一方面加強教育三個兒子，另一方面透過周室的關係，將兩個成長的女兒，嫁給諸侯國君（後來分別嫁到宋國與許國）。

到了魯莊公 32 年前後，三兄弟中的老二察覺到赤狄的危機而赴齊，老大與老三留侍雙親。到魯閔公二年，赤狄真的向衛國發動攻擊，那時昭伯與宣姜可能已去世（如果還沒有的話，也老得走不動了）。老大與老三毅然東行，剛好衛國被打破，難民紛紛逃到漕邑。那時兩兄弟一定與宋桓公連繫上，也趕到漕邑，幫助民眾安定下來。

我這樣假設，是因為《左傳》記載懿公赴死之前，從容對老臣與夫人囑咐，卻

---

[14] 左丘明傳，杜預注，孔穎達正義，《春秋左傳正義》，卷 10，〈莊公二十三年至三十二年〉，頁 328。
[15] 同前引，頁 329。

沒有提這兩兄弟。唯一的可能，是這兩兄弟在城破時並不在城內，而是由外地趕至，那時老三一定是老大治國的助手。到老大因過勞病逝，老三一定會想起老二還在齊國。而且當時的情況，也非要有齊桓公的幫助不可，所以才匆忙趕到齊國，找到二哥，也見到齊桓公。他趕赴齊國那件事，流傳到遙遠的楚國，就變成：「公子啟方奔齊。」所以《繫年》的這個記載，也不能算完全錯。

《繫年》最大的錯誤，是將「公子啟方」當成後來的衛文公。當然我們可以原諒他，把兩兄弟的名字弄錯了。可是老二名「燬」，老三名「啟方」，真的這樣容易弄錯嗎？好在我們看到另一條資料，可以讓這個錯誤更合理。

漢初賈誼的《新書．審微》篇有一項記載如下：

> 昔者，衛侯朝於周，周行問其名，曰「衛侯辟疆」。周行還之曰：「啟疆、辟疆，天子之號也！諸侯弗得用！」衛侯更其名曰「火為」，然後受之。[16]

這裡需要解釋的，其一是：「周行」的「行」字，是「行人」的簡稱。其二是：「火為」與「燬」是異體字。漢初「今文」對「古文」的變異很大，到如今「火為」已經沒有人用了。不過由這段記載，我們知道衛文公初即位時的人名是「辟疆」，到政權穩定後朝周，才被逼改名。「辟」有開闢之義，「疆」有「疆土」之義，老三名「啟方」，「啟」也有開拓之義，「方」也有「方國」之義。二兄弟之名可以互訓，無怪乎楚人會搞錯。再注意一下，不但老二老三之名，顯示他們的志氣，就是老大名「申」，也有「伸展」之義。

再設身處地替老二想一想，為什麼他選擇「燬」作為新名字。他好不容易在楚丘把政局穩定下來，親自朝周，以求承認，卻被周的行人一頓官腔打回來。那時他一定想到《詩．周南．汝墳》第三章的句子：魴魚赬尾，王室如燬。雖則如燬，父母孔邇。」[17] 原詩的「王室如燬」，也許指驪山亂亡之事，可是「燬」字也有「烈火」之意。覺得周行人的官腔，對他有烈火般的壓力，雖然如此，成周附近究竟是父母舊居之地。可能在這種感觸的影響下（而且立即改名的要求也造成壓力），使他決定改名為「燬」，就是這個名字，才保存在《春秋》內。

當公子啟方在齊國找到二哥，兩人一起往見齊桓公請求支援。由於情況危急，

---

16 賈誼撰，盧文弨校，《新書》（北京：中華書局，1985），卷 2，〈審微〉，頁 20。

17 毛亨傳，鄭玄箋，孔穎達疏，《毛詩正義》卷 1，〈汝墳〉，頁 70。

齊桓公派公子無虧率兵到楚丘幫助衛君立國，並且大量供應築城材料，兄弟兩人一定對齊桓公非常感激。齊桓公如果提出，可以讓二哥到楚丘即衛君之位，可是卻要三弟留在齊國當大夫，三弟也沒有拒絕的餘地。就這樣，公子啟方留齊十餘年，為齊桓公之大夫，使《左傳》的作者稱他為「齊子」，而漏掉他的本名。可是不但在《繫年》中留下痕跡，戰國雜史中也多有記載，只是經過漢初的改寫，為避景帝之諱而記為「公子開方」，這就是今日我們看到的名字。

四、「公子開方」遭遇的歷史誣衊

《左傳》但稱公子啟方為「齊子」，而遺漏了他的名字，後面也沒有提他的事蹟，可是他在齊桓公底下做大夫，則是無可懷疑的事。設身處地替他想一想，他哥哥在楚丘的政權，要靠齊國的援助維持，所以盡心盡力為桓公服務，是他唯一可以報答桓公之路；而在管仲底下，也不可能有特別出眾的餘地。所以他在桓公朝，就是一個中規中矩的大夫，沒有特別吸引人的事蹟，好像留下一片空白。後來戰國諸子，正好看上這張白紙，以便將一些故事附會到他身上，以為他們的主張作例證。最初還不敢講得太離奇。我由《繫年．第四章》釋文的注釋 13，注意到《管子．大匡》篇所引述的故事。

> 公既行之，又問管仲曰：「何行？」管仲曰：「隰朋聰明捷給，可令為東國。賓胥無堅強以良，可以為西土。衛國之教，危傳以利，公子開方之為人也，慧以給不能久而樂始，可游於衛。魯邑之教，好邇而訓於禮，季友之為人也，恭以精，博於糧，多小信，可游於魯。楚國之教，巧文以利，不好立大義，而好立小信。蒙孫博於教而文巧於辭，不好立大義而好結小信，可游於楚。小侯既服，大侯既附，夫如是，則始可以施政矣。」君曰：「諾」，乃游公子開方於衛。游季友於魯，游蒙孫於楚。[18]

這裡管仲推薦三人，以維繫各諸侯國的關係。其事之有無，雖難以證實，然而的確合於管仲在推薦人之先，分析其人優缺點的作風。同樣的資訊，也出現在《管子．小匡》篇：

---

[18] 戴望，《管子校正》，《諸子集成》第 5 冊，卷 7，〈大匡第十八〉，頁 108-109。

> 公子舉為人博聞而知禮，好學而辭遜，請使游於魯，以結交焉。公子開方為人巧轉而兌利，請使游於衛，以結交焉。曹孫宿其為人也，小廉而苛忕，足恭而辭結，正荊之則也，請使往游以結交焉。遂立三使者而後退。[19]

《管子．小匡》的大部分，與《國語．齊語》合。可是最後那一段，顯然另有出處。與〈大匡〉篇相比，對公子開方的推薦是一樣的。故知至少在戰國前期，「公子開方」的名譽還不太壞。可是到了《管子．小稱》就不同了：

> 管仲攝衣冠起對曰：「臣願君之遠易牙豎刁堂巫公子開方。夫易牙以調和事公，公曰：『惟烝嬰兒未嘗』」。於是烝其首子而獻之公。人情非不愛其子也，於子之不愛，將何有於公？公喜宮而妒，豎刁自刑而為公治內，人情非不愛其身也。於身之不愛，將何有於公？公子開方事公十五年，不歸視其親。齊衛之間，不容數日之行。臣聞之，務為不久，蓋虛不長，其生不長者，其死必不終。[20]

下面的敘述非常不合情理，故只略引述其有關「公子開方」的部分。桓公先聽管仲的話逐四子，但反而更亂，「逐公子開方而朝不治」，結果桓公又復四子。到桓公臨死時，被四子困於一室，不得出，以至「死十一日，蟲出於戶」，而「公子開方以書社七百下衛矣。」[21] 其實桓公末年，五公子爭立之亂，完全載於《左傳．僖公十七年》，那才是值得引述的。

> 齊侯好內，多內寵，內嬖如夫人者六人。長衛姬生武孟，少衛姬生惠公，鄭姬生孝公，葛嬴生昭公，密姬生懿公，宋華子生公子雍。公與管仲屬孝公於宋襄公，以為大子。雍巫有寵於衛共姬，因寺人貂以薦羞於公，亦有寵，公許之立武孟。管仲卒，五子皆求立。冬十月乙亥，齊桓公卒，易牙入，與寺人貂因內　以殺羣吏，而立公子無虧。孝公奔宋，十二月乙亥

19　戴望，《管子校正》，《諸子集成》第 5 冊，卷 8，〈小匡第二十〉，頁 129。
20　同前引，卷 11，〈小稱第三十二〉，頁 181。
21　以上引文參見戴望，《管子校正》，《諸子集成》第 5 冊，卷 11，〈小稱第三十二〉，頁 181、182、182-。

赴，辛巳，夜殯。[22]

可知這場禍事的起因，完全是由於桓公立太子的前後反覆。既已立公子昭（孝公）為太子，並已宣告於諸侯。管仲死後，復因寵衛共姬而復許立公子無虧（即武孟）。本來很簡單的立儲之事，因桓公的反覆而變複雜。既私許立公子無虧，又沒有廢公子昭，以致其他四公子也心生僥幸。亦結黨以爭立，其中衛共姬因勾結易牙與豎刁（即寺人貂），而得立公子無虧，於是引起諸侯的干涉。

《左傳》對事件的前因後果，連桓公卒日，赴日及殯日的細節，都詳為記載，可是並未提及公子開方。可見整件事與公子開方無關（衛戴公立時，齊公子無虧已率兵助守，可見衛共姬年齡已大，與衛文公一家無關）。可是戰國時的諸子，嫌事件本身太簡單，用作例證，對支援各該諸子的主張，缺乏說服力。因為公子開方的生平，就像一張白紙，容易渲染，因而造作了不少故事。

《管子．小稱》篇的故事，只不過是冰山之一角。差不多的故事，也見於《韓非子．難一》其實那些故事的細節，都經不起考驗。例如〈小稱〉篇說管仲批評公子開方事桓公十五年，不回衛探視父母。其實〈小稱〉篇的作者，沒有去查考同屬《管子》的〈大匡〉與〈小匡〉篇，在那裡管仲明明推薦公子開方游衛，而且已為桓公所接受。以《管子》證《管子》，可知〈小稱〉篇的作者完全胡說。

其實按照前面的考證，「公子啟方」赴齊告急時，其母宣姜即使還活著，亦已有 75 歲了，不可能再活多少年。〈小稱〉篇的作者既不知「公子開方」是宣姜的兒子，在造作故事時，就隨手訴諸儒家的孝道，認為不見「公子開方」提及其父母，是其人格缺點。才造作不歸省親為他的罪狀，而且將話硬賴在管仲身上，不自知已經露出漏洞了。

諸子造作的故事，目標只在宣揚他們的主張，影響還不太大，可是當這些故事被司馬遷吸收進《史記》，影響就大了。而且史遷還疏於考察，對「公子開方」的罪狀，再加深一層。《左傳》完全沒有談到公子開方的下落。替他設身處地，齊桓公既死，齊國大亂，所以報桓公者已盡，當然應該回衛幫助他哥哥。

在〈小稱〉篇造作的故事中，說「公子開方以書社七百下衛矣」，[23] 也許是因為有此傳聞而加以附會。就齊孝公在位時，齊衛間多糾紛看來，他的確很難繼續在齊國存身。可是他既然離齊，就不會再有影響力。到十年後，齊孝公卒，《史記》說

---

[22] 左丘明傳，杜預注，孔穎達正義，《春秋左傳正義》，卷 14，〈宣公五年至十一年〉，頁 447-448。

[23] 戴望，《管子校正》，《諸子集成》第 5 冊，卷 11，〈小稱第三十二〉，頁 182。

「孝公弟潘因衛公子開方殺孝公子而立潘。」[24] 此事經傳全無記載，也不知史遷從何處得來。齊孝公十年是 633 B.C.，當時衛文公已去世，公子啟方如果還活著，至少也快 60 歲了。很難想像他在齊國還有勢力，可以被齊國的公子潘所「因」而殺儲君。而且齊昭公卒，曾向魯國赴告，記錄在《魯春秋》。《左傳．僖公二十七年》載：「夏，齊孝公卒，有齊怨，不廢喪紀，禮也。」[25] 魯國當然也參加了弔唁之事。如果當時發生殺儲君之事而不記錄，是很難想像的。我寧可相信，史遷因一時失考而寫了這件事，不過這又替公子開方再增君一項罪狀。這些都是我們閱史時，應該善加判斷替他平反的。

五、衛文公在楚丘的治績

衛文公於魯僖公元年，至漕邑即衛侯之位，同時配合齊桓公的援助，在楚丘築城。僖公二年楚丘城築成，衛文公遷至楚丘，開始建國的努力，當時人口雖然不多，卻上下一心投入建設，《左傳》的評語是：「衛國忘亡！」[26]

《左傳．閔公二年》的最後一段，描述作為領導者的政策與作風。《左傳》用簡短字眼點出他的政策：「務材訓農，通商惠工，敬教勸學，授方任能。」同時致力發展武力。以抵禦狄患。到他去世時，兵車數已增到三百乘，與牧野之戰時相仿。

民眾對衛文公的領導，當然赤誠擁護。有〈定之方中〉一詩為證。原詩具載於《詩經．鄘風》，不具引。此外，為了報答齊桓公的援助，衛文公也積極參加齊桓公所召集的諸侯盟會，有時也必須出兵助戰。按《左傳》之記載，計有：僖公四年伐蔡以及與楚之召陵之盟、僖公五年首止之盟、僖公六年伐鄭新城之役、僖公八年洮之盟、僖公九年葵丘之盟（這是孟子最艷羨的盟會）、僖公十三年鹹之會助抗於淮夷、僖公十五年牡丘之盟以及匡之役以救徐、僖公十六年淮之會以謀鄫（此役由於次年齊之內亂而不果成）。從這些記載，可以看出衛文公對齊桓公的支持態度。當然，齊也協助衛文公進一步鞏固城防，僖公十二年諸侯助衛建築楚丘的外郭，因為壙狄始終在那裡虎視眈眈下一年春果然來犯。僖公十年狄滅溫，溫子奔衛，衛文公也表達同情心而予以接納。

---

24 司馬遷著，裴駰集解，司馬貞索隱，張守節正義，《史記》第 5 冊，卷 32，〈齊太公世家第二〉，頁 1495。

25 左丘明傳，杜預注，孔穎達正義，《春秋左傳正義》，卷 16，〈僖公二十五年至二十八年〉，頁 500。

26 同前引，卷 11，〈閔公元年至二年〉，頁 356。

魯僖公十七年齊桓公去世之前，歷史對衛文公的評判多是正面的。可是有一宗公案，需要在此澄清。《左傳．僖公二十三年》追記晉公子重耳離狄的長途旅程，一開始就記載：「處狄十二年而行，過衛，衛文公不禮焉。出於五鹿，乞食於野人，野人與之塊。」[27] 很多人看了這一段，以為衛文公當時看不起晉公子重耳，逼他去向野人乞食，重耳於僖公十六年離狄赴齊，那時衛國國內還算平靖。既然六年前可以接納來奔的溫子，這時實在不應該不招待重耳與他的隨從。更何況該年十二月，衛文公與齊桓公有淮之會，如對重耳有不禮之舉，在會中如何向齊桓公交待？所以這一段記載是有問題的。如果查對《國語．晉語四》，可以發現致誤的原因。引在下面：

> 文公在狄十二年，狐偃曰：「……齊侯長矣，而欲親晉，管仲歿矣，多讒在側。謀而無正衷而思始，夫必追擇前言求善以終。饜邇逐遠，遠人入服不為郵矣。會其季年可也，茲可以親。皆以為然，乃行。過五鹿，乞食於野人……遂適齊，齊侯妻之，甚善焉。……桓公卒，孝公即位，諸侯叛齊……姜與子犯謀，醉而載之以行。……遂行。過衛，衛文公有邢狄之虞，不能禮焉。寧莊子言於公曰……」[28]

仔細比較《左傳》的追記與《國語．晉語四》，可以發現這段追記的主體，完全是從《國語》來的。只是要將《國語》一大段，濃縮成僖公二十三年的一段追記，不得不省卻許多細節，有時顯得不連貫。

我相信《左傳》作者在採取《國語》此段時，將「過衛，衛文公不禮焉」放在離齊以後（那本是《國語》對應段落的濃縮），因為省略掉甯莊子一大段諫言，而顯得不連貫。傳《左傳》者遂將之移前。其實我們設身處地想一下，按照狐偃的計劃，由於管仲在前一年已死，齊桓公身邊無人，重耳必需趕快赴齊，博取齊桓公的好感，建立自己的影響力。

既然想儘快到齊國，當然要採取較短的路線。所以不可能彎向南，渡河至楚丘，那時河水之北本是衛之故地，卻被狄人長期騷擾而空擴。最短的路線，是在夷儀西邊一帶渡河（當時的河水流域與現今不同）。所經過的「五鹿」，據顧棟高的考證，在今河北省大名縣附近。《國語》記「乞食於野人」，完全是突現重耳受天佑賜

[27] 左丘明傳，杜預注，孔穎達正義，《春秋左傳正義》，卷 15，〈僖公二十二年至二十四年〉，頁 470。
[28] 韋昭注，《國語》第 2 冊，卷 10，〈晉語四〉，頁 1-3。

予土地，當然不會由於絕糧（否則一行如何赴齊？）。因此重耳當僖公十六年時，並未經過楚丘。說他過衛，只是勉強將五鹿當作衛的故地而已。

我這個結論，雖然與楊伯峻的《春秋左傳注》相違，可是反複考慮後，還是認為《國語》的講法正確。至於重耳於僖公十八年離齊過衛的事，則在下面處理。

齊桓公去世後，衛文公的建國之路變得更加坎坷。赤狄之患始終存在，雖挫於齊桓公，然而卻變得更狡滑，學足華夏諸侯之間「拉一國打一國」的手段。齊本立公子昭為大子，得諸侯的承認。因此當宋襄公出兵納公子昭時，衛文公必須參預。然而奇怪的是，魯與狄卻站在公子無虧那邊，號稱「救齊」。魯僖公不久知難而退，狄卻借「救齊」的名目，與在夷儀的邢國勾搭上了。

邢與衛本來都被狄攻破，都蒙齊桓公之助遷國。此時邢可能妒羨衛的建設成果，居然忘仇而與狄結盟，反過來去攻打衛國，圍菟圃。那時邢人狄人兵臨城下，而衛文公十數年來的努力，多本文治，以培養國力。初遇大敵而軍未擴，不免亂了手腳。正當此時，晉公子重耳從齊亂中逃出，希望在衛歇足。招待重耳一行人本來花費不多，可是邢人狄人隨時會打來。衛作為東道主，必須負起保護之責，而甯莊子（速）的諫言又十分有理。衛文公被逼，召集大眾與群臣問計，自願退位。見《左傳．僖公十八年》的這段記載：「衛侯以國讓父兄子弟及朝眾，曰：『苟能治之，燬請從焉。』眾不可，而復師于訾婁。」[29] 這是非常不尋常的。國君既然說到如此地步，大家知道不犧牲不行，才傾國力建軍。《左傳．閔公二年》所述：「季年，乃三百乘」，[30] 恐怕就是這次建軍的結果。而晉公子重耳一行人見到局勢如此，也就折向南，離衛赴曹。

經過此役後，衛與邢遂結不解之仇。到次年，雖然天大旱，還是勉力出動新建的軍隊伐邢，好在師出有功。不久，旱象解除，衛才有充分的餘力，憑自己的力量來抵禦外侮。

可是當時的國際局勢卻繼續惡化。宋襄公雖志在求霸，卻沒有足夠的才能，行事不能服諸侯。齊孝公雖得襄公之力入齊即位，卻不願受宋控制。魯僖公二十年，齊遂加入邢與狄的一方以謀衛，並於次年侵衛，衛文公傾國力以抵抗。那時自顧不暇，對宋、齊、楚之間的衝突只好視而不見。僅就近打南方的主意，並與鄭人爭滑、赤狄當時忙於介入周室的朝政，一時顧不到邢國。

衛文公那時已病重將死，為謀一勞永逸，還是出兵攻邢。僖公二十五年，衛用

---

[29] 左丘明傳，杜預注，孔穎達正義，《春秋左傳正義》，卷 14，〈宣公五年至十一年〉，頁 449。

[30] 同前引，卷 11，〈閔公元年至二年〉，頁 363。

禮至之計，用突擊的方式殺了邢城的國子，居然一舉滅邢。這一役，衛勝得實在僥倖，而且還被《左傳》批評為「滅同姓之國」。不過解決了邢這個心腹之患，究竟是聊勝於無。衛文公隨即去世，將未完成的建設大業，留給兒子衛成公（鄭）。

六、衛成公的困局

衛成公即位時，春秋的國局勢還一片混亂。齊與宋已失霸，最有可能出頭的，是南邊的楚與西方的秦。晉文公是一股新興的力量，剛回國不久，已經穩定了政權，出兵勤王，替周襄王平了大叔帶之亂。然而晉文公的興起，剛好擋住了秦穆公東出之路。秦晉關係雖然良好，總不可能一直不衝突。因此這兩股力量，有互為抵銷之勢。

另一方面，楚成王的北上沒有受到阻擋，衛成公於是決定走親楚的路線，與楚結為姻親。另一方面，他也與魯僖公結成盟友，約定有事互為支援。這時衛已有一小股武力可以用，不像文公初年時的可憐相。

可是楚成王的勢力，向北擴張到鄭、曹、衛等國，將宋逼到非親晉不可。至於齊孝公，雖然已經失霸，卻不甘仰人鼻息，也在小範圍內造成糾紛，促成了衛齊之間的局部戰事。

情勢的急轉直下，是由於秦與齊察覺到楚的野心，與晉結成抗楚同盟。因此晉楚間的戰爭一觸即發，而處在中間的宋與衛，就淪為兩大勢力間的芻狗。宋既然受到楚的攻擊而向晉告急，晉就攻曹衛以分楚的兵力。這時衛成公身不由己，命運要看晉楚哪一方勝利而定。衛與魯雖有同盟關係，可是魯國公子買微弱的戍兵，同樣救不了衛國。晉楚間的決戰，終於在楚丘東邊不太遠的城濮展開。由於楚方統帥令尹子玉（成得臣）的戰略錯誤而失敗，連累到追隨楚的尾巴國家也跟著倒霉。魯僖公二十八年，衛成公被逼離衛到楚國避難，將投降受盟之事，委託給弟弟叔武與大臣元咺。這個決定，結果又是一場悲劇。

原來這時的衛國臣民，已經不像文公時那樣團結了。當衛成公決定親楚，本來就是一場政治賭博，既然失敗了，就應該不怕親身面對。可是當晉人要來佔領時，他一時的膽怯（怕被俘），使他暫時將政權交給弟弟與給大臣元咺手中。這會引起其他臣民的妒忌，也不能避免有讒言。有人進讒，說元咺已經擁立叔武了，這使他殺了元咺的兒子元角。

到後來晉人准許成公復歸時，讒人又怕二兄弟之間的談話，會不利於他們，結果射死了叔武。歂手公子歂犬當然也不免被殺，結果真的將元咺逼急了，向晉文公投訴。這次真的輪到成公自己被捕被辱，完全仰賴甯俞的保護才能活命。而晉支持元咺回衛，另立公子瑕，成公當然不甘，又引起一場政變。最初為了避免被俘，到後來不但避不了，還犧牲了元咺父子、弟弟叔武、公子歂犬、士榮、公子瑕，以及其他次要人物。這些都是衛國的精英，因成公一念之差而葬送了，最後勉強保住了衛侯之位。而多年努力所攻取的土地，有不少也被其他諸侯分割掉。經過這次事變，衛國的國力大傷。

衛成公是魯僖公三十年（或他自己即位後第五年）秋天還衛的。復歸以後才發現，剩不下多少武力可以用，而宿敵赤狄正在河水那邊，注視著隨時準備來犯。而他自己已成國際間的棄兒，找不到盟友幫助。他只有一年的時間，來凝聚國力（還好忠心的甯俞還沒遺棄他）。至魯僖公三十一年（629 B.C.），狄果然渡河入侵。雖然抵抗住了，可是楚丘顯然還離河水太近，所以他又向東遷都到帝丘。《繫年》記錄了這件事：「成公即位。翟人或涉河，伐衛于楚丘。衛人自楚丘遷于帝丘。」單看這一段，而不從《左傳》、《國語》去查看前因後果，會以為文公在楚丘的建設功夫白做了。其實《繫年》省略掉很重要的一部分，那就是楚本來希望在衛建立影響力，卻失敗了。可能提到中間的過程，會令楚人太失面子，就乾脆省略掉了。

好在此後衛成公力圖改正以前的錯誤，在諸侯間恢復好的形象。他趁赤狄內亂而伐狄，並達成和平的盟誓（此後赤狄也漸衰）。與晉雖有衝突，因應付得當而化解。日後終於贏得晉的好感，而歸還之前被奪的土地。他去世於魯宣公九年（600 B.C.），在位 35 年。

七、結語

因為《繫年・第四章》的記載太濃縮簡略，並有錯誤與誤導之處，引使我去查閱原始資料，爬梳出一些前人未注意之處。我認為這是非常值得做的事。由衛人努力復國的事蹟，可以看出衛國民眾在困難中，往往肯吃苦奮鬥。可是在受到政府弊政侵凌時，又敢於反抗，並且將心聲疾呼地表達出來。這種「敢愛敢恨」的習性，其實在他們的〈國風〉中就明顯表達出來，謹引三篇以見一斑。

《詩經・邶風・終風》：

終風且暴，顧我則笑。謔浪笑敖，中心是悼！終風且霾，惠然肯來？莫往

> 莫來，悠悠我思！終風且曀，不日有曀，寤言不寐，願言則嚏。曀曀其陰，虺虺其雷。寤言不寐，願言則懷。[31]

《詩經·鄘風·鶉之奔奔》：

> 鶉之奔奔，鵲之彊彊。人之無良，我以為兄，鵲之彊彊，鶉之奔奔。人之無良，我以為君。[32]

《詩經·鄘風·相鼠》：

> 相鼠有皮，人而無儀。人而無儀，不死何為？相鼠有齒，人而無止。人而無止，不死何俟。相鼠有體，人而無禮。人而無禮，胡不遄死。[33]

最後一篇已成為咒咀了。

衛人的習性也重情感，容易服膺於一些抽象的原則，連孔子也稱贊：「衛多君子」。可是也容易感情衝動而做錯事。

受到人民習性的影響，一些國君的行事也相類似。衛宣公可以奪媳，急子與壽可以爭死，公子朔可以努力復國，衛懿公可以好鶴亡國，衛文公可以奮發興國，衛成公可以逃辱反被辱，……都是這種習性的表現。日後衛君還會犯大錯誤，可是衛君也會努力行善。

這些極端的習性，使衛國始終存在於夾縫中。衛成公遷帝丘（濮陽）時曾經卜年，曰三百年。當時為 629 B.C.，到 241 B.C. 濮陽為秦所奪，衛在帝丘計 388 年。卜者也算準確。可是 241 B.C. 衛元君逃至野王，仍稱君，又苟延了 32 年。到秦二世元年 209 B.C.，忽然想起在野王的衛君甬（衛元君之子）還在，才將他廢為庶人。衛在諸侯中，除秦之外，算起來是最後亡的。

【附記】

本文為清華大學賴建誠教授代為打字，特此銘謝。

---

[31] 毛亨傳，鄭玄箋，孔穎達疏，《毛詩正義》，卷 2，〈終風〉，頁 148-151。

[32] 同前引，卷 3，〈鶉之奔奔〉，頁 228-229。

[33] 同前引，〈相鼠〉，頁 243。

參、克黎後的慶功宴——試釋《清華簡・耆夜》撰作的學術背景與內涵

周武王八年，周武王以西伯的名義，討伐殷都西北偏西的黎邑（歷史上或稱作「耆」），打了一個完全的勝仗。這場戰爭給予殷商臣僚的震驚，已記錄在《尚書・西伯戡黎》內。黎邑離朝歌約一百公里，急行軍四五日可至。紂王的一個小臣祖伊（其為小臣，因為「祖」字後面沒有天干字），急得找紂王報告此噩耗，並且口不擇言，警告紂王如果再不認真面對，「天下」就會被玩完了。不料紂王卻老神在在，毫不在乎，認為他有「天命」保護，祖伊只能急得跳腳！

《尚書・西伯戡黎》雖然文辭淺易，屬後人述古之作。然而它屬於漢伏生所傳廿八篇「今文尚書」，沒有偽造的疑慮，可是因為記載得太簡單，很多資料都沒有交待清楚。好比說，原文沒有提時間，僅說「西伯」戡黎，因此很多學者都以為「西伯」就是周文王（一直到宋才有人懷疑）。又由於文王時不太可能深入現今山西地域，故對黎邑的地望也紛有異說（好在《尚書大傳》還保留了「黎」的異名「耆」，有益於考證）。還有克黎的主將名字，也沒有提起。

這些缺陷，都由於《清華簡（壹）》中有一篇〈耆夜〉而得到部分的改善。那篇文章的主題，是周室打勝仗以後舉行的慶功宴。「耆夜」的「夜」字，[1] 在古代作「奠酒」解（而不是夜晚）。全篇描述周武王心中的喜悅，與周公的居安思危。文首就交待時間為武王八年，離牧野之戰的武王十一年僅三年（一說牧野之戰在十二年，一年之差並無大礙）。可知伐黎之役是周室整個滅殷計劃的一部分。以往懷疑黎邑跟朝歌太近的說法，從此失去說服力。事實上，就是由於這麼近，才使得祖伊緊張抓狂。

有個相關的問題，必須在這裡提一下。劉起釪教授的《古史續辨》，強力主張「牧野之戰」的年代，必須由「文王受命」（受天命）之年算起，而舊說文王受命七年而崩。比照「牧野之戰」的十一年，這裡的「武王八年」意味著文王剛死一

[1] 「夜」字應釋為「咤」，義為「奠酒」，然實未聞可與「舍」字通假。（李學勤教授「說明」之語疑誤。）故其讀音應仍作「一せ ヽ」。

年，武王就急著開打，總覺得不合理。而且記載明言「武王八年」而非「王受命後八年」。硬要將「受命」加進去，未免增字解經，是故我認為《清華簡》〈耆夜篇〉的發現，也有助於說明「牧野之戰」的「十一年」，講的是武王紀元。

仔細討論〈耆夜〉本文之前，還有一個題外但無法迴避的問題。何以周室能夠如此大搖大擺地蠶食殷的土地，甚至侵蝕到殷商的後花園，而不虞殷紂發覺反擊？由〈西伯戡黎〉，可以看到紂王是既驕且狂！由我們現代人的眼光看來，說多差勁有多差勁！可是周室（包括武王與周公）就能這樣放心，將賭注完全押在紂王的驕狂上嗎？在《論語．泰伯》篇中，記有一段孔子的話：

> 三分天下有其二，以服事殷。周之德，可謂至德也已矣。[2]

在剝除了感嘆的「至德」後，也許會產生疑問：已經「三分天下有其二」了，還會「以服事殷」嗎，怎麼可能？那麼原來的「三分天下有其二」，有多少歷史的真實性？在《左傳．襄公四年》的記載中，有如下一段：

> 春、楚師為陳叛故，猶在繁陽。韓獻子患之，言於朝曰：「文王帥殷之叛國以事紂，唯知時也。今我易之，難哉！」[3]

韓厥（獻子）所說的：「文王帥殷之叛國以事紂」，就有幾分「三分天下有其二，以服事殷」的意味。只是孔子的話更擴大了，也不止指文王。那麼所謂「事紂」或「服事殷」，到底在指什麼？我認為那表示殷王承認周為西方諸侯之長，以撫慰之，並送上「西伯」的名號。周則接受「西伯」的名號，在名義上承認為殷的諸侯，事實上卻利用此名義，收攬（收買或征服）游離於殷商勢力範圍之外的小諸侯。這就是韓厥所說「文王帥殷之叛國以事紂」的真正內涵。

殷商的國力到武乙時期，已因連年戰事而大不如前，對稍遠的部落與氏族，已不大能控制。周的先世，本在今山西地域，因受獯鬻所逼，踰梁山而逃至今陝西地域的涇渭流域，與羌族通婚後漸強大。到文王之父季歷時，已能將當地的狄族（混夷）部落打敗。《詩．大雅．緜》篇說：「混夷駾矣。維其喙矣。」[4] 殷商也利用季歷

---

[2] 何晏注，邢昺疏，《論語注疏》，卷 8，〈泰伯第八〉，頁 119。

[3] 左丘明傳，杜預注，孔穎達正義，《春秋左傳正義》，卷 29，〈襄公元年至四年〉，頁 950。

[4] 毛亨傳，鄭玄箋，孔穎達疏，《毛詩正義》，卷 16，〈緜〉，頁 1163。

的武力，平服盤據西北方鬼方的殘餘勢力。《史記》對此往往缺記，需要仰賴於後人引述的《竹書紀年》。《通鑑外紀》引《紀年》:「武乙三十五年，周俘狄王。」[5] 這段引文令《易．未濟九四》的「震用伐鬼方，三年有賞于大國」得到新解。[6]

《後漢書．西羌傳．注》引《紀年》:「太丁四年，周人伐余無之戎，克之。周王季命為殷牧師也」;「太丁七年，周人伐始呼之戎，克之。」「十一年，周人伐翳徒之戎，捷其三大夫。」[7] 雖然季歷亦有敗時，究竟勝時居多。殷以「牧師」之位酬之，恐不足以賞其功。「功高不賞」一向是歷史的慣例。果然，《晉書．束皙傳》引《紀年》:「文丁殺季歷」，[8] 這真可以將周室逼反。《太平御覽》引《紀年》曰:「帝乙處殷。二年，周人伐商」，[9] 終於逼到殷王要與周王講和，並以其女妻之，以作補償，類似漢朝對匈奴的和親政策。「西伯」的稱號，大概亦由此時開始。

「帝乙歸妹」的故事，當時周室甚為得意，見於《易．泰六五》以及《易．歸妹六五》的爻辭。《詩．大雅．大明》篇雖然沒有提「帝乙」的名字，顯然是指這件事。

> 文王嘉止，大邦有子。大邦有子，俔天之妹。文定厥祥，親迎于渭。造舟為梁，不顯其光。[10]

可以顯示當時的風光。周文王利用與殷室通婚的事實，去連繫一些小部落，卻很聰明地不受殷商控制。《易．歸妹六五》爻辭為:「帝乙歸妹，其君之袂，不如其娣之袂良」，[11] 似乎文主並未寵帝乙之女，反而寵及莘國陪嫁之女，也就是武王之母。

韓厥認為文王「知時」，就是說他善於利用帝乙軟弱的機會，來發展他自己的聲望與勢力，並且企圖將這個趨勢延長到他的身後。周室從此有了一個目標，雖然表面還尊重殷王，實際上卻離間殷王與原有的同盟部落，真正造成「三分天下有其二」。當然最後的目標是滅殷，這不是孔子所願意承認的。

---

5 劉恕，《通鑑外紀》(臺北：啟明書局，影印清嘉慶十五年(1815)刊本)。

6 王弼注，孔穎達疏，《周易正義》，卷 6，〈未濟〉，頁 298。

7 范曄撰，李賢等注，《後漢書》第 10 冊(北京：中華書局，1973)，卷 87，〈西羌傳第七十七〉，頁 2871，注 5、6。

8 房玄齡等，《晉書》第 5 冊(北京：中華書局，1974)，卷 51，〈束皙傳〉，頁 1432，注 13。

9 李昉等，《太平御覽》第 1 冊(北京：中華書局，1995)，卷 83，頁 393。

10 毛亨傳，鄭玄箋，孔穎達疏，《毛詩正義》，卷 16，〈大明〉，頁 1136-1137。

11 王弼注，孔穎達疏，《周易正義》，卷 5，〈歸妹〉，頁 261。

帝乙比較軟弱，那也罷了。可是帝乙的兒子帝辛（名受，一般歷史上稱為「紂」）卻絕不軟弱，當然不可能讓這種形勢繼續。他正確地認識到，殷王朝已經喪失從武丁、祖甲等名王的尚武朝氣，以至武力不如人。因此當他繼位後，就力圖重建一支軍隊，能夠與周（以及其他叛離的部落）抗衡。為了要建軍，他四處收羅三山五岳的人馬（甚至殺人越貨的罪犯）納入軍隊，他本人力大武勇，與那些人臭味相投。他還用這支軍隊遠征東夷，作為「練軍」的手段。後人甚至傳聞他曾囚禁文王一段時間，真實性待考。所以武王與周公如果要維持文王定下來的謀略，必須有新的因應做法。好在他們早有準備，有秘密的武器。

周室的秘密武器，就是由西方傳入的戰車。戰車在殷商並非新物，然始終不習慣使用它們。卜辭有用馬車打獵以致翻覆的事例，可知要能任意控制馬車，是全新的技術，需要特別練習。至於用眾多戰車排成陣列，用衝鋒陷陣，更需要長時間的操練。弄得不好，各車會自相干擾而翻覆。周處於西方，[12] 先得傳授，知道戰車可以成為戰場制勝的武器。遂以師尚父（即後人豔稱的姜太公）為首，訓練三百餘輛戰車，日後在牧野之戰發揮了大效用。《詩・大雅・大明》有如此之描寫：

一、牧野洋洋，檀車煌煌，駟騵彭彭。維師尚父，時維鷹揚。涼彼武王，肆伐大商，會朝清明！[13]

那是秘密武器初面世時所產生的效果。武王八年，這項武器還在訓練之中，對殷還在保密階段，克黎之役當然不會使用，那只是一次偏師的突擊。

另一方面，紂王擴軍大速，亦產生副作用。養兵需要糧食，不免向諸侯國以及境內百姓收刮，諸侯國不免因此離心離德。既信任罪犯與逋逃者參軍，不免暴虐于百姓，對兵糧的收刮更形火上加油。紂王堅持擴軍的主張，引起老臣不滿，紂不免用高壓手段對付，比干因此被殺，微子因此逃走。紂得不到老臣的支持，未免求之於身邊之人，剛好他的配偶妲己欣賞他的英雄氣度，紂不免多聽她的意見，這些擴軍的副作用，日後都成為牧野之戰中，武王廣為宣傳的罪狀。

二、古人有言曰：「牝雞無晨，牝雞之晨，惟家之索。」今商王受惟婦

---

[12] 戰車在西方埃及新王國時，已大量使用；其後逐漸影響到東方。請參閱夏含夷，《溫故知新錄：商周文化史管見》（臺北：稻禾出版社，1997），〈中國馬車的起源及其歷史意義〉，頁 49-88。

[13] 毛亨傳，鄭玄箋，孔穎達疏，《毛詩正義》，卷 16，〈大明〉，頁 1136-1137。

> 言是用，昏棄厥肆祀弗答，昏棄厥遺王父母弟不迪，乃惟四方之多罪逋逃，是崇是長，是信是使，是以為大夫卿士。俾暴虐于百姓，以姦宄于商邑。[14]

武王誓辭中宣稱紂之五項罪狀，倒有四項與擴軍有關（僅第二項祭祀之事，涉及禮節之派別，見董作賓教授的考證）。不止此也，紂為練軍而討伐東夷，不料軍隊的素質不如理想，而東夷的反抗也超過他的預測。雖然打了勝仗，原來所建軍隊的傷亡亦多。紂索性將東夷的降卒納入自己的軍隊內，以致《左傳・昭公二十四年》引〈太誓〉曰：「紂有億兆夷人，亦有離德。」[15] 號稱大軍，實則不能臨敵。牧野之戰，大軍為周之三百餘兵車所驚嚇逃散，在武王之虎賁三千人以及眾多諸侯之兵卒追趕下，紂軍崩潰，紂自殺。

《左傳・昭公十一年》記載：晉叔向以「後知之明」批評道：「紂克東夷，而隕其身。」[16] 其實是雙方戰略的優劣所致。當武王八年，周對紂還沒有正式扯破臉，黎邑之地在紂建軍時，民眾備受暴虐（《左傳・昭公四年》曰：「商紂為黎之蒐」），[17] 政局不穩。武王以偏師以「西伯」之名義征服之。表面上是平亂，實則將此地收歸自己的勢力範圍。紂當然不會被騙，可是他自恃有一支大軍可以決戰，所以對祖伊的警告充耳不聞，反而自以為有天命支持，所向無敵。所以武王克黎後，還有一段短暫的和平。

回到《清華簡・耆夜》篇。周師的主將在凱旋後，參與一個莊嚴的「飲至」典禮，地點為祭祀文王的「太室」。參加的人員很有限，整個典禮當然由武王主持。由於君不與臣抗禮，所以武王之席在阼階上，不當主位。坐主位的是整個滅殷謀略的主持者周公旦，主要的客人則為畢公高。他在武王的臣僚中不算最重要，這次卻坐最主要的客位。據李學勤教授猜想，畢公高就是這次戡黎之役的主帥，因此在慶功宴中尊於客位，以榮耀之。助他行禮的「介」（〈耆夜〉中稱為「夾」），則由召公奭擔任。謀臣辛甲則為「位」，據古禮其功能是「正君臣之位」。當然還有專管歷史記錄的作冊逸，坐在東堂記錄整個事件。最後還有一位重要人物，就是師尚父。他

---

14 王弼注，孔穎達疏，《尚書正義》，收入《十三經注疏》整理委員會整理，《十三經注疏》（北京：北京大學出版社，2000，清嘉慶二十一年（1816）阮元刻本），卷 11，〈牧誓第四〉，頁 337-339。

15 左丘明傳，杜預注，孔穎達正義，《春秋左傳正義》，卷 51，〈昭公二十四年至二十五年〉，頁 1659。

16 同前引，卷 45，〈昭公九年至十二年〉，頁 1479。

17 同前引，卷 42，〈昭公二年至四年〉，頁 1383。

本來是周室武力的靈魂人物，專貯備以對抗殷紂的大軍，在此役中卻因保密的理由而不能派出。在凱旋的慶功宴中，卻有一個特殊的位置「司正」，專司監督各人飲酒的禮儀。

必須為「司正」設置的目的說幾句。殷末的朝野，瀰漫著嗜好飲酒的風氣，而且往往醉了就控制不了自己，這大大地削弱了殷商的國力。周的開國諸哲對這種風氣特別警惕，甚至在滅了武庚，將殷都故地（妹邦）封給武王之弟康叔封時，還特別告誡他，要防止當地殷遺民的醉酒風氣（見於《尚書．酒誥》）。因此在自己的飲酒宴會中，也注意不要蹈殷商的覆轍。對持爵飲酒的動作禮節，規定得別複雜，又雜之以賦詩，以轉移注意力。在這種設計之下，就需要一個重臣來監督禮儀行為。「司正」為宴會的一部分，卻不參預宴會中的各種應酬，以保持清醒。

在這裡還要順便糾正大家對「姜太公」的形象。由《孟子》、《荀子》、《史記》起，都受了戰國時傳說的影響，認為姜太公受周文王知遇時，已經七老八十了。其實如果在文王時已老態龍鍾，怎能在牧野之戰中還「維師尚父，時維鷹揚」？顧頡剛教授對此有一篇考證〈太公望年壽〉，見《史林雜識》。據他的意見，師尚父在牧野之戰時約為三十歲，回溯戡黎時，應為約二十七歲。他的出身應是周室外戚，他的少年時代，完全奉獻於車戰的戰術與兵員訓練，戰略方面當時全靠周公旦。當然日後封於齊國之後，晚年不能排除可能將他一生作戰的經驗傳給後人，這也許就是戰國時將他捧為「韜略專家」的原因。

慶功宴的參預者僅此數人而已，後世羨稱之「武王亂臣」，有好一些都不在裡面。稍有些奇怪的，是出現了辛甲。根據《韓非子．說林上》，辛甲曾向周公獻策，或其人為周公之謀士，在戡黎之役的策劃中，有所貢獻。這點也許有考證的價值。

宴會中武王與周公作歌共五終（那是將〈蟋蟀〉作為一終看待）。古時宴會詠詩皆入樂，演奏一次，即是「一終」。〈耆夜〉文中給出此五終詩歌的名稱：1. 武王酬畢公：〈樂樂旨酒〉。2. 武王酬周公：〈輶乘〉。3. 周公酬畢公：〈贔贔〉。4. 周公酬武王：〈明明上帝〉。5. 忽見蟋蟀掉在席間，周公有所感觸，即席詠作〈蟋蟀〉。

下面我將引述這五篇詩歌的釋文。為了簡便起見，我將不照引原隸定（這將需要新造一些字），我會加上看了這些詩後的感想。至於個別字句的訓詁，由於有李學勤教授的附注，除非必要，將不再重複。

1. 武王酬畢公——〈樂樂旨酒〉：

樂樂旨酒，宴以二公，恁仁兄弟，庶民和同。

方臧方武，穆穆克邦，嘉爵速飲，後爵乃從。[18]

雖然武王酬酒的對象是畢公高，這篇詩卻並稱「二公」：周公與畢公。畢公也是文王之子，也是周公之弟，武王在慶功宴中並稱他們兄弟二人，顯示雖然仗是畢公統領打的，整個戰略的構想卻出自周公。武王稱贊他們兄弟既和善又武勇，為國家棟樑（「臧」字，李學勤教授釋為「壯」，我卻寧取「善」之一義），[19] 又相親相愛，為百姓榜樣。詩後再加上勸酒的套語。

2. 武王酬周公——〈輶乘〉：

栖乘既飭，人服余不冑。虘士奮甲，緊民之秀；

方臧方武，克燮仇讎，嘉爵速飲，後爵乃復。[20]

李學勤教授說「輶乘」為「輶車」，且釋之為「驅逆之車」，[21] 良確。我認為武王所提到的「輶乘」，就是當時新訓練完成的「戎車」或「戰車」。在西周後期或春秋，車戰已成慣常的時候（動不動就要用上千乘），「戎車既飭」一類的句子（《詩・小雅・六月》），[22] 成為稀淡平常。可是前面講過，戡黎之偏師，不可能出動戰車。武王的詩針對周公而非針對畢公，可以了解這支秘密隊伍的構思，以及投入大量資源以訓練的決定，都是由周公策動的。戡黎之後，周與殷之間的決戰，又拉近一步。很可能武王不大放心而去巡閱一次，他看到的是一支士氣軒昂的軍隊，裝備整齊完善，車上甲士佩帶特有的頭盔（「不」字通「丕」，「余不冑」謂由武王特許形式的頭盔），且穿有鮮明的衣甲。這支軍隊的表現，顯然可達成為季歷復仇的目的，武王巡視以後印象深刻。因此到了慶功宴上，忍不住稱贊周公一番。詩中還有一些套語，像「方臧方武」、「嘉爵速飲，後爵乃復」之類，完全表現武王對周公的欣賞與信賴。

周公酬畢公——〈贔贔〉：

贔贔戎服，臧武赳赳，毖精謀猷，裕德乃救；

---

[18] 李學勤主編，《清華簡（壹）》，〈耆夜〉，頁 150。

[19] 同前引，頁 153。

[20] 同前引，頁 150。

[21] 同前引，頁 153。

[22] 毛亨傳，鄭玄箋，孔穎達疏，《毛詩正義》，卷 10，〈六月〉，頁 740。

王有旨酒，我憂以颫，既醉又侑，明日勿稻。[23]

周公誇獎畢公在戡黎之役，不但軍容壯盛（「贔」字從李學勤教授之注釋為「央」字，「央央」為鮮明貌），而且能夠慎謀，因此成此功業。然而戰勝後正需要居安思危（颫」字疑通「浮」，汎也：不過一從「風」，一從「水」）。今日慶功飲酒為王命特許，周公以兄長的身分勉勵畢公繼續努力，不能怠惰。（「稻」字通「慆」，怠也）

4. 周公酬武王〈明明上帝〉：

明明上帝，臨下之光，丕顯來格，歆厥禋盟，
於飲月有盈缺，歲有歇行。
作兹祝誦，萬壽亡疆。[24]

這篇詩歌因為竹簡斷裂了一部分，而損失了部分資訊。如果假設詩的每句都是四個字，則在「於」字後面，應讓空七個空格。不過這也會使得整首詩成為十句，和前面各首不類。我翻閱《清華簡（壹）》的竹簡放大照相圖，估計中間只會損失四個字。所以我猜「於」字之後，不是一般正常的詩句，而是嗟嘆語。若不算這些間息的嗟嘆語，則原詩仍為八句。我猜測損失的字是「（於）虎王念𢦏」，釋為「（嗚）呼！王念哉！」如果用這些字來補足，則可以看出，周公針對武王的詩歌，雖以祝禱為主，仍寓有規諫之意。

詩歌以「明明上帝，臨下之光」開始，這合乎周人對君上祝禱的習慣。《詩·大雅·皇矣》的開頭，是「皇矣上帝，臨下有赫」。《詩·大雅·大明》的開頭是：「明明在下，赫赫在上」。連不是祝禱的《詩·小雅·小明》，也是「明明上天，照臨下土」。[25] 我猜詩人在提及君王時，以「上帝」起首，可能認為周王受有「天命」。這是值得進一步探討的命題。

詩的大意是：上帝感格於周王的祭祀，降福於周室。但不可以此為恃，因為世事變化不居（應修德以俟之）。詩中「歲有歇行」的「歇」字，[26] 李教授釋為

---

[23] 李學勤主編，《清華簡（壹）》，〈耆夜〉，頁 150。

[24] 同前引。

[25] 以上引文參見毛亨傳，鄭玄箋，孔穎達疏，《毛詩正義》，卷 16，〈皇矣〉，頁 1195；卷 16，〈大明〉，頁 1132；卷 13，〈小明〉，頁 935。

[26] 李學勤主編，《清華簡（壹）》，〈耆夜〉，頁 150。

「歇」，可是並不確定。如果原意真是「歲有歇行」，那就是在天文知識不足的情形下，將寒暑白天的短長變化，解釋為「歇」「行」相間。不論如何，這只是個比喻，詩的最後兩句，則是祝禱的套語。

5. 周公即席創作——〈蟋蟀〉：

蟋蟀在堂，役車其行；今夫君子，不喜不樂；
夫日□□，□□□荒；毋已大樂，則終以康，
康樂而毋荒，是惟良士之方方。
蟋蟀在席，歲矞云莫；今夫君子，不喜不樂；
日月其邁，從朝及夕，毋已大康，則終以祚。
康樂而毋荒，是惟良士之懼懼。
蟋蟀在舒，歲矞云□□□□□，□□□□，
□□□□□□，□□□□。毋已大康，則終以懼。
康樂而荒，是惟良士之懼懼。[27]

有些地方需要說明或澄清。首先，很顯然全詩分為三章（比照《詩經》的講法），可是文中明言「作歌一終」。[28] 通常音樂聲配合詩句，每一「終」演奏一次。現在分三章而只算「一終」，可見每一章末尾，樂師奏樂並未暫停。我想一個可能的解釋是：周公是即席作歌辭，周公一面口占，樂師一面配合。由於句型是新的，樂師並不知道每一章結尾所在，故一直演奏下去，故全歌算作「一終」。

其次，周公的口占雖然企圖分章，按照日後的慣例，每一章會更改幾個字，押不同的韻。可是周公顯然沒有時間仔細推敲，有時想不出要更改何字，就完全依前重複。例如第二與第三章，末尾都是：「是惟良士之懼懼」。因此我相信〈耆夜〉是即席記錄的結果，沒有經過潤飾。

再其次，竹簡上每一章最後一個字後，有一個重文符號，通常是指此字應該重複一次。可是李學勤教授在注 28 內，懷疑應該整句重複一次。的確，如果僅重複最後一字，是有點不太自然。可是，我們發現這篇〈蟋蟀〉詩的修改版本，居然出現在《詩經．唐風》的篇幅內（事實上是首篇），照錄如下：

---

[27] 李學勤主編，《清華簡（壹）》，〈耆夜〉，頁 150。

[28] 同前引，頁 152。

蟋蟀在堂，歲聿其莫。今我不樂，日月其除。
無已大康，職思其居。「好樂無荒」，良士瞿瞿。
蟋蟀在堂，歲聿其逝。今我不樂，日月其邁。
無已大康，職思其外。好樂無荒，良士蹶蹶。
蟋蟀在堂，役車其休。今我不樂，日月其慆。
無已大康，職思其憂。好樂無荒，良士休休。[29]

很顯然《詩．唐風．蟋蟀》是《清華簡．耆夜．蟋蟀》的改寫，對這個問題後面還會討論。可是觀察每一章的最後一句，需要將整句壓縮成四個字，卻還重複了最後的字：「瞿瞿」、「蹶蹶」、「休休」。這強力指證，原來的文本也是這樣重複的。所以我認為對原文的重文符號，還是用它原有的意義，而不取李學勤教授的意見。

再次：原竹簡第十三片的下端，以及第十一、十四片的上端，都斷裂遺失了。這使得〈蟋蟀〉詩的第一、三章損失掉一些資訊。李教授的〈釋文〉上，在第一章第五、六句「夫日」後面留五個空位，在第三章第二句「歲矞云」後面，留下了十九個空位。第一章所留空位的數目正確，只是很難猜想「夫日」後面要連上什麼字。第三章所留空位顯然太多，使得第三章的長度比第一、二章大。我認為第三章只應留下十七個空位，而且仔細觀看第十四片竹簡的上端放大圖，會發現「毋」字上面二字，都殘存右邊一半。仔細觀察並用一點想像力，這兩個字很像是「及夏」（李教授的附注 3 與 4 也這樣猜）。如果這是對的話，第三章第六句就可能是「從冬及夏」。至於第三、四兩句，應該重複前面的「今夫君子，不喜不樂」。對於所留空位的數目，李教授可能是根據竹簡殘留部分的長度估計。我細察竹簡放大照片圖，發現字間的距離並不固定，第十三片有些字距相當大，我有相當的信心，認為我的安排是合理的．

再來討論詩歌的內容。周公看到蟋蟀忽然飛進室內，而產生後面的那些感想。因此每章都用「蟋蟀在堂」、「蟋蟀在席」、「蟋蟀在舒」作為開端，因而產生後面那些聯想。在《詩經》中，這是常用的手法，稱為「興」。通常開章之事，與後面的聯想不是那麼明顯，因此後世的解詩者，總是勸戒讀者不必太重視起頭的事。然而「聯想」也不見得完全無跡可循，如果對當時當地的環境夠了解，也多少可以猜到一些作詩的因緣，增加對此詩的了解。這裡用「蟋蟀」作為起興，顯然有些時間的關聯。《詩．豳風．七月》描述：「七月在野，八月在宇，九月在戶，十月蟋蟀入

[29] 毛亨傳，鄭玄箋，孔穎達疏，《毛詩正義》，卷 6，〈蟋蟀〉，頁 442-445。

我牀下。」按：豳之地，在今陝西邠縣，與當時武王的大本營距離不遠。而上引四句，皆描述蟋蟀出現的時間，可知一旦蟋蟀飛進屋宇，就快近年尾。由詩中我們可以感覺到，一種時間的迫切感（歲矞云莫，「莫」即暮）。而日後出現在《詩經・唐風》中的〈蟋蟀〉，又強調「歲聿其莫」、「日月其除」，可知詩中的主旨，在鑑於光陰過得飛快，而很多工作還未完成。

周公強調：「今夫君子，不喜不樂。」後世儒家以德行分判「君子」與「小人」，這完全是後出之義。原來都是以地位的高低，來分別「君子」與「小人」。例如《尚書・無逸》稱贊「其在祖甲……舊為小人，作其即位，爰知小人之依。」[30] 可知「小人」，即在下位的民眾。至於「君子」，《詩・小雅・采菽》之「君子來朝」，指諸侯。《詩・大雅・旱麓》的「豈弟君子」，《詩・大雅・假樂》的「假樂君子」、〈泂酌〉的「豈弟君子」，皆指君王。〈既醉〉的「君子萬年」，[31] 亦指高位之人。至於〈蟋蟀〉詩，「君子」似指武王，在戰勝的慶功宴上，感於歲月不居而不暇喜樂，由此引出下面的「毋已大康」、「康樂而毋荒，是惟良士之懼懼」。

前面用「不喜不樂」來敘述事實，後面屢用「毋」字來昭鑑戒，可知周公此詩的訴求對象，是朝廷群臣與兵卒：告訴他們現在連「君子」也不暇喜樂，群臣中的「良士」應能夠居安思危，不能因一時勝利而逸樂。三章的大意皆如此，尤是在首章，為加重語氣而提到「役車其行」。顯示王室的忙碌，以此襯託「君子」之不暇喜樂，亦加深對群臣的勸戒。

上面大略推介了〈耆夜〉的內容，如果將它和《尚書・西伯戡黎》合看，可以得到很有啟發性的結論。二文涉及的都是「克黎」那場小戰役的後果，可是勝利的一方卻無喜色，更加互相激勵，以求擴大勝果。而失敗的那一方，則靠說大話（有天命支援！誰怕誰呀！）讀者可以瞭解，何以數年以後，武王滅殷的牧野之戰，會勝得如此容易。當然，戰事總是殘酷的，三百戰車將殷紂大軍的衝散，後面武王的虎賁勇士，以及數萬諸侯兵士的掃蕩，讓殷商大軍死傷慘重。後人形容為「血流浮杵」並不算太失真（〈武成〉篇已失，此句從王充《論衡》引）。[32]

還剩下一個問題：就是何以這篇周公的臨時即席作品，會以另一副面目出現在《詩・唐風》？在《清華簡》中發現了〈耆夜〉，並且有一篇貌似《詩・蟋蟀》

[30] 王弼注，孔穎達疏，《尚書正義》，卷 16，〈無逸第十七〉，頁 510。

[31] 以上引文參見毛亨傳，鄭玄箋，孔穎達疏，《毛詩正義》，卷 15，〈采菽〉，頁 1050；卷 16，〈旱麓〉，頁 1176；卷 177，〈假樂〉，頁 1299；卷 17，〈泂酌〉，頁 1322；卷 17，〈既醉〉，頁 1280。

[32] 王充，《論衡》，《新編諸子集成》第 7 冊（臺北：世界書局，1972）。

的作品，對國學界的衝擊之大，超過了其他事件（甚至超過真〈傳說之命〉的發現）。因為國學界一般認為，《詩經》中的國風，除了很少數可以指出作者的之外，都是來自民歌的成品。很多學者將《唐風・蟋蟀》，看成反映唐地民風淳樸的確據。漢衛宏《詩序》以此詩為民間「刺晉僖公儉不中禮」固失之，清崔述則力闢《詩序》，作出如斯之感嘆：

> 然則此三章者，即高宗「不敢荒寧」，文王「小心翼翼」之意，非陶唐之遺民安能如是！第以勤儉美之，猶失其旨。況反以為刺儉，不但與詩意相枘鑿，而與季札所寫「思深憂遠」者，亦大相逕庭矣！[33]

現在發現《唐風・蟋蟀》並非起於民歌，而是源自周公的即席作品，在蟋蟀飛進太室之前，沒有人會預料到有這篇詩。這使「國風為民歌」的說法受到打擊，當然需要一個完善的說明。而歷史不能重演，要說明何以此詩進入《唐風》，無論如何會淪於猜測。下面只是我的猜測，不敢說必為事實，僅求我自己的心安而已。

唐叔虞是成王的幼弟，其封於唐。在成王時，當武王八年西伯戡黎之時，叔虞可能還是童子。可是武王滅殷之後，不久即發生三監之亂，靠周公勉強維持，才不致損毀周之基業。叔虞小時，一定常聽父兄談到周公的睿智，亦可能學習到周公這篇即席詩作。當時他一定感到周公「居安思危」的態度，不啻是周室傳國之寶。封唐之後，即思將此詩廣為流傳。然而詩中所言，有些專有所指，事過境遷，對後人未必有切膚之感。再為合樂起見，原詩也需要潤飾，所以他決定改寫。無法知道改寫之人，可是不能排除是叔虞自己改寫的。

改寫後，詩變整齊了，還保留三章的形式：每章八句，每句四字，各章之間只改變關鍵的字，以押不同的韻，以加強歌咏的結果。這些只是形式的改變，還可能有字源的自然演變。仔細比較兩詩，我發現還有重要的內容改變。

周公的作品將「居安思危」的精神歸之於武王，故云：「今夫君子，不喜不樂」。周公需要藉武王的現身說法來儆告臣民。而且在首章還強調「役車其行」，意味著周的滅殷計劃尚未完全實現，一切還靠大家繼續努力。這一點到叔虞時，已不需要再強調，因此他將原來訓戒的口氣，轉換成自儆的口氣，不再說：「今之君子，不喜不樂」，而直言「今我不樂」。原來首章的「役車其行」是有所指的，現在將「役車」的構思原型延到第三章，而且改為：「役車其休」。當然這也可以加強原

[33] 崔述撰著，顧頡剛編訂，《崔東壁遺書》。

詩中「歲月不居」的意識，將原有的「日月其邁」，擴展到每一章之中，另創「日月其除」與「日月其慆」。在這裡，歲終役車可休息，就更顯得自然了。原來用以訓戒的「毋」字，現在也改變為自儆的「無」字。原詩「居安思危」的精神，當然是保存下來的。為了加強，用了「職思其居」、「職思其外」、「職思其憂」來配合。這裡「外」是指意外事變，如災荒之類，這是原詩沒有照顧到的。而原來訓戒的對象「良士」，就由作詩者（或改詩者）自己來承擔。這樣改寫過的詩，後來被採詩者採錄，列為「唐風」之首篇。以上這一段是我自己的猜想，不過如此一改，的確合乎崔述對此詩創作精神的了解。[34]

周公一輩子好訓戒人，他由蟋蟀飛入的意外事件，觸機認為在上位者不應該過於逸樂。以周公的性格，這個好題材一定得好好發揮，不以僅作一篇詩為滿足。果然不久後，周公就寫了一篇〈無逸〉，考慮殷商歷史上的幾位哲王：中宗祖乙、高宗武丁、祖甲三人，乃至於周文王，皆勤政愛民，不好逸樂。因此享國年久，用此訓戒後人不要受耽樂的引誘。我很希望有人肯花時間，分析此文的思想內容與周初政治的關係。

【附記】

本文為清華大學賴建誠教授代為打字，特此銘謝。

2015 年 7 月 28 日

[34] 以上引文參見李學勤主編，《清華簡（壹）》，〈耆夜〉，頁 156。

肆、周穆王有三公嗎——試析《清華簡・祭公之顧命》「三公」問題

《清華大學藏戰國竹簡（壹）》中，有一篇〈祭公之顧命〉，讓我們重新評估周穆王時代的歷史。本篇原被收入於《逸周書》，見《皇清經解續篇・逸周書集訓校釋八・祭公第六十》（以下簡稱為「周書文本」）。「周書文本」錯奪之處太多，有些地方可能還受到往日學者的變易，現代讀起來很吃力。即使透過歷代學者的注解，勉強讀通，也沒有把握是否原來的真象。現在「清華簡」的版本（以下簡稱為「竹簡文本」）出現，使原來可疑的地方豁然貫通，其中令我最感興趣的，是「三公」的稱呼問題。「竹簡文本」在很顯著的地方寫著：

乃召畢䋎、井利、毛班。[1]

李學勤教授在釋文前的說明強調：「最重要的是在簡文中發現了當時三公畢䋎、井利、毛班的名號，後兩人見於西周金文。這不僅澄清了今本的訛誤，對西周制度的研究也具有很重要的意義。」[2]

李教授似乎認為「西周制度」中有「三公」的名目，可是我越讀越疑心。後文我將說明在「竹簡文本」中，並沒有判定這三人就是「三公」。讓我們先看看「周書文本」中，這句是怎麼寫的：

祭公拜手稽首曰：允。乃詔畢桓于黎民般。[3]

顯然差得很厲害。除了「桓」與「般」字可能是通假外，顯然誤「井」為「于」，又將「利毛」兩字合併，誤作「黎」字，又衍了「民」字。乍讀之下，不知所云。

1 李學勤主編，《清華簡（壹）》，〈祭公之顧命〉，頁 174。
2 同前引，頁 175。
3 朱右曾，《逸周書集訓校釋》，卷 8，〈祭公第六十〉，頁 202。

朱右曾在作《逸周書集訓釋》時，還虧他挖空心思，為此六字寫下如是的注解。

> 「桓」，憂也。言信如王言，君臣當悉心以憂民，使民和樂般樂也。[4]

這段注解看了教人哭笑不得。當「竹簡文本」出現後，三人的名稱出現，又可與金文以及《穆天子傳》相印證，將以往的疑雲，一掃而盡。可是這三人是否就是「三公」呢！

「周書文本」當然是認同「三公」的名號的，其中有一段是：

> 公曰：「天子自三公上下，辟于文武，……」[5]

朱右曾的注解是：

> 三公：師表百職，承弼一人，故呼而告之。辟，法也。[6]

「竹簡文本」中對應的段落為：

> 公曰：「天子、三公，我亦上下譬于文武之受命，……」[7]

這裡的「三公」是一個稱呼，是否「官名」，就不是那樣顯著了。我們必須分析「竹簡文本」的段落與主旨。

「竹簡文本」的全篇，是一種對話。周穆王去探病危中的祭公謀父，希望多留下一些他的治國讜論。大致可分為十三段，如下。為了簡便起見，引文直引譯文，而不附原隸定。

1. 王若曰：「祖祭公，……公其告我懿德。」
2. 祭公拜手稽首，曰：「天子！……亡圖不知命！」
3. 王曰：「嗚呼！……保乂王家。」

---

4 朱右曾，《逸周書集訓校釋》，卷 8，〈祭公第六十〉，頁 203

5 同前引。

6 同前引。

7 李學勤主編，《清華簡（壹）》，〈祭公之顧命〉，頁 174。

4. 王曰：「公稱丕顯德，……揚成、康、昭主之烈。」
5. 王曰：「嗚呼，公，……盡付畀余一人。」
6. 公懋拜手稽首，曰：「允哉！」乃召畢䵣、井利、毛班。
7. （公）曰：「三公，……戡厥敵。」
8. 公曰：「天子，三公，……丕惟周之厚屏。嗚呼！天子，……丕惟文武之由。」
9. 公曰：「嗚呼！天子，……其皆自時中乂萬邦。」
10. 公曰：「嗚呼！天子，三公，……時惟大不淑哉。」
11. （公）曰：「三公，……我亦惟以沒我世。」
12. 公曰：「天子、三公，……維我周有常刑。」
13. 王拜稽首舉言，乃出。[8]

全文說話的人，只有周穆王與祭公謀父，前者在第 1、3、4、5 各段，後者在第 2、6、7、8、9、10、11、12 各段。重點當然放在祭公在病塌上的遺言（這就是「顧命」的意義）。祭公說話的對象，在第二段起是對周穆王（此時周穆王單獨往探祭公之病，其臣僚皆在外，到第 6 段祭公應周穆王之請，招入畢䵣、井利、毛班三人。在第 7 段，祭公有一席話特別對這三個人講，並且首次冠之以「三公」，表示說話的對象。從此段起以及第 8、10、11、12 各段，「三公」一辭都用以限定發言的對象。

再請注意，通篇中周穆王從未稱此三人為「三公」。一個合理的可能，即「三公」之「公」為祭公對畢、井、毛三人之尊稱，猶稱呼：「閣下三位」。「公」字本為封建世的爵位名稱，在「王」之下為最高位，其後漸演變為對爵位稍低之人的尊稱。例如《左傳》稱呼齊小白為「齊侯」，卻在他死後改稱為「齊桓公」。尊稱的場合，有時用以突顯特別的敬重，例如在好些地方，穆王就稱祭公謀父為「公」而不名。有時也限於禮貌。祭公稱畢、井、毛三人為「三公」，就可能基於對同僚的禮貌。

如果接受這個觀點，就可以發現「竹簡文本」一點也不支持穆王時已有如後世「三公」的職稱。這個發現，解決了我長久以來的一個困惑。本來，「竹簡文本」給出了與穆王同受祭公顧命的三位臣僚名字，已將比較的箭頭，指向西晉出土的《穆天子傳》。三個名字之中，井利與毛班完全出現於《穆天子傳》，並且根據「釋

[8] 李學勤主編，《清華簡（壹）》，〈祭公之顧命〉，頁 174-175。

文注釋」第23條，「畢䵑」的「䵑」字，可能與「桓」字通假。（這裡「周書文本」難得正確一次！）而《穆天子傳》又將「桓」字誤寫為「矩」字。以下謹將《穆天子傳》提到三人的地方列出，作為比較。

> 先豹皮十、良馬二六、天子使井利受之。（卷1）[9]
> 乃命井利梁固，聿將六師。（卷1）[10]
> 西膜之人乃獻食馬三百、牛羊二千，穄米千車，天子使畢矩受之。（卷4）[11]
> 命毛班、逢固先至于周。（卷4）[12]
> 井利□（缺一字）事後出而收。（卷6）[13]
> 井利典之，列之喪行，靡有不備。（卷6）[14]

另外還出現「毛公」（卷5），「井公」（卷5兩次）。雖未書名，由上下文可知，所指涉的應是毛班與井利。這種人名的吻合，是很難偽造的，因此「竹簡文本」與《穆天子傳》的可信度互相提升了不少。然而在《穆天子傳》中，卻沒有「三公」的名目。穆王帶同群臣與六師作西北遊，卻沒有提「三公」，似乎很奇怪。在《穆天子傳》中，只有「正公」。一共出現三次。

> 丙寅，天子屬官效器，乃命正公郊父受敕憲。（卷1）[15]
> 己酉，天子大饗正公、諸侯、王吏、七萃之士于平衍之中。（卷2）[16]
> 天子大饗正公、諸侯、王勤、七萃之士于羽琌之上。（卷3。「勤」疑為「吏」之誤）[17]

從上面第一例，還看不出來「正公」是否某一特定人物之爵位，可是後兩例則沒有

---

9 郭璞注，洪頤煊校，《穆天子傳》（北京：中華書局，1985），卷1，頁2。
10 同前引，卷1，頁3。
11 同前引，卷4，頁20。
12 同前引，卷4，頁23。
13 同前引，卷6，頁35。
14 同前引，卷6，頁36。
15 同前引，卷1，頁5。
16 同前引，卷2，頁12-13。
17 同前引，卷3，頁16。

此疑點。這裡的「正公」，應指所在場具有公爵身分之人（而非僅為尊稱）。並無特定的數目，因此在《穆天子傳》中，看不出穆王時已有「三公」的名目。我最初讀到李學勤教授的「說明」時，只能勉強假設「三公」二字，是戰國時抄寫人不經意竄入的。因為《清華簡》入土的時間為戰國中期，而最遲到戰國初期。「天子之下有三公」之說應已出現，可徵於《老子·六十二章》之「故立天子，置三公」[18] 一語。

《老子》之書的面世時間，雖然眾說紛紜，然而排除了極端的學派偏見後，一個共識是在戰國初期。所以假設「三公」之辭是戰國人的竄入，時間上是說得過去的。話雖如此，遇到講不通的地方就訴諸「後人竄入」，畢竟是考證之大忌。現在發現「竹簡文本」中並無「三公」之名目，免除了「後人竄入」假設之必需，無疑是較理想的結果，而且也增加「竹簡文本」的史料價值。

對「竹簡文本」有了進一步的信心後，可以進一步探討畢、井、毛三人對穆王負的是那些政治責任。在第 11 段，祭公特別對畢、井、毛三人叮囑。

> 三公；事，求先王之恭明德；刑，四方克中爾罰。[19]

（這裡的「刑」與「事」分言，似應作廣義的「型」解，待考。）並以他自己為例，給予三人追隨的典範。

> 昔在先王，我亦不以我辟陷于難，弗失于政；我亦惟以沒我世。[20]

前面特別對三人提示的話，到了「周書文本」，卻完全遺漏掉了。「竹簡文本」所提到抽象原則，講明是針對三人所執的「事」與「刑」而言。這使我注意到《詩經·小雅·十月之交》中的一段：

> 皇父孔聖，作都于向。擇三有事，亶侯多藏。[21]

---

[18] 王弼注，樓宇烈校釋，《老子道德經注校釋》下篇（北京：中華書局，2008），〈六十二章〉，頁 162。

[19] 李學勤主編，《清華簡（壹）》，〈祭公之顧命〉，頁 175。

[20] 同前引。

[21] 毛亨傳，鄭玄箋，孔穎達疏，《毛詩正義》，卷 12，〈十月之交〉，頁 851。

以及《詩經・小雅・雨無正》中所說的：

> 三事大夫，莫肯夙夜。[22]

兩段中文提到「三事」或「三有事」。這也使我聯想到〈毛公鼎銘文〉中的「參有司」（政事需有所司之人）。這些都是西周經常出現的官位名稱。尤其是「參有司」在金文中更常看到，在〈盠方尊銘文〉中，有如下述：

> 王冊令尹……。司六師，王行，參有司、司土、司馬、司工。

據馬承源教授之考辨，盠方尊為孝王時器，距穆王時不遠。可以想見，西周中期已經慣於將三種重要政事，劃歸三位重要臣僚司理，名之為「司土」、「司馬」、「司工」，很可能這就是畢、井、毛三人的官位。統稱之為「三有司」，卻不是「三公」。

後來可能由於文字的差異，「司土」變為「司徒」，「司工」變為「司空」。幽王時的〈十月之交〉已有：「番維司徒」，西周時追述祖先的詩〈大雅・緜〉，亦有：「乃召司空、乃召司徒」[23] 之句。到春秋時，各諸侯國亦紛紛比照設立。在《左傳》中例證太多，不再一一引述（然亦有增設，例如魯、鄭都有「司寇」，而宋則改「司空」為「司城」）。

可能春秋時的學者認這三種官職特別重要，漸形成「天子之下有三公」的說法，而表現在《老子》的「故立天子，置三公」，使後代確認古時有「三公」的官位。連戰國時出現的一些追述古史的文獻，也用起這些官名。例如〈尚書・舜典〉就有「伯禹作司空」以及「契……汝任司徒」之句。[24]〈尚書・牧誓〉也有「嗟！我友邦冢君，御事、司徒、司馬、司空，……」之句。[25] 到那時候，「三公」的觀念已經凝固了。

到戰國的末期，將司徒、司馬、司空定為「三公」的說法已經不再流行，甚至逐漸被遺忘。後世尊為「周禮」的《周官》，將司徒劃為「夏官」，司空劃為「冬官」（此部分遺失）。而於《天官・宰夫》項下，另言：「宰夫之職，掌治朝之灋以

---

[22] 毛亨傳，鄭玄箋，孔穎達疏，《毛詩正義》，卷 12，〈兩無正〉，頁 856。

[23] 以上引文參見毛亨傳，鄭玄箋，孔穎達疏，《毛詩正義》，卷 12，〈十月之交〉，頁 848；卷 16，〈緜〉，頁 1157。

[24] 以上引文參見王弼注，孔穎達疏，《尚書正義》，卷 3，〈舜典第二〉，頁 87、89。

[25] 同前引，卷 11，〈牧誓第四〉，頁 336。

正王及三公、六卿、大夫、羣吏之位」。[26] 漢人解此節之言，卻重現於《偽古文尚書．周官》，以太師，太傅，太保當之，使歧途後復有歧途。僅班固在《漢書．百官公卿表》中附帶一句：

或說：司馬主天，司徒主人，司空主土，是為三公。[27]

將「三公」與「三才」拉上關係，才保存了這個解釋。

與畢、井、毛三人比較，祭公謀父在穆王朝中所占的地位，顯得出奇地高。他是昭王舊臣，思想比較保守，以至一再諫王反對西征。穆王雖然違抗他的諫語，他仍然為穆王效忠。在《穆天子傳》中，也出現了好幾次他的名字，列在下面。

先白□（缺一字），天子使祭父受之（卷 1，祭字或帶邑字邊，作「鄒」下同。）[28]
兀獻酒千斛于天子，食馬九百，羊牛三千，穄麥百載，天子使祭父受之（卷 2）[29]
祭父自圃鄭來謁。（卷 5）[30]
見許男于洧上，祭父以天子命辭。（卷 5）[31]
夏庚午，天子飲于洧上，乃遣祭父如圃鄭。（卷 5）[32]
庚寅，天子西遊，乃宿于祭；壬辰祭公飲天子酒（卷 5）[33]
天子夢羿射于塗山，祭公占之。（卷 5）[34]
祭父賓喪（卷 6）[35]

可以看出祭公仍參加了穆王西征的行列，替他接待進貢之人。由於在卷 3、卷 4 中

---

26 鄭玄注，賈公彥疏，《周禮注疏》，卷 3，〈宰夫〉，頁 77。
27 班固，《漢書》第 3 冊，卷 19 上，〈百官公卿表第七上〉，頁 722。
28 郭璞注，洪頤煊校，《穆天子傳》，卷 1，頁 3。
29 同前引，卷 2，頁 9。
30 同前引，卷 5，頁 25。
31 同前引。
32 同前引，卷 5，頁 26。
33 同前引，卷 5，頁 27。
34 同前引，卷 5，頁 30。
35 同前引，卷 6，頁 34。

沒有見到祭公，我猜可能他只參與了旅途的前一段，到河首區後折返，沒有隨穆王入西王母之邦。卷 5 述穆王東遊，經過祭公的封地，祭公更是主要的陪伴人物。卷 6 盛姬之喪，祭公亦為賓贊。在《穆天子傳》中，穆王始終稱他為「祭父」，而不稱名。在「竹簡文本」中，我們看到穆王對祭公非常尊敬，親自去探他的病，並尊稱他為「祖祭公」，殷切地向他求教治國的方針。而祭公亦不吝於對穆王，以及畢、井、毛三人提出他最後的警戒，並用一連串的「汝毋以……」來加深印象。最後，穆王被他的忠言感動而下拜，這此記載，很可以扭轉《國語．周語上》給我們的穆王暴君印象。

在穆王下面，祭公顯然是首席臣僚。據後世的記載，周室有「卿士」之設。《左傳．隱公三年》述：「鄭武公、莊公為平王卿士」。[36]《詩經．小雅．十月之交》中，也有「皇父卿士」之文。[37] 雖然在全文中缺乏佐證，我猜祭公的任命為「卿士」，或類似的名稱。

---

[36] 左丘明傳，杜預注，孔穎達正義，《春秋左傳正義》，卷 3，〈隱公三年至五年〉，頁 84。
[37] 毛亨傳，鄭玄箋，孔穎達疏，《毛詩正義》，卷 12，〈十月之交〉，頁 848。

伍、真的「傳說之命」三篇——試析《清華簡・傳說之命》衍生的學術問題

《清華簡》的出現，使不少古經學中的懸案獲得解決。其中一個最顯著的文獻，是徹底解決《古文尚書》的「偽造問題」。本來，經過清代閻若璩的考證，舉出無數例證，說明在東晉出現的「古文尚書」，除了「伏生廿八篇」外都是偽造的。可是考據之事，總免不了有憑信念推斷的部分。因此，一直到最近，還有人不服氣，挑戰閻氏的考證，這些「挑戰」也不免有不少憑信念推斷的部分，因而出現「各說各話」的情形。

《清華簡》經整理以後，發現有三篇〈尃敓之命〉，而且除〈下篇〉失去一簡之外，相當完整。很顯然這就是《書序》記述的「說命三篇」，與東晉本「古文尚書」中的三篇《說命》比較，完全不同。這就顯示，東晉本中的那三篇是偽造的。

有關「今古文尚書公案」，屈萬里的《尚書集釋》中有很好的介紹。《清華簡》中的三篇〈說命〉，經過李學勤教授的釋文與注解後，已可了解。當然當時的文章一定有難解處，唐韓愈已經說過，「周誥殷盤，佶屈聱牙」，[1] 故仍有解說的餘地（倒是偽古文尚書諸篇，語多平順，露出偽造的馬腳。）

在閱讀過李學勤教授的譯文與注解後，有一些心得寫在下面。首先這三篇的大綱如下：第一篇談到傳說的出身，以及武丁對他試用的一案：「是為赦俘之戎」；[2] 第二篇主要是武丁升傳說為公時的命辭，詳盡表明武丁對他的期望。這些命辭很多句，都在春秋戰國各種文章中廣為引用。尤其是《孟子・滕文公上》所引的「若藥，不瞑眩，厥疾不瘳」。[3] 第三篇雜記武丁在各種場合中命傳說之言，非一時之事，故此篇之內容稍雜。

綜而言之，此三篇大概是當時史官記下武丁命傳說之語，故篇題為「傳說之

---

1 韓愈著，馬其旭校注，馬茂元整理，《韓昌黎文集校注》上冊（上海：上海古籍出版社，2014），卷 1，〈進學解〉，頁 51。

2 李學勤主編，《清華簡（參）》，〈說命上〉，頁 122。

3 趙岐注，孫奭疏，《孟子注疏》，卷 5 上，〈滕文公章句上〉，頁 154。

命」。除了少數場合，史官並未記述傳說之對語。為方便起見，除非必要，下面只引釋文，而不引原隸定字。不幸還有幾個特別字需要另寫。

第一篇的注釋似有不明確的地方，尤其是一開始之「庸為失仲使人」一句，「注釋」釋為「此言傳說為失仲庸役之人」。[4] 通觀全文，似無傳說本來庸役於失仲之意。此句之上，本為「惟殷王賜說于天」。[5] 其主詞為「殷王」，其下之動詞「庸」，其主詞應仍延續上文為「殷王」。而「使人」之意，應為代表殷王到特定的地方處理「失仲」一役（一案？一獄？）。

此一任命，為武丁初拔傳說于民間後的首次使命，以試其才；然後任命傳說為公，始能名正言順。由下文看來，此一案雖亦涉及人命，然尚非嚴重。正可以藉以觀察傳說處理此案之手法之輕重，以及其應變能力。

「失仲」大概是一個小國的諸侯，教子無方，而似生性暴躁，（其為諸侯，可以由有權命卜得知）。「失仲」雖違卜殺一子，然非謀殺之可比。而傳說代表武丁征伐「失仲」，（文中言：「天迺命……，」猶文首「殷王賜說于天，之意」。）[6]

傳說圍其國而觀其行，「失仲」逃逸，等於失國放逐，而其子仍跟隨，顯示「失仲」亦非十分暴虐。故邑人亦服傳說處理之公。文中以「是為赦俘之戎」作結論，顯然此結果亦令武丁滿意，傳說因此通過初次試用的考驗，而受武丁重用。

由此案看來，殷商時似不像後世有完善之法令，尤其對於諸侯，罪案之處理要看現實情況。

「注釋」中也沒有解釋，何以稱此人為「失仲」。這不像一個正式的人名，其中的（仲）字，無疑代表其排行（老二）。其上一字，李學勤教授釋為「失」，他的隸定（此處無法印出）與「達」字的古文有共通的地方（上面多一「止」字）。「達」字據《方言》與《集韻》，有逃逸之意，猜想「釋文」以「失」釋之，本意通「迭」或「逸」，形容此人被伐後逃逸，似對罪人不稱其名，而僅用一形容語稱呼之，猶云「逃跑的老二」。也許我的想法可備一解。

中篇是〈傳說之命〉的主體。武丁正式宣布他對傳說的任命，講出他對傳說的期望，還有隨期望而來的規戒。在沒有發現「清華簡」以前，我們對這些任命的對話，全靠《國語．楚語上》所記白公子張諫楚君王的一段話：

---

4 李學勤主編，《清華簡（參）》，〈說命上〉，頁 122。

5 同前引。

6 同前引。

靈王虐，……白公又諫王……得傳說以來，升以為公，而使朝夕規諫曰：「若金，用女作礪。若津水，用女作舟，若天旱，用女作霖雨。啟乃心，沃朕心。若藥不瞑眩，厥疾不瘳。若跣不視地，厥足用傷。」[7]

〈楚語〉雖然沒有給出所引的書名，可是漢代的經師都認為是引自〈說命〉。而「偽古文尚書」當然也不會放過這段話，將它安排在上篇。現在《清華簡》出現，果然有這些內容，可是所用的幾個譬喻，都各有所指。我們瞭解白公為了加重對楚靈王的勸諫，對原資料盡量濃縮，現在比較一下《清華簡》中的「說命」中，知道對那些譬喻是這樣安排的。

1. 漸之于乃心。若金，用惟汝作礪。故我先王滅夏，燮強，捷蠢邦，惟庶相之力勝，用孚自邇。[8]

可見「若金」的譬喻，指的是克敵致勝，不能移到他處。

2. 敬之哉，啟乃心，日沃朕心。若藥，如不瞑眩，越疾罔瘳。朕畜汝，惟乃腹，非乃身。[9]

這一段是說，武丁期望傳說能用他的學識修養，啟迪君王，甚至改正君王的嚴重錯誤。這一段其實是白公諫語主旨之所在。

3. 若天旱，汝作淫雨。若津水，汝作舟。汝惟茲說底之于乃心。且天出不祥，不徂遠，在厥落，汝克覘視四方，乃俯視地。[10]

在這一段，武丁期望傳說能夠運用他的能力，去解決國家所遭遇的困難與挑戰。

4. 心毀惟備。敬之哉，用惟多德。且惟口起戎出好，惟干戈作疾。[11]

---

7 韋昭注，《國語》第 2 冊，卷 17，〈楚語上〉，頁 71。
8 李學勤主編，《清華簡（參）》，〈說命中〉，頁 125。
9 同前引。
10 同前引。
11 同前引。

（此處我接受李學勤教授的意見，認為「干戈」是「甲冑」之誤，致誤之原在於下面復有「干戈」二字，如此校改，可合《禮記．緇衣》之引文。）

> 惟衣載病，惟干戈眚厥身。若抵不視，用傷，吉不吉。余告汝若時，志之于乃心。[12]

在這一段，武丁是在任命時加以規戒，這在「命辭」中，是必需的一部分。再提「敬之哉！」，猶〈堯典〉中的「欽哉」。[13] 在這裡可以看到，《國語》所述白公所說：「若跣不視地，厥足用傷」，可能錯解了原文。有了《清華簡》作比對，可以對古書的引文有新的領悟。

第三篇因為找不到首簡，損失了不少的資訊。然而剩下來的句子，是：「……員，經德配天，余罔有斁言。」一段，應該能夠與《國語．楚語上》，與《呂氏春秋．審應覽．重言》篇相比較，《國語》上的一段為：

> 白公又諫，王如史老之言，對曰：昔殷武丁能聳其德，至於神明，以入于河，自河徂亳，於是乎，默以思道。卿士患之，曰：「王言，以出令也。若不言，是無所稟令也。」武丁於是作書曰：「以余正四方，余恐德之不類，茲故不言。[14]

《呂氏春秋》上那一段為：

> 人主之言，不可不慎。高宗，天子也。即位諒闇，三年不言。卿大夫恐懼，患之。高宗乃言曰：「以余一人正四方，余唯恐言之不類也。茲故不言。」古之天子，其重言如此。[15]

這兩段大概有相同的祖本，與《清華簡》中「說命下」的開頭相比較，應屬同一件事的不同記載。其中「茲故不言」的理由，相當於《清華簡》的「經德配

---

[12] 李學勤主編，《清華簡（參）》，〈說命中〉，頁 125。

[13] 王弼注，孔穎達疏，《尚書正義》，卷 2，〈堯典第一〉，頁 48。

[14] 韋昭注，《國語》第 2 冊，卷 17，〈楚語上〉，頁 71。

[15] 呂不韋著，高誘注，畢沅校，《呂氏春秋新校正》，《新編諸子集成》第 7 冊（臺北：臺灣世界書局，1972）。

天」。「恐不類」云云，想來應是所損失第一簡的內涵。而那個殘存的「員」字，也許就與「四方」有關。《清華簡》此段，正是下文「余惟命汝說融朕命」的張本。所以「諒闇不言」一事，應該發生在已經重用傅說以後，這是與《呂氏春秋》不同的地方。（傅說亦已經在「卿大夫」之列），據《國語．韋昭注》，賈唐曾懷疑《楚語》此段出於《尚書．說命》，而韋昭反對的理由，正是「其時未得傅說」看樣子，韋昭是被《呂氏春秋》所誤導了。

《清華簡》上面一段殘文也顯示，《尚書．無逸》的「作其即位，乃或亮陰，三年不言。其惟不言，言乃雍。」[16] 與儒家的「三年之喪」無關。「乃或」本為疑似之語，而「三年」亦如清汪中〈釋三九〉之意，僅形容長時間。「言乃雍」的「雍」字，應為「雍容」之意，與《呂氏春秋》「慎言」之意合。郭沫若曾懷疑，武丁可能患有「失語症」。看樣子不像是很嚴重的大病，不然應會表現在卜辭上。然而郭氏之意似可節取，很可能他的聲帶上有慢性疾病，艱於發聲（現代醫學上有其例）。故藉故「默以思道」，少說話以靜養。由於復原的時間過長，給人以「三年」的印象，而由於長時間靜養，武丁乃養成慎言的習慣。（「其惟不言，言乃雍」），如此解釋，也許與真相近一些。

《清華簡》的〈傅說之命〉，也給我們機會去比較古書中所引〈說命〉的句子，看看在不在那裡。我們發現有四條不在，值得進一步討論，都引在下面。

《禮記．緇衣》引：「〈兌命〉曰：『爵無及惡德。』民立而正事，純而祭祀，是為不敬。事煩則亂，事神則難。」[17]

《禮記．學記》引：(1)「念終始典于學」。(2) 學學半。(3)「敬孫務時敏，厥脩乃來」（其中第一條並見於《禮記．文王世子》）。[18]

其中〈緇衣〉篇所引的那一段最吸引人，那一段位於〈緇衣〉篇的末尾，是專批評無恒之人的。這一大段自成段落，與前文獨立。

> 子曰：「南人有言曰：『人而無恒，不可以為卜筮。』古之遺言與？龜筮猶不能知也，而況於人乎？《詩》云：『我龜既厭，不我告猶。』〈兌命〉曰：『爵無及惡德。』民立而正事。純而祭祀，是為不敬。事煩則亂，事神則難。《易》曰：『不恒其德，或承之羞。』『恒其德，偵婦人

---

[16] 王弼注，孔穎達疏，《尚書正義》，卷 16，〈無逸第十七〉，頁 508-509。

[17] 鄭玄注，孔穎達疏，《禮記正義》，卷 55，〈緇衣第三十三〉，頁 1773。

[18] 以上引文參見鄭玄注，孔穎達疏，《禮記正義》，卷 36，〈學記第十八〉，頁 1225、1226、1233。

吉，夫子凶。』」[19]

然後〈緇衣〉全文就終結。在這段文內，從頭到尾，都是引別人的話。至於〈緇衣〉作者自己的話呢？似乎只有這幾句：「古之遺言與龜筮猶不能知也，而況於人乎？」這顯然很不合理，古代的文章沒有標點符號，不易確定引文的結尾在哪裡（除非能找到原書來比較）。所以我判斷上面所引〈兌命〉的話，只有「爵無及惡德」一句，而下面的「民立而正事，純而祭祀，是為不敬，事煩則亂，事神則難。」都是〈緇衣〉作者自己發揮的話，然後引《易經》的話作為支援，這就自然得多了。然而〈說命〉的那句「爵無及惡德」在《清華簡》版本上哪裡呢？我認為應在下篇已損失掉的首簡上，因為在第二簡上，武丁明言信賴傳說「融朕命」。前面一定有配合的話，用「爵無及惡德」來反襯對傳說的信任，也是很合理的。

再考慮《禮記．學記》上所引的三段話，這三段都是關於儒家對古代教育系統的構想。而由可靠的殷商文獻看來，當時還沒有發展出這種思想，所以《禮記．學記》說〈兌命〉出現這樣的字句並不合理。固然《禮記》各篇的面世時間很模糊，一般的想法是戰國後期，然而除非這些《禮記》篇章的作者存心造假，就必須假設戰國後期有這種〈兌命〉的版本。如今《清華簡》的〈傅說之命〉沒有這些話，讓「另有版本」的可能性降低（當然不會完全消除）。我覺得應該嘗試其他的假設，看看是否能講得通。

我在這裡提一個假設：〈學記〉上提三次的「兌命」是傳抄錯誤，而〈文王世子〉上出現的一次，也受〈學記〉影響而誤抄。我假設原來應該作「冏命」，按「冏」字之今文作「臩」。若在簡帛上抄寫時，上面的「臣」著墨過濃而成為一團，的確可能被誤認作「兌」（當然這只是一個假設）。

據孔壁書序（小序）：「穆王命伯冏為周太僕正，作冏命」。[20]《史記．周本紀》載：「穆王閔文武之道缺，乃命伯冏申誡太僕國之政，作冏命。」[21]「太僕正」似為官名。後世用為管車馬之官，然戰國末期出現的《周官》，將「太僕」納入「夏官」。《鄭注》「僕，侍御於尊者之名」，[22] 似乎「太僕正」是管理下層官吏之官。在西周初期，貴族間雖然自有其學問傳授，然未暇建立學校制度。到西周中期，這樣的構

[19] 鄭玄注，孔穎達疏，《禮記正義》，卷 55，〈緇衣第三十三〉，頁 1773。

[20] 王弼注，孔穎達疏，《尚書正義》，卷 19，〈冏命第二十八〉，頁 624。

[21] 司馬遷著，裴駰集解，司馬貞索隱，張守節正義，《史記》第 1 冊，卷 4，〈周本紀第四〉，頁 134-135。

[22] 鄭玄注，賈公彥疏，《周禮注疏》，卷 28，〈夏官司馬第四〉，頁 882。

想的確會出現，日後被儒家所採，而成《禮記》中的學校制度。因此，在「冏命」中是可能提及「學習」的重要。〈冏命〉雖然不在伏生所傳的廿八篇之內，可是在孔壁中存有。司馬遷可能見過（相反，〈說命〉不在孔壁之內，西漢人無從看到）。《禮記．學記》出現的時間，如果遲到漢代，則不可能引到〈說命〉。孔壁的古文〈冏命〉後亡於永嘉之亂，今日留傳的是東晉的偽古文，故後人無從判別。

李學勤教授認為，由於〈說命〉的傳本有異，所以有些引文不見於《清華簡》內。這當然是最得體的存疑態度，然而看到講「庠序」的文章，引及武丁時的文獻，總是覺得奇怪。如果我的假設有幾分道理，則更可顯現《清華簡》文本〈傳說之命〉的價值。

三篇的原文很長，可供研究之處正多，謹獻一得之愚。

【附記】

本文為清華大學賴建誠教授代為打字，特此銘謝。

2015 年 6 月 11 日

陸、純理論的治國術——從《清華簡·命訓》談《逸周書·度訓》等三篇詮釋問題

《逸周書》是一部雜湊的叢書。其中有很有價值的歷史記錄，例如〈世俘〉；有周公對群臣發議論的記錄，例如〈皇門〉；有西周中葉君臣的對話，例如〈祭公〉；也有戰國時諸子的治國方針。《清華簡》第伍冊收入一篇〈命訓〉，本來也出現於《逸周書》第二篇。只是《逸周書》一向不是儒家正統的經典，在傳承中得不到應有的維護，有不少難解的地方。現在由於《清華簡》的文本出現，增進我們對此篇的瞭解程度。又由於《逸周書》頭三篇〈度訓〉、〈命訓〉、〈常訓〉本是一系列互相關聯的文字。基於對〈命訓〉的瞭解，我們也可對〈度訓〉與〈常訓〉多一些把握。由這三篇我們可以發現，戰國中期的儒家似乎吸收了名家的思辯術，而用於治國理論上。

由〈度訓〉起頭，就可以感覺到作者的企圖。他企圖透過一連串意義相近的名詞的關聯，來說服人們：「建立一個標準是最重要的」。下面是〈度訓〉篇的起首數句：

> 天生民而制其度，度小大以正，權輕重以極，明本末以立中，立中以補損，補損以知足，辨爵以明等極，極以正民，正中外以成命，正上下以順政。[1]

把整個論證的源頭推向遙遠的「天」，固然是戰國時人的習氣，可是他們也許沒有發覺，「天」這種觀念正在變化。在西周初期的信念，「天」是有威權的主宰者。到春秋後期的孔子的心中，已經變成：「天何言哉！四時行焉，百物生焉。」的「義理的天」。到戰國中期，這種變化還在繼續，可是畢竟還沒有變成「自然」的同義

---

1 朱右曾，《逸周書集訓校釋》，卷 1，〈度訓第一〉，頁 15。

詞。所以那時的論調，往往替「天」界定其特性。在〈命訓〉的後文中，就做了這樣的界定：「天道三，人道三。天有命，有福，有禍。人有恥，有市冕，有斧鉞。」[2] 當然，在文章起始時，還沒有論到這些界定，只是空懸一個「天」作為起點。

「制其度」的「度」，一般多作「法度」解，可是這顯然不是儒家的見解。我們可以由《左傳．昭公二十九年》所載的孔子議論瞭解其意義：

> 晉趙鞅，荀寅……鑄刑鼎，著范宣子所為刑書焉。仲尼曰：「晉其亡乎！失其度矣。夫晉國將守唐叔之所受法度，以經緯其民，卿大夫以序守之，民是以能尊其貴，貴是以能守其業。貴賤不愆，所謂度也。……貴賤無序，何以為國！[3]

如果與下文的「明王是以敬微而順分」參看，可知「度」字在此作「分際」解。戰國中期的儒家，沿襲傳統的「守分」觀念，卻希望用一連串的思辯來支持它，結果就是「制其度」下面的「度小大以正……正上下以順政」。這種「用上一句結尾的詞語，做下一句的起頭」的修辭方式，有一個特殊的名稱，稱為「頂真格」（此手法後世多出現在詩詞式遊戲文章，例如「頂真續麻」）。[4] 這種修辭方式在戰國中期相當時興，因為句法整齊，無形中增加了說服力。我們不妨再多引〈度訓〉幾句，更能欣賞其修辭的效果。

> 明王是以敬微而順分，分次以知和，知和以知樂，知樂以知哀，知哀以知慧，內外以知人。[5]

「頂真格」的修辭，如果再配以語氣的強調，有時真會顯得咄咄逼人，這可以由《論語．子路》的一段對話體會出來。

> 子曰：「必也正名乎！」子路曰：「有是哉，子之迂也！奚其正？」子

---

[2] 李學勤主編，《清華簡（伍）》（北京：中華書局，2015），〈命訓〉，頁 125。

[3] 左丘明傳，杜預注，孔穎達正義，《春秋左傳正義》，卷 53，〈昭公二十九年至三十二年〉，頁 1740-1741。

[4] 見周玉秀，《逸周書的語言特點及其文獻價值》（北京：中華書局，2005）。

[5] 朱右曾，《逸周書集訓校釋》，〈度訓第一〉，卷 1，頁 15。

> 曰：「野哉，由也！君子於其所不知，蓋闕如也。名不正則言不順，言不順則事不成，事不成則禮樂不興。禮樂不興則刑罰不中，刑罰不中則民無所措手足，故君子名之必可言也，言之必可行也。君子於其言，無所苟而已矣。」[6]

孔子盛氣之下痛責子路之言，往往被後世儒家認作「擲地有聲」。可是對於何以「名不正」就一定「言不順」？就沒有再加解釋。以下的一連串「則」字，給人的印象似乎是邏輯中的「蘊涵句」，其實只要一個環節中斷，後面的結論就無法成立。

也許孔子的話只是急怒下的直覺反應。可是上引〈度訓〉的片段，就不適用此藉口。從文章的結構來看，顯然是企圖用思辯術來建立一些政治原則，因此我們對其中用修辭法混淆推理的句子，就應該提高警覺。不僅如此，在「制其度」後的那句「度小大以正」的「度」字，顯然是「測量」的意義。這裡又用了文字的多義性來混淆推理。

在這段話內，「度」不是唯一有歧義的關鍵字，還有一個「極」字，出現在：「權輕重以極」、「辨爵以明等極」、「極以正民」。這個字在戰國的政論中經常出現。就〈度訓〉第一段來說：「權輕重以極」的「極」，顯然作「標準」；「辨爵以明等極」的「極」字，有「限制」之義；而「極以正民」的「極」，則是動詞，是上文「明等極」的簡稱。我們還可以用戰國前期寫定的〈洪範〉來作比較，在其中講「皇極」的部分，用了好多「極」字，由本來的「標準」意義，漸引申到「法則」的意義，可是轉變不大。〈洪範〉結尾部的「威用六極」，[7] 這裡的「極」由「限制」引申到「困厄」。

由於「度」與「極」字，在後兩篇〈命訓〉與〈常訓〉中還會用到，所以用較大的篇幅來澄清其意義。下面約略提一下〈度訓〉剩下的內容。〈度訓〉費了很多篇幅來談人民的好、惡、樂、哀（用前述的頂針格），所下的結論是：「凡民不忍好惡，不能分次，不次則奪，奪則戰」所以「明王是以極等以斷好惡，教民次分，揚舉力競。」[8]（這裡的推理非常混亂，所以我只能引出關鍵的句子）。然後又用一連串「頂針格」的推理，得到結論：「是故明王明醜以長子孫。」[9] 這樣可得「治化」稱為

6 何晏注，邢昺疏，《論語注疏》，卷 13，〈子路第十三〉，頁 193。

7 王弼注，孔穎達疏，《尚書正義》，卷 12，〈洪範第六〉，頁 355。

8 朱右曾，《逸周書集訓校釋》，卷 1，〈度訓第一〉，頁 16。

9 同前引，頁 17-18。

「順極」。

因為〈度訓〉的文本可能有很多衍誤，所以我也沒有把握去重現它的每個思路。我從〈度訓〉開始，因為第二篇〈命訓〉需要〈度訓〉的一些關鍵字眼：「度」、「極」、「醜」，而「命訓」是有《清華簡》的文本來比對的。所以二種文本的衍誤都可以改正不少。

〈命訓〉一開頭也像〈度訓〉一樣，訴諸一個遙遠的「天」：

> 天生民而成大命，命司德，正以禍福，立明王以訓之，曰：「大命有常，小命日成。」日成則敬，有常則廣，廣以敬命，則度至于極。夫司德司義，而賜之福。福祿在人，人能居，如不居而重義，則度至於極。或司不義而降之禍，禍過在人，能毋懲乎？如懲而悔過，則度至于極。夫民生而恥不明，上以明之，能無恥乎？如有恥而恆行，則度至於極。夫民生而樂生穀，上以穀之，能毋勸乎？如勸以忠信，則度至於極。夫民生而痛死喪，上以畏之，能毋恐乎？如恐而承教，則度至于極。[10]

這裡「命」的觀念，由西周初期的「天命」向後世的「命運」偏斜，可是改變得並不太多，還是可以「司」德，可以「正」以禍福。大致與子夏所謂：「死生有命，富貴在天」（見《論語・顏淵》篇）[11]之義相近。可是提出了新觀念：「大命有常，小命日成」，以調和「常」與「變」。此段中還有幾個關鍵字眼值得討論。「立明王以訓之」的「訓」，《逸周書》傳世本作「順」，當然從簡本作「訓」（教誡），於義為長，故我懷疑在上一篇〈度訓〉中的幾個「順」字：「順分」、「順極」都有「教誡」的意義。「能無恥乎」的「恥」字，傳世本作「醜」，甚費解。用「恥」字通順多了。故知〈度訓〉中「無醜，教乃不至」，「是故明王明醜」[12]的「醜」都應作「恥」字解，「民王而樂生穀」的「穀」字，[13]傳世本脫漏，應補入。「穀」當然作「善」解，這是楚的方言（楚王自稱「不穀」）。全段點睛之處，在六個「度至于極」，沿襲了〈度訓〉的「度」與「極」字，建立了六個準則，並開展下文。

---

10 李學勤主編，《清華簡（伍）》，〈命訓〉，頁 125。

11 何晏注，邢昺疏，《論語注疏》，卷 11，〈顏淵第十二〉，頁 179。

12 朱右曾，《逸周書集訓校釋》，卷 1，〈度訓第一〉，頁 17。

13 李學勤主編，《清華簡（伍）》，〈命訓〉，頁 125。

> 六極既達，六（簡本作「九」，誤）間俱塞。達道，道天以正人，正人莫如有極；道天莫如無極。道天有極則不威，不威則不昭。正人無極則不信，不信則不行。夫明王昭天信人以度功，功地以利之，使身信人畏天，則度至于極。夫天道三，人道三，天有命、有福、有禍，人有恥、有紼絻、有斧鉞。以人之恥當天之命，以其紼絻當天之福，以其斧鉞當天之禍。六方三述，其極一也。弗知則不行。[14]

這裡進一步比較「天道」與「人道」，「天」與「人」本來是不對等的。可是〈命訓〉的作者，顯然還沒有「天人交相勝」的觀念，只是盡力替這種「不對等」賦予理論的根據。可是他對「道天無極、道人有極」的表現，所訴諸的論據是「目的論」的，即「昭天，信人以度功」。另一方面，不能避免「人」仿照「天」行事。「明王」倡導「恥」，以自制來仿照天命的「他制」。用「顯榮」的紼絻，來仿照天的「福」。以刑戮的「斧鉞」，來仿照天的「禍」。就其功能（述）來看，的確可以比擬。可是我認為嚴格來說，「以恥當命」相當勉強，而以紼絻當福，以斧鉞當禍，則有過之而無不及。然而這需要用智慧來調度。下面的文章繼續開展。

> 極命則民墮乏，乃曠命以代其上，殆於亂矣。極福則民祿，民祿干善，干善違則不行。極禍則民畏，民畏則淫祭，淫祭罷家。極恥則民枳，民枳則傷人，傷人則不義。極賞則民賈其上，賈其上則無讓，無讓則不順。極罰則民多詐，多詐則不忠，不忠則無復，凡厥六者，政之所殆。天故昭命以命之曰：「大命世罰，小命命身。」福莫大於行，[15] 禍莫大於淫祭，恥莫大於傷人，賞莫大於讓，罰莫大於多詐，是故明王奉此六者，以牧萬民，民用不失。[16]

前面既已講「道天無極，道人有極」，而又以「天道三」，為命、福、禍，可是這一段又講「命、福、禍、恥、賞、罰」六者的流弊。可見這一段的「極」字不作「準則」解，而應由「限制」之義，引申作「過度」解。而上一段「人道」的「紼絻」

---

14 李學勤主編，《清華簡（伍）》，〈命訓〉，頁 125。

15 解為《左傳．昭公二十五年》子大叔所言「夫禮，天之經也，地之義也，民之行也」的「行」。左丘明傳，杜預注，孔穎達正義，《春秋左傳正義》，卷 51，〈昭公二十四年至二十五年〉，頁 1666。

16 李學勤主編，《清華簡（伍）》，〈命訓〉，頁 125-126。

與「斧鉞」這一段，也簡化為「賞」與「罰」。為避免這些流弊，像〈命訓〉一開始那樣，將「命」分為「大命」與「小命」，而且請出「人間」的「明王」出來收拾，宣稱：「違大命則罰世，違小命則罰身」。[17] 至於「明王」如何判斷何種情況為違大命，何情況為違小命，則沒有講。也許這就是「明王」所以「明」的條件。下面再繼續發揮「明王」的作為。

> 撫之以惠，和之以均，斂之以哀，娛之以樂，訓之以禮，教之以藝，正之以政，動之以事，勸之以賞，畏之以罰，臨之以中，行之以權。權不法，中不忠，罰不服，賞不從勞，事不震，政不成，藝不淫，禮有時，樂不伸，哀不至，均不一，惠必忍人。凡此，物厥權之屬也。[18]

此段用「行權」作為正常施政的補充。「行權」的範圍為惠、均、哀、樂、禮、藝、政、事、賞、罰、中，後面再加上「行權」的程度與條件，以減少流弊。下一段則解釋，若不遵從這些條件，會有哪些流弊。

> 惠而不忍人，人不勝害，害不知死，均一不和，哀至則匱，樂伸則荒。禮無時則不貴，藝淫則害於才，政成則不長，事震則不功，以賞從勞，勞而不至，以罰從服，服而不釮，以中從忠則賞，賞不必中，以權從法則不行，行不必法。法以知權，權以知微，微以知始，始以知終。[19]

這裡所強調的，是在「行權」時，必需同時考慮其後果，決定施行某政，是為「始」，而其後果，則為「終」。然而後果是未來之事，判斷不易，必須斟酌於各種細微因素。這就是〈命訓〉全文的結語，同時為下一篇〈常訓〉作準備。

綜觀〈命訓〉全篇，主要圍繞著天人關係來作文章，雖然最後得出若干「明王」治民的原則，可是全篇的一致性並不強。有很多地方沿用「頂真格」的修辭方式，可是每一「頂真格」的序列並不長，不像〈度訓〉篇那樣顯眼。文中用了「六極既達．六極俱塞」、「六方三述」等，以數字統括若干事物。周玉秀在《逸周書的語言特點及其文獻學價值》中，稱這種寫作方式為「以數為紀」在〈命訓〉中，

---

17 朱右曾，《逸周書集訓校釋》，卷 1，〈命訓第二〉，頁 21。

18 李學勤主編，《清華簡（伍）》，〈命訓〉，頁 126。

19 同前引。

「以數為紀」也並不明顯。(下一篇〈常訓〉較明顯，留到那裡再談)

可是有一種跡象非常明顯，幾乎整篇都是抽象名詞的堆砌，表面上看起來很有結構，可是那些結構多是修辭性的，有時還訴諸文字的歧義。前面花費了很多文字，建立「六極既達，六間俱塞」，又轉換到另一組抽象名詞，去談人對天的效法，然後又跳到過度的流弊，而歸結到「行權」。全篇文章都在這些抽象觀念中游走，可是卻絕不用任何歷史故事來支援，這在戰國諸子的作品中，也是很特殊的。

〈命訓〉因為有《清華簡》的文本與《逸周書》傳世本對照，各自的缺陷可以互相補救，所以我可以將全文錄下並進行討論。對另兩篇就沒法這樣做。對〈度訓〉，前面僅作了一個概性的評述，(我必須跳過一些有問題的句子)對下一篇〈常訓〉也只能這樣做。

〈常訓〉的主旨，在於「明王」施政，必需克服人民血氣耳目習性的易變，使他們培養出不變的道德習慣，以利於王政的施行。(講得白一點，就是要解決〈度訓〉所提「無以事上」與「何以胥役」)[20]〈常訓〉一始就透過一連串「頂真格」的修辭句子，來支援這種見解。

> 天有常性，人有常順。順在可變，性在不改。不改可因，因在好惡。好惡生變，變習生常。常則生醜，醜命生德。明王於是立政以正之。民生而有習有常。以習為常，以常為慎。……明王自血氣耳目之習以明之醜。醜明乃樂義。樂義乃至上。上賢而不窮，哀樂不淫。[21]
>
> 這裡以「性」屬天，以「順」屬人。與戰國當時的儒家主流不同。「順」字可能也像〈命訓〉簡本那樣本為「訓」，由動詞的「教誡」引申為「受教的可能」。「常則生醜」的「醜」字，按照〈命訓〉的簡本，應改為「恥」。下面的「習以明之醜」的「醜」字亦然，「明王」企圖通過民眾之「恥」，以推行「古道」，「政維今，法維古」。[22]這是儒家典型的理想。特別需要小心謹慎的，是不能因為一時的疑慮，導致法令的繁多，這樣民眾會受困於法令而生苟且之心。〈常訓〉用「慎微以始而敬終，終乃不困」，[23]以與上篇〈命訓〉的「微以知始，始以知終」相照應。[24]〈常

---

[20] 朱右曾，《逸周書集訓校釋》，卷 1，〈度訓第一〉，頁 16。
[21] 同前引，〈常訓第二〉，頁 23-24。
[22] 同前引，頁 24。
[23] 同前引。
[24] 同前引，〈命訓第二〉，頁 23。

> 訓〉又用一連串「頂真格」的修辭句子，去形容這些後果：民乃苟，苟乃不明。哀樂不時，四徵不顯，六極不服，八政不順，九德有姦，九姦不遷，萬物不至。[25]

下文解釋「四徵」、「六極」、「八政」、「九德」為：「好惡有四徵：喜樂憂哀」（這也在〈度訓〉中談過）「六極：命、醜、福、賞、禍、罰」（這也在〈命訓〉中談過，唯「醜」作「恥」）「八政：夫、妻、父、子、兄、弟、君、臣」，「九德：忠、信、敬、剛、柔、和、固、貞、順」，而「九姦」則是「九德」的反面。後面談「九姦」的段落有些缺文，不太好整理。最後又回到：「明王是以敬微而順分」。這一句是第一篇〈度訓〉一開頭就提到的。〈常訓〉用它來作結，可見「三訓」相互的照應。[26]

〈常訓〉這段相當倚賴周玉秀《逸周書的認字特點及其文獻價值》所提的「以數為紀」的修辭方式。這種方式如果運用得好，可以給人一種充實感，我們比較熟悉的例子有《尚書・洪範・九疇》。這篇文章很可能寫定於戰國初期（見屈萬里教授的考證），很可以比較一下。

> 初一曰五行。次二曰敬用五事，次三曰農用八政，次四曰協用五紀，次五曰建用皇極，次六曰乂用三德，次七曰明用稽疑，次八曰念用庶徵，次九曰嚮用五福，威用六極。[27]

除了皇極，稽疑庶徵三疇外，都訴諸「以數為紀」。下文還列舉每一疇的內涵，例如第二疇的「五事」，就列舉：「一曰貌，二曰言，三曰視，四曰聽，五曰思」，並且還進一步解釋：「貌曰恭，言曰從，視曰明，聽曰聰，思曰睿。恭作肅，從作乂。明作哲，聰作謀，睿作聖。」[28]

顯然〈常訓〉「以數為紀」的修辭方式與〈洪範〉很類似。就其內容而言，〈洪範〉也對〈常訓〉有一定的影響，例如第六疇「三德」中的剛與柔，就被收入〈常訓〉的「九德」之中。（這在戰國諸子的作品中很少見）。又第五疇的「皇極」的

---

25 同前引，〈常訓第二〉，頁 24-25。

26 以上引文同前引，頁 25。

27 王弼注，孔穎達疏，《尚書正義》，卷 12，〈洪範第六〉，頁 355。

28 同前引，頁 359。

「極」，也被「三訓」各篇所用。可是一般來說，〈洪範〉所涉及的事項大多很平實，不像「三訓」中涉及大量抽象的名詞。這在戰國諸子的作品中，也是相當特殊的。

其實「以數為紀」的修辭方式出現得更早，而且被用在對話中。《左傳．昭公二十五年》載晉趙簡子（鞅）向鄭子大叔（游吉）問禮，子大叔述子產之言：

> 「夫禮，天之經也，地之義也，民之行也。」天地之經而民實則之。則天之明，因地之性，生其六氣，用其五行。氣為五味，發為五色，章為五聲。淫則昏亂，民失其性。是故為禮以奉之。為六畜、五牲、三犧，以奉五味。為九文、六采、五章，以奉五色；為九歌、八風、七音、六律，以奉五聲。為君臣上下，以則地義；為夫婦外內，以經二物。為父子、兄弟、姑姊、甥舅、昏媾、姻亞，以象天明。為政事、庸力、行務，以從四時。為刑罰，威獄，使民畏忌。以類其震曜殺戮；為溫慈，惠和，以效天之生殖長育。民有好、惡、喜、怒、哀、樂，生於六氣。是故審則宜類，以制六志。哀有哭泣，樂有歌舞，喜有施舍，怒有戰鬬，喜生於好，怒生於惡。是故審行信令，禍福賞罰，以制死生。生，好物也；死，惡物也。好物，樂也；惡物，哀也。哀樂不失，乃能協于天地之性，是以長久。[29]

游吉的這段對話，的確令人有充實感，為鄭國贏得晉國的尊重。當然嚴格來說，有些地方也有「湊字數」的嫌疑，可是放在一段對話之中，聽者不容易發覺。這段對話，是我所知最早大量訴諸「以數為紀」的例子。周玉秀也舉出《管子》與《六韜》的例子，在此不再重複。

可以總結一下「三訓」的特點，並猜測出現之時代。周玉秀的書已經從語法特點以及用韻特點，對傳世之《逸周書》各篇作了很有價值的分析。它的書也引述了大量前人研究的結果，這裡都不想重複。

去除亡逸三篇以及最後之〈周書序〉後，《逸周書》實得五十九篇，其中絕大部分文中有背景資料。例如〈皇門〉一開頭就是：「維正月庚午……」。[30] 剩下的有很多篇，其內容有明確的對象。例如寫「武」字的各篇談軍事，以及〈時訓〉、〈謚

---

[29] 左丘明傳，杜預注，孔穎達正義，《春秋左傳正義》，卷 51，〈昭公二十四年至二十五年〉，頁 1666-1675。

[30] 朱右曾，《逸周書集訓校釋》，卷 5，〈皇門第四十九〉，頁 131。

法〉、〈職方〉、〈器服〉、〈糴匡〉。其他從表面上看不出明確對象的，只有〈度訓〉、〈命訓〉、〈常訓〉、〈文酌〉、〈允文〉、〈王佩〉、〈銓法〉七篇。其中「三訓」三篇，特別標出「明王」施政的要點，因此我們可以將此三篇定位為「治國之理想」。

幾乎所有戰國的諸子，所會涉及治國的理想，可是「三訓」還是顯得很特殊。三篇文章幾乎都是抽象觀念的堆砌，卻一個事例也沒有，這在諸子中也是很少有的，也許我們可以稱這三篇為「純理論的治國術」。

就思想脈絡來講，顯然儒家的成分居多，也多少沾染了一些道家的思想。可是作者在鋪排理論時，總是不願意乾脆地陳述，而總是訴諸一些推理式的修辭。頂真格以及以數為紀，是最明顯的表現方式。可能儒家的一個支流，吸收了戰國初期名家的手法，而寫出這樣的文章。因為其內容多少受〈洪範〉的影響，故其寫成的時間，不可能早於戰國初期。文章中往往有意將德目編排成組，可是並未受陰陽家的影響。我判斷這三篇文章出現的時間，可能稍後於孟子，地點可能在齊。這是我初步的猜測。

最後，要對《清華簡》〈命訓〉釋文之注釋第三十六提出一個異議。〈注釋〉認為《左傳．襄公二十五年》引書「慎始而敬終，終以不困」，[31] 很可能出自〈常訓〉。按〈常訓〉原文作「慎微以始而敬終，終乃不困」，[32] 其重點在一「微」字，與《左傳》所重不同。《左傳．襄公二十五年》之文如下：

> 衛獻公自夷儀使與甯喜言，甯喜許之。大叔文子聞之，曰：「烏呼！詩所謂『我躬不說，皇恤我後』者，甯子可謂不恤其後矣。將可乎哉？殆必不可。君子之行，思其終也，思其復也。書曰：『慎始而敬終，終以不困』，詩曰：『夙夜匪解，以事一人。』今甯子視君不如奕棋，其何以免乎？奕者舉棋不定，不勝其耦。而況置君而弗定乎？必不免矣。」[33]

大叔儀（文子）的批判對象，為甯喜之父甯殖。他的議論中，用《詩》一處，引《書》一處，引《詩》一處。用〈邶風．谷風〉:「我躬不閱，遑恤我後。」引《詩》在〈大雅．烝民〉「夙夜匪解，以事一人」。[34] 用《詩》處並未照引，故謂：

---

[31] 左丘明傳，杜預注，孔穎達正義，《春秋左傳正義》，卷 36，〈襄公二十五年〉，頁 1181。

[32] 朱右曾，《逸周書集訓校釋》，卷 1，〈常訓第二〉，頁 24。

[33] 左丘明傳，杜預注，孔穎達正義，《春秋左傳正義》，卷 36，〈襄公二十五年〉，頁 1181-1182。

[34] 毛亨傳，鄭玄箋，孔穎達疏，《毛詩正義》，卷 2，〈谷風〉，頁 175；卷 18，〈烝民〉，頁 1436。

「詩所謂……者」。引《詩》則全錄其文。可知其引《書》一定應照錄全文。而且他批評甯殖最初附和孫文子出君，到臨死又懊悔，希望「君入則掩之」。正如奕棋者悔棋，必敗無疑。而且甯殖出君，已知其後果，其中根本無「微」之可言。不過當日孫文子勢大，甯殖想賭一下運氣而已。難道他當初就不知會「名藏在諸侯之策」？這與〈常訓〉及〈命訓〉，需要從微細處權衡輕重之要求，完全不同。因此我認為大叔儀所引之《書》為逸書，況且各種跡象顯示〈常訓〉出於戰國，大叔儀根本引不到。反而可能〈常訓〉與〈命訓〉受此逸書之影響，納入其理論之內。

就《逸周書》整體來說，不訴諸事例，不局限於特殊問題，而僅玩弄大量抽象觀念的篇章，也不太多。前面的《孟子》，文章帶有感情，後面的荀子以及隨後的法家。討論時用字乾脆，黃老與雜家更是多引事例。如「三訓」的例子，在討論「治國」、「牧民」的文章中，的確很特殊。我認為這代表儒家與名家結合的一種失敗的嘗試。

【附記】
本文為清華大學賴建誠教授代為打字，特此銘謝。

2015 年 10 月 12 日

柒、對《清華簡・別卦》的研討

一、關於竹簡次序的檢討

《清華大學藏戰國竹簡（肆）》有一篇〈別卦〉，[1] 共包含有七枝短竹簡；每一簡上有七個（重複了七次）經卦的卦畫，與以此經卦為上卦的七個別卦的卦名（經卦本身的重卦除外）。其卦名，除了少數的例外，都與現在通行的《周易》文本不同，可以與其它出土文物比較，故很有研究價值。竹簡經過李學勤教授的整理，據他說（見說明）：

> 本篇現存七支簡。從內容推斷，原來應為八支，第三支缺失。……每支簡上卦象相同，卦名各占一個字的位置（兩字以上用合文表示），[2] 排列整齊。……其排列順序與馬王堆帛書《周易》一致，應是出於同一系統。[3]

根據李教授的安排，各卦名的行與列排列，見下表（表一）」。為了方便起見，各卦名用現行《周易》的對應卦名替代。第三簡雖然遺失，可是根據內容，很容易補齊。在表一內所補的卦名都放在括弧內。

---

[1] 清華大學出土文獻研究與保護中心編，李學勤主編，《清華大學藏戰國竹簡（肆）》（上海：中西書局，2013），頁 128-134。〈筮法〉之釋文刊載於同書〈別卦〉的前面，頁 77-127。本文有涉及此文處不再一一注出。

[2] 在竹簡上，合文之右下都有重文號。

[3] 李學勤主編，《清華簡（肆）》，〈別卦〉，頁 128。

表一：〈別卦〉中各卦名的行列安排

←	←	←	←	←	←	←	行	
小畜	大有	夬	泰	大壯	(需)	大畜	否	列
觀	晉	萃	謙	豫	(比)	剝	遯	↓
漸	旅	咸	臨	小過	(蹇)	損	履	↓
中孚	睽	困	師	歸妹	(節)	蒙	訟	↓
渙	未濟	革	明夷	解	(既濟)	賁	同人	↓
家人	噬嗑	隨	復	豐	(屯)	頤	无妄	↓
益	鼎	大過	升	恆	(井)	蠱	姤	↓

李教授對竹簡保存的情況講得很簡單，也沒有明顯交代他判斷第三支簡遺失的理由，祗是認定「其排列順序與馬王堆帛書《周易》一致，應是出於同一系統。」因此不能排除各行的次序可以有別的安排。據王化平與周燕之《萬物皆有數：數字卦與先秦易筮研究》記載：

> 此篇本是「表格」形式，每簡寫七個卦名和七個相同的三爻卦卦形，這七個卦形其實就是六十四個別卦中的上卦。原簡應該共有 8 支，現亡佚一支，僅存 7 支。通過與通行本《周易》卦名對比，並依據每支簡上的卦名排列順序，可知下卦的順序是：乾、坤、艮、兌、坎、離、震、巽。因竹簡編繩已斷，故上卦的順序只能憑推測，有可能與下卦相同，也有可能與馬王堆帛書《六十四卦》相同。整理者采納了後一種順序。[4]

可知表一的各行的次序是純憑推測的，[5] 我認為馬王堆帛書入土的時間遲至漢初，而〈別卦〉與《清華簡．筮法》在一起，應屬同一時間與地點的文物。按「乾、坤、艮、兌、坎、離、震、巽」的次序與《清華簡．筮法》[6] 所用的相同，〈別卦〉的竹

4 王化平、周燕，《萬物皆有數：數字卦與先秦易筮研究》（北京：人民出版社，2015），頁 145，注 1。

5 我曾經仔細觀察過〈別卦〉竹簡的放大照片圖，由於各簡文字書寫很整齊，簡上又無數字或別的符號，實在無法判斷各簡的原次序。

6 李學勤主編，《清華簡（肆）》，〈筮法〉，頁 114，第二十五節「天干與卦」。

簡會採用相同順序的可能性應較大。如果接受這個假設，則表應該重排，如下列的表二：

表二：〈別卦〉中各簡重排後卦名的行列安排

←	←	←	←	←	←	←	行	
小畜	大壯	大有	(需)	夬	大畜	泰	否	列
觀	豫	晉	(比)	萃	剝	謙	遯	↓
漸	小過	旅	(蹇)	咸	損	臨	履	↓
中孚	歸妹	睽	(節)	困	蒙	師	訟	↓
渙	解	未濟	(既濟)	革	賁	明夷	同人	↓
家人	豐	噬嗑	(屯)	隨	頤	復	无妄	↓
益	恆	鼎	(井)	大過	蠱	升	姤	↓

在這種安排下，被遺失的竹簡成為第五支。

王化平與周燕說〈別卦〉是表格形式，並不全對。他們說每支竹簡所記別卦的下卦順序是「乾、坤、艮、兌、坎、離、震、巽」，他忘記了每簡衹有七個卦名。事實上，〈別卦〉第一支簡的卦名僅有「否、遯、旅、訟、同人、无妄、姤」，[7] 其所對應的下卦分別為：「坤、艮、兌、坎、離、震、巽」；第二支簡的對應下卦分別為：「乾、艮、兌、坎、離、震、巽」，餘類推。我們很容易發現，〈別卦〉的每一支竹簡，將上下卦為同一經卦相重的卦名略去了；因此各列無法相對齊。必須將所略去的卦名 [8] 補上，才能成為對齊的表格。表一經如此補充後，成為下列之表三：

---

[7] 李學勤主編，《清華簡（肆）》，〈別卦〉，頁 130。

[8] 在《周易》中．自相重的經卦仍用原卦名。〈筮法〉中「坎、離」為「勞、羅」替代，本文為方便起見，仍從《周易》之卦名。

表三：表一經補充自相重經卦卦名後形成的表格

{巽}	{離}	{兌}	{坤}	{震}	{坎}	{艮}	{乾}		
—	—	—	—	—	—	—	—		
小畜	大有	夬	泰	大壯	(需)	大畜	[乾]	|	{乾}
觀	晉	萃	[坤]	豫	(比)	剝	否	|	{坤}
漸	旅	咸	謙	小過	(蹇)	[艮]	遯	|	{艮}
中孚	睽	[兌]	臨	歸妹	(節)	損	履	|	{兌}
渙	未濟	困	師	解	([坎])	蒙	訟	|	{坎}
家人	[離]	革	明夷	豐	(既濟)	賁	同人	|	{離}
益	噬嗑	隨	復	[震]	(屯)	頤	无妄	|	{震}
[巽]	鼎	大過	升	恆	(井)	蠱	姤	|	{巽}

所補充的自相重經卦卦名，用楷書放在方括弧內，以示原來的缺略；也顯示〈別卦〉原來並沒有列表的打算。

同樣，竹簡經過重排後的表二，補充進自相重經卦卦名後，也可寫成表格形態，如下面的表四所示：

表四：表二經補充自相重經卦卦名後形成的表格

{巽}	{震}	{離}	{坎}	{兌}	{艮}	{坤}	{乾}		
—	—	—	—	—	—	—	—		
小畜	大壯	大有	(需)	夬	大畜	泰	[乾]	|	{乾}
觀	豫	晉	(比)	萃	剝	[坤]	否	|	{坤}
漸	小過	旅	(蹇)	咸	[艮]	謙	遯	|	{艮}
中孚	歸妹	睽	(節)	[兌]	損	臨	履	|	{兌}
渙	解	未濟	([坎])	困	蒙	師	訟	|	{坎}
家人	豐	[離]	(既濟)	革	賁	明夷	同人	|	{離}
益	[震]	噬嗑	(屯)	隨	頤	復	无妄	|	{震}
[巽]	恆	鼎	(井)	大過	蠱	升	姤	|	{巽}

請注意所補充的卦名，位於由右上至左下的對角線上。

二、關於內容的討論

〈別卦〉的每一簡，都有七個代表上卦的卦畫。其卦畫是以一長橫「一」表陽爻，壓扁的曲折線「𠆢」表陰爻。陽爻與《周易》一樣，陰爻則與《周易》的兩短橫「--」不同。按〈別卦〉與〈筮法〉[9]一樣，應該產生於戰國的中後期，位置在南方楚文化影響的地區，[10]〈筮法〉原來用數字「四、五、六、七、八、九」表卦爻，出現最多的「六、七」分別以簡化的「𠆢、一」表示；《周易》原來也用「六、七、八、九」數字表爻，出現最多的「七、八」（分屬於少陽與少陰）以「一、--」表之，可見「--」本是壓扁了的「八」。[11]〈別卦〉本是南方民間初與《周易》接觸，想辦法翻譯《周易》的卦名的嘗試，並沒特別注意到卦畫符號的差異。所以在〈別卦〉中，他們保持了用「𠆢」表陰爻的習慣。

下面討論〈別卦〉用字的情形。〈別卦〉共有七支竹簡（缺失一支），共計四十九字（包括合文）。其中有三個卦名與《周易》顯然相同：訟、同人、困。這三卦，別的版本的《周易》[12]也沒有其它寫法，僅王家台《易占》[13]中的「困」寫作「囷」，這很顯然是簡單的誤寫。

還有一個「謙」字，隸定稍複雜，不過〈別卦〉寫的的確是「謙」字。然馬王堆帛書《六十四卦》作「嗛」，《易傳》作「兼」，上博簡《周易》寫作「厂兼土」合文，這些都可看作異體；唯王家台《易占》寫成「陵」，應是誤寫。

〈別卦〉有八個卦名與《周易》的對應字有簡單的差別（簡化或加偏旁）：歸妹、豐、師、復、晉、旅、鼎、萃。「歸妹」的「歸」字，〈別卦〉加上「辶」旁；

---

9 有關〈筮法〉的討論，見本書第貳編第壹章，〈術士的占卦秘笈——《清華簡・筮法》試探〉。

10 考慮用四至九的數字卦也出現在「包山楚簡」、「天星觀楚簡」與「葛陵楚簡」，我判斷〈筮法〉與〈別卦〉產生的地點，大概在今湖北的南部。不過當時楚國北方已不斷受秦國侵占，所以也不能完全排除今湖南北部的可能性。

11 參見濮茅左，《楚竹書《周易》研究——兼述先秦兩漢出土與傳地易學文獻資料》上編（上海：上海古籍出版社，2006），頁 1-62。書前所附之竹簡放大圖版。這批竹簡埋藏的地點雖在南方楚國，其時間則必定很後，甚至不能排除漢初。因其中的《周易》有相當完整的卦爻辭，而〈別卦〉沒有，知當時受北方文化之影響更深，時間至早在戰國末期。

12 本文在引用馬王堆帛書經傳、上博簡、與王家台《易占》三種《周易》古版本時，其卦名若與《周易》相同，則不另指出，以節省篇幅。

13 參閱王明欽，《王家台秦墓竹簡概述》，收入《新出簡帛國際學術研討會文集》（北京：文物出版社，2004）。

「豐」字，〈別卦〉在右邊加上「阝」旁；「師」字，〈別卦〉省去左邊的偏旁而作「帀」，上博簡亦同，這可能是當時的簡體；「復」字左邊的「彳」旁被〈別卦〉換成「辶」旁，上博簡亦同，（馬王堆帛書「傳」則寫作「覆」，應為假借）；「晉」字，〈別卦〉在左邊加上「言」字旁，底下加上「心」字；「旅」字，〈別卦〉加上「辶」旁，上博簡亦同；「鼎」字，〈別卦〉上邊加上「卜」字頭，這可能落實「貞問」的原義，馬王堆帛書《六十四卦》此卦名寫作「鼒」，也許是傳承中所產生的錯誤。還有「萃」字，〈別卦〉將「艹」字頭換成「罒」字頭。（上博簡再加「口」字邊，馬王堆帛書與王家台《易占》則乾脆寫作「卒」。）這幾個字除了「晉」字以外，在戰國南方，應都比較通俗，以致別的版本的寫法也沒有多大的變化。

還有一個卦名與前述幾種情形類似：《周易》的「中孚」，〈別卦〉簡化為「中」字。我懷疑有些戰國時的《周易》版本，「中孚」就作「中」，由是影響到西漢揚雄的《太玄》[14]也用「中」字作為第一首的首名。西漢初期入土的馬王堆帛書[15]《六十四卦》「經」，此卦名作「中復」，「傳」則作「中覆」；「復」與「覆」應為與《周易》「孚」字讀音相近而假借或誤寫。

〈別卦〉有兩個卦名：「啚」與「僕」，與《周易》的對應卦名：「否」與「剝」，因讀音相近而被採用。從表面上看來，其讀音並不完全相同。「否」字在王家台《易占》中，下面的「口」字寫作「曰」字，那應是單純的誤寫。然而「否」字在馬王堆帛書《六十四卦》中卻對應於「婦」字，如此則「啚」與「否」的讀音就不那麼近。我覺得戰國南方的方言應與北方差很遠，也許應考慮「古無輕唇音」的理論，而假設「婦」、「啚」、「鄙」與「否」字皆與「不」字音近，在上古音屬於之部幫母，如此則不需用一般的「通假」講法。同樣的想法也可應用到「剝」卦，「剝」在王家台《易占》中，也寫作「僕」，考慮其上古音，「剝」字屬於屋部幫母，「僕」字屬於屋部並母；幫母與並母都是重唇音，僅有清濁之別。可能當時在南方此分別並不重要，因此兩字可以相通。

在〈別卦〉四十九個字的卦名中，有九個底下都帶「心」字，值得特別注意。下面分別討論：

《周易》的「恆」字，本來就帶「忄」字旁，可是〈別卦〉的寫法卻不同。

---

14 揚雄撰，司馬光集注，劉韶君點校，《太玄集注》（北京：中華書局，1998），〈中〉，頁 4-7。

15 參閱于豪亮，《馬王堆帛書《周易》釋文校注》（上海：上海古籍出版社，2013）。其中包含《六十四卦》的「經」與「傳」。

根據李學勤教授的隸定，[16] 是底下一個「心」字，上面「二」字的兩橫之間有一個「外」字。我認為「外」的「卜」旁可以暫時移出，「二」字加上當中好像「夕」字的結構，其實缺了一筆，應該被隸定為「亙」字。所以〈別卦〉的「恆」字其實是「恆」右邊加上「卜」字旁。

上面已經提過，《周易》的「晉」字，〈別卦〉的隸定是底下一個「心」字，上面是「言晉」合文。考慮「晉」卦在馬王堆帛書《經》中寫作「溍」，而在王家台《易占》中加上「廾」頭（後世成為「茜」字的異體），我相信「晉」字在戰國衍生出不少形聲字，其中包括「譖」，[17] 被〈別卦〉的著者利用其讀音，在底下加上形符「心」，來翻譯《周易》「晉」卦的卦名。

《周易》「渙」卦的「渙」字，〈別卦〉寫成底下一個「心」字，上面有一個「睿字頭」（將「睿」字的「目」去掉）。由於上博簡《周易》[18]「渙」卦的「渙」字隸定也涉及這種睿字頭，馬王堆帛書《易傳》則省作「奐」，所以戰國南方「睿」字的讀音一定和北方「渙」或「奐」的讀音相近。李學勤教授「注釋」中「韻的月部與元部對轉，聲的喻母與曉母通轉」[19] 的講法，未免太寬鬆，祗有參考的價值。

《周易》「革」卦的「革」字，〈別卦〉寫作「戒」字底下一個「心」字。（馬王堆帛書《周易》的「勒」字大概是訛字，因為其「革」旁是形符而非聲符。）「革」與「戒」讀音相近（都是職部見母），〈別卦〉的著者利用「戒」為聲符，底下加上「心」的形符，而創造一個新的形聲字，作為對《周易》「革」卦名的翻譯。猜想「革」字在戰國南方並不流行。

《周易》「睽」卦的「睽」字，〈別卦〉寫作「亻癸」合文底下一個「心」字。比較其它版本，上博簡《周易》作「楑」，馬王堆帛書《六十四卦》作「乖」，《易傳》作「言乖」合文，王家台《易占》作「目瞿」合文，可見戰國至漢初，「睽」字不是一個流行的普通字。〈別卦〉著者就利用當時當地流行的「亻癸」合文作聲符，底下加一個「心」字作形符，創造一個新的形聲字，作為對《周易》「睽」卦名的翻譯。

《周易》「未濟」卦的「未濟」兩字，〈別卦〉寫作「淒」字底下一個「心」字，創造了一個新的形聲字，作為對《周易》「未濟」卦名的翻譯。李學勤教授注

---

16 見《清華簡（肆）》，頁 130。下面類似的徵引不再一一注出。

17 雖然現今的字典不收這個字，我還是相信在戰國南方，這會是一個普通字。

18 參閱濮茅左，《楚竹書《周易》研究》。

19 李學勤主編，《清華簡（肆）》，〈別卦〉，頁 130。

釋道：「從心淒聲，讀為濟」，[20] 並引上博簡《周易》「未濟」作「未淒」為證。按「未濟」本含「未成」之義，〈別卦〉省去了「未」字，如非錯誤，則一定在他的地區，「淒」字不能假借作「濟」。他用「淒」作聲符，而兼取「淒」字「淒滄」之義，另加形符「心」，創一新字，以表「未成」之義，[21] 似可備一說。

《周易》「隨」卦的「隨」字，〈別卦〉寫作底下一個「心」字，上面作「覒」，又創了一個新字。按「隨」為地名，在戰國南方本非僻字，應不需要另創新字；且所創的字聲符又與「隨」不同音（「覒」字音「毛」[22]），甚不可解。我懷疑「隨」因筆畫比較多，在北方民間傳承時已起了變化，到戰國中期，南方的〈別卦〉著者看到的那個卦名已不作「隨」。按馬王堆帛書《六十四卦》此卦名寫作「隋」，上博簡寫作左邊「阝」旁，右邊兩個「左」字上下相疊。[23] 很可能讀音亦生變化。〈別卦〉著者根據當時當地的讀音另創一個形聲字。我認為這個假設要比李學勤教授「應是通假關係」[24] 的注釋少一點勉強。

《周易》「咸」卦的「咸」字，〈別卦〉寫作底下一個「心」字，上面作「金攴」合文。按上博簡《周易》與馬王堆帛書《六十四卦》都寫作「欽」字。可能〈別卦〉著者所看到的傳本，右邊「欠」旁誤成「攴」旁，他在底下又加上一個「心」字，又新創了一個形聲字。

《周易》「蒙」卦的「蒙」字，〈別卦〉寫作「心」字旁，右邊「宀」字頭下面一個「尨」字。上博簡《周易》就直接用「尨」字。根據李學勤教授的注釋，「蒙」與「尨」的上古音都是東部明母，故可以通假。

上面討論了〈別卦〉中九個底下有「心」字的卦名，除了「恆」字外，幾可確定都是新造的形聲字。由此可以判斷，當時南方民眾對北方《周易》經過重卦後的「別卦」卦名，大部分是陌生的。他們感覺到創造新字的需要，不少新字帶有特殊的部首，這讓我們聯想起，當中國初與西洋接觸時，往往用「口」字旁來翻譯西洋的國名。

有一個卦名也許可用讀音之轉變解釋：《周易》的「无妄」，〈別卦〉寫作合文

---

20 李學勤主編，《清華簡（肆）》，〈別卦〉，頁 134。

21 可惜〈別卦〉少了一簡，無法用「既濟」的卦名來作比較。

22 李學勤主編，《清華簡（肆）》，〈別卦〉，頁 133，注 28。李學勤教授的注釋謂音「苗」，相差不大。

23 同前引。這是根據李學勤教授的注 28 的講法。根據濮茅左《楚竹書《周易》研究》的講法（見該書頁 31），此字寫作左邊「阝」字旁，右邊上「圭」下「又」相疊。這與「隋」字的差別較李教授的講法更大。

24 李學勤主編，《清華簡（肆）》，〈別卦〉，頁 133，注 28。

的「亡孟」。王家台《易占》寫作「毋亡」，上博簡《周易》寫作「亡忘」，馬王堆帛書《周易》則寫作「无孟」。可見這個雙聲卦名在流傳中很容易發生變化。據李學勤教授的注釋，「亡」與「无」上古音有同樣的聲母（明母），[25] 韻部「陽」與「魚」對轉，故可通假。「孟」與「妄」同為陽部明母字，故可通假。

《周易》「姤」卦的「姤」字，〈別卦〉寫作將「繫」字下面的「糸」搬到右邊取代原來的「殳」。據李學勤教授判斷，此字即「繫」字的異體。對「姤」字，其他文獻有別的寫法：上博簡《周易》寫作「句攵」合文，馬王堆帛書《六十四卦》寫作「狗」，其《傳》則寫作「句」。這些寫法都與「姤」的讀音夠近。〈別卦〉的字則很不同。若考較上古音，「姤」在侯部見母，「繫」則在錫部[26]見母。李教授引王念孫《廣雅疏證》的事例支持在聲母相同的條件下，這兩個韻部可以通轉。由此亦可知當戰國中期的南方，這兩個韻腳的發音相近。

《周易》「夬」卦的「夬」字，〈別卦〉寫作「介殳」合文。王家台《易占》此字寫作「罒」字頭下面「炎匕」合文，顯然差得很遠，可是上博簡與馬王堆帛書皆作「夬」，與今本《周易》相同。〈別卦〉的那個字顯然由「介」字得聲，而「夬」與「介」的上古音皆在月部見母，因此可以通假。

《周易》「遯」卦的「遯」字，〈別卦〉寫作「兑攵」合文，這個形聲字從「兑」得聲。此卦名王家台《易占》寫作「　彖」合文，此字與「遯」都是「遁」字的異體。馬王堆帛書寫作「掾」，可能是「椽」字之誤。上博簡則寫作「豚」字卻在右邊的「豕」頭上加兩點，那個字應是「腞」字之誤。在上古音，「兑」為月部定母，「椽」為元部定母，「腞」、「遯」為文部定母。這幾個字都屬於定母，韻部雖不同，可歸之於方言的演變，故可以通假。

《周易》「升」卦的「升」字，〈別卦〉寫作左邊「扌」字旁，右邊由上至下為「山一王」合文。李學勤教授引裘錫圭教授的意見，認為右邊那部分就是「徵」字的初文；〈別卦〉加上「扌」字旁造了一個新的形聲字，顯然是從「徵」得聲。此卦名馬王堆帛書寫作「登」，顯然兼取義。「徵」與「登」的上古音皆屬蒸部端母，「升」則屬蒸部書母。韻部相同，聲母雖不同，可歸之於方言的演變，故可以通假。

《周易》「頤」卦的「頤」字，〈別卦〉寫作左邊一個「齒」字去掉「止」字

---

[25] 參閱李珍華等編，《漢字古今音表》（北京：中華書局，1998）。

[26] 有的人將此韻歸到「支」部。

頭，[27]下面加一個「已」字，右邊從「頁」。據李教授的注釋，「已」為聲符，「頁」與「齒」為意符（或形符）。在上古音，「頤」與「已」皆之部喻母字，故可通假。此卦名王家台《易占》寫作「亦」，顯然是音近致訛。

《周易》「大壯」卦的「壯」字，馬王堆帛書《易傳》寫作「牀」字，那可能是單純的誤寫。可是在〈別卦〉中卻寫成一個奇怪的字：上面一個「宀」字頭，下面一個「臧」字卻把中間的「臣」換作「貝」。若略去那個「宀」字頭，根據李學勤教授的注釋，那是「贓」的本字。我猜也許在傳承的過程中，「壯」字先被誤寫為「牂」字，[28]卻由口傳的爻辭中保存了「盛」的本意；後人臆改為同聲而有「善」義的「臧」[29]字，又輾轉誤寫作「贓」。這個解釋也許較單純的「聲近通用」合理。

《周易》的「大過」、「小過」卦的「過」字，在〈別卦〉中都寫成「辶化」合文。[30]

上博簡《周易》則寫成上「化」下「止」的合文。「辶化」不見於今日之字典，據李學勤教授的注釋，那是「過」的異體字。我一時查不到依據，可是考慮「渦」、「沎」兩字，其近世發音已相當接近，可能在古代方言中，兩字音近到可以互代。這應是一個合理的假設。

《周易》中「明夷」卦中的「明」字〈別卦〉寫作「亡」，可能因音近而相通；其中的「夷」字，〈別卦〉寫作「尸二」合文，此字據《廣韻》，[31]為「以脂切，音姨」，與「夷」字應屬同音而相通。

《周易》「泰」卦的「泰」字，〈別卦〉寫得很複雜，以致無法隸定。據李學勤教授的注釋，《清華簡（參）· 良臣》中「泰顛」的「泰」字，與〈別卦〉此字有相同的字頭（應為「彐」字頭），因此他認為〈別卦〉此字是一種繁體。至於《清華簡（參）· 良臣》[32]中「泰」字的構形，李教授引孟蓬生的意見，認為非「毳」字莫屬。[33]按在王家台《易占》中，「泰」卦的卦名被寫成「柰」字，很可能是「泰」字在傳承過程中簡化的結果。我猜想〈別卦〉中那個字也許是「彖」字的異體（下

27 李學勤主編，《清華簡（肆）》，〈別卦〉，頁 131，注 10。「齒」字去掉「止」字頭，據李學勤教授的注釋，是「齒」字的古體。

28 也許「壯」本來就是「牂」字的借用，所以在爻辭中有那麼多關於羊的事。

29 黃澤鈞先生的〈大壯卦義別解〉（未印稿）解「壯」為「藏」，也許忽略了更合理的「臧」字。

30 《周易》之「小」，〈別卦〉皆作「少」。下面不另提。

31 見陳彭年等，《廣韻》（臺北：中華書局，1970，影印四部備要本）。

32 李學勤主編，《清華簡（參）》，〈良臣〉，頁 159，注 12。

33 李學勤主編，《清華簡（肆）》，〈別卦〉，頁 132，注 18。

面有一捺斜拖成長尾巴)。按如果考慮上古音,「泰」字屬於月部透母,「彖」字屬於元部透母,兩字聲母相同。至於韻部,我祇有訴諸章炳麟的「成均圖」。[34] 章氏稱「月部」為「泰」、「元部」為「寒」,二者分屬「陰弇」與「陽弇」(在分界線旁),通過圓心相對,章氏認為可以對轉。雖然不滿意,我認為這總比歸之於毫不相似的「毳」字來得好。

《周易》「大畜」、「小畜」兩卦的「畜」字,〈別卦〉皆寫作「竹」字頭下面一個「亯」字。根據《集韻》,[35] 此字讀都督切,音「篤」。上博簡《周易》則將此字寫作「土竺」合文。據李學勤教授注釋,此兩字皆從「竹」得聲,上古音在覺部端母。王家台《易占》此字寫作「督」,上古音亦在覺部端母,與「畜」字的覺部透母,音近可以通假。

《周易》「蠱」卦的「蠱」字,〈別卦〉寫作「古夜」合文。按上博簡《周易》將上邊的「蟲」寫作「虫」,那是簡化。馬王堆帛書寫作「箇」,從「古」字得聲。「古」、「蠱」的上古音皆為魚部見母,應可通假。唯王家台《易占》寫作「夜」,其上古音為魚部餘母,與「蠱」字聲母不同,可是也許由於方言變化,兩字亦可通假。而〈別卦〉的「古夜」合文,不論從「古」或「夜」,亦應與「蠱」通假。

《周易》「損」卦的「損」字,〈別卦〉寫作右邊一個「攵」,左邊上「口」下「鼎」。左邊的那個字,據《廣韻》為「員」字的籀文;據《正字通》[36] 為「員」字的古體。因此〈別卦〉此字為從「員」得聲。上古音「員」字在文部匣母,「損」字在文部心母,兩字韻部相同,聲母亦相近,可歸之於方言的變化,故可通假。

《周易》「豫」卦的「豫」字,〈別卦〉寫作「介」,這有些奇怪。不過王家台《易占》也寫作「介」,馬王堆帛書《六十四卦》中卻寫作「餘」,其《易傳》則寫作「余」,上博簡《周易》則在「余」字下還加一撇。由此可知「豫」字在傳承過程中先因音近而訛作「余」,再因形近而訛作「介」。李學勤教授的聲韻分析,[37] 在此似乎無用武之餘地。

《周易》「履」卦的「履」,〈別卦〉寫得有點複雜,好在字跡還清楚。李學勤教授隸定為右邊一個「頁」字,[38] 左邊上「舟」下「止」相疊。可是他並沒有給注

---

[34] 我對「陰陽對轉」的觀念十分反感,無奈在方言中的確有這種例子。章氏「成均圖」附見於竺家寧,《聲韻學》(臺北:五南圖書,1992),頁 504。

[35] 丁度等撰,方成珪考正,《集韻:附考正》第 9 冊,卷 9,頁 1406。入聲九。

[36] 張自烈、廖文英編,董琨整理,《正字通》(北京:中國工人出版社,1996)。

[37] 李學勤主編,《清華簡(肆)》,〈別卦〉,頁 132,注 13。

[38] 可以比較〈別卦〉「履」、「頤」兩字右邊的寫法。

釋。馬王堆帛書《六十四卦》此字寫作「禮」，顯然是音近致誤，沒有參考價值。按根據《說文通訓定聲》，[39]「履」字在「尸」字頭下面本來不是「復」字，而是从「彳」从「舟」從「夊」。〈別卦〉左邊的那個「舟」字在傳承過程中保存了下來，卻寫錯了其它部分，以致〈別卦〉寫的這個卦名完全不像《周易》原來的「履」字了。

《周易》「益」卦的「益」字，〈別卦〉寫作頂上一個「廾」字頭，其下「冂」字下垂的兩端各聯到左右兩個「个个」上下相疊的字（中線連貫）。[40] 根據《說文通訓定聲》，此字為「嗌」字的籀文，從「益」得聲，故可通假。

《周易》「臨」卦的「臨」字，〈別卦〉寫作左邊「言」字旁，右邊相當複雜：最上面是一個「林」字，下面依次「一、八」兩字，再下面一個「人」字卻在頭上套一個「口」字，最下面是一個「土」字。這個複雜的字形，無法分析。因為馬王堆帛書此卦名寫作「林」，也包括在上述的複雜字形內，所以祇得認定其中的「林」字作為聲符，而忽略其它部分。「林」、「臨」兩字上古音皆屬侵部來母，所以認定〈別卦〉的這個卦名，當時也與「臨」字同音。

下面四個卦名，我對李學勤教授的注釋有所保留，故僅簡單地引述〈別卦〉所給的字形：賁：〈別卦〉作上面兩個「丰」，下面左「每」右「糸」。馬王堆帛書作上面「廾」字頭，下面一個「繁」字。

解：〈別卦〉作左邊「糸」字旁，右邊上「鹿」下「土」。上博簡作左邊「糸」字旁，右邊一個「解」字。

漸：〈別卦〉作上面「廾」字頭，下面左「爿」右「酉」上博簡將「漸」字中間的「車」字換作「堇」字。

噬嗑：〈別卦〉略去「嗑」字，「噬」字則作下面一個「又」字，上面左邊為「齒」字去掉「止」，右邊為「欠」字。馬王堆帛書寫作「筮閘」，王家台《易占》則寫作「筮」一個字。

這四個卦名，《周易》與〈別卦〉所給的字形相差太遠，而且即使在最有利的假設下，還是沒法達到讓兩者上古音的聲母或韻部之一相同。在李教授的注釋中，往往需要訴諸對轉或旁轉，其正面或反面的事例往往一樣多。通常人們總頃向於忽

---

39 見朱駿聲，《說文通訓定聲》（臺北：世界書局，1972）。

40 這與「釋文」的隸定不同，可是仔細觀察竹簡照片圖，可以發現左右兩邊的中線的確連貫而且在上面彎曲相連。前注所引書所給的「嗌」字籀文形狀也是如此。見朱駿聲，《說文通訓定聲》，頁473。

視反面事例，使這種解釋往往非常主觀。與其如此，不如暫時置之。

還有一個卦名，幾乎可以確定，是〈別卦〉寫錯的：《周易》的「大有」，〈別卦〉寫作「少又」。戰國時「有」與「又」可以相通，沒有問題，可是「大」寫作「少（小）」，意義卻完全相反。[41] 由於上博簡《周易》與馬王堆帛書《六十四卦》都寫作「大有」，可以判斷〈別卦〉是寫錯了。

〈別卦〉的最後一支簡有磨損的地方，以致影響兩個卦名的確定：其第二個字應該相當於《周易》的「觀」卦。我仔細研判了竹簡的放大照片圖，看到左邊彷彿是一個「見」字，右邊則實在看不清楚，所以那個字有可能是一個反寫的「觀」。此卦名王家台《易占》寫作「灌」，應是同音而致誤。

同一支竹簡的第六個字，左邊很不清楚，右邊似乎是一個「連」字。李學勤教授定為「嗹」，似無根據。此處本來應該相當於《周易》的「家人」卦，與「連」或「嗹」一點關係也沒有。此卦名王家台《易占》寫作「散」，也與「家人」無關。因此這個卦名很成問題。就《周易》此卦的各爻來看，多暗示家的興盛，不知王家台《易占》何以用「散」來代表這一卦。

三、結語

〈別卦〉與〈筮法〉的竹簡屬於同一批出土的文物，顯示其書寫的時間與地點也應相近，大致在戰國中後期的南方。那時的民間有傳統的數字卦，用數字四、五、六、七、八、九為爻而形成八經卦，卻沒有重卦。那時〈別卦〉的著者初與北方文化接觸，震驚於北方占卦系統之龐大，想將經由重卦後新的卦名記錄下來。剛好他手頭有一小塊零散的簡冊，[42] 就把新聽到的資訊寫在上面，以供日後的參考。這可以解釋何以〈別卦〉的竹簡是如此短小，而且沒有編號；編繩也不講究，以致出土時繩索朽爛，導使竹簡散落，損失了一簡，而且還不知道損失的是哪一簡。

我猜想〈別卦〉的著者是當時民間的占卦術士，北方的重卦系統有足夠的吸引力，讓他致力克服語言的障礙，把新的卦名翻譯出來；可是他自己也有深厚的占卦傳統，使他不經意間將老習慣表現出來，例如用了南方的經卦次序（乾、坤、艮、

[41] 由此卦之九三、六五、上九諸爻之爻辭判斷，此卦是相當吉利之卦，不應該稱作「小有」。

[42] 以我們現代人的眼光去揣測，這塊小簡冊本來不會用作抄寫長篇文章，僅供零碎資訊的記載，相當於後世的便條紙。

兌、坎、離、震、巽），以及在卦畫中用「六」的變體「𠆢」去表示陰爻。

前面我用了很多篇幅去檢討〈別卦〉在翻譯卦名時用字的選擇，我發現除了十餘個非常普通的字，〈別卦〉沿用了（或稍加變化）《周易》的原名外，其餘三十餘個卦名都需要另創新字。在與上博簡《周易》、馬王堆帛書經傳、及王家台《易占》作比較時，我發現〈別卦〉另創新字的次數，遠比那些版本來得多。〈別卦〉所創的新字，很多相當特別。前面已經討論過八個从「心」的卦名，其它如損、蒙、姤、升、蠱、臨、賁、漸、小畜的畜、噬嗑的噬、大過的過等，其結構都與普通字差很多，有些字，如「泰」，甚至很難隸定，這些都顯示語文障礙的嚴重。

李學勤教授的注釋，往往需要訴諸對轉與旁轉，實在是在沒有辦法之中很勉強的作法。我認為基本的問題涉及當時南方的方言，與北方相比，相當不同。竺家寧教授對此有很好的說明：

> 在正常的情況之下，凡上古的押韻、諧聲、假借都是同一個韻部的字。但是從顧炎武的古韻十部，到目前的三十二部，都存在著異部之間少數通押的例子，所謂的「古今韻」、「旁轉」、「對轉」就是指的這種情形。其實，這也是很自然的現象，因為上古勢必有方言的歧異存在，某些地方的人甲韻部和乙韻部可能唸得十分近似，甚至相同，於是，他們自然可以把甲韻部和乙韻部的字在一起押韻、諧聲、或假借，合韻現象因而產生。[43]

其實不止韻部，聲母也是一樣。同一個字，古時不同的方言往往歸屬於不同的聲母，有時是由於清濁的轉變，有時甚至涉及複聲母的影響。以往資料有限，講不出多少道理。而且以往對方言的研究，僅限於現時的情況，古代交通更不方便，方言的分化祇會更嚴重，以前卻因限於資料而得不到彰顯。

《清華簡・別卦》與《上博簡・周易》[44] 不同，後者顯受北方文化影響較大，其文字與語法與北方相比差得不多。對比之下，《清華簡・別卦》雖然簡短，卻提供了不少古代南方方言的資訊。現在正應該利用這類長久棄之於地的新資訊，去追溯古代各地方言的變化。這是我們佔古人便宜的地方。

---

[43] 見竺家寧，《聲韻學》，頁 513-514。

[44] 《上博簡》與《清華簡》都是由海外搶救回來的古代冊籍，其出土資訊已經泯滅，祇知產生在南方，然不知確實地點。也許可對《上博簡》的產生地作一揣測。由於其中的《周易》（殘餘的三十三卦的卦辭與爻辭）已很接近通行本，可見其受北方文化影響之深。很可能是在楚威王六年滅越之後，產生於吳國的故地，也就是現在的江蘇地區。

【誌謝】
感謝與黃忠天教授啟發性的討論。

2019 年 4 月 25 日 改稿

第參編
春秋史實

壹、左丘明與《左傳》、《國語》關係再揣測

一、導言

《國語》是一部重要的先秦典籍。在傳統上，很多人將它和《左傳》相提並論，甚至稱之為《左傳》的「外傳」。可是《左傳》以「春秋」的名義，在先秦確實被徵引過；[1] 反觀《國語》，大段的徵引最早衹見於漢初賈誼的《新書》。李佳《《國語》研究》列表詳細比較了《新書・禮容語下》與《國語・周語下》的相關文句，[2] 其實《新書・傅職》也徵引了《國語・楚語上》，其中文字的出入可以歸之於版本的不同，或賈誼僅憑記憶書寫。[3] 先秦諸子直接引《國語》的疑似例子，據我所知，衹有一個可能的情況，《韓非子・說疑》有：

---

1 見劉師培，《讀左劄記》的考證，劉氏所舉的實例主要在《韓非子》與《呂氏春秋》（《淮南子》部分不屬先秦），其他對這方面作考證的尚多，因不是本文的重點，故不再詳引。劉師培，《讀左劄記》，《劉申叔遺書》（南京：鳳凰出版社，1997，寧武南氏校印本，中華民國廿五年），頁 292-301。

2 見李佳，《《國語》研究》（北京：中國社會科學出版社，2015），頁 51-53。

3 《國語・楚語上》的文本為：「教之《春秋》，而為之聳善而抑惡焉，以戒勸其心；教之《世》，而為之昭明德而廢幽昏焉，以休懼其動；教之《詩》，而為之導廣顯德，以耀明其志；教之《禮》，使知上下之則；教之《樂》，以疏其穢而鎮其浮；教之《令》，使訪物官；教之《語》，使明其德，而知先王之務用明德於民也；教之《故志》，使知廢興者，而戒懼焉；教之《訓典》，使知族類，行比義焉。」見韋昭注，《國語》，卷 17，頁 63。而《新書・傅職》的文本為：「或稱《春秋》，而為之聳善而抑惡，以革勸其心。教之《禮》，使知上下之則宜；或為之稱《詩》，而廣道顯德，以馴明其志；教之《樂》，以疏其穢而填其浮氣；教之《語》，使明於上世，而知先王之務明德於民也；教之《故志》，使知廢興者而戒懼焉；教之《任術》，使能紀萬官之職任，而知治化之儀；教之《訓典》，使知族類疏戚，而隱比馴焉。」兩者的文字、次序、項目，都有所變化。可是賈誼顯然不可能憑空寫出。我覺得賈誼還是在引述《國語》，那些不同似都可用「版本不同」，或「賈誼僅憑記憶書寫」來解釋。見賈誼撰，《新書》。

其在記曰：「堯有丹朱，而舜有商均，啟有五觀，商有太甲，武王有管、蔡。」五王之所誅……。[4]

上述的內容有可能引自《國語．楚語上》：

故堯有丹朱，舜有商均，啟有五觀，湯有太甲，文王有管蔡，是五王者……。

可是文句並不全同，而且《韓非子》明言：「其在記曰」，而從先秦至漢初，似乎未聞稱《國語》為「記」者。我們甚至無法確定「記」是否為一部特定的書，還是泛言的「記載」。更有一點可疑的是：據杜預〈左傳後序〉所記，汲冢竹簡內「又別有一卷，純集疏《左氏傳》卜筮事，上下次第及其文義，皆與《左傳》同，名曰『師春』，師春似是抄集者人名也。」[5] 可是《國語》中也有好些卜筮之事，戰國時魏人「師春」在抄集時，居然未注意及之。固然不能僅由這件事來判斷：戰國後期魏國見不到《國語》這部書，[6] 可是結合了戰國時期少人徵引《國語》的事實，至少我們可以推測戰國時的學者不太看重這部書。要到漢初的賈誼，才把《國語》當寶貝，徵引進他的《新書》內。到後來司馬遷作《史記》，也大量引用《國語》；他在《史記．十二諸侯年表》中明確寫著：

於是譜十二諸侯，自共和訖孔子，表見《春秋》、《國語》，學者所譏盛衰大指著于篇。[7]

他在《史記．五帝本紀．太史公曰》也說：

予觀《春秋》、《國語》，其發明〈五帝德〉、〈帝繫姓〉章矣。[8]

---

4 王先慎撰，《韓非子集解》，《新編諸子集成》，卷 17，頁 405。

5 左丘明傳，杜預注，孔穎達正義，《春秋左傳正義》，〈後序〉，頁 1983。

6 事實上《晉書．束皙傳》謂竹書之中有「國語三篇，言楚晉事」，故知《國語》的單篇在戰國的確存在。見房玄齡等，《晉書》，卷 51，頁 1433。張以仁也提出此點，祇是用來證明《左傳》與《國語》非同一書之分化。見張以仁，《國語左傳論集》，〈論國語與左傳的關係〉，頁 19-108，

7 司馬遷撰，裴駰集解，司馬貞索隱，張守節正義，《史記》，卷 14，頁 511。

8 同前引，卷 1，頁 46。

何以戰國後期的學人不看重《國語》，而到了漢初，學者又紛紛看重它呢？我猜想到了戰國的後期，由於經濟的進展，書籍的抄寫與供應漸漸普遍（竹簡之外可能還用到綾帛），學者們比較看重書籍的思想與內涵。《左氏春秋》是沾了《春秋》的光，受到諸子的看重。像《國語》那樣一部「雜史」，就被比下去了。到了漢初，經過秦火以後，書籍缺少，可能張蒼在保存《左氏春秋》之餘，也保存了《國語》，並且也傳授給賈誼，再經過河間獻王，就在民間流傳起來。到了司馬遷，除了熟悉《國語》的內容外，還繼承了一些有關《國語》與「左丘明」關係的傳聞，而表現在〈太史公自序〉與〈報任少卿書〉中的「左丘失明，厥有國語」中。[9] 是故以後的學者（包括班固與王充），都以為左丘明除了著作《左傳》之外，還是《國語》的作者。其實他這句話，衹是表達了《國語》與左丘明有關係，說的是：在左丘明眼睛不行了以後，《國語》才會出現，並沒有說左丘明著《國語》；後來的學者可能都誤解司馬遷了。

擺脫了今文學派的意識型態[10] 後，目前的共識是：《左傳》與《國語》（就它們目前的形態而言）是兩部獨立的書，有不同的著作主旨。在這種共識之下，錢玄同所謂「此詳則彼略，彼詳則此略，顯然將一書瓜分為二。」[11] 的觀察，就衹能訴諸偶然的因素。其實這種現象雖然不能普遍成立，亦有幾分真實性；而且亦非沒有另外的解釋。

就持此共識者而言，大多數願意承認左丘明為《左傳》的著作人。[12] 在這些人

---

9 司馬遷〈報任少卿書〉（見《漢書．司馬遷傳》引）幾乎全用〈太史公自序〉的句子，衹是後面跟了幾句：「及如左丘明無目，孫子斷足，終不可用。」則是私人書信中發洩感情之言；「無目」即「失明」，衹是變更寫法，應非另有新資訊。司馬遷撰，裴駰集解，司馬貞索隱，張守節正義，《史記》，卷 130，頁 3300；班固，《漢書》（北京：中華書局），卷 32，頁 2735。

10 就我所知，目前仍持此說者，衹有徐仁甫，《左傳疏證》（成都：四川人民出版社，1981）。雖然在「出版說明」說「本著『百家爭鳴』的方針，我們出版了這部著作，相信它將在學術研究的探討中起到積極的作用」，可是還是很少人附和他。

11 見錢玄同，《重論經今古文學問題》，收入顧頡剛等編，《古史辨》第 5 冊。在頁 68 的引文如後：「你看，《左傳》與今本《國語》二書，此詳則彼略，彼詳則此略，這不是將一書瓜分為二的顯證嗎？至於彼此同記一事者，往往大體相同，而文辭則《國語》中有許多瑣屑的記載和支蔓的議論，《左傳》大都沒有，這更露出刪改的痕跡來了。」此文又見錢玄同，《論經今古文學問題——重印新學偽經考序》，收入《新學偽經考》（北京：北京古籍出版社，1956）。我提這篇文章，不是要重挑「今古文之爭」而是表達他們的疑點，也可以引出我的假設。對這段學術史有興趣的讀者可參閱《左傳論文集》中所收的各篇文章。陳新雄、于大成主編，《左傳論文集》（臺北：木鐸出版社，1976）；鄭良樹，《續偽書通考》中冊（北京：中國社會科學出版社 ，2022），頁 655-838、1048-1052。

12 就我所知，最重要的例外，就是楊伯峻，《春秋左傳注》，頁 31-43。他推測《左傳》成書的年代

之中又分為兩類，一類主張左丘明非《國語》的著作者，以張高評為代表，[13] 另一類以為二書同為左丘明所著，可以李佳為代表。[14] 張以仁的意見似乎有些游移。[15] 可是他認為《國語》著作的主旨「既不釋經，復不敘史，它用記言的方式，求達到明德的目的。因此不應用『史書』的標準去評斷」，我也認為可以有其他解決方式。

在本文內，我嘗試用另一個假設。我設想左丘明在準備纂寫《左傳》之前，必定先廣為收集史料，並抄寫在竹簡上。在纂寫的過程中，很多史料竹簡不斷被移置入《左傳》。到後來《左傳》寫得差不多了，左丘明卻因失明而無法再工作；原有的史料竹簡十去七八，所剩就被編為《國語》。下面我試著去補充細節，以提升其說服力。

二、背景假設：孔子與《春秋經》的關係

我在本文中預設了「孔子與《春秋經》的關係」的基本假設。那就是我的舊文：〈孔子與《春秋經》〉，[16] 下面是其要點。

（一）孔子雖對春秋歷國的歷史很熟悉，然而他本身不是太史，以他「不在其位，不謀其政」的原則，本來不會牽涉及《魯春秋》的簡冊。當孔子於哀公十一年

在 403 B.C. 魏斯為侯之後，離哀公末年至少六十多年，因此不可能是孔子所稱道的左丘明。他的根據是〈閔公元年〉卜偃所說的「畢萬之後必大」。其實 403 B.C. 祇是三晉命邑為諸侯之年，魏文侯即位於 446 B.C.，開始時就有賢君之規模，至 416 B.C.，魏文侯更出兵誅晉亂，而立晉烈公，此時離魯哀公末年 468 B.C. 僅 52 年，那時當然會看出「畢萬之後必大」。在〈閔公元年傳〉補上一筆，也是很可能的。

13 見張高評，《左傳導讀》。這一派否認左丘明曾著《國語》，就必須解釋何以司馬遷曾經兩度強調「左丘失明，厥有國語」。這當然有很多可能性，可是張教授似乎沒有追索下去。其實本文所假設的「《國語》為左丘明編撰《左傳》後的剩餘」，也不與張教授所提的論點相衝突。

14 李佳的書已見注 2 所引。他涉及《國語》的編纂在第三章，其中第一節她認為左丘明所作基本可信，在第二、第三節她猜測其編纂目標與過程，並各舉例以說明之。她大致贊成張以仁的講法，可是也批評其不夠完整。

15 見張以仁，《春秋史論集》（臺北：聯經出版，1990）。他在頁 97 寫出游移的意見：「《左傳》與《國語》二書，若一為所著，一為所編而略加潤色，則後世以為同出一人，亦非無此可能。」他在此書中（〈從國語與左傳本質上的差異試論後人對國語的批評〉，頁 105-182）還提倡《國語》是以「明德為目標」的學說，我將在本文結語中再加以討論。（其實與「史料匯編」說並無邏輯上的衝突。）張以仁另有〈論國語與左傳的關係〉（見注 15），亦討論相關的問題。張以仁，《國語左傳論集》（臺北：東昇出版，1980），頁 19-108。

16 見李怡嚴，《科學與歷史》，第三十八章，頁 439-455。

以「國老」的身分回魯以後，原來的太史（太史固）因高齡而逝世。新太史不久即發現，紀錄《春秋經》的竹簡有許多蛀蝕與錯亂的部分。新太史太年輕了，自己無法將那批竹簡整理與補充回來。而當時魯國的卿大夫正處在一個空窗期，無法幫助，祗有請求孔子擔任此事；在取得哀公同意的情形下，為殘缺的竹簡錄一副本，讓孔子能仔細研究並修補。

（二）孔子在修補過程之中，發現他國遇到「弒君」或「出君」的事件，都從實向諸侯赴告，不像魯國太史總是為本國的「弒君」（例如隱公與閔公）遮掩。孔子可能想到，如果讓這些記錄傳之後世，也許可以令企圖「出君」或「弒君」的「亂臣賊子」有所顧忌。這是他屢受挫折之後最起碼的期望。他因此請得哀公的許可，將《魯春秋》的副本留下來傳授弟子。[17] 孔子的這個舉動，讓他大部分弟子都將這個期望當成共同的使命，也讓日後的孟子特別重視。

（三）哀公十四年齊國陳恆弒簡公，這對孔子的最低期望是一個嚴重的打擊。雖然孔子極力要求哀公討伐陳恆，終因三桓的反對而不成功。這使孔子對修補《魯春秋》的事意興闌珊，祗得藉口年初「西狩獲麟」之事的感傷而停工。[18]（這顯然是藉口，感傷得再厲害，比起「弒君」事件之絕望，孰輕孰重，不言而喻。）而且孔子不久之後亦逝世。由於哀公「生不能用，死而誄之」的舉動，引起了孔門弟子的反感，子貢甚至提出嚴厲的批判：「君其不沒於魯乎！」他們以「廬墓」的方式來表達對孔子的認同，並將《春秋經》廣為傳播。並且提倡「孔子『作』春秋」的論調。此處的「作」字，本可解釋為「提升」。[19] 這種情緒，在日後《孟子》書中表現得最為徹底。許多弟子由於對魯政的失望，紛紛離魯而仕於異國。數傳之

---

[17] 孔子在修補《魯春秋》的竹簡時，必須判斷何者為真的失落，何者為本來未書。他的判斷可能比當時其他人要來得高明，可是在資料有限的情形下，不可能絕對不犯錯。他既然用這些竹簡副本來教授弟子，也必定會提及某件事何以書或不書（按他的判斷），也會提及（他所了解的）史官記載時常用的慣例。這些解釋被各弟子記下後，由於對老師的尊重，就會成為無可批駁的「大義」。其實孔子真正注重的，應該是關於「弒君」的記載，如果真有「大義」的話，應以有關「弒君」的批判為主。

[18] 本來這是我自己的猜想，後來讀楊伯峻《春秋左傳注》引述顧棟高，《春秋大事表．卷四十二之四．春秋三傳異同表．春秋絕筆獲麟論》，謂：「因是年請討陳恆之不行，而絕筆也」，喜知以前也有人這樣想。可惜楊伯峻以「實則皆臆說也」抹殺之。所引文見《春秋大事表．卷四十二之四．春秋三傳異同表》。楊伯峻，《春秋左傳注》，頁 1680。

[19] 因為孔子多數弟子是魯國人，由於感情的因素，不能批評自己的國君。可是子貢是衛國人（雖然一度仕魯為客卿），他對魯哀公的激烈批判，代表了很多同門心底下的感受。到一百多年後，孟子特為表揚之，在〈滕文公上〉揭出子貢史無前例的「廬墓六年」的舉動。孟子並且首先提出「臣弒其君者有之，子弒其父者有之，孔子懼，作《春秋》。」的理論，特別標出以批判弒君，為倡導《春秋》的原動力。趙岐注，孫奭疏，《孟子注疏》，卷 6 下，頁 210。

後，由「孔子作春秋」傳誤為「孔子著春秋」，並對個別經文產生各種褒貶的解釋。這就是《史記．十二諸侯年表》所指「弟子人人異端，各安其意，失其真。」[20]的來源。

三、對「左丘明」其人的猜測

前面的背景假設是說，孔子受委託修補《魯春秋》竹簡的錯失。他的研究一定需要太史的合作，而老太史（太史固）已在哀公十一年不久以後因年高而去世，新太史卻是一個年輕人。而《漢書．藝文志》在「左氏傳」欄下注著：「左丘明，魯太史」。將這個較後出現的資訊納入前面的假設，則可知「左丘明」就是那個年輕的新太史。

「左丘明」的名稱，一見於《論語．公冶長》篇：「巧言、令色、足恭，左丘明恥之，丘亦恥之。匿怨而友其人，左丘明恥之，丘亦恥之。」[21]後世很多人用這句話來推論「左丘明」必為孔子的前輩，其實在邏輯上得不出這樣的推斷，極其量衹能說「左丘明」非孔子的弟子而已（因孔子對弟子說話的語氣不如此）。[22]如果承認「左丘明」是魯太史，則孔子基於對他職位的尊敬，當然不會用對門徒的口氣說話。

當魯哀公時，貴族的「世官」制度應還存在，因此可以假設「左丘明」為太史固的後代，可是根據前面的背景假設，新太史應該很年輕，一個很合理的推想，就是太史固之子已經前死，而左丘明以其孫的地位世其職，他的年齡可能要比孔子小上四五十歲。（姑且假設他與曾參同歲，亦即小孔子四十六歲。）由於年齡與學識相差懸殊，「左丘明」應該會以後輩之禮來尊敬孔子，而不願意孔子按職位稱呼他「太史明」。因此「左丘明」的稱呼可能是一種妥協。「左」或「左丘」可能不是姓氏，孔子可能按俗例用居住地來稱呼他，猶如「東里子產」、「東郭牙」等例。[23]

---

[20] 司馬遷撰，裴駰集解，司馬貞索隱，張守節正義，《史記》，卷 14，頁 509-510。

[21] 何晏注，邢昺疏，《論語注疏》，卷 5，頁 74。

[22] 毛起，《春秋總論初稿》（上海：生活書店，1935），重印本收入於林慶彰等編，《民國時期經學叢書》第二輯，No. 39（臺中：文聽閣圖書，2008），其論左丘明的文字大致在頁 96-117。不過，此書除了我引的這一點外，其餘價值很有限。

[23] 我不太認同將「左」或「左丘」定為「左丘明」的氏族名，因為在春秋魯國，要成為一個特定的氏族，似需要獲得國君的特准。（這與鄭國不同，由《左傳》看來，在鄭國的貴族或公族以父字（一說以王父字）為氏名，似為自動的。）我根據的是魯國「展」氏得名的記錄：《春秋經．隱公

按文獻與字書，「丘」字之義可有：「墟也」(《楚辭．哀郢》：「曾不知夏之為丘兮」注「墟也」)、「聚也」(出《廣韻》與《字彙》)、「居也」(《左傳．僖十五年》「敗于宗丘」，注：「丘，猶居也」；《廣雅．釋詁》：「丘，居也。」)、「區也」(《說文通訓定聲》：「丘假借為區」)。綜而言之，「丘」為一非正式的市集單位。我懷疑魯太史世居於「左丘」的地域。「明」既繼承了「太史」之職，當亦繼承其居所。稱呼「左丘明」，當時大家都不會有疑問，反而後世不知此種稱呼之來源，紛紛懷疑「左丘」是姓氏。[24]

左丘明雖然年輕，可是既然生於「太史」之家，耳濡目染之下，他對歷史文獻應會有基本的認識。他既受命幫助孔子修補《魯春秋》的竹簡，當不肯放棄向孔子請益的機會。故左丘明雖然在名義上不是孔子的門徒，就其親受孔子薰陶而言，恐怕比很多門徒還要多。我們從《左傳》中發現不少儒家的思想，正是理所當然的事。

由魯哀公十二年起以後兩三年，左丘明的主要工作，除了繼續書寫[25]《魯春秋》外，就是為配合孔子對《魯春秋》竹簡（在副本上）的修補而整理修補《魯春秋》的原竹簡，這本來是太史的職務。對孔子「作」(提升)《春秋》以令「亂臣賊子懼」的期望，左丘明也一定會受到影響而認同。此外，他與孔子的幾個得力弟子，如子路與子貢，也會有一定的交往，瞭解他們的思想與性格。這會表現在《左

八年》載：「冬，十有二月，無駭卒。」《左傳．隱公八年》載：「無駭卒，羽父請謚與族。公問族於眾仲。眾仲對曰：『天子建德，因生以賜姓，胙之土而命之氏。諸侯以字，為謚，因以為族。官有世功，則有官族，邑亦如之。』公命以字為展氏。」由此可以看出魯隱公命氏時的謹慎。另一項記錄足為對比，《春秋經．隱公九年》載：「挾卒」。此經無傳。《杜注》謂：「挾，魯大夫，未賜族」。可見魯大夫（如果沒有「世功」的話）並不一定會有氏族的名稱。《左傳》稱「太史克」、「太史固」，都未提氏名；如果「太史」為世官，則即使有氏名，恐怕也會按：「官有世功」的原則，而稱之為「太史氏」。我以「左丘」是地名，固然僅是猜想，然相信可以適用於孔子時代的魯國貴族。左丘明傳，杜預注，孔穎達正義，《春秋左傳正義》，卷 4，頁 129-133。

24 鄭樵，《通志》(臺北：臺灣商務印書館，1987)，卷 25，〈氏族略〉，頁 467。在「以族為氏」項後，有一條按語：「臣謹按，所著《春秋傳》即倚相之後，世為楚左史官，非左邱明，明居左邱，為左邱氏，非左氏也。」雖然鄭樵認為著《左傳》的人不是《論語》中的「左丘明」，而是楚人左史倚相的後代，可是他提出「明居左邱」的資訊，卻可能有所傳承，足以支援我的假設。然而我不取他「為左邱氏」的講法。事實上鄭樵也並沒有列「左邱氏」於「以地為氏」項下，可能他自己也並不確定。當然，到了戰國以後，氏姓相混，而且得姓不止一途，當然會有「左」或「左丘」的姓氏。

25 《魯春秋》當然不會停在哀公十四年。(那是孔子停止修補的時候。) 由《春秋經．哀公十四年》記載項數之多，可見左丘明能充分勝任他的工作。

傳》的描寫中。[26] 日後他並收曾參之次子曾申為徒，將所編的書傳授給他。

可是當哀公十四年，孔子由於齊簡公被弒事件，感到絕望而停筆時，不但其弟子（尤其是子貢）受到刺激，左丘明也可能受到影響。可是他有太史職務的牽制，無法作出激烈的反應。大概就在這個時候，他認識到《魯春秋》記載方式的局限性，原來的記錄太簡略，而且以本國事跡為主，他國的事跡祇限於他國的赴告。這種屢世遵循的書法，他不敢改變；可是他覺得應該有詳細的事實說明，來配合每條《春秋》的記載，而很多他國的事跡，雖然沒有赴告，可是會對本國產生影響的，也應該補足。換句話說，他要編纂另外一批簡冊，來配合孔子所「作」的《春秋》行世。這當然是一件大工程，在孔子逝世以後的一段時間，他除了盡忠於「太史」的本職之外，就積極搜集各種史料。以「太史」的身分，顯然有利於他對史料的收集。他將《魯春秋》也錄一副本，至孔子去世為止。

自從《漢書．藝文志》提出「左丘明」是魯太史以後，歷朝都有人附和，[27] 可是我覺得這正好配合上述年輕太史的背景假設，因此格外相信它。

四、有關《左傳》、《國語》的產生與流衍過程的猜測

這樣的一批竹簡，在戰國時曾廣為流傳，可是並未獲得它現在的名稱：《左傳》。當時連「經」的觀念也還沒有（最早見於《莊子．天運》，那已經是很後了），更不要講「傳」了。戰國諸子之徵引，多不記書名（由內容判定），唯《韓非子》記曰《春秋》，故知此名可能為戰國諸子對它的稱呼。最早將「左丘明」的人名，與這套歷史著作牽連的，是《史記．十二諸侯年表》：

> 七十子之徒口受其傳指，為有所刺譏褒諱挹損之文辭不可以書見也。魯君子左丘明懼弟子人人異端，各安其意，失其真，故因孔子史記具論其語，

[26] 《左傳》對子貢的記載尤其多。到哀公二十七年還寫下：「二月，盟于平陽。三子皆從。康子病之。言及子贛，曰：『若在此，吾不及此夫！』武伯曰：『然，何不召？』曰：『固將召之。』文子曰：『他日請念。』」此記載顯示魯人對子貢懷念之深。見左丘明傳，杜預注，孔穎達正義，《春秋左傳正義》，卷 60，頁 1975-1976。

[27] 注 13 中所提的《左傳導讀》，在頁 50-58 中，頗強調唯有在「太史」之位，才能完成《左傳》此一矩構。類此的議論尚多。我覺得就此題材發揮得最好的一本書，是黃麗麗，《左傳新論》（合肥：黃山書社，2008）。

成《左氏春秋》。[28]

這裡司馬遷仍沒有訴諸「經傳」的觀念，祇是將這套著作當作「春秋」的一種。很顯然，他將「春秋」一名當作編年體史書的統稱。這段話也可以印證前面的「背景假設」：孔子雖然對魯國的政局失望，可是究竟是自己「父母之邦」，在情緒上不忍歸罪其君（哀公），他所以「提升」春秋，是要讓弟子明白「亂臣賊子」是一般人無法容忍的。在司馬遷的筆下，這就成為「不可以書見」的結果。又因為各弟子的領悟能力各自不同，很多人在字行間求其褒貶之義，就不免有「各安其意，失其真」的結果。

左丘明最了解孔子的本心，[29] 認為最好的解決方案，是將《春秋》經文背後的史實提供出來，讓讀者有判斷的基礎。[30] 這就是促成「左氏春秋」的原因。這一部著作花費了左丘明數十年的心血，而開始時，全用在史料的聚集。當然司馬遷明確地指出，左丘明是：「因孔子史記具論其語」，所以當時雖然還沒有「經傳」的觀念，「左氏春秋」還是受到「魯春秋」的制約的。這就造成西漢末年劉歆一批人對「左氏傳春秋」的主張。

可是司馬遷在上面那一段話以後，又提出「鐸氏微」、「虞氏春秋」、「呂氏春秋」，作為類似「左氏春秋」的著作，並且還提出：「荀卿、孟子、公孫固、韓非之徒，各往往捃摭春秋之文以著書，不可勝紀。」將這些書與「左氏春秋」相提並論，又好像在倡導：「左氏不傳春秋」的主張。我對後面那段文章的解釋，是他認為左氏開了私家治史之端，由於這部著作的成功，戰國諸子紛紛學樣，有的編為「節本」，有的出自機杼，都對日後「春秋學」的發展有功，我覺得這就是司馬遷的原意。

再猜想左丘明有了編纂大型歷史書的構想，一定由收集史料來開始，當然他還在「太史」的位上，而且由哀公十六年至哀公二十八年，他的職位沒有理由會變動。到哀公二十八年，哀公客死於越國以後，就難講了。那時魯國的政局動盪，季

---

28 司馬遷撰，裴駰集解，司馬貞索隱，張守節正義，《史記》，卷 14，頁 509-510。

29 這可由「仲尼曰」的安排得知。這一部分的引述，其思想與《論語》頗有共通之處，左丘明可能得自親聞。他將孔子對歷史的評論安排為「仲尼曰」，後人可以由此了解孔子。可是同時也顯示了左丘明自己對孔子的了解。

30 孔子自己可能也有這種「訴諸事實」的想法，流傳下來就變成司馬遷在〈太史公自序〉中所引：「子曰：我欲載之空言，不如見之於行事之深切著明也」（可能傳自《春秋緯》）。左丘明受他的影響，才甘願用一輩子的心血來完成這件「敘事」的工作。司馬遷撰，裴駰集解，司馬貞索隱，張守節正義，《史記》，卷 70，頁 3297。

孫氏一定會進一步抓權，那時「太史」的世官職務會不會存在，也很可能成問題。我猜左丘明在前十二年中，要收集的資料也收集的差不多了，對魯國的政治，也不抱希望了，可能就由「太史」的職位退下，專心寫書。他的書終結於魯哀公二十七年，可能就是史料的終結處。

當左丘明還在太史之位時，生活固然不成問題，可是收集額外的史料，並非傳統太史任務的一部分，他必須用他自己的時間。抄集史料需要用很多竹簡，不可能由官方支持，所以他一定有人資助。（他是個公私分明的人，不然，不會被孔子看重。）日後他若從太史之位退下，生活更成問題。沒有材料顯示誰會資助他。如果要猜的話，子貢應是一個可能。

他收集史料的方向，可能包括幾個方面：

1. 民間的傳說。大部分可能就近從魯國收集，可是也有可能利用「太史」的關係與他國交換。
2. 各國各重要氏族的興衰與變化。
3. 各國的「春秋」。根據《孟子》，晉有「乘」，楚有「檮杌」（我懷疑這兩個名詞原是「春秋」在晉楚方言中的讀音）。[31] 根據《墨子》，他見過「百國春秋」。這也許有一些誇張，可是在《墨子．明鬼下》中明文提過「周之春秋」、「燕之春秋」、「宋之春秋」、「齊之春秋」那些書籍，可能是墨子親見的。
4. 各國貴族的教材。《國語．楚語上》記載申叔時的話：「教之《春秋》，而為之聳善而抑惡焉，以戒勸其心；教之《世》，而為之昭明德而廢幽昏焉，以休懼其動；教之《詩》，而為之導廣顯德，以耀明其志；教之《禮》，使知上下之則；教之《樂》，以疏其穢而鎮其浮；教之《令》，使訪物官；教之《語》，使明其德，而知先王之務用明德於民也；教之《故志》，使知廢興者，而戒懼焉；教之《訓典》，使知族類，行比義焉。」由這段話，我猜想當時各大國的貴族，都可能受類似的教育，並且還編有特定的教材。其中「語」的一類，可能就包括政府施政時的各種討論與對話。當時的這些教材，我們今天當然看不到了。可是還可以見到戰國中後期的類似教材，如

---

[31] 《孟子》書中有時（例如〈滕文公下〉）以各國方言作借喻。為了要兼顧《墨子》「百國春秋」之說，我猜想此處孟子可能以其不準確的讀音，模擬晉楚對「春秋」二字的讀法，而弟子照實記之。「乘」字音近「春」，因急讀而略去尾音（秋）；「檮」字當時可能音近「籌」，「杌」字有喉音，近「秋」。這祗是我很狂野的想法，姑留記錄於此。

《春秋事語》以及《清華簡・繫年》，因而可以推想其性質。

5. 各大型戰爭的過程以及前因後果，這是《左傳》很特出的部分。左丘明一定花費了很多心機來收集。[32]

6. 各國施政中所涉及的各個卜筮過程與結果。

7. 其他瑣屑的逸事。在有機會時，一定細大不捐地記錄下來，寧可備而不用。

因為要用許多竹簡，抄寫時不可能沒有選擇，這會顯示出左丘明的意識型態。有了史料，[33] 下一步就是抽取與《春秋》相關的條文，附麗於其後。可是歷史事實往往互有關聯，所以在不少地方必需附上解釋之文，不少地方必需追述。例如在僖公十五年敘述秦晉韓之戰後，就用了許多文字解說此一戰爭的影響（由「初，晉獻公筮嫁伯姬於秦，……」開始），到僖公二十二年講到晉惠公、懷公與秦決裂的事實以後，又重新起頭敘述公子重耳的遭遇。左丘明成功地聯繫了許多複雜的史實，使讀者覺得頭緒井然，這一份功力，就不簡單。

有時涉及孔子所注重的弒君或出君事件，左丘明發現有時會涉及很複雜的因素。由事實的排比，可顯示被弒的國君也有錯誤之處，他必須加以分疏與評斷。例如宣公四年敘述公子宋與公子歸生弒鄭靈公，就涉及君臣間由開玩笑的小事反目，演變成大禍。左丘明在評論之後，再解釋《春秋》條文的書法：「凡弒君稱君，君無道也；稱臣，臣之罪也。」[34] 這一類的「凡例」（共有五十條，杜預稱為「五十凡」）是左丘明自己的心得。現在看來，有些評論很中肯，可是一旦要推廣到所有事件而形成「凡例」，就未免有附會。在這些地方，《左傳》與《公羊》、《穀梁》其實是以五十步笑百步。

左丘明究竟是深受孔子重禮思想薰陶的人，所以在不少敘述中，忍不住要雜入「禮也」或「非禮也」之類的判斷。《左傳》的主體是歷史，歷史當然可以有評論，有褒貶。可是左丘明可能由於謙虛，卻將史論安排為時人的評論，其中有一部分他有把握是孔子說的，就直接用「仲尼曰」，由此也保存了不少孔子的言論。大

---

[32] 參見張高評，《左傳之武略》（高雄：麗文文化，1994），此書對戰略分析很著重。

[33] 這裡所講史料的搜集，也僅為大略言之。左丘明作為太史，生平一定會聽過不少傳聞，都保存在他的記憶中。有些事太瑣屑，不值得當作「史料」記下，可是記憶積聚既多，有時也會影響對史事的判斷。例如《左傳・成公十六年》所記載的鄢陵之戰，其中一段話：「韓之戰，惠公不振旅；箕之役，先軫不反命；邲之師，荀伯不復從，皆晉之恥也。子亦見先君之事矣。今我辟楚，又益恥也。」的發言者，由保留在《國語》中的「欒武子」，憑其知識改為「郤至」。觀後文，郤至在鄢陵之戰中大有貢獻，事前未必沒有激勵的談論。原史料（收在《國語》中）可能受明年郤至受誅的影響，未免以勝敗論人。左丘明傳，杜預注，孔穎達正義，《春秋左傳正義》，卷 28，頁 892-893。

[34] 同前引，卷 59，頁 1930。

部分他一時無法確定評論者的名字，就依照慣例用較含糊的「君子曰」，其中可能不免有他自己的意見混進去。其實不論是「仲尼曰」還是「君子曰」，左丘明祇是提供時人的議論供讀者參考，並不意味那些評論就是絕對的「真理」。（當然，讀者可能基於對孔子判斷力的信任，而賦予「仲尼曰」的內涵以更高的價值，可是這與歷史本身無關。）附帶提一下，有些評論可能是錯的。例如〈僖公二十四年〉載：「鄭子華之弟子臧出奔宋，好聚鷸冠。鄭伯聞而惡之，使盜誘之。八月，盜殺之於陳宋之間。」「鷸冠」是「知天文者」，顯然子臧奔宋後還不減野心，身邊聚了一批「算命的人」以企圖回鄭發動政變，鄭伯當然會對他不放心，所以使盜誘出而殺之。然而《左傳》針對這一段的「君子曰」卻是：「服之不衷，身之災也。詩曰：『彼己之子，不稱其服。』子臧之服，不稱也夫。」[35] 顯然評論者本身沒有看懂這段歷史。可是有時對史料的評斷也涉及到個人主觀的因素，注 17 提及何以某些事會書或不書，這些解經之語也會被孔門弟子或左丘明記錄下來，也演變成「褒貶之語」。《左傳》這方面雖比「公羊」、「穀梁」為好，可是也會有一些雜在傳文之內，數量可以多到讓杜預歸納為《春秋釋例》（雖然其中並不完全以褒貶為主），我認為這一類「褒貶」應與正式史評的褒貶分別看待，賦予不同的價值。

在「史評」方面，左丘明固然不可能超越他的時代，可是他確實盡力維護歷史敘述的客觀性。《左傳新論》認為他假借時人的評論以維護季氏，[36] 對這一點我持保留態度。有時他的描述顯示出季氏偽善的一面，例如文公十八年敘述季文子縱使襄仲殺太子而立宣公，然後在莒僕來奔的事件中使太史克對宣公施以學問轟炸。《左傳》沒有採取《國語．魯語上》的判斷：「莒太子僕弒紀公」，而僅記：「僕因國人以弒紀公，以其寶玉來奔。」[37] 以突顯僕在事變中非得益者。《左傳》也沒有採用《國語》中里革的對話（韋昭認為里革即「太史尅」，我很懷疑。）此例顯示，左丘明盡力維護歷史敘述的客觀性，對季文子那種成功自我宣傳的「亂臣賊子」，《左傳》除了將事實攤開來之外，也確實沒有其他辦法。

對於《左傳》的流衍，一向記載缺乏，遲到唐陸德明《經典釋文．序錄》才記下：「左丘明作傳以授曾申，申傳衛人吳起，起傳其子期，期傳楚人鐸椒，椒傳趙人虞卿，虞卿傳同郡荀卿名況，況傳武威張蒼，蒼傳洛陽賈誼……」因為沒有佐證，所以總有人對這段話懷疑。由於「左氏春秋」的名稱在戰國時仍未流行，一

---

[35] 左丘明傳，杜預注，孔穎達正義，《春秋左傳正義》，卷 15，頁 486。
[36] 黃麗麗，《左傳新論》，頁 210。
[37] 左丘明傳，杜預注，孔穎達正義，《春秋左傳正義》，卷 4，頁 57。

般諸子引書，但稱「春秋」，所以祗能由內容上來判斷。劉師培《讀左劄記》提到韓非與《呂覽》引述「春秋」的事例，由內容看來，顯然出於《左傳》。又據杜預《左氏·後序》，在當時新發現的「汲冢竹簡」中，有一卷「純集疏《左氏傳》卜筮事，上下次第與文義，皆與《左傳》同。」「汲冢竹簡」埋藏於魏襄王二十三年以前，顯然戰國時的人已能從《左傳》中抽出卜筮事項，單獨成書。所以當時雖無「左傳」或「左氏春秋」之名，其廣為流行，則無問題。[38]

五、《國語》的史料特性

前人已認識到，現傳本之《國語》必與《左傳》有關。宋司馬光在〈述國語〉一文中認為：「……丘明將傳《春秋》，乃先采集列國之史，國別分之，取其菁英者為《春秋傳》，而先所采集之藁，……，序事過詳，不若《春秋傳》之簡直精明，渾厚遒峻也。又多駁雜不粹之文，誠由列國之史，學有薄厚，才有淺深，不能醇一故也。」[39] 這個看法，連顧頡剛也譽為：「要其創說不為無見」。[40]

清趙翼《陔餘叢考》也說：「今以其書考之，乃是左氏採以作傳之底本耳。古者列國皆有史官記載時事，左氏作《春秋傳》時，必博取各國之史以備考核。其於《春秋》事相涉者，既採以作傳矣，其不相涉及雖相涉而采取不盡且本書自成片段者，則不忍竟棄，因刪節而並存之。」[41]

---

38 這裡可以對應本文第一節的討論。祗是那裏強調《國語》在先秦被引述之少。

39 上文為司馬光〈述國語〉節述。原文相當長，錄之於下：「先儒多怪左丘明既傳《春秋》，又作《國語》，為之說者多矣，皆未通也。先君以為丘明將傳《春秋》，乃先采集列國之史，國別分之，取其菁英者為《春秋傳》，而先所采集之藁，因為時人所傳，命曰《國語》，非丘明之本志也。故其辭語繁重，序事過詳，不若《春秋傳》之簡直精明，渾厚遒峻也。又多駁雜不粹之文，誠由列國之史，學有厚薄，才有淺深不能醇一故也。不然，丘明作此複重之書何為邪？然所載皆國家大節興亡之本。（文中有缺漏，根據明本補入。）」見司馬光撰，李文澤、霞紹暉校點，《司馬光集》第3冊（成都：四川大學出版社，2010），卷68，頁1406。
司馬光已得「史料匯集」說之原則，可謂探驪得珠。然未悟春秋時用竹簡，采集時可以整簡移置，殊遺憾。

40 見顧頡剛講授，劉起釪筆記，《春秋三傳及國語之綜合研究》（成都：巴蜀書社，1988），頁106-107。

41 見趙翼著，欒保群、呂宗力校點，《陔餘叢考》（石家庄：河北人民出版社，1990），〈《國語》非左丘明所傳〉，卷2，頁47-49。趙翼頗贊左丘明采集之才，可化腐臭為神奇，甚至說：「竊嘗論之，左氏之採《國語》，仙人之脫胎換骨也。」可能會引起近代論者之反感。除了司馬光與趙翼外，以李燾為最重要。其他零碎類似的議論尚多，參見注2所引《《國語》研究》，頁89-91。

二人已經有此認識。尤其司馬光在作《資治通鑑》之前，先採史料，編為「長篇」，[42] 更與左丘明的情況類似。但春秋時，書籍僅能靠竹簡之抄錄而流傳，非若後世有紙本書籍之方便。書籍在當時更不可能成為商品。左丘明在收集史料時，必須自備竹簡去抄錄，即使為太史時有助手協助（我懷疑他會利用公家的人手），亦需多花費精力，所以不得不加以選擇。到利用這些資料編書時，如果整段可以移置，為省事起見，很可能即將原簡冊拆散，直接編入，這種情形會減少原竹簡的數量。也有一種情況，史料之記載太繁，左丘明需要將之簡化為數語，則不能利用原簡，需要另書。我認為如果將《國語》當作史料之剩餘，則上述之兩種情形，都有所表現。在處理鄭國的史料時，很多竹簡都被移置，以致〈鄭語〉僅剩一卷無關緊要之文。又如晉國的史料采集很多，在追述晉事時，需要簡約之，如《國語．晉語四》敘公子重耳在齊國安居而不想走動，姜氏勸諫之辭甚長，而且數度引《詩》來支援其言。《左傳》雖然在事實方面多抄錄《國語》，而姜氏勸諫之語則縮為短短八個字：「行也，懷與安，實敗名。」[43]（這句話一定不是另有出處，因為《國語》的長篇大論就在談「懷與安」），[44] 因此，《國語》此段就維持原狀，而《左傳》則另寫。到僖公二十四年終結重耳流亡之事，而將有關介子推的遭遇全部錄入。這部分竹簡，很可能即由原始的史料直接移置，故《國語》沒有這一段。

也有些情況，《左傳》的描述大部分來自《國語》，卻沒有利用原竹簡，可以用下面的例子來說明。《左傳．昭公七年》載：

---

[42] 關於司馬光著《資治通鑑》的過程，請參閱王錦貴，《司馬光及其《資治通鑒》》（鄭州：大象出版社，1997），第二章，〈《通鑒》的問世〉，頁 20-36；第四章，〈巨著成就及特點〉，頁 76-107。事實上司馬光獲得宋朝皇帝（英宗與神宗）的全力支持，有專門機構配合，並有一批人才協助編輯，取得書籍也便利。客觀環境比左丘明當年好多了。我們現在當然已看不到《資治通鑑》的「長篇」，不過卻可從南宋李燾的《續資治通鑑長編》了解其規模。此書現在已有中華書局的點校排印版，相當清晰。

[43] 左丘明傳，杜預注，孔穎達正義，《春秋左傳正義》，卷 15，頁 470。

[44] 實則《國語．晉語四》這一大段，內容非常豐富，充分表現齊姜的辯才與公子重耳耽於安樂的本懷。齊姜首先提醒重耳對晉國的前途有義務，而引《詩．大雅．大明》以督促他「不可以貳」，然後又引《詩．小雅．皇皇者華》，又引現逸之「西方之書」，又引《詩．鄭風．將仲子》，又引管仲之遺言，目的是針對重耳耽樂之心，以喚醒其英雄氣概，最後又斷言「亂不去世，公子唯子，子必有晉」來誘引重耳。這樣一篇大好文章，被左丘明濃縮為「懷與安，實敗名」，實在糟蹋好材料！如果左丘明將這一大段納入《左傳．僖公十八年》，絕對不會比旁邊的文章遜色。（還很有可能被張高評教授納為《左傳文韜》的事例！一笑。）猜想左丘明因為要將好幾年的事跡都納入〈僖公二十三年〉一年的追述中，篇幅未免過長，故不得不割愛。其實沒有人阻止他將史料分散到各年去，現在想想，還真替他可惜！韋昭注，《國語》，卷 10，頁 2。

> 鄭子產聘於晉。晉侯有疾，韓宣子逆客，私焉，曰：「寡君寢疾，於今三月矣，並走羣望，有加而無瘳。今夢黃熊入于寢門，其何厲鬼也？」對曰：「以君之明，子為大政，其何厲之有？昔堯殛鯀于羽山，其神化為黃熊，以入于羽淵。實為夏郊，三代祀之。晉為盟主，其或者未之祀也乎？韓子祀夏郊。晉侯有間，賜子產莒之二方鼎。[45]

可與《國語．晉語八》的對應記載作對比：

> 鄭簡公使公孫成子來聘。平公有疾，韓宣子贊授客館。客問君疾，對曰：「寡君之疾久矣！上下神祇無不徧諭而無除。今夢黃熊入於寢門，不知人殺乎，抑厲鬼邪？」子產曰：「以君之明，子為大政，其何厲之有？僑聞之，昔者，鮌違帝命，殛之于羽山，化為黃熊以入于羽淵，實為夏郊，三代舉之。夫鬼神之所及，非其族類，則紹其同位。是故天子祀上帝，公侯祀百辟，自卿以下，不過其族。今周室少卑，晉實繼之。其惑者，未舉夏郊邪？宣子以告，祀夏郊，董伯為尸。五日公見子產，賜之莒鼎。[46]

試比較這兩段文字，可以發現《左傳》所記載的事實完全同於《國語》，可是文字卻改變了不少。如果接受《國語》為《左傳》史料假設，則顯然左丘明為了要配合後數段的語氣，（《國語》此條，為用晉人的語氣來記載。）無法照抄《國語》。而且《國語》此條修辭累贅，「夫鬼神……不過其族」數語，可謂全無必要。左丘明如果要移置《國語》的竹簡，需要做不少瑣屑的修改，實際上會得不償失；倒不如另行書寫來得省事。所以《國語》這一段竹簡就保存下來。《左傳》中這類的情況還不少。

再比較《國語．晉語六》與《左傳．成公十六年》的記述，就可以發現史料的蒐集似乎非常完整。現存的〈晉語六〉除了頭一段「趙文子冠」以外，幾乎都是關於鄢陵之戰的。其直接談鄢陵之戰的有五段（厲公將伐鄭……服者眾也），後面五段（鄢之役……乃止）除了涉及鄢陵之戰外，還敘及其後果（三郤被殺以及厲公被弒）。另外現存〈周語中〉的末尾也有關於郤至戰後言行的資料。這些都是左丘明從各處採來的獨立史料，故繁簡不同，內容的細節亦有異。然而描寫實戰的部分卻

---

45 左丘明傳，杜預注，孔穎達正義，《春秋左傳正義》，卷 44，頁 1432-1435。

46 韋昭注，《國語》，卷 14，頁 47。

相對地不足。這與《左傳》不同。《左傳》對鄢陵之戰的記敘在成公十六年，戰前商討的材料主要來自上述《國語》，可是卻大量簡化了，並且根據他自己的知識，將第六段中大發議論的「欒武子」改為「郤至」（參閱注 23）。那些他必須改寫，不能利用原史料的竹簡。至於實戰，卻描述得十分精采。（例如伯州犁與苗賁皇對己方的國君報告敵情、晉侯之戰車陷於泥沼，欒鍼喝退欒書、潘黨與養由基比賽射箭、呂錡射楚王中目，自己卻被養由基射死、楚子反喝醉而不能應楚王之召，導致楚王宵遁，子反自殺等等）那些都是由史料的竹簡移置；僅郤至見楚子必下、范匄獻「塞井夷竈」之計等少數項目為改寫，而將原簡留下。至於戰後晉厲公失政、長魚矯殺三郤、欒書殺胥童且弒晉厲公等情節，〈晉語六〉中第七至第十一段雖有涉及，若與《左傳》中的記載相比，顯有遜色，可知左丘明移置了另外一批史料竹簡，而沒有碰〈晉語六〉的那五段文字。[47] 對於〈周語中〉的那些對話，他也可能嫌太囉嗦，且對郤至不公平[48] 而未採取。

再有些情況，史料採集中兩條有不同的說法，左丘明往往需要擇其一條來移置，而留下不用的另一條，這就造成同一事在細節上《左傳》與《國語》的不同。如《左傳．襄公四年》載魏絳說晉悼公和戎之事甚詳，在對話中並插入「有窮后羿」之事，以規諫悼公好田獵之習性；然後條舉和戎之五利。在《國語．晉語七》，也記載同一件事，卻非常簡單，亦未涉及后羿之事，「和戎之利」也祗有三項。很顯然左丘明原來收集了一繁一簡兩條史料，他考慮到採用繁的那條，可以令敘述更生動，且可照顧到晉悼公原來好田獵的事實。因此將繁的那些史料竹簡移置入《左傳》，而沒有動另一批。結果就成了目前的情況。[49]

---

[47] 我選擇鄢陵之戰為例，來說明在「史料假設」的原則下，左丘明如何完成一段複雜的歷史記述，而仍留下未用的片段成為如今的《國語》，目標之一是與前人類似的分析作比較。〈晉語六〉也被顧頡剛《浪口村隨筆．國語中複沓記載》、《責善》半月刊第十五期（轉引自張以仁《春秋史論集》頁 121-125 所注出處，後收入《新世紀萬有文庫．近世文化書系》）與李佳（見注 2 所引書）運用過，可是那些文獻僅著重於戰前商討的部分，沒有照料到實戰部分。

[48] 郤至雖僅為新軍佐，卻勇以知禮。他建議晉軍一鼓作氣攻擊楚軍，不待齊魯之至；果然打敗楚軍，郤至實為首功。少年得志，稱伐亦人之常情，不見得有心求「升為政」。在當時權臣政治下，「出頭鳥」本來易遭摧；以欒鍼之賢，亦落得灰頭土臉，正不用苛責郤至。

[49] 顧頡剛與童書業也引了此例，見顧頡剛、童書業，〈夏史三論〉，《史學年報》，2.3（北京：1936），頁 1-42。所引之句在頁 24。此文亦收入童書業、呂思勉編，《古史辨》（第 7 冊，下編，頁 194-267），可是他們的結論是「《國語》所載是原文，而《左傳》所載是經過後人（在東漢）竄改的文字。」竄改的目的是為「光武中興」作宣傳。我認為他們所提的理由不能成立。姑不論在東漢這樣後的時日，要改竄《左傳》這樣一部眾所注目的經典而不被發現是匪夷所思，單從他們所提「晉悼公不可能不脩民事」的疑點而論，就有違史實。按《左傳．襄公三年》載晉悼公之弟揚干亂行於曲梁，魏絳戮其僕，晉悼公大怒，要殺魏絳。可見晉悼公並不像顧氏等所認定是天生明

再如有些記異之事，如「魯語下」述「羵羊」與「防風氏」等條，在史料採集時原為好奇，然與孔子之行事相差太遠，所以未被採用，留在《國語》內，讓《國語》帶有「志怪」的味道。（不僅「瑣屑」而已，張以仁於《春秋史論集》頁167，企圖用「孔子少賤，故多能鄙事」來解釋，實在很勉強。）[50]

上面所言，僅屬特殊事例。需要詳細比較二書，非一二語可盡。[51] 而且有些不同可能是由於二書分別傳承時所產生的誤差，需要爬梳判別。就我所知，現在還沒有全盤的討論。

還有一點，未用的史料，保存在那裡，往往會受到疏忽。很可能有不少史料的竹簡因此朽壞逸失，這些可能性，現在已無法印證。

我的猜想是，左丘明到晚年，「左氏春秋」的竹簡大致完成，授與弟子曾申。由於長期從事文字工作，目力耗損太大，而古時又無眼鏡，一旦無法看書寫書，就被認為「失明」。那時，剩餘的史料竹簡淪為無用，而又不忍棄置。可能由曾申稍加編輯，用國別粗分類成卷，成為後來的《國語》。原來左丘明抄寫這些竹簡，並無另著《國語》之意，（李燾就強調過「殆非邱明本志也」。）失明之後，求其次，才有《國語》。這個可能性，顯然為眾論者所忽略，而值得重加檢討。[52]

六、餘論與結語

在前面數節中，我嘗試寫出我對左丘明編纂《左傳》過程的設想。這裡還要作一個重要的補充。在第三節，我說左丘明當魯哀公十七年至魯哀公二十八年間，他利用太史的身分努力收集史料，可是這衹是大致而言。以後再有機會時，還是可能

君，衹是他後來納諫改過而已。《左傳》記載他好田獵，因魏絳的諫言而改過，就反映出晉悼公服善的個性，應是根據史料的記載，顧氏等沒有理由僅憑抽象的議論就抹殺這筆史料。

[50] 其實就算這些明知孔子不會講的話，按照左丘明的本領，也未嘗不能援引進《左傳》。例如他可以訴諸民間的傳言，以顯示孔子的博學。（本來，左丘明所以能夠收集到這些材料，就表示民間有此傳聞。）其中有無限的可能性可供發揮！

[51] 張以仁在《國語左傳論集．論國語與左傳的關係》列舉了兩書的異同點，然未深入探討。其他可參考顧立三，《左傳與國語之比較研究》（臺北：文史哲出版社，1983）；張鶴，《《國語》研究》（北京：學苑出版社，2013）。

[52] 我的意見與顧頡剛不同，見顧頡剛，《史林雜識初編》，〈左丘失明〉，頁223-225。顧頡剛認為：「左丘明能成《國語》之弘製，其必不失明無疑義。所以謂之『失明』者，蓋瞽與史其事常通，其文亦多印合，而『瞽史』一名習熟人口，故沿而用之。」他沒有注意到「失明」未必就是「瞽」，而長時期從事文字工作，正可能是「失明」的原由。

繼續收集，現在有跡象顯示，至少有四卷可能是在較後的年分得來的。首先是一卷〈吳語〉與兩卷〈越語〉，這三卷處理的對象是吳越間的鬥爭，時間近於春秋末尾，因此其記載也較後才被整理流傳。故左丘明在《左傳》大半完成時才有機會抄集，用在《左傳》中的份量也較少。這個問題較複雜，需要另一篇文章來處理。[53] 另一卷是〈齊語〉，很可能左丘明在編完齊桓公的部分以後才得到它，因此在《左傳》中很少引用，也因此很少敘及齊桓公的內政。[54] 我們可以發現現在的〈齊語〉與《管子．小匡》篇很相像，很可能〈齊語〉的初本在春秋末期才出現。數十年後，它又流傳回田齊，成為稷下學者討論的對象，因此被吸收進《管子》一書，這個問題，似乎還沒有人研討過。

下面要考慮反對者的意見，由注 14 與注 15 所引書得知，張以仁與李佳都認為《國語》有特殊撰寫目標。張以仁認為《國語》著作的主旨，既不傳經，亦不敘史，它用記言的方式，求達到明德的目的。李佳認為：《國語》編纂的目的，在「求名聞善，敗以鑒戒。」他們兩位都從《國語》中舉出例證，以支援他們的想法。我認為他們兩位從《國語》中找出的撰著主旨，與「史料匯編」說並沒有邏輯上的衝突。因為左丘明在為《左傳》搜求材料時，當然會有所選擇，自然就傾向於「達到明德的目的」或「以昭鑒戒」。下面引一段《左傳》中的敘述，來顯示可以滿足二位的需求。〈昭公二十五年傳〉載：

> 子大叔見趙簡子，簡子問揖讓周旋之禮焉。對曰：「是儀也，非禮也。」簡子曰：「敢問，何謂禮？」對曰：「吉也聞諸先大夫子產曰：『夫禮，天之經也，地之義也，民之行也。』天地之經，而民實則之。則天之明，因地之性，生其六氣，用其五行。氣為五味，發為五色，章為五聲。淫則昏亂，民失其性。是故為禮以奉之；為六畜、五牲、三犧，以奉五味；為九文、六采、五章，以奉五色；為九歌、八風、七音、六律，以奉五聲。為君臣上下，以則地義；為夫婦外內，以經二物；為父子、兄弟、姑姊、甥舅、昏媾、姻亞，以象天明，為政事、庸力、行務，以從四時；為刑罰威獄，使民畏忌，以類其震曜殺戮；為溫慈惠和，以效天之生殖長育。民有好惡、喜怒、哀樂，生于六氣，是故審則宜類，以制六志，哀有哭泣，樂有歌舞，喜有施舍，怒有戰鬬，喜生於好，怒生於惡。是故審行信令，

53 參閱本書第參編第貳章，〈吳國史記——左丘明的未竟之業〉。

54 很可能當春秋末期，陳氏打壓姜齊公族，致其史料多被毀。

禍福賞罰，以制死生。生，好物也；死，惡物也。好物，樂也；惡物，哀也。哀樂不失，乃能協于天地之性，是以長久。」簡子曰：「甚哉，禮之大也！」對曰：「禮，上下之紀、天地之經緯也，民之所以生也，是以先王尚之。故人之能自曲直以赴禮者，謂之成人。大不亦宜乎！」簡子曰：「鞅也，請終生守此言也。」[55]

這一段話完全符合了張以仁所說，用記言的方式，求達明德的目的的要求。它也給予趙簡子以鑒戒，使他守禮而收斂野心，避免被滅亡的命運。李佳認為「『史料匯編』說則完成漠視了《國語》一書所具有的明確編纂目的，和在此目的指導之下，編者有標舉，有目的地擷取材料的過程……」。此顧慮完全不成問題，因為在編纂《左傳》時，也可以有這些目的。[56]

回到司馬遷所寫的那段話：「昔西伯拘羑里，演《周易》；孔子戹陳蔡，作《春秋》；屈原放逐，著《離騷》；左丘失明，厥有《國語》；孫子臏腳，而論兵法；不韋遷蜀，世傳《呂覽》；韓非囚秦，《說難》、《孤憤》。」[57] 現在看起來，有關西伯演易的事，恐怕祗是漢時的傳聞，暫不理它。至於孔子，在哀公初期南行至陳蔡，可能聽到蔡人弒蔡昭公，由是注意及別國的弒君事件，影響到日後決定「提升」（作）《春秋》以為弟子教材的決定。屈原與韓非二個文人，都是處在逆境中才有不朽的作品。孫臏在臏足後，無法衝鋒陷陣，建立功業，祗得整理兵法傳世。呂不韋與其賓客著《呂覽》，原來的目的是作為秦國的「治國方略」，[58] 本無意於對外流傳。到聞「遷蜀令」後自殺，賓客四散，卻將《呂覽》帶到外間傳世。司馬遷舉這些事例，作為自我安慰之辭，在不得已的情況下可以求其次。反襯「左丘失明，厥有《國語》」亦可作如是觀。如果老天不使他失明，並賦予他多十年健康壽命，則

---

[55] 左丘明傳，杜預注，孔穎達正義，《春秋左傳正義》，卷 51，頁 1666-1675。

[56] 見注 14 所歸納李佳《《國語》研究》第三章的內容。其實其中二三兩節也足以支持我的假設。就她所列的兩個表來看：試比較《國語．魯語下》與《左傳．襄公十一年》的文字，很顯然最初採集了兩份原始史料，其著重點不同，而左丘明選擇其一，即將其竹簡拆開編入《左傳》，而留下不用的部分在《國語》。再比較《國語．晉語六》的三段文字與《左傳．成公十六年》的記述，可以發現這三段史料是左丘明從三處採來的獨立史料，故繁簡不同，內容的細節亦有異，其差異應該主要產生於傳聞之演變（李佳說此三篇是同一作者，在編造過程中的三份草稿，未免匪夷所思），而左丘明在編寫《左傳》時，雖然主要根據第三篇，可是卻大量簡化了，無法再利用原竹簡，祗得另寫，並根據自己的傳聞，將其中一處之「欒武子」改寫為「郤至」。

[57] 司馬遷撰，裴駰集解，司馬貞索隱，張守節正義，《史記》，卷 130，頁 3300。

[58] 有關呂不韋作《呂覽》的目的，請參閱洪家義，《呂不韋評傳》（南京：南京大學出版社，1995）。

按注44與注50所述，左丘明可能利用剩餘的史料去更豐富《左傳》，[59]那時，世上就可能沒有《國語》這部書了。所以「厥有《國語》」是「左丘失明」的結果，是不得已而求其次的動作。我認為這是太史公那段話最自然的解說。

回應本文第一節，戰國時的學者去古未遠，他們知道《國語》是剩餘的史料，卻誤認作糟粕而懶得使用。漢初的學者（如賈誼）經秦火後，把《國語》當寶，影響到西漢的文人（如司馬遷）大量引用。東漢的文人（如王充）注意到《國語》許多地方可與儒家思想相發明，循《韓詩外傳》之例稱之為《春秋外傳》，使《國語》成為一部重要的歷史經典。到唐劉知幾的《史通》[60]甚至將《國語》列為「史體六家」之一。可是，也漸漸有人發現《國語》所反映的思想有違儒家的規範，而提出反對的意見。[61]例如唐柳宗元《非國語》認為「其說多誣淫，不概於聖。」吸引了很多贊同的意見；宋朱熹抱怨《國語》「委靡繁絮」、「衰世之文」、「使人厭看」，也代表了許多道學家的意見；清崔述也批評《國語》「荒唐誣妄，自相矛盾者甚多。」這些反面論調與漢晉時的正面評價相差懸絕！

這些現象，我認為完全可用「史料假設」去說明。左丘明所收集的史料，經過他的選擇，本來大部分都是有價值的文獻，可是很多被編入《左傳》後，剩下來的就未免會瑕瑜並呈。有人從裡面淘到珍寶，也有人會得到泥沙；各以其所得作為反應的依據。

祗有歷史學家，如司馬光、李燾、趙翼等，才能明白：史料是編史過程中不可或缺的一環。可是他們卻未能把握司馬遷兩度強調的「左丘失明，厥有《國語》」的確切意義，祗當作是文人筆下不經意的創作。他們也忽略了春秋末期的物質條件，不知當時還沒有商品書籍，抄寫史料的竹簡可移置至所編的書內；以致在後日的《左傳》與《國語》內，存有內容相關而描述互異的篇章，不容易用「史料說」來解釋（以後人的眼光而言），遂不能確實地建立「史料說」的理論，未免功虧一簣。

---

59 顯然這是一個沒有止境的努力。其實就算是與《魯春秋》無關的史料，例如現存的〈鄭語〉一卷與〈周語上〉的大半卷，還是可以被利用作為追述時的背景資料，祗是需要多動一些手腳。可惜左丘明最後沒機會去運用。

60 見劉知幾《史通·六家》:「諸史之作，不恆厥體，榷而為論，其流有六；一曰尚書家，二曰春秋家，三曰左傳家，四曰國語家，五曰史記家，六曰漢書家。」劉知幾，《史通》，〈六家〉，卷1。

61 張以仁《春秋史論集》頁116-121有這些議論的簡介。其中柳宗元的議論見柳宗元，楊家駱編，《柳河東全集》（臺北：世界書局，1970），〈非國語〉，頁498；朱熹的議論見黎靖德編，《朱子語類》（京都：中文出版社，1984），頁997、1470；崔述的議論見《崔東壁遺書·洙泗考信錄·餘錄》（上海：上海古籍出版社，1983），頁395。

貳、吳國史記——左丘明的未竟之業

一、前言

吳越之間的衝突（最後導致吳被越所滅），本來應該是春秋末期的歷史高潮，戰國諸子（包括《鶡冠子》）多引之作為故實；比之春秋中期的晉楚衝突，應不遑多讓。然而雖然《左傳》對晉楚之事有精彩的描述，對吳越衝突的描述卻顯得不足。除了史料不足的因素外，是不是還有其他的原因呢？

如果仔細查看一下《左傳》後期（襄、昭、定、哀）的內容，可以發現雖然史料有限，左丘明還是對吳國前中兩期（包括吳楚衝突）給了很好的交待。對某些重要的戰事，《左傳》的描述還是相當精彩。對那些戰爭的結果，《左傳》也利用時人（或「君子」）的評論，來分析其勝敗的原因與影響。祇是這種趨勢，似乎沒有繼續下去，顯然有點虎頭蛇尾。這個現象，值得重視。

《左傳》的收尾，在魯哀公二十七年，本來是可以包含吳越戰爭的。[1] 而且在《左傳．哀公二十年》，似乎還埋了一個伏筆：

> 十一月，越圍吳，趙孟降於喪食。……寡人死之不得矣。[2]

這一段，本來應該是為了配合越滅吳以前，戰爭的慘烈，以及加於吳國心理的壓力而寫。可是在《左傳》的後文中，全無照應。僅在〈哀公二十二年傳〉用很少的字眼來草率結束這段歷史：

---

[1] 越滅吳在魯哀公二十二年，在《左傳》結束之前。

[2] 左丘明傳，杜預注，孔穎達正義，《春秋左傳正義》，卷 60，頁 1961-1962。

> 冬，十一月，丁卯，越滅吳，請使吳王居甬東。辭曰：「孤老矣，焉能事君？」乃縊。越人以歸。[3]

顯然收得太潦草了。

《左傳》很多史料來自《國語》，今本《國語》有〈吳語〉一卷，〈越語〉二卷。其中所載，多為越國報復前之準備工作，而《左傳》在這方面的描寫，卻完全付之闕如。[4] 似乎這三卷《國語》，可以用來補充《左傳》的闕失，這一現象也值得研究。

我曾有一種猜想，[5] 認為《國語》的底本，本來是左丘明編《左傳》以前所收集的史料（抄集在竹簡上）。其後大部分用於《左傳》，殘存部分至左丘明晚年（此時眼睛近於失明）無法利用，不忍廢棄而略加編輯，成為《國語》，所以傳統上往往稱之為「外傳」。吳越衝突的簡略處理，很可能就是左丘明的未竟之業。原來所採集的三卷史料，大部分沒有用到，而左丘明已無法繼續寫下去，祗有草草結束。以下數節，將檢討《左傳》對吳國史記的記述，顯示在史料有限的情況下，仍能對前一段史實有完整的敘述。若與最後的欠缺做對比，可以加深我對「左丘失明」解釋的信心。

二、《左傳》對吳國史記述的檢討——吳王僚以前

《左傳》最早提到吳國的地方是〈宣公八年傳〉（601 B.C.）：「楚為眾舒叛，故伐舒蓼，滅之。楚子疆之。及滑汭，盟吳越而還。」[6] 可是最重要的事件，卻發生在魯成公七年（584 B.C.）：[7]

---

3 左丘明傳，杜預注，孔穎達正義，《春秋左傳正義》，卷 60，頁 1963-1964。

4 《左傳》亦間有來自〈吳語〉與〈越語〉者，如〈哀公十七年傳〉：「越子以三軍潛涉，……吳師大亂，遂敗之。」似采自〈吳語〉；長期圍吳之事，似取自〈越語下〉的「居軍三年，吳師自潰」等。可是這三卷的絕大部分都沒有出現在《左傳》中。見左丘明傳，杜預注，孔穎達正義，《春秋左傳正義》，卷 60，頁 1953；韋昭注，《國語》，卷 21，頁 104。

5 我已將此猜想寫成本書第參編第一章，〈左丘明與《左傳》、《國語》關係再揣測〉。左丘明傳，杜預注，孔穎達正義，《春秋左傳正義》，卷 22，頁 712。

6 《左傳》並沒有提吳越起源的傳說，可見左丘明對史料有所選擇。請參閱本文第七節。

7 此年初，《左傳》載吳伐郯，逼郯行成。可見其武力已相當強，無怪乎申公巫臣看中它。

巫臣請使於吳，晉侯許之。吳子壽夢說之。乃通吳于晉，以兩之一卒適吳，舍偏兩之一焉。與其射御，教吳乘車，教之戰陳，教之叛楚。寘其子狐庸焉，使為行人於吳。吳始伐楚、伐巢、伐徐，子重奔命。馬陵之會，吳入州來，子重自鄭奔命。子重、子反於是乎一歲七奔命。蠻夷屬於楚者，吳盡取之，是以始大，通吳於上國。[8]

當吳王壽夢在位時，初通中原，其國際活動多由晉國發動，拉攏魯衛等國與吳會盟（如〈成公十五年傳〉、〈襄公五年傳〉、〈襄公十年傳〉），到〈襄公十二年傳〉載：

吳子壽夢卒。臨於周廟。[9]

此時各國已不將吳視為蠻夷。可是除了這些盟會活動之外，《左傳．襄公三年》還記載了吳楚間一個很精彩的戰爭場合：

三年，春，楚子重伐吳，為簡之師。克鳩茲，至于衡山。使鄧廖帥組甲三百，被練三千，以侵吳。吳人要而擊之，獲鄧廖。其能免者，組甲八十，被練三百而已。子重歸，既飲至，三日，吳人伐楚，取駕。駕，良邑也。鄧廖，亦楚之良也。君子謂「子重於是役也，所獲不如所亡」。楚人以是咎子重，子重病之，遂遇心病而卒。[10]

短短數語，將楚軍的狼狽與吳人的應變能力以及韌性，表現得淋漓盡致。

後面《左傳》繼續描述壽夢的四個兒子相繼為吳王的歷史，其時序如下：

諸樊（遏）：襄公十三年至襄公二十五年（560 B.C.-548 B.C.）
餘祭：襄公二十六年至襄公二十九年（547 B.C.-544 B.C.）
夷末：襄公三十年至昭公十五年（543 B.C.-527 B.C.）
僚：昭公十六年至昭公廿七年（526 B.C.-515 B.C.）

---

[8] 左丘明傳，杜預注，孔穎達正義，《春秋左傳正義》，卷 26，頁 836-837。
[9] 同前引，卷 31，頁 1038。
[10] 同前引，卷 29，頁 944-945。

前三人是同母的兄弟，他們兄終弟及。傳說中是大家都願意由小弟弟季札繼承王位。[11] 衹是當夷末死後，季札仍不願意繼承王位（一說他當時出使在外），衹得傳位給壽夢的庶子（夷末的庶兄）僚。因為《春秋經》對這段歷史的記載還算完整，所以《左傳》也將各項事跡的前因後果有清楚的交待，可是在昭公十六年《春秋經》並沒寫吳王僚的繼位，影響到《左傳》也沒有交代吳王僚的身分以及如何繼位。我們唯一可以依賴的，是《公羊傳．襄公二十九年》有這樣一段記載：[12]

> 何賢乎季子？讓國也。其讓國柰何？謁也、餘祭也、夷眛（末）也，與季子同母者四。季子弱而才，兄弟皆愛之，同欲立之以為君，謁曰：今若是迮而與季子國，季子猶不受也，請無與子而與弟，弟兄迭為君，而致國乎季子。」皆曰：「諾。」故諸為君者，皆輕死為勇，飲食必祝，曰：「天苟有吳國，尚速有悔於予身。」故謁也死，餘祭也立。餘祭也死，夷眛也立。夷眛也死，則國宜之季子者也。季子使而亡焉。僚者，長庶也，即之。季之使而反，至而君之爾。[13]

這一段正好補充《左傳》資料的不足。

需要注意的是，《公羊傳》這一段文章的宗旨，並不在描述吳國的歷史，而在建立「何賢乎季子？讓國也。」這一個命題。所以對史實的準確性並不是那樣講究，不能無條件接受。例如照《公羊傳》所記，吳王僚在即位後，闔廬即表示反對。事實上闔廬（公子光）在昭公二十七年以前一直臣服於吳王僚，而且曾受命領軍伐楚（例如昭公十七年餘皇之役）。所以在上述的引文中我沒有採用「闔廬曰……」以下的句子。不過《公羊傳》的確補充了吳王僚的原來身分（壽夢庶

---

[11] 《左傳．襄公十四年》的一段記載為此埋了伏筆：吳子諸樊既除喪，將立季札。季札辭曰：「曹宣公之卒也，諸侯與曹人不義曹君，將立子臧。子臧去之，遂弗為也，以成曹君。君子曰：『能守節。』君，義嗣也，誰敢奸君？有國，非吾節也。札雖不才，願附於子臧，以無失節。」固立之。棄其室而耕，乃舍之。這給「兄終弟及，欲傳季札」的傳說以一定的根據。雖然諸樊要等除服以後，才要讓位給季札，有一點奇怪。是否被晉范宣子所辱，令他有點灰心呢？同前引，卷 32，頁 1054。

[12] 見《公羊傳．襄公二十七年》第八段「吳子使札來聘」之傳。在〈襄公三十一年傳〉亦有類似的講法。見左丘明傳，杜預注，孔穎達正義，《春秋左傳正義》，卷 39，頁 1249；公羊壽注，何休解詁，徐彥疏，《春秋公羊傳注疏》，卷 21，頁 533。

[13] 公羊壽注，何休解詁，徐彥疏，《春秋公羊傳注疏》，卷 21，頁 534-535。

子），以及何以沒有傳季札（季札出使在外）。這兩項資訊與《史記》違異，[14]《公羊傳》的時間早於《史記》。在沒有更可信的史料情況下，暫取信於《公羊傳》。就季札當時出使在外而言，雖無佐證，然吳國經常派季札出使國外也是事實（包括《左傳》所述昭公二十七年那一次）所以也是一個可接受的假設。

《左傳》將大部分有關季札的史料都集中在〈襄公二十九年傳〉內。從這些段落內反映出季札對各國的政情及治亂的瞭解，也間接顯示吳國貴族本身文化程度之高。（不然季札從那裡學到那些學問？）《左傳》在表面上是為了配合《春秋經》「吳子使札來聘」一簡，再看仔細一些，可以發現《左傳》對上述經文的「傳」，從「吳公子札來聘……」起到「……吾不敢請已。」止，已經終結。下面的「其出使也，通嗣君也……」完全屬於另外一段，也完全屬於季札另一次大規模出使的史跡。

這樣說的理由之一，是「其為聘也，通嗣君也」，並沒有馬上跟在「吳公子札來聘」句之後，強力暗示這次聘魯並非由「通嗣君」。不然，應該用像下一年（襄公三十年）：「三十年春，王正月，楚子使薳罷來聘，通嗣君也。」的敘述形式。理由之二，是這次聘魯，如果是由於「通嗣君」，則出使之前，故君已死，新君剛立。季札在服喪之中，在魯就沒有理由「請觀於周樂。」季札顯然認同於這樣的禁忌，因為後面《左傳》敘述他將宿於戚，聞鐘聲，很不滿意地批評孫文子道：「君又在殯，而可以樂乎！」[15]唯一合理的假設是，襄公二十九年五月，季札受吳王餘祭之命聘魯，不料當他還在旅途的時候，吳王餘祭被越俘閽人所弒。（《春秋經》書此在「庚午」之後，而根據《杜預長曆》，「庚午」在六月，所以餘祭之被弒，一定在六月或以後），古時交通不發達，季札抵魯的時間必在六月或以後，此時季札或魯國當局，都不知道吳王餘祭的被弒。季札既有機會聘魯，當然請求觀周樂，以印證他對宗周禮樂的瞭解，而《左傳》記載季札對各國國風以及雅頌讚嘆之辭，可以反映他在這方面造詣之深。其後吳國的赴告到達魯國，他一定痛哭自責，並且迅速回吳奔喪，（這方面《左傳》失記）。到吳國的嗣君（夷末）即位（因為是緊急情

---

[14] 見《史記．吳太伯世家》：「四年，王餘昧卒，欲授弟季札。季札讓，逃去。於是吳人曰：『先王有命，兄卒弟代立，必致季子。季子今逃位，則王餘昧後立。今卒，其子當代。』乃立王餘昧之子僚為王。」《史記》將僚當作餘昧之子，據《集解》之注，與《世本》不同，而且又說餘昧為王僅四年，也與《左傳》異。太史公的這段敘述，一定是根據錯誤的史料，因此很不可信。司馬遷撰，裴駰集解，司馬貞索隱，張守節正義，《史記》，卷 31，頁 1461。

[15] 參閱傅隸樸，《春秋三傳比義》（臺北：臺灣商務印書館，2006），頁 1039-1040。在那裡，祇提出問題，而並沒有解決，只是以「本傳之是非，只好闕疑」作結。本文的假設，則可以解決傅隸樸提出的問題。

況，未必按照常禮進行），因顧及對中原各國的聯繫，因此再請季札聘訪各國以通嗣君，時間必在數月之後。因才到過魯國，為爭取時效起見，這次直接赴齊，跳過魯國，因此《春秋經》對此事也沒有記載。《左傳》雖有史料可用，因無經文可附，故直接將這段記載寫在前一段之後，後人又誤合之，遂產生解釋的困惑。我認為這樣的假設，很可能近於真相。

這一節所談的是諸樊、餘祭、夷末三人為吳王時的《左傳》吳史記述。上面已經討論過有關季札的部分。除此以外，《左傳》還記載了不少吳楚間的戰爭。大致說來，吳軍在進攻時過於勇猛，有時不免因為輕敵而受挫折。然而在防守方面，韌性十足，楚軍往往占不到便宜。下面是一些精采的片段，如〈襄公十三年傳〉載吳王諸樊利用楚共王之卒而伐楚：

> 吳侵楚，養由基奔命，子庚以師繼之。養叔曰：「吳乘我喪，謂我不能師也，必易我而不戒。子為三覆以待我，我請誘之。子庚從之，戰於庸浦，大敗吳師，獲公子黨。君子以吳為不弔。[16]

吳軍這次敗得很慘。吳王諸樊以為他的背後有晉國撐腰，故於次年（襄公十四年）向晉國告敗希望晉國能為他報仇。結果卻碰了一鼻子灰。晉國的執政范宣子當了各諸侯的面，痛責吳伐楚是伐喪，[17] 這種不德的行為，其責任應由吳國自負。范宣子絲毫沒有顧及吳對楚本來無仇無恨，伐楚的起因本來是由晉國挑動的。從此以後，吳國恃晉之夢醒，以後的戰爭，都是先想到自己。

楚國當然會聽到這個大好消息，覺得是報復吳國的好機會，就在這年的秋天，楚軍主動攻吳。《左傳》載：

> 秋，楚子為庸浦之役故，子囊師于棠以伐吳，吳不出而還。子囊殿，以吳為不能而弗儆。吳人自皋舟之隘要而擊之，楚人不能相救。吳人敗之，獲楚公子宜穀。[18]

---

[16] 左丘明傳，杜預注，孔穎達正義，《春秋左傳正義》，卷 32，頁 1046。

[17] 見《左傳．襄公十四年》「十四年春，吳告敗于晉，會于向，為吳謀楚故也。范宣子數吳之不德也，以退吳人。」在同一會，范宣子還當諸侯的面執莒公子務婁，並企圖執戎子駒支，結果卻被駒支辯駁得開不了口。這些都顯示范匄的外交手法粗糙，而晉也漸失諸侯之心。同前引，頁 1052。

[18] 同前引，頁 1066。

吳國的應變能力還是很強的，先閉門固守，等楚軍退時，再用奇兵突襲，大敗楚軍，至此吳扳回一城，這讓楚國警惕。此年冬季，子囊將死，[19] 遺言子庚要城郢以固防。當然楚以後也不敢輕視吳國。

以後有較長一段時間，吳楚皆自保其國而無戰事，晉鑑於吳的國力漸強，亦願意多來往，因此《左傳》在襄公二十三年（550 B.C.）記嫁女於吳。[20] 然後到下一年（襄公二十四年）《左傳》載：

> 楚子為舟師以伐吳，不為軍政，無功而還。[21]

吳楚之間有大江相通，利於水戰。然而楚軍始終無法突破吳之防守，到下一年，楚屈建伐舒鳩，吳王發兵救舒鳩，又中楚人誘敵之計而失敗。《左傳・襄公二十五年》載：

> 子木遽以右師先，子彊、息桓、子捷、子駢、子盂師左師以退。吳人居其間七日。子彊曰：「久將墊隘，隘乃禽也。不如速戰。請以其私卒誘之，簡師，陳以待我。我克則進，奔則亦視之，乃可以免。不然，必為吳禽。」從之。五人以其私卒先擊吳師，吳師奔，登山以望，見楚師不繼，復逐之，傅諸其軍。簡師會之，吳師大敗。[22]

吳王諸樊顯然還沒有從這個戰役中學到避免用己之短的教訓，還是出兵伐楚，而且不改其輕勇之習。〈襄公二十五年傳〉續載：

> 吳子諸樊伐楚，以報舟師之役。門于巢，巢牛臣曰：「吳王勇而輕，若啟之，將親門。我獲射之，必殪。是君也死，彊其少安。」從之。吳子門

---

[19] 《呂氏春秋・高義篇》謂子囊（即公子貞）之死為自殺。

[20] 晉嫁女於吳，所以出現於《左傳》，是由於涉及齊國陰謀藉送媵而潛納欒盈於曲沃。不然，恐怕不會現於史書。然而的確可以由此顯示吳國在國際間漸有地位，以致晉君不忌諱同姓通婚而嫁女於吳。同類之事，亦發生於昭公時之魯國。〈哀公十二年傳〉載：「夏，五月，昭夫人孟子卒。昭公娶于吳，故不書姓。」春秋經皆不載昭公何時娶于吳。若非昭夫人卒時《春秋》載之，則後世將不知這段史實。左丘明傳，杜預注，孔穎達正義，《春秋左傳正義》，卷 59，頁 1916。

[21] 同前引，卷 35，頁 1154-1155。

[22] 同前引，卷 36，頁 1173。

> 焉，牛臣隱於短牆以射之，卒。[23]

諸樊死後，餘祭繼承為吳王。有幾年沒有用兵，然而襄公二十八年（545 B.C.），齊慶封失敗，逃魯再奔吳，吳王借給他朱方之地，讓他安頓下來，[24] 亦導致日後楚吳間另一爭端。

再下一年，（襄公二十九年）吳王餘祭伐越，這似乎是吳越之間的首次衝突，伐越雖獲勝，吳王仍犯了不小心的誤失，用其俘虜守舟，以至被他們所弒。弟夷末繼位，派季札出使各國通嗣君（前面已經討論過了）。

吳楚間有數年相安無事。可是楚靈王是一個有野心的君王，於昭公四年（538 B.C.）帥諸侯之師討伐借住於朱方的慶封，俘慶封而殺之。雖然慶封並未仕吳，然朱方本為吳的領土。楚侵朱方等於與吳作對，當然會引起吳國的報復。當年冬季吳伐楚，《左傳》載：

> 冬，吳伐楚，入棘、櫟、麻，以報朱方之役。楚沈尹射奔命於夏汭，咸尹宜咎城鍾離，薳啓彊城巢，然丹城州來。東國水，不可以城。彭生罷賴之師。[25]

這次吳軍的得勝，使楚不得不增築防禦工事以應付。不特如此，楚軍積極聯絡各小國以反吳，尤其策動越國加入反吳的陣營內。當然少不了派人到越訓練軍隊，以提升戰力。這是楚國的首次聯越。至昭公五年，楚準備充足，以諸國之聯軍伐吳。可是似乎無法突破吳軍之防守。《左傳》載：

> 冬，十月，楚子以諸侯及東夷伐吳，以報棘、櫟、麻之役。薳射以繁揚之師會於夏汭。越大夫常壽過帥師會楚子于瑣。聞吳師出，薳啓彊帥師從之，遽不設備，吳人敗諸鵲岸。楚子以馹至於羅汭。[26]

---

[23] 左丘明傳，杜預注，孔穎達正義，《春秋左傳正義》，卷 36，頁 1180。

[24] 《左傳》之文為：「吳句餘予之朱方。」杜預注曰：「句餘，吳子夷末也，朱方，吳邑。」然此時吳王明明是餘祭。我認為原文可能用「餘句」作為「餘祭」之異譯（吳越之言與中土異，史書只能用其音譯。）而在流傳過程中，倒轉成為「句餘」。同前引，卷 38，頁 1243。

[25] 左丘明傳，杜預注，孔穎達正義，《春秋左傳正義》，卷 42，頁 1386-1387。

[26] 同前引，卷 43，頁 1408。

楚靈王虔親自出馬以伐吳，可見規模之大，可是還是無用，衹能遷怒於犒師的使者吳王之弟蹶由，執之將以釁鼓，結果蹶由不怕死，還用言辭折服楚王而逃一死，《左傳》繼續敘述：

> 楚師濟於羅汭，沈尹赤會楚子次於萊山。薳射帥繁揚之師，先入南懷，楚師從之，及汝清，吳不可入。楚子遂觀兵於坻箕之山。是行也，吳早設備，楚無功而還，以蹶由歸。楚子懼吳，使沈尹射待命于巢，薳啓彊待命于雩婁。[27]

吳王之弟蹶由被楚靈王帶回楚國，滯留了差不多十五年，一直到楚靈王死後，楚平王應令尹子瑕之請而釋歸。

幾次勝仗讓吳軍打出信心來。到昭公六年又有機會因救徐而出兵，楚靈王因為恐怕徐國會叛楚，而派薳洩伐徐。吳人出兵救徐，楚令尹子蕩帥師伐吳，《左傳》載：

> 令尹子蕩帥師伐吳，師于豫章，而次於乾谿。吳人敗其師於房鍾，獲宮廄尹棄疾。子蕩歸罪於薳洩而殺之。[28]

令尹自己敗了，卻歸罪於另一路伐徐的薳洩，等於吳人救徐的目標完成。吳人又增一勝。楚靈王當然心有不甘，暫時衹能捨吳而滅陳、滅蔡，再城陳、蔡、不羹。昭公十二年（530 B.C.），靈王狩於州來，次於穎尾，使蕩侯等五帥圍徐，自己次於乾谿以為之援。希望用這種安排引出救徐的吳軍，再一舉而擊破之。結果沒有等到吳軍，反而等到他自己的末路，楚公子比與公子棄疾等挑動陳蔡等各小國，乘靈王在乾谿無暇內顧時回軍入楚，殺靈王之太子及群公子。靈王倉促回師，知不可為而自縊。棄疾火併掉公子比而即位為平王。原來圍徐的五帥，當然也釋圍回國，卻被吳軍邀擊於豫章，並乘機出兵滅州來。楚平王因為國內未靖，暫時衹能隱忍。至昭公十五年（527 B.C.），吳王夷末卒，吳國的政情進入另一階段。綜觀夷末在位十七年，與楚靈王的戰爭多以勝利結局，由是培養出吳國的國力，朝爭霸之路走去。

---

[27] 左丘明傳，杜預注，孔穎達正義，《春秋左傳正義》，卷 43，頁 1409-1410。

[28] 同前引，頁 1419-1420。

三、《左傳》吳國史記敘述的檢討——僚與闔閭兩朝

當吳王僚即位時，公子光（即日後的吳王闔閭）也開始露頭角，昭公十七年，公子光帥舟師伐楚，楚以哀兵應戰，吳人先敗後勝，《左傳》載：

> 吳伐楚。陽匄為令尹，卜戰，不吉。司馬子魚曰：「我得上流，何故不吉？且楚故，司馬令龜，我請改卜。」令曰：「魴也以其屬死之，楚師繼之，尚大克之！」吉。戰于長岸，子魚先死，楚師繼之，大敗吳師，獲其乘舟餘皇。使隨人與後至者守之，環而塹之，及泉，盈其隧炭，陳以待命。吳公子光請於其眾曰：「喪先王之乘舟，豈唯光之罪，眾亦有焉。請藉取之，以救死。」眾許之。使長鬣者三人，潛伏於舟側，曰：「我呼餘皇，則對。師夜從之。」三呼，皆迭對。楚人從而殺之。楚師亂，吳人大敗之，取餘皇以歸。[29]

在此後一段時間內，吳國公子光與吳王僚漸漸積不相能。在吳國臣民的心中，僚違反父兄之意奪季札之位一說，始終佔有份量，這對公子光有利。可是公子光一黨還沒有充分建立自己的勢力，因此盡量不現出他們的野心。同時期楚國費無極得勢，與太子建不合，先是他說服了楚平王在城父建城，出太子建居於城父，以疏離平王與太子建的感情（楚平王顯然忘記晉太子申生的教訓），然後在平王面前進讒，認為太子建與其輔佐者伍奢將背叛，平王信讒，執伍奢，並欲殺太子。害得太子建出奔。

楚平王更有藉口殺伍奢與其長子伍尚，伍奢之次子伍員遂奔吳。此時吳公子光的勢力還沒有建立起來，故表面上不睬伍員。伍員暫時隱忍，在吳國住下來，以齊民自居，而僅將專諸推薦給公子光，以等待機會的來臨。而楚平王棄疾（熊居），也違異了他原先恭儉的形象，認為息民數年，應可以對外用兵了。他奪取了原來被吳征服的州來，並且築城防守。這刺激了吳國的報復。昭公二十三年，《春秋經》載：

---

29 同前引，卷 48，頁 1577-1578。

> 戊辰，吳敗頓、胡、沈、蔡、陳、許之師於雞父。胡子髡、沈子逞滅，獲陳夏齧。[30]

《左傳》亦配合記載：

> 吳人伐州來，楚薳越帥師及諸侯之師奔命救州來。吳人禦諸鍾離。子瑕卒，楚師熸。吳公子光曰：「諸侯從於楚者眾，而皆小國也，畏楚而不獲已，是以來。吾聞之曰：『作事威克其愛，雖小，必濟。』胡、沈之君幼而狂，陳大夫齧壯而頑，頓與許、蔡疾楚政。楚令尹死，其師熸。帥賤、多寵，政令不壹。七國同役而不同心，帥賤而不能整，無大威命，楚可敗也。若分師先以犯胡、沈與陳，必先奔。三國敗，諸侯之師乃搖心矣。諸侯乖亂，楚必大奔。請先者去備薄威，後者敦陳整旅。」吳子從之。戊辰晦，戰于雞父。吳子以罪人三千先犯胡、沈與陳，三國爭之。吳為三軍以繫於後，中軍從王，光帥右，掩餘帥左。吳之罪人或奔或止，三國亂，吳師擊之，三國敗，獲胡、沈之君及陳大夫。舍胡、沈之囚，使奔許與蔡、頓，曰：「吾君死矣！」師譟而從之，三國奔，楚師大奔。[31]

公子光顯然對敵情有深切的瞭解，謀定而後戰，故能有功。《左傳》詳述其戰爭細節，顯示楚國驅小國為前驅的兵略，得不償失。(七國同役而不同心)《左傳》這段簡短的記述，一向為文章家譽為神品。[32]

吳軍乘勝攻入楚之鄖邑，俘獲楚太子建之母，並收取其寶器，[33] 逼得楚司馬薳越自殺。這對楚構成很大的心裡威脅，令尹囊瓦逼得要增築郢都的城牆（不顧沈尹

[30] 同前引，卷 50，頁 1646。

[31] 同前引，卷 50，頁 1652-1653。

[32] 例如王源就給予很高的評價，其言曰：「此傳序光謀畧之奇，蓋為異日得志張本，而吳楚興亡，早決于此矣！七國情形，在光掌握，兩軍勝負，唯光指揮，可謂奇才。然敵眾矣，一一料之于始，一一籌之于後，又一一應之于終。作者將不勝其累，而不如此，又不足以見光之奇，序此者亦甚難矣！乃于其料敵之智，用兵之神，無微不著，而複而不沓，詳而能遒，可謂序戰功神品。」王源，《文章練要》(臺北：新文豐，1979)，卷 10，〈左傳評〉。

[33] 《左傳》載此段的統帥為「吳太子諸樊」，因為「諸樊」是已故吳王知名，故大多數人不信這個記載，而相信《史記》的「公子光」。這是合理的。不過也可能吳越有自己的語言，《左傳》所載僅有其譯音，有音相近之名可能譯成相同的漢名。由於〈昭公二十四年傳〉載越大夫也有名為「壽夢」的，則此時吳王僚的太子的譯音近於「諸樊」的可能性不能完全被排除。

戌的反對），《左傳》詳細列出沈尹戌的諫語，做為一種預言，以為定公四年吳入郢的張本。

楚平王此時已經無法擺脫令尹囊瓦的策略，總是想鼓動眾小國去抗吳，而疏於固守自己的邊疆，他加重了對越國的聯繫。在昭公二十四年楚用舟師伐吳的戰役中，越國貢獻的份量較前為重。公子倉與大夫壽夢帥師參戰，可是對吳卻構不成威脅，反而在撤退時被吳國抓到機會滅掉楚國外圍的與國巢與鍾離，使吳的國力更增強。

昭公二十六年，楚平王卒，昭王立。這一段時間，楚對吳還是沒有新的做法，僅繼續築城築郭，使一些以前征服的弱小民族入居防守（使茄人居州屈，使訾人居丘皇等），吳國當然不肯放過這個機會。因為公子光已經屢次立功，為吳王僚所忌。這次派出自己的公子掩餘、公子燭庸帥師圍潛，而將公子光留在國內。這是一個致命的錯誤。二位公子缺乏如公子光那種迅速應變的能力，被楚國的守軍堵在後面，動彈不得。而前方的失利，也讓公子光有充分理由發起革命，以挽救危機。伍員當年推薦給他的專諸發揮了作用。吳王僚雖然防守嚴密，還是刺殺了王僚（當然自己也以身殉）。《左傳》詳述其事，顯示公子光能在盡量不減損國力的原則下奪權，以便用全力來對抗楚國。吳王闔廬（即公子光）即位後，首先要安內，好在季札在出使回來以後，沒有反對，真像他以前預測的：「事若克，季子雖至，不吾廢也。」在得到季札的承認後，再去解決二公子被困於潛之師。雖然楚軍已經撤退，那兩支吳軍差不多已經毀了；即使逃回，非重加訓練，不能臨敵。吳王僚派出的兩個公子（掩餘與燭庸）當然不敢回來，分別投奔徐與鍾吾，闔廬卻不急於殺他們，只是增加對這兩個小國的壓力，逼二公子投楚，以成為楚國的負擔。闔廬則乘機伐鐘吾與徐，滅之，收其土地，卻放走徐子章羽以及其近臣去投楚，也用來增加楚國的負擔。在取得這些現成的利益後，闔廬召回伍員，用他建議的分兵輪攻之計，以消耗楚之戰力。楚昭王與令尹子常果然中計，《左傳・昭公三十一年》載：

> 秋，吳人伐楚，伐夷，侵潛、六。楚沈尹戌帥師救潛，吳師還。楚師遷潛於南岡而還。吳師圍弦，左司馬戌、右司馬稽帥師救弦，及豫章，吳師還。始用子胥之謀也。[34]

在沈尹戌等受到吳王「亟肄以罷之，多方以誤之」的行動而疲於奔命時，楚昭王與

34 左丘明傳，杜預注，孔穎達正義，《春秋左傳正義》，卷 53，頁 1750。

令尹子常等一批執政者還進一步從事內鬥，更減損國力。起初讒殺左尹郤宛，盡滅其餘黨，牽涉範圍很廣，害得伯氏之後也要出奔（伯州犁之後），然後又自相火併。令尹子常殺費無極與鄢將師，也盡滅其族（表面上是接受沈尹戌的勸諫，實際上是為轉移視聽，也不能排除分贓不均）。

自從楚昭王即位之後，吳王闔廬遵循伍員之謀，幾乎每年都出兵伐楚（見〈定公四年傳〉），總是打了就跑。因為太單調，所以《左傳》也沒有記載細節。祇是在〈昭公三十二年傳〉記載吳王伐越，算是有一點變化。可是《左傳》除了傳述史墨的評論外，並沒有細節，似乎也不是什麼大型戰役。我認為吳王的這個舉動，也是伍子胥所策畫「多方以誤之」的一部分，讓楚當局產生一種錯覺，認為吳國的目標並不專在楚國，而窮兵黷武，不會有好結果。這種錯覺會使楚國輕忽吳的威脅。

吳王闔廬當然不會放過任何削弱楚國的機會，定公二年由於楚之屬國桐叛楚，偽裝為楚擊桐而出舟師於豫章，實則潛師於巢。趁著在豫章的楚軍不備，擊敗之，而且趁楚軍還沒有反應過來，潛師入巢的吳軍也擊敗守巢的楚公子繁。這祇是一場局部的戰役，可是可以看出吳王闔廬的戰略。他並不急於稱霸，而祇用小戰役來蠶食楚國的土地，消耗楚國的國力。他的戰略很可能會成功，如果不是最後失控了，演變成勢如破竹的入郢戰役。

失控的因素之一，是受蔡國的牽累；因素之二，是吳王之弟夫槩王違反節制。蔡侯因為受不了楚令尹子常的苛求，想獲得國際的支援。此時晉已失霸，而且膽小如鼠，讓蔡侯祇有投向吳國。《左傳》載蔡侯為了表現決心，甚至出兵伐沈（楚的附屬小國），俘獲並殺了沈的國君嘉。另一方面，將其子乾與其大夫之子納吳為質，表示死心塌地追隨吳。吳王闔廬對此，當然不會不動心，[35] 然而開始時只將此役定位為一局部戰爭，因為楚國的國土範圍太大，本來就不能一舉而亡之。太快進軍，反而使自己的攻勢成為強弩之末。相信吳王闔廬一定做過全盤的考慮，而決定持重。可是楚國令尹子常卻為了自私的原因，又受部下的慫恿，而違背了原先與沈尹戌約好的戰略，總是圖謀速戰；而吳王的弟弟夫槩王又恃其勇力，不顧反對，用

[35] 伍子胥與蔡昭公當然都有復仇之意，可是伍子胥實忠於吳，既已定下「多方以誤之」的計謀，當然不會不求貫徹。由淮汭攻楚，可以截斷楚國北上之路，是一個好戰略。蔡昭公則為仇恨所驅，有意行險。他說服吳王進軍漢水北岸，與楚軍夾漢而陣，則有冒進之嫌。吳王的主意可能是姑妄試之，不行則止。他預料不到最後會失控。吳軍入郢，蔡昭公當然出了一口氣，顧棟高《春秋大事表》有〈春秋蔡侯以吳師入郢論〉，就批評：「蔡之計謀亦毒矣！」蔡昭公雖然報了仇，吳軍撤退以後，還是免不了受楚報復，最後自己被弒。孰得孰失，很難判斷。《左傳》攤開事實，不談「經義」，「義」就在事實中。《公羊傳》乘機推銷其「復讎」之論，最屬無謂。

其私卒進攻。這正好對上子常的庸愚，遂造成入郢的結果。《左傳・定公四年》對此役的前因後果，有很精彩的描述：

冬，蔡侯、吳子、唐侯伐楚。舍舟于淮汭，自豫章與楚夾漢。左司馬戌謂子常曰：「子沿漢而與之上下，我悉方城外以毀其舟，還塞大隧、直轅、冥阨。子濟漢而伐之，我自後擊之，必大敗之。」既謀而行。武城黑謂子常曰：「吳用木也，我用革也，不可久也，不如速戰。」史皇謂子常：「楚人惡子而好司馬。若司馬毀吳舟于淮，塞城口而入，是獨克吳也。子必速戰！不然，不免。」乃濟漢而陳，自小別至于大別。三戰，子常知不可，欲奔。……十一月，庚午，二師陳于柏舉。闔廬之弟夫槩王晨請於闔廬曰：「楚瓦不仁，其臣莫有死志。先伐之，其卒必奔。而後大師繼之，必克。」弗許。夫槩王曰：「所謂『臣義而行，不待命』者，其此之謂也。今日我死，楚可入也。」以其屬五千先擊子常之卒。子常之卒奔，楚師亂，吳師大敗之。子常奔鄭。史皇以其乘廣死。吳從楚師及清發，……又敗之。楚人為食，吳人及之，奔，食而從之，敗諸雍澨。五戰，及郢。[36]

另一支由沈尹戌帥領的楚軍，聞訊回師，極力想扳回逆境。雖然首戰勝利，終於難挽狂瀾。他奮勇抵抗，每戰必傷，終於因傷而死。至是楚軍的士氣一瀉千里，完全無法阻擋吳軍的攻勢，而吳軍輕裝入郢，未免兵慌馬亂。吳王闔廬急忙趕至，維持秩序。[37] 夫槩王自持功大，與子山爭令尹之宮，闔廬格于親情，容忍下去，使夫槩

---

[36] 左丘明傳，杜預注，孔穎達正義，《春秋左傳正義》，卷 54，頁 1787-89。

[37] 《左傳・定公四年》載：「吳入郢，以班處宮」。杜預注曰：「以尊卑班次，處楚王宮室。」這是維持秩序的必要措施。當時郢都已經很亂，周人甚至乘亂殺了寄居在楚國的王子朝。吳王親自駐王宮鎮壓，可以防止亂兵搶劫。可是《公羊傳・定公四年》卻說：「君舍于君室，大夫舍于大夫室，蓋妻楚王之母也。」則是不負責任的謠言。吳王闔廬並非好色之人，而且當楚昭王逃離郢都時，攜帶其妹季芈畀我同行，如果他還有母親，沒有理由不一起攜帶。《穀梁傳・定公四年》則講得更加不堪：「君居其君之寢，而妻其君之妻；大夫居其大夫之寢，而妻其大夫之妻；蓋有欲妻楚王之母者。」完全照抄《公羊傳》且變本加厲。見左丘明傳，杜預注，孔穎達正義，《春秋左傳正義》，卷 54，頁 1790；公羊壽注，何休解詁，徐彥疏，《春秋公羊傳注疏》，卷 25，頁 648；范甯注，楊士勛疏，《春秋穀梁傳注疏》，卷 19，頁 367。後人的著作如《淮南子》、《史記》等（更不提後出的小說），都說伍子胥入郢後，曾掘平王之墓，鞭其屍。這段記述完全不見先秦的文獻，更不可信。今人韓席籌對此有很透徹的分析，值得參考，見韓席籌編著，《左傳分國集註》（臺北：華世出版社，1978），頁 764-765。

王格外跋扈。

當郢都陷落時，楚昭王僅恃著幅員廣闊，急忙逃命，涉睢、濟江，入於雲中。後面被吳軍追趕，前面還要對付強盜與叛軍。雖然逃至隨邑，其狼狽可知。直至申包胥請了秦國的援軍來救，才逆轉敗勢。

從戰役開始看來，吳王闔廬本想步步為營，逼楚國崩潰。原來沈尹戌的策劃，並未必管用，留在方城外的兵船必有留守，不見得這樣易毀，說不定還會遇到伏兵。[38] 至於塞城口而入，對步步為營的吳軍，也造不成威脅。令尹子常還是會犯錯誤，如果不是夫槩王的急躁，吳軍不急著入郢，只是憑著高昂的士氣壓迫楚軍，可是讓楚昭王還有求成的機會。如此楚國沒有完全絕望，還有一段掙扎時期，也不會急於去求外援。我認為這就是何以當初吳王闔廬不許夫槩王請求的理由。夫槩王入郢以後，雖然自以為立功，吳軍的士氣卻一瀉無餘（似乎目標已達成了），以後的仗就不好打了。果然，秦哀公所派來的五百兵車（由子蒲與子虎率領）增強了楚軍的信心，用以對付夫槩王的疲卒。如摧枯拉朽，且乘機滅唐。最後逼得夫槩王要逃回吳國自立，以求自保。[39] 吳王闔廬的大軍因受到牽制而敗於楚秦聯軍（一勝而二敗），然雖敗不亂，大軍還可以退回。闔廬的民心未失，[40] 夫槩王當然不是他的對手。

由定公六年（504 B.C.）至定公十四年（496 B.C.）這九年間，基本上還是吳楚對峙的局勢。吳國的國力未大損，還能發動局部戰爭。定公六年，吳太子終纍敗楚舟師，子期又以陵師敗於繁揚，[41] 這使楚國醒覺，不能再像以往那樣施政。楚

---

[38] 請參閱顧棟高《春秋大事表．春秋吳楚柏舉之戰論》的議論。顧棟高，《春秋大事表》（臺北：鼎文書局，1974），卷 33，頁 638。

[39] 夫槩王倉促逃到回吳國，稱王自立，讓闔廬有後顧之憂，再加上越國也在後面搗亂，促使闔廬敗歸。楊伯峻認為《左傳》所以稱他為「夫槩王」，就是因為這次稱王。可是《左傳》對闔廬，也僅稱為「吳子」，沒有反稱夫槩王為王之理。我認為「夫槩王」為吳國語言的音譯，正好像「諸樊」、「夷末」一樣。前一注中的顧棟高在所引的文中，稱「夫槩王」為「夫槩」，以為合於「正名」的原則，實為誤解。

[40] 《左傳．哀公元年》載楚子西的評論：「昔闔廬食不二味，居不重席，室不崇壇，器不彤鏤，宮室不觀，舟車不飾，衣服財用，擇不取費。在國，天有菑癘，親巡其孤寡而共其乏困。在軍，熟食者分，而後敢食，其所嘗者，卒乘與焉。勤恤其民，而與之勞逸，是以民不罷勞，死知不曠。」可知闔廬在吳，可算賢君。由於他甚得民心。故當吳軍在楚時，越王允常雖然趁機伐吳，也佔不到什麼便宜。見左丘明傳，杜預注，孔穎達正義，《春秋左傳正義》，卷 57，頁 1858-1859。

[41] 《左傳》說敗楚舟師的吳太子名為「終纍」。《杜注》謂「終纍」是夫差之兄，卻沒有給出處。然而不能排除其可能性。（可能後來「終纍」死了，另立夫差為太子。）《史記》謂敗楚舟師的統帥為夫差，亦未見其必然。《史記索隱》謂二名屬一人。然相差太遠，我認為此說沒有說服力。《吳越春秋》謂夫差為「太子波」之子，更不可信．(《吳越春秋》為後漢趙曄所著。太史公所不知之事，

昭王回國後，以子西為令尹，[42] 將國都遷到鄀邑，以示與民更始。楚國畢竟地大人眾，本錢豐厚，雖受此打擊還可以漸漸復原。到定公十四年，還可以滅頓。

吳國在吳王闔廬與伍員的治理下（那時伯嚭還沒有露出後期貪饞的本色），過了幾年承平的日子，終於忍不住想再動刀兵。到定公十四年，越王允常卒，闔廬想起當年越趁吳軍在楚之際侵吳之恨，起兵伐越，《左傳》載：

> 吳伐越，越子勾踐禦之，陳于檇李。句踐患吳之整也，使死士再禽焉，不動。使罪人三行，屬劍於頸，而辭曰：「二君有治，臣好旗鼓，不敏於君之行前，不敢逃刑，敢歸死。」遂自剄也。師屬之目，越子因而伐之，大敗之。靈姑浮以戈擊闔廬，闔廬傷將指，取其一屨。還，卒於陘，去檇李七里。[43]

這次敗戰，其實甚為意外，大概承平太久了，吳軍漸失其泰山崩於前而不變色的氣度。吳王闔廬也太老了，還親自上陣。被砍斷大拇趾，這不是太大的傷，恐怕是年紀太大，受不起感染發炎而死。他還是像以前的吳王諸樊一樣，自恃勇敢而致死。其實這種局部戰爭，派部將出征就可以了。闔廬死，太子夫差即位，開啟了吳國史記的另一頁。

四、《左傳》對吳王夫差起落記載的檢討

《左傳》對於夫差報復越國的「夫椒之役」著墨不多，分在〈定公十四年傳〉與〈哀公元年傳〉：

> 〈定公十四年傳〉：夫差使人立於庭，苟出入，必謂己曰：「夫差，而忘越王之殺而父乎？」則對曰：「唯。不敢忘！」三年，乃報越。[44]
> 〈哀公元年傳〉：吳王夫差敗越于夫椒，報檇李也。遂入越。越子以甲楯

趙曄何由而知？）趙曄撰，徐天祐音注，《吳越春秋》，卷 4。

42 見《左傳．定公六年》：「令尹子西喜曰……」《清華簡（參）．良臣》之注 30 謂「《左傳》未記子西有任令尹之事。」恐誤。

43 左丘明傳，杜預注，孔穎達正義，《春秋左傳正義》，卷 56，頁 1845。

44 同前引，卷 56，頁 1845-1846。

> 五千保于會稽，使大夫種因吳大宰嚭以行成。吳子將許之。伍員曰：「不可。臣聞之：『樹德莫如滋，去疾莫如盡。』昔有……（中述夏少康中興之事，不錄），今吳不如過，而越大於少康，或將豐之，不亦難乎？句踐能親而務施，施不失人，親不棄勞。與我同壤，而世為仇讎。於是乎克而弗取，將又存之，違天而長寇讎，後雖悔之，不可食已。姬之衰也，日可俟也。介在蠻夷，而長寇讎，以是求伯，必不行矣。」弗聽。退而告人曰：「越十年生聚，而十年教訓，二十年之外，吳其為沼乎！」三月，越及吳平。吳入越，不書，吳不告慶，越不告敗也。[45]

《左傳》對「夫椒之役」根本沒有講細節。而如果回溯一下，我們也可以發現《左傳》對「檇李之役」也沒有講多少細節。我認為其原因很簡單：這兩個戰役本來都衹是局部戰役，本來沒有多少細節。「檇李之役」，吳敗得意外。吳王闔廬如果不是輕勇，暴露在前線易受攻擊之地，就不會受傷，如果不是他年歲已大，受不起發炎感染，也就不會這樣快死。吳國的國力本來遠勝越國，一場局部戰爭勝敗，本來不足以影響全局。由越國的沒有後續動作，可想而知。夫差即位後，吳國政局需要一段時間來調整，不過時間並不長。由定公十四年（496 B.C.）五月至哀公元年（494 B.C.）春，不足兩年。吳王夫差出兵夫椒，可算哀兵。當不會犯以前的錯誤。而越王句踐並沒有新的防守之策，所以這次戰爭應該是一面倒，無可取鑑之處。可是《左傳》將重點放在伍子胥的諫言，其言終結於「十年生聚，十年教訓」，這是《左傳》型式的預言。從哀公元年至哀公二十二年冬季凡二十一年多，《左傳》引用此言，當然是埋下伏筆，為後來的述作張本。

在伍子胥的諫言中還有一句話需要特別注意：「以是求伯，必不行矣。」可知夫差此時已有霸諸侯的心願。這與吳王闔廬的做法正相反的。由定公六年至定公十四年的九年間，闔廬的治國策略以安民為主（當然得到伍子胥的支持）。夫差即位後，已漸覺不耐。至哀公元年春，（夫椒之役以前）楚昭王圍蔡，逼蔡國遷於州來以進一步依吳。這無疑替夫差「霸諸侯」的心願搧風點火。對夫差來說，與齊晉爭霸遠比佔領越國來的重要，[46] 所以伍子胥針對這一點來進諫。《左傳》亦以此為後來伐齊與會黃地的張本。

---

[45] 同前引，卷 57，頁 1853-1856。

[46] 然而由《國語・吳語》看來，似乎夫差一度聽子胥之諫，再度伐越；而越再以卑辭行成才得脫。見第五節的討論。

吳王夫差在即位之後，生活已顯得奢侈，與他的父親不同。〈哀公元年傳〉載楚令尹子西的評論。

> 今聞夫差，次有臺榭陂池焉，宿有妃嬙嬪御焉。一日之行，所欲必成，玩好必從，珍異是聚，觀樂是務。視民如讎，而用之日新。夫先自敗也已，安能敗我？[47]

子西在哀公元年就「聞」到這些訊息，其來源不可能始自當年。故夫差的奢侈生活從即位時已開始，不待越國的誘引。

吳王夫差的爭霸之業始於與楚爭陳蔡，蔡國本來是柏舉之役的禍首，故蒙受楚的報復也最烈。蔡昭公被逼想遷國至吳國勢力範圍內之州來（亦稱下蔡）。這也導致蔡國貴族間的分裂與鬥爭。哀公二年蔡殺公子駟而遷國，然而其大夫恐怕會再遷，而弒蔡昭公（哀公四年）並殺數大夫。另一方面，楚國安排蔡故地的民眾至負函定居，吳楚遂將蔡國分裂。至於陳國本來從楚。哀公六年，吳伐陳，楚昭王出兵至城父，欲救陳，卻在城父染病而死，楚師還國，救陳無功，陳被逼要從吳。到哀公九年，楚伐陳，似無功。到哀公十年冬季，楚子期再伐陳，吳再救陳，此時吳的注意力不在陳（將伐齊），故放棄陳國。[48]

夫差爭霸的主體，在介入齊、魯、邾三國之間的糾紛，哀公七年，哀公與夫差在鄫邑會盟。魯與邾本來就糾紛不斷。魯季孫為了維護自己的勢力，需要籌措大量的賄賂去應付晉、楚、齊等大國，後來吳國看得眼熟，也想要。魯國除了加重對自己人民的稅賦之外，就只好欺凌如邾那樣的小國（還要貶他們為夷！）因為部分壓力來自國外，魯國的其他氏族為了團結起見，亦不得不勉力執行季孫的旨意。哀公七年秋季，季孫不聽子服景伯的諫言，起兵伐邾。邾隱公（益）祗知享樂，毫無防禦打算，大夫茅成子（夷鴻）提議向吳國求救，邾隱公又不許。結果魯師入邾大捷，並俘獲邾隱公，囚之。茅成子祗得自行其志，得其封地（茅）人民的支持，賄

---

[47] 左丘明傳，杜預注，孔穎達正義，《春秋左傳正義》，卷 57，頁 1859-1860。

[48] 《左傳・哀公十年》載：「冬，楚子期伐陳。吳延州來季子救陳，謂子期曰：『二君不務德，而力爭諸侯，民何罪焉？我請退，以為子名，務德而安民。』乃還。」延陵季子至此年應已九十餘歲，帥師救陳，實不合理，若為其子孫，何故仍稱「延州來季子」？我想，唯一的可能為：吳王夫差已厭於與楚爭陳，以季札有讓國之名，即令他說服子期，讓陳中立於吳楚之間。其曰：「我請退，以為子名，務德而安民。」亦顯示出道德的壓力。同前引，卷 58，頁 1904。

賂吳王夫差出兵救邾。夫差納其賂，在哀公八年三月出兵伐魯以救邾，[49] 魯國無法抗吳，祗有憑藉子服景伯的外交努力，避免更屈辱的盟約。同時，齊悼公（陽生）回齊即位之後，向魯國要求送歸季姬，不如願，即伐魯，並欲請吳師幫助。魯國一看，有兩面作戰之虞，趕快將邾隱公送歸邾，將季姬送歸齊。邾隱公回國後又無道，吳國介入干涉，囚之，立太子革，是為桓公。而季姬歸齊後，齊復與魯修好，又遣使至吳辭伐魯之師，這個動作激怒吳王夫差，認為齊對吳呼之則來，揮之即去，使吳起意伐齊。哀公九年，夫差築運河溝通江淮（邗溝），並在其旁築邗城以防護，就是為伐齊作準備。哀公十年，被囚之邾隱公逃脫奔齊，這進一步觸怒夫差。因此夫差聯合魯、邾兩國伐齊，進軍齊國南部的郞邑。因為戰禍原是齊悼公惹出來的，因此，齊人弒悼公以求成，[50] 吳師暫退。哀公十一年，齊又出師伐魯報復（恃吳人道遠，來不及救魯。）魯冉有禦之於郊，小勝齊。數月之後，吳師至，吳齊兩軍之決戰，終於發生，齊軍的各將領極力將自己想像成「哀軍」，企圖訴諸「置於死地而後生」的情緒而出現奇蹟，可還是無法抵禦吳軍的勇銳。《左傳》記載的情節為：

> 公會吳子伐齊。五月，克博。壬申，至于嬴。中軍從王，胥門巢將上軍，王子姑巢將下軍，展如將右軍。齊國書將中軍，高無㔻將上軍，宗樓將下軍。……甲戌，戰于艾陵，展如敗高子，國子敗胥門巢。王卒助之，大敗齊師。獲國書、公孫夏、閭丘明、陳書、東郭書，革車八百乘，甲首三千，以獻于公。[51]

魯國雖然算是吳的盟國，在此戰中並無置喙之餘地。魯哀公大概從吳王進止，叔孫州仇雖然世為司馬，吳王賜之甲與劍，恰如吩咐下屬一樣。叔孫舉止失措，講不出話來，要子貢代答。戰利品雖云獻于哀公，大概只是做個樣子，只是將齊國統帥國書的首級交由魯君還齊，算是給魯國面子。

---

[49] 根據《左傳》，吳王夫差並非倉促決定伐魯。剛好定公時，魯國叛民叔孫輒與公山不狃逃亡在吳，夫差向他們問魯國的情狀。經過考慮，還是決定出兵。由結果看來，魯國上下不和，抵抗力不強，伐魯的決定不能算錯誤。

[50] 據《史記》，弒悼公者應為「鮑氏」，即鮑牧之族人，除取悅吳人之外，亦當作哀公九年悼公殺鮑牧之報復。清梁玉繩《史記志疑》懷疑是田氏弒之。據《左傳》，艾陵之戰以前，高國仍強，陳恆似不會這樣快顯露其野心，應非是。

[51] 左丘明傳，杜預注，孔穎達正義，《春秋左傳正義》，卷 58，頁 1908-1910。

齊陳乞一如戰前所期待的，拼掉了齊國一大批菁英（他甚至賠進自己的弟弟），有助於陳氏篡位。夫差得此大勝，當然更意氣風發。回國後，想起在這次大規模伐齊之前，越王句踐曾經朝吳，對吳王以及列士皆有饋賂，[52] 伍子胥為此特別上陳的一段諫言：

> 越在我，心腹之疾也。壤地同而有欲於我。夫其柔服，求濟其欲也，不如早從事焉。得志於齊，猶獲石田也，無所用之。越不為沼，吳其泯矣。使醫除疾，而曰必遺類焉者，未之有也。盤庚之誥曰：「其有顛越不共，則劓殄無遺育，無俾易種于茲邑。」是商所以興也。今君易之，將以求大，不亦難乎！[53]

現在從齊大勝凱旋而回，而越國不敢有異動，可見伍子胥的判斷也會有問題，為了進一步說服伍子胥，即命伍子胥使齊，讓他親眼看見齊國臣服的情形，[54] 伍子胥明知不會有好結果，趁這次出使的機會帶他的兒子出吳，托給鮑氏，改姓為「王孫氏」，[55] 以存一線之裔。這件事當然瞞不過夫差，狂怒之下，被夫差用屬鏤之劍賜死。[56]

伍子胥自殺以後，吳王夫差耳根清淨，重新做他的「稱霸」夢。哀公十二年夏，魯哀公出發至吳的槖皋與吳王相會。本來還要尋七年鄫之盟，幸虧太宰嚭在外交方面還是新手，讓端木子貢幾句話打發回去（認為一盟就不可改，屢盟何益？）才不尋盟。吳王又要求衛侯與他相會，衛出公本不想去，經大夫子木苦勸，才前往

[52] 這次越王句踐的朝吳。應是伍子胥再前一篇諫言所引起的。由於齊人弒悼公以取悅魯與吳，使吳失去藉口；而徐承的舟師由海襲齊又失敗，夫差曾一度有所疑慮，伍子胥趁機引述近代楚靈王的事跡來諫王。這方面的討論見本文之第五節。在諫言中，伍子胥又強調越必會乘吳師在齊時襲吳。這篇諫言一定為越王句踐所知，趕緊朝吳以示無異志。

[53] 左丘明傳，杜預注，孔穎達正義，《春秋左傳正義》，卷 58，頁 1910-1911。

[54] 至於使齊的正式辭令，《國語．吳語》有一段話可以參考：「寡人帥師，不腆吳國之役，遵汶之上，不敢左右，唯好之故。今大天國子，興其眾庶，以犯獵吳國之師徒，天若不知有罪，則何以使下國勝？」《國語》說出使者為「行人奚斯」，可能位階太低。有一個可能是派伍子胥為使，而使奚斯為介，以監視伍子胥。見韋昭注，《國語》，卷 19，頁 86。

[55] 當時鮑牧已死，鮑家作為政治人物，已經沒落。然而鮑氏在齊國政壇上有一兩百年的歷史，族人眾多。伍子胥的兒子既然改姓為「王孫氏」，當然寄跡於編氓，托庇於不從政的大族，可以避免普通民眾所受的壓榨，未嘗不是一個好選擇。

[56] 有關伍子胥臨死之言，《左傳》與《國語》之記載有異。也許左丘明對此有所選擇。參閱本文第五節之討論。

鄖邑（據王夫之的意見，在莒國）與夫差相會。因為去遲了，而且始終不肯與吳國結盟，反在鄖邑與魯哀公及宋的皇瑗結盟，吳派兵圍困衛出公的館舍，不讓他歸國，也仰賴端木子貢去遊說吳太宰嚭（解釋來遲的緣故，且警告：「若執衛君，是墮黨而崇讎也。」）才放衛出公回國。吳國這兩次「徵會」手法粗糙，為諸侯笑，又出大軍要脅諸侯，要求晉國與他會盟。當時晉國實已失霸，執政者趙簡子勇於內鬥，終於說動晉定公至鄭的黃池，與吳王及諸侯盟誓，並向周室請得單平公來監盟。哀公十三年，吳王為了要示威，帶大軍前往，結果國內空虛，給楚國公子申伐陳的機會，也給越王句踐機會偷襲吳國。可見夫差對出兵的預後作業未做好。《左傳．哀公十三年》載越國襲吳之役相當詳細。

> 六月，丙子，越子伐吳，為二隧。疇無餘、謳陽自南方，先及郊。吳大子友、王子地、王孫彌庸、壽於姚自泓上觀之。彌庸見姑蔑之旗，曰：「吾父之旗也，不可以見讎而弗殺也！」大子曰：「戰而不克，將亡國。請待之。」彌庸不可，屬徒五千，王子地助之。乙酉，戰，彌庸獲疇無餘，地獲謳陽。越子至，王子地守。丙戌復戰，大敗吳師，獲大子友、王孫彌庸、壽於姚。丁亥，入吳。[57]

越軍行軍凡十日，接戰凡三日，其前鋒二人顯然是誘敵者，吳首戰得勝，不復堅守。句踐以大軍乘之，遂敗吳軍。這也可以顯出吳人輕勇的習氣。句踐雖突襲得利，然吳國畢竟太大，此時也不可能併吞之，且既已與吳扯破臉，總要顧忌到吳王回國後的報復（不能排除吳得諸侯之助的可能），故需要鞏固自身的防禦。因此《左傳》雖然沒有交代由六月到「冬，吳及越平」那幾個月的情形，可以想見句踐在吳軍趕回來以前迅速退軍，如此可以保持所得利益。

《左傳．哀公十三年》載：「夏，公會單平公、晉定公、吳夫差于黃池。」[58] 好像只是四個人之間的盟會，然而魯哀公何以要參與吳晉之間的會盟，而且還要周室的卿士單平公來監督？可見這應該是一個大型的會盟，參加的諸侯眾多。《春秋經》僅書：「公會晉侯及吳子于黃池」，是從魯史的角度，記述魯哀公參與這次盟會。《左傳》本來應該添加材料來講清楚，可是《左傳》祇強調會中吳晉爭歃血之

---

[57] 《國語．吳語》敘此段過程稍異，左丘明當有所考擇，見第五節的討論。左丘明傳，杜預注，孔穎達正義，《春秋左傳正義》，卷 59，頁 1923。

[58] 同前引，卷 59，頁 1922。

先後，以及吳王用殺人來掩飾「越入吳」之資訊，卻由面色透露出實情。[59] 前面絕不提諸侯之情狀，則後面的「伯合諸侯」（子服景伯語）就沒有照應。這在一向敘事綿密的《左傳》文章中，不能不算一項疏漏，可見左丘明著書至此處，已有精力不繼之狀。

《左傳》還敘述盟會後夫差的一些活動，如「以公見晉侯」則甚無聊，以致為魯子服景伯所抑，到後來又想囚禁子服景伯。再後來又想伐宋，都是虎頭蛇尾，[60] 沒有結果，似乎在強調夫差與伯嚭的無知，以及手法粗糙。又敘：「吳申叔儀乞糧於公孫有山氏」，似乎在反映吳王之不恤其下屬。在《左傳》中，一般此類旁支的描繪，通常多作為伏筆之用，如今也沒有照應。這些都強烈顯示左丘明在這些地方未暇潤色。

由哀公十三年「吳及越平」，到哀公二十二年「越滅吳」之間，相隔凡九年。這九年都落在傳說的「西狩獲麟」之後，所以《公羊傳》與《穀梁傳》都沒有涉及，這是可以理解的。可是《左傳》既然將結束的時間推遲至哀公二十七年，則應有機會詳敘這數年間吳國的歷史，可是真正出現在《左傳》的有關記述，卻並不太多，都列舉於下：

〈哀公十七年傳〉：三月，越子伐吳。吳子禦之笠澤，夾水而陳。越子為左右句卒，使夜或左或右，鼓譟而進。吳師分以御之。越子以三軍潛涉，當吳中軍而鼓之，吳師大亂，遂敗之。[61]
〈哀公十九年傳〉：越人侵楚，以誤吳也。[62]
〈哀公二十年傳〉：吳公子慶忌驟諫吳子曰：「不改，必亡。」弗聽。出居于艾，遂適楚。聞越將伐吳，冬，請歸平越，遂歸。欲除不忠者以說于越，吳人殺之。十一月，越圍吳，趙孟降於喪食。楚隆曰：「三年之喪，親暱之極也。主又降之，無乃有故乎？」趙孟曰：「黃池之役，先主與吳王有質，曰：『好惡同之。』今越圍吳，嗣子不廢舊業而敵之，非晉之所

---

[59] 《左傳》載晉趙鞅欲以備戰之勢逼吳，又識破吳有憂患，卒獲先歃。《國語》所載頗有不同，以致《史記》兩存異說。顯然左氏在不同的史料間有所選擇。也許因為左氏究竟為魯人，對吳王貶稱「吳子」，可能在這段敘述中有所隱諱。詳見本文第五節之討論。

[60] 夫差既然處心積慮，要參加黃池之會，應該對周室有所表示。然而《左傳》卻沒有交代，剛好《國語．吳語》卻有一段可以補充，很像這是左丘明採集的史料，而未暇編入《左傳》。詳見本文第五節之討論。

[61] 左丘明傳，杜預注，孔穎達正義，《春秋左傳正義》，卷 60，頁 1953。

[62] 同前引，卷 60，頁 1960。

> 能及也，吾是以為降。」楚隆曰：「若使吳王知之，若何？」趙孟曰：「可乎？」隆曰：「請嘗之。」乃往。先造于越軍，曰：「吳犯間上國多矣，聞君親討焉，諸夏之人莫不欣喜，唯恐君志之不從，請入視之。」許之。告于吳王曰：「寡君之老無恤，使陪臣隆敢展謝其不共。黃池之役，君之先臣志父得承齊盟，曰：『好惡同之。』今君在難，無恤不敢憚勞，非晉國之所能及也，使陪臣敢展布之。」王拜稽首曰：「寡人不佞，不能事越，以為大夫憂，拜命之辱。」與之一簞珠，使問趙孟，曰：「勾踐將生憂寡人，寡人死之不得矣。」王曰：「溺人必笑，吾將有問也。史黯何以得為君子？」對曰：「黯也，進不見惡，退無謗言。」王曰：「宜哉！」[63]

然後就是哀公二十二年越滅吳的那一段（第一節已引）。《左傳》的敘述顯然有一些照顧不到的地方。由哀公十四年至哀公十七年，其間發生了什麼事，並不清楚；哀公十七年的戰事雖有一些細節，可是很顯然那祗是一場局部的戰事，[64] 對吳有不會有決定性的影響（不然，越也不會在哀公十九年侵楚誤吳了。）到哀公二十年十一月，越才成功圍吳。由二十年十一月起兩年間，為決戰時期。由前兩節的敘述，我們知道吳的防守能力一向很強，《左傳》對越國如何突破防禦，甚少直接或間接地說明，只在吳王與楚隆的對話中，用伏筆寫「寡人死之不得矣」，卻又毫無照應（第一節已提到這一點）。在下一節，我將討論《國語》最後三卷的有關部分，看看有哪些部分可以對《左傳》作補充。我希望這些討論可以顯示《國語》那些部分，也許是左丘明計畫納入《左傳》的部分。

五、《國語》最後三卷對吳史可能補充的討論

本文第一節曾申明一個假設，即《國語》原為左丘明為編《左傳》而收集來的

---

63 同前引，卷 60，頁 1961-1962。

64 對此段戰事的敘述，王源《文章練要．左傳評》認為「極奇正之變，而該兵法之能。」我卻認為《左傳．哀公十七年》並沒有交代清楚變化何在。難道「以王軍潛涉，當吳中軍而鼓之」就是「奇兵」嗎？沒有細節，怎知道是「出其不意，攻其無備」，而不是陷入敵人的埋伏呢？王源此處，顯然是故神其說。與《左傳》以前很多描寫戰事的片段比較，我認為「笠澤之役」的敘述顯有遜色。左丘明當時可能已精力不濟。王源，《文章練要》，卷 10。

史料。晚年《左傳》成書後，這堆史料十去七八。因為目力不行，殘存的史料竹簡無法再用（用以更充實《左傳》的內容，這是一個無底的作業！）只好交由弟子，稍加編輯，而成今本《國語》。

本節的目標，是《國語》的最後三卷（〈吳語〉、〈越語上〉、〈越語下〉）。歷來很多學者都相當看重這三卷的文章。連柳宗元《非國語》也說：「越之下篇尤奇峻」，朱熹也說：「吳、越諸處，又精采」，崔述也說：「吳、越多恣放」。這些批評，非本文之重點，[65] 揭過不提。

就內容來看，《國語》最後三卷與《左傳》比較，似乎未經大用：少數內容與《左傳》相似而相異，似乎左丘明在數說中加以選擇，將要用的移入《左傳》，而不用的留在殘簡內。可是有相當多的內容似乎可以補充《左傳》中關於吳國史記的欠缺。這就值得注意，在本節內，我們將考察這三卷的內涵，看有那些可用於填補《左傳》。

(1) 〈吳語〉：「吳王夫差起師伐越……唯天王秉利度義焉。」[66]

正如注 46 所說，這一段所講的事實，應在「夫椒之役」與夫差已許越成之後。有一度，夫差想起伍子胥之諫言有理，準備再度伐越，以圖一勞永逸。此時越在大敗之餘，沒有準備，只得聽大夫種 [67] 之言，派諸稽郢再度行成。觀諸稽郢求成之言有：「夫諺曰：『狐埋之，而狐搰之，是以無成功。』」可知吳王已一度許其成。這次的和平條件，較上次更屈辱：「句踐請盟，一介嫡女，執箕掃以晐姓于王宮；一介嫡男，奉盤匜以隨諸御」這是以前沒有的。

---

65 本文篇後之書目，可參閱。其實這種現象也符合本文之假設：左丘明既選取這些史料，當然欣賞其文章；既未能大用，留下來的當然多精采。

66 韋昭注，《國語》，卷 19，頁 83-84。

67 《左傳》與《國語》都稱此人為「大夫種」而別無異名。楊伯峻卻認為：「大夫為官名，文，其氏，種，其名，字禽，楚之南郢人，楚平王時曾為楚之宛令。」見楊伯峻，《春秋左傳注》，頁 1605。他所根據的是《吳越春秋》、《呂氏春秋．當染篇．高誘注》、《史記．吳太伯世家．索隱》與《太平寰宇記》。這些文獻都是很後的。由先秦至漢班固的《漢書．古今人表》，都祗稱為「大夫種」。唯一可能的例外來自《韓非子．內儲說上》：「越王問於大夫文種曰……」，可是卻有版本的問題。我接受清王先慎《韓非子集解》的考證，認為那僅有的「文」是衍字。到本文最後一節，我將討論一個可能：「大夫種」是越國的土著，沒有姓氏，故史家以官職稱之。

(2) 〈吳語〉:「吳王夫差乃告諸大夫曰:……乃許之,荒成不盟。」[68]

接續上段,夫差欲許成,而伍子胥再諫。其重點是:「為虺弗摧,為蛇將若何?」而夫差已決定「孤將有大志於齊」當然聽不進去。上一段與這一段若能補進《左傳》,當能說明吳王決定赦越伐齊之過程。

(3) 〈吳語〉:「吳王夫差既許越成……王雖悔之,其猶有及乎?王弗聽。」[69]

如注 52 所說,這一段的事跡應發生在吳第一次伐齊,齊人弒悼公,吳軍撤退回國以後。夫差準備再出兵伐齊(也有部分因素是應魯國之請求),伍子胥引楚靈王失敗的事跡來警告吳王,並且認為當吳軍伐齊時,越國必定會趁機襲吳。就是因為這段諫言被越國知道,越王句踐特別率其眾以朝吳,並且王及列士,皆有饋賂。就是因為越王句踐這種大動作的表態,使夫差放鬆對越國的警戒,放心伐齊,並獲得勝利。[70] 這段應可補入《左傳》,以照應夫差對伍子胥的失望。

(4) 〈吳語〉:「吳王夫差既勝齊……盛以鴟鴺而投之江。」[71]

如注 54 與注 56 所說,前面一段可以作《左傳》起述「使於齊」的補充。整件事顯然發生在勝齊歸國以後。可是「使於齊」三個字太簡單了,容易誤導人。出使必有介,可能伍子胥使齊之介即行人奚斯。其言辭「寡人帥師……下國勝」,則出自夫差之意,而由正使述之。至於伍子胥回國後,夫差怒責之言:「昔吾先……敢告于大夫」未出現於《左傳》,可能出於疏忽,也有可能左氏為求文章簡潔,而有所取捨,至於伍子胥臨終之言,《國語》所記:「昔吾先王……以見越之入吳國之亡

---

[68] 韋昭注,《國語》,卷 19,頁 84-85。

[69] 同前引,頁 85-86。

[70] 至於《史記.仲尼弟子列傳》列傳所載:伐齊之役為端木子貢的游說所促成,甚至說:「子貢一出,存魯,亂齊,破吳,彊晉而霸越。」則不可信。據《左傳》所言,魯與齊戰於郊,已有效防禦齊之侵伐。吳齊之間,積怨本深,終須一戰,亦不待子貢之挑撥。至言吳:「與晉人相遇黃池之上,吳晉爭彊,晉人擊之,大敗吳師。」則純屬子虛烏有。然其中說越王使大夫種朝吳,獻兵甲以益征齊之師云云,則仿彿有此次句踐朝吳,賄賂朝士的影子。司馬遷撰,裴駰集解,司馬貞索隱,張守節正義,《史記》,卷 67,頁 2201。

[71] 韋昭注,《國語》,卷 19,頁 86-87。

也」，充滿怨懟，不如《左傳》所記之自制。此處必定出於左氏深思後之取捨。

(5) 〈吳語〉：「吳王夫差既殺申胥……徙其大舟。」[72]

如注 57 所言，《國語》所載與《左傳》所載之戰役情況稍異。唯《國語》謂越師「沿海泝淮以絕吳路」為《左傳》所無。在此一突襲戰爭中，本來不打算耗時長久。吳師就算趕回，亦需要一段時間。分突襲之師去絕吳之歸路，就戰略而言，並不合理。左氏顯然捨此不取。

(6) 〈吳語〉：「吳晉爭長……以焚其北郛焉而過之。」[73]

這一大段的敘述，非常精彩，遠超過今本《左傳》短短數語，而且也遠比《左傳》之所敘為合理。《左傳》說吳王「自剄七人於幕下」，如此沉不住氣。《國語》則無此事；吳王聞越人入吳之訊息，集大夫而會商，卒採王孫雒之策，列陣示威，以求先晉侯歃血，如此在諸侯間先贏取一個好感。觀〈哀公二十年傳〉：趙襄子說：「黃池之役，先主與吳王有質。」如果吳王在會中表現窩囊，怎可贏得趙簡子的尊敬，此其一。其次，據《公羊傳》言，黃池之會由吳主會。如果爭執不決，著急的應該是吳王才對。《左傳》云：趙鞅與司馬寅欲「建鼓整列，二臣死之」，其實沒有道理。若依《國語》，則王孫雒策劃：「今夕必挑戰以廣民心」、「萬人以為方陣，皆白裳白旂素甲白羽之矰」、「左軍亦如之，皆赤裳赤旟丹甲朱羽之矰」、「右軍亦如之，皆玄裳玄旗黑甲烏羽之矰」，用三萬兵士之演練向諸侯示威，實開先聲奪人之勢，由此壓迫晉方讓步。而當時晉之朝政，握在趙簡子之手，其精力皆用於內爭，實無力與吳爭雄。所以這一方面，也是《國語》較合理。其三，晉方雖然看穿吳王之色，類有大憂，亦知不可與抗，僅強調：「命圭有命，固曰吳伯，不曰吳王。」要吳王去「王」之稱，以挽回顏面。這也是一種合理的安排。不僅就內容來講，《國語》遠勝《左傳》，就文章氣勢而言，《國語》亦動人心魄。左丘明是知文者，本來應該採用此段，而事實則相反。我在注 59 中猜想，左丘明以其魯人的身分，可能歧視吳人，而對史實有所隱諱，這當然是一個可能。可是更可能的是左丘明編寫《左傳》至此，已精力不濟。亟欲趕快結束，故在史料中選擇一條簡單的。

[72] 韋昭注，《國語》，卷 21，頁 87。
[73] 同前引，頁 87-90。

(7) 〈吳語〉：「吳王夫差既退于黃池……伯父秉德已侈大哉！」[74]

如注 33 所言，這一段：「告勞于周」是必須交代的事項。吳王既然主會，當然對周室負有責任。在「告勞」之文內，特別提到入郢之役敗楚之事。此事與周敬王之終於能殺王子朝之事（定公五年）有關，周敬王必定感激。《左傳》不載此事，顯是疏漏。

(8) 〈吳語〉：「吳王夫差還自黃池……身斬，妻子鬻。」[75]

《左傳》自哀公十三年吳王歸國及越平，至哀公十七年越伐吳之間三年餘時間，完全沒有交代吳越之事。《國語》的這一段，敘述在這段時間內，越王句踐的努力。因為對吳的偷襲，越與吳已經扯破臉，此時不得不積極備戰。他的謀士除了大夫種與范蠡[76]之外，意外地楚申包胥使於越，句踐與他有一段對話，使他知道在短期內必須努力的方向。那段對話歸結為：「夫戰，智為始，仁次之，勇次之。不智，則不知民之極，無以詮度天下之眾寡；不仁，則不能與三軍共飢勞之殃；不勇，則不能斷疑，以發大計。」然後句踐與夫人及諸大夫[77]決定各人的責任；「內政無出，外政無入」。對於三軍，則申明號令，斬有罪者以徇。並對有特殊情形，難以服役者，恩准免歸。在此時間內訓練兵卒，使皆成為精銳。《國語》這一大段正足以補《左傳》之缺。左丘明雖然將這段史料收集進來，卻似乎未暇補入《左傳》。

(9) 〈吳語〉：「於是吳王起師軍于江北……以集其謀故也。」[78]

這是吳語的最後一段。由開始到「不鼓不譟以襲攻之，吳師大北」的第一部分，似乎與《左傳．哀公十七年》的「三月，越子伐吳……吳師大亂，遂敗之。」

[74] 韋昭注，《國語》，卷 21，頁 91。

[75] 同前引，頁 91-94。

[76] 事實上，在《左傳》中，根本沒有提到范蠡。在〈吳語〉中，祇有「大夫蠡進對曰：『審備則可以戰乎？』王曰：『巧！』」一句，句踐與五大夫的對話可以補入《左傳》。「范蠡」的大量出現，是在〈越語下〉。見後面的討論。同前引，卷 19，頁 93。

[77] 句踐與五大夫商量戰情。五大夫之名為后庸、苦成、大夫種、大夫蠡、皐如，唯〈吳語〉前部活躍的諸稽郢卻不再見，可能此時已去世，以後外交行人的職務由范蠡接手。

[78] 韋昭注，《國語》，卷 19，頁 94-95。

一段大同小異。然而那次戰爭仍是一次局部戰爭，越軍雖勝，由是大大提升其士氣，可是還不足以圍吳。所以《國語》後面那一段是有缺陷的。[79] 最後跳到圍吳的部分，相當於哀公二十年十一月，中間有四年多的空白。最後談到句踐不許吳之行成，而以「天以吳賜越，孤不敢不受」以激之，似乎可以補充《左傳》夫差與楚隆對話所設的伏筆。唯左氏似乎亦無暇補入。[80]

(10)〈越語上〉：「越王勾踐棲於會稽之上，……越君其次也，遂滅吳。」[81]

這一卷比較短，也較難分段，所以我作為一段來討論。首先，我們注意整卷所涉及越國之重要人物，只有大夫種與句踐。大夫種兼作謀士與外交官（尤其是一次也沒有提范蠡）。很像從大夫種的傳記上節錄下來的。其次，在內容中並沒有年代的注明，我只好由事件的內涵來判斷其發生之年代。

開始時談到越王句踐由會稽派大夫種到吳國求成，由於後面談到「飾美女八，納之太宰嚭」，這應該相當於《左傳・哀公元年》所說的：「使大夫種因吳太宰嚭以行成」，可是前面有很多《左傳》所沒有的細節。其中的「請句踐女女於王，大夫女女於大夫，士女女於士」，又像是句踐第二行成時的條件（見前面第 (1) 段的討論）。而伍子胥的諫言「夫上黨之國，我攻而勝之，吾不能居其地，不能乘其車。夫越國，吾攻而勝之，吾能居其地，吾能乘其舟」，又像是《左傳・哀公十一年》的「越在我，心腹之疾也，壤地同，而有欲於我……得志於齊，猶獲石田也，無所用之」，似乎其史料的時序並不嚴謹。左丘明收集來，也許認為有參考的價值，可是顯然他後來沒有精力去運用。

後面的「句踐說於國人……俱有三年之食」應屬於伍子胥諫言中的「十年生聚」部分，其時間應在哀公元年至哀公十一年之間，唯無法判斷哪一些措施會在哪一年實施。我認為這一些敘述似乎可以酌量引入《左傳・哀公十一年》中，作為追述，以呼應伍子胥的判斷：「句踐能親而務施，施不失人，親不棄勞」，是多麼有遠見。

---

[79] 可是《國語・越語下》有一段似可補救此缺陷，請參閱下面第 (14) 段的討論。

[80] 可是在〈越語下〉中的結尾處，有一段精彩的描述，更像是照應了楚隆與夫差對話的伏筆。見下面第 (14) 段的討論。

[81] 韋昭注，《國語》，卷 20，頁 96-99。

後面的「國之父兄請曰……而可無死乎」，顯示越軍的士氣足以與吳一戰。這應該是上述「十年生聚」的功效，而下開「十年教訓」之端。就時間而言，應非一時之事，分散在哀公十三年至哀公二十二年之間。〈越語上〉記句踐誓師之辭。我認為可以補充在〈哀公十七年傳〉「越子伐吳」之前，因為後面〈越語上〉即言：「故敗吳於囿」，而根據韋昭之注，「囿」即笠澤。可是後面又說「又敗之於沒，又郊敗之」則涉及一長段時間（大致為哀公十八年至哀公二十年）。〈越語上〉並沒有供給這一方面的細節。至於最後之圍吳，〈越語上〉所記與〈吳語〉大同小異，然都比《左傳・哀公二十二年》為詳細。

(11)〈越語下〉：「越王勾踐即位三年……三年而吳人遣之。」[82]

追源至哀公元年，《左傳》載「吳王夫差敗越于夫椒」而〈越語下〉云：越王句踐欲伐吳。這未必是矛盾。可能雙方都覺得兩國間終須有一決戰。（檇李之役，越雖勝吳，致死吳王闔廬，然吳國力未傷。隨時會來報復。）這與〈吳語〉所云：「吳王夫差起師伐越，越王句踐起師逆之」，皆為傳聞之異，左丘明在數種傳聞中有所選擇。既未選擇越主動伐吳之說，則范蠡[83]進諫之事亦無所附益。唯句踐戰敗以後向吳求成。〈越語下〉記載得比較複雜。第一次求成，吳人不許，句踐只得與范蠡親身入吳執役，而委國事於大夫種。在吳為臣隸三年之久，始得歸國。這段記載與〈越語上〉之「其身親為夫差前馬」合，而與〈吳語〉及《左傳》不同，當亦屬傳聞，而為左丘明所不取。唯〈越語下〉特記范蠡之外交才能，並述其自許之言：「四封之內，百姓之事，蠡不如種也，四封之外，敵國之制立斷之事，種亦不如蠡也」，抬高范蠡的地位（整篇〈越語下〉可能取自范蠡之傳記）則的確可以補充《左傳》的缺陷。我猜當初左丘明將〈越語下〉採集進來，作為史料，可能準備在適當地位寫入《左傳》，可是後來精力不繼，遂遺漏了「范蠡」這個重要的人名。

(12)〈越語下〉：「歸及至於國……令大夫種為之。」[84]

---

[82] 韋昭注，《國語》，卷 21，頁 99-100。

[83] 范蠡可能不是越國土著，那時剛投句踐，還未得句踐信任，故不聽其諫言。後來諸稽郢去世，范蠡的外交才能日顯，才在吳越戰爭中大顯身手。

[84] 韋昭注，《國語》，卷 21，頁 100-101。

在這一段內，定下范蠡與大夫種之分工。范蠡贊成句踐倚賴大夫種治國，以達「十年生聚」的目標，而同時對強兵之事，亦定下努力的原則。其重點則為：「戰勝而不報，取地而不反，兵勝於外，福生於內。用力甚少，而名聲章明。」日後句踐屢用局部戰爭侵佔吳地，以削弱吳的國力，卻能抑制住吳的反襲。其戰略思想已定於此，我認為這一段值得補入《左傳》。

(13)〈越語下〉：「四年，王召范蠡而問焉……乃可以致天地之殛，王姑待之。」[85]

越王句踐既增強國力，則伐吳以後復仇，固其急於實施之事。然此時吳之國力猶強，若冒昧出兵，若敗則前功盡棄，故范蠡需要一而再、再而三，設法阻止句踐伐吳之要求。〈越語下〉在此處完全不提夫差的外務，如企圖爭霸，介入魯齊之糾紛，殺伍子胥，黃池之會等等；甚至不提夫差在黃池時，越國的偷襲，而只是讓范蠡極力強調天時、地節，人事之未配合，一次又一次要「王姑待之」，甚不可解。可能〈越語下〉採自范蠡傳記，原著者想強調范蠡的睿智，而不惜犧牲歷史真相。其實范蠡的宗旨，還是上一段所強調的「兵勝於外，福生於內，用力甚少，而名聲章明」。越王句踐算是有耐性的，可是當他問「今其稻蟹不遺種（饑荒之意），其可乎？」范蠡居然回答，「天應至矣，人事未盡也，王姑待之」，無怪句踐要發怒。可是范蠡的解釋很有道理，「今其禍新民恐，其君臣上下皆知其資財之不足以支長久也，彼將同其力致其死。」所以句踐還必須裝出一副「慣於享樂而喪其志」的樣子，誘導吳王鬆弛其警戒。這一段說明，其實是最重要的。在上一節，我們已經注意到自哀公十四年到哀公十七年之間，似乎無事可記。《左傳》此處的沉默，其實會誤導讀者，如果把上述范蠡解釋的這段補入《左傳》，就會清楚很多。

(14)〈越語下〉：「至於玄月……居軍三年，吳師自潰。」[86]

韋昭謂「玄月」之役，即哀公十七年笠澤之役，或然。唯笠澤之役《左傳》敘之甚詳，並與〈吳語〉相合（見上面第 (9) 段）。〈越語下〉僅言「至於五湖」似有缺漏，而云「吳人聞之出而挑戰，一日五反，王弗忍，欲許之」，則是新的資訊，

---

[85] 韋昭注，《國語》，卷 21，頁 101-103。

[86] 同前引，頁 103-104。

足以補《左傳》與〈吳語〉的缺陷，因為越軍雖勝笠澤之役，還是局部的勝利，吳的兵力仍未大虧。可是范蠡所預定的戰略，卻是「戰勝而不報，取地而不反」笠澤之役戰勝後，越軍並不撤退，反而堅守之。吳軍當然企圖反攻，可是越軍卻堅守，而不應吳軍之挑戰，〈越語下〉說句踐幾乎接受吳軍的挑戰，卻為范蠡諫止，因為吳軍一向輕勇，越如和他們比勇，可能將已得的勝果失去。至於堅守，則越軍可用較少代價而保持戰果。等吳軍失去耐心，舉止失措時，再用奇兵擴大戰果。如此雖少破竹之功，卻能消耗吳的國力。〈越語下〉用一套「陰陽剛柔」的比喻來支援這種戰略，恐是故神其說，可是其戰略的優點，卻是分明易曉。由哀公十七年至哀公二十年，越軍用這種方法蠶食吳地，終於使吳師自潰，達到圍吳的目的。

(15)〈越語下〉：「吳王帥其賢良與其重祿以上姑蘇……不傷越民遂滅吳。」[87]

由哀公二十年十一月起至哀公二十二年十一月，整整兩年內，吳已喪失大片土地，其都城被圍，士氣消磨殆盡。然而句踐仍然不著急。吳雖不惜屈辱，使王孫雒行成於越，可是越始終不許成。（可是越王卻許楚隆進入，以進一步消磨吳王的鬥志）。在一段長時間內，吳王夫差與一群少數人困在姑蘇臺上，對外的聯繫完全斷絕，不斷使王孫雒向越王求饒：「使者往而復來，辭越卑，禮越尊。」這種折磨真不是人過的。（有點像慢水煮青蛙！）這才是吳王對楚隆所說「寡人死之不得矣」的照應，到最後，連句踐自己也堅持不下去了，任命范蠡全權與吳王談判。〈越語下〉載王孫雒向范蠡求情的話：「子范子，先人有言曰：『無助天為虐，助天為虐者不祥。』今吳稻蟹不遺種，子將助天為虐，不忌其不祥乎？」[88] 我真希望當年左丘明能將這段話錄入《左傳》，使後人能與《左傳・昭公二年》公孫黑向子產求情的話：「命在朝夕，無助天為虐」來作比較。范蠡也許沒有聽過子產的回答：「不助天，其助凶人乎？」范蠡需要自貶為「禽獸」，以斷絕王孫雒的希望。范蠡所以如此堅持，還是由於最初所定下來的原則，盡量用最少的代價來保持戰果。最後吳王自殺，吳國人民的鬥志也被消磨得差不多了。越併吞了吳以後，不會擔心再有反覆。

[87] 韋昭注，《國語》，卷 21，頁 104-105。
[88] 同前引，頁 105。

〈越語下〉其實還有最後一段，敘述范蠡辭越王句踐，乘舟以浮於五湖，[89] 莫知其終極。由范蠡的傳記的觀點，需要有這樣一個結尾。由吳國史記的觀點來看，則無關緊要。

六、結語

在本文第二節至第四節，我從《左傳》抽出有關吳國的史實，[90] 可以得到一個初步的結論：《左傳》記載吳王壽夢至吳王闔廬間的吳國重要歷史相當詳盡。對於所涉及的戰事，《左傳》也有精彩的描繪，顯示《左傳》作者對吳國相當重視，並不以其屬於蠻夷而忽之。然而到了吳王夫差的部分，《左傳》似乎只詳於與魯國有關的部分（尤其是伐齊的艾陵之役），而對其他部分頗有簡略之處。對於黃池之會，《左傳》的陳述顯有不足，只是對於越國趁機偷襲的戰事敘述得還算詳盡。從哀公十四年至哀公二十二年間所敘吳越之間的戰事，僅有哀公十七年的笠澤之役，然後就跳至哀公二十年「越圍吳」，再過二年至哀公二十二年，越才滅吳。《左傳》對於中間發生的事跡，並沒有交代清楚，對於所涉及的重要人物，也多所缺略（例如完全沒有提越之范蠡與吳之王孫雒），對於滅吳，也只有草草數語。整體看來，《左傳》對吳國史跡的記述，似難免「頭重腳輕」之譏，這個現象很值得我們探討。

在本文的第五節，我將注意力放在《國語》的最後三卷（〈吳語〉、〈越語上〉、〈越語下〉）上，發現其中有許多內容，恰可以補充《左傳》上述的缺陷，對原來未及注意的地方，也有了適當的增強（例如越之求成，不止一次，且伍子胥在不同的場合，有不同的諫詞。）由於傳統上總是認為《左傳》與《國語》的著成時間相近（即使不認為是同一人所著），使我們懷疑何以《左傳》對吳越戰役沒有類似的資訊。這就回到本文第一節的猜測：很可能《國語》現存的最後三卷，本來是左丘明收集來的原始史料，計劃用以編寫《左傳》的吳國部分。後來因故沒有用到，結果就變成現存的情況。

對這個猜想，我可以講得更仔細一點。吳越衝突的時間，離春秋結束的時間

---

[89] 《國語．越語下》記范蠡最後辭句踐之言：「君行制，臣行意。」他是冒著「身死妻子為戮」的危險走的。東漢袁康《越絕書》謂他與西施同泛五湖，是不可能的事。

[90] 為了確定沒有遺漏重要的史事，我參考了韓席籌編著的《左傳分國集註》。這本書對我很有幫助。

太近（哀公十四年西狩獲麟，可是左丘明將《左傳》結束的時間，延長至魯哀公二十七年），當時很多原始資訊，還沒有經過處理，住在魯國的左丘明還接觸不到。他不得不把就近在魯國附近收集來的資料先編寫進《左傳》。到他晚年的時候，才收集到足夠的史料，可是那時他年歲已大，記憶力的衰退與精力的不濟，使他往往忽略史文中的前後照應。尤其是這些收集來的史料成分很混雜，其中包含有很多不太可靠的傳聞，需要花費精力去分辨與判斷。他可能已經用了一小部分比較沒有問題的史料納入《左傳》，可是他究竟年歲大了，長久的文字工作傷害目力很厲害。太史公稱「左丘失明」，「明」是指「視力」而言。「失明」不一定瞎，可能近視的程度突然加深，那時雖然可以勉強生活，在沒有眼鏡的古代，對文字工作者而言就等於是「失明」了。目力的衰退使他編著《左傳》的工作無法繼續下去，只得草草結束。所以〈哀公二十二年傳〉有關越亡吳的簡短文字，可能就是求快的結果。

嚴格來講，《左傳》中吳史的部分，是還沒有完成的，只是他雖然目力不行，思考仍在，所以仍能用簡短的數語來結束。而且《左傳》是一部歷史著作，受史料的影響，本來就無所謂終結。後來的讀者也不會苛求。

根據後人引述劉向《別錄》記載，左丘明將《左傳》傳授給曾申，我相信曾申可能是左丘明的弟子，並協助他完成《左傳》。那三卷有關吳越的史料，在左丘明無法繼續運用的情形下，可能就混在原來用剩下來的其他史料竹簡，一齊交給了曾申。顯然棄置那批竹簡有點可惜，曾申將之依國別大致編輯一下（可能在左丘明的指導下），將竹簡重新編排，用繩索連繫成了另一部書。如果左丘明還保有目力，他可能計畫利用這些竹簡繼續增添與改善《左傳》的內容。（這可是一項無所底止的工作），世界上可能就不會有《國語》那部書了。可以說左丘明的「失明」，導致《國語》的出現。我相信這就是司馬遷所說：「丘失明，厥有國語」的原意。

吳國由於歷史較短，《左傳》中記述得不均勻，較易被發現，而現存之《國語》最後三卷，雖然內容混雜（〈越語上〉就完全沒有年代），所存的部分內容，卻可以補救《左傳》的缺陷。這個關連可以加強我們的一個信念：《國語》那批竹簡收羅的本意，本是作為編纂《左傳》的史料，在編纂的過程中，用得上的竹簡不斷被移出，最後十去七八，殘存者就成了現行的《國語》。

人同此心，心同此理。司馬遷《史記》中有關吳越的部分，就是兼采《左傳》與《國語》，加上那時的傳聞而寫成，所以顯得比《左傳》完整。當然，那時《吳越春秋》與《越絕書》尚未出現，更不要說後來的小說了。

七、餘論

既然提到《史記》，我還有一些相關感想，寫在下面，當作「餘論」。不像《左傳》，可以在〈宣公八年傳〉靜悄悄地開展了整個吳越的歷史，《史記》必須在〈吳大伯世家〉與〈越王句踐世家〉從頭講起，所以必須追源吳國至周大王之子大伯、追源越國至夏后少康之庶子（不知名），唯東漢袁康《越絕書》與趙曄《吳越春秋》皆謂其名為「無餘」，唐張守節《史記正義》引晉賀循《會稽記》，[91] 則謂其名為「於越」，皆不知所據。然《史記》謂越國始祖為夏后少康的庶子，則不可信。《左傳．哀公元年》記載伍子胥的諫言，用了很多篇幅述說夏后少康的歷史，以與越國作對比。伍子胥甚至說：「今吳不如過，而越大於少康。」如果當時已有「越國始祖為夏后少康庶子」的傳聞，伍子胥沒有理由不強調，左丘明也沒有理由不記載。

觀《左傳．哀公十三年》：「吳人曰：『於周室，我為長。』」、《左傳．哀公十二年》載：「昭夫人孟子卒。昭公娶于吳，故不書姓。」吳國祖先的「姬」姓源頭可能不假；然越國的王室雖然附會為大禹的後代，也未聞有「姒」姓的傳承，與吳國的「姬」姓不同。再觀《國語．越語上》伍子胥的話：「夫越國，吾攻而勝之，吾能居其地，吾能乘其舟。」可知當時吳越兩國，不但地緣接近，風俗方言也相差不多。吳國王室雖由外來，既已「文身斷髮，示不可用」，則已長期同化於當地人民。其王族之名：壽夢、諸樊、餘祭、夷末、夫槩王等，都像是譯音，可見其貴族後來雖然極力吸收華夏文化，這方面卻不受影響。由《左傳》與《國語》所記載的幾個越國人名（〈昭公二十四年傳〉的胥犴、倉、壽夢，〈定公十四年傳〉的靈姑浮，〈吳語〉的后庸、苦成、皐如）來看，也都像是譯音，[92] 尤其「壽夢」更與吳王之名相同，可見方音之近。傳說中的始祖名：「無餘」、「於越」，古音相近，更可能都是譯音。

---

[91] 《史記正義》引晉賀循《會稽記》，謂少康庶子之名為「於越」。案《會稽記》之名見於《隋書．經籍志》，注明是：「一卷，賀循撰」，可知張守節確有所據。可是今不見其書，可能已失傳。我祇能找到周光培所編之《漢魏六朝筆記小說六十種》（石家莊：河北教育出版社，1994）中收有《會稽記》（題孔曄撰，內容僅有簡短數則），不像是張守節所引之書。容再尋找。

[92] 事實上，連楚國的古君王名，如鬻熊與蚡冒，都有音譯的痕跡。可參閱顧頡剛，《史林雜識初編》，〈楚、吳、越王之名、號、諡〉，頁 213-214。

《史記》載越王允常以前，還是「斷髮披草萊」的時期。當時的越國，正處於半開化的狀態。後來國力漸強，雖然模仿中原，設置「大夫」等官職，畢竟沒有宗法社會的根底，故其人不見得會有姓氏。由此可以判斷，《吳越春秋》謂「大夫種」姓「文」，後人甚至說他做過楚國的「宛令」[93]（如注 67 所述），都是沒有根據的。很可能「大夫種」本來沒有姓氏，因此，一直到東漢的前期，所有的文獻還一直以其官「大夫」稱之，正如《左傳・昭公二十四年》稱「公子倉」一樣。而到了東漢後期，雖然已經有了稱「文種」的稗官記述，可是流傳並不普遍。尤其是當時的經學家都沒有看重這種記述。所以一直到三國吳時的韋昭，在注《國語》時，還僅以「種，越大夫」一句塞責。到西晉杜預注《左傳》時，在「大夫種」下面並沒有任何注釋。這兩位博聞的學者都似未聞「文種」之名，可見這個名稱流傳不廣。

由《國語》的記載來判斷，越國「十年生聚」期間的民生建設，大部分要歸功於大夫種。若非帶有一份「服務桑梓」的感情，很難想像他會如此投入。他不可能身為楚國貴族，而寧願到越國來受罪。所以我寧可相信大夫種是越國的土著，因能力卓越的而受越王（允常或句踐）看重，被拔為大夫，所以常抱感激之情。他雖然是內政長才，有必要時也勉力出任行人之職，以與吳國周旋。他與范蠡不同，范蠡本非越人，故功成之後，容易棄之而去。而大夫種則始終為越國鞠躬盡瘁。《左傳》與《國語》皆無大夫種下場之記載。《史記》說他不聽范蠡之勸，終於逃不了「兔死狗烹」的命運。此固可能，不過先秦似乎皆無這種傳聞，我認為還是予以保留為宜。

---

[93] 姑不論在楚國找不到以「宛」為名的縣。就算有，楚國一縣的長官，稱為「縣公」（例如「申公」），是相當高的貴族。除非犯罪或因政治因素被逐（那就會留下歷史紀錄而被左丘明所注意），不會無故離楚。

參、春秋前之魯國

一、前言

因為《春秋經》始於隱公元年，以前的歷史就不太確定，往往要依賴較後出的書籍，例如《史記》。《左傳》對此只有很簡短的追記：[1]

> 惠公元妃孟子。孟子卒，繼室以聲子，生隱公。宋武公生仲子。仲子生而有文在其手，曰為「魯夫人」，故仲子歸于我。生桓公而惠公薨，是以隱公立而奉之。[2]

黃忠天教授根據《史記．魯周公世家》的記載：

> 公賤妾聲子生子息。息長，為娶於宋。宋女至而好，惠公奪而自妻之。生子允。登宋女為夫人，以允為太子。[3]

而著〈《左傳》「仲子歸魯」的歷史意義及其相關問題辨疑〉。[4] 其主旨為：「魯惠公之得娶仲子由於奪媳」。發掘出這段春秋前的宮廷秘史，令人耳目一新。可是春秋以前的魯國歷史，值得發掘的還多。就「奪媳」的細節而言，也有可商榷的地

---

1 見楊伯峻，《春秋左傳注》，頁 2-4。
2 左丘明傳，杜預注，孔穎達正義，《春秋左傳正義》，卷 2，頁 38-42。
3 司馬遷撰，裴駰集解，司馬貞索隱，張守節正義，《史記》，卷 33，頁 1529。
4 黃忠天，〈《左傳》「仲子歸魯」的歷史意義及其相關問題辨疑〉（香港中文大學中國語言及文學系、中國文化研究所劉殿爵中國古籍研究中心合辦，「古籍新詮——先秦兩漢文獻國際學術研討會」，香港：2017 年 12 月 14-15 日）。

方，需要從西周時的魯孝公講起。

二、西周時的魯孝公

《史記．魯周公世家》[5] 有一段話值得注意：

> 武公九年春，武公與長子括，少子戲，西朝周宣王。宣王愛戲，欲立戲為魯太子。周之樊仲山父諫宣王，……宣王弗聽，卒立戲為魯太子。夏，武公歸而卒，戲立，是為懿公。懿公九年，懿公兄括之子伯御與魯人攻弒懿公，而立伯御為君。伯御即位十一年，周宣王伐魯，殺其君伯御，而問魯公子能道順諸侯者，以為魯後。樊穆仲曰：「魯懿公弟稱，肅恭明神，敬事耆老；賦事行刑，必問於遺訓而咨於固實；不干所問，不犯所知。」宣王曰：「然，能訓治其民矣。」乃立稱於夷宮，是為孝公。……二十七年，孝公卒，子弗湟立，是為惠公。[6]

伯御在位之十一年，一定極力誅殺異己，以固其「魯侯」之位，使政局紛亂，以致需要王師平亂。如果周宣王只是惱怒伯御殺了他所喜歡的懿公，就不會要等十一年之久。在這種環境下，公子稱必定無法在魯存身，需要流亡到國外，他早期的子息必定多所夭折。他傳位的惠公，在位達四十六年之久，即位時的年齡一定不大。換言之，惠公必定是孝公在位時所生之子，[7] 還很可能是妾之子。這就使《穀梁傳．隱公元年》一段記載顯得合理：[8]

> 〔經〕秋，七月，天王使宰咺來歸惠公、仲子之賵。
> 〔傳〕母以子氏，仲子者何？惠公之母，孝公之妾也。禮，賵人之母則可，賵人之妾則不可。君子以其可辭受之。其志，不及事也。

---

5 見司馬遷撰，裴駰集解，司馬貞索隱，張守節正義，《史記》，卷 33。

6 同前引，頁 1527-1528。

7 魯孝公稱當懿公被立為太子時，年齡一定不大，不能隨父前往晉見周宣王，可是到九年後懿公被殺時，年齡大到足以避禍，並且還有所表現。估計他即位時大約三十歲，通常這時應該有子息。顯然早期的折磨使他沒有年齡較大的太子可以傳位。

8 見范甯集解，楊士勛疏，《春秋穀梁傳注疏》，卷 1，頁 6-7。

為了弄清楚各事件的先後次序，我以下列的年表顯示。

表一：魯國孝、惠、隱三公以及前後關係年表

公元前	周王年	宋公年	魯侯年
800 B.C.	宣王 28 年	惠公 31 年	伯御 7 年
799 B.C.	29 年	哀公元、戴公元	8 年
795 B.C.	33 年	戴公 5 年	孝公元年
781 B.C.	幽王元年	19 年	15 年
770 B.C.	平王元年	30 年	26 年
768 B.C.	3 年	32 年	惠公元年
765 B.C.	6 年	武公元年	4 年
747 B.C.	24 年	宣公元年	22 年
728 B.C.	43 年	穆公元年	41 年
723 B.C.	48 年	6 年	46 年
722 B.C.	49 年	7 年	隱公元年
719 B.C.	桓王元年	殤公元年	4 年
712 B.C.	8 年	8 年	11 年
711 B.C.	9 年	9 年	桓公元年

請注意在表中，宋哀公與宋戴公列於同一欄（799 B.C.），這顯示宋哀公在位不到一年就去世。[9] 考慮其父宋惠公在位長達三十一年，估計宋哀公即位時大約是三十五歲左右，他的長子（即戴公）應不到十五歲（姑且算十五歲）。所以宋戴公的子女（包括魯惠公的元妃孟子）都是在他即位後許多年後才出生的。另一方面，宋哀公可能還有年幼子女，在十餘年後，逐漸長成。《穀梁傳》提出的見解，提醒我們去考慮，魯孝公在即位數年以後，面對子息的凋零，著急想納妾的心情。當然

---

9 《史記．宋微子世家》與《史記．十二諸侯年表》記載有異的地方需要判斷何者為正確。〈宋微子世家〉載：「惠公……三十年，惠公卒，子哀公立。哀公元年卒，子戴公立。」（而連「哀公」的人名也失載）；而〈年表〉在「宣王二十八年」列，「宋」之行載：「三十一，惠公薨。」在「宣王二十九年」列，「宋」之行載：「宋戴公立，元年。」關於惠公之卒年，〈年表〉依年排至「三十一」，不可能錯；是〈世家〉漏掉「一」字。關於「宋哀公」，〈世家〉記載明確，不可能錯；應是〈年表〉沒有考慮到將兩個「元年」擠在同一欄，而疏漏掉「哀公」一代。當然還有一個可能，就是宋哀公死於周宣王二十八年，宋惠公卒後不久，太史公在〈世家〉中分宋惠公一年給他，故惠公成為三十年；而卻在〈年表〉中記載宋惠公確實卒年以存真，卻把「宋哀公」一代擠掉。如今已無法判斷哪一種可能情況為真，不過對後來的歷史發展影響不大。見司馬遷撰，裴駰集解，司馬貞索隱，張守節正義，《史記》，卷 38，頁 1607-1634；卷 14，頁 509-684。

他在初即位時，必須致力恢復魯國的秩序，而無暇於此。我假設他到了第九年，才成功從宋國娶回「仲子」。

由表一所示的年度，很容易判斷《穀梁傳》所提及的這位「惠公仲子」，可能是宋哀公之次女。假設她生於 804 B.C.，當魯孝公九年 787 B.C.，她十八歲時，[10] 嫁為魯孝公之妾，[11] 再假設她二十歲時（785 B.C.）生子弗湟，則魯惠公即位時（768 B.C.）為十八歲。一切都很順當。[12]

三、《穀梁傳》的證據價值

不管《穀梁傳》是不是傳自子夏，它總是由先秦流傳下來的書籍。[13] 由於隱公元年以前的事蹟，連《魯春秋》都沒法保存，可以想像隱公時期的《魯春秋》記錄，一定有很多亡失的。對那一時期任何正面的傳聞，都應予以珍重，考慮是否與已知的（證據較多的）事實衝突。《穀梁傳》替古史保存了一條珍貴的史料：「惠公之母也稱『仲子』，故魯國數代皆與宋國聯姻」。無論如何都應受到重視。在上一節，我們可以看到魯孝公有「仲子」為妾的可能性，在年代上沒有牴觸之處。再看前引傳文：「其志不及事也」，似乎《穀梁傳》的作者也不確定惠公之母是否能活到當時（隱公元年），范甯之〈注〉甚至說：「仲子早卒，無由追賵，故因惠公之喪而來賵之。」[14] 其實如果此「仲子」生於 804 B.C.，活到隱公元年 722 B.C. 不過八十三歲 [15] 雖然難能，卻並非不可能。反而由傳文的彌縫，顯示《穀梁傳》作者在寫定這段傳文時，的確聽到「『惠公仲子』為惠公之母」的傳聞，而非根據既定的「原則」去虛構事實。因此可以增強「當時有此傳聞」的可信度。

其實假設魯惠公末年存在一位高齡老母在旁，也有利於解釋當時一些費解的記

---

[10] 本文中所有對歲數的估計，都是以出生時一歲起算，這是中國人計算歲數的通則。

[11] 當時魯孝公大約為三十八歲左右。可能他的夫人還在（只是不再能生育），故「惠公仲子」只能做妾。

[12] 魯惠公還有弟弟，如公子益師與公子彄，會不會都是「惠公仲子」所生，還是魯孝公還有其他的妾，則不易確定。

[13] 即使在很長一段時間內，是由口耳相傳的。

[14] 見范甯集解，楊士勛疏，《春秋穀梁傳注疏》，卷 1，頁 1-19。

[15] 傅隸樸考證她如果與惠公同年卒，可能享壽八十六歲。我的估計較他少些，可是她享高壽是必定的。見傅隸樸，《春秋三傳比義》，頁 13。

載。[16] 惠公在位太久，已經老胡塗了。他因奪媳而與宋國決裂，又因寵仲子而堅持立仲子為夫人。[17] 在公子允出生以後，又堅持立他為太子。[18] 這會造成他與整個魯國公族間的緊張。當時他乾綱獨振，不聽任何人的勸諫。卻不料他自己的健康會衰退。他死前與宋國的戰事，留下一個爛攤子。若不能完善解決，必定為魯國帶來危機。惠公季年的爛攤子，不僅在對宋，對鄰近的小國也有衝突。[19] 幼子允雖為太子，顯然無法負責。故將公子息姑捧上君位，在當時顯然是一項必要的措施。[20] 問題是由誰提出這項要求？

《左傳》只說：「是以隱公立而奉之。」顯然太簡單。《史記・魯周公世家》則說：「及惠公卒，為允少，故魯人共令息[21] 攝政。」[22] 所謂「魯人」到底是哪些人？誰有權「共令」公子息姑做任何事？《史記》都沒有交代。照常理，公族中的大臣應有說話的餘地。可是惠公在位太久，公族大臣中最老的也是他的弟弟；[23] 既然惠公在世時未能諫止他的行為，卻要在惠公死後，推翻他的安排，可能說不出口。

在下一節，我會盡力說服讀者：魯惠公最可能奪媳的時間，是 729 B.C. 宋宣公末年，因此公子允會生於 728 B.C.。當 723 B.C. 魯惠公死時，太子允六歲。固然無法聽政，卻可以成為母親利用的對象。惠公夫人顯然希望仍立太子允為君，而由她操持政事。這時公族大臣的任何反對意見，都有「欺侮孤兒寡婦」的嫌疑，只有惠公之母（如果她還在的話）才可以一言九鼎。她可以在周室使者面前力證原太

---

[16] 黃忠天教授的〈《左傳》「仲子歸魯」的歷史意義及其相關問題辨疑〉因傅隸樸所估計的年壽太高而懷疑《穀梁傳》的講法。其實傅隸樸的結論是：「穀梁傳的釋義，可能完全是正確的，也可能是完全錯誤的，只好懸疑了。」我在這一節的討論，可以讓「高壽」成為正面的論據。

[17] 《春秋經・隱公二年》載：「十有二月乙卯，夫人子氏薨。」顯示仲子已經被惠公立為夫人，故史官必須如此記載。左丘明傳，杜預注，孔穎達正義，《春秋左傳正義》卷 2，頁 76。

[18] 《左傳・隱公二年》如此記載，《史記・魯周公世家》亦如此記載。其實既然已立仲子為夫人，則立她的兒子為太子，就成為順理成章的事。因此原來的太子息姑必定被廢。

[19] 例如《春秋經・隱公元年》載：「三月，公及邾儀父盟于蔑。」我懷疑並非簡單地如《左傳》所言：「公攝位而欲求好於邾，故為蔑之盟」。很可能魯惠公晚年也與邾國有所衝突，故隱公即位以後，即將解決此衝突列為優先施政之重點。左丘明傳，杜預注，孔穎達正義，《春秋左傳正義》卷 2，頁 46。

[20] 如果公子息姑拒絕此項任務，下一個選擇可能會是公子翬；對魯國會更壞。

[21] 魯隱公之名應為「息姑」。今本《史記・魯周公世家》誤脫「姑」字。然《史記・十二諸侯年表》於「平王四十九年」列，「魯」行載：「魯隱公息姑元年」。故知〈世家〉之誤。

[22] 我將於第五節提出證據，顯示隱公即位時，並沒有「此為攝位」的但書。《左傳》因為經文未書「即位」，想不出別的原因，而作此猜測；《史記》則因襲《左傳》而作此記載。

[23] 《左傳・隱公元年》出現的公子益師（字眾父）與《左傳・隱公五年》出現的臧僖伯（即公子彄，字子臧）都是惠公的弟弟，可能是當時最年老的公族大臣。至於司空無駭，當時仍能帥師，應該屬於下一輩，當無發言資格。

子（公子息姑）當日無罪被廢的情景，並以大義督促公子息姑接受此職，以幹父之蠱。尤其她是宋哀公之女，比宋武公之女仲子要長兩輩，更可以壓得住她。而魯惠公夫人的野心被阻，終於在兩年後鬱鬱而死。

上一節所引《穀梁傳》也可以解決《左傳》對經文解釋的困惑：

> 秋，七月，天王使宰咺來歸惠公、仲子之賵。緩，且子氏未薨，故名。……贈死不及尸，弔生不及哀。豫凶事，非禮也。[24]

《左傳》認為周平王的使者宰咺帶來兩份賵贈，一份給惠公，一份給仲子。前者來得太遲，後者卻還未死（等於咒她死）！魯史官認為宰咺做事太荒唐，故如實記下此事，並記下其名，以示譏諷。這件事本身就太不合理！首先，惠公末年國君驟逝，留下一個爛攤子，要立不是太子的人（即公子息姑）為國君，難道不要緊急向周平王赴告嗎？[25] 周平王接到赴告，他的使者要處理的事必定以立君為首要，致唁贈賵則為附帶。既然已順利立君，則對惠公贈賵之事應已完成。所以隱公元年七月贈賵的對象一定不會是惠公。魯國史官當然會記載惠公末年的整個事件，只是那些簡冊遺失掉了而已。[26] 其次，沒有證據說「宰咺」的「宰」不是官名，事實上還應是王室的高官。能做到這種高官的人一定會有應變的能力。即使周平王所得資訊錯誤，到魯國後知道正確的情況，當然會變更辭令，以免陷其王於非禮。所以根本不可能發生這樣的事，[27] 是左丘明在二百五十多年以後，企圖讀懂「天王使宰咺來歸惠公仲子之賵」一條經文，卻誤分「惠公仲子」為二人，遂以為「宰咺」是這樣一個胡塗蛋。他又接受了後世創造出來的理想原則：「對天子之卿大夫不稱名」，[28] 遂以為此處稱名是意存譏諷。我們生在後世，有各種傳聞可供採擇，既然

---

[24] 左丘明傳，杜預注，孔穎達正義，《春秋左傳正義》，卷 2，頁 65-70。

[25] 在春秋後期，周室力微，諸侯即位可以不管周室。可是這時是在春秋之前，周平王雖然偏安，還是得到強大的諸侯支持。魯國以前一向與周室關係良好，尤其是魯孝公之立，是周室武力干預結果。現在有立君之危機，若不向周平王赴告，是不可思議的事。

[26] 因為太久遠，所有隱公元年以前的魯史竹簡都亡失了。就算隱公時的簡冊，也沒有人敢保證必定完整。對那一時期的《春秋經》，不宜因「未書」而認為別有原由。下面我還要繼續強調這個原則。

[27] 傅隸樸《春秋三傳比義》舉蘇東坡被誤認已死的故事來說明「錯誤的訊息」是可能的。（見傅隸樸，《春秋三傳比義》，頁 13。）可是這個故事卻無法為「宰咺之缺乏應變能力」合理化。何況即使王室可能收到「錯誤的訊息」，作為王室派出的使者，應該很有處理的經驗才是。否則，這樣胡塗的人根本做不到周室的「宰」。

[28] 其實這樣一項原則的存在性非常可疑。如《春秋經．定公十四年》：「天王使石尚來歸脤。」就稱

《穀梁傳》的提示很合理，就不應陷入《左傳》的錯誤解釋的泥潭中。

如果接受《穀梁傳》釋「惠公仲子」為魯惠公的高齡老母，則也可瞭解何以周室會突然向她贈賵。由上面的討論，可以知道她對隱公之得立有決定性的影響，在惠公末年，她一定給周平王的使者以深刻的印象。當隱公元年，周室得到她去世的消息時，這種印象促使周室對她贈賵。

還有一條有關「仲子」的記載。《春秋經・隱公五年》載：

九月，考仲子之宮，初獻六羽。[29]

《穀梁傳》也持同樣的意見，認為這位「仲子」也是惠公之母。我認為此說法也有可能是正確的。不過這是另一個問題。由於經文並沒有講清楚，所以我對《穀梁傳》此條的意見，不是那樣有信心。關鍵之處，在於「夫人子氏」薨逝以後，魯隱公有沒有讓她與惠公合墓。如果她的確與惠公合墓，則同宮祭祀就是順理成章的事，[30] 無須單獨為她立宮。若如此，則魯隱公替高壽的先妣建立廟堂，並以諸侯之禮樂祭享，[31] 就顯得很特殊，值得史官在《春秋》中記上一筆。這是正面的資訊，不應輕易放棄。至於缺乏「葬我小君仲子」的負面資訊，則很容易用「因年久而失傳」來解釋。

四、魯惠公的性格，他的奪媳及其後果

根據樊穆仲的評判，魯孝公的性格為：「肅恭明神，敬事耆老，賦事行刑，必問於遺訓，而咨於固實。不于所問，不犯所知。」換言之，他是一個謹身守禮的人。公子弗湟受了他的父親十八年教育，在即位初期，至少在表面上是謹身守禮的。相對於嚴父，他有一個寵愛他的母親，因此他不怕母親。他的婚事也是他的

名。不過我們總可找出一些特殊的理由來「解釋」這些例外。左丘明傳，杜預注，孔穎達正義，《春秋左傳正義》，卷 56，頁 1842。

29 左丘明傳，杜預注，孔穎達正義，《春秋左傳正義》，卷 3，頁 102。

30 黃忠天教授以古禮有「廟祭無二嫡」的規定來否定這種可能。我認為這與「諸侯不再娶」等說法都是後世以理想的倫理規範寫入「古禮」中的，沒有證據顯示古時確有這些規定。黃教授以用五年時間來築宮為太久，也不成問題。因為魯隱公不會在惠公夫人還活著的時候做任何刺激她的事。請參閱黃忠天，〈《左傳》「仲子歸魯」的歷史意義及其相關問題辨疑〉。

31 他不敢比照當時習俗僭用八佾，正顯示他的知禮。

母親促成的，因為她在宋國的侄女已經長成了。假設魯惠公的元妃孟子生於 783 B.C.，到 765 B.C. 她十九歲時嫁給魯惠公，那時魯惠公為二十一歲。再假設聲子生魯隱公時為 756 B.C.，[32] 則魯隱公即位時為三十五歲，早已過了正常的婚配年齡。我的判斷是：當 729 B.C. 他二十八歲時，已被立為太子：魯惠公並為他向宋宣公求婚配於宋武公之女仲子，這件婚事也可能是惠公的母親所促成的。[33]《史記》載仲子生於宋武公末年，即 748 B.C.，到 729 B.C. 時，她二十歲。這項判斷與黃忠天教授的論文所言不同，我將在下面解釋。

我先表明我贊同黃教授的地方。他最有說服力的論點，是指出宋武公的女兒仲子，為魯惠公元妃孟子之侄，而非其妹。由表一可以看出孟子為宋戴公之女。可是這個關係卻被傅隸樸的《春秋三傳比義》所忽略了。掌握了這個關係，就可以瞭解宋武公之女仲子本來是準備嫁給魯惠公子息姑的。[34]

其次，黃教授力辯《左傳》對仲子掌紋「為魯夫人」[35] 的記載，為不可信。並引韓席籌 [36] 的想法作為印證：

> 吾嘗疑仲子之禎祥，及翬之請殺桓公，為莫須有之事，皆桓之子孫飾詞造作以明其為嫡，而抵其弒逆之罪。

從來「禎祥」的符應，多是由得益的當事人傳出，來呼應他所受的「天命」。就仲子的掌紋來說，得益的當事人應是魯桓公允。我猜想他在弒兄即位後，造出這個禎祥故事，[37] 被左丘明在二百數十年以後收羅到，納入《左傳》。

---

32 假設聲子為孟子之媵，並比她小二歲，則聲子的生年為 781 B.C.。那時嬰兒夭折率高，在此年以前孟子以及她的幾個媵未必無子，卻夭折了，只有聲子所生的兒子才保存

33 若《穀梁傳．隱公元年七月》的資料正確，則魯國孝公、惠公兩代皆娶自宋國，希望繼續這種關係，也是合理的事。

34 太史公當然也「考信」過這項傳聞。他的根據可能是古史料《春秋歷譜諜》（見〈十二諸侯年表序〉）所列之各諸侯之次序與在位年數，這可以用來印證惠公奪媳的傳聞。太史公所據古史料的另一個重要來源是《世本》，其殘本至唐猶存（今已全逸，僅有輯本，見宋衷注，秦嘉謨等輯，《世本八種》（臺北：西南書局，1974）），司馬貞的《史記索隱》就常引用。可是司馬貞並不相信惠公奪媳之事，可以推想《世本》中未載此事。同樣亦可推知《竹書紀年》亦無此事。這至少顯示正面參證的欠缺。只能憑年代的考慮來支持此項傳聞的真實性。

35 其實「魯夫人」三字太複雜，即按「石經」將「魯」字定為「〔上止下从〕」，還是需要非常主觀的想像力，才能從許多雜碎的淺紋中，挑出這個形式來。

36 韓席籌，《左傳分國集註》，頁 49。

37 黃教授論文注 25 為「手紋」的記載合理化：「『有文在手為魯夫人』可能只是藉口，但現實中，應該不太可能去查證夫人的手紋。」我認為此事如是假造的藉口，則假造的時間一定是在事後，一切

可是對黃教授的另一些論點，我卻有所保留。首先，他認為魯桓公的誕生年代，是遲至惠公四十五年，我卻覺得有斟酌的餘地。案《左傳》的記述是：

……故仲子歸于我，生桓公；而惠公薨，是以隱公立而奉之。

杜預的注解是：「言歸魯而生男，不以桓生之年薨」。可知《左傳》所述桓公的生年並不很確定，黃教授的論文將魯惠公奪媳之年繫於惠公四十四年 725 B.C.，那時仲子的年齡為二十四歲，顯然遲於正常的出嫁年齡。[38] 黃教授又將桓公生年繫於惠公四十五年 724 B.C.，如此，則當惠公四十六年，桓公允僅有二歲，比嬰兒大不了多少，很可能隨時會夭折掉，也無法被他母親利用。當隱公十一年，桓公允僅有十四歲，還是兒童。那時他已有政治野心嗎？顯然不合理；野心大到連羽父都知道，認為必須幹掉，顯然更不合理。所以我不能認同「四十五年」之說。如果假設桓公允的生年在魯惠公四十一年 728 B.C.，（仲子歸魯的時間提早到宋宣公末年。）則當隱公元年，桓公允已有七歲，很有長成的希望。當隱公十一年，桓公允已有十七歲，已經會認識到權勢的欲望了。至於仲子歸魯時的歲數，會提早到二十歲，也合乎中國古代女子出嫁的正常年齡。我認為這個假設是可以接受的。

其次，黃教授認為宋穆公因為打輸了仗，才提議將仲子嫁到魯國以修好；又「未必明指要將仲子嫁給息」。[39] 我認為這種假設是非常不合理的。魯宋本有通婚的傳統，正不需要因戰敗而屈就。[40] 然而惠公季年魯宋發生了戰爭，的確很奇怪，值得進一步探討。按《左傳．隱公元年》的有關戰爭的記載，有兩段：

惠公之季年，敗宋師于黃。公立，而求成焉。九月，及宋人盟于宿，始通也。

（十月）惠公之薨也，有宋師，太子少，葬故有闕，是以改葬。[41]

有關的人都去世才行。不然總要冒被查證的風險。如果是事前假造，應該會假造一些難查證的藉口，例如祖先托夢之類。

[38] 按照《史記》，仲子生於宋武公末年，武公對這個小女兒一定很不放心，臨死前一定叮囑宣公妥為照顧。所以不可能讓她過了二十歲還沒有嫁出去，何況她的容貌也並不差。

[39] 在東周時諸侯間的婚姻算是「結二姓之好」，必定先有卿大夫通問，履行一切禮節，怎麼可能「未必」明指要嫁之人？《左傳．隱公三年》載宋宣公臨終時以穆公為賢，故不傳子而傳弟。「賢君」會做出這種胡塗事嗎？我寧願相信黃教授如此寫是為了要減弱魯惠公奪媳的突兀感。

[40] 何況黃在商丘西北四十餘公里之外，對商丘構不成威脅。

[41] 左丘明傳，杜預注，孔穎達正義，《春秋左傳正義》，卷 2，頁 71。

根據楊伯峻的意見[42]（他贊同服虔），惠公死前的「宋師」就是「敗宋師于黃」之役。故這場戰事發生於惠公四十六年，楊伯峻認為魯師雖然打了勝仗，可是由於惠公去世而無以為繼，連葬禮也草草了事，必須立長君以收拾殘局。黃教授不贊成楊伯峻的意見，而將戰爭安排在惠公四十四年。其實不論是在四十四年還是在四十六年，勞師遠征打一場大仗，總得有個原因。曲阜與商丘之間的距離約有二百公里，兩國間並無相鄰的邊界，[43] 不會由於邊界糾紛而發生戰爭。我認為戰爭的最初原因就是魯惠公的奪媳，而且拖延數年，各有勝負，並互相報復。最後仗越打越大，演變為意氣之爭。「黃」之役只是魯國最後的一場勝仗，很快宋國又大舉來報復，而惠公驟逝。宋師雖然可能為避免伐喪而暫退，卻隨時會再來。所以隱公立後亟亟向宋求成，談判費時，到九月才盟于宿，恢復邦交。《左傳》說：「始通也」，可見魯宋邦交斷絕了一段長時間。

讓我們設身處地，分析一下魯惠公的思想與行為。他受了嚴父十八年教育，在即位初期，至少在表面上是謹身守禮的，可是這是極力壓抑的結果。到後來他掌握了權力，原來被壓抑的剛愎個性，就會反抗禮節所加的規範，而變本加厲地發洩出來。[44] 又鑑於先世懿公之被弒，是由於公族內部的作亂，故他對於公族成員的控制，也相當嚴厲。他的母親本來有些寵他，也不會干預他的施政。他很有希望在鄭莊公以前成為諸侯的霸主。可是他的長子息姑卻個性柔弱，不善於推行政令，[45] 使他很不滿意。息姑在他的控制下，也沒有表現的機會，這使他低估了兒子的能力。不過息姑既已成長，又做了太子，總不能不為他娶親，並且母親也在旁邊唆使，讓

---

42 見楊伯峻，《春秋左傳注》，頁 18。

43 當時兩國的疆域都接近西周的情況，並沒有像春秋後期時的擴張。因此兩國之間還存有一些小國，如任、滕、薛、郜等。請參閱譚其驤主編，《中國歷史地圖集》第 1 冊（北京：中國地圖出版社，1996），頁 17-18。

44 魯孝公的兩個小兒子，公子益師與公子彄，受了同樣的教育，卻沒有受到權力的誘惑，都長成為謹身守禮的人。公子益師死得較早（隱公元年），沒有機會表現；他的兒子眾仲卻對周禮非常熟悉。隱公曾向他問衛州吁的成敗（四年）、萬禮的羽數（五年），與命族之例（八年），顯然對他很倚重。公子彄（即臧僖伯）卒於隱公五年，他曾因隱公至棠觀魚而力諫，他認為：「凡物不足以講大事，其材不足以備器用，則君不舉焉。」「山林、川澤之實，器用之資，皁隸之事，官司之守，非君所及也。」顯然他的思想相當保守，不過他對周禮也相當熟悉。

45 由《左傳》所載魯隱公施政的情形，可以判斷他相當聰明，很能明辨是非，本來有希望成為一個成功的君侯。可是他最大的缺點是個性太柔弱，對不聽指揮的部下太姑息，往往會破壞他的政績。例如隱公元年冬，鄭國為伐衛而請師于邾，邾子使私于魯之公子豫，豫請行，公弗許，豫仍違命而行。又如隱公四年秋，諸侯伐鄭，宋來乞師，公子翬請以師會之，公弗許，固請而行。事實上隱公就是因為控制不了公子翬，卻又對他推心置腹，才會被弒。當他還年輕時，他的父親已經看出這些缺點，故對他不滿意。

他同意向宋宣公提親。時間在 729 B.C.，對象仲子剛好二十歲。

729 B.C. 即宋宣公十九年。他當然高興能為妹子安排了一個好婚事，可是那時宋宣公已經有病，無法再為妹妹的婚事操勞，當由大臣負責送嫁。魯惠公見到新娘，驚於她的美麗。[46] 將他長期被壓抑的反抗意識喚醒了。魯惠公以為他自己還要比兒子更適合娶仲子。當他知道宋宣公有病後，更加放心去實行奪媳，而不顧宋國送嫁大臣與自己老母的反對。[47] 宋宣公得到訊息，當然震怒。甚至成為他致命的主要因素。因為親妹子受到侮辱為不可忍之事，他懷疑魯國此舉為向宋示威，以圖稱霸於諸侯。因此他很清楚魯宋間一定會有戰爭。因為他的兒子與夷太年輕，太無國際經驗，因此安排死後傳位給其弟和，是為穆公。[48]

讓我們估計一下宋國從武公到殤公在位時的年齡。根據表一，各人在位的時間為：武公（765 B.C.-748 B.C.），宣公（747 B.C.-729 B.C.），穆公（728 B.C.-720 B.C.），殤公（719 B.C.-710 B.C.）。戴公在位雖然長達三十四年，他即位時卻太年輕（估計為 15 歲），因此他死時為 48 歲。假設後一位國君即位時年齡為其父去世時年齡減 23 歲（這是很保守的估計），則武公在位時年齡為 25-43 歲，宣公在位時年齡為 20-39 歲。如果公子與夷繼宣公即位，則他即位時為 16 歲，顯然太年輕，所以傳弟。假設穆公比宣公小五歲，則穆公在位時年齡為 35-43 歲，殤公在位時年齡為 25-34 歲。 由這項估計可知，如果沒有魯惠公奪媳的事，即使宣公還在當年死，傳位給與夷還可以勉強，要對付魯國，則一定不行。歷代學者對宋宣公讓弟一事，有不少評論；卻沒有想到宋宣公是為了要應付緊急的需要。

宋穆公即位後，果然發動宋魯間的長期戰爭，由 728 B.C. 至 723 B.C.。一直到魯隱公即位後向宋求成才結束。《左傳．隱公元年》載：「九月，及宋人盟于宿，始通也。」

可見在以前很長一段時間內，魯宋是斷絕外交關係的。

這種戰爭，起先一定以「問罪」開始，規模還不會很大。可是以魯惠公剛愎的個性，一定不肯承認自己有錯。他以為可以利用此戰爭建立諸侯間的霸權。魯國承

---

46 可能比他記憶中的孟子還美。

47 魯惠公很可能將宋國的送嫁大臣押送出境。我認為以魯惠公的剛愎個性，是做得出來的。至於他的母親，因為長期不管他的事，只能在旁邊著急，除了徒呼負負之外，一點辦法也沒有。

48 此事發生於春秋以前（729 B.C.），因此《左傳》上記載只是隱公三年八月宋穆公臨死前的追述，而《史記》的記載則是沿襲《左傳》而來。都沒有講「傳弟不傳子」的理由，只說因弟賢而傳。現在我們看到宋宣公之死大部分是由於魯惠公之奪媳，而穆公雖賢，卻不能為宣公出氣，只打了幾年兩敗俱傷的仗。穆公臨死時，覺得有愧託付，亟於將政權交還宣公之子，也沒有心情去解釋當年其妹遭遇到奪媳的恥辱。

平已久，國力充裕。他會以「社稷危機」為名，鼓勵魯國團結，對宋國反擊。

至於當事人仲子，在那種情形下，恐怕只有逆來順受。對一個女人來說，在不幸中力求補償的辦法只有爭取「夫人」的名分。[49] 魯惠公果然立她為夫人，當她生了兒子（允）以後，又廢了原來的太子息姑 [50] 而代之以幼子允。看樣子魯惠公是有些寵她的，不過也許魯惠公只是想表現一下他的權力。無論如何，只要魯惠公還活著，仲子夫人的生活不會有問題。只是惠公死時，太子允只有六歲，正是不上不下的年紀。仲子雖為夫人，卻被惠公的母親壓制，以致幽鬱而死。日後她的兒子雖能登魯君之位，她卻看不到了。

那時魯惠公的大部分時間都用在對宋的戰爭，他剛愎的個性讓他不放心別人，只好事必躬親。為了團結魯國，他沒有再迫害公子息姑，讓息姑與其他公子一起為魯服役，[51] 也可能讓他另娶妻。

宋國是一個「公國」，本來國勢不弱。宋穆公是動了真怒，將全力投入戰爭，卻遇到魯國的全力反擊。由於兩國的都城相距約二百公里，必須出動戰車，配合戰車的徒卒需要另行開拔，數量亦受到限制。故起先數年雙方都以戰車騷擾對方的郊區，不易有決定性的勝負。後期魯出動大量車卒，遠征商丘西北四十餘公里之黃鎮，[52] 獲得一場決定性的勝戰，讓魯人印象深刻。[53] 可是魯國的兵勢也成為強弩之末。本來這是一場突擊，攻擊的地點為宋國未曾預料之處，既未能對商丘構成威脅，又不能佔領據守，就需要迅速撤軍。此戰消磨掉魯國大部分國力，年高的魯惠公也因事必躬親而健康迅速衰退。宋國恥於黃鎮的敗戰，傾國而來以圖報復，終於逼使魯惠公力竭而死。魯國需要復立息姑以向宋求成。

戰爭是最消耗國力的遊戲。魯宋間的此項戰役，對兩國的影響都很大，使兩國的國力減弱到都落到鄭、齊、晉之後。魯國因老祖母（惠公仲子）的最後覺悟，立息姑而休養生息，國力稍有起色，可是以後對公族的控制力就大為減退，終於造成

---

[49] 後來衛宣公奪媳宣姜而自娶，宣姜的對策也是爭取「夫人」的名分，逼得原來的夫人夷姜自殺。魯惠公的夫人孟子那時大概已死，故沒有發生逼人自殺的悲劇。可是衛宣公的行為並未遭到齊國的討伐。也許那時齊僖公另有所圖（對紀？），而盡量維持與衛國的同盟。

[50] 息姑當然沒有該廢之罪。不過欲加之罪，何患無辭！只要一個「怨望」就夠了。

[51] 《左傳．隱公十一年》載：「公之為公子也，與鄭人戰于狐壤，止焉。」參閱楊伯峻，《春秋左傳注》，頁 79。這個戰役大概是惠公向西迂迴以伐宋的戰略之一。只是公子息姑不善執行，他太深入了，進入鄭的疆界，而被鄭人俘虜。

[52] 見譚其驤主編，《中國歷史地圖集》第 1 冊，頁 25。

[53] 印象深到二百五十多年以後，左丘明還可以訪求到這項資料，並且還點明戰爭的地點（黃），可知此故事一直在民眾間流傳著。

日後三桓的坐大。此戰對宋國的影響尤其負面。宋宣公的兒子與夷（殤公）成長在戰爭中，卻對戰爭產生了興趣。到他即位後，十年十一戰，使民不堪命，[54] 終於促使他自己的被弒，與華族的興起。

五、魯隱公是攝位嗎？

《左傳・隱公元年》作了《左傳》的第一則經解：

元年春，王周正月，不書即位，攝也。

歷代的經學家多接受這個解釋。[55] 不過這好像在說：周代本有諸侯國中攝位的制度，公子息姑不過引用此項制度而已。可是在文獻中卻找不到有這項制度的跡象。勉強可以比附的事，只有周初的「周公攝政」。那時武王早逝，成王年幼，[56] 政局不穩，管蔡有反叛之勢，施政與行軍必須由周公代理一段時間。不過這是應付臨時危機所作的應變，並非正常下的制度。因此我認為，隱公的所謂「攝」，最多不過是一項應變的措施。即使當時魯國公族間對隱公有所謂「攝政」的共識，恐怕也祇是一個非正式的了解，並不對外公布。因為隱公的君位必須獲得周室的認可，才能接待周室的使節（例如宰咺）；他也必須獲得其他諸侯的承認，才能代表魯國盟誓與和戰（例如他辭謝宋國乞師伐鄭，可惜未能阻擋公子翬），又會齊侯、鄭伯伐許。在內政方面，他必須做許多瑣碎的決策（例如決定是否給某一逝世大夫諡與族名）。換言之，他必須負擔作為一個諸侯的全部任務，並接受其後果。他自稱「寡人」，[57] 是否「即位」，完全沒有關係。即使在他的心目中，可能有師法宋宣公讓位於其弟的想法，也沒有被一般人所了解。因此我認為《左傳》「攝也」的解釋，僅是左丘明深受孔子「正名」思想的影響的結果，只是一段解經之言，未必符合當時的實情。所解的「經」，只是《春秋經》竹簡中之空白。然而，沒有人敢擔保那些

[54] 見《左傳・桓公二年》，參閱楊伯峻，《春秋左傳注》，頁 85。

[55] 不過也有例外，如東漢的何休以公羊家的身分，謂：「諸侯無攝」。請參閱傅隸樸《春秋三傳比義》的討論。

[56] 據《真誥》引《紀年》，武王享年四十五歲，估計他的在位時間為十四年（1056 B.C.-1043 B.C.）。成王即位時年紀大概不到十七歲。

[57] 例如《左傳・隱公十一年》載他辭許之時對齊侯說：「君謂許不共，故從君討之。許既服其罪矣，雖君有命，寡人弗敢與聞。」又，隱公弔唁臧僖伯時說：「叔父有憾於寡人」。

竹簡在傳承中，不會腐朽脫落掉一部分。[58] 事實上，《春秋》三傳皆在「書不書即位」的命題上大作文章，好像真有什麼微言大義，我認為這種怪事是漢代經師對《春秋》神聖化的結果。對此情況，我認為崔述的話 [59] 可以摧陷廓清，把問題解釋清楚：

> 《春秋》之第十有二公，其後七君皆書即位，其前五君書者一而不書者四，豈不以其世遠而多闕哉！……隱公之世，大夫卒多不日，……皆遠也，皆闕也。

這段話應該可作為定論。

本來我還願意承認：魯國公族間對隱公所謂「攝政」的共識，祇是一個非正式的了解，並不對外公布。當我寫此文而複習隱公的歷史時，我的想法改變了。現在我認為魯國公族對隱公的即位並無所謂「攝政」的限制，連「非正式的了解」也沒有。因為如果有的話，隱公對將來的出路一定預有安排，不會到第十一年還說：「將營菟裘」，好像還沒有開始營。而且臧僖伯與公子翬一定都是公族中的重要成員。《左傳・隱公五年》載臧僖伯諫隱公觀魚，口氣完全是以「君」為目標：「則君不舉焉」、「君，將納民於軌、物者也」、「非君所及也」。[60] 他並沒有告誡隱公：如此做將對未來的國君（允）產生壞榜樣。他似乎並沒有將隱公當成「攝位者」。又，當公子翬發現成長中的公子允對政事越來越感興趣，如果他知道有「攝政」的共識，他一定不會向隱公提議去殺公子允，並且還居功要求為太宰。[61]

由這些跡象，我的推斷是：必定原來並無「攝政」的共識，起初隱公也沒有讓位的打算。只是在位十一年後，他開始感到厭倦，覺得能讓位也好，也許可以等到公子允成年（允當時為十七歲），他自已退位後養老的處所也需要開始準備。他正在心中計畫，剛好公子翬來請殺公子允。隱公雖對公子翬的野心感到無奈，卻認為

---

[58] 竹簡放久了，受了潮氣，就會腐朽。因為隱公元年以前竹簡全部不在了，隱公時期的竹簡損失掉一些，是太有可能了。

[59] 見崔述，《無聞集》，《崔東壁遺書》，卷 2，〈魯隱公不書即位論（上下）〉。上引之段落在下篇。至於上篇，崔述力主「即位」的觀念僅與曾否實際任事有關，而與「即位」禮節之繁簡無關，亦具參考價值。唯我對崔述將周公之「攝政」解釋為「成王守三年之喪時的居攝」，則持保留態度。

[60] 見《左傳・隱公五年》，參閱楊伯峻，《春秋左傳注》，頁 41-44。

[61] 公子翬雖然跋扈，卻不是笨人。如果眾公族在隱公即位前，都知道有「攝政」的共識，他一定瞭解，以隱公的柔弱個性，一定不會違背此共識去殺公子允。如果弄得不好，事情宣揚出來，公子翬一定會獲罪。

這是表達心意的好機會，就把心中尚未成熟的計畫講出來：[62]

為其少故也。吾將授之矣。使營菟裘，吾將老焉。

隱公真是太不懂人心的險惡了，他以為他對公子翬誠懇的推心置腹，可以免除他的多心。怎料到公子翬所怕的就是隱公可能把他的提議透露給公子允。這逼使公子翬先發制人，先向公子允交心，並謀弒隱公以滅口。

我必須補充何以魯隱公會有「感到厭倦」的情緒。隱公的性格雖然柔弱，沒有政治野心，卻富有責任感。當初他臨危受命，答應當魯君，未嘗沒有治好這個國家的願心。他即位後，就致力解決國際糾紛，使人民有休養生息的餘地。可是很快他就發現，他很難指揮公族的部下，這往往會破壞他的原有構想，可是他卻拿不出懲誡的辦法。例如隱公元年冬，鄭國為伐衛而請師于邾，邾子使私于魯之公子豫，豫請行，公弗許，豫仍違命而行。同時，曲阜新作南門，也違公命而行，《左傳》甚至不載作者之名。又如隱公四年秋，諸侯伐鄭，宋來乞師，公子翬請以師會之，公弗許，固請而行。這使隱公浪費許多精力去處理原來不需要涉及的事。隱公很關心人民的生活，他安排一次南方的旅行，到「棠」地去考察當地漁民生活的情形。這似乎是不合周禮的，因為《春秋經》為此記上一筆：

五年，春，公矢魚于棠。[63]

三傳皆謂《春秋》譏諷隱公親近小民之事。《公羊傳》尤其誤解到認定隱公為了「百金之魚」而與民爭利。至於《左傳》，[64] 則記載臧僖伯的諫言，前面已經討論過。魯隱公非常尊重臧僖伯這位老叔父，他所講的周禮，隱公未嘗沒有學過。可是周禮已經僵化了，不足以應付新的挑戰。魯隱公心知魯國的漁業佔經濟的一大部

---

62 見《左傳．隱公十一年》，參閱楊伯峻，《春秋左傳注》，頁 79-80。

63 見左丘明傳，杜預注，孔穎達正義，《春秋左傳正義》，卷 3，頁 101。

64 《公羊傳》說：「公曷為遠而觀魚？登來之也。百金之魚，公張之。登來之者何？美大之之辭也。棠者何？濟上之邑也。」見何休注，徐彥疏，《春秋公羊傳注疏》。《左傳》則明言：「公將如棠觀魚者」。（見楊伯峻，《春秋左傳注》，頁 41）顯然隱公所「觀」的對象是「魚者」而不是「魚」。所謂「魚者」，就是「漁民」（古時「漁」、「魚」兩字並未分化）。其實大家在「矢」、「觀」等字眼上打轉，甚為無謂。由經傳內容看來，隱公考察漁民生活的動機，其實非常明顯。至於「棠」的地望，一定不會遠至濟上。我的判斷是，「棠」應在今山東省昭陽湖附近。那裡古代也是沼澤地區，民眾的生活非常依賴漁獲。公羊壽注，何休解詁，徐彥疏，《春秋公羊傳注疏》，卷 3，頁 55-56。

分，而漁民的生活需要他的關心，卻偏偏無法向這位老叔父解釋，只好應付地說：「吾將略地焉！」不久，臧僖伯就去世，好像被他氣死。遇到這種困境：明知正確的原則，卻與舊傳統衝突，魯隱公覺得既難過又無奈，無怪他會感到疲倦。

當在隱公三年，他聽到宋穆公在臨死前堅持將君位讓給公子與夷時，他覺得感動，亦考慮見賢思齊。宋穆公的最後一句話，無意中被《公羊傳》[65] 保存下來：

先君之不爾逐，可知矣。吾立乎此，攝也。

也對他印象深刻。可是日後他見識到宋殤公的好戰與好佔便宜的性格，對宋人的好感就淡了下去。他曾怒逐宋國的使者，與宋的關係也面臨破裂的邊緣。[66] 那時他想：公子允不要像公子與夷才好。這使他拖延「讓國」的想法好幾年，雖然「攝也」的觀念總揮之不去。

在比較後的時日，隱公累積了較多的從政經驗，知道國際間的折衝樽俎是逃避不掉的責任，他才願意打起精神，與諸侯周旋。他選擇齊與鄭作為與國，齊是北方的強國，結交有好處。至於鄭，他欣賞鄭莊公的雄才大略，可是他也感覺到鄭國官場上的派系盤結，耗盡了莊公的心力。在「入許」的戰役中，穎考叔被自己人謀殺，鄭莊公卻一點辦法都沒有。聽到莊公的自訟語：「寡人唯是一二父兄不能共億，其敢以許自為功乎！」[67] 想起自己的身世，想起自己並無鄭莊公的才能，面對類似的危機，自己會如何處理！這些反想增強了他對政治的厭倦感。

厭倦感只是一時的。如果沒有公子翬的多事，向隱公提議殺公子允，則很快隱公的責任心就會壓抑他的厭倦感，而把精神放到治國方面。以後他很可能加強對公子允的教育。[68] 到公子允成年後，隱公可能真的把君位讓給他，不過那要看公子允的表現而定。現在他對公子翬一時多嘴，惹來殺身之禍。他對公子翬所講的話，流傳出去，[69] 就被後人當作存在「攝政」共識的證據。

---

65 見《公羊傳．隱公三年十二月》。同前引，卷 2，頁 49。

66 《左傳．隱公五年》載：「宋人使來告命，公聞其入郛也，將救之。問於使者曰：「師何及？」對曰；「未及國」。公怒，乃止。（見楊伯峻，《春秋左傳注》，頁 47）《左傳．隱公九年》載：「宋公不王，鄭伯為王左卿士，以王命討之，伐宋。宋以入郛之役怨公，不告命。公怒，絕宋使。」見楊伯峻，《春秋左傳注》，頁 65。

67 楊伯峻，《春秋左傳注》，頁 74。

68 我猜隱公將公子允的教育委託給臧哀伯，也就是臧僖伯的兒子。桓公二年臧哀伯曾經諍諫取郜大鼎于宋之事，顯示他與桓公的關係相當密切。

69 顯然隱公對公子翬講話時無人在旁，他的私話也成了歷史上無數「孰傳而孰述之」的謎題之一。

六、結語

本文的主要目標為春秋時期以前的魯國政局。在第五節，我花費了很多篇幅談隱公的事，目的只是要說明：隱公所即的位，是真真實實的君位。他不是代理者（攝位）。《左傳》在這段時間，正面的記載較多，所以我不需要用多少猜想，就可得到此結論。

春秋以前魯國的史料非常稀少，主要依賴《史記》的〈十二諸侯年表〉、〈魯周公世家〉及其它相關的〈世家〉，以及《左傳》的簡短追記，其他就要靠零碎的傳說記載（包括《公羊傳》與《穀梁傳》的解經語）。在使用這些史料時，我有一個重要的原則：由於記載在竹簡上的史料太容易逸失，我盡量不去使用反面的論斷（例如何以不書）；可是對於正面的資訊，則不輕易放過。不用反面論斷，是因為任何論斷都不如「這條資料遺失了」來得可信。不放過正面資訊，是要與手頭其他資訊比較，估計其相對的可信程度。企圖建立一個沒有內部矛盾的系統。因為資料的短缺，使這個系統充滿空洞，必須用想像與推理補充。在推理時必須設身處地，從人性上著想，並考慮進當時客觀的環境，盡量避免受自己意識型態的影響。因為《史記・十二諸侯年表》相當準確，值得盡量應用。所以，我將時間之是否配合，當成為篩選各種假設的重要條件。

在第二節，我討論了魯孝公的復興魯國以及他娶妾的必要。在第三節，我用時間的配合來顯示他從宋國娶妾的合理性，再推論如果這位妾（宋哀公之女仲子）活得夠長，她可能在惠公死後，發揮擁隱公為君的決定性力量。

在第四節，我用了較多的篇幅討論魯惠公的性格以及他奪媳自娶的作為。由魯孝公的性格，以及惠公早期的中規中矩，我推斷他接受了他父親相當嚴格的教育，以致他剛愎的本性被壓抑下去。而他晚期的反常作為，他的奪取兒子的聘妻自娶，以及他的對宋戰爭，都是他的剛愎獨斷的本性，在權勢支持下，反抗禮教的藩籬，變本加厲發洩出來的結果。他的兩個弟弟，公子益師與公子彄，受了父親同樣的教育，都成了謹身守禮的君子，卻因為「長幼有序」的規矩而無法挽救惠公的作為。

不過在這個問題上，還容易猜到答案。由公子翬以後不再出現的事實，可以想見不久以後他就被魯桓公所殺。桓公把此事歸併到弒逆案中，而《左傳》籠統記載為：「討寫氏，有死者。」公子翬臨死前一定把整件事講出，而桓公也必定有所提防。不過事經多人，消息總會透露出去，成為傳說，而被左丘明在二百多年以後蒐集到。

這裡我用了大量的猜想與推斷，去重構情節。因為如果不如此做，就不能解釋何以惠公在位的前後兩段時間，會有如此相反的表現。魯惠公奪媳的行為，以及他的野心表現，逼臨死的宋宣公要傳弟以應付，終於成為魯宋間長期戰爭的導火線。魯惠公雖一度打勝，終無以為繼，在宋師大舉報復中去世；魯國被逼要復立息姑為君（隱公）以求成於宋。這是很容易從《左傳》的記載中推斷出來的。

在情節建構的過程中，如有他人的意見合用，亦可引進；不過仍須與其它情節比較，看是否合理。例如在第四節所引韓席籌《左傳分國集註》的評論，我只取仲子掌紋之禎祥為莫須有一節，而仍以公子翬之請殺桓公為實。若不然，則公子允以沖齡獨自安排盜賊弒君，其能力未免太神奇。

我不認為我的猜想就是真相。只是我對以前學者所提出的「真相」都不滿意，[70] 才努力提供我的想法，留待與日後新出的資料作印證。那些猜測只是不斷探討中的假設，其價值是作為以後研究的準備與指引。

七、附錄：本文所涉及主要人物的在世時間與年壽

下表所列，為出現於本文的主要人物，其生卒之年及（估計的）歲數，以作查對之用。表中所列之「卒年」，多有歷史記錄；唯「生年」則記載多缺，要靠估計來補充。估計的理由已散見本文各節中。「歲數」則從一歲起算。[71][72]

表二：主要人物的在世時間與年壽

魯孝公	824 B.C.-769 B.C.	壽 56 歲	
魯惠公	785 B.C.-723 B.C.	壽 63 歲	
魯隱公	756 B.C.-712 B.C.	壽 45 歲	
魯桓公	728 B.C.-694 B.C.	壽 35 歲	魯隱公之弟
公子益師	783 B.C.-722 B.C	壽 62 歲	魯惠公之弟，其後為眾氏 71
公子彄	781 B.C.-718 B.C.	壽 64 歲	魯惠公之弟，其後為臧氏
惠公仲子	804 B.C.-722 B.C.	壽 83 歲	宋哀公之女，魯惠公之母 72

[70] 尤其是以往的經學家常以「善」作準繩以求「真」。即使是以「考辨」自任的崔述，亦不能免此弊。我以為「現實」即使醜陋（經常不如此），亦足以作殷鑑。何況歷史是一門獨立的學問，即使資料不足，亦應以「近真」為職志。

[71] 假設惠公的兩位弟弟生年與惠公相差不遠，使他們有足夠的時間受孝公的教育。

[72] 三位「子氏」以其子分辨。

桓公仲子	748 B.C.-721 B.C.	壽 28 歲	宋武公之女，魯桓公之母
隱公聲子	781 B.C.-720 B.C.	壽 62 歲	魯隱公之母
宋哀公	834 B.C.-799 B.C.	壽 36 歲	
宋戴公	813 B.C.-766 B.C.	壽 48 歲	
宋武公	790 B.C.-748 B.C.	壽 43 歲	
宋宣公	767 B.C.-729 B.C.	壽 39 歲	
宋穆公	762 B.C.-720 B.C	壽 43 歲	宋宣公之弟
宋殤公	743 B.C.-710 B.C.	壽 34 歲	宋宣公之子

肆、文侯之名與曲沃代翼新探

一、問題的起源

今文尚書〈文侯之命〉一篇，因為是由伏生傳下來的，比較靠得住；它的文辭又不像周初諸誥那樣古老，且多與金文銘辭相類似，所以歷來學者多認為是春秋時周王命諸侯之辭。（當然不會遲到戰國時，周天子那時已經式微得無法靠諸侯來挽救了）傅斯年甚至猜想可能為較早出土的鼎彝銘文，[1] 屈萬里的〈尚書文侯之命著成的時代〉一文（以下簡稱「屈文」），[2] 曾對以往有關文獻作過探討，而且提出了詳明的證據，顯示〈文侯之命〉為周平王錫晉文侯之命，這一點現在已廣為大家接受，應該已成定論。屈文中曾對以往同類文獻有相當廣泛之檢討，本文無須再重複。

然而，屈文卻留下了一個「晉文侯之名為何」的問題，始終沒有很好的解答。問題的產生，由於在〈文侯之命〉中，周天子對受命者有相當明確的稱呼：

> 王若曰：「父義和，丕顯文武，……父義和！汝克昭乃顯祖，……」
> 王曰：「父義和，其歸視爾師，……」[3]

全文一開始就稱呼：「父義和」，以後又稱呼了兩次，使人想起〈毛公鼎銘文〉中

---

[1] 傅斯年，《傅斯年全集》第 1 冊（臺北：聯經出版，1980），〈論伏生所傳書二十八篇之成分〉，頁 70-89。（這項猜想在第 77 頁）從現代的觀點看來，就算有些銘文像命辭，也是先有命辭，然後受命者鑄器以資炫耀，並加上祈福之語。

[2] 屈萬里，《書傭論學集》，《屈萬里全集》第 14 冊（臺北：聯經出版，1984），〈尚書文侯之命著成的時代〉，頁 86-104。

[3] 孔安國撰，孔穎達疏，《尚書正義》，卷 20，〈文侯之命〉，頁 654-658。

的「父厝」，[4] 應該是在稱名。可是史書上卻明明寫著文侯名「仇」，與「義和」不符。而且，「仇」這個名字的來源，還附帶了一段故事，使人印象深刻。這段故事，記載於《左傳・桓公二年傳》，寫得非常確定，連一點轉圜的餘地都沒有。抄錄如下：[5]

> 初，晉穆侯之夫人姜氏以條之役生大子，命之曰仇。其弟以千畝之戰生，命之曰成師。師服曰：「異哉，君之名子也！夫名以制義，義以出禮，禮以體政，政以正民，是以政成而民聽。易則生亂。嘉耦曰妃，怨耦曰仇，古之命也。今君命大子曰仇，弟曰成師，始兆亂矣。兄其替[6]乎！」

這一段以仇與成師為晉穆侯之子，未提文侯；可是《左傳》的下文給予更多資訊：

> 惠之二十四年，晉始亂，故封桓叔于曲沃。靖侯之孫欒賓傳之。師服曰：「吾聞國家之立也，本大而末小，是以能固。故天子建國，諸侯立家，卿置側室，大夫有貳宗，士有隸子弟，庶人、工、商，各有分親，皆有等衰。是以民服事其上，而下無覬覦。今晉，甸侯也，而建國。本既弱矣，其能久乎？」惠之三十年，晉潘父弒昭侯而立桓叔，不克。晉人立孝侯。[7]

《左傳・隱公元年傳》明寫惠公為隱公之父，所以桓叔之封，應在春秋之前，當周平王時。而東周之初，晉文侯在位，明見〈隱公六年傳〉：……周桓公言於王曰：「我周之東遷，晉鄭焉依。」

與〈宣公十二年傳〉：

> ……昔平王命我先君文侯曰：「與鄭夾輔周室，毋廢王命！」[8]

---

[4] 王國維，《觀堂古今文考釋》，《海寧王靜安先生遺書》第16冊（北京：商務印書館，1940），〈毛公鼎銘考釋〉，頁2右。

[5] 左丘明傳，杜預注，孔穎達正義，《春秋左傳正義》，卷5，頁175-176。

[6] 「朁」通「替」字，義為廢。《左傳》桓公二年《校勘記》引惠棟三體石經作「朁」，似較古，其義與「噆」、「憯」等字通，作發語辭用，與此處文義似無關，茲不從。

[7] 左丘明傳，杜預注，孔穎達正義，《春秋左傳正義》，卷5，頁176-178。

[8] 同前引，卷23，頁743。

故晉昭侯以前，祗能是文侯。這就確立了文侯名「仇」。後來司馬遷將這一段歷史寫進《史記．晉世家》，對時間的交待，就更清楚：

> ……穆侯費王立。穆侯四年，取齊女姜氏為夫人。七年，伐條，生太子仇。十年，伐千畝，有功。生少子，名曰成師。晉人師服曰：「異哉，君之命子也！太子曰仇，仇者讎也。少子曰成師，成師大號，成之者也。名，自命也；物，自定也。今適庶名反逆，此後晉其能毋亂乎！」二十七年，穆侯卒，弟殤叔自立，太子仇出奔。殤叔三年，周宣王崩。四年，穆侯太子仇率其徒擊殤叔而立，是為文侯。文侯十年，周幽王無道，犬戎殺幽王，周東徙。而秦襄公始列為諸侯。三十五年，文侯仇卒，子昭侯伯立。昭侯元年，封文侯弟成師于曲沃。曲沃邑大於翼。翼，晉君都邑也。成師封曲沃，號為桓叔。靖侯庶孫欒賓相桓叔。桓叔是時年五十八矣，好德，晉國之眾皆附焉。君子曰：「晉之亂其在曲沃矣。末大於本而得民心，不亂何待！」七年，晉大臣潘父弒其君昭侯而迎曲沃桓叔。桓叔欲入晉，晉人發兵攻桓叔。桓叔敗，還歸曲沃。晉人共立昭侯子平為君，是為孝侯。誅潘父。[9]

《史記．晉世家》的這段文字，基本骨架是由《左傳》而來的。《左傳》上師服的兩段議論，《史記》雖然都沿襲了，可是也都改寫了；第二段並且改作為「君子曰」。這些變動後面還要詳細討論，目前要注意的是：《史記》寫明了文侯名「仇」。《左傳》和《史記》都是向來公認為靠得住的史書，這逼使學者對〈文侯之命〉的「父義和」另尋解釋。[10] 其中最獲支持的一派學說認為：「義和」是文侯之字；希望可以空出「仇」字，來作文侯的名。

屈文已對持此看法的文獻，作過探討，且給出支持的結論。可是這種說法，總無法免除給人勉強的感覺，所以也不乏人持保留的態度。王引之在他的〈春秋名字解詁〉中曾經廣引證據，認為「古天子於諸侯無稱字者」，因此「並當闕疑」；[11]

---

[9] 司馬遷撰，裴駰集解，司馬貞索隱，張守節正義，《史記》，卷 39，頁 1637-1638。

[10] 《史記集解．晉世家》中，裴駰引馬融的話「父能以義，和我諸侯」來解釋「父義和」。而司馬貞《索隱》又駁他。這類形態的解釋日後已漸失支持者。

[11] 王引之，《經義述聞》，《經義述聞等三種》（臺北：鼎文書局，1973），卷 23，〈春秋名字解詁下〉。

郭沫若《金文叢考》[12]及傅斯年[13]有類似的看法。甚至屈文[14]也承認：「『古天子於諸侯無稱字者』，雖不是鐵定的法則，但很像是一般的習慣。」然而由於「〈文侯之命〉為周平王錫晉文侯之命」此一命題證據太強，為求與左傳合拍，他不得不為「義和為文侯之字」的理論委婉解釋說：「也許是平王因文侯有勤王之大功，而特向他表示客氣的意思」並且還引黃彰健先生的建議：「如天子稱之曰『父仇』，則有父之仇敵之嫌」；[15]以為助，可是屈文這一部分的說服力較另一部分差多了，給人的印象，終覺是在無法兩全之下強為之說。

對於周天子因為諱飾而改稱字的這一種說法，歷來都有人提起過，多少有一些回護的效力。除了屈文討論過的以外，李學勤在近年還寫書論及：「《尚書》有一篇《文侯之命》，《書序》云係平王對晉文侯的錫命。平王感激晉文侯的功績，對他的錫命異常隆重，是合情理的。篇中稱『父義和』，『義和』應即文侯之字，和他的名『仇』意義相應。有的注釋以為這篇書是錫命晉文公，是不對的，前人已經辨正。」[16]

可見其影響之深廣。固然「仇」字有仇敵的意義，並非嘉名；如上面所引，當時師服也已經有過「怨耦」的譏諷。所以很多人會以為周平王可能有所諱飾。然中國字往往一字多義，尤其可以假借，有時可以弄到與原義完全相反；抓住一個字來定它的好醜，本來就不見得合理。例如《論語》中「亂臣」的『亂』可以被解釋為「治」；而《孟子》中「亂臣賊子」的「亂」，又被當成「作亂」來解釋。[17]就「仇」字而言，由段玉裁《說文解字注》的解釋：「仇讎本皆兼善惡言之」、「仇與逑古通……仇為怨匹亦為嘉偶」。[18]

看來，「仇」字亦有「嘉偶」之義，根本就不必避嫌。《詩・周南・關雎》的

---

12 郭沫若，《金文叢考》，《郭沫若全集》第5卷（北京：科學出版，1982），卷8。

13 「不得其人，強以與此文差不多的地理及時代之最有名人物當之。」傅斯年，《傅斯年全集》，〈論伏生所傳書二十八篇之成分〉，頁82。

14 屈萬里，《書傭論學集》，《屈萬里全集》，〈尚書文侯之命著成的時代〉，頁94。

15 屈萬里，《書傭論學集》，《屈萬里全集》，〈尚書文侯之命著成的時代〉，頁103。

16 李學勤，《東周與秦代文明》（臺北：駱駝出版社，1983），頁36-37。他所寫的「前人」，據其注為曾運乾之《尚書正讀》，卷6。

17 前例在《論語・泰伯篇》「予有亂臣十人」、後例在《孟子・滕文公篇下》「孔子成春秋而亂臣賊子懼」。何晏注，邢昺疏，《論語注疏》，卷8，頁118；趙岐注，孫奭疏，《孟子注疏》，卷6下，頁211。

18 許慎撰，段玉裁注，《說文解字注》，頁90、382。前一句在第三篇上「讎」字注。後一句在第八篇上「仇」字注。

「君子好逑」在《禮記．緇衣》中被引作「君子好仇」。[19] 而最明顯的例證是：《詩．周南．兔罝》篇有「赳赳武夫，公侯好仇」，[20] 在這篇詩上，「仇」字又何嘗不美，並也切合軍人的身分，甚至如果此詩出現得夠早的話，「仇」的取名由此而來也大有可能。[21]

至於《左傳》記師服的議論，其目標不過是利用這些預言，來作為後事的張本而已。熟悉《左傳》的人，自然會了解此一慣技。畢竟晉文侯的地位還沒有那麼高，周平王似乎不會以一人的譏刺為忌諱。況且命辭可以算作是政府的正式公文，接受命辭的人既已名「仇」，自己不以為嫌，他人又何須代為避飾？

由以上的討論，我始終覺得，屈文雖然極力為「義和為文侯之字」一說諸多彌縫，總是不能圓滿。如果真的找不出其他兩全其美的辦法，則將此問題姑且擱置起來，也未嘗不是一個辦法。如果有一個簡單的假設，可以順暢地照顧已知的各項事實，則用它來代替「義和為文侯之字」一說；或至少兩存之，以等待將來新證據的發現與印證，對歷史也未嘗不是一件貢獻。這就是本文所希望嘗試的事。

二、晉文侯時的歷史背景

在討論本文的假設之前，還需要將當時的歷史背景清理一下。這是一步必需的準備工作，因為所提的假設，必需能與此背景相融合；不可以與已知的史實衝突。歷史背景的建立，須依賴可靠的原始史料。

由上一節所引《左傳》的段落，知道晉文侯的事業，主要在周平王時。當時豐鎬已為犬戎所據，平王初立，僅保成周，地位非常不穩固；要靠晉鄭等諸侯的支撐。這也可由〈文侯之命〉的段落中看出：[22]

> 王若曰：「……嗚呼！閔予小子嗣，造天丕愆。殄資澤于下民，侵戎我國家純。即我御事，罔或耆壽俊在厥服，予則罔克。曰惟祖惟父，其伊恤朕躬。嗚呼！有績，予一人永綏在位。……」

---

[19] 鄭玄注，孔穎達疏，《禮記正義》，卷 55，頁 1769。

[20] 毛亨撰，鄭玄箋，孔穎達疏，《毛詩正義》，卷 1，頁 60。

[21] 按一般學者的了解，〈周南〉大概是《詩經．國風》中比較早的，其中有些詩可能早至西周末葉，〈兔罝〉如果作於西周末葉，被用作命名的來源並非不可能。

[22] 孔安國撰，孔穎達疏，《尚書正義》，卷 20，頁 655-656。

當時的危急情勢，還可以由《國語．鄭語》的記載得到印證：[23]

對曰：「……凡周存亡，不三稔矣！君若欲避其難，其速規所矣……。」
對曰：「臣聞之武實昭文之功，文之祚盡，武其嗣乎。武王之子，應韓不在，其在晉乎。距險而鄰於小，若加之以德，可以大啟……。」
……及平王之末，而秦晉齊楚代興，……晉文侯於是乎定天子。

鄭桓公在西周崩潰的前夕，為本族生存作安排；後面亦帶出晉文侯對於周天子所作之貢獻。這方面《國語．鄭語》講得比較含糊，可是《汲冢紀年》卻有重要的補充：[24]

〈文侯十年〉伯盤與幽王俱死于戲。先是申侯、魯侯、及許文公立平王于申，幽王既死，而虢公翰又立王子余臣于攜。周二王並立。[25]
〈文侯二十一年〉攜王為晉文公（侯？）所殺。

由於原始的《汲冢紀年》，在唐以後已經亡逸，目前祗能引用從晉唐古書或古注輯出來的語句，編集而成的《古本紀年》。以上兩條，皆輯自孔穎達的《左傳．昭公二十六年傳疏》。[26] 由這些史料可知，晉文侯在平王東遷後的確有過功績。《紀年》文侯十年所載立平王於申的諸侯中雖沒有晉文侯，可是，虢公翰又立王子余臣于攜，導致周二王並立；而且正式的大子伯盤（服）已死，平王是被諸侯擁立的，他並不比其它王子更名正言順。攜王的確成為周平王的心腹大患。《紀年》文侯二十一年所載，攜王為晉文侯所殺，等於是替周平王解了圍。固然上述《紀年》文字，「侯」字誤為「公」字，可是攜王祗能與晉文侯同時。而且《左傳．昭公二十六年傳》所載王子朝的話：

---

[23] 韋昭注，《國語》，卷 16，頁 61-62。

[24] 王國維校，朱右曾輯，《古本竹書紀年輯校訂補》，《古今本竹書紀年八種》（臺北：世界書局，1967 年）。《汲冢紀年》原為魏國的國史，並且兼敘三代與晉。此書原來寫在竹簡上，埋在魏襄王冢中，晉代被盜挖掘而發現。其史料往往有漢人沒有看到過的，很可補史記的缺失；其重要性不言可喻。可惜原本在宋以後已佚，朱右曾的輯本是相當完善的輯本。

[25] 這一條的虢公翰，雷學淇以為就是《左傳．隱公元年傳》中「制，巖邑也，虢叔死焉」與《國語．鄭語》中「虢叔恃勢，鄶仲恃險」的虢叔，為東虢的邦君，後為鄭所滅。雷氏的講法可從。其出處見雷學淇，《竹書紀年義證》（臺北：藝文印書館，1977），卷 28，頁 428-429。

[26] 注 5 所引書已包含孔疏在內。

攜王奸命，諸侯替之，而建王嗣，用遷郟鄏。[27]

也是很好的旁證。《左傳》後來還有三段話，間接提到晉文侯對周平王的功勞，其一在《左傳・僖公二十八年傳》：「丁未，獻楚俘于王……鄭伯傅王，用平禮也。」提到平王。另二段在《左傳・僖公二十五年傳》：「狐偃言於晉侯曰：『求諸侯莫如勤王……繼文之業，而信宣於諸侯……。』」以及《左傳・昭公三十二年傳》：「天子曰：『……伯父若肆大惠，復二文之業，弛周室之憂……。』」皆提到文侯。倘將這些歷史背景，與〈文侯之命〉中周王對受命者的贊揚與嘉勉之語：「父義和！汝克紹乃顯祖。汝肇刑文武，用會紹乃辟，追孝於前文人。汝多修，扞我於艱，若汝，予嘉。」相比較，就可發現「父義和」與文獻中的晉文侯非常合拍。而出土於韓城的晉姜鼎，其銘文也有可與〈文侯之命〉相印證的地方。根據歷來的考證，都認為晉姜鼎是晉文侯的夫人晉姜所作；當然是重要異常的直接史料。屈文與李學勤著的[28]都引用過〈晉姜鼎銘文〉的一部分。為了後面討論的方便，這裡全引：

惟王九月乙亥，晉姜曰：「余惟嗣朕先姑君晉邦，余不敢荒寧。經雍明德，宣邲我猷，用紹匹台辟，敏揚厥光烈，虔不墜。譖覃京師，乂我萬民，嘉遣我，錫鹵賫千輛，勿廢文侯顯命。」俾貫通弘，征綏湯原，取厥吉金，用作寶尊鼎；用康柔綏懷遠邇君子。晉姜用蘄綽綰眉壽，作疐為亟。萬年無疆，用享用德；畯保其孫子，三壽是利。

上面所引，已經將假借字換成習知字，其根據多來自李學勤所隸定鼎彝的銘文，[29] 本來以祈福與對子孫誇示為主；適度的誇大，是可了解的。可是此銘文除了一般套語外，也有一些不尋常的地方。

首先，銘文中有「勿廢文侯顯命」之語，用了文侯的謚號，可見文侯死後，其夫人晉姜還存活著；且作此鼎以為炫耀。當然也有意見（如郭沫若的）以為「文

---

27 左丘明傳，杜預注，孔穎達正義，《春秋左傳正義》，卷 52，頁 1696。

28 李學勤，《東周與秦代文明》，頁 37。

29 全篇文字，以及所用的解釋，除了根據李學勤的書以外，也參考了嚴可均校輯，《全上古三代文》，《全上古三代秦漢三國六朝文》第 1 冊（北京：中華書局，1985），卷 13，〈闕名〉，頁 93；吳闓生集釋，《吉金文錄》（香港：萬有圖書公司，1968）；郭沫若，《兩周金文辭大系》（臺北：大通書局，1971）。翻版題為《周代金文圖錄及釋文》。各版本不同處考慮文意作取捨。

侯」之號是生稱的。[30] 然學界多贊同王國維的意見：認為謚號之制在西周中葉以後已大致確立。[31] 由「惟王九月乙亥」之句，用曆法在文侯去世以後數年內求其合者，知最可能鑄鼎之日期為平王二十六年九月十五日。

其次，看來文侯在世的時候，顯赫異常。「魯覃京師，乂我萬民」句，李學勤採于省吾之意釋為「值得讚美的功業延至京師，使萬民得到治理」。

周平王對晉文侯的賞賜：「嘉遣我，錫鹵賚千輛」，也與〈文侯之命〉的：

> 王曰：「父義和，其歸視爾師，寧爾邦。用賚爾秬鬯一卣，彤弓一，彤矢百，盧弓一，盧矢百，馬四匹。父往哉！柔遠能邇，惠康小民，無荒寧。簡恤爾都，用成爾顯德。」[32]

相對應，[33] 而且文侯的夫人晉姜也曾輔弼（紹匹）其夫，發揚其光烈。

再次，晉姜這位女君，顯然相當有才幹與主見；也相當自負。「經雍明德，宣邲我猷」的句子，以一位諸侯未亡人的身分，在西周是很少見到的。

而製鼎的動機，除了一般的祈福外，並且還「用康柔綏懷遠邇君子」。就算是誇大，也顯示晉姜並非沒有政治頭腦。

再次，文侯在世時的顯赫，多少延至其身後；使晉姜也保有部分影響力。為了製鼎而採吉金（銅）可以「俾貫通弘，征綏湯原」，[34] 這顯示晉姜的權力，也間接明示至少文侯是獲得善終的。

最後，總括來說，〈晉姜鼎銘文〉加強了「〈文侯之命〉中的受命諸侯——父義

---

30 郭沫若以為謚法直到東周晚期才確定，這顯然與《左傳》及《春秋》的記載不合。郭沫若著，《金文叢考》，《郭沫若全集》（北京：人民出版社，1954），卷 5，〈謚法之起源〉，頁 101-112。

31 王國維，《觀堂集林》，《海寧王靜安先生遺書》第 8 冊，卷 18，〈遹敦跋〉，頁 7 右。近代學者意見可看汪受寬，《謚法研究》（上海：上海古籍出版社，1995），第 1 章頁 1-16；第 2 章，頁 17-39。另外李學勤也確信〈晉姜鼎銘文〉產生於文侯死後，見李學勤，《東周與秦代文明》。

32 孔安國撰，孔穎達疏，《尚書正義》，卷 20，頁 658-659。

33 因為〈晉姜鼎銘文〉作於文侯死後，「鹵賚千輛」可視作賞賜的總和。

34 很多版本的「征繁湯原」的「繁」字，我認為應作「綏」。金文「綏」字與「繁」字字形極相近。通常將「征」字釋為征服，「繁湯」釋為「繁陽」；在今河南內黃附近。然在春秋初，東道未啟，稍覺太遠；且銘文上半已敘功績，此處應偏重製鼎，不應再強調征伐之事。「綏」不應釋為妥，應用其本義為車中靶，即挽以上車之繩索。征者行也，金文中「以征以行」幾成套語，「征綏」引申為馳騁。湯原即陽原，在今山西太谷附近。「征綏」與上句「俾貫通弘」（開通道路）對應，啟下句「取厥吉金」，語意較順。然而即使舊解正確，那也更突顯晉姜的權力，為了製鼎，可以發動戰爭。

和就是晉文侯」的信念。這也是多數人承認的結論。

三、假設的提出

既然〈文侯之命〉的受命人與文獻中的晉文侯非常合拍；而且幾乎可以說：若無《左傳．桓公二年傳》的那段話，則〈文侯之命〉是周平王對晉文侯的錫命辭，應已成定論。那麼，是否可能問題出在《左傳．桓公二年傳》的那段記載呢？是否可能那段記載有錯字呢？

我認為要改古書的誤字，是一件很嚴重的事。除非有很堅強的校勘依據，否則至少需要符合下列幾個條件：第一，改字是不得已的事，因此改得越少越好；第二，必須能確定「改字的假設」不會造成其它的矛盾，若無法如此確定，至少不能引出比原來想解決之問題更為嚴重的問題；第三，即使符合了前面兩個條件，也祗能認作可以存此一說，以待將來更直接證據的印證而已，不能夠就此作為定論。我認為如果沒有這些條件的限制，則很容易隨便改古書以就己意，一定會更破壞前人留下來的寶貴資訊。以這樣的限制為基礎，我提下面的假設。

《左傳．桓公二年傳》中「初，晉穆侯之夫人姜氏……」那句話內的「穆」字為「文」字之誤。

如果這個假設可以成立，則晉文侯自可名為義和。《左傳》的記載可解釋為昭侯名仇，桓叔仍名成師。

現在，我必須考驗這個假設。首先，此一假設並不像驟見之那樣突如其來，細思之當可確認其可能性。當時固仍在穆侯之世，文侯仍未即位。可能左氏所根據的底本作：「初，晉當穆侯之世，文侯之夫人姜氏……」，而傳抄時有所遺漏。細看第一節所引《左傳．桓公二年傳》的那兩段話，再加上緊接著的「惠之四十五年，曲沃莊伯伐翼，弒孝侯；翼人立其弟鄂侯。鄂侯生哀侯。」顯然都是追記，目的是作為後事張本。前面的記載，為仇與成師兩個人命名的由來，連帶著師服對他們命名的議論以預測後事，都讓人判斷兩個人的人名不會有問題，因為人名和整個故事連在一起，不易出錯。然而整段追記的事情，都發生在春秋以前，與《左傳》後文較少交叉連繫。追記的主角——仇與成師以及文侯穆侯——進入春秋後都已不存；後來的爭戰，發生於他們的子孫之間，與以前誰是誰的兒子並沒有敘事上的衝突。而春秋以前一段時間，原始史料傳世極少；包括《左傳》這段追記在內，有些甚至是孤證。如果有出錯，在沒有比對的情形下，不容易被發覺。

其次，再查看已有的文獻，看有沒有新的矛盾產生。馬上會遇到的問題可能就是與《史記》衝突，不過比起《左傳》來，《史記》可算是第二手史料；本文對《史記》的探討，集中在司馬遷是否看到那些我們看不到的材料。這個問題比較複雜，下面將用專節討論。

還是回到本原上，先看《左傳》。我遍查了《左傳》所有相關的記載，可以發現這個假設並沒有產生矛盾地方。《左傳》並沒有記載昭侯之名，有關文侯的紀載，除了上面所提到的追述外，就是少數幾條後人的言談，前兩節已經引過了。

再看〈晉姜鼎銘文〉，同樣沒有矛盾。此銘文還給我們多一重啟示，由於確定了晉文侯的夫人為姜氏，《左傳》中「夫人姜氏」的文字就無須改動，符合「改得越少越好」的原則。

此外，有兩段史料值得注意。一在《國語．周語上》：[35]

> （宣王）三十九年，戰于千畝，王師敗績于姜氏之戎。

一在《後漢書．西羌傳》所引的《汲冢紀年》：

> （宣王四年）使秦仲伐西戎，為戎所殺。王召秦仲子莊公，與兵七千人，伐戎，破之。後二十七年，王遣兵伐太原戎，不克。後五年，王伐條戎、奔戎，王師敗績。後二年，晉人敗北戎于汾隰。戎人滅姜侯之邑。明年，王伐申戎，破之。[36]

這兩段文字之所以吸引我們的注意力，因為《國語》中的記述的戰于千畝、與《紀年》中計算為宣王三十六年的「王伐條戎、奔戎，王師敗績」這兩段中的地名與《左傳》中的「條之役」與「千畝之戰」兩個關鍵戰役的地名都全同；更沒有其他史料比此合拍，《左傳》兩戰役即此二事無疑。故仇與成師的生年，可以分別繫於宣王三十六年與三十九年。仇的生年，與周平王元年相距二十二年。下面我們還要用專節有系統地討論年代的問題。目前要強調的是，本文之假設與此兩段史料無牴牾之處。

---

35 見韋昭注，《國語》，卷 1，頁 7。

36 見范曄撰，李賢等注，《後漢書》第 10 冊（北京：中華書局，1965），卷 87，〈西羌傳〉，頁 2869-2908。此引文見王國維校，朱右曾輯，《古本竹書紀年輯校訂補》，《古今本竹書紀年八種》。

不但無牴牾之處，事實上還可發現好些優點，增強此假設的說服力。謹列之如下。

首先，如果以仇為文侯的兒子而非文侯自己，則《左傳》、《國語》以及《紀年》的各種記載，可以顯得更為自然。如果晉文侯在宣王時已經參與了戰爭，即使並非主要角色，而且打的還是敗仗。[37] 然而究竟可算為他的軍功的一部分；而且久於戎馬生活，必定漸漸積聚經驗與人員實力，至西周亡後，才有足夠的武力基礎來作王室的屏藩。「焉依」、「夾輔」的慣用語，當可更為落實，而〈文侯之命〉中之的贊辭「汝多修」，晉文侯更可當之無愧。再看〈晉姜鼎銘文〉，所有對文侯的顯揚，包括「錫鹵賚千輛」在內，都會因其軍功的增多而更為落實。然而如果以仇為文侯自己，則西周亡時他才二十一歲；他的軍事才幹的獲得，在時間上，多少有些捉襟見肘。固然不是不可能，可是有了本文之假設，顯得更合理。

其次，如仇為文侯，則《左傳》載師服的預言：「始兆亂矣。兄其替乎」有點不大貼切。因為由〈晉姜鼎銘文〉看來，文侯的聲威非常顯赫，且不像不得善終的樣子。這不太合《左傳》的敘事慣例。《左傳》慣用時人評語或卜筮預測作為後事張本，而且往往靈驗異常；這當然是緣於左氏的刻意選擇。稍瀏覽一下《左傳》的預言，可知慣例上，是直接針對所批評的對象而發。例如〈閔公元年傳〉載：士蔿曰：「大子（申生）不得立矣」、〈閔公二年傳〉載：「成季之始生也……其名曰友，在公之右，間乎兩社，為公室輔」、〈襄公二十八年傳〉載：穆子曰：「天其殃之（慶封）也，其將聚而殲旃」。都很清楚明白。如果預言是針對子孫而言的，那他也會講清楚。例如〈莊公二十二年傳〉記載對陳敬仲的筮辭，就明言：「非此其身，在其子孫。」[38]

左氏既然特地引述了師服的「兄其替乎」作為後事張本，他的預言對象「兄」當然應該是仇，預測的內容當然應為「仇必定被廢」；以仇為文侯，則與後來的事，顯然不符。左氏既然在追述中選擇了師服的預言，來作後面敘述的準備，若後來又不應驗，那他又何必多此一追述？然如認昭侯名仇，桓叔仍名成師，則魯惠公三十年的：「潘父弒昭侯而納桓叔，不克」即成為兄弟鬩牆之爭，前面的預言也

---

37 如果晉文侯在做公子的時候一直參與戰爭，則也不會每次都打敗仗。宣王晚年還有別的戰爭，例如《後漢書．西羌傳》所引之《汲冢紀年》記載：宣王二十八年，「晉人敗北戎于汾隰」。明年（可能在千畝之戰以前），「王伐申戎，破之」。在這些戰役中，晉公子義和可能也有份，祇是沒有和他自己私人的事連起來，沒有被《左傳》採錄而已。

38 左丘明傳，杜預注，孔穎達正義，《春秋左傳正義》，卷 5，頁 176；卷 11，頁 348、353；卷 38，頁 1243；卷 9，頁 309。

就完全應驗了。由此可見，「昭侯名仇」的假設，雖然在《左傳》中沒有直接的根據，卻更符合《左傳》的記事慣例。[39]

再次，還可找出其它類似的間接論證：在《左傳·宣公十二年傳》對邲之戰的記載裡有：

> 隨季對曰：「昔平王命我先君文侯曰：『與鄭夾輔周室，毋廢王命！』今鄭不率，寡君使羣臣問諸鄭，豈敢辱候人？敢拜君命之辱。」彘子以為諂，使趙括從而更之曰：「行人失辭。寡君使羣臣遷大國之迹於鄭，曰：『無辟敵！』羣臣無所逃命。」[40]

上軍將隨季（士會）回答楚人的外交辭令，雖然委婉，卻非常理直氣壯；然而被彘子（先縠）攔截了下來，認為士會太諂媚，太軟弱。他命趙括改為更強硬的話。士會向來有智且善辭令，[41] 當他考慮應對的時候，如果文侯祇不過是先君的旁支，而且又絕嗣于晉，他不愁會被楚人譏諷嗎？[42] 再說先縠這位事事愛和長官抬槓的中軍佐，恃著荀林父的縱容，也必會抓住這個好機會來做文章；不僅以之為諂媚而已。這當然也祇是一個間接的論點，可是會合了上述其它論證，可以判斷：以仇為文侯之子的這個假設，非但不會與《左傳》的記事矛盾，反會更形貼合。

再次，試設想當文侯死後，晉姜這位有主見的老太太，非常可能對桓叔的曲沃之封，產生決定性的影響。這件事正類似於後不久發生的，鄭武姜持封叔段為京城大叔一例，都可說是以老母的身分來寵幼子；而且桓叔成功的前例，也可能對叔段起鼓勵的作用。這雖然純粹是猜想，可是總比昭侯忽然將老叔封於大邑[43] 有動機些。

---

[39] 從情理上著想，應該也祇能夠找到這一類間接的論證，否則左氏早就會發現自己的錯誤。就算不然，《左傳》在戰國傳承時，經過像虞卿這些人之手，也會被發覺。

[40] 同前引，卷 23，頁 743。

[41] 如《左傳·文公十三年傳》所載：「郤成子曰：『……不如隨會，能賤而有恥，柔而不犯，其知足使也。』」又如《左傳·宣公二年傳》所載士會對晉靈公的諫語，可見他善於辭令。同前引，卷 19 下，頁 626。

[42] 欲以口舌勝敵，而不小心留有話柄，被敵人利用來反諷，可能會得反效果。如《左傳·昭公四年傳》所載：楚靈王將殺慶封以徇於諸侯，卻反而被辱。《左傳·襄公十四年傳》載：范宣子執戎子駒支而親數之朝，反被駁得開不了口，也是一個例子。春秋時善辭令者，如鄭國的子產，在這些方面就往往很著重；在言辭上，不但能攻人之隙，也善為防守。他們往往得到「有辭」的贊語。

[43] 《左傳》：「惠之二十四年，晉始亂，故封桓叔于曲沃，靖侯之孫欒賓傅之。」一點也沒有提桓叔有什麼平亂的功勳，或是為何晉亂就要封桓叔於曲沃，也顯得有些突如其來。

上面臚列本文假設的優點，大多建立在推測上，不能算很扎實的證據。然足以支持其初步的可信性，當然還需要通過其它的考驗。最重要的一項考驗為，各角色年齡之估計須合適而自然。然而在這樣做以前，有一個障礙必須先行克服，否則一切努力將會白費，那就是前面所引《史記・晉世家》的記載。《史記・晉世家》頗有異辭，足以對抗上述假設；其中不但確記文侯名仇，桓叔名成師，還給出「昭侯伯立」的字眼。因此必須先對〈晉世家〉此段文字的可靠性，加以探討。下面就各方面來分析。

四、《史記・晉世家》對《左傳》的沿襲與改寫

讓我們細察第一節所引《史記》的那段文字，不難發現它的基本骨架，是由《左傳》而來的。無疑司馬遷曾經讀過《左傳》，《左傳》在西漢的前期，雖然未能立於學官，可是私家的傳承始終不絕。司馬遷在他的自序中所講的：「紬史記石室金匱之書」，[44] 當然也會有《左傳》在內。[45] 司馬遷採用舊史的資料，常用之以反映他的別裁意向，而且另加組織。趙翼曾用「天吳紫鳳，顛倒裋褐」[46] 形容他的這項特色。可是當時的書籍大多用竹簡或縑帛來抄寫，簡重帛貴，私家較少藏有副本。而且漢武帝時珍貴的書籍多保存於中秘，司馬遷當了太史令以後，雖然可以看到，然而《史記》是私家所著的史書，其勢無法隨時翻閱比對；單憑記憶，難免有所失誤。所以也不能一遇不同記載，就認作別有所本，意在存異。就前引〈晉世家〉的那段文字而言，與《左傳》有同有異；固然很難確實認定哪一部分出自別的書、哪一項差異由誤記或誤解《左傳》而來、哪一些是出自司馬遷自己胸懷的撰寫，或是隨手的補綴。然而細加比較與思索，多少仍可找到一些蛛絲馬跡，可用來作判斷。在下面分別討論。

《左傳》上師服的兩段議論，《史記》都沿襲了下來，可是也都作了更改；第二段且改為出自「君子曰」。這兩段話最顯見的目標——作為後事的預言，還保存著。在形式上，像太史公引別的書一樣，作了相當程度的簡化與通俗化。在觀點

---

[44] 司馬遷撰，裴駰集解，司馬貞索隱，張守節正義，《史記》，卷 130，頁 3296。

[45] 司馬遷一再在《史記》中，引用《左傳》的記載，證據確鑿，已是不爭的事實。以往因為與「《左傳》是否為劉歆偽造，分自《國語》」的問題相混，弄得很複雜。目前此問題應已不存在，則司馬遷曾經讀過《左傳》，應已成定論。

[46] 趙翼，《陔餘叢考》，卷 2，頁 40。他所用的典故出自杜甫的詩〈北征〉。

上，也做了相當大的變動。一般而言，《左傳》相當重禮，所引預言，除卜筮外，往往由禮的觀點來發揮；此處師服的議論，用意也在強調禮的重要。可是到漢朝初葉，這種意識型態已無法引起很大的共鳴，因此司馬遷簡化第一段，從命名的吉凶上來發揮；第二段也改從利害的觀點出發。這對引出後事的功能，固沒有多大妨礙。唯第一段加上「成師」這個名字的字面意義，第二段改用不知名的君子作為發言人，則很可能別有動機，後面還要回到這兩點。

為了希望發掘司馬遷對《左傳》的沿襲與改寫的傾向，上面的比較，在材料上有點不大夠；需要兼看入春秋以後的史實，以作為考判與比較的依據。下面繼續第一節對《史記．晉世家》的引文，由桓叔之死，一直錄至武公之死為止：

> ……孝侯八年，曲沃桓叔卒，子鱓代桓叔，是為曲沃莊伯。孝侯十五年，曲沃莊伯弒其君晉孝侯于翼。晉人攻曲沃莊伯，莊伯復入曲沃。晉人復立孝侯子郄為君，是為鄂侯。鄂侯二年，魯隱公初立。鄂侯六年卒。曲沃莊伯聞晉鄂侯卒，乃興兵伐晉。周平王使虢公將兵伐曲沃莊伯，莊伯走保曲沃。晉人共立鄂侯子光，是為哀侯。哀侯二年，曲沃莊伯卒，子稱代莊伯立，是為曲沃武公。哀侯六年，魯弒其君隱公。哀侯八年，晉侵陘廷，陘廷與曲沃武公謀，九年，伐晉于汾旁，虜哀侯。晉人乃立哀侯子小子為君，是為小子侯。小子元年，曲沃武公使韓萬殺所虜晉哀侯。曲沃益彊，晉無如之何。晉小子之四年，曲沃武公誘召晉小子殺之，周桓王使虢仲伐曲沃武公，武公入于曲沃，乃立晉哀侯弟緡為晉侯。晉侯緡四年，宋執鄭祭仲而立突為鄭君。晉侯十九年，齊人管至父弒其君襄公。晉侯二十八年，齊桓公始霸。曲沃武公伐晉侯緡，滅之，盡以其寶器賂獻于周釐王。釐王命曲沃武公為晉君，列為諸侯，於是盡併晉地而有之。曲沃武公已即位三十七年矣，更號曰晉武公。晉武公始都晉國，前即位曲沃，通年三十八年。武公稱者，先晉穆侯曾孫也，曲沃桓叔孫也。桓叔者，始封曲沃。武公，莊伯子也。自桓叔初封曲沃以至武公滅晉也，凡六十七歲，而卒代晉為諸侯。武公代晉二歲，卒。與曲沃通年，即位凡三十九年而卒。[47]

我們也需要引述《左傳》與此相對應的段落：

[47] 司馬遷撰，裴駰集解，司馬貞索隱，張守節正義，《史記》，卷 39，頁 1638-1640。

〈隱五年〉春⋯⋯曲沃莊伯以鄭、人邢人伐翼，王使尹氏、武氏助之。翼侯奔隨。⋯⋯曲沃叛王。秋，王命虢公伐曲沃，而立哀侯于翼。

〈隱六年〉翼九宗、五正、頃父之子嘉父，逆晉侯于隨，納諸鄂。晉人謂之鄂侯。

〈桓二年〉初⋯⋯惠之四十五年，曲沃莊伯伐翼，弒孝侯。翼人立其弟鄂侯。鄂侯生哀侯。哀侯侵陘庭之田。陘庭南鄙啟曲沃伐翼。

〈桓三年〉三年春，曲沃武公伐翼，次于陘庭。韓萬御戎，梁弘為右。逐翼侯于汾隰，驂絓而止，夜獲之，及欒共叔。

〈桓七年〉冬，曲沃伯誘晉小子侯，殺之。

〈桓八年〉春，滅翼。⋯⋯冬，王命虢仲立晉哀侯之弟緡于晉。

〈桓九年〉秋，虢仲、芮伯、梁伯、荀侯、賈伯伐曲沃。

〈莊十六年〉冬⋯⋯王使虢公命曲沃，以一軍為晉侯。初，晉武公伐夷，執夷詭諸。蔿國請而免之。既而弗報，故子國作亂，謂晉人曰：「與我伐夷而取其地。」遂以晉師伐夷，殺夷詭諸。周公忌父出奔虢。惠王立而復之。

〈莊十八年〉春，虢公、晉侯朝王，王饗醴，命之宥。皆賜玉五穀。馬三匹。非禮也。王命諸侯，名位不同，禮亦異數，不以禮假人。虢公、晉侯、鄭伯使原莊公逆王后于陳。陳媯歸于京師，實惠后。[48]

現在可以比較了。太史公說曲沃莊伯聞知鄂侯死訊後，趁機攻擊；而周平王命令虢公將兵反伐曲沃莊伯以救翼，莊伯走保曲沃，晉人立哀侯。這一點恐怕是誤記或誤解了《左傳》，很不像是另有所本。原來的這一段歷史，《左傳》分了三段來記載：前兩段在隱公五年，後一段在隱公六年；各段之間，又記了別的事，閱讀者一不小心，就會讀漏。司馬遷似乎祗注意到了隱公五年所載：「曲沃叛王，秋，王命虢公伐曲沃，而立哀侯于翼。」然而卻忽視另外兩段，他不但不知道鄂侯根本未死，祗是逃到隨邑去；也不知道最初周王也幫助曲沃來與翼為敵，甚至命令尹氏和武氏幫助曲沃。祗是莊伯勝了翼侯以後又背叛周王，周王才命令虢公[49]率兵反伐曲

48 左丘明傳，杜預注，孔穎達正義，《春秋左傳正義》，卷 3，頁 104-112；卷 4，頁 117；卷 5，頁 175-178；卷 6，頁 182-183；卷 7，頁 215-216、217；卷 9，頁 292-293、295-297。

49 這位虢公忌父大概就是《左傳．隱公三年傳》所載向周平王爭卿士的那位西虢諸侯，其名見於〈隱公八年傳〉。〈桓公五年傳〉所載周桓王伐鄭時替王師統率右軍的虢公林父，可能是他的繼承人。至於〈桓公八年傳〉的那位虢仲，因祗差三年，杜注認為也是虢公林父，應可接受。他似乎

沃莊伯。莊伯退兵以後，翼人一時打聽不到鄂侯的消息，匆匆忙忙地就擁立了鄂侯的兒子為侯；到後來幾個大臣打聽到了鄂侯逃到隨邑的消息，想迎接他回來，才發現太遲了。鄂侯的兒子已經即位，要他退位也會發生悲劇；可能做父親的也不願意再和兒子爭位，大臣們衹好將他送到鄂邑（晉的別邑）去養老，故晉人稱他為「鄂侯」。「鄂」字並非諡號，晉人既然稱他為「鄂侯」，可知他又活了一段時間，衹是《左傳》沒有再記載他的消息，漸漸就被歷史淡忘了。這一段史實相當曲折，可是衹要仔細讀《左傳》，還是可以理出頭緒來。《史記・晉世家》中司馬遷的敘述，由資訊的觀點看來，衹包含了「曲沃叛王……立哀侯于翼」的那一段，以及隨手的補綴。因為看到了立哀侯，故猜想鄂侯[50]已死；又看到王師討伐，故替曲沃莊伯安上「伐喪」的罪名。從以上的分析，應可看出司馬遷似乎衹憑讀後的印象，自出胸臆來發揮，結果與《左傳》牴牾。這裡很難想像司馬遷會有別的史料根據，因為翼人迎鄂侯這麼大一件事，不太可能流傳成相反的故事。

再注意看太史公記載：「九年（武公）伐晉于汾旁，虜哀侯。晉人乃立哀侯子小子為君，是為小子侯。小子元年，曲沃武公使韓萬殺所虜晉哀侯」一段。[51]他很顯然沒有注意到《國語・晉語一》這段話：

> 武公伐翼殺哀侯，止欒共子曰：「苟無死，吾以子見天子，令子為上卿，制晉國之政。」辭曰：「成聞之，民生於三事之如一，父生之、師教之、君食之。非父不生、非食不長、非教不知。生之族也，故壹事之，唯其所在，則致死焉。報生以死，報賜以力，人之道也。臣敢以私利廢人之道，君何以訓矣。且君知成之從也，未知其待於曲沃也。從君而貳，君焉用之？」遂鬬而死。[52]

明明說武公殺了哀侯以後，還想招降欒成。對哀侯絲毫沒有先虜後殺的跡象。太史公可能見到《左傳》上說：「夜獲之（哀侯）及欒共叔」遂以為是活生生地虜獲；為求文章變化，遂將韓萬殺晉哀侯的事繫在第二年。他似不知《左傳》上「獲」是「生獲」與「死獲」的通名。[53]例如〈哀公十一年傳〉記載吳師「獲」

是「擁翼派」的主要人物，自從〈桓公十年傳〉記他被逐奔虞後，大概就退出歷史。

50 鄂侯的名稱司馬遷是由桓公二年的追述中得到的。

51 司馬遷撰，裴駰集解，司馬貞索隱，張守節正義，《史記》，卷 39，頁 1639。

52 見韋昭注，《國語》，卷 7，頁 82-83。

53 《左傳》之「獲」字為生死通名。見《左傳・宣公二年傳》杜注。

國書，後來又記載：「（魯）公使大史固歸國子之元」，人頭都被砍下來了，這當然是「死獲」的例子。而且，《左傳》如要記載生獲某人而後囚歸的事，多數會講明白為「囚」某人，例如〈宣公二年傳〉記載的「（鄭師）囚華元」，〈宣公十二年傳〉所載邲之戰中，「楚熊負羈囚知罃」、「（晉知莊子）射公子穀臣，囚之」都是很明顯的例子。[54] 所以《左傳》的記載，與《國語》並沒有矛盾，反而太史公由於誤解了《左傳》，又一時忘記了《國語》；在《史記》上憑己意發揮，卻造成了錯誤。

再看一個事例：太史公似乎沒有注意到桓公八年所載：「春，滅翼。」一句，而僅憑《左傳》此年後面記的：「冬，王命虢仲立晉哀侯弟緡于晉」以為翼都仍舊未被攻下。然而《左傳》明明說滅翼，卻並沒有說滅晉；顯然武公這次所滅的是晉的都城一翼；晉還有餘地未下。可是既然翼都被滅，則它的宗廟寶器一定被入城的曲沃軍奪取一空，不會等到武公三十七年。虢仲雖然還想挽救這個局面，以王命在晉的餘地上擁立了晉哀侯的弟弟緡，可是也無能為力了。

上面幾個地方是太史公誤讀或誤記了《左傳》，造成明顯的敘事差異；可是在他有效的補綴下，除非細細比較，不然不太容易發現。[55] 然而都不像另有根據。另外有一些無傷大雅的差異，可以不談，還有一處不容易斷定有無根據，他說穆侯取齊女姜氏為夫人，「姜氏」從《左傳》而來，「齊女」則未知出處。也有可能由於齊是姜姓的大國[56]而隨手添加的。可是這一點和本文的關係不大，本文祇要確定文侯的夫人是姜氏就行了。

《史記・晉世家》中也記載了曲沃與翼各國君的人名與年數，年數也詳載於〈十二諸侯年表〉。所記各個人名，除仇與成師外。卻不見於《左傳》，這表明了太史公的確看到一些《左傳》以外的資料，尤其是《世本》。關於人名與年數，下面還要用專節討論。這一節還要強調，除了人名與年數外上面由〈晉世家〉錄出的那

---

54 左丘明傳，杜預注，孔穎達正義，《春秋左傳正義》，卷 58，頁 1910；卷 21，頁 680；卷 23，頁 749、750。

55 如果借用趙翼的比喻（參閱注 46），則好比將繡製的天吳剪去幾隻首與足，再縫合起來，看起來也蠻像樣子。

56 後代大都以為齊是姜姓的大國，其實西周末年並非如此。自從齊哀公被周夷王所烹以後，有好些時候齊國都顯得相當灰頭土臉。入春秋後，《國語・鄭語》雖說：「齊莊僖於是乎小伯」，可是齊僖公時北戎伐齊，還要靠鄭大子忽帥師救齊。在西周的末葉，國力較強的姜姓大國其實是申與呂，而許也沾光，《國語・鄭語》已有「申呂方彊」的話，平王為申侯、魯侯、與許文公所立，鄭武姜也是由申娶來的。春秋以後這三國才因楚的威脅以及與鄭的衝突而衰弱的。韋昭注，《國語》，卷 16，頁 62、61。

段文字，不太像另有史料的依據。這樣，太史公的敘述就會深受《左傳》的影響，而《左傳》偶然的錯誤，也就很容易造成〈晉世家〉對應的錯誤。

我們要從〈晉世家〉整體的敘述，來加強這個信念。我們看到太史公對曲沃與翼雙方爭戰之描述，實在可謂相當單調。不外乎首先曲沃某伯侵略翼都而弒其君，或是因其君死而伐喪，翼人（或是王師）反擊曲沃，打敗曲沃伯，使他縮回曲沃自保，於是翼人擁立新君。這樣周而復始，重複了幾次。曲沃方面既變不出新花樣，翼方面也沒有從經驗中學得聰明一些。真正的史實，是這樣單調的嗎？我們可以從上面所引的《左傳》、《國語》、《紀年》等資料的段落，重新建構這段歷史。這可以告訴我們，如果真的另有史料的依據，會寫出怎樣一段遠比〈晉世家〉不單調的歷史。

五、曲沃與翼爭戰的始末

《左傳》與《國語》上的有關資料，前面已經引過了。從《古本紀年》的輯本內，可以再找出下列補充材料：[57]

〈曲沃莊伯二年〉翟人俄伐翼，至于晉郊。
〈曲沃莊伯八年〉無雲而雷。十月，莊伯以曲沃叛。

以上兩段輯出自《太平御覽》。[58] 以下五段則輯出自《水經注》：[59]

〈曲沃莊伯八年〉莊伯以曲沃叛，伐翼。公子萬救翼，荀叔軫追之，至于家谷。（〈澮水注〉）
〈曲沃莊伯十二年〉翼侯焚曲沃之禾而還。（〈澮水注〉）
〈武公元年〉尚一軍。芮人乘京，荀人董伯皆叛。（〈河水注〉）
翼侯伐曲沃，大捷，武公請成于翼，至桐庭乃返。（〈涑水注〉）

---

[57] 王國維校，朱右曾輯，《古本竹書紀年輯校訂補》，《古今本竹書紀年八種》。
[58] 第一段在《太平御覽》（臺北：平平出版社，1975），卷 879。第二段在同書卷 876。皆據《古本竹書紀年輯校訂補》之考證改正。
[59] 酈道元撰，陳橋驛點校，《水經注》（上海：上海古籍出版社，1990），卷 6，頁 128。引文已據《古本竹書紀年輯校訂補》之考證改正。

〈武公三十九年〉武公滅荀以賜大夫原氏黯，是為荀叔。（〈汾水注〉）

由這些珍貴的史料，可以看出：曲沃與翼之間的爭戰勝敗大有起伏，雙方也各自爭取盟友，而且挖對方的牆腳，盟友間互有變動。桓叔初封於曲沃，起先一切都是草創；然而爭取盟友的做法，恐怕很早就開始了。這可以由《詩．唐風．揚之水》[60]窺見端倪。照錄在下面：

揚之水，白石鑿鑿。素衣朱襮，從子于沃。既見君子，云何不樂。
揚之水，白石皓皓。素衣朱繡，從子于鵠。既見君子，云何其憂。
揚之水，白石粼粼。我聞有命，不敢以告人！[61]

這一篇詩中「沃」、「鵠」的地名，顯然指的是曲沃以及曲沃城內的地點；詩中的「素衣朱襮」、「素衣朱繡」，根據訓詁，明指為諸侯的服裝[62]可以由這些句子，看出當時曲沃方面爭取盟友的努力;卒章兩句，似乎顯示有秘密安排。[63]「君子」究竟指的是桓叔還是莊伯，則很難判斷；很可能反映整個時段的策略。也許，潘父的失敗，讓翼都方面多少也有一些警惕。

莊伯即位後，積極發展武力，並刻意爭取盟友。上面已引《古本紀年》，當莊伯二年，翟人俄伐翼，且至于晉郊。可惜《太平御覽》太著重災異，對記事引得太

60 由於晉的封地本為唐地，《詩．唐風》應該會保留一些原始資料。可是紓情的文學作品，往往可以作多種解釋；像《毛詩序》那樣，抓到一點點影響，就對作詩本意亂猜的做法也行不通；用比較嚴謹的標準來判斷，〈山有樞〉、〈椒聊〉等篇，恐怕沒有多少關係，與這一段歷史確實有關的，大概祇有〈揚之水〉一篇。

61 毛亨撰，鄭玄箋，孔穎達疏，《毛詩正義》，卷 6，頁 448-451。

62 《詩．唐風．揚之水》一篇，大多數人都認為與曲沃代翼的事有關。由三家詩（見王先謙，《詩三家義集疏》（臺北：世界書局，1979））至毛序、朱傳、姚際恒的《詩經通論》，對這一點都沒有異言。祇有糜文開與裴普賢所著之《詩經欣賞與研究》第 4 冊（臺北：三民書局，1984）採取了日人白川靜的意見，認為「揚之水，不流束薪」是一種古人占卜的方式，因而解釋成情詩。我不贊成這種解釋，我認為用來起興的「揚之水」不應與後文有那麼大的關連；《詩．鄭風．揚之水》與《詩．王風．揚之水》雖用同樣的物件作起興，其詩的本意也不應該對《詩．唐風．揚之水》的本意有任何連繫。現代人類學的學說可供參考，然而不見得就無往不利，甚至成為「客觀的真相」。「素衣朱襮」祇能是諸侯之服，講成女子所穿之服，未免太牽強。

63 當然可以多猜一些。例如由《左傳．定公十年傳》駟赤引「我聞有命」的典故來表示受命，可猜成當時有陰謀激起外力干涉，甚至連起興的「揚之水，白石鑿鑿」也可以連想成翼侯對曲沃無可如何！可是這種隨意猜想，對考證一點用處也沒有。

簡略了一些；我懷疑曲沃和翟未嘗不可能有某些連繫。[64] 到了莊伯即位以後第八年，他終於以曲沃叛，並伐翼，開始扯破臉。那時候翼都方面，當然也作外交的努力，他們爭取的對像，在王朝為虢公忌父，[65] 在列國則為芮國，[66] 在那場戰役中，《古本紀年》記載公子萬救翼；這個公子萬，雷學淇認為是晉的群公子食采于外邑者，[67] 然而他並沒有確實指明到底是那一位，也沒有證據說當時的晉有那一位公子名萬，我認為不可從。我猜想這個公子萬就是日後的芮伯萬，衹是當時他還未即位，仍為公子而已。由於芮長期是翼的盟邦，這個推論應該是合理的。曲沃莊伯當時的盟友是荀國，荀叔軫追擊救翼的公子萬，一直追到家谷，根據《水經注》，[68] 那是澮水支流家水的發源地。這場戰爭大概打到第二年，曲沃是打勝了，並且在戰場上殺了翼君孝侯，然而他的兵力還沒有強大到能攻進並滅亡翼都的地步。曲沃莊伯班師以後，翼人擁立孝侯的弟弟鄂侯為君，當然從此與曲沃成為敵國，並且等待機會報復。

三年以後，亦即魯隱公元年，翼侯伐曲沃，未能攻進，衹是焚燒了城外的禾而回去，可算是一種騷擾戰。到魯隱公五年，亦即曲沃莊伯十六年，曲沃對周王下了功夫，爭取到周王的支持。他一方面以 [69] 鄭人邢人伐翼，這當然增加了他能動員的人數，另一方面周王還命令世族大夫尹氏武氏幫助他。

當然他打勝了，上一節已經談過，翼君鄂侯匆匆逃到隨邑去。可是，曲沃莊伯自己也犯了一個大錯，他大概以為勝定了，不想再受周王的控制；因此他又背叛了

---

[64] 試考慮後面莊伯十六年，曲沃莊伯以鄭人邢人伐翼，固然邢也有可能指的是邢丘，那還近些。可是鄭人邢人連稱，則邢應該與鄭一樣是國名。春秋時邢國在今河北的邢台附近，相隔較遠，而且當時東道還未啟，被戎狄所佔據（《國語・晉語四》載：「（文）公說，乃行賂草中之戎與麗土之狄以啟東道」）。遠師來助，不太容易。唯邢國與狄（翟）相鄰，前面既有翟人俄伐翼，則邢師也可能是由翟人引進來的。

[65] 參閱注 49，虢公忌父、林父及他的繼承人似乎一直做周王朝的卿士，也一直受周王的信賴，如《左傳》莊公二十年出現的虢叔，周惠王曾經『巡虢守』（莊公二十一年），到莊公三十年『王命虢公討樊皮』，那個『虢公』不知是虢叔還是他的繼承者。他們在周的王廷似乎一直都很吃得開。後期的虢公與晉有時友好，有時衝突，終於亡於晉獻公。

[66] 芮國的老家在河東，也就是《詩・大雅・緜》的「虞芮質厥成」的芮，其地在山西芮城。春秋時芮的國都則在河西大荔附近，國土則可能跨河兩岸，見附圖。芮的國力，在春秋初時，似乎還不弱。《左傳・桓公四年傳》載，秦曾經討伐過芮而因輕敵失敗，才改透過被放逐的芮伯萬以達成控制的目的。毛亨撰，鄭玄箋，孔穎達疏，《毛詩正義》，卷 16，頁 1165。

[67] 見雷學淇，《竹書紀年義證》，卷 28，頁 443。

[68] 酈道元撰，陳橋驛點校，《水經注》，卷 6，〈澮水注〉，頁 128。

[69] 《左傳・僖公二十六年傳》的凡例：「凡師能左右之曰『以』。」顯示莊伯獲得鄭國與邢國出兵相助，而自己掌握了統帥權。左丘明傳，杜預注，孔穎達正義，《春秋左傳正義》，卷 16，頁 497。

周王。這時王朝的「擁翼派」虢公忌父的主張佔了上風，他獲得周王的命令統兵去反伐曲沃莊伯。莊伯退兵以後，翼人匆匆擁立了鄂侯的兒子為侯；於是發生了翼君鬧雙胞的尷尬情勢，[70] 終於由翼的九宗、五正 [71] 及大夫嘉父出面，由隨邑迎接回父親，送入鄂邑去養老，解決了這個困境。而哀侯在翼的君位也穩了下來。

曲沃莊伯功敗垂成，回曲沃後過了兩年就死了。他的兒子繼位，在當時，大家相沿稱這位繼承人為「曲沃伯」；然而後來在史書上根據諡號，稱他為「武公」。在翼的方面，新的翼侯（後來根據諡號稱他為「哀侯」）立後，受了喪師的恥辱，當然極力振作。憑著年輕人的朝氣，一度武力相當強，反而可威脅曲沃。他對盟友的爭取，也不遺餘力。曲沃武公初即位，翼的老盟邦芮國，就抓到機會，採取決定性的行動；《古本紀年》記載「芮人乘京」，「京」這個地名，我懷疑就是《禮記．檀弓下》的「九京」[72] 是一處高地，位置在汾水旁日後晉新都「絳」的附近。「乘」，雷學淇釋為陵虐，[73] 然而「京」既是一處高地，則「乘」應訓「登」。芮國大軍控制了這個險要之地，旁邊同在汾水近旁的荀國與董國都大感威脅；這兩國以往是曲沃的盟邦，荀國還在莊伯八年的戰爭中幫過大忙，可是現在卻不得不背叛曲沃，加入對方的陣營，以免自身先受害。翼侯達成使曲沃地位孤立的目標後，就出兵攻曲沃，打了一場大勝仗，逼迫曲沃伯屈辱求和，可惜《水經．涑水注》對《汲冢紀年》的徵引不夠詳細，祇說：「至桐庭乃返」，沒有求和的具體內容。桐的地望，在今聞喜，[74] 可以猜想翼侯在與曲沃新君訂下了佔盡便宜的城下之盟以後，向西略地，渡過涑水，躊躇滿志而回。自以為報復了以前的恥辱，卻把千載難逢之滅亡曲沃的機會，輕易放過了。

哀侯勝利凱歸，過了幾年太平日子以後，大概就有點恃勝而驕，放鬆了對曲沃的警戒，反而朝其它方向去略地發展。曲沃伯方面，才即位就遭遇了這個大挫折，

---

70 這種涉及政權利害的事，弄不好是會出悲劇的。一個值得比對參考的史實是《左傳．僖公二十八年傳》所載：衛成公誤殺叔武的事。比較起來，這次翼的處理方式還算是成功的。

71 《左傳．定公四年傳》載：「分唐叔以……懷姓九宗，職官五正，命以唐誥……」。九宗、五正遂世為強家，見《左傳．隱公六年傳．杜注》。鄂侯所奔之隨邑與所居之鄂邑，皆見本文之附圖。同前引，卷 54，頁 1783-1784。

72 「九京」日後為晉的卿大夫的傳統葬地；在別的書中，常被引作「九原」。「京」字本來就與「原」字相近，且都有高地的意義。在當時新的絳都還沒有建築以前，應該是一處居高臨下的軍事要地。

73 乘，雷學淇釋為陵；「京」，他以為是地名，可是卻考不出地望。見雷學淇，《竹書紀年義證》，卷 29，頁 447。在另一條他似乎以為「乘京」是叛王，由《左傳》看來，這個可能性非常小。

74 「桐庭」的「庭」，可能是衍字。桐的地望，當時在稷（見附圖）的東邊，涑水的西北岸。至於聞喜的地名，是漢武帝的時候才有的。

暫時也祗能忍辱等待時機。過了幾年，時機終於到來。魯桓公二年，哀侯向南侵掠陘庭的田野，替武公開了反襲之路。正式的戰役，是在魯桓公三年春天展開的。[75]《左傳》的描述雖然祗有寥寥幾句，卻多少可以推想出一些大概。由本文附圖上所顯示有關翼、曲沃、陘庭等都邑的方位，可以推知，武公這次出征實為迂迴進襲。大軍出曲沃城後向東行，停駐在陘庭數日，[76] 可能是在等待機會；哀侯這次侵犯陘庭的田野，可能沒有料到會遇見曲沃武公，以致準備不足。武公趁哀侯出翼城後，出其不意對他發動突襲。由於哀侯與欒共叔後來是在汾水邊上被追獲的，我祗能猜想武公突襲時的戰術，必定是阻止哀侯逃回翼城。故哀侯受突襲而戰敗後，慌忙向北越過澮水而逃，而武公在後面窮追不捨。到晚上直追到了汾水邊上，才將哀侯追獲並殺死。[77]

前面引過《國語．晉語一》記載武公殺哀侯以後，對欒共子招降的話：「苟無死，吾以子見天子，令子為上卿，制晉國之政」。[78] 由此可見曲沃武公在周天子的王朝也建立了一些影響力，這才可以拍胸口保證欒成做晉國的上卿。也可見他對聯繫王朝的努力一直沒有鬆懈。從後來的發展，顯示他所聯繫的主要對像為大夫詹父與蔿國一班人；這一班人在後日子頹之亂時喪命，可是那時晉已經統一了。

武公此役在翼城外面獲得大勝，可能未進入翼城就凱歸。翼經過此役以後，元氣大傷。雖然勉強擁立了哀侯的少子小子侯，[79] 卻很難再振作起來。武公十一年誘殺小子侯，隨即滅翼；絕其社稷，有其土地 [80] 這一點，在前面已經討論過。

莊伯與武公都各有一次伐翼，殺了翼侯，而打不進翼都。這一次滅翼，還要先對小子侯誘殺，可見翼城相當堅固。翼都被陷後，雖晉尚有餘地未下，周王與「擁

[75] 從《左傳》語氣看起來，「春」字前後的兩段是連續的，敘的是一件連續的事，前面帶有追敘，祗是「哀侯侵陘庭之田」發生在魯桓公二年冬天而已。分開而分別繫之於兩年，大概是杜預以傳附經時所做的。

[76] 《左傳．莊公三年傳》明言：「凡師一宿為舍，再宿為信，過信為次」。本文附圖為春秋初葉，位於河汾一帶重要諸侯都邑的分布地圖；是根據李宗侗，《春秋左傳今註今譯》（臺北：商務印書館，1971）所附地圖改繪的。由此地圖，可以看出曲沃、翼、陘庭、及汾水、澮水的相對位置。

[77] 《左傳》言「驂絓而止」，其主詞究竟是追者還是逃者，有點不清楚。由事理和文氣來判斷，如追者的驂馬被樹木絆住，只會妨礙追趕；如果追者因此而止住，就追不上了。因此我猜想是哀侯戰車的驂馬被樹木絆住，甚至因此翻覆，導致被殺。

[78] 韋昭著，《國語》，卷 7，頁 82。

[79] 哀侯的少子被立為侯後不久，就被誘殺。《左傳》稱他為「小子侯」，這個稱號顯然不是謚號。由於《左傳》言「小子」，除譏辭外，大多有「少子」之意（如秦小子慭），故可猜想小子侯的年齡一定不大。

[80] 《左傳．文公十五年傳》之凡例：「凡勝國，曰『滅之』」。〈杜注〉為：「絕其社稷，有其土地」。左丘明傳，杜預注，孔穎達正義，《春秋左傳正義》，卷 19 下，頁 645。

翼派」虢仲雖然還可立哀侯的弟弟緡，[81] 但也僅能延一線殘喘；而且虢仲還聊作最後掙扎，聯芮、梁、荀、賈諸國的兵力反伐曲沃，《左傳》雖然沒有記載這次聯軍的結果，可是猜也猜得出一定是不了了之。因為聯軍的成立在魯桓公九年的秋天，到桓公十年的春天這位虢仲就在王朝失勢；大夫詹父借王師以伐虢。到夏天，他就逃亡到虞國。統帥自身難保，聯軍恐怕也就散了。而且就在這一年的秋天，秦國強納芮被逐的前任國君萬，[82] 逼使芮國起政變；原來的國君以及忠於他的大臣，跟著倒霉。這一個翼的長期盟邦，到此地步，必定再無力兼顧。主力去掉了，梁、荀、賈（地望見本文附圖）幾個小國，大概也唱不出什麼戲來。那個空立名號的緡，推想大概不久也完蛋了。事實上，緡也一定未能夠真的稱侯，因為不然的話，小子侯一定會有諡號的。

翼與曲沃的火拼，大概就此落幕。可是後面還有一段尾聲，就是周天子對現實的正式承認。到魯莊公十六年，周僖王正式命曲沃伯為晉侯。這來得比較遲，可能初滅翼時，周桓王的面子有些掛不住吧！太史公說武公用擄獲來的寶器賄賂周釐王，故能夠列為諸侯。有所賄賂大概是免不了的，可是我不認為這是主要的因素。事實上，武公在此相當久以前就可以伐夷而俘虜夷詭諸，周大夫蔿國可以替夷詭諸講情，而將他放掉。後來夷詭諸不知報恩，蔿國又可以再說動晉師來攻殺夷詭諸，[83] 這當然是獲得武公的同意的。由此可見，武公與王室間的關係，相當密切。

---

[81] 因為小子侯先立，猜想緡大概是哀侯的庶弟，鄂侯的幼子。很可能是被派到鄂邑去陪伴鄂侯的；甚至也有微弱的可能是鄂侯在鄂邑生的兒子，不過那樣年齡會太小，衹有在沒有別的選擇時才會被捧出來。如果緡真的一直在鄂邑，當翼都陷落時，因鄂邑在汾水的另一邊，一時可能會逃過曲沃的侵害。緡因不在翼都而逃過一劫，才有可能在外地被擁立。當然這衹是一個沒有佐證的猜想，在這裡附帶提出來。

[82] 芮伯萬的故事似乎相當曲折，可惜我們現在衹能看到片斷的記載。《左傳・桓公三年傳》載：「芮伯萬之母芮姜，惡芮伯之多寵人也，故逐之，出居于魏」。放逐的理由有些怪，可能幕後有母親支持新君，導致爭權的背景。可是他忽成了各國爭取控制的「奇貨」，大概新君不得人心；而萬在芮國國內還有些潛在的勢力吧。《左傳・桓公四年傳》載：「秋，秦師侵芮，敗焉；小之也。冬，王師、秦師圍魏，執芮伯以歸」。這段歷史的後半傳聞有些分歧，《古本紀年》載：當年「周師、虢師圍魏，取芮伯萬而東之」。沒有秦。到第二年，「戎人逆芮伯萬于郊」。不管過程如何，大概最後秦是獲得了芮伯萬，並加以利用。《左傳・桓公十年傳》：「秋，秦人納芮伯萬于芮」。中間隔了好幾年。當然也在等機會；不過不像秦在一開始就把握住他，也許《古本紀年》所載比較正確。

[83] 武公在沒有得到王室諸侯之命以前，就開始括張，伐夷而執夷詭諸。大概他自己也很得意。我很懷疑他為了紀念這件事，用了「詭諸」的名字給他的兒子獻公命名。獻公的名字，《左傳》作「佹諸」，詭與佹通，而《公羊傳》作「詭諸」。公羊壽注，何休解詁，徐彥疏，《春秋公羊傳注疏》，卷 11，頁 261。這樣的事，日後魯國叔孫得臣（莊叔）也做過，見《左傳・文公十一年傳》；他在戰場上殺了長狄僑如，而用「僑如」去給他的兒子（宣伯）命名，可能就是取法晉武公的。

而且武公趁著東方各個諸侯忙於攻伐與會盟之際，建軍壯大，已經沒有敵對者。他的心目中恐怕也不太顧周室。周室在積弱之下，不惜用過於隆重的禮遇，來籠絡晉武公，而且還令晉介入王室婚事，也就不奇怪了。

再交待一下上述幾個小國的結局。《古本紀年》記載：荀為晉武公所滅，以土地賜大夫原氏黯，開日後荀息一族。賈大概也在武公世為晉所併；被併以前似乎與晉還和睦，晉獻公的第一位夫人就是由賈娶回來的。梁在秦與晉的夾縫中生存，晉獻公死後，他的兒子夷吾就曾經奔梁作為跳板。不久梁滅于秦，見《左傳》。至於芮，自從秦強納芮伯萬之後，似乎就從歷史上消失；大概終於被秦併吞。芮在河東的部分，在晉獻公滅魏滅虞以後，當為晉所有。事實上日後秦晉一連串的戰爭，河東的羈馬、河曲、王官、河西遠至輔氏、武城，都是戰場；芮國也沒有存在的餘地。其它的小國，也陸續為大國併吞。《左傳．襄公二十九年傳》載叔侯的話：「虞、虢、焦、滑、霍、揚、韓、魏，皆姬姓也，晉是以大」。不是姬姓的小國，如董，被滅而沒有留下歷史痕跡的，恐怕也有許多。以後我們遇到的像「賈季」、「荀伯」、「冀缺」、「魏犨」等名，其地多為晉大夫采邑；或由先世采邑得來的氏。

莊伯、武公的那一幕是已經過去了，獻公、文公的那一幕還正待展開。

上面將曲沃與翼之間的爭戰作了一番回顧。固然是想趁機整理一下這一段紛亂的歷史，可是我的主要目標，在於和《史記．晉世家》的對應描述比照一下。司馬遷當然是大手筆，任何人祗要看到他對漢代歷史的描述，都會承認這一點。可是對比之下，我希望大家也會同意：《史記．晉世家》對曲沃代翼歷史的描述，實在可謂相當單調且枯瘠。我們現在，可以看到輯逸的《古本紀年》和部分金文資料，我們有兩千年來無數學者花心血所著的注解，我們可以將資料放在手頭隨時比對。這些方便之處，司馬遷都沒有。就春秋初期的史料而言，他比我們多看到的，似乎祗有零碎的《世本》與周王室的譜諜；此外大概就是從各處收集得來的傳說，其可靠性司馬遷自己也知道是沒有保證的。有時他遇到沒有史料可用的地方，例如小子侯被殺至武公受命的那一段，實在不得已，祗好用其它國家的事來充篇幅，我在這裡要特別強調：〈晉世家〉的敘述有異，並不是緣由他看到不同的獨立史料而存異，[84]

[84] 《史記》當然有兼存異說的筆法與篇章。如在〈老子列傳〉中，用「或曰」來並列不同的傳說。可是在兩卷中有互為牴牾的記載，則不是「兼存異說」一個法寶可以打發掉的。可能是一時的記憶錯誤而未能發現；可能是看到了新資料而更改了一處，卻照顧不到其它相關的地方；也有可能是後人的竄入。對《史記》來說，還有一個可能性，就是司馬談遷父子各寫了一卷。例如〈晉世家〉顯然是司馬遷根據《左傳》寫的，而〈趙世家〉可能是司馬談根據漢初的傳說寫的。請參閱顧頡剛，《史林雜識初編》。我看到的是臺灣的私印本，無出版者與年代），我覺得用現在的條件去

實在是史料不足之故。

這一段歷史，高士奇編的《左傳紀事本末》以「曲沃併晉」作標題，[85]《史記‧晉世家》書「武公代晉為諸侯」。其實武公以後，晉還是晉；既未被併，亦未被取代。桓叔一系列還是唐叔虞的子孫。晉內部的權力鬥爭，比起鄭昭公忽與鄭厲公突的事件，除了更形戲劇化以外，我看不出有什麼基本的不同。因此我名之為「曲沃代翼」；並且將之放進本文標題之內。

六、《史記‧晉世家》中「昭侯伯立」的問題

《史記‧晉世家》明寫：「文侯仇卒，子昭侯伯立」。此名如能證實，則本文之基本假設即不能成立。所以本節對這一點特別加以考察。

《史記》中，司馬遷對春秋時人名根據，除《左傳》與《國語》外，大致得自《世本》。《世本》成書年代，大概在戰國末期。此書久佚，僅能由古書古注中輯見其片語隻字[86]在《史記索隱》中，也往往注出差異，可資比較。由《索隱》所注，常可發現太史公引《世本》與司馬貞所見有差。最怪的是同在一本《史記》中，〈世家〉與〈年表〉亦有差。例如晉穆侯之名，殿版本〈世家〉作「費王」，〈年表〉作「弗生」，《索隱》注它本有作「費生」或「費壬」的。晉的先君獻侯，〈世家〉與〈年表〉皆作「籍」，《索隱》注：《系本》及譙周皆作「蘇」。由此可以判斷，太史公所見到的《世本》的版本或有異文，或是字體有污損殘缺，才會導致這些參差。而且由於《史記》中並無殤叔與小子侯的名字，可推知《世本》所載諸侯名字也不齊全。至於《史記‧晉世家》所載「昭侯伯立」之文，卻找不到別的印證。不但〈年表〉昭侯一欄並無「伯」之名，連《漢書‧古今人表》[87]中也沒有。

要求司馬遷，是不公平的。班固《漢書‧司馬遷列傳》批評他：「至於采經摭傳，分散數家之事，甚多疏略，或有抵梧。」如果設身處地為他想一想，雖然他可以進入中秘，看到古本，也不可能經常去檢閱。見班固，《漢書》，卷 32，頁 2737。漢時太史令之本職為掌天時星歷，私家公餘治史，時間與工具都有限。在遭遇李陵之禍以前，很可能他以為時日還多，可從容以求完美。到遭禍之後，已離太史令之位，自覺來日無多，期望速成；其父舊稿，可能就因此未徹底改正。今日我們不應該用「史公好奇」之類的話去諷刺他；可是對《史記》記載的正確性，也不能無條件地接受。參閱傅斯年，〈史記研究〉，《傅斯年全集》第 2 冊，頁 413。

85 高士奇，《左傳紀事本末》第 2 冊（北京：中華書局，1979），卷 23，頁 257-262。

86 現在可看到的《世本》輯本有好多種，材料參差不齊，有時不是《世本》的東西也抓了進來。不過可以作為一種引見書的索引之用，見西南書局編輯，《世本八種》（臺北：西南書局，1974）。

87 班固，《漢書》，卷 20。此篇中有兩個「史伯」，一個在厲王時，一個在宣王時；皆無事實，不知

固然孝侯與莊伯的名字也不見於〈年表〉,《漢書・古今人表》中人名的漏失更多，因此不能就說〈晉世家〉有錯，然而的確能使〈晉世家〉的這句話淪為孤證。它的證據力也因此減弱很多。

雖然如此,《史記・晉世家》的「昭侯伯立」始終在那裡，好像一塊擋路石。下面的討論，繼續削弱這句話的證據力。

首先，用「伯」字為名，這件事本身很可疑。春秋時以「伯」為字的相當多，以之為名似為特例，且常與字或爵混。「荀伯」的「伯」，當然是字，連傳說中被宣王殺掉的「杜伯」的「伯」，可以是字，也可以是爵。我查了《漢書・古今人表》，由周初直查到春秋，竟找不到單以「伯」字為名的。連包含「伯」在內多字的名（而非字或諡或爵）也少，費盡心力，祗想到齊桓公的「小白」與金文中的虢季「子白」。因金文中「伯」、「白」不分，[88] 故可算得上是「名」的例。可是那也不是以單個的「伯」為名。

以「伯」為名的例為何如此稀有，我認為《左傳・桓公六年傳》所載申繻的一段話，可以作為參考：

> 名……不以國，不以官，不以山川，不以隱疾，不以畜牲，不以器幣。周人以諱事神，名，終將諱之。故以國則廢名，以官則廢職，以山川則廢主，以畜牲則廢祀，以器幣則廢禮。晋以僖侯廢司徒，宋以武公廢司空，先君獻、武廢二山，是以大物不可以命。[89]

是啊！「大物不可以命」。那麼用「伯」那樣的「大物」來命名，豈不是會連累「伯」這個爵位被廢嗎！無怪大家有所顧忌。講到避諱，有一些標準原則。《禮記・曲禮上》：[90]

是一人還是兩人，無法討論；然而不能排除為字的可能。《國語・鄭語》中，也有一個「史伯」，在幽王八年，韋昭注為太史，然毫無根據。

[88] 金文中雖然「伯」與「白」不分，可是戰國以後，則很明顯分開。小篆中的「伯」字就從人，見許慎,《說文解字》(見清段玉裁,《說文解字注》，八篇上，頁 367)，所以漢朝人所見的書中，「伯」字與「仇」字，字形相近的事實，應該不受金文中「伯」與「白」不分的影響。

[89] 左丘明傳，杜預注，孔穎達正義,《春秋左傳正義》，卷 6，頁 207-211。

[90] 避諱的問題，大概是從西周末葉到東周之初的一段時間內，逐漸在各國形成的。至於《禮記・曲禮上》所載的避諱原則，則是後日儒家予以整齊化與理性化的結果。趙翼在《陔餘叢考》(卷 31）的話值得參考:「避諱……以意揣之，蓋起於東周之初。晉以僖侯廢司徒，宋以武公廢司空，魯以獻武廢具敖。考數公之生，皆在西周；若其時已有避諱之例，豈肯故犯之而使他日改官及山

> 不諱嫌名，二名不偏諱。逮事父母，則諱王父母。不逮事父母，則不諱王父母。君所無私諱，大夫之所有公諱。詩、書不諱；臨文不諱，廟中不諱。夫人之諱，雖質君之前，臣不諱也。婦諱不出門。大功、小功不諱。入竟而問禁，入國而問俗，入門而問諱。[91]

上面所講的「小白」那種名，是二名，可以不偏諱。然而如果以「仇」為文侯之名，則《左傳．成公十三年傳》載呂相絕秦的話，卻有：「君之仇讎」的字眼，不諱仇字。外交辭令正屬於「大夫之所有公諱」的範圍，是很難輕易解釋掉的。這樣講來，文侯是否真的名「仇」、昭侯是否真的名「伯」，都是有問題的。

是不是《史記．晉世家》的「伯」字有誤呢？我們知道「侯伯」兩個字相連，也是一個慣用語，故有可能「伯」字為涉「侯」字而衍。另一個可能是：司馬遷所看到的底本，「伯」其實是昭侯的字，昭侯的名還叫「仇」。因為是長子，以「伯」為字是合理的。[92]《史記》以字來記述歷史人物，似乎要比周平王在〈文侯之命〉那樣的命辭中稱字來得合理些。

還有一個可能。也許司馬遷看到的《世本》底本，昭侯的名就叫「仇」；可是「伯」字與「仇」字的字形相近，也很可能有誤錄。根據東漢許慎的《說文解字》，「伯」字的小篆作「」；「仇」字的小篆作「」。這兩個字都在「人」字部，[93]如若《世本》原來記載昭侯名「」，卻偶然沾上一點污點，也不難訛作「」字。

對於誤讀的可能，我找到一個旁證。《漢書．律歷志》（張）壽王言：「化益為天子，代禹」。[94]顏師古《漢書注》謂：「師古曰：『化益』即『伯益』，顯然他認為這是一個由字形而生的錯誤。姑且不論這個錯誤是來自張壽王自己所根據的古書，

川之名乎？想其命名時尚未有禁，及後避諱法行，乃不得不廢官及山川名耳。孔門以後，習禮者益加講求；如《禮記》……可謂情義兼盡。」這段話大致正確。也許各國接受避諱規範的時間有先後，程度也寬嚴不一，可是無論如何，申繻的那段話講得如此確切，而且晉國的確以僖侯廢司徒，顯示晉國在東周初是接受避諱規範的。趙翼，《陔餘叢考》，卷 31，〈避諱〉，頁 550。

91 鄭玄注，孔穎達疏，《禮記正義》，卷 3，頁 100-101。有一個異想天開的可能。如《詩．周南．兔罝》篇的著作時間在西周後期，則「赳赳武夫，公侯好仇」可以形成一個典故；而「公侯」可以扣「伯」，與「仇」有所關合。參閱注 88。

92 司馬遷撰，裴駰集解，司馬貞索隱，張守節正義，《史記》，卷 21。張壽王是昭帝元鳳年間的太史令，與司馬遷的時間相隔不遠。不知他所看到的書，是否出自中秘？不然倒可以為司馬遷時的資訊背景提供很多資料。

93 段玉裁，《說文解字注》，第 8 篇上，頁 367。

94 班固，《漢書》，卷 21 上，頁 978。

還是班固在《漢書》上的誤寫；總之，由「伯」字錯成「化」字，是一件歷史上發生過的事。「伯」字固然與「化」字的字形相似，《說文解字》上，「化」字的小篆作「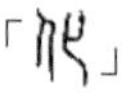」，在「匕」部。

「」字與「」字間的差異，也和「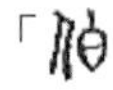」字與「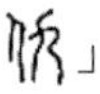」字間的差異類似。那麼由「」字訛作「」字，也是可能的事。

上面提議了幾個「可能性」，在沒有進一步的證據以前，很難判斷到底是那一種說法更可能，就目前的問題來說，也沒有這個需要。這裡的重點是，《史記．晉世家》「昭侯伯立」的片語，未必成為本文假設的障礙。

我希望我已經交待清楚：《史記．晉世家》的「昭侯伯立」，證據力很「薄弱」；有各種的可能，會產生錯誤。而且這並不是一個獨立的假設，如果我們接受了司馬遷曾經讀過《左傳》的事實，就不會奇怪他在寫〈晉世家〉的時候，必定會因《左傳》而確信文侯名「仇」。在這種信念下，他如果看到昭侯之名與「仇」字相近，其勢必會排斥；此時上述可能性的一項或數項，就會發生作用。而且，對司馬遷而言，並沒有〈文侯之命〉的問題困擾他；因為他早就將〈文侯之命〉看成周襄王錫晉文公重耳之命了。[95]

祇有削弱了《史記．晉世家》「昭侯伯立」的證據力，才能進一步去探討「昭侯名仇」假設的合理性。下面我們要根據此一假設，把各個事件所發生的年代，以及各個主要角色的年齡，作一番估計；以顯示「昭侯名仇」的假設可以導致更合理的年歲關連。

七、年代框架的建立

先讓我們定下一個年代的框架。從公元前七百二十二年，亦即魯隱公元年以後，幸而有《春秋經》與《左傳》的詳記年代，因此除很少數的例外，歷史事件的繫年都相當靠得住。這個年代以前，到共和元年，或公元前八百四十一年，因為司馬遷得到可靠的周王室共和以下譜諜，因此周王朝的年數大致可信。太史公利用周室譜諜，據之作〈十二諸侯年表〉，則未必有確據。顧頡剛在《史林雜識》[96]一筆帶

[95] 司馬遷在《史記．晉世家》中，把這筆帳記在晉文公在踐土獻楚俘以後，且引「父義和」。參閱注353。就《史記．晉世家》的本文來看，司馬遷對於所引「父義和」的了解，大概近於馬融。

[96] 顧頡剛，《史林雜識初編》，〈「共和」〉，頁 203-208。

過：列國諸侯的紀年與周紀年間之對應，是出自司馬遷自己的編排。司馬遷也承認這一點；他在《史記．晉世家》寫：「靖侯以來年紀可推」，等於說用他自己的想法來推斷。因此，〈晉世家〉與〈十二諸侯年表〉所記各年代，用起來需要小心；如果沒有旁證，也未可盡信。在重新建立年代的過程中，《古本紀年》與《國語》可以派上用場。

下文先討論各有關邦國君侯的世次與年代問題：

晉（包括翼與曲沃）的各君侯即位的時間，可以用下列的比較來確定：曲沃莊伯的即位時間，可據杜預的〈春秋經傳集解後序〉：[97]

> 惟特記晉國，起自殤叔，次文侯昭侯，以至曲沃莊伯。莊伯之十一年十一月，魯隱公之元年正月也。

定在平王三十八年。武公即位時間，可用《古本紀年》中「芮伯萬出居魏」的句子，與《左傳．桓公三年傳》中同樣的記載，而定為魯隱公八年，即周桓王五年。晉獻公的即位時間，可以從《古本紀年》記周惠王居鄭之事，與《左傳．莊公二十年傳》記載相比，而確定為魯莊公十九年。其餘《左傳》及《春秋經》有明文可據的，可無需再討論。

至於魯紀年在春秋以前與周紀年間的轉換，〈十二諸侯年表〉並沒有太大的問題。魯惠公在位的時代很長；如果能夠確定魯惠公的在位年數，則他即位的年代就可知。《左傳．桓公二年傳》已經將魯惠公的紀年與翼孝侯的紀年連繫起來了；〈十二諸侯年表〉將曲沃莊伯元年算成合乎翼孝侯八年，但是朱右曾在《古本竹書紀年輯校訂補》中，則推算為翼孝侯七年。因為翼孝侯元年相當於魯惠公三十一年，而魯隱公元年相當於曲沃莊伯十二年；這個一年之差，就牽涉到魯惠公的在位的年數，是四十七年還是四十八年。如果跟從〈十二諸侯年表〉，則據《古本紀年》，莊伯八年十月（晉用夏正）以曲沃叛，一直到十年才克翼而弒孝侯，稍覺太長；如果跟從朱氏，則九年即克翼，覺得較為連續，因此就做了這樣的選擇再則，在《春秋經》和《左傳》裡，都沒有見到關於周僖王崩葬的記載，唯《左傳．莊公十六年傳》有「惠王立而復之」，前面的文字當然是因這句話而追記的。《左傳．杜注》以為周惠王就在此年之末（改元當在次年）即位，似乎比較合理，故就將周惠

---

[97] 杜預，〈春秋經傳集解後序〉見左丘明傳，杜預注，孔穎達正義，《春秋左傳正義》，後序，頁1982。因魯用周正而晉用夏正，故二者紀年有兩個月之差，在對比時以年的大部分來計算。

王元年配上魯莊公十七年。

還剩下殤叔、文侯與昭侯三位君侯的即位年代，沒有定好。《左傳》既然說：由魯惠公二十四年開始，晉才亂；可以猜度，當文侯還沒有死以前，憑著他的威望，應該可以止亂。因此就將昭侯即位之年，安排在魯惠公二十四年。

至於殤叔，他既然以「殤」為謚，[98] 可以想像在位期間很短。而文侯在東周的初期就有活動，則他即位的年代不可能太後。《古本紀年》所載事項，如果有載明年代的，可以用來與別的史料比對，以定文侯即位之年。可惜此時在春秋以前，別的史料不多。《古本紀年》在文侯二年有一條可資利用，這一條為（《水經洧水注》引）：「同惠王子多父伐鄶」，這裡顯然有誤字。張以仁在《春秋史論集》中，力主「同惠王」為「周厲王」之誤，[99] 並且以此為幽王三年鄭桓公的事。他的文章很有說服力，如果沒有其它比證事項，則就依從並引述他的結論，也未嘗不可；當然張氏的結論也涉及到他自己的假設。如果能夠另找一個比證事項，而衹用張氏的結論作為助證，當然就更為理想。

在《古本紀年》的雜亂記載中，似乎可找出這樣一個比證事項，來作為時段上較確實的參考點。殤叔二年記載有這樣的句子：「天一夕再啟於鄭」。這是由《開元占經》中爬梳出來的，[100] 似乎比《史記索隱》或《水經注》的徵引靠不住。然而這句話向來不得其解，放在那裡，也不愁被人歪曲利用，反而有可能代表了一個真實的記載。衹是需要將它的確實意義挖掘出來。

我以為，這件事可能代表了一次臨夕發生的日蝕。如果真的是這樣，則其年日就可以推算而知。日蝕當然是比較週期性的天體現象；太過長期的週期預測，也許會受各種天體攝動而不易準確；如果衹看短期的重複發生，則預測相當有把握。

---

98 《逸周書．謚法》謂：「短折不成曰殤、未家短折曰殤。」見朱右曾，《逸周書集訓校釋》，卷 6，頁 156。可是一般用法，皆以「殤」為未滿二十歲就夭折，見《左傳．哀公十一年傳．杜注》，與《儀禮．喪服傳．子夏傳》。如果殤叔在位四年而殤，則他即位的年歲不會超過十六歲。參左丘明傳，杜預注，孔穎達正義，《春秋左傳正義》，卷 58，頁 1907；鄭玄注，賈公彥疏，《儀禮注疏》，卷 31，頁 692。

99 見張以仁，《春秋史論集》，〈鄭國滅鄶資料的檢討〉，頁 205-248；〈鄭桓公非厲王之子說述辨〉，頁 365-404。

100 見王國維校，朱右曾輯，《古本竹書紀年輯校訂補》，《古今本竹書紀年八種》。原文為：「（殤叔二年），天一夕再啟于鄭，又有天裂，見其流水人馬。」後面兩句，可能描述當晚日蝕過後、天暗以前，天上雲霞的形狀；本文可不用管。《開元占經》在同一條內亦引：「懿王元年，天再啟」，而《太平御覽》引為：「懿王元年，天再旦于鄭」。可知《開元占經》為避唐睿宗之諱而改「旦」為「啟」。此當為一臨晨之日蝕，已見文獻。如許進雄的《中國古代社會》（臺北：商務印書館，1990）第 19 章就已提起過。然以殤叔二年之事為臨夕之日蝕，則似未見有其它文獻提過。

剛好，在《詩．小雅．十月之交》一篇中，一開始就是：「十月之交，朔月辛卯，日有食之，亦孔之醜」。[101] 據歷來學者從曆法上考證，知道此日蝕發生在周幽王六年十月初一。當然還有厲王二十五年[102]之說，可是由後面「豔妻煽方處」等句子看來，祇有幽王時的歷史背景吻合。〈十月之交〉日蝕相當吸引眾人的注目，以致詩人看作一個凶兆，把王朝一批大官都罵上了。這樣一個引人注目的日蝕，必定發生於大白天。據高平子之研究，[103] 有一長八十八個月的「簡週」，會具有相當大的日分差，就是相差的日數有比較大的零頭。若考慮日夕月影角度傾斜之修正，約實得二千五百九十八點六日左右。由幽王六年十月初一辛卯午前，向前推這些時日，結果可得宣王四十五年八月初一壬申日落前；周正八月已近夏至，日落可能遲至現代的七點多鐘。八月的推算是假設宣王四十五年置閏在八月以前，[104] 如果當年的置閏放在年底，那上述的八月就要改成九月。西周對置閏的原則，似甚含糊，且到春秋晚期的諸侯國，還有失閏的，故上述的月份，有一些不確定。

至於日蝕所能看到的地點，則不是那樣確定。固然《古本紀年》寫著：「天一夕再啟於鄭」，可是當時鄭的位置，卻不一定在一般所知的關中華縣。許倬雲在《西周史》中告訴我們，[105] 在殷商後期，已有鄭族居於洧水之濱的鄭父之丘；其後代益加擴散，而且這些族群遷移時往往將地名帶著走，殷亡後一部分遺族亦遷至關中。因此當西周末葉，名為鄭的地方不少，實在看不出《開元占經》何所指。好在本文的目的原是在定年，所有那些複雜的考慮，暫時都用不到。祇要幽王六年的日蝕可靠，則我們已經可以定殤叔二年為宣王四十五年。如再據「同惠王」一句，

---

101 見鄭玄箋，孔穎達正義，《詩經》。據阮元《校勘記》，毛本「朔月」誤為「朔日」。「朔月」之意本即「月朔」，謂月之初一，而初一之日，一般亦稱之為「朔日」。

102 厲王二十五年之一說，現在已經沒有什麼力量了，因此在正文中不需要花費太多時間去駁它。可是《史記．周本紀》謂厲王在共和以前有三十七年，其本身是很不可靠的。夏含夷曾用厲宣二王（含共和）在位總年數太多而表示懷疑。見夏含夷，〈此鼎銘文與西周晚期年代考〉，《溫故知新錄——商周文化史管見》。其實司馬遷自己也講過共和前的年數不可靠，不幸目前許多金文的考據多建立在《史記》所給的年代上。我自己由《國語．周語上》的記載，懷疑厲王在奔彘前可能祇有三年。不過這個問題與本文的關係不大，僅在這個注內附帶提一下。

103 高平子，《高平子天文曆學論著選》（臺北：中央研究院數學研究所，1987），〈古今交蝕週期比較論〉，頁 253-273。高氏的「簡週」原約為 2598.692 日，這是用朔望月的日數，與半交周年的日數，求其大致的公倍數而獲致的結果。黃白道交點的升降在此「簡週」的兩端為相反。唯如其一端的日蝕在傍晚，月影到地球的角度較偏斜，故其時間稍延遲約一個時辰左右。對原來的日數作修正，結果約為二千五百九十八點六日左右。

104 張汝舟將宣王四十五年的閏月放在五月後，就得出這個結果。詳見張汝舟，《二毋室古代天文曆法論叢》（浙江：古籍出版社，1983）。

105 許倬雲，《西周史》（臺北：聯經出版事業公司，1984），頁 114。

接受張以仁的結果為助證，定文侯二年為幽王三年，則殤叔在位四年，與《史記》合。這樣一切都很順暢。

有了這樣一個紀年的框架，就可以進一步去考察各項重要歷史事件發生的年代。本文的兩個附表將周紀元、魯紀元、晉（翼）紀元、曲沃紀元分欄並排列出，再附上公元紀年（用公元前七百二十二年等於魯隱公元年為參考點）旁邊兩欄，記載當年發生的大事，以及各重要角色生卒與即位的繫屬。除了已經討論過的以外，其餘的空白，下面將逐漸填入。

八、主要角色生卒與即位之年估計

在第三節，我們已經根據《後漢書・西羌傳》所引之《汲冢紀年》以及《國語・周語上》，將仇與成師的生年，分別繫於宣王三十六年與三十九年。這本來沒有大問題。可是，《史記・十二諸侯年表》與《史記・晉世家》卻將仇與成師之生年分別繫於宣王二十三年與二十六年，而沒有給出這樣做的根據。然而提早了十三年，配合《左傳》的兩役都失去了古史的佐證地位。尤其司馬遷說穆侯在千畝之役有功，那麼對此功績，宣王應該有獎賞，亦應當會在詩篇或彝器上，找到有關的頌辭。

然而這些都不見一點跡象。由歷史看來，當宣王前期之際，北方曾經對玁狁用過兵。許倬雲《西周史》[106] 論及《詩》中的〈采薇〉、〈出車〉、〈六月〉、〈采芑〉四詩，配合有關金文，考證玁狁和周人間的戰役，其一在宣王五年、其二在宣王十一年，都是宣王前期的事。宣王中前期較成功的其它戰役，其主要對象在於江漢地帶的荊楚，與東方的徐淮諸夷。宣王二十三年與二十六年，卻毫無對北方用兵的跡象。至於周和西戎的衝突，都載於《後漢書・西羌傳》所引的《汲冢紀年》，以及《國語・周語上》。其中，《後漢書・西羌傳》所引之文，從宣王四年，宣王給秦莊公七千人，用以破戎；之後又隔了長達二十七年之久才伐太原戎，然後再過五年伐條戎與奔戎，都不成功。《國語》的千畝之戰，還在以後。二十三年與二十六年，都沒有戰事。

前面我們已經討論過：司馬遷在缺乏史料的情形下，往往會用推想的方式，去填歷史的空缺。他沒有機會看到《汲冢紀年》。至於《國語》，他雖然看過；可是由

106 許倬雲，《西周史》，頁 281。

宣王三十九年到幽王二年文侯即位的時候，才祗有九年。他一定有想到：哥哥即使年長幾歲，即位時的年紀，還是太小。而且「成師」的名字，又容易聯想為成功之義。因此，他並沒有把《左傳．桓公二年傳》的「千畝之戰」的成師命名事件和《國語．周語上》的「戰于千畝」畫上等號；反而倒退了十三年，將成師命名的戰役描述為一場成功的戰役，將之繫於宣王二十六年。而且還強調穆侯在千畝之役有功，再把「成師，大號成之者也」」放進師服的話裡；為《左傳》的記述添料。順便也將仇的生年，再向前推三年。

然而，後人看過《竹書紀年》的，若注意到了條之役的歷史淵源，終究會提出異議。可惜，雷學淇看到的是《今本紀年》。很多好的意見，因此被糟蹋了。他的《竹書紀年義證》中，有一段話：「因其敗績，故晉侯命子曰仇，所以志王愾，據此是晉文侯以是年始生。《史記》〈年表〉〈世家〉謂穆侯七年伐條，十年伐千畝，與紀不合。」[107] 已經看穿了《史記》中的缺陷。可是他為《今本紀年》所誤，以為條之役在宣王三十八年，且以為文侯即仇。而且他的《今本紀年》又接受《史記》的安排，將文侯即位之年放在幽王二年，祗有十歲；又在四年前殤叔即位時先出奔，到幽王二年再回來爭位。面對這一連串奇特的描述，雷學淇祗有幫忙掩飾的份。在宣王四十三年的記事後面，他寫下這樣一段：「是時仇方六歲，能出奔者，有輔之者也。奔不書地，缺也。」一副以傳解經的態勢。他應該會想到，歷史上輔佐幼主爭位的成功率並不高，從外面反進來更難；真的做成功了，這位輔佐者的功勞有多大！為什麼後來就沒有人提起他呢？是兔死狗烹了麼？那也應該在歷史上留下痕跡才對！

我以為雷學淇並不是不了解這些困難，他也是受了史料的限制。可是至少有一個地方他沒有盲從《今本紀年》。林春溥的《竹書紀年補證》[108] 元年條下記載：「晉文侯同王子多父伐鄶，克之」。這是《今本紀年》對于「同惠王……」那段的了解。可是雷學淇《竹書紀年義證》此條卻作：「周（宣）王子多父伐鄶，克之」。括弧裡的宣字是他的注，[109] 這樣就把晉文侯的關係撇清了。這也難怪，輔佐十齡幼

---

[107] 雷學淇，《竹書紀年義證》，卷 26，頁 403。

[108] 林春溥的這個《今本竹書紀年》版本，收錄於《古今本竹書紀年八種》，卷 3。現存的《今本紀年》，經過清人考據，已證實為偽作。見崔述《考古續說》，《崔東壁遺書》，卷 2。固然也有人認為其中存有寶貴資料（見夏含夷，《溫故知新錄——商周文化史管見》）。然而，就算是其中保存了一些獨有的真材料，要披砂淘金來利用，也實在不容易。本文的基本態度，是不把《今本紀年》當權威的史料。

[109]《竹書紀年義證》繫於文侯二年，見雷學淇，《竹書紀年義證》，卷 27，頁 411。雷氏從此卷起改用晉紀年，也是對《今本紀年》的修正。雷氏的「宣」字注，卻是他的誤判。張以仁的文章，很明確地指出，鄭桓公是周厲王的兒子，宣王的弟弟，見注 99。

主爭侯位，還可以講是義氣；輔佐十一齡幼主去管別人閒事，就是不知輕重了。

事實上，即使將文侯的生年提前到宣王三十六年，讓他在幽王二年即位仍是太年幼。更不要講回來與殤叔爭位了。這也就是為何司馬遷在絕無佐證的情形下，斷然將仇兄弟二人的生年，提前十三年的原故了。可是如果依照本文的假設，文侯衹是仇的父親。當穆侯死時，他正當青年。可能由於征戰在外，沒有趕得及回來即位；可是衹要他的實力還在，要爭位並不困難，也不需要特別的輔佐。這雖然也是一種猜測，但是總要比《史記》的安排，可多照顧一些史料。

這裡還要順帶談一下殤叔。「殤」這個謚號，總是有「短折」的意義；不但在位年數少，而且年齡也不能大。《史記》說殤叔是穆侯的弟弟，按《史記》載穆侯在位的年數為二十七年，因此殤叔即位時不可能小於二十七歲；若在位四年而死，則卒年不可能小於三十一歲；怎麼講也扯不上「殤」字。這一點司馬遷似乎沒有發覺。如果照本文的假設，文侯當穆侯去世的時候已經是成人，則殤叔有可能是穆侯的幼子，或文侯的幼弟。在這種情形下，當穆侯去世的時候，殤叔的年齡可以很小。「殤叔」的「殤」字，是文侯謚的。「叔」字則相對於文侯而言，正像鄭叔段的稱「叔」一樣。能使殤叔的年齡顯得自然，這是本文假設的另一項優點。

再回頭來看仇與成師命名後，師服議論的一段。《左傳・桓公二年傳》這一段因為是追記，對師服發此議論的時間，其實並沒有講得太確定。左氏衹是記載師服的話作為後事張本，並未記下聽此議論的對象是誰。既非諍諫，則發議論的時間，第一次從成師之生到魯惠公二十四年前都可能，且遲至文侯即位後語氣更順；第二次從魯惠公二十四年到三十年前都可能。可是，《史記・十二諸侯年表》卻需要排出每一件事的年份。故在穆侯十年寫下：「二子名反，君子譏之」的話。在昭侯元年寫下：「君子譏曰：晉人亂自曲沃始矣」的話。可能他在這樣排的時候，就想到：如兩段話都是師服講的，則相隔達五十七年；師服首次譏議時，有此地位，年紀當不小，再過五十七年，豈非太老！因此他在〈晉世家〉中，將第二次譏言改為「君子曰」；在〈年表〉中則兩個地方都改為「君子」。為顧慮桓叔立時太老，又無補救之法；故索興明寫：「桓叔是時年五十八矣，好德」以坐實這件事，並且替桓叔之得人心伏下一筆。他以鄂侯為孝侯之子，改了《左傳》為弟之文，其動機恐怕也為了年歲的安排。因為在司馬遷的心目中，哀侯的弟弟緡，至少需要活到魯莊公十六年才會被滅；為了要使緡的年歲不會太大，鄂侯的年歲也被逼減少，這樣才可以顯得較為自然。

承認了仇與成師的生年分別為周宣王三十六年與三十九年，並且假設仇與成師都是文侯的兒子，我們就可以在上述的紀年框架上，估計各主要角色的年齡。看看會不會導致怪異的結果。姑且設定各人都約在二十一歲左右生長子；也就是父親與長子的年歲相差約二十歲。此設定純粹是為了估計的需要，上下幾歲對結論不會有太大的影響。將晉文侯生仇的事件填入本文附表一中的宣王三十六年，當時文侯自己約為二十一歲。他約於幽王二年即位，於平王二十四年去世。則他即位時約三十三歲，享年約六十六歲。文侯二十一年攻殺了攜王余臣，因而獲平王錫命。立此功績時正當五十三歲的壯年。

昭侯與桓叔的元年皆應為平王二十五年。昭侯被弒於平王三十一年；桓叔比昭侯小三歲，去世於平王三十七年。因此昭侯即位時年四十七歲，享年五十三歲。桓叔被封於曲沃時年四十四歲，享年五十六歲。

假設孝侯的年齡差昭侯二十歲，則他即位時年約三十四歲。他被弒於平王四十六年，享年約四十八歲。鄂侯為孝侯的弟弟，假設差孝侯三歲，則即位時約為四十六歲，出奔到隨的時候在桓王二年，當時他約為五十二歲。居鄂後，到底再活了多少年，則沒有史料可據。如果他死在哀侯失敗以前，則享年大約六十歲。

假設哀侯的年齡差鄂侯二十歲，則他即位時年約三十三歲。他戰敗被殺時，為桓王十一年，享年約四十一歲。假設小子侯為哀侯的少子，與哀侯差二十六歲，則他即位時約十六歲。到桓王十五年被誘殺，享年約十九歲。他似乎是兩邊君侯中享年最少的。亡國之君，不得不然。

在曲沃那邊。假設莊伯的年齡差桓叔二十歲，則他即位時年約三十七歲。他去世於桓王四年，享年約五十四歲。假設武公的年齡差莊伯二十歲，則他即位時年約三十五歲。他去世於惠王二年，享年約七十四歲。他是曲沃代翼整齣戲中享年最久的。即位時雖然充滿了危機，去世時已達成了代翼的目標；受周王命為晉侯，葬時可以稱公。他在滅翼以後一段時間內的行動，沒有完整的歷史記錄；可是卻絕非平淡。他克夷、滅荀，可能也滅賈。一定還有別的武功尚待後世史家去發掘。他真不愧諡號中那個「武」字。

還有兩位比較次要的角色。殤叔，我們前面已經討論過；他可能是文侯的幼弟，在位僅四年；去世或被殺時的年紀不大，可能不超過二十歲，卻無法肯定到底有多少歲。至於緡，他可能是鄂侯的幼子；被擁立時年齡不明，可能不太大。他的下落不明；也許被殺，也許逃至他方隱居起來。唯一可以確定的一點，就是他一定不會等到僖王四年才被滅。

在本文的兩個附表中，我們列出各國國君紀年、各主要角色的年齡估計、以及當年所發生的大事；王室與鄭國大事，亦略附見。以上的年齡估計，可以說都相當自然。除武公外，無人壽過七十。除小子侯（及有可能殤叔）之特殊情形外，無人少於三十歲即位。固然我們對各父子間年齡差異做了特殊的設定，實際情形必定不會如此整齊；有幾個人的生年，如果稍為延後，會更加好一些。然而就算在目前估計下，能有這樣順暢而自然的結果，應該可以滿意了。

附帶提一下：本文完成後，得知一項新資料。由〈晉侯穌編鐘銘文〉，可推知周宣王十三年亦即晉穆侯之父獻侯在位且可統兵。[110] 假設他當時年約四十歲，則穆侯當宣王四十三年去世時，估計享年五十歲左右；與本文估計文侯當時約二十八歲的年齡，相當貼合。並且穆侯當時亦可能有不到十六歲的幼子（殤叔）。

九、結論：應可建此一說

由共和元年到春秋以前，在歷史上是一段夾縫時期。一方面，王室的紀年應該是可靠的；另一方面，缺乏像《左傳》這樣詳細的史書，許多史實都成了糊塗帳。在這一段夾縫期中，由於王室譜諜相當可靠，希望把歷史弄清楚的壓力總存在。由於史料的缺乏，有些寶貴而零碎的記載，往往以孤證的形態出現；萬一發生了錯誤，很難透過內部的核對而被發現。〈文侯之命〉的問題，也落到這個夾縫裡面去了。本文是一種新的嘗試，試圖用以後較可靠的記載，透過合理性的評判，來突顯夾縫期史料的錯誤。這種做法，也許可以形成較明白的假設，卻無法翻舊案；極其量使此假設引人注目，備此一說，徐待以後新的發掘來證實或否證。方法的適用與

---

110 蒙黃彰健先生贈他的〈釋〈武成〉月相、金文月相，並論〈晉侯穌編鐘〉及武王伐紂年〉的印前稿本，特此致謝。其中引〈晉侯穌編鐘〉的部分銘文。我將與本文有關的幾句再引如下：「隹王卅又三年……三月方死霸，……分行。王窺（親）令晉侯穌（蘇）：率乃齨（師）……伐夙（宿）夷。……六月初吉戊寅，旦，王格大室。……召晉侯穌。……錫駒四匹。……」金文中「穌」字皆釋為「蘇」。晉之先君獻侯，〈世家〉與〈年表〉作「籍」，《索隱》注《系本》及譙周作「蘇」。此銘文顯示此編鐘為晉獻侯所作，用以炫耀其功績與受錫之光榮。在銘文中開始的文句與晉侯自己無關，其中資訊是別人告訴他的，因此有可能出錯；可是上引之句，卻是與他切身相關的，出錯的機率大為減少。而『六月初吉戊寅』，一定要在初一以後不遠。我用幽王六年十月初一辛卯向前推。發現只有宣王十三年六月初一為己卯或戊寅，為最適合；共和前五年（846 B.C.）的六月也差不多；我認為宣王十三年是對的，排除共和前五年的可能，因此亦必須假設開頭「十」字因刮痕或鏽蝕使搨本誤為『卅』，主要是靖侯與僖侯沒處安排。唯目前我尚未看到原器或搨本，很難判斷是否真有此差訛；而且詳細討論需要篇幅，亦非本文目標，姑置之。此處要強調的是，至少宣王十三年是一個很可能的答案。

否，則由大家判斷。

我們建立的假設是：《左傳・桓公二年傳》一個「穆」字為「文」字之誤，且《史記》因《左傳》之誤而致誤。由此假設，〈文侯之命〉中的文侯自可名義和，昭侯自可名仇，無須另作牽強安排。《左傳》所記師服的預言，不會無的放矢。〈晉姜鼎銘文〉的資料，也可得到更啟發性的運用。其它如殤叔年齡問題、後人引述之避諱問題等等皆有合理之解答。文侯子孫各人年歲與在位年數，及其與原始史料對應，皆較以前更為妥帖自然。運用新的史料，可以對曲沃代翼這段歷史，理出新的頭緒。

本文亦對《史記》致誤的原由作了合理的推測。史料的限制，往往影響史書的可靠程度。我們今日具有遠較司馬遷優越的條件，應該作新的嘗試，期待有新的突破；而不應固守其藩籬。這才是善學史公的做法。

【誌謝】
本文之完成，曾與清大歷史所張永堂教授、黃一農教授、陳良佐教授討論，獲益良多。張教授並看過初稿，給于許多好意見。復獲中央研究院歷史語言研究所黃彰健教授通信指教，皆致最誠摯的謝意。

伍、春秋初期的陳國政局

一、由周平王元年至平王四十八年的一段陳國世系（770 B.C.-733 B.C.）據《史記．陳杞世家》為：

平公燮 — 文公圉 — 桓公鮑[1]

770 B.C. 為陳平公八年，至 755 B.C. 平公二十三年卒，754 年為陳文公元年，至 745 B.C. 文公十年卒，744 B.C. 為陳桓公元年。至 722 B.C. 魯隱公元年，即陳桓公二十三年，入春秋。

二、719 B.C. 即魯隱公四年，陳桓公二十六年夏，陳與宋、衛、蔡結黨伐鄭，圍其東門，五日而還，似未能得逞。至秋，魯公子翬帥師加入四國之黨，再伐鄭，敗鄭之徒兵。兩次出兵陳桓公皆觀坐。鄭莊公似示弱而未出魚麗之陳，似為驕兵之計，以待衛州吁之敗，對入侵各諸侯則採各個擊破之策，因侵鄭之役本以衛宋為主，故鄭先請成於陳，當時陳桓公自以為有寵於周桓王，又助衛平州吁之禍而有德於衛，已露驕色，因此違五父之諫而不許鄭伐，曰：「鄭何能為」[2] 而不了解鄭的真正實力。結果引來鄭軍的報復（魯桓公六年傳：「大獲」），到魯桓公七年還是要派五父去向鄭求和。

三、魯隱公六年（717 B.C.）「五父」之名始見於《左傳》，至次年冬，陳及鄭平，12 月五父如鄭蒞盟，見到鄭之實力，更了解到陳桓公的昏庸，由此生出取代

1 司馬遷撰，裴駰集解，司馬貞索隱，張守節正義，《史記》（北京：中華書局，1963），卷 36，〈陳杞世家〉，頁 1575-1587。

2 左丘明傳，杜預注，孔穎達正義，《春秋左傳正義》，卷 4，頁 118。

桓公的野心。《左傳》載：「壬申，及鄭伯盟，歃如忘……」[3]（天按：不忠於國君託付之大事，故臨盟如忘。忘者，亡其心之謂。）由於其意不再盟，被鄭大夫洩伯看察，因而預言「五父必不免」，此預言於魯桓公六年（706 B.C.）《春秋經》載「蔡人殺陳佗」而兌現。由於《左傳・莊公二十二年》追記：「……蔡人殺五父……。」[4] 而知「五父」之名為「佗」，而「五父」則為其字。由於「佗」之字義與「五父」並無關連，我猜想「五父」之「五」是由排行而來，即「伯仲叔季」之後的「老五」，如果《史記》的記載正確，則文公（圉）元年生佗。文公元年為 754 B.C.，到 706 B.C. 佗之卒年為 49 歲還算合理。然平公在位有 23 年之久，故文公即位時已不年輕（他祇做了 10 年國君），故在即位以前有四個兒子亦是合理的。如果桓公（鮑）即位時至少有 20 歲，則桓公至少比佗大 10 歲，中間還可以有三個弟弟。

四、魯桓公五年（707 B.C.），陳之亂事完全由佗主導。可想而知，前面一段時間，佗在陳國的勢力一定會擴張。另一方面，由於數年來陳較少參與諸侯間的盟會，可知陳桓公的健康情形也日益衰退（僅魯桓公二年三月如宋會齊魯鄭平宋弒君之亂而取賂回），至魯桓公四年，陳桓公在位已三十七年。故假設其即位時僅 20 歲，至此也至少有 57 歲了。《春秋經・桓公五年》書：「春，正月，甲戌，己丑，陳侯鮑卒。」[5] 則是陳桓公之卒年到底是在 707 B.C. 還是 708 B.C. 也不清楚。對經書記了兩個日期，《左傳》說是由於陳亂而再赴，而《公羊》《穀梁》以為陳桓公一度得到瘋狂之病而逃亡在外，至己丑日才證實死亡，此說亦無別證。總之五父乘此亂時殺桓公之大子免而代之。當時似無別國之干預，而佗葬陳桓公時亦循例赴告諸侯，故這次政變本來很有成功的希望，當然，為了穩定局面，佗必定對陳國公侯施以高壓，除逃亡在外者，恐怕都免不了被殺。

可是，當年秋季，佗將國內能戰的兵力都派去替周桓王伐陳，則是一個失著。國人分散，政局未穩，本來集中一批核心的兵力護衛自己，以徐待國人的復歸，應為善計。佗大概急於獲得周桓王的承認，而把兵士都派出去，他沒想到在政變以後，士氣已經低落，受到鄭軍魚麗之陣一衝，必定逃散，還牽累到蔡衛之師潰敗，導致桓王受傷。結果佗不但沒有能為周桓王立功，還徒然損耗大批兵士，灰頭土面而回，陳國的政局更不穩了。雖然如此，從魯桓公五年到魯桓公六年秋天，差不多有一年的時間，陳國到底發生了什麼事情，歷史的記載卻不清不楚。《左傳・莊公

3 左丘明傳，杜預注，孔穎達正義，《春秋左傳正義》，卷 4，頁 123。
4 同前引，卷 9，頁 308。
5 同前引，卷 6，頁 186-187。

二十二年》的追記說：「陳厲公，蔡出也，故蔡人殺五父而立之。」[6] 似乎說蔡國伐陳而殺五父。然而這是國際戰爭，經傳何以都不記載？況且蔡如果宣揚陳佗篡位的罪名而聲討，宜結合多國行事，歷史更無失記的可能，倒是《公羊》與《穀梁》的講法有一些新意，《公羊》說佗「外淫也」、「淫于蔡」，《穀梁》說佗「淫獵于蔡」、「與蔡人爭禽」。[7] 首先，三傳皆不以為佗有謚號，因此《史記》認為佗是「厲公」的記載，是錯的（參閱《春秋三傳比義》），其次，公穀的記載最遲產生於戰國，應是傳聞演變的結果。《史記》載：「……蔡人誘厲公以好女」的記法，[8] 我以為是史公誤讀《公羊》的結果。《公羊》的所謂「淫」，並沒有女色的意思，書「淫」有「侵」、「行失次」的用意，也許可以由此追索傳說的原狀。當佗發起政變殺陳桓公大子免的時候，陳國大亂，國人走散。其中厲公躍追隨母親（蔡女）避往蔡國，初時佗並不知道此事。可是日後消息漸透露時，佗不免遷怒於蔡國，想到蔡國追殺公子躍。當時陳國的軍隊士氣甚差，因此詐言行獵，帥一批人希望混進蔡國。當時蔡的國力雖然也不強，對出亡的公子躍總有人保護，見到佗自己撞進來，當然不肯放過，就此殺死侵入者，並且趁陳國無君時，擁立公子躍。我認為這種猜想，可以兼顧到《左傳》的「蔡人殺五父而立之」，《公羊》的「外淫」與《穀梁》的「淫獵」的各種傳說。

五、707 B.C. 陳亂以後的國君，根據《春秋經》與《左傳》為：厲公躍即位於魯桓公六年（706 B.C.），卒於魯桓公十二年（700 B.C.），在位共七年。然《春秋經》祗書：「八月，壬辰，陳侯躍卒。」[9] 而未書葬，且據曆法推算，此年八月無壬辰，故此年之記載可能有誤。然經文的脫誤並不少見，至少我們可以根據經文知道佗以後的陳君名躍。再根據《左傳．莊公二十二年》的追記，知道躍的謚號為「厲公」。「厲」並非美謚，太史公可能因此猜想厲公末年有亂事，而將厲公等同於佗，而另稱躍為「利公」，立五月卒。其實「厲」之謚號僅表示其治國之嚴厲而已。在陳大亂後要恢復秩序，可能這是必要的。《史記》的記載並無《春秋》經傳的佐證，今不取。

[6] 左丘明傳，杜預注，孔穎達正義，《春秋左傳正義》，卷 9，頁 308。

[7] 公羊壽注，何休解詁，徐彥疏，《春秋公羊傳注疏》，卷 3，頁 101；范甯注，楊士勛疏，《春秋穀梁傳注疏》，卷 2，頁 51-52。

[8] 司馬遷撰，裴駰集解，司馬貞索隱，張守節正義，《史記》，卷 36，〈陳杞世家〉，頁 1577。

[9] 左丘明傳，杜預注，孔穎達正義，《春秋左傳正義》，卷 7，頁 225。

六、下面的兩位國君為：

莊公林（魯桓公十三年 699 B.C. 至魯莊公元年 693 B.C.）在位七年。

宣公杵臼（魯莊公二年 692 B.C. 至魯僖公十二年 648 B.C.）在位四十五年。

以上兩位國君在《春秋經》皆書卒葬，沒有問題。按照《史記》的安排，躍、林、杵臼三位皆桓公之子，大子免之弟，(《史記》之文為：「……桓公太子免之三弟，長曰躍，中曰林，少曰杵臼，共令蔡人誘厲公以好女，與蔡人共殺厲公……」[10]）這種安排會產生困難。因為宣公杵臼在位長達四十五年，再加上從桓公死至宣公即位之十五年，逼得要假設陳桓公老年生子，非常不合理。太史公認為三人為兄弟，且相繼立為陳國之國君，也許有譜牒上的根據，並且如果三人皆為陳桓公之子，太史公並無必要再提太子免。我認為能夠照應各方面的假設，為譜牒原文應作「大子免之子」。因桓公在位長達 38 年，估計大子免被殺時大約有 38 歲。大子免可能娶蔡女為妃，並育有三子。當免被殺時，可能躍已有 19 歲，林已有 12 歲，杵臼則僅有 5 歲，當亂作時，長子躍護其母並率同二弟逃往蔡國。到次年佗被殺，躍被擁立，即位時約為 20 歲，即位後致力恢復國內的秩序，而減少參加國際盟會，僅在魯桓公十一年（陳厲公六年），至折邑會魯大夫柔（以及宋蔡），躍可能衹有二子（公子完為次子）。魯桓公十二年，躍去世，其大子之年太幼，所以傳位於弟林（林即位時大約有 20 歲），此時陳國內政大概穩定，故恢復參加國際之會盟征伐，至魯莊公元年，陳莊公林卒（在位七年），其子亦太幼，所以傳位於弟杵臼。這樣安排，可以解釋何以太史公所見之譜牒有兄終弟繼的記述。

七、魯莊公二十二年（陳宣公 21 年 672 B.C.），陳殺其大子御寇，公子完（敬仲）奔齊，如公子完生於陳厲公二年（705 B.C.）至此已有 34 歲。陳宣公既殺大子御寇，而欲傳位於幼子款（日後之穆公），則公子完亦處於嫌疑之地位，故出之於齊以避嫌。此時公子完在陳當已娶妻（娶陳大夫懿氏女）。《左傳》記載懿氏卜妻敬仲之斷辭以及周史之筮辭，可能都是日後之追述，以神其事。《史記》謂：「御寇素愛厲公子完」，恐亦未必然。

[10] 司馬遷撰，裴駰集解，司馬貞索隱，張守節正義，《史記》，卷 36，〈陳杞世家〉，頁 1577。

附：陳國世系表

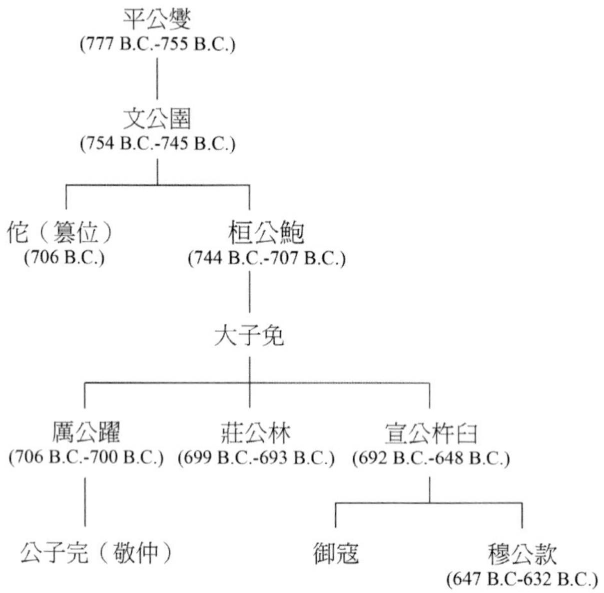

天按：

魯襄公二十五年載：「桓公之亂，蔡人欲立其出。我先君莊公奉五父而立之，蔡人殺之。我又與蔡人奉戴厲公，至於莊、宣，皆我之自立。」又似可證上表之確。[11]

---

[11] 左丘明傳，杜預注，孔穎達正義，《春秋左傳正義》，卷 36，頁 1175。

陸、辰陵會盟的「陳侯」是誰

《左傳．宣公十有一年經》：

十有一年，春，王正月。夏，楚子、陳侯、鄭伯盟于辰陵。[1]

〈傳〉：

十一年，春，楚子伐鄭，及櫟。子良曰：「晉、楚不務德而兵爭，與其來者可也。晉、楚無信，我焉得有信？」乃從楚。夏，楚盟于辰陵，陳、鄭服也。[2]

〈經〉所謂「陳侯」是誰，成了問題。因為「宣公十年經」明言：「夏，……五月，……。癸巳，陳夏徵舒弒其君平國」，明言陳靈公在上一年被徵舒所弒。[3]這條記載有明白的日期，顯然是由陳之史官所赴告，所以十一年「陳侯」祗有徵舒與公子午兩個可能。表面上最可能的是：如《史記．陳杞世家》所記：「孔寧、儀行父皆奔楚，靈公太子午奔晉。徵舒自立為陳侯。徵舒，故陳大夫也。夏姬，御叔之妻，舒之母也」，[4]照《史記》所言，此「陳侯」為徵舒。《史記》並未交代其根據，然亦有可能性。按宣公九年陳靈公殺洩治，已可能造成民怨，故徵舒弒靈公，其本意可能為討伐孔寧與儀行父，故二人奔楚（據《左傳》）。徵舒之祖子夏為陳公子，與嫡系相隔稍遠，史公謂徵舒自立為陳侯，不太可能得到支持。而靈公太子午奔晉，此時在晉楚邲之戰之前，晉之兵力稍有勝於楚。而宣公九年，晉荀林父帥師

1 左丘明傳，杜預注，孔穎達正義，《春秋左傳正義》，卷 22，頁 720。
2 同前引，頁 722。
3 同前引，頁 716-717。
4 司馬遷撰，裴駰集解，司馬貞索隱，張守節正義，《史記》，卷 36，〈陳杞世家〉，頁 1579。

伐陳，兵威仍在，晉沒有理由不支持太子午回陳即位。固然宣公九年晉成公（黑臀）卒於扈，晉景公初即位。然冬十月晉郤缺帥師救鄭（晉鄭聯軍敗楚于柳棼），故此「陳侯」亦有可能為成公午，《左氏會箋》謂：「陳靈公未葬，然已踰年，故成公謂爵。」似以此「陳侯」為成公午。可能《史記》說成公午當年就奔晉是錯的，午在晉的時間如果超過一年半，而晉無行動，顯然不合理，畢竟《左傳》祇在「宣公十一年」楚縣陳之後書「陳侯在晉」，此時已稱陳成公為「陳侯」，則當年夏辰陵之會之「陳侯」亦為陳成公可知。至於楚縣陳時，成公在晉，則可能宣公十一年秋冬之間，成公至晉商討事情，而楚莊王乘成公在晉之空窗期襲陳，以討「少西氏」為名，故能在短期內克陳。

如果在陳靈公被弒後即繼位，則徵舒必定出奔在外。既然孔、儀二人奔楚，則徵舒很可能就近奔蔡。而成公對其家屬並無仇恨，置之不問亦很合理。

宣公十一年楚莊王伐鄭，鄭子良（去疾）降楚，此時成公必定意識到晉國諸卿之不合影響到國力。為了未雨綢繆起見與楚鄭在辰陵盟會，另一方面，又不想放棄與晉的關係，因此在秋冬之際又事晉，不料楚莊王趁機襲陳。《左傳．宣公十一年經》載：「冬，十月，楚人殺陳夏徵舒。丁亥，楚子入陳。」[5] 很清楚，楚莊王殺徵舒在前，入陳在後，可知當時徵舒實不在陳。而且莊王襲陳的宣言是：「將討於少西氏」，可知其對象（至少是表面上的）是徵舒的家屬（包括夏姬），而非徵舒本人。如果徵舒逃蔡，蔡自立侯（獻舞）之後，就入了楚的勢力範圍，楚要執徵舒殺之，易如反掌。殺了徵舒之後，憑此氣勢，乘陳國空虛入陳，亦甚迅速，以致晉沒有反應。先縣陳，然後復陳，在國際上造成有利的聲勢，至次年再圍鄭，完全掌握了主動。無怪乎邲之戰獲勝。

我的這些猜想，應該比《史記》的記載為合理，我因此不贊成楊伯峻的意見。[6]

---

5 左丘明傳，杜預注，孔穎達正義，《春秋左傳正義》，卷 22，頁 721。

6 楊伯峻，《春秋左傳注》上冊，頁 710。

柒、仲子歸魯問題的意見與感想

我看了黃忠天教授的〈《左傳》「仲子歸魯」的歷史意義及其相關問題辨疑〉（下面省稱為「原文」）後，原則上贊同其主旨：「魯惠公之得娶仲子由於奪媳。」[1] 可是在細節方面，有幾點意見，提出來向黃教授請教。

第一、對「奪媳」記載的取證問題：

「魯惠公奪媳」的確切記述，僅見於《史記．魯周公世家》，[2] 不但於經傳無據，而且也不見戰國諸子的徵引，衹能算是西漢中期的一項單獨傳聞，作為證據，未免薄弱。

太史公所據古史料的一個重要來源是《世本》，其殘本至唐猶存（唐人諱太宗名而稱《系本》），司馬貞的《史記索隱》就常引用。可是司馬貞並不相信惠公奪媳之事，可以推想《世本》中未載此事。同樣亦可推知《竹書紀年》亦無此事。[3] 這至少顯示正面參證的欠缺。

太史公所據的另一項可靠的古史料是《春秋歷譜諜》（見〈十二諸侯年表序〉）。[4]《史記》所列各諸侯之次序與在位年數，通常相當可靠。由這項史料，可知魯惠公在位長達四十六年。他從宋國娶得正妻孟子，一定在早期（甚至不能排除在即位之前）。後來續娶仲子，一定在晚期。中間相隔幾四十年。所以孟子與仲子一定不可能是姊妹。（「孟」與「仲」皆是排行，中間無間隔。）已知仲子為宋武公之女，則孟子必為宋戴公之女。

---

1 黃忠天〈《左傳》「仲子歸魯」的歷史意義及其相關問題辨疑〉，收入何志華、沈培、潘銘基、張錦少編，《古籍新詮：先秦兩漢文獻論集》（香港：香港中文大學中國語言及文學系，2020），頁 285-302。

2 司馬遷撰，裴駰集解，司馬貞索隱，張守節正義，《史記》，卷 33，〈魯周公世家〉，頁 1528-1529。

3 參西南書局編輯，《世本八種》（臺北：西南書局出版，1974）；方詩銘、王修齡，《古本竹書紀年輯證》（上海：文物出版社，2005）。

4 司馬遷撰，裴駰集解，司馬貞索隱，張守節正義，《史記》，卷 14，〈十二諸侯年表序．春秋歷譜諜〉，頁 509。

遵循著這條思路去推想，就可以明瞭宋穆公（或宋宣公）當年許魯國之求婚，對象一定是惠公之子，若不然，就太不近人情了。結果魯惠公自己娶之，「奪媳」之傳聞，就很自然了。

原文中第三節第（二）項，談的就是這件事。可惜僅用以辨疑，不用作主要的論辯理由。我認為上述的分析是唯一足以補強《史記》「奪媳」記載的正面理據。

第二，魯宋戰爭的時間問題：

魯惠公奪媳的行為，一定會引起宋國的反感，影響魯與宋的邦交，最後終究會導致戰事。原文將戰事的時間，定在魯惠公四十四年（725 B.C.），不知何據？我猜是為了配合原文「宋藉通婚示好」的假設。其實按照頁 224 注 2 所述，魯宋有通婚的傳統，正不需要因戰敗而屈就。按《左傳・隱公元年》的相關記載，有兩段：

> 惠公之季年，敗宋師于黃。公立，而求成焉。九月，及宋人盟于宿，始通也。
>
> （十月）惠公之薨也，有宋師，太子少，葬故有闕，是以改葬。[5]

根據楊伯峻的意見（他贊同服虔），惠公死前的「宋師」就是「敗宋師于黃」之役。故這場戰事發生於惠公四十六年，雖然打了勝仗，可是由於惠公去世而無以為繼，連葬禮也草草了事，必須立長君以收拾殘局。故原文將這場戰事排在惠公四十四年，應該是錯的。

其實就算遵循《孔疏》，將惠公死前的「宋師」當作宋人報黃之敗而來伐之師，黃之役最早也祗能在惠公四十五年。春秋初期，諸侯間的戰爭，規模通常不會很大，往往數日間就可決定勝負。魯宋間的距離也不大，宋穆公要報復「黃之役」敗戰之恥，不需要太多時間。

原文注 10 說：「若依楊伯峻以服虔之說為是，則《左傳》不應「有宋師」三字。」此語實不可解。推想是以「黃之役」在惠公四十四年為前提。可是《左傳》之「季年」僅指「末期」，並未指實年數。

第三，魯桓公的誕生年代，是遲至惠公四十五年，還是稍早？

案《左傳》的記述是：

[5] 左丘明傳，杜預注，孔穎達正義，《春秋左傳正義》，卷 2，頁 71。

……故仲子歸于我。生桓公而惠公薨，是以隱公立而奉之。[6]

杜預的注解釋：「言歸魯而生男，惠公不以桓生之年薨。」[7] 可知桓公的生年並不很確定，原文將桓公生年繫於惠公四十五年。如此，則當隱公元年，桓公允僅有三歲，比嬰兒大不了多少，很可能隨時會夭折掉。當隱公十一年，桓公允僅有十四歲，還是兒童。那時他已有政治野心嗎？顯然不合理；野心大到連羽父都知道，認為必須幹掉，顯然更不合理。所以我不能認同「四十五年」之說。如果假設桓公允的生年在魯惠公四十年（仲子歸魯的時間提早到宋宣公時），則當隱公元年，桓公允已有八歲，很有長成的希望。當隱公十一年，桓公允已有十九歲，已經會認識到權勢的欲望了。至於仲子歸魯時的歲數，會提早到十七八歲，也合乎中國古代女子出嫁的正常年齡。我認為這個假設是可以接受的。

第四、《穀梁傳》對「仲子」身分的意見，似未給予充分的討論與重視。

對《春秋經．隱公元年》所載：

天王使宰咺來歸惠公、仲子之賵。[8]

《穀梁傳》獨提出與眾不同的解釋：

母以子氏，仲子者何？惠公之母，孝公之妾也。禮，賵人之母則可，賵人之妾則不可。君子以其可辭受之，其志，不及事也。[9]

這條解釋一方面解決了《左傳》「且子氏未薨」的困惑，另一方面替古史保存了一條珍貴的史料：「惠公之母也稱『仲子』，故魯國數代皆與宋國聯姻」。無論如何都應受到重視。《穀梁傳》對《春秋經．隱公五年》的記載：

九月，考仲子之宮，……初獻六羽。[10]

---

[6] 左丘明傳，杜預注，孔穎達正義，《春秋左傳正義》，卷 2，頁 41-42。

[7] 同前引，頁 41。

[8] 同前引，頁 51。

[9] 范甯注，楊士勛疏，《春秋穀梁傳注疏》，卷 1，頁 7。

[10] 同前引，卷 2，頁 23-24。

也持同樣的意見。我認為很可能是正確的解釋。魯隱公替高壽的先妣建立廟堂，並以諸侯之禮樂祭享，是很特殊的事，值得在《春秋》中記上一筆。原文第三節第三項認為隱公為成全其父身前遺願而為仲子單獨立廟。我認為《魯春秋》沒有記載替惠公立廟卻單獨記載替他的夫人立廟，顯然非常不合理，反不如承認《穀梁傳》的說法為愈。至於「依禮諸侯不再娶」云云，我認為是後人的附會。諸侯再娶的事例太多，不能都用「違禮」來作藉口。

最後，對此問題，我也有幾點感想，附帶寫在下面。

首先，我認為《左傳》「攝也」的解釋，僅是左氏受後世儒家思想影響的結果，未必符合當時的實情。惠公在位太久，已經老胡塗了，他死前與宋國的戰事，留下一個爛攤子。若不能完善解決，必定為魯國帶來危機。惠公季年的爛攤子，不僅在宋，對鄰近的小國也有衝突。幼子允雖為大子，顯然無法負責。故將公子息姑捧上侯位，在當時顯然是一項必要的措施 。所謂「攝」，恐怕衹是一個非正式的了解 。他必須獲得周室的認可，才能接待周室的使節（例如宰咺）；他也必須獲得其他諸侯的承認，才能代表魯國盟誓與和戰（例如他辭謝宋國乞師伐鄭，可惜未能阻擋公子翬）。在內政方面，他必須做許多瑣碎的決策（例如決定是否給某一逝世大夫謚與族名）。換言之，他必須負擔作為一個諸侯的全部任務，並接受其後果。是否「即位」，完全沒有關係。在他的心目中，可能想師法宋宣公讓位於其弟的做法，衹是在生前就實施。左丘明深受孔子「正名」思想的影響，對隱公的做法，解釋為「攝」。並非本有此制度。

其次，談到仲子掌紋「為魯夫人」的禎祥，事屬不經。姑不論「魯夫人」三字太複雜，即按「石經」將「魯」字定為「㫃」，還是需要非常主觀的想像力，才能從許多雜碎的淺紋中，挑出這個形式來。從來「禎祥」的符應，多是由得益的當事人傳出，來呼應他所受的「天命」。就仲子的掌紋來說，得益的當事人應是魯桓公允。我猜想他在弒兄即位後，造出這個禎祥故事，以顯示其君位的正當。前人也有這種想法，引出來作為印證：

> 吾嘗疑仲子之禎祥，及翬之請殺桓公，為莫須有之事，皆桓之子孫飾詞造作以明其為嫡，而抵其弒逆之罪。

再次，《春秋》三傳皆在「書不書即位」的命題上大作文章，好像真有什麼微言大義，真是咄咄怪事！對此，我要引崔述的話（在頁 237 注 59 所引之〈魯隱公不書即位論下〉內)，作為終結：

> 《春秋》之第十有二公，其後七君皆書即位，其前五君書者一而不書者四，豈不以其世遠而多闕哉！

希望這段話可作為定論。

第肆編
子思與《中庸》

壹、論子思與《中庸》

一、前言

在這篇文章內，我想討論幾個相關的問題：（一）子思的生平，（二）子思與〈五行〉篇的關係，（三）《中庸》對「誠」德的處理與發揚，（四）子思、孟子與《中庸》的先後次序問題，（五）建議《中庸》的可能作者。至於我讀《中庸》後對其他問題的心得，則另行結集一文。

《史記》說子思作《中庸》，可是沒有其他支援的證據。[1] 由內容判斷，《中庸》顯然是孟子學說的發揮。觀察今本《中庸》，[2] 可以發現有些孟子的觀念被發揮到極端，這些部分祇可能產生於孟子之後。最值得注意的是，《孟子》書中對「誠」德的提倡（離婁，盡心各篇），被《中庸》發揮為第二十章至第二十六章的主題；到第三十二章又再回顧一下。其中很多講法，都是孟子不會主張的。由思想的源流來設想，這些主張也不可能是子思的貢獻。下面將用專節來處理這個問題。

即使承認《中庸》的學說可能包含有子思的成分，可是在史料缺乏的情況下，也很難分判子思到底貢獻了多少。事實上戰國後期的荀子已經將子思與孟子的學說講成一派，無怪乎司馬遷會認為子思是《中庸》的作者。可是傳統的史家對子思生平的記載卻並不確實。例如《史記》對子思年歲的估計，與《漢書》[3] 載

---

1 黃忠天教授在《中庸釋疑》極力主張《孔叢子》最早記載《中庸》為子思所作。黃忠天，《中庸釋疑》（臺北：萬卷樓圖書，2015），頁 3-4。可是《孔叢子》本身就是一本有問題的書，錢穆《先秦諸子繫年》第 160 篇考證此書載孔鮒之父子順之事蹟，多與歷史不符，因此絕不可信。現代雖有一些翻案的聲音，卻沒有強到能為別人作證的地步。請參閱（題漢孔鮒撰）《孔叢子》，收入《續修四庫全書．子部．儒家類》（據上海圖書館藏宋刻本影印）。

2 本文所引之《中庸》，見鄭玄注，孔穎達疏，《禮記正義》（北京：北京大學出版社，2000，清嘉慶二十一年（1816）阮元刻本），卷 53。下凡引《中庸》皆依該書，不再一一注出。

3 見班固撰，顏思古注，《漢書》，〈藝文志〉。

子思為魯穆公師，都很有問題。如果這些簡單的記述也出問題，那又如何能信賴他們對《中庸》作者的判斷？因此我覺得對子思生平的考證，也是很重要的。

近年的考古發掘，出現許多以前不知道的資料。例如《郭店楚簡》有一篇〈魯穆公問子思〉，[4] 記載子思給魯穆公釘子碰，就排除了《漢書》「子思為魯穆公師」的說法。可是最重要的發現，無過於〈五行〉篇。這篇文章幾乎可以確定是子思寫的，而且完全符合荀子〈非十二子〉篇的批評。可是〈五行〉篇的用字與思想卻與《中庸》迥異。下面也用一個專節來處理。

在做了這些準備工作後，我覺得可以將《中庸》成書的時間，定在《孟子》之後（可是不很後）。《中庸》確定在《易傳》（尤其是〈乾文言〉）之前。《中庸》的主旨為在「誠」的冠冕下處理各項德目，當然包括個人的「修身」並有所擴展，然而卻沒有像《大學》那樣「平天下」的野心。我認為在這個時間背景中表現這些主旨，是與《郭店楚簡》中的許多文章相符合的。這是第五節要處理的事。

最後一節中，我綜合以上所論，嘗試猜測《中庸》的可能作者。這只是一個新的嘗試，希望能引起後續的討論。

二、子思的生平

《史記・孔子世家》說：「伯魚生伋，字子思，年六十二。嘗困於宋，作《中庸》。這一段記載既太簡單，又欠考察（如子思之年）。好在先秦還有一些零碎的紀錄，可以補充。先看《孟子》的：

> 昔者魯繆公無人乎子思之側，則不能安子思。（〈公孫丑章句下〉）[5]
>
> 子思居於衛，有齊寇。或曰：「寇至，盍去諸？」子思曰：「如伋去，君誰與守？」孟子曰：「曾子、子思同道。曾子，師也，父兄也。子思，臣也，微也。曾子、子思易地則皆然。」（〈離婁章句下〉）[6]

[4] 此文見劉釗，《郭店楚簡校釋》（福州：福建人民出版社，2003），頁 177-179。黃忠天教授在《中庸釋疑》中，也利用這些資料：「記子思言行，在風格上，又與《孔叢子》相同。」來增進《孔叢子》的可信度。所以這些考古資料也是兩面刃。

[5] 趙岐注，孫奭疏，《孟子注疏》，卷 4 下，〈公孫丑章句下〉，頁 146。

[6] 同前引，卷 8 下，〈離婁章句下〉，頁 281。

費惠公曰：「吾於子思則師之矣，……。」（〈萬章章句下〉）[7]

繆公之於子思也，亟問，亟餽鼎肉。子思不悅，於卒也，摽使者出諸大門之外，北面稽首再拜而不受，曰：「今而後，知君之犬馬畜伋。」……子思以為鼎肉使己僕僕爾，亟拜也，非養君子之道也。（〈萬章章句下〉）[8]

繆公亟見於子思，曰：「古千乘之國以友士，何如？」子思不悅，曰：「古之人有言曰：事之云乎？豈曰友之云乎？」子思之不悅也，豈不曰：「以位則子君也，我臣也，何敢與君友也？以德，則子事我者也，奚可以與我友？」（〈萬章章句下〉）[9]

魯繆公之時，公儀子為政，子柳、子思為臣。（〈告子章句下〉）[10]

《孟子》書中有關子思之事，已備引於上。《禮記．檀弓》也有一些資料多為有關喪禮的對話。謹引其與子思生平有關的數項如下：

子上之母死而不喪，門人問諸子思曰：「昔者子之先君子喪出母乎？」曰：「然。」「子之不使白也喪之，何也？」子思曰：「昔者，吾先君子無所失道，……。[11]

道隆則從而隆，道汙則從而汙。伋則安能？為伋也妻者，是為白也母。不為伋也妻者，是不為白也母。」故孔氏之不喪出母，自子思始也。[12]

子思之哭嫂也為位。婦人倡踊。[13]

曾子謂子思曰：「伋，吾執親之喪也，水漿不入於口者七日。」子思曰：「先王之制禮也，過之者俯而就之，不至焉者跂而及之。故君子之執親之喪也，水漿不入於口者三日，杖而后能起。」[14]

子思之母死於衛。柳若謂子思曰：「子，聖人之後也。四方於子乎觀禮，子蓋慎諸！」子思曰：「吾何慎哉？吾聞之：『有其禮，無其財，君子

---

[7] 趙岐注，孫奭疏，《孟子注疏》，卷 10 下，〈萬章章句下〉，頁 325。
[8] 同前引，卷 10 下，〈萬章章句下〉，頁 335-336。
[9] 同前引，卷 10 下，〈萬章章句下〉，頁 338-339。
[10] 同前引，卷 12 上，〈告子章句下〉，頁 387。
[11] 鄭玄注，孔穎達疏，《禮記正義》，卷 6，〈檀弓上〉，頁 198-199。
[12] 同前引，卷 6，〈檀弓上〉，頁 199。
[13] 同前引，卷 7，〈檀弓上〉，頁 231。
[14] 同前引，卷 7，〈檀弓上〉，頁 233。

> 弗行也。有其禮，有其財，無其時，君子弗行也。』吾何慎哉？」[15]
> 子思之母死於衛，赴於子思，子思哭於廟。門人至，曰：「庶氏之母死，何為哭於孔氏之廟乎？」子思曰：「吾過矣，吾過矣。」遂哭於他室。[16]

首先考訂子思的生年。按《論語・先進》[17]篇載：

> 顏淵死，顏路請子之車以為之槨。子曰：「才不才，亦各言其子也。鯉也死，有棺而無槨。吾不徒行以為之槨。以吾從大夫之後，不可徒行也。[18]

知道孔鯉的死期還早於顏回。孔鯉死時，孔子當已回魯為「國老」，不然不會「從大夫之後」。由於孔子回答魯哀公說顏回短命時，應在回魯後不久，故可推斷孔鯉即死於孔子由衛回魯之年 484 B.C.。[19]由《禮記・檀弓》之記載，知子思有嫂，故亦有兄。子思之兄當早死而無子，故孔氏之宗由子思繼承。門人稱子思之母為「庶氏之母」，可知子思為庶出。推斷孔鯉在長子死後即納妾，[20]即子思之母。孔子離衛回魯之決定可能下得太倉促，其時孔鯉之妾已懷孕待產，為了要陪伴孔子回魯，孔鯉將其妾留在衛國。[21]不久孔鯉死於魯，其妾生下子思後，即在衛國守寡。[22]故子思誕生之年，大概在 483 B.C.。孔子去世之年為 479 B.C.，那時子思只有五歲，不可能與孔子接觸。故子思的童年大概在衛國度過，到成長後才回魯國求學。

前人多謂子思曾師事曾子，實於文獻無徵。[23]《孟子・離婁下》雖說：「曾子，

---

15 鄭玄注，孔穎達疏，《禮記正義》，〈檀弓上〉，卷 8，頁 271-272。

16 同前引，卷 10，〈檀弓下〉，頁 368。

17 何晏注，邢昺疏，《論語注疏》。

18 何晏注，邢昺疏，《論語注疏》，卷 11，〈先進第十一〉，頁 162。

19 顏回當死於明年 483 B.C.。我考訂之年稍異於錢穆之《先秦諸子繫年》，然無大異。參閱《先秦諸子繫年》，第二十六，〈孔鯉顏回卒年考〉。

20 孔鯉之妾可能是衛人，對衛國懷有一份感情，故始終留在衛國。在她的教育下，子思對衛國也抱有類似「祖國」的感情，他成長後雖然回魯求學，在學成後還是回衛服務。

21 孔鯉之長子雖死，其長媳仍在（即子思日後所哭之嫂）。故孔鯉可能在長媳照顧下回魯。此女後來老死於魯，時間大概在子思仕衛之前，故子思能臨其喪而哭之。

22 《禮記・檀弓》篇的「鄭注」（應為鄭玄注）說「伯魚卒，其妻嫁於衛。」實在是誤讀〈檀弓〉。鄭玄根據「柳若謂子思」與「子思哭於廟」兩章，以為子思之母本姓庶氏，孔鯉死後在衛另嫁。而柳若的勸諫，只為提醒「嫁母齊衰期」的規定。然而子思之母既已另嫁，則其喪葬應皆有其夫家負責。子思何以還回衛經營其母之喪禮（有四方之人觀禮），並且以「無其財」為歉？所以說子思母為嫁母，實為鄭玄之憑空創說。流毒至於後世以孔氏三世出妻，鄭玄實為作俑者。

23 參閱錢穆，《先秦諸子繫年》（香港：香港大學出版社，1956），〈子思生卒考〉，第 58 章。

師也，父兄也；子思，臣也，微也。」可是孟子只在分別評斷曾子在武城與子思在衛的情況而已。《禮記・檀弓》記曾子稱呼子思為「伋」，可是在那個討論問題的場合，子思駁倒了曾子的論點；而且〈檀弓〉亦載曾子稱呼子夏為「商」之事，故亦不能說子思師事曾子。在《荀子・非十二子》[24]篇中，卻有一些線索值得注意。荀子批評子思讓世俗的儒者「以為仲尼子游為茲厚於後世」，顯然認為子思之學出自子游。也許我們可以假設子思回魯國求學，所師承的就是子游。《禮記・檀弓》篇記載子游的地方頗多，他對喪禮的意見往往比別人高明。子思在他的教育下，也對禮儀之學很專精。

當子思在魯求學之時，他在衛國的生母去世了。他聽到消息後沒有多想，就去哭於宗廟，被管理宗廟的門人干預，因為他的生母只有妾的身分。他也認錯而改哭於他室。當然他也必須趕回衛國奔喪，經營其母喪葬之事。但他還在求學之中，經費上未免拮据。他的同僚柳若不懂他擔憂之事，反勸他在禮節上小心謹慎，因為他是聖人的後裔，有眾目在注視。子思被這些迂儒弄煩了，發一頓牢騷，說他現在既無其財又無其時，反正幹不了什麼大事，還需要什麼謹慎！他是主張禮節必須符合人情的。因為他這頓牢騷，我們知道那時他仍未出仕，否則不會有那些困難。

子思學成後，曾仕於衛，可能任大夫之職。時間大概在衛悼公黔（455 B.C.-451 B.C.）與衛敬公弗（450 B.C.-432 B.C.）之世。子思自己的年歲大概是 28-51，正是精力充沛之年。那一段時間衛國的政壇也相對安定，好讓他盡心為衛國服務。《孟子》說當時有「齊寇」，那時齊國正處於被田氏篡位的前夕，齊宣公初即位，田氏宗人盡為齊都邑大夫，齊宣公的力量很微弱。因此所謂齊寇，大概不是多大的戰役。可是到衛昭公之後，衛國的國力更弱，而且弒篡之事也變頻繁，子思可能待不住而離衛。在他晚年回魯之前的一段時間，行蹤無考，可能如《史記》所說，在宋國待過一陣子。就他活耀的時間而言，大概與墨子相先後。

子思晚年回魯依靠魯繆公，[25]《孟子》書數度言之，必為真事。唯據《史記・魯周公世家》，魯哀公死（467 B.C.）後，經過悼公三十七年與元公二十一年，繆公即位之年應為 409 B.C.，即周威烈王十七年。距子思之誕生 483 B.C. 相差七十四年。如據〈年表〉，則繆公元年為周威烈王十九年，再差兩年。《史記》謂子思之年壽為

---

24 見楊倞注，王先謙集解，《荀子集解》，《新編諸子集成》第 2 冊（臺北：世界書局，1972），第 6 篇。

25 此據《孟子》。後人亦稱為「穆公」（如《郭店楚簡・魯穆公問子思》），「繆」與「穆」在文獻中往往通用。後文將不再分辨此兩謚號。

六十二歲，一定趕不上。即使依據錢穆的考據，將魯繆公元年定為周威烈王十一年，還是不夠。所以《史記》對子思壽命的記載一定是錯的。估計子思的壽命一定超過七十歲，還可能超過八十歲。

子思晚年的確為魯繆公之臣。《孟子．告子章句下》引淳于髡之言：

> 魯繆公之時，公儀子為政，子柳、子思為臣。[26]

可以確定此事。唯子思此時年齡已大，已不能發揮多少功能。魯繆公有「愛賢」之名，希望別人稱讚他「千乘之國以友士」，其實他專做表面功夫，《孟子》一書已備引他們之間的衝突，而《郭店楚簡．魯穆公問子思》[27] 篇記載子思的回答：「恆稱其君之惡者，可謂忠臣矣。」更令繆公氣結。子思在他手下，不見得快活。而繆公遇到這個處處與他唱反調的臣下，也使他頭痛。所以很可能子思不久就告老，退出政壇。可是子思卻接受費惠公的師禮，可能在費國養老。然而費國在不太久之前，原為季孫氏由魯國分裂出來而僭稱的。《漢書》可能因此誤記子思「為魯繆公師」，後來荀子也不免會懷疑他貪圖酒食供養而有微辭，並將源頭指向子游。

子思之子孔白（字子上）也是庶出的，當子上之母（子思之妾）死時，子思不讓子上舉喪。[28] 他說：「為伋也妻者，是為白也母；不為伋也妻者，是不為白也母。」看樣子，他的性格也是有些古板的。（他如果真喜歡那個妾，就不會那樣講。）

三、子思與〈五行〉篇

自從荊門市郭店出土 [29] 了〈五行〉篇以後，一般的共識都認為此篇為子思的遺著，可以落實戰國後期荀子的〈非十二子篇〉批評的內涵，亦可作為判斷傳統認作子思作品的準繩。自從 1998 年〈五行篇〉的「釋文」公布後，已經有不少學者加以研究與注釋，其中最重要的有龐樸的《竹帛〈五行〉篇校注及研究》、[30] 劉釗

---

[26] 趙岐注，孫奭疏，《孟子注疏》，卷 12 上，〈告子章句下〉，頁 387。

[27] 見荊門市博物館編，《郭店楚墓竹簡》（北京：文物出版社，1998）。

[28] 後人往往因〈檀弓〉此章有：「子之先君子喪出母乎？」之問而誤解子上之母被休棄。其實「先君子」之問只涉及孔子為其母顏徵在（亦為妾之身分）舉喪，而「出母」指「生母」。（《左傳》「康公我之自出」可參考）然通常「出母」僅指庶子之母。參閱注 12。

[29] 見荊門市博物館編，《郭店楚墓竹簡》。

[30] 龐樸，《竹帛〈五行〉篇校注及研究》（臺北：萬卷樓有限公司，2000）。

的《郭店楚簡校釋．五行》、[31] 與最近出版的陳來著《陳來讀子思》。[32] 根據這些校注與研究，可以歸納出子思學術的特點。

首先，我們必須認真看待荀子〈非十二子〉篇，探討在荀子的心目中，戰國中期的學術情況，有哪些令他不滿的。根據一般的研究，得知荀子在世的時日，大致為 305 B.C.-237 B.C.。他的少年時期，還看得到齊湣王的鼎盛；中年時事齊襄王，短期復興稷下集團；晚年投靠楚之春申君，廢死於蘭陵。他的心中所急，應可反映戰國中期的學術生態。他在〈非十二子〉篇中批評了六組代表人物。其中前五組皆非儒家：(1) 它囂、魏牟，(2) 陳仲、史鰌，(3) 墨翟、宋鈃，(4) 慎到、田駢，(5) 惠施、鄧析。荀子對這五組代表人物的學說都有深刻的評斷，並且認為他們的共同點為：「其持之有故，其言之成理，足以欺惑愚眾。」這些共同點使荀子認為必須指名屏斥。可是到第六組人物，他的處理方式顯有不同。其言為：

> 略法先王而不知其統，猶然而材劇志大。聞見雜博。案往舊造說，謂之「五行」。甚僻違而無類，幽隱而無說，閉約而無解。案飾其辭而祇敬之，曰：「此真先君子之言也。」子思唱之，孟軻和之。世俗之溝猶瞀儒嚾嚾然不知其非也，遂受而傳之，以為仲尼子游為茲厚於後世。是則子思孟軻之罪也。[33]

我將在後面詳為分析〈五行〉篇的各項特徵，來與荀子批評的話相印證，並藉此探討荀子批評字句的語義。不過讓我們首先注意一點：荀子在這裡並沒有提「其持之有故，其言之成理」，而且似乎在抱怨其主旨（持）含糊，言辭顯不出多少道理。因此荀子並不擔心這一派會「欺惑愚眾」，反而恐怕後來的「溝猶瞀儒」會震於「仁、義、禮、智、聖」的名目，而認為儒家的精華不過如此。

現在我們已經可以看到〈五行〉篇的釋文，謹錄其第一段，欣賞一下其句法：

> 仁形於內謂之德之行，不形於內謂之行。義形於內謂之德之行，不形於內謂之行。禮形於內謂之德之行，不形於內謂之行。智形於內謂之德之行，

[31] 劉釗，《郭店楚簡校釋》，〈五行〉，頁 69-87。

[32] 陳來，《陳來讀子思：竹簡〈五行〉篇講稿》（香港：香港中文大學出版社，2015）。

[33] 楊倞注，王先謙集解，《荀子集解》，《諸子集成》第 2 冊，卷 3，〈非十二子篇第六〉，頁 59-60。

不形於內謂之行。聖形於內謂之德之行，不形於內謂之［德之］行。[34]

最後一句的［德之］可能為衍字，也可能特別為「聖」而言。由上面那一段，可以覺察到，〈五行〉篇的說理形態，就是抓住幾個關鍵字眼，憑著定義（上文的「謂之」）來建立架構。在架構中所牽涉到的名目，往往越積越多；而對那些名目的實際意義以及對人類的用途，卻講得非常疏闊。下面會看到，當必須解釋的時候，〈五行〉篇往往會引《詩經》中的幾句話來塞責。上引的第一段，雖然只是一個簡單起始，卻也累積了好一些待解的名目。

〈五行〉篇首先將繼承自「往舊」的「仁、義、禮、智、聖」五種名目，按其「形」（表現）於內（內心）或「不形於內」的特性而分別定義為「德之行」或「行」。〈五行〉篇並沒有解釋所謂「不形於內」是否「表現於身體」。然後，此篇認為「仁、義、禮、智、聖」五種「德之行」可以「和」（調和）而定義為「德」，這是「天道」。如果缺「聖」而僅有「仁、義、禮、智」四行，其調和就定義為「善」，這是「人道」。為了要突顯「天道」與「人道」之間的關聯，〈五行〉篇認為有些人（君子）的內心都具有「仁、義、禮、智、聖」五行，而且時常實行。這可以算是「君子」的定義。再照應到未達「君子」的「士」，如果有志於成為「君子」，則可稱為「志士」。在作了這些定義之後，〈五行〉篇認為君子的心中必定有憂。因為如果心中沒有憂，則心中就不會有智。心中無智，則心中就無「悅」（喜悅？）。心中無悅，就會「不安」。不安又導致「不樂」。不樂又會導致無德。這就會與「君子」的定義相違。在上述的關聯中，〈五行〉篇從往舊的用語中引進了「悅」、「安」、「樂」，而沒有澄清其語義，也沒有解釋何以不樂就會導致無德。

上面所定義的「善」，必須要有作為，否則就「無近」（無法接近？）。上面所定義的「德」，必須立志，否則就不成功。下面又引進「思」的觀念。由後文的解釋，我們大概可以將這個「思」字當作「思慮」來了解。〈五行〉篇認為「智」如果不配合思慮，就得不到（功效？）。思慮的素質也需要考慮。〈五行〉篇特別提出兩種素質：「思精」（精細）與「思長」。我認為這裡的「長」字應作思慮的範圍長大而言，因此我不贊成劉釗[35]將這個「長」字解釋為「長久」。這兩種素質分別與「仁」與「智」相關。〈五行〉篇認為思慮若不精細，則不能明察；思慮不長，

---

[34] 荊門市博物館編，《郭店楚墓竹簡》（北京：文物出版社，1998），〈五行〉，頁149。佔《郭店楚簡．五行》五十枝竹簡之三枝半。

[35] 見劉釗，《郭店楚簡校釋》，頁75。

則成不了形（局面）。〈五行〉篇又用前面的推理方式，認為「不形」就會導致「不安」，不安又會導致「不樂」，不樂就會導致「無德」。這與「君子」的定義相違。〈五行〉篇在後面又就「思不長不形」一點加以補充，認為「智之思」有「長」的素質，長則有心得，有心得就會不忘，不忘則眼能明辨，眼能明辨則能發現賢人，發現賢人則容顏如玉（溫潤），容顏如玉則成形，成形則智。這一連串「則……則……則……」的字眼，[36]雖然具有「推理」的形態，實際上卻什麼結論都下不了。

用同樣的手法，〈五行〉篇認為「仁之思」有「精」的素質。精則明察，明察則「安」（不暴躁？），安則「溫」，溫則「悅」，悅則「戚」（親近），戚則「親」，親則「愛」，愛則容顏如玉，容顏如玉則成形，成形則仁。同樣，用這些「推論」，什麼結論都下不了。而且在兩個段落內，屬於「智」的「玉色」與「形」，和屬於「仁」的「玉色」與「形」，到底是同是異，也沒有講清楚。

反過來，如果不仁不智，則其思既不精，也不長，應該離「君子」的境界很遠。〈五行〉篇認為有詩為證。因為《詩經・召南・草蟲》[37]的第二章有這樣的句子：

> 未見君子，憂心忡忡。亦既見止，亦既覯止，我心則降。[38]

上文的「止」字，〈五行〉篇引文的隸定為兩個「止」字相疊，「釋文」認為應作「之」。其實此字是韻尾，作「止」亦可。〈五行〉篇從「不見君子」聯想到「不是君子」，那時心中不能喜悅；到看見了「君子」，那就是「君子」了，心中就會喜悅。剛好在前面的「推理」中，有「溫則悅」的字眼，因此〈五行〉篇認為「此之謂也」。然而原詩說「未見君子，憂心惙惙」、「既見……我心則說」，而〈五行〉篇則說：「憂心不能惙惙」、「心不能悅」，是不是寫錯了呢？陳來企圖用「斷

[36] 這種修辭方式，一度在戰國很時興，有一個特殊的名稱：「頂真格」。因為句型整齊，如果再伴隨著一股氣勢，真的會增加說服力。例如《論語・子路》篇孔子怒責子路之言：「名不正則言不順，言不順則事不成，事不成則禮樂不興，禮樂不興則刑罰不中，刑罰不中則民無所措手足。」可是如果像〈五行〉篇那樣濫用，真的會很氣悶。請參閱本書第貳編第陸章，〈純理論的治國術──從《清華簡・命訓》談《逸周書・度訓》等三篇詮釋問題〉，《經學研究集刊》，21（高雄：2016），頁 33-42。

[37] 見屈萬里，《詩經詮釋》（臺北：聯經出版，1983），頁 24。

[38] 毛亨傳，鄭玄箋，孔穎達疏，《毛詩正義》，卷 1，〈草蟲〉，頁 82。

章取義」[39]的名目加以解釋，恐怕是「遁辭」。《左傳》記載了不少應對引詩的場合，經常有「斷章取義」的做法。可是「斷章」到反面去的情況，還沒有遇到過。

〈五行〉篇將「仁」與「智」的處理方式，也用到「聖」的情況，認為「聖之思」的素質為「輕」(高妙？)，輕則成形，成形則不忘，不忘則「聰」(聽覺靈敏)，聰則可以聽到「君子之道」，聽到君子之道則如聽到玉磬之音(其聲輕純)，聽到玉磬之音則成形(又是成形？)，成形則聖。〈五行〉篇也認為「有詩為證」。所引的詩為《詩經·召南·草蟲》[40]的首章，原詩為：

> 未見君子，憂心忡忡。亦既見止，亦既覯止，我心則降。[41]

可是〈五行〉篇卻說：「未見君子，憂心不能忡忡；既見君子，心不能降。」又「斷章」到反面。不知〈五行〉篇是不是認為，若聽覺不能靈敏，則不管見不見到君子，心理的表現都不能正常？

上面覆習了〈五行〉篇五十枝簡中的起首十五枝。讓我們暫停一下，看看與荀子所批評的有沒有關係。荀子說〈五行〉篇是「案往舊造說」。「五行」的名稱就沿襲了「往舊」的《尚書·洪範》。[42]原文如下：

> 五行：一曰水，二曰火，三曰木，四曰金，五曰土。水曰潤下，火曰炎上，木曰曲直，金曰從革，土爰稼穡。潤下作鹹，炎上作苦，曲直作酸，從革作辛，稼穡作甘。[43]

這段文章把五項民生必需物料，聯繫上對應的五項動作過程，再聯繫上五項對應的味覺。《左傳》[44]中曾數度徵引過〈洪範〉這篇文章。戰國初期的〈五行〉篇著作者(可能就是子思)一定對這篇文章很熟悉，並且被其聯繫的架構迷惑了。他立大志(材劇志大)，想將孔子提倡過的「仁、義、禮、智、聖」五項理想的德行，也

---

[39] 見陳來，《陳來讀子思：竹簡〈五行〉篇講稿》，頁 21。
[40] 見屈萬里，《詩經詮釋》，頁 24。
[41] 毛亨傳，鄭玄箋，孔穎達疏，《毛詩正義》，卷 1，〈草蟲〉，頁 82。
[42] 見屈萬里，《尚書集釋》(臺北：聯經出版，1983)，頁 118。
[43] 王弼注，孔穎達疏，《尚書正義》，卷 12，〈洪範第六〉，頁 357。
[44] 見《左傳》襄公三年傳、文公五年傳、成公六年傳。

建立起一套架構，以突顯各德行的特性，就稱為「五行」。當時「德行」的「行」字，讀音大概近「恆」，所以還可以與《洪範》的「五行」分別。[45] 可是他的志向雖大，能力卻不足。他在描述「仁、義、禮、智、聖」的特性時，被逼要用到偏僻的事例來作比方，譬如玉色與玉音，顯然喻非其類。怪不得荀子要說他「甚僻遠而無類」。他企圖說明「君子」特有的思慮素質，以與「仁、智、聖」諸「德之行」聯繫，而訴諸幽隱的名目，如「精、長、輕」；甚至還要曲解所引的詩句，結果還是什麼都說明不了。他引進了一連串抽象的名詞，如「安」、「悅」、「樂」、「溫」、「戚」等，在其中打轉，思想因受局限而閉約，得不到解脫。因此荀子要批評他：「幽隱而無說，閉約而無解」。真不算冤枉他。

由〈五行〉篇的內容，回看荀子的〈非十二子〉篇，反而可以明瞭荀子當日用語的意義，甚致比唐朝楊倞僅憑猜測得來的注釋要確當。例如他解「僻違而無類」為「乖僻違戾而不知善類」，就有點不知所云。

〈五行〉篇自第十六枝簡以後的篇幅，大致還是在一些抽象名詞之間打轉。因此，荀子的批評還是用得上。後面偶然也會談論到修身的工夫，有一些原創的見解，可是都沒有充分的發展。下面只敘述其大略。在談「聖之思」以後，〈五行〉篇引用《詩經．曹風．鳲鳩》:「淑人君子，其儀一兮（〈五行〉引作「也」)」。[46] 與《詩經．邶風．燕燕》:「瞻望弗及，泣涕如雨」。[47] 兩句，而認為君子必然「慎獨」，其義應為「專心一致」。〈五行〉篇在後面又提到：心可以驅役耳目鼻口手足，[48] 似乎是為「專一」作注解，可是也沒有說清楚。〈五行〉篇又用了相當的篇幅專談「聖智」，將它們聯繫到耳目的「聰明」；然後又聯繫到君子行善的「終始」，又聯繫到音樂中的「玉振」與「金聲」。這一段因為照應到前面「善」與「德」之分別，又被孟子發揚，值得引述原文：

> 君子之為善也，有與始，有與終也。君子之為德也，有與始，無與終也。金聲，而玉振之，有德者也。金聲，善也，玉音，聖也。善，人道也；德，而天道也。

---

[45] 我們知道這一點，因為漢初由於避景帝的嫌名，而改思孟「五行」為「五常」，並迅即改「聖」為「信」。

[46] 見屈萬里，《詩經詮釋》，頁 257。

[47] 同前引，頁 48。

[48] 所涉之文為：「耳目鼻口手足六者，心之役也。心曰唯，莫敢不唯；諾，莫敢不諾；進，莫敢不進；後，莫敢不後；深，莫敢不深；淺，莫敢不淺。和則同，同則善。」

唯有德者，然後能金聲而玉振之。[49]

「玉音」的「音」字，也許是「振」字之誤。在將這些觀念聯繫的過程中，〈五行〉篇又牽涉進「悅」、「戚」、「親」、「愛」、「直」、「肆」、「果」、「簡」、「敬」、「嚴」、「尊」、「恭」等名目，似乎想兼顧及「仁」、「義」、「禮」諸德行。〈五行〉篇在前半部甚少提到倫常與治國方針，僅為了要引證《詩經．大雅．文王》[50]的「文王在上，於昭于天」，才談到「有道，則邦家舉」。到了後半部，作者似乎覺察到前半部的缺失，開始談到「愛父」、「愛人」、「尊賢」、「恭敬」等原則，開始談到實行「仁、義、禮、智、聖」的過程，強調「進之」的重要。最後，歸結為「君子集大成」，談的還是以原則為主。唯一提出的具體方案，僅為：「有大罪而誅之，簡也；有小罪而赦之，匿也。」可是卻並沒有說明「大罪」、「小罪」的標準。祗是又引《詩經．商頌．長發》的「不競不絿，不剛不柔」[51]來作為理論的支撐。看來，荀子的批評，還是可以適用到〈五行〉篇全文。

現在學術界的共識，是〈五行〉篇（指郭店出土的竹簡）一定是子思的作品。這篇文章著作的時間卻無考。我卻有一個聯想：〈五行〉篇動不動就下定義的作風，可能是受了「墨辯」[52]的影響。可能子思後期住在宋國，結識了墨家的別派，想借用他們的方法來振興儒術。可惜他對「墨辯」的瞭解不夠深刻，他的努力不太成功。《史記》說子思「年六十二，嘗困於宋，作《中庸》。」司馬遷也許看過一些原始資料，只是對書名作了錯誤的判斷。他當然讀過《荀子》，可是在他的觀念中，「五行」與鄒衍的關係太深，他又沒有讀過〈五行〉篇的原書，故以意改為《中庸》，因為《中庸》還多少與《孟子》有關係。由此可知，〈五行〉篇在漢代中葉已經失傳[53]了。班固當然也看不到。《漢書．藝文志》載：「《子思》二十三篇」，只顯示後漢時有人附會了子思的著作。在這些篇章中，一定不會有〈五行〉，不然漢人不會看不懂荀子的批評。班固當然也看過《史記》，可是他並沒有將這二十三篇與《史記》的《中庸》連繫起來。這顯示班固並不認為這二十三篇中有《中庸》。[54]漢

---

49 荊門市博物館編，《郭店楚墓竹簡》，〈五行〉，頁 150。

50 見屈萬里，《詩經詮釋》，頁 451。

51 同前引，頁 624。

52 「墨辯」雖屬墨家別傳，然而墨家弟子經常需要與諸侯打交道，必須有推理的訓練。所以「墨辯」產生的時間也不會太遲。子思晚期有可能與此派弟子相遇。

53 馬王堆漢墓中雖有帛書的〈五行〉篇加上解說，可惜墓主將這些文獻殉葬，而不是公布於世，以致這個孤本在漢代失傳了。

54 《漢書．藝文志》在「禮古經」以下，明載：「記百三十一篇」，下注：「七十子後學者所記也。」顯

時出現的偽書甚多，《漢書・藝文志》的記載並不出奇。

〈五行〉篇雖然受到荀子的批評，可是由於口號響亮，在戰國中後期，還是產生了很大的影響。這種影響一直延續到漢初的賈誼，還提出將「樂」加入子思的「仁、義、禮、智、聖」五行之內，而成為「六行」。[55] 甚至在戰國後期出現的數學書《周髀》[56] 內，也出現這樣的句子：「是故知地者智，知天者聖。」差不多同時的鄒衍，[57] 被子思提醒，回顧〈洪範〉的「五行」，也禁不住添設架構，與「陰陽」合流，成為另一項強勁的政治理論。荀子並沒有指名批評鄒衍，可能他將鄒衍歸到惠施、鄧析一派去了。荀子所特別擔心的，是儒家人物對〈五行〉篇的唱和。所以他指名：「孟軻和之」，來表達他的擔心。

按照《孟子・離婁下》，子思是孟子私淑的「諸人」之一。他當然有他自己的理論，可是他有時也會被子思的口號所吸引，而企圖仿效。〈五行〉篇一開始所講的「人道」與「天道」，就被仿效為〈離婁上〉篇談「誠」與「思誠」時的「天之道」與「人之道」。今傳《孟子》書中有兩段是他特別呼應〈五行〉篇的地方。可是他只呼應其口號，而不呼應其理論。這是他比別人高明的地方。

《孟子》呼應〈五行〉篇之一段在〈盡心下〉：[58]

> 口之於味也，目之於色也，耳之於聲也，鼻之於臭也，四肢之於安佚也，性也。有命焉，君子不謂性也。仁之於父子也，義之於君臣也，禮之於賓主也，知之於賢者也，聖人之於天道也，命也。有性焉，君子不謂命也。[59]

然那是大小戴記的原初情況，《中庸》必定包含在內。下面第四條為：「中庸說二篇」，第五條為：「明堂陰陽說五篇」，顯然此二書都屬於解釋前人文章的「說」，「中庸說」所解釋的「中庸」因此必定在「記」內。至於「子思二十七篇」，則排在「晏子」與「曾子」之間，顯示那是當時所傳的雜著。

55 見盧文弨校訂之《新書・道術》：「人有仁義禮智聖之行，行和則樂興，樂興則六，此之謂六行。」

56 有關《周髀算經》問題的討論，請參閱李怡嚴，〈秦漢間算數傳統的分化與發展〉，《科學與歷史》。

57 見《史記・孟荀列傳》：（鄒衍）「稱引天地剖判以來，五德轉移，治各有宜，而符應若茲。」這已經將「五德」聯上政治。此處雖然沒有解釋「五德」，然鄒衍既列稷下，自可以從《管子》一書找到補充。從〈四時〉與〈五行〉兩篇，可以瞭解這一學派先將時令聯上陰陽與洪範五行，再聯上施政，成為一種「始終循環」。以後鄒衍復將一年中的「轉移」擴大到歷史朝代的「轉移」。這種理論被秦始皇接受後，長期影響到政治的興衰。

58 我認為這一段是孟子學說精華之所在。

59 趙岐注，孫奭疏，《孟子注疏》，卷 14 上，〈盡心章句下〉，頁 463-464。

「聖人」的「人」字疑衍。《孟子》此處的「仁、義、禮、智、聖」諸名目，很顯然是繼承自子思的，連同上面的「口」、「目」、「耳」、「鼻」、「四肢」，也是採自〈五行〉篇的「耳目鼻口手足」。然而孟子將它們用到日常生活與常見之人際關係，因而發揮他自己的「性命」理論。他認「仁義禮智聖」雖是命定的，可是人性卻有努力的餘地，所以作為君子，不能以命定為藉口而不盡力。這裡完全聞不到任何「五行」的氣味。可謂善學子思。他呼應〈五行〉篇的另一段在〈萬章下〉:

> 孔子之謂集大成。集大成也者，金聲而玉振之也。金聲也者，始條理也。玉振之也者，終條理也。始條理者，智之事也。終條理者，聖之事也。智，譬則巧也。聖，譬則力也。由射於百步之外也。其至，爾力也；其中，非爾力也。[60]

這裡的「集大成」、「金聲玉振」等等名目，顯然是採自〈五行〉篇的，然而孟子自己也加入了「條理」的觀念，也使用了「巧」、「力」的譬喻。其說理的效能，比子思要高明多了。而且他將「聖」譬喻為「力」，那是各種型態的聖人都做得到的；可是要達到「集大成」的境界，也就是求其「中」，則需要「始條理」的「智」來配合。孟子用這個譬喻來襯托孔子之為「聖之時者」，強調與伯夷、伊尹、柳下惠的分別。這是非常高明的譬喻。而且孟子說的「集大成」，比起〈五行〉篇的「君子集大成」，其境界要高不少。顯然荀子對〈五行〉篇的許多批評對孟子是無效的。所以荀子只說:「孟軻和之」。他歸罪的主體是子思，至於孟子，只是「從犯」。其罪過是加強了〈五行〉篇的影響。荀子在〈非十二子〉篇中的前五組，每組只舉二人為代表，並不分辨二人學說的差別，卻在最後一組的子思與孟軻，則分別「唱」與「和」，其原因在此。

子思的〈五行〉篇雖然涉及很多名目，可是也容易掛一漏萬。因此探討〈五行〉篇所沒有出現的名目，亦可以反映子思的學術特點。首先引人注意的是:〈五行〉篇沒有「性」、「命」兩個字。這與《中庸》一開篇就是「天命之謂性」呈鮮明的對比。〈五行〉篇的「中」字[61]只用於「中心」,「信」字[62]只用為「信任」。且完全沒有「庸」,「教」等字，讓人懷疑子思心目中著重的字眼與《中庸》作者不同。

---

[60] 趙岐注，孫奭疏，《孟子注疏》，卷 10 上，〈萬章章句下〉，頁 316-317。

[61] 隸定為上「宀」下「中」,「宙」。

[62] 隸定為左「言」右「千」,「訐」。其句為「戚而訐，親也。」「訐」釋為「信」，義為信任。

〈五行〉篇沒有「理」、「誠」[63]、「忠」、「孝」、「慈」等字，甚至也沒有「勇」、「恥」諸字，這與《中庸》以「知、仁、勇」為「三達德」著重點顯然不同。〈五行〉篇雖然首先提出「慎獨」[64]的觀念，然其意義僅為「專心一致」。顯然《中庸》與《大學》所講的「慎獨」只是利用子思所提出的名目，而收歸己用。〈五行〉篇與《中庸》用字如此不同，當然會使人懷疑子思為《中庸》的作者。這一點留到第五節再處理。這裡只強調一點：子思的時代較早，因此孟子或《中庸》的作者會受〈五行〉篇的影響，那是理所當然的。因此即使從《中庸》內找到一些與〈五行〉篇相彷彿的地方，也不夠成為子思作《中庸》的證據。

四、《中庸》與「誠」

《中庸》與《孟子》的關係，顯然很密切。對孰先孰後的問題，我認為最好去探討兩書中對「誠」字的用法。事實上，「誠」字在《中庸》中佔一個很特殊的地位。

「誠」字本義，據《說文》[65]與《廣韻》[66]，為「信也」。一般作副詞用。如《孟子．梁惠王上》的「是誠何心哉？」、《孟子．公孫丑上》的「子誠齊人也。」、《孟子．萬章上》的「故誠信而喜之。」、《論語．顏淵》引《詩．小雅．我行其野》的「誠不以富，亦祇以異。」等。「誠」字有時亦作形容詞用，與「真」字義近。

查閱各經書的《引得》，[67]可發現《周易》、《論語》、《尚書》、《詩經》中，「誠」字出現的次數真少。《周易》下面再談。《論語》除上引一條之外，僅〈子路〉篇有「誠哉是言也」。《詩經》除上引外，僅《大雅．崧高》有「謝于誠歸」。上二例之「誠」字皆普通用法。《尚書》僅《偽古文尚書．太甲下》有「鬼神無常享，享于克誠」；可是《偽古文尚書》出現的時間已經很後了。

「誠」字作為一個德目（一般為名詞，引申則作動詞），似始於《孟子》，而由

[63] 由馬王堆漢墓發現的《帛書．五行說》就極力想彌補子思〈五行〉的這項缺陷。然其中「義襄天下而誠」等句子，卻用「成」字代「誠」，也許想與〈五行〉篇的「集大成」拉上關係。不過這顯然與《孟子》的用法不同。因此對陳來以孟子為〈五行說〉作者的理論，我也持保留的態度。

[64] 其句為：「能為一，然後能為君子，慎其獨也。」

[65] 段玉裁，《說文解字注》（臺北：臺灣世界書局，1971）。

[66] 陳彭年等，《廣韻》。

[67] 見哈佛燕京學社編輯，《十三經引得》（臺北：成文出版社，1966）。

《禮記・中庸》盡情發揮。後來的篇章皆受其影響。這是本節主要探討的對象。

《孟子》中「誠」字出現的次數雖多，然如前面所舉之例，皆為普通用法。作為德目來發揮的，都在〈離婁上〉與〈盡心上〉兩章。先看〈離婁上〉的部分：

> 居下位而不獲於上，民不可得而治也。獲於上有道，不信於友，弗獲於上矣。
> 信於友有道，事親弗悅，弗信於友矣。悅親有道，反身不誠，不悅於親矣。誠身有道，不明乎善，不誠其身矣。是故誠者，天之道也。思誠者，人之道也。
> 至誠而不動者，未之有也。不誠，未有能動者也。[68]

在這裡，《孟子》賦于「誠」以很高的道德地位。在〈盡心上〉又有補充：

> 萬物皆備於我矣。反身而誠，樂莫大焉。強恕而行，求仁莫近焉。[69]

孟子在〈離婁上〉的那一段是為了配合前面「自棄者不可與有為也」而講的，完全在發揮自己的思想，不像引用他人之言。在〈盡心上〉的那一段也是為了配合「求則得之，舍則失之」而言的。我們必須把這些話當成孟子自己的心得，而不是別人學說的引述。然而孟子雖然將「誠」當作德目，卻並沒有賦以超越一切的地位。孟子只是用「誠身」作為「求仁」的有效途徑。若與《禮記・中庸》的有關篇章相比較，就可發現《中庸》接受了孟子的這個原創思想，並且發揮得淋漓盡致。

《中庸》對「誠」的論述，[70]位於相當後的部分。此篇開始時，只談性命。到第十六章用祭祀為引進「誠」作準備。到第二十章，才大規模提「誠」，並設法將此德目與前面鋪陳的「中庸」主旨連繫起來。下面節引這段內容：

> 凡事豫則立，不豫則廢。言前定則不跲，事前定則不困，行前定則不疚，道前定則不窮。在下位不獲乎上，民不可得而治矣。獲乎上有道，不信乎

---

[68] 趙岐注，孫奭疏，《孟子注疏》，卷 7 下，〈離婁章句下〉，頁 316-317。

[69] 同前引，卷 13 上，〈盡心章句下〉，頁 414-415。

[70] 《中庸》中的「誠」字只有德目的意義。《中庸》從未出現以「誠」為「真」的普通用法。這與《孟子》不同。《孟子》中除上引兩段之外，還有大量用「誠」的普通意義的場合。如前面已舉過的「子誠齊人也」。

朋友，不獲乎上矣。信乎朋友有道，不順乎親，不信乎朋友矣。順乎親有道，反諸身不誠，不順乎親矣。誠身有道，不明乎善，不誠其身矣。誠者，天之道也；誠之者，人之道也。誠者，不勉而中，不思而得，從容中道，聖人也。誠之者，擇善而固執之者也。

這一段，除了少數字眼的變動外，幾乎照抄了《孟子・離婁》上的那一段。主要不同點在結尾。《中庸》用了「不勉而中，不思而得，從容中道」之語，來與前半部的「中庸」思想接榫。它也改變了《孟子》的「思誠者，人之道也」而成為「誠之者，人之道也」。《孟子》只強調人可以思索「誠」的道德意義與功效，而《中庸》的「誠之」則將「誠」化為動詞，強調「擇善而固執之」。從思想的脈絡來看，這是《中庸》在發揮《孟子》，而不是《孟子》在引述《中庸》。至於《孟子》此章收尾處的「至誠而不動者，未之有也」，《中庸》則用後面數章來發揮。

《中庸》第二十一章繼續聯繫「誠」與前半部的內容：

自誠明，謂之性；自明誠，謂之教。[71] 誠則明矣，明則誠矣。

顯然在呼應《中庸》起首之「天命之謂性，率性之謂道，修道之謂教。」然後在第二十二章繼續發揮《孟子》「至誠」的觀念：

唯天下至誠，為能盡其性。能盡其性，則能盡人之性。能盡人之性，則能盡物之性。能盡物之性，則可以贊天地之化育。可以贊天地之化育，則可以與天地參矣。

《中庸》將「至誠」的功效，推展到極點。認為可以與天地參，遠超過《孟子》的「能動」。在第二十三章又補充了《孟子》：

其次致曲，曲能有誠。誠則形，形則著，著則明，明則動，動則變，變則化。
唯天下至誠為能化。

---

[71] 可是要了解清楚這裡「性」與「教」的意義，非通徹《中庸》前半篇的內容不可。所以《中庸》是一個整體的。

即使未達「至誠」而有偏曲，然而祇要有誠，就能經由形、著、明、動、變、化等過程[72]而達到「至誠」的境界。《中庸》將《孟子》的「能動」細緻化，同時也擴展了《孟子》的論述。不止如此，《中庸》在下一章還把「誠」發展到「如神」的無上地位：

> 至誠之道可以前知。國家將興，必有禎祥；國家將亡，必有妖孽。見乎蓍龜，動乎四體。禍福將至，善必先知之：不善必先知之。故至誠如神。

《中庸》更擴大了《孟子》「能動」的範圍，以致能通過各種過程（如《尚書．洪範》的「稽疑」）而獲得「前知」。因此「至誠如神」。《中庸》在下一章再將「誠」聯繫到傳統的「仁」與「知」：

> 誠者，自成也，而道自道也。誠者，物之始終；不誠無物。是故君子誠之為貴。誠者，非自成己而已也，所以成物也。成己，仁也；成物，知也。性之德也，合外內之道也。故時措之宜也。

因為「誠」字从「成」，因而可以用「成」釋「誠」[73]，正像用「道（路）」釋「道」一樣。由這項解釋而引出來的「成己」與「成物」問題，《中庸》就此與「仁」與「知」關聯起來。用這些論述，《中庸》將「誠」看作為「合內外之道」的一股力量。這在戰國中期，是一項熱門的論題。[74]

《中庸》在第二十六章以「故至誠無息」為「誠」的論題作小結，強調「至誠」的「博厚高明」、「配天配地」的特性。下一章又不忘與前半篇聯繫：

> 君子尊德性而道問學，致廣大而盡精微，極高明而道中庸，溫故而知新，敦厚以崇禮。

然後跳到第三十二章再總結「誠」在道德中的地位：

---

[72] 《中庸》這裡的句法，有點像〈五行〉篇。然而《中庸》的作者既在子思之後，受其影響是必然的。

[73] 戰國後期有些地區的語文就用「成」來代「誠」。這表現在馬王堆漢墓出土文獻的有些篇章內。

[74] 例如《郭店楚簡．六德》就說：「仁，內也。義，外也。禮樂，共也。」與孟子立異。《中庸》似在為孟子打圓場。

唯天下至誠為能經綸天下之大經，立天下之大本，知天地之化育，夫焉有所倚。肫肫其仁，淵淵其淵，浩浩其天。苟不固聰明聖知，達天德者，其孰能知之！

上述《中庸》對「誠德」的經營，固然是用《孟子》的論述作骨架的，然而對其內涵有補充，有發揮，其結果已遠超過《孟子》的本意，而構成《中庸》後半部的主體。

《孟子．離婁上》的論述已經將「誠」形容成一種廣泛的德目，其含義遠超過「誠」字「信實」的本義；再經由《中庸》的發揮，將「誠」的能耐形容為「經綸天下之大經」，顯然其含義更廣。因為《中庸》已經使「誠」變成一個包羅萬象德目。勉強作比，《中庸》中「誠」字的地位，有點像《論語》中「仁」字的地位。《中庸》雖用「性」、「道」、「教」來開篇，然而其後半篇完全圍繞著「誠」字來發揮，而歸結為「肫肫其仁，淵淵其淵，浩浩其天」。由此我們可以感覺到：《中庸》的撰述主旨，就是要提升「誠」德的地位。其開篇所談論的「中和」、「庸德之行，庸言之謹」，[75] 不過是為了配合與引導此主旨而已。因此我推斷：《中庸》是一篇完整的著述，完全不發生「後人添加」的問題。[76] 而且此篇本來沒有篇題，現在通用《中庸》的篇題，完全是《禮記》的編者根據開篇的論述而賦與的，不見得能夠反映《中庸》全篇的本旨。

《中庸》對「誠」字的特殊用法，似乎不大引人注意。[77] 有些字書嘗試照應到《中庸》中「誠」字的語義。例如宋毛晃父子所撰之《增韻》，[78] 企圖用「純也」、「信也」、「真也」、「實也」、「無偽也」等辭句來作「誠」字的定義。由上面的討論看來，這種嘗試是失敗的。不過後世往往用「誠信」或「誠敬」等「複合名詞」來解釋《中庸》中的「誠」[79]。用「誠信」解釋《中庸》的「誠」，等於貶低它。理

[75] 《中庸》第十三章提出「庸德之行，庸言之謹」來配合章首之「道不遠人」，「庸」字不取《尚書》中「用」之義，就是為了要吸引人，讓人習慣了儒家的學說後，才引進高超的「誠」。

[76] 近代的馮友蘭就這樣主張。見馮友蘭，《中國哲學史》（北京：中華書局，1961）。

[77] 黃忠天教授《中庸釋疑》除在第十五章稱涉及「誠」之外（透過朱子解釋「所以行之者一也」的注），跳過第 21-25 章，到第十六章為「至誠無息」章釋疑，也祇涉及此章最後《周頌．維天之命》一詩，而完全沒有碰到章首「至誠無息」之句，中間《中庸》說「誠」的地方完全沒有顧到，是否認為那些地方沒有疑點呢？還是認為不重要呢？

[78] 《增韻》為《增修互註禮部韻略》的簡稱，為宋紹興年間毛晃所上。現有日本天理大學出版社 1982 年之影印版。

[79] 《中庸釋疑》頁 97 注 6 引朱注：「一」指「誠」而言。實則朱注合指五倫（五達道），不僅對朋

學家則將「誠敬」造成複合語，久之，其義相融。如《廣韻》即說「誠，敬也」，以「敬」釋「誠」。後人甚至以「敬」代「誠」。實則《中庸》中出現「敬」字在第三十一章「足以有敬也」、「而民莫不敬言」，第三十三章「君子不動而敬」，皆作「尊敬」解，在《左傳》中有很多批評禮儀「不敬」的地方，亦衹指「存心恭敬」而言，到後來理學家才將「敬」等同於〈堯典〉「欽哉」的「欽」，似非先秦原義。然而就算是用這個「敬」來釋「誠」，也無形中削弱了《中庸》中「誠」字的力量。

後世受《中庸》「誠德」理論影響的，主要有《易傳．乾文言》的九二與九三。整本《周易》經傳，也僅此兩處才有「誠」字。謹引其文如下：

> 九二曰：「見龍在田，利見大人」，何謂也？子曰：「龍德而正中者也。庸言之信，庸德之謹，閑邪存其誠，善世而不伐，德博而化。《易》曰：『見龍在田，利見大人。』君德也。」[80]
>
> 九三曰：「君子終日乾乾，夕惕若，厲，无咎」，何謂也？子曰：「君子進德脩業。」忠信，所以進德也。脩辭立其誠，所以居業也。知至至之，可與幾也。知終，終之，可與存義也。是故居上位而不驕，在下位而不憂。故乾乾因其時而惕，雖危無咎矣。[81]

上引〈乾文言〉，無論是「存其誠」還是「立其誠」，「誠」字的用法，都有《中庸》的意味。不僅如此，〈乾文言〉的作者顯然受《中庸》的影響而有所配合。他將九二的君德聯想到《中庸》第十三章的「庸德之行，庸言之謹；有所不足，不敢不勉；有餘不敢盡。」（與〈文言〉的「庸言之信，庸德之謹」稍異，可能由於傳承的不同），著重在脩身。對「誠德」，則存而不外露。「閑邪存其誠」則可以配合「自誠明謂之性」、「誠者自成也」，由是可知「閑邪存其誠」之文意為「若能存其誠，則可以閑邪」。至於九三，則著重在君子的進德居業，「進德」主忠信；居業

友。朱注並引程子，謂：「誠止是誠實此三者」，「三者」當然指知、仁、勇三達德。而且朱注中亦未將朋友之「信」與統括之「誠」放在同一層次。似乎並不支持將「誠信」當作一個整體的觀念來用。《中庸釋疑》頁159（二）用了另一複合名詞「誠敬」，其實是在談「敬」。此節的主體在討論祭祀，與《中庸》有關的是「齊莊中正，足以有敬也。」並未聯繫到「誠」去。僅憑一複合名詞來拉攏「誠」與「敬」，似未在《中庸》中找到支援。

80 王弼注，孔穎達疏，《周易正義》，卷1，〈乾〉，頁17。

81 同前引，頁18-19。

則「誠德」不但要外露，而且要脩辭而立之。〈文言〉的解釋：「知至至之，可與幾也。知終終之，可與存義也。是故居上位而不驕，在下位而不憂。」可以配合：「居上不驕，為下不倍」「知所以修身，則知所以治人；知所以治人，則知所以治天下國家矣。」與「唯天下至誠為能化。」[82] 雖然《易傳》涉及「誠德」的地方僅此兩處，[83] 然而〈乾文言〉的其他部分，也有很多可以配合《中庸》。《易傳》本有其自身的淵源，能對《中庸》引述得如此深入，可見〈文言〉的著者對《中庸》的理論甚能理解並認同。

〈文言〉因為引述《中庸》，所以〈文言〉出現的時間，一定在《中庸》之後。又因為〈乾文言〉上九之文，被〈繫辭上〉第八章所引用，[84] 故〈繫辭〉又在其後。我們現在知道〈繫辭〉的大部分，已出現於漢初馬王堆出土的文物之中。[85] 因此《中庸》面世的時間，一定在戰國。這是其下限；上限則在《孟子》之後。下一節還要再討論這一點。

《中庸》賦予「誠」的新義，對後世的影響，除了〈乾文言〉的「存其誠」、「立其誠」之外，主要表現於《禮記》的其他篇章。姑舉三例，[86] 以見一斑：

1.〈學記〉諷刺「今之教者」的「使人不由其誠，教人不盡其材」。

2.〈學記〉的「窮本知變，樂之，情也；著誠去偽，禮之，經也」。

以上兩例中的「誠」字，雖然仍保留了部分原義，可是由上下文判斷，其語義已經擴大，向《中庸》的「誠」字傾斜。

3.〈大學〉的「所謂誠其意者，毋自欺也！」此例雖然亦將「誠」當成一個重要的德目，然而僅用之於「意」，未免太狹窄。而且「心」與「意」的分際微妙，

---

[82] 要說明〈文言〉的理論，可以用子產作例，子產在鄭國，所居可謂危位。他的功業，倚靠的除了忠信以進德之外，脩辭也是一個重要因素。孔子就稱讚他「有辭」。不僅外交辭令而已，他與子皮的推心置腹，他處理豐卷與公孫黑的危機，都給人一種「真摯」的感覺，這似乎可扣緊「居業」的「居」字。他似乎也做到：「知至至之，可與幾也；知終終之，可與存義也。」更無愧於後面一段：「是故居上位而不驕，在下位而不憂。故乾乾因其時而惕，雖危無咎矣！」這些似乎都是《中庸》的精華。

[83] 然馬王堆漢墓帛書〈繫辭〉將「盛德」寫成「誠德」。可能是方言之別。本文不考慮這種情形。

[84] 朱熹《易本義》謂此段「當屬文言，此蓋重出。」然而〈繫辭〉此章本來的用意就是徵引眾多爻辭來說明取象的意義。所舉之例當取自師徒相傳之言。〈乾文言〉上九之解釋適合其用，直接襲取之，也不奇怪。

[85] 馬王堆帛書《周易》的〈繫辭〉有引〈乾文言〉上九的那一段，在第十六行。參閱濮茅左，《楚竹書周易研究》下冊，頁 601。

[86] 所引之《學記》在《禮記》第十八篇。所引之《大學》在《禮記》第四十二篇。

往往會要涉及冥想，無怪乎陳確[87]要對〈大學〉不滿。

《禮記》中提到「誠」字的地方還多，請參閱〈曲禮〉、〈檀弓〉、〈文王世子〉、〈禮器〉、〈郊特牲〉、〈祭統〉諸篇。[88]經由《禮記》，「誠」字作為德目，終於完全建立。然而這些篇章都沒有追隨《中庸》把「誠」極端化。後代用「誠」作德目，其含義大致近於《孟子》。

五、〈五行〉、《孟子》、《中庸》時序的建立

本文認為《中庸》的作者在孟子之後，與《史記》認為子思作《中庸》的記述相違。其實《史記》對子思的記載，也不是那樣有權威性，《史記》顯然誤記了孟子與子思的關係。《史記．孟子列傳》說孟子「受業子思之門人」。此說雖然在時間上講得過去，卻是沒有根據的。由他對孟子事跡記載之簡略，可知他沒有細讀《孟子》。在第二節，本文已經引述了《孟子》中有關子思的章節。顯示孟子都是將子思當作一位前輩學者看待，一點也沒有當作祖師的跡象，也沒有「受業」的記載，也沒有引述子思傳道之言。若說是受業於「子思之門人」，這個「門人」又是誰？對自己的業師一句話也不提未免不合理。可是〈離婁下〉有一段講得最明顯：

> 孟子曰：「君子之澤，五世而斬。小人之澤，五世而斬。予未得為孔子徒也，予私淑諸人也。」[89]

如果孟子曾受業於子思之門人，則他與子思之間的輩分差只有三世，如何能不認他為祖師？方之《孟子．離婁下》的另一段言論：

> 逄蒙學射於羿，盡羿之道，思天下惟羿為愈己，於是殺羿。孟子曰：「是亦羿有罪焉。」公明儀曰：「宜若無罪焉。」曰：「薄乎云爾，惡得無罪？鄭人使子濯孺子侵衛，衛使庾公之斯追之。子濯孺子曰：『今日我疾

---

87 參閱詹海雲，《陳乾初大學辨研究》（臺北：明文書局，1986）。

88 《曲禮》（上下）在《禮記》第一、二篇。《檀弓》(上下)在《禮記》第三、四篇。《文王世子》在《禮記》第八篇。《禮器》在《禮記》第十篇。《郊特牲》在《禮記》第十一篇。《祭統》在《禮記》第二十五篇。

89 趙岐注，孫奭疏，《孟子注疏》，卷8上，〈離婁章句下〉，頁268。

作，不可以執弓，吾死矣夫！』問其僕曰：『追我者誰也？』其僕曰：『庾公之斯也。』曰：『吾生矣。』其僕曰：『庾公之斯，衛之善射者也。夫子曰吾生。何謂也？』曰：『公之斯學射於尹公之他，尹公之他學射於我。夫尹公之他，端人也，其取友必端矣。』庾公之斯至，曰：『夫子何為不執弓？』曰：『今日我疾作，不可以執弓。』曰：『小人學射於尹公之他，尹公之他學射於夫子。我不忍以夫子之道反害夫子。雖然，今日之事，君事也，我不敢廢。』抽矢扣輪，去其金，發乘矢而後反。」[90]

根據孟子的意見，雖射箭技藝之事，也須講究師承。若孟子自己真的受業於子思之門人，卻又不肯承認，其弟子何以不再問呢？所以孟子並未受業於子思之門人。

孟子自言願學孔子，又說私淑諸人，這就將子思也包括進來了，當然會受他的思想影響。本文強調這一點，因為說孟子「受業子思之門人」，實在是很多學人的成見。例如陳來就說：

《五行》說文若為孟子所作，當在孟子學於子思之門人的中年，而不是退而與萬章之徒作七篇的晚年。[91]

要澄清《孟子》與《中庸》的時序，首先就要排斥這項成見。既然《史記》對有關子思之事實多所誤記，則他對「子思作《中庸》」的記載，也應沒有多少權威性。

在本文第三節，我們已經確立「〈五行〉篇為子思的作品」，然而〈五行〉篇的用辭與思想與《中庸》差異很大。〈五行〉篇完全沒有「性」、「命」、「庸」、「教」、「理」、「誠」、「忠」、「孝」、「慈」、「勇」、「恥」等字，讓人懷疑子思心目中著重的字眼與《中庸》作者不同。說《中庸》是子思不同時代的作品是不可思議的，因為一個人的思想與用字習慣不是那麼容易改變的。而且〈五行〉篇顯然有「墨辯」的影響，子思作〈五行〉篇的時間已經是晚年，也沒有時間與精力去改變思想與用字習慣，祇是為了要著《中庸》！

在本文的第四節，我複習了《孟子》與《中庸》對「誠」的處理。《孟子》已經將「誠」講成一種廣泛的德目，《中庸》卻將「誠」的能耐形容為「經綸天下之

90 趙岐注，孫奭疏，《孟子注疏》，卷 8 下，〈離婁章句下〉，頁 269-270。
91 見陳來，《竹簡〈五行〉篇講稿》，〈竹帛《五行》篇為子思、孟子所作論〉，頁 118。

大經」。《中庸》已將「誠」發揮為一個包羅萬象德目，尤其是第二十四章提出「至誠如神」與「至誠之道可以前知」，將孟子的主張推展到「至極」。事實上，《中庸》的撰述主旨，就是要提升「誠」德的地位。由此可知，《中庸》的寫作，一定在《孟子》之後，如此才能用一段《孟子》論述的粗坯，發揮成宏瑋的理論。如果倒過來，說《孟子》在引述《中庸》，則就很難了解，何以《孟子》會作如此「半弔子」的引述。

第三節否定了子思作《中庸》的可能性，第四節則將《中庸》出現的時間放到《孟子》之後。此結論符合於《中庸》第二十八章所述：「今天下車同軌、書同文、行同倫」的時代背景。子思活動的時代，大約為 466 B.C.-406 B.C.，也就是春秋至戰國的過渡時代。那時南方越與楚的勢力互為消長；越稱霸的時間不長，楚國因白公之亂而削減國力，到楚惠王時國力雖稍恢復，其勢力僅及淮上。北方則為混戰局面，西邊的秦國為義渠所苦，不太能東出；東邊齊國之田氏漸強，正朝取代姜氏作準備，亦不太管中原之事。三晉則魏文侯雖獨強，趙亦落後不多。這是一個大分裂的時代，談不上「車同軌，書同文，行同倫」。一直要到齊宣王時代（319 B.C.-301 B.C.）齊最強大，[92] 秦次之，楚趙皆不如。當時華夏很有統一的趨勢。商業與手工業皆非常發達，技術的快速發展使道路與橋樑能被大量建構。[93] 我們知道《考工記》[94] 出現於戰國中葉的齊國，在此之前，不存在令「車同軌」[95] 的統一規格。在同一時期，民眾接觸的頻繁使得「書同文、[96] 行同倫」成為可能。各地人民對人際關係所遵循的禮儀與慣例，也漸形成共識。這也不能求之於子思的時代。

《中庸》第二十八章也顯示那段文章不可能出現在子思的時代。引述如下：

子曰：「愚而好自用，賤而好自專，生乎今之世，反古之道。如此者，

---

[92] 參見錢穆，《國史大綱》（臺北：臺灣商務印書館，2009）。

[93] 這種發展並不存在於春秋後期，孟子當時已不能了解何以子產不能多造橋以濟民，可見變化之大。見《孟子・離婁下》。

[94] 《考工記》現為《周禮》之一部分，其中有很多關於車的規格，姑舉二則以見一斑：「車軫四尺，謂之一等」，「車人之事，半矩謂之宣」。有關《考工記》的考證，請參閱李怡嚴，《科學與歷史》，〈秦漢間算數傳統的分化與發展〉，頁 13-14。

[95] 有人舉《左傳・隱公元年》的「天子七月而葬，同軌畢至。」來主張春秋時本有「同軌」的觀念。其實這裡的「同軌」只用來形容諸侯，只適用於最高層貴族（古時天子對諸侯多有賜車之舉）。與《中庸》所講的「天下車同軌」相差不可以道里計。

[96] 由近來出土的戰國竹簡觀察，顯然當時的小篆體已逐漸淘汰大篆體，並朝繼續簡化演變。這種趨勢使日後李斯的統一文字成為可能。

及其身者也。非天子不議禮，不制度，不考文。今天下車同軌，書同文，行同倫。雖有其位，苟無其德，不敢作禮樂焉。雖有其德，苟無其位，亦不敢作禮焉。」

子曰：「吾說夏禮，杞不足徵也；吾學殷禮，有宋存焉；吾學周禮，今用之，吾從周。」

這些話是《中庸》的作者代孔子說的。這個人是子思嗎？不大像！子思的時代離孔子太近，應該會知道那時不會有「車同軌」的情形。如上文所言，要到孟子的時代才行，只有那時，技術的進展才使人們不了解以前多麼落後。

上文所引之「生乎今之世，反古之道。」[97]是配合後文的「吾從周」而言的。再看子思所處的時代，新興的「顯學」是墨家，對於「師古」一節，與儒家並無二致。要到齊威王、宣王時代（357 B.C.-301 B.C.），道家的一派與當時盛傳的「黃帝」傳說併合，發展成「黃老之學」[98]。齊國支援一群黃老學者，結集於齊之稷下，讓他們「百家爭鳴」。由正統的儒家看來，這才真的是：「生乎今之世，反古之道。」「反（返）古」指「不從周」。儒家認為這個異端的學派既無其位，又無其德，在稷下談的，都是違抗「周禮」的事項，等於是在「制禮作樂」。儒家學者認為這是不可容忍的。他們預料齊宣王以及其繼承者的作為，一定會引起諸侯的反感與干預，甚至會「　及其身」。這可以算是一項詛咒，可是多少預料到齊湣王的敗死與稷下學派的亡散。《中庸》的作者插進這一段，一方面為了反抗稷下學派，另一方面也希望說服齊宣王支持孔子所認同的「周禮」，推行「王道」。這種心理，很像孟子當日不肯放棄說服齊宣王實行「仁政」。因為「雖有智慧，不如乘勢；雖有鎡基，不如待時。」[99]

在這種政治背景下，儒家必須有新的議題，才可吸引人才。孟子力主「性善」，目的是堅定每個人為善的志向。同時，他建構起性命之學，來整合各項德目，以為「性善」作基礎。戰國中期的儒家，沒有不受他影響的。《孟子》書中就載有告子問難之語。在《郭店楚簡》中，〈性自命出〉就特別呼應了孟子的性命理

---

[97] 黃忠天教授《中庸釋疑》第十七章釋「反」為「違反」。然而當孔子或子思之世，到底有哪一種學派或勢力主張違反古道以制禮作樂？若沒有，豈非無的放矢？問題在，所有的討論都以「子思作《中庸》」為前提，所以到處捉襟見肘。

[98] 這個學派的主張，由於馬王堆漢墓出土的《黃帝書》而大明於世。可參閱胡家聰，《稷下爭鳴與黃老新學》（北京：中國社會科學出版社，1998）。

[99] 《孟子・公孫丑上》極言齊國有地有民，「行仁政而王，莫之能禦也。」可以察見孟子的心理。

論。其他諸篇，如〈六德〉、〈尊德義〉、〈成之聞之〉、〈忠信之道〉[100]則討論各項德目對修身與處世的效應。不難看出《孟子》對這些篇章的影響。《中庸》更是備受《孟子》性命之學的影響，而以之開篇，[101]可是到後面卻接受《孟子》「誠」的觀念來涵蓋「性」，以「博學、審問、慎思、明辨、篤行」為實行之關鍵，並由「盡人之性」推廣到「盡物之性」，這是《中庸》超過《孟子》的地方。《中庸》在政治上像《孟子》那樣強調「王天下」，卻寄望於「君子篤恭而天下平」，[102]並沒有像《大學》那樣「平天下」的野心。在戰國中期，《中庸》的影響力似乎只限在北方，而沒有時間傳到南方，所以南方的《郭店楚簡》中並沒有感染到《中庸》中「誠」超越一切的意味。很多學者在《中庸》中找到一些與《郭店楚簡》某些篇相通的地方，[103]遂說皆為子思所著。其實那些相通的地方是透過《孟子》而來的。

六、小結、對《中庸》作者的猜測

我相信《中庸》的作者後於孟子。可是他能夠完整徵引《孟子》，很可能他與孟子弟子（萬章與公孫丑）的關係很密切，因此可以看到他們記下的語錄而加以利用。在時間上，他並沒有後於孟子多少。他可能不是孟子的弟子，因此敢與孟子立異，可是他應該會尊敬孟子為前輩。他著書來抗拒稷下學派，可是也顧忌孟子還未完全對齊宣王絕望，因此沒有署名以表達身分；書的公布也可能在孟子離齊之後。他不像孟子好辯，也沒有孟子那股氣勢，可是他的思想較細膩，組織能力亦強。我嘗試從孟子後輩中猜想一個候選人。我的猜測是樂正克。

孟子相當欣賞樂正克。〈告子下〉篇載：「魯欲使樂正子為政，孟子曰：『吾聞之，喜而不寐。』」因為「其為人也好善。」〈盡心下〉篇也載孟子對樂正子的評判：「善人也，信人也。……可欲之謂善，有諸己之謂信。」他的學術與倫理標準應當與孟子很相近。他向魯平公推薦孟子，為嬖人臧倉所沮，他向孟子表達歉意，孟子

---

[100] 在第三節開始時已介紹過《郭店楚簡》。其中與儒家有關的篇章，除〈五行〉外，有：〈緇衣〉、〈性自命出〉、〈六德〉、〈尊德義〉、〈成之聞之〉、〈唐虞之道〉、〈忠信之道〉、〈窮達以時〉、〈魯穆公問子思〉。劉釗的《郭店楚簡校釋》有詳盡的校釋。

[101]《中庸》似將《孟子》的「命」回歸到「天命」的原始意義，而不像《孟子》那樣賦予「性」與「命」以對等的地位。

[102]《中庸》之末章提出「天下平」，義為天下自平，不像《大學》那樣以「平」為動詞。

[103] 見丁四新，《郭店楚墓竹簡思想研究》（北京：東方出版社，2000）。與姜廣輝，《郭店楚簡與早期儒學》（臺北：臺灣古籍出版社，2000），〈郭店儒簡的參考座標〉。

還引天命來安慰他。[104] 孟子有時因對他期望太高而責備他，而他也虛心認錯。[105] 他稱呼孟子「先生」，而不像公孫丑那樣稱呼「夫子」，所以他不是孟子的弟子。可是孟子自認是「長者」，可見他尊敬孟子為前輩。〈告子下〉篇雖載：「魯欲使樂正子為政」，卻沒有說是否真有此任命。即使樂正克曾仕魯為政，魯卻非有為之國；考慮魯平公對嬖人臧倉的寵信，就知道他不可能久立於朝。[106] 當他退下來，就有自己的時間可以從事學術。他有深厚的修養基礎（有諸己），對他的心得有自信，足以著書立說，有著作《中庸》的能力。樂正克的學術基地在魯國，影響力及於《易傳》的作者，卻不像在齊國的孟子那樣，容易與南方的學者來往。在戰國的中期，他的《中庸》還沒有時間傳到南方，所以南方的《郭店楚簡》中，並沒有感染到《中庸》中「誠」超越一切的意味。

我查遍《孟子》，覺得還沒有別的後輩如樂正克那樣，如此認同孟子，又如此受孟子欣賞。我認為樂正克是著《中庸》的最可能人選。《韓非子．顯學》篇說「儒分為八」[107] 之中有「樂正氏之儒」，指的可能就是他。

---

104 見《孟子．梁惠王下》

105 見《孟子．離婁上》，樂正子從子敖之齊，孟子責備他「徒餔啜也」。

106〈離婁上〉載樂正子從子敖赴齊見孟子，那時他一定不在魯朝了。

107 見《韓非子．顯學》。

貳、再論子思與《中庸》

一

《史記・孔子世家》說:「伯魚生伋,字子思,年六十二,嘗困於宋,作《中庸》。」這段話一向為學者認為是「子思作《中庸》」的確證。然而太史公所根據的史料實不可靠。就其所謂「年六十二」一節,就與史實不合。《孟子・萬章下》說:「繆公之於子思也,亟問亟餽鼎肉。」按《史記・魯世家》定魯繆公元年於周威烈王十七年,即 409 B.C.(如照《史記・六國年表》所記,則在周威烈王十九年,即 407 B.C.)。即使按照近人錢穆的考證,將魯繆公元年定於周威烈王十一年,即 415 B.C.,按照此最早的日期,上距孔子卒年 479 B.C. 亦多達 64 年。又據《論語・先進》孔子回答顏、路之言:「鯉也死,有棺而無椁。」可知孔鯉死在顏回之前。由此估計,當孔子死時,子思之年歲大約 4-5 歲。如果子思的年壽為六十二歲,則無論如何見不到魯繆公。由這一點看來,太史公手中所掌握到子思的史料,實不可靠。

我們對子思的最好的了解,為子思為孔鯉之庶子(〈檀弓〉說子思有嫂),其母為孔鯉之妾。子思幼時,依靠其母於衛,年輕時仕於衛。《孟子・離婁下》說:「子思居於衛,有齊寇。……子思臣也,微也。」估計子思仕衛,大致在衛悼公之世(455-451 B.C.),此時齊宣公初即位,田氏宗人盡為齊都邑大夫,齊宣公力量微弱,所謂「齊寇」,大概不是多大的戰役。

前人多謂子思曾師事曾子,實於文獻無徵,《孟子・離婁下》分言曾子與子思,雖說:「曾子,師也」,僅述曾子在武城的地位,與子思無關;孟子僅比較曾子在武城與子思在衛之情況而已。又,《禮記・檀弓》記曾子呼「伋」,然〈檀弓〉亦記曾子呼子夏為「商」,故亦不能說子思師事曾子。

《荀子．非十二子》言：「世俗之溝猶瞀儒，嚾嚾然不知其所非也，遂受而傳之，以為仲尼子游為茲厚於後世，是則子思孟軻之罪也。」荀子批評子思與孟軻，其實以子思為主，孟軻僅為「和之」，我們似可由這段話判斷子思的學術出之於子游。《論語．子張》記載子游批評子夏對門人的教育捨本逐末（專務洒掃應對進退）。可知子游教門人著重的原則。而子思提倡「仁義禮知聖」之「五行」，正是先標示大原則，可能就是受到子游的影響。又，荀子批評「子游氏之賤儒」為：「偷儒憚事，無廉恥而耆飲食，必曰：『君子固不用力』」，而子思晚年由衛回魯，魯繆公雖亟問亟餽鼎肉，然不滿意每次「僕僕亟拜」，與魯繆公鬧翻。可是子思反而接受費惠公的師禮，費惠公就是魯季孫氏獨立出來而僭稱的。子思受其師禮，是否有「耆飲食」之嫌呢？很可能荀子因此對子思不滿。

至於《漢書．藝文志》有〈子思〉二十三篇，祗表示在後漢時有人附會了這部書，其中一定沒有思孟五行說，否則後人注《荀子》時不會看不懂何謂「五行」。班固既看過《史記》，卻沒有將此《子思》與《史記》所說的〈中庸〉連繫起來，表示他不認為這二十三篇中有〈中庸〉。漢時出現的各種偽書甚多，不足為奇。

二

前文由「誠」字的演變來顯示〈中庸〉的著作一定在《孟子》之後。這裡不再重複，祗補充強調一點，《孟子．離婁上》祗說：「思誠者，人之道也」，而〈中庸〉的著者改變為「誠之者，人之道也」，並且進一步解釋「誠之者，擇善而固執之者也」，將「誠」當作動詞用，其涵義遠較《孟子》的「思誠者」更豐富，這裡祗可能是〈中庸〉的著者發揮了《孟子》的意念，而不可能是《孟子》抄了〈中庸〉而失其義。

三

對「誠」字的非析並非孤證。〈中庸〉第二十八章也顯示那段文字不可能出現在子思的時代，列述如下：

子曰：「愚而好自用，賤而好自專，生乎今之世，反古之道。如此者，

> 及其身者也！」非天子，不議禮、不制度、不考文。今天下車同軌，書同文，行同倫。雖有其位，苟無其德，不敢作禮樂焉；雖有其德，苟無其位，亦不敢作禮樂焉。子曰：「吾說夏禮，杞不足徵也。吾學殷禮，有宋存焉。吾學周禮，今用之。吾從周。」

這一段引出了好些問題。首先，孔子曾說：「述而不作，信而好古，竊比我老彭。」（《論語．述而》）因此他絕不會反對「生乎今之世，反古之道」。〈中庸〉著者將這段話硬放在孔子口中，一定特別有所指，按孔子所好之「古」，最多上至堯舜。《中庸》第三十章也說：「仲尼祖述堯、舜，憲章文、武」，可見《中庸》著者所詛咒的「反古之道」絕不是「堯舜之道」。再看子思所處的時代，新興的「顯學」為墨家，對於「師古」一節，與儒家並無二致。祗有到戰國中期，道家中的一派與當時盛傳的「黃帝」傳說併合，發展成「黃老之學」，由儒家的標準來看，這顯然是異端之尤。而這派的學者在齊國又很佔勢力，並得到齊宣王的支持，我認為當時的儒家對「黃老學派」的反感，是促成他們著述《中庸》的動機。這個學派的主張由於長沙馬王堆出土的「黃帛書」而大明於世。

從齊威王開始，就支援一群學者結集於齊之稷下，讓他們「百家爭鳴」。由死硬派的儒家看來，「周監二代，郁郁乎文哉」的周禮，已經足夠學者去努力。他們認為那群稷下學者既無其位，又無其德，談的卻是推翻周禮的事項，等於是在「制禮作樂」，這是不可容忍的。他們預料齊宣王以及其繼承者的作為，一定會引起諸侯的反感與干預，並且一定會「災及其身」。我們可以說這種詛咒大致已預料到了齊湣王的敗死與稷下學派的亡散。有關這個學派的興盛情況，可參閱胡家聰著《稷下爭鳴與黃老新學》（北京中國社會科學出版社，1998）。《中庸》說當時「車同軌，書同文，行同倫」，我們也可以追溯其時代背景。子思活動的時代大約為 466 B.C.-406 B.C.，大致為春秋至戰國的過渡時代，南方越與楚的勢力互為消長，越稱霸的時間不長，楚因白公之亂削減國力，楚惠王時雖稍復原，其勢力僅及繼上。北方則為混戰局面，西邊的秦為義渠所苦，不太能東出，東邊齊之田氏漸強，正朝代姜氏作準備，亦不太管中原之事。三晉則魏文侯雖獨強，然趙亦落後不多。這是一個大分裂的時代，稱不上「車同軌，書同文，行同倫」。至於我認為齊稷下學術最壯威的時代（約 319 B.C.-294 B.C.），齊最強大，秦次之，楚趙皆不如。當時華夏很有統一的趨勢，商業與手工業皆非常發達，道路與橋梁普遍建造。（《孟子．離樓下》認為「歲十一月徒杠成，十二月輿梁成」是很容易的事，由此可見戰國時橋梁建築技術的進步。)「車同軌，書同文，行同倫」的條件已經具備。當時齊國出現一部工藝書，稱《考工記》，將不少工藝製造的部件標準化，而且特別申明製車所需部件標準化最多，這種安排顯然可使車輛的生產量大為提高，而生產出來的車，當然就是合軌的。至於「書同文」，由近來出土的戰國竹簡觀察，顯然當時的小篆體已經淘汰掉大篆體，而且朝繼續簡化演變，這種趨勢使日後李斯的統一文字成為可能。至於「行同倫」，由於交通發達，民間的接觸增多，使各地對人際關係所遵循的各種禮儀慣例，漸形成共識。《中庸》的著者希望利用這些普遍的共識，來推行孔子所認同的「周禮」。這種心理，正像當日孟子不肯放棄說服齊宣王去推行仁政，因為「雖有智慧，不如乘勢；雖有鎡基，不如待時」。

由《中庸》第二十八章的內容來看，《中庸》出現的時間，大概在齊稷下學派勢力最強的時代，大致在齊宣王後期，孟子離齊之後。

《中庸》著者可能是孟子後輩，然必與孟子弟子（萬章或公孫丑）熟悉，可以看到他們所記載的語錄並加以利用。他本人當然是儒家，卻由於孟子始終沒有放棄說服齊宣王，因此沒有露面署名。文章的篇題則為《戴記》編者所加。細讀《中庸》全文，可以發現著者有特殊的意圖與結構。首先釋「中」，而以「和」為陪襯，然後進入「中庸」之主旨，極言「庸德之行，庸言之謹」，而不取《尚書》中「用」的本義。後而引據前聖之特殊環境，而結論為，除聖人外，完全的「中庸」很難達到。然後忽然翻轉文氣，由為治之「九經」而引進孟子所倡之「誠」，認為這可以解決「完成中庸」之難題。觀察第二十七章「極高明而道中庸」，可以察覺全文的前後一致。因此，我不贊成馮友蘭「有後人文章攙入」的主張。

參、讀《中庸》拾零

一、前言

這幾年來，我有幸經常與黃忠天教授討論經學，蒙他不棄，贈與他的力作《中庸釋疑》，[1]引我進《中庸》這本書的堂奧。因為往日的訓練不同，我看後常有不同的意見。黃教授鼓勵我寫出來。積有成稿，大部分為關於《中庸》的作者問題，另外整理成一文。[2]剩下幾篇零碎心得，不忍捨棄，集為此文。

首先，我先大略談一下對《中庸》的整體印象。我認為《中庸》的作者有一個完整的寫作計畫，而且結構井然。開篇先解釋「中」與「中庸」，就引孔子的話：「中庸其至矣乎，民鮮能久矣。」[3]在以下幾個短章，強調要做到完全的「中庸」，是很難的；只有舜與顏回那些人才做得到。雖然如此，君子修身還須遵道而行，居易以俟命，事死如事生。《中庸》引文武周公之事以明之。《中庸》前十九章講的都是傳統儒家的主張。第二十章是最長也最關鍵的一章，前半歸納儒家理論為五達道與三達德；後半接受孟子[4]「誠身」的主張並擴充之。由第二十一章起，《中庸》充分發展了「誠」的觀念，認為如此可以達成中庸，至誠並能經綸天下之大經。《中庸》前半篇強調中庸之難，正為後半篇彰明「誠身」的效能而設。

我將我的其他零碎意見，按照《中庸》的次序，列在下面。

1 黃忠天，《中庸釋疑》。

2 參閱本書第肆編第壹章〈論子思與《中庸》〉。

3 《論語．雍也》載孔子的話是：「中庸之為德也，其至矣乎！民鮮久矣。」與《中庸》所引稍有出入，可能出自傳承之異。

4 在我的另一篇文章〈論子思與《中庸》〉中，我會詳細說明何以是《中庸》的作者在引述《孟子》，而非孟子在引述《中庸》。

二、開篇釋義：「中」、「中和」、「中庸」

《中庸》給我最大的「疑點」，是第一章「喜怒哀樂之未發，謂之中」與程頤所釋「不偏之謂中」很難連結起來。因此有人受印度文化之影響而用「冥想」來體會「喜怒哀樂」未發前之「情景」，這顯然不會是先秦的思想。近來出土的文物，也許可以提供先秦時「中」的意義。當然，《中庸》可以賦予「中」以富有道德意味的新義，可是「新義」也必須是傳統意義的引申。《清華簡．保訓》的發現讓我們對先秦「中」的觀念與意義的演變有透徹的了解。根據甲骨文，「中」的初義為測日影所立之表。李零先生[5]認為可以由這個原始義引申為「標竿」，再推廣為「目標」。

《清華簡．保訓》透過虞舜與上甲微的兩個故事，透露出「中」有「努力的準則」的意思。[6]其中尤以上甲的故事最為顯著。〈保訓〉說上甲微「假中于河」，後又說「追中于河」，文義不清晰，因此眾說紛紜。我認為這兩個「中」字用的就是上述的引申義，指奮鬥的目標而言。上甲微既向河伯借兵討伐有易，當然會來到河水下游的九河區域。他看到此九河流過廣大的地區，可是都奔向大海而去。他不禁有所感觸。他的祖先習慣於遷徙游牧兼經商的生活，沒有長期的目標。就算他這次出兵報仇，報完仇以後又完成了什麼？他由河水的奔流，聯想到他日後的努力也應該有一個目標（土地的征服與統治）。我認為這就是他由河水所「假」的「中」。上甲微的復仇之戰打勝了，也殺了有易之君緜臣。我相信他根據既定的目標，併吞了有易的土地，以為將來武裝拓殖的基礎。他成功了以後，追源最初定此目標，是由於河水的聯想，因此對河神舉行盛大的祭典。這就是《保訓》所說的「追[7]中于河」。上甲微將這個目標留傳給子孫，終於建立了一個強大的諸侯國；到成湯滅了夏桀，更加形成了一個堅強的信念，認為他們受有「天命」。一直到末代的紂，還口口聲聲「我生不有命在天」。最初都是由上甲微的「中」演變而來的。周文王對上甲微的事非常清楚，所以在遺言中吩咐武王要建立自己的「中」。他們的口號是：天終於厭棄了殷商，「乃眷西顧」。[8]用這個口號，終於完成了滅商的使命。

---

[5] 李零，〈說清華簡〈保訓〉篇的「中」字〉，《中國文物報》（北京），2009年5月20日，第7版。

[6] 見馮時，〈《保訓》故事與地中之變遷〉（臺北：「古文字與古代史」國際學術研討會，2013）。

[7] 此處之「追」字，應是「歸功」之意。

[8] 見《詩．大雅．皇矣》：「上帝耆之，憎其式廓。乃眷西顧，此維與宅。」

程頤「不偏之謂中」的解釋，固然只是他自己的心得，未必符合原書；可是將上述的「目標」再引申為「準則」，也可以照應到程頤對「中」的解釋。如果只看《中庸》本書的定義，所謂「喜怒哀樂之未發」，就是在「喜怒哀樂」各種情緒未顯現於表情與動作之前，在心中先受到一個「準則」的篩選的過程，也講得通。而第二章的「小人而無忌憚」，正可以顯示「喜怒哀樂」失去「準則」的狀況。到第十四章還結之以「射有似乎君子，失諸正鵠，反求其身。」強調正確「準則」的重要。

《中庸》首章僅提到「中和」，而後面卻講「中庸」，不講「中和」，[9]《說文》說：「庸，用也」。《爾雅．釋詁》[10]說：「庸，常也」。這是「庸」字最普通的語義，可是用以解釋第十三章的「庸德之行，庸言之謹」的兩個「庸」字，終覺隔了一層。在那一章，孔子自謙說：「君子之道四，丘未能一焉。」那就決不是「凡庸」之事，亦與「效用」無關。可是如果將：「發而皆中節，謂之和」用來解釋後面「庸德之行，庸言之謹」的「君子之道」，卻也可以講得通。是否當時「和」與「庸」可以互訓呢？這條思路，也許值得進一步開發。事實上，《一切經音義》[11]與《廣韻》[12]都有：「庸，和也」。的訓詁，顯然是唐以前留傳下來的古訓，卻好像沒有人注意過。我有一個猜想：「發而皆中節，謂之和」也許是「和」的初義，[13]這個釋義可以照應到《論語．子路》的「君子和而不同」。《中庸》開篇先回溯一下。後來「中和」一辭習慣用來形容音樂，人們遂將「和」之初義轉賦於音近的「庸」字，孔子亦如此稱之。為了要引孔子的話，《中庸》的作者不得不改用「中庸」一辭。

這就要考慮兩字的古音。就中古聲部來說，「和」為「喻三歌部」，「庸」為「喻四東部」。[14]推至上古聲部，根據曾運乾的理論：「喻三古歸匣，喻四古歸定。」兩字之上古音並不近。然而何以中古對兩聲皆以「喻」來分類？是否古時兩字發音有相關連之處，使人聯想而產生互訓？我有一個狂野的想法：喻三的擬音為 [g]，喻四的擬音為邊音 [l]，然與 [d] 相近。可不可能在上古，「和」與「庸」的聲

9 第十章云「君子和而不流」，未與「中」連用。然可能出自《論語．子路》「君子和而不同」。

10 郭璞注，邢昺疏，《爾雅注疏》（臺北：宏業書局，1971，影印清阮元校刻《十三經注疏附校 勘記》本）。

11 《玄應一切經音義》為佛教經典，1962 年中央研究院歷史語言研究所重印為專刊之四十七。見卷第二十三「中庸」項下引《廣雅》：「庸，和也。」

12 陳彭年等，《廣韻》，所引在「三鍾」韻下。

13 《說文》的釋義「咊，相應也」恐怕是後出的引申義。

14 李珍華、周長楫，《漢字古今音表》（北京：中華書局，1998）。

部都屬於帶舌尖邊音的複聲母[15] [gl]，或帶舌尖塞音的複聲母 [dg]。讀音則也許近「祇」？如果此猜想可以成立，則《中庸》開篇兩個重要名辭，就可以統一起來。

三、《中庸》「君子之道造端乎夫婦」釋義

《中庸釋疑》頁 89 說：「本章首指『君子之道費而隱』一語，接著便從『夫婦』一倫說起，章末又以『君子之道造端乎夫婦』作結」，頁 94 說：「況『夫婦』一倫，尤為人倫之造端，焉可略去不言。」按「中庸」並未特別標出「五倫」一辭，第二十章：「天下之達道五，……曰君臣也，父子也，夫婦[16]也，昆弟也，朋友之交也。五者，天下之達道也。」皆在照應前面：「親親為大」、「修身不可以不事親」。「五達道」中，並未將「夫婦」當作最基本成分。至於第十二章：「夫婦之愚」、「夫婦之不肖」，從前後文觀之，與「聖人」對照，應指：「最卑微之個人」。我認為這裡的「夫婦」為「匹夫匹婦」的簡稱，「匹夫匹婦」在春秋戰國為常用之套語，見《論語・憲問》：「匹夫匹婦之為諒也」，[17]《孟子・萬章下》：「匹夫匹婦有不與被堯、舜之澤者」，[18]《左傳・昭公七年》:「匹夫匹婦強死」。[19] 這些地方「夫」、「婦」皆指「庶人之男女」。對照之下：《中庸》中「夫婦之愚」、「夫婦之不肖」亦有此意。因此我認為這裡「夫婦」為「匹夫匹婦」之簡稱，後面：「君子之道，造端乎夫婦，及其至也，察乎天地」，也指「個人」而言，與「天地」成兩個極端。

在與黃忠天教授討論時，他解釋他的意見：

> 「夫婦」為「匹夫匹婦」之簡稱，許多文獻中，是可以接受。但既為「夫婦」必有「夫婦之道」，亦不爭之事實，蓋道無不在，五達道舉「君臣、父子、夫婦、昆弟、朋友」五種人倫關係，君子之道造端乎夫婦，一句，其一寓有平凡，其一寓有夫婦為人倫之始，否則少了「夫婦」一倫，焉有其他各倫？

---

15 參閱竺家寧，《聲韻學》，第十七講。

16 《中庸》第二十章並沒有特別提出「夫婦之道」。如按照《孟子・滕文公上》，則為「夫婦有別」。

17 見朱熹，《四書集註》（臺北：世界書局，1968），頁 98。

18 見朱熹，《四書集註》，頁 141。

19 見楊伯峻，《春秋左傳注》，頁 1292。

然而這裡討論的是《中庸》第十二章。「造端乎夫婦」是與「及其至也，察乎天地」相對應的。這一章的重點並不在倫常，而在「君子之道」，章末並照應前面的「夫婦之愚」與「夫婦之不肖」。如果說「造端」僅限於「夫婦」一倫，又如何處置其他四倫？照黃教授的講法，我們應該也可以說：「否則少了『父子』一倫，焉有其他各倫？」「寓有夫婦為人倫之始」云云，到底有何根據？

四、「致齊」誌疑

黃忠天教授在《中庸釋疑》頁 119-123 中，接受《禮記．祭義》中的「致齊」與「散齊」，作為古代齋戒需求的主要內容。我讀了心有所疑，謹提出下列的商榷。竊以為《禮記．祭義》[20] 所闡述的傳統，最早不會超過戰國後期。「齊」字的初義，本為稻麥吐穗上平。（據《說文解字注》[21]）逐漸引申為「等」、「同」諸義。至於「齊」的禮節，出現雖稍早，然不見於西周；似要到春秋時才普遍，而且其目的主要是為了要表達對某事的專誠，並不專為祭祀。至於分化為「致齊」與「散齊」，則是後人的踵事增益，不見得有精義。

《尚書》對西周初期王族的祭祀，屢有記載。例如〈洛誥〉載：

> 戊辰，王在新邑，烝祭歲，文王騂牛一，武王騂牛一。王命作冊，逸祝冊，惟告周公其後。王賓，殺禋，咸格。王入太室祼。王命周公後，作冊逸誥。在十有二月，惟周公誕保文武受命、惟七年。[22]

記載得很詳細，可是卻沒有提到「齊」。根據後來的《禮記．曲禮上》[23]「齊戒以告鬼神」的講法，周公告先王為武王求免病的場合，應該用最莊重的禮節，可是《尚書．金縢》僅如此記載：

> 公乃自以為功，為三壇同墠。為壇於南方，北面，周公立焉。植璧秉珪，

---

[20] 《禮記．祭義》為鄭玄注，孔穎達疏，《禮記注疏》，第二十四篇。

[21] 段玉裁，《說文解字注》（臺北：世界書局，1971）。

[22] 王弼注，孔穎達疏，《尚書正義》，卷 15，〈洛誥第十五〉，頁 494。

[23] 《禮記．曲禮上》為鄭玄注，孔穎達疏，《禮記注疏》，第一篇。

乃告大王、王季、文王[24]

也沒有提先要「齊」幾日。《金縢》當然是後人的追述，並且用了「追王」的太王與王季名號，卻還是沒有「齊戒」的禮節。因此我懷疑「齊戒」的禮節是在西周後期逐漸演變而來的。到春秋時，漸被貴族所接受。《左傳．隱公十一年》有如下的記載：

十一月，公祭鍾巫，齊于社圃，館于寪氏。壬辰，羽父使賊弒公于寪氏，立桓公，……。[25]

魯隱公齊于社圃，將祭鍾巫，一定是獨居，所以羽父才有機會弒他。「鍾巫」是神名，隱公立其主於魯。這件事與後來的《禮記．表記》所述之「齊戒以事鬼神」相符。可見「齊戒」的禮節在當時已漸普遍。到春秋後期，孔子也很看重這項禮節，所以《論語．鄉黨》記載他：

齊，必有明衣，布。齊必變食，居必遷坐。[26]

他不僅在祭祀以前齊，在重要的場合，為了表達他的專誠，他也齊數日後才從事。

《左傳．哀公十四年》記載：

齊陳恆弒其君壬于舒州。孔丘三日齊，而請伐齊三。[27]

《論語．憲問》記此事曰：

陳成子弒簡公。孔子沐浴而朝，告於哀公曰：「陳恆弒其君，請討之。」[28]

---

[24] 王弼注，孔穎達疏，《尚書正義》，卷 13，〈金縢第八〉，頁 393。

[25] 左丘明傳，杜預注，孔穎達正義，《春秋左傳正義》，卷 5，〈桓公元年至二年〉，頁 150。

[26] 何晏注，邢昺疏，《論語注疏》，卷 10，〈鄉黨第十〉，頁 147-148。

[27] 左丘明傳，杜預注，孔穎達正義，《春秋左傳正義》，卷 59，〈哀公十二年至十五年〉，頁 1937。

[28] 何晏注，邢昺疏，《論語注疏》，卷 14，〈憲問第十四〉，頁 220。

「齊」必沐浴，這與《論語・鄉黨》的「齊必有明衣布」的記載相符。可知「齊」不一定用於祭祀。其實，「齊」的原義之一，就是整肅身心。這表現於《論語・鄉黨》「祭必齊如也」[29] 中的「齊如」。（請注意:「齊如」的態度可用於祭祀，也可用於其他事項。）我懷疑「齊」字現代的兩個讀音：「ㄑㄧ ˊ」與「ㄓㄞ」在古代並未分化，因此往往可以互訓。這個解釋為《禮記・祭統》所吸收，成為：

> 「齊」之為言，齊也。齊不齊，以致齊者也。[30]

這裡第三個「齊」字作動詞用。

然而孔子雖然重禮，《論語》卻沒有像《禮記・祭義》那樣把「齊」分解為「致齊」與「散齊」。荀子是先秦儒家中最著重「禮」的細節的，可是他也沒有談及這兩個項目。據我所知，儒家經典中最早談到「致齊」與「散齊」的，祇有《禮記・祭義》與《禮記・祭統》。這兩篇文章著成的時間不會早於戰國後期，到漢代被戴聖收輯，才成儒家的經典。後人討論「致齊」與「散齊」的，都在引述《禮記》這兩篇而加以發揮，對儒家學術原始的精神，很難抓到癢處。就「致齊」與「散齊」而言，最被後世認同的，是《禮記・祭義》中的一段：

> 致齊於內，散齊於外。齊之日，思其居處，思其笑語，思其志意，思其所樂，思其所嗜。齊三日，乃見其所為齊者。[31]

這一段並沒有解釋「散齊」的內容，祇是強調了「致齊於內，散齊於外」，還是會誤導後人。個人行為，無不出自內心。若內心不服外在的制約，則除非訴諸官府的壓力，否則如何防閑？強分內外，殊屬無謂。清胡渭也強調過：

> 僅以齋肅其心，明潔其體，分內外者，非是。可知齋之與明，心與體同，內外不間也。[32]

---

[29] 見朱熹，《四書集註》，頁 66。

[30] 《禮記・祭統》為鄭玄注，孔穎達疏，《禮記注疏》，第二十五篇。

[31] 鄭玄注，孔穎達疏，《禮記正義》，卷 47，〈祭義第二十四〉，頁 1529-1530。

[32] 胡渭，《中庸諸注糾正》，《中國子學名著集成》第 17 冊（臺北：中國子學名著集成編印基金會，影印清人鈔本，1987），頁 349。

黃教授《中庸釋疑》也引了這一段，可是僅在頁 124〈釋「明」〉那一段；卻沒有用在前面〈釋「齋」〉那一段，甚為遺憾。

《禮記．祭統》篇則補充了「散齊」的目標：

> 不齊則於物無防也，嗜欲無止也。及其將齊也，防其邪物，訖其嗜欲，耳不聽樂，故《記》曰「齊者不樂」，言不敢散其志也。心不苟慮，必依於道。手足不苟動，必依於禮。是故君子之齊也，專致其精明之德也，故散齊七日以定之，致齊三日以齊之。[33]

這裡用了「散其志」的字眼，「散」字當作「雜亂」解。若與「散齊」的「散」字對比，顯得刺目。是故我懷疑「散齊」的名目，可能是矛盾與妥協的產物。若考較「散」字的各項本義，如分離、散布、錯雜、雜亂、疏略、閒散等，幾乎無一不與「齊」字相反。真不知道當時何以把這兩字組合在一起。按後人的解釋，為對外在行為的制約，如鄭玄所謂不御、不樂、不弔之類。然而「齊戒」之禮既然需要整肅身心，當然不會做那些行為。前面談到魯隱公齊于社圃，一定是獨居，也不會有享樂。我懷疑「散齊」的名目可能起源於儒家禮教日益僵化之際；有人受不了長期不與外人接觸，以為在閒居時亦可約束身心，遂取「散」字「閒散」之義，倡為「散齊」之說。人總是喜逸惡勞的，所以這種說法也有其市場。後來的儒家遂作調停之論，另創「致齊」以與「散齊」分掌內外。自從《禮記．祭統》提出「散齊七日，致齊三日」的論調而成為經典時，後來的爭論就集中在前面的「純散齊」應該是四日還是七日。其實這種形式上的「純散齊」，不論是四日還是七日，都是無意義的。若取消「散齊」的名目，則「致齊」可以回歸為原始的「齊」。我認為這才符合孔子的原意。

「齊」字現代的諸多讀音，在古代應未分化，古音卻會由於方言而產生變化。我們今日只能根據歷代字書，考察其讀音之變化歷程。今日最常用的讀音（如果不計較四聲的差異），則據《廣韻》為「徂奚切」，若據《集韻》[34] 等，則為「前西切」。譯成國語讀音為「ㄑㄧˊ」，這是最常用的讀音，很可能其原始讀音也與此相近。「齊」字讀音的變化很多，而且經常隨著意義而改變。有很多情況來自假借。其中有一個變異為「莊皆切」ㄓㄞ（據《集韻》），其義，據《說文》為「戒潔

[33] 鄭玄注，孔穎達疏，《禮記正義》，卷 49，〈祭統第二十五〉，頁 1574-1575。

[34] 丁度等，《集韻》。

也」。後世一般皆用「齋」字替代。然而古書（如《左傳》）仍書為「齊」字。在那種場合，改讀為「齋」音當然是必須的。這種場合通常限制為與「潔」有關，而且往往連帶「沐浴」。可是也有一些相關的場合，雖然在上述限制之外，後世往往也讀成「齋」音。例如《中庸》的「齊莊中正」，「齊」字與「莊」字同義疊用，後世往往也將「齊」字讀「齋」音，其實是沒有字書的根據的。根據《正字通》，[35]「齊」字項，注為：「前題切，音臍，整也，莊也。」如果將《正字通》當作權威的字書，則義為「莊」的「齊」字應該讀「ㄑㄧˊ」，雖然嚴格來講，這個「齊」與「齋戒」也搭上一些關係。

我的意見是：除了用於特殊的字句之外，「齊」字還是一律讀「ㄑㄧˊ」為宜。

所謂「特殊的字句」，僅限於「齊戒」讀「ㄓㄞ」，「齊衰」讀「ㄗ」兩例。

五、文王武王「父作之，子述之」的意義

《中庸》第十八章全文為：

> 子曰：「無憂者，其惟文王乎！」以王季為父，以武王為子。父作之，子述之。武王纘大王、王季、文王之緒，壹戎衣而有天下。身不失天下之顯名，尊為天子，富有四海之內，宗廟饗之，子孫保之。武王末受命，周公成文武之德，追王大王、王季，上祀先公以天子之禮。斯禮也，達乎諸侯、大夫及士庶人。父為大夫，子為士：葬以大夫祭以士；父為士，子為大夫：葬以士祭以大夫。期之喪，達乎大夫，三年之喪，達乎天子；父母之喪，無貴賤一也。

這一章的主體固然為武王，篇首以文王開端。正用以反映武王的功績，是完成文王未竟之業。武王的功績主要就是滅殷，「壹戎衣」就是《尚書．康誥》中的「殪戎殷」[36]（「戎」作「大」解）。就是因為滅了殷，統一了當時的「天下」，所以才能尊為天子，富有四海。而且「宗廟饗之，子孫保之。」第十七章末所講的「大德者必

---

[35] 張自烈等編，《正字通》（北京：中國工人出版社，影印清版，1996）。

[36] 見屈萬里，《尚書集釋》，頁 146。

受命」雖然是針對舜而言，然而亦暗指文王，因為「無憂者，其惟文王乎！」顯然文王在生前已經稱王，亦必宣稱已受天命。黃忠天教授《中庸釋疑》頁 142 強調文王之「無憂」為「仁者不憂」。然而似乎看漏了那個「惟」字。《中庸》的作者顯然要傳達一項訊息：「文王的確與別人不同」。「以王季為父，以武王為子」除了運氣好之外，有什麼與別人不同？近來發現的《清華簡（壹）· 程寤》[37] 也許可以回答這個問題。謹引其中一段如下：

> 太姒夢見商廷惟棘，廼小子發取周廷梓樹于厥間，化為松柏棫柞。寤驚，告王，王弗敢占，詔太子發，……占于明堂。王及大子發並拜吉夢，受商命于皇上帝。[38]

關於這個「吉夢」的意義以及它對周室的影響，可參閱夏含夷（Edward L. Shaughnessy）的英文論文“Of Trees, a Son, and Kingship: Recovering an Ancient Chinese Dream”。[39]

文王顯然還有其他年齡更大的兒子，由於這個吉夢，文王提升「小子發」為「大子發」。宣稱受天命，並在死前將「滅商」的使命交給大子發。《清華簡 · 保訓》[40] 記載文王臨死前，透過虞舜與上甲微的兩個故事，宣示「滅商」為努力的目標。武王從此背負這重擔在身，當然受很大的壓力。周武王可不能夠「無憂」，好在於死前兩年他總算完成了使命。

所以後面的「武王末受命」，一定不會再重複講「受天命」。我以為這句話的用意，就是為了要引出下面的「追王大王、王季」一事。武王於滅殷後，燎于周廟，向先王告成功。那時他就可能想到:「翦商」的志願，其實是從大王 [41] 開始的。文王與武王，皆及身稱王，公亶父與季歷，卻沒有王位。那時他可能就有「追王」的想法。祗是因為這件事屬於創舉，而他又政事過於繁忙，就躭誤下來。他在拜訪箕子之後不久就病倒了。臨終前，由於成王太年幼，[42] 他就把「追王」一事囑咐給周公。

---

[37] 李學勤主編，《清華簡（壹）》，〈程寤〉，頁 136。

[38] 同前引。

[39] Edward L. Shaughnessy, “Of Trees, a Son, and Kingship: Recovering an Ancient Chinese Dream,” *The Journal of Asian Studies*, 77.3 (2018), pp. 593-609.

[40] 李學勤主編，《清華簡（壹）》，頁 143。參閱劉麗，《清華簡《保訓》集釋》（上海：中西書局，2018）。

[41] 見《詩 · 魯頌 · 閟宮》:「后稷之孫，實維大王，居岐之陽，實始翦商。」

[42] 下一節我會談到武王之年壽僅為四十五歲，而古人兒童夭折率高，武王到約三十歲才生成王，故武王死時，成王大概只有十五歲。

所以「武王末受命」一語，講的是周公受武王的遺命。周公接受武王的遺命，對公亶父與季歷追尊為王，一方面固然是有此遺命，另一方面也體會到父親文王的心意，也必定會贊成此事，所以說「周公成文武之德」。從此周室對大王、王季、文王、武王的祀禮，都用對天子之禮。這就是此章要表達的主旨。

下面一小段（斯禮也……無貴賤一也）是儒家的發揮。儒家解釋武王與周公因感情的因素而創始的「追王」禮節，自然合乎儒家所倡導的普遍原則：兒子要用自己階層禮儀去祭祀亡父。儒家藉此強調聖人行事自然合乎「中庸」的原則。也進一步映證篇首孔子的話：「無憂者，其惟文王乎！」

第十八章的主體顯然是武王，周公僅是陪襯；因為畢竟「追王」的構想出自武王，周公僅是奉行武王的遺命而已。到了第十九章才進一步發揮武王與周公的行為是孝道，並以孔子的話：「武王、周公，其達孝矣乎！」引出「夫孝者，善繼人之志，善述人之事者也。」的原則，並呼應第十八章的「追王」政策。由第十七章至第十九章，目標是以「孝道」來詮釋「中庸」，並引出第二十章的「仁者，人也；親親為大。」的結論。

六、周武王的年壽

《中庸》第十七章說：「故大德，必得其位，必得其祿，必得其名，必得其壽。那是針對舜說的，對文王還勉強成立，對武王就不行了，因為武王不得其壽。

《中庸》第十八章說：「武王纘大王、王季、文王之緒，壹戎衣而有天下。」可是他在拜訪箕子之後不久就病死了。這就涉及武王滅殷的時間與武王的年壽。

周武王伐紂，最早的文獻記載，為《尚書．牧誓》：

> 時甲子昧爽，王朝至于商郊牧野，乃誓。[43]

指出時間為「甲子日」，可是沒有進一步的細節。《尚書．武成》久逸，好在《漢書．律歷志》有所徵引：

[43] 王弼注，孔穎達疏，《尚書正義》，卷 11，〈牧誓第四〉，頁 334-335。

維一月壬辰，旁死霸，若翌日癸巳，武王乃朝步自周，于征伐紂。[44]

粵若來三月，既死霸，粵五日甲子，咸劉商王紂。[45]

惟四月，既旁生霸，粵六日庚戌，武王燎于周廟。翌日辛亥，祀于天位。[46]

粵五日乙卯，乃以庶國祀馘于周廟。[47]

這裡提到了好幾個日期，可是卻沒有提年代。（「三月」也許應作「二月」。）

大約四十餘年前由陜西臨潼出土的「利簋」，[48] 其銘文如下：

珷征商，唯甲子朝，歲鼎，克昏，夙有商。辛未，王在闌師，賜有司利金，用作旜公寶宗尊彝。

這是武王生前為了克商表揚功臣「利」並榮及其祖先「旜公」而造的器皿。「利」在製銘文之時，稱呼其王為「武王」（請注意這兩個字連寫成「珷」），可見「武」字非謚號。根據汪受寬著《謚法研究》：「周王的稱號，現在已發現的禮器銘文中，武、成、昭、穆、共、懿的王號都是生稱。」[49] 此禮器製造的年代應該與牧野之戰同一年。

《呂氏春秋．孝行覽．首時》載：「〔武王〕立十二年，而成甲子之事。」[50] 然而《新唐書．曆志》引《紀年》說武王在十一年開始伐商，相差一年。[51] 可能武王在前一年開始準備，故可以兩取。可是還是不知道其絕對年代。《通鑑外紀》[52] 與《史記集解》都引《紀年》[53] 說從武王滅商到幽王被滅一共有二百五十七年。因為幽王末年為 771 B.C.，所以可以知道武王滅商的絕對年代。可是西周衹有二百五十七年，似乎出奇地短，這種輾轉引錄的資料果真可靠嗎？

---

44 班固，《漢書》第 4 冊，卷 21 下，〈律曆志第一下〉，頁 1015。

45 同前引。

46 同前引，頁 1015-1016。

47 同前引，頁 1016。

48 利簋是 1976 年發現的。參閱于省吾，〈利簋銘文考釋〉，《文物》，8（北京：1977）。

49 根據汪受寬，《謚法研究》（上海古籍出版社，1995）。

50 呂不韋，《呂氏春秋》，《新編諸子集成》（臺北：世界書局，1972），〈孝行覽．首時〉。

51 見歐陽修，《新唐書》（臺北：臺灣開明書店，1962，《二十五史》版），〈曆志〉。

52 劉恕，《通鑑外紀》（臺北：啟明書局，影印清嘉慶十五年刊本）。

53 見方詩銘、王修齡，《古本竹書紀年輯證》。

我看過不少希望透過古曆法來定年的嘗試，總是覺得不滿意。原因是古曆的歲實與朔策都不準確，無法涵蓋太長的時間。我試著用另一種方法。我的算法是以776 B.C. 十月（周正）朔日辛卯（即《詩經．十月之交》日蝕之日）為定點，用已知最準確的歲實與朔策，來計算各備選年代有關月份朔日的干支，以求與文獻上各日的干支相比。(可能因古曆置閏不同而差一月，必須納入考慮。) 我先假設《紀年》所載的二百五十七年，即1027 B.C.，可是發現正月無壬辰。我再假設《紀年》原文為二百七十五年（因傳抄而致誤），而試用，1045 B.C.。結果得正月朔日為丁卯，二月朔日為丁酉，三月朔日為丙寅，四月朔日為丙申。如此《武成》上武王出發之日癸巳為正月二十七日「咸劉商王紂」的甲子日為二月二十八日，「燎于周廟」的庚戍為四月十五日。似乎都能照顧到。同樣，「利簋」製造的日期，照我的推算，辛未日是甲子日後第八天，是三月初六日。此時他還在「闌師」，還沒有回周。這項記載補充了武王回周以前的歷史，除此之外，就需要倚賴《逸周書．克殷》[54]與《逸周書．世俘》。(《史記》屬第二手資料。) 這兩篇的記載都有誇張之處（例如在朝歌的耀武揚威及狩獵時獲獸之多）。固然〈世俘〉篇有部分內容與〈武成〉相符，然而亦有相異處，並且其記載前後次序雜亂，當屬後人追述之作，參考價值稍遜。

將牧野之戰的年代定為1045 B.C.，我的結論與倪德衛、夏含夷、周法高、趙光賢諸位先生相同，[55] 用的方法卻不同。

牧野滅商一役，是武王畢生最大的成就。在此之前，他都在為此目標作準備。[56] 例如秘密訓練戰車部隊、與各友邦加強聯繫、並逐漸蠶食殷商的屬地。武王八年，周武王以西伯的名義，討伐殷都西北偏西的黎邑（歷史上或稱作「耆」），打了一個完全的勝仗。這場戰爭給予殷商臣僚的震驚，已記錄在《尚書．西伯戡黎》[57] 內 。《清華簡（壹）》中有一篇〈耆夜〉。那篇文章的主題，是周室打勝仗以後舉行的慶功宴。「耆夜」的「夜」字，在古代作「奠酒」解（而不是夜晚）。文首就交待時間為武王八年，離牧野之戰的武王十二年僅四年。可知伐黎之役是周室整個滅殷計劃的一部分。以往懷疑黎邑跟朝歌太近的說法，從此失去說服力。由慶功宴 中周公等人所作的詩句，可以看出它們戰戰兢兢的精神，也反映出武王整個

[54] 見朱右曾，《逸周書集訓校釋》(臺北：世界書局，1975)。
[55] 參閱北京師範大學國學研究所編，《武王克商之年研究》(北京：北京師範大學出版社，1997)。
[56] 見本書第貳編第參章，〈克黎後的慶功宴——試釋《清華簡．耆夜》撰作的學術背景與內涵〉。
[57] 見屈萬里，《尚書集釋》(臺北：聯經出版事業，1983)，頁102。

團隊為滅商的目標所奉獻的心力。

必須提一下劉起釪教授的意見。他在《古史續辨》[58]中，強力主張「牧野之戰」的年代，必須由「文王受命」（受天命）之年算起，而舊說文王受命七年而崩。比照「牧野之戰」的十二年，這裡的「武王八年」意味著文王剛死一年，武王就急著開打，總覺得不合理。現在新的記載明言「武王八年」而非「王受命後八年」。如果硬要將「受命」加進去，未免增字解經，是故我認為《清華簡．耆夜》篇的發現，也有助於說明「牧野之戰」的「十二年」，講的是武王紀元。當然，由周人的觀點看來，周文王是受了天命了的。尤其是[59]《大盂鼎》說：「丕顯玟王，受天有大命。」不過這是另一件事。

滅殷後，周武王燎于周廟，告成於先王。可以了解，十餘年來，他背負了「滅商」的艱鉅使命，是無法「無憂」的，好在有一個努力的目標，使他能撐住。目標一旦完成，整個人隨著鬆弛下來，也影響到他的健康。以後封諸侯，班宗彝，都有部下分勞。需要他親自做的，衹有拜訪箕子一事。《尚書．洪範》記載：

> 惟十有三祀，王訪于箕子。王乃言曰：「嗚呼！箕子，惟天陰騭下民，相協厥居，我不知其彝倫攸敘。」[60]

他是誠心訪求治國方案的。獲得「洪範九疇」以後，當然準備帶回施行。可是他的健康情形卻不容許，不久他就病倒了。

雖然現存的《尚書．金縢》[61]僅是後人述古之作，可是《清華簡（壹）》也有〈金縢〉篇，與《尚書》文本大同小異，可見在戰國中期已有此傳聞。根據〈金縢〉：「既克商二年，王有疾弗豫。」可見武王當時病況的嚴重。雖經周公向先王祝禱而獲得暫愈，最後武王還是死了。估計他的在位時間為十四年（1056 B.C.-1043 B.C）。由於成王即位時年幼，顯然武王享年不會太多。據《真誥》引《紀年》，武王享年四十五歲，應屬合理。《中庸》的作者只能稱讚武王「達孝」，卻不能說他「必得其壽」，是否不認他為「大德」呢？

---

58 劉起釪，《古史續辨》（北京：中國社會科學出版社，1991）。

59 見馬承源，《商周青銅器銘文選注》（上海：上海文物出版社，1986）。

60 王弼注，孔穎達疏，《尚書正義》，卷 12，〈洪範第六〉，頁 352。

61 見屈萬里，《尚書集釋》（臺北：聯經出版事業，1983），頁 127。

七、〈乾文言〉受《中庸》的影響所作的配合

《中庸》的學說，在戰國中後期，其影響力及於《周易》，[62] 有一批人據此將《周易》哲學化，因此產生「文言」、「繫辭」、「大象」等各篇。其中尤以〈文言〉最為顯著。〈乾文言〉的作者顯然受《中庸》的影響而有所配合。其中有關「誠」的部分，已另文發揮。然而顯然〈乾文言〉的每一爻都可配合《中庸》某些章節，顯見其受影響之深。謹在此明之。

如「初九」之：「不易乎世，不成乎名，遁世無悶，不見是而無悶，樂則行之，憂則違之」，可以配合「國有道其言足以興；國無道其默足以容」。「九二」之「庸言之信，庸行之謹，閑邪存其誠，善世而不伐，德博而化」可以配合《中庸》第十三章的「庸德之行，庸言之謹；有所不足，不敢不勉；有餘不敢盡。」「閑邪存其誠」則可以配合「自誠明謂之性」、「誠者自成也」，九三，〈文言〉：「忠信，所以進德也；修辭立其誠，所以居業也。知至至之，可與幾也。知終終之，可與存義也。是故居上位而不驕，在下位而不憂。」可以配合：「居上不驕，為下不倍」「知所以修身，則知所以治人；知所以治人，則知所以治天下國家矣。」與「唯天下至誠為能化。」「九四」之「君子進德修業，欲及時也」可配合「君子而時中」與「君子素其位而行，不願乎其外」。「九五」：「同聲相應，同氣相求」、「聖人作而萬物覩」可配合「舜其大孝也與」、「無憂者，其惟文王乎」、「武王、周公，其達孝矣乎」各章以及「至誠之道，可以前知」、「唯天下至誠，為能經綸天下之大經」各章。「上九」：「貴而無位，高而無民，賢人在下位而無輔，是以動而有悔也。」可與「非天子不議禮，不制度，不考文。」「雖有其位，苟無其德，不敢做禮樂焉，雖有其德，苟無其位，亦不敢作禮樂焉。」相配合。

很可能《易傳》的發展是在北方魯國成形的，由此得知《中庸》當時影響力的範圍。

---

[62] 見高亨，〈周易大傳通說〉，收入黃沛榮編，《易學論著選集》（臺北：長安出版社，1988）。

八、「誠」與「成」

《中庸》釋「誠者，天之道也」為：「誠者，不勉而中，不思而得，從容中道，聖人也。」顯示「誠」與「聖」有聯繫。這使人想到《帛書．五行說》：「成也者，猶造之也，猶具之也。大成也者，金聲而玉振之也。」[63] 而《孟子．萬章下》即由類似敘述歸結到「聖之事」。《帛書．五行說》：「義襄天下而誠」與「舉之者，誠舉之也。」中的「誠」字，都用「成」字代替，也許當時在某些地區，「誠」與「成」字的分離，尚未凝固。可能當初「誠」的語義由「成」而來，而「集大成」對當地人來說，也許有「集大誠」的意味，而「造之也，具之也」似與《易．乾文言》的「立其誠」、「存其誠」相通。沿著這條思路，如果不嫌太大膽的話，還可以設想《論語．憲問》「成人」的觀念，後來可能演變為「立誠之人」。這似乎也是一項可能的想法。這一點我只是初步想到，還不知如何發揮，姑在這裡留個底。

九、結語

再回顧一下我對《中庸》的整體印象。第二十章以前，《中庸》說教的對象似為普通士子，以修身為主，示以「道不遠人」、「登高自卑」的原則，並不鼓勵越位。第十四章「君子素其位而行」似有深義。對有意深造者，則提供「誠身」之途。從第二十一章以後，《中庸》說教的對象似變為大國的統治者，[64] 極言「誠」的效能，[65] 希望說服大國君主以「誠」為骨幹，實施孟子所倡的「仁政」而「王天下」，希望獲致的結果則為「君子篤恭而天下平」。

本文收集了一些我讀《中庸》的心得，比較瑣碎一些。然而既名「拾零」，也就不避蕪雜。

---

[63] 龐樸，《竹帛〈五行〉篇校注及研究》（臺北：萬卷樓有限公司，2000）。並參閱周信芳，《簡帛五行解詁》（臺北：藝文印書館，2000）。

[64] 例如齊宣王。在本書第肆編第壹章〈論子思與《中庸》〉中，我猜想《中庸》的作者是樂正克，他嘗試配合孟子對齊宣王推行仁政的期望，而對齊宣王作如此之說教。

[65] 在那種場合，就不能只講「誠身」了，必須把「誠」的範圍擴大到統治的範圍不可。

肆、為《中庸》第十八章進一解

> 子曰：「無憂者，其惟文王乎！」以王季為父，以武王為子。父作之，子述之。武王纘大王、王季、文王之緒，壹戎衣而有天下。身不失天下之顯名，尊為天子，富有四海之內，宗廟饗之，子孫保之。武王末受命，周公成文武之德，追王大王、王季，上祀先公以天子之禮。斯禮也，達乎諸侯、大夫及士庶人。父為大夫，子為士：葬以大夫祭以士；父為士，子為大夫：葬以士祭以大夫。期之喪，達乎大夫，三年之喪，達乎天子；父母之喪，無貴賤一也。[1]

這一章的主體為武王。篇首以文王開端，正用以反映武王的功績。武王的功績主要就是滅殷，「壹戎衣」就是《尚書・康誥》中的「殪戎殷」(「戎」作「大」解)。就是因為滅了殷，統一了當時的「天下」，所以才能尊為天子，富有四海。而且「宗廟饗之，子孫保之。」第十七章末所謂的「受天命」，已經完成。所以後面的「武王末受命」，一定不會再重複講「受天命」。

我以為這句話的用意，就是為了要引出下面的「追王大王、王季」一事。武王於滅殷後，燎于周廟，向先王告成功。那時他就可能想到：「翦商」的志願，其實是從大王開始的。文王與武王，皆及身稱王，公亶父與季歷，卻沒有王位。那時他可能就有「追王」的想法。祗是因為這件事屬於創舉，而他又政事過於繁忙，就躭誤下來。他在拜訪箕子之後不久就病倒了。臨終前，由於成王太年幼，他就把「追王」一事囑咐給周公。所以「武王末受命」一語，講的是周公受武王的遺命。周公接受武王的遺命，對公亶父與季歷追尊為王，一方面固然是有此遺命，另一方面也體會到父親文王的心意，也必定會贊成此事，所以說「周公成文武之德」。從此

1 鄭玄注，孔穎達疏，《禮記正義》，卷 53，頁 1677-1678。

周室對大王、王季、文王、武王的祀禮，都用對天子之禮。這就是此章要表達的主旨。

下面一小段（斯禮也……無貴賤一也）是儒家的發揮。儒家解釋武王與周公因感情的因素而創始的「追王」禮節，自然合乎儒家所倡導的普遍原則：兒子要用自己階層禮儀去祭祀亡父。儒家藉此強調聖人行事自然合乎「中庸」的原則。也進一步映證篇首孔子的話：「無憂者，其惟文王乎！」

第十八章的主體是武王，周公僅是陪襯；因為畢竟「追王」的構想出自武王，周公僅是奉行武王的遺命而已。到第十九章才進一步發揮武王與周公的行為是孝道，並以孔子的話：「武王、周公，其達孝矣乎！」引出「夫孝者，善繼人之志，善述人之事者也。」的原則，並呼應第十八章的「追王」。由第十七章至第十九章，目標是以「孝道」來詮釋「中庸」，並引出第二十章的「仁者，人也；親親為大。」的結論。

伍、由《郭店楚簡・五行篇》看子思的學術思想

一

自從荊門市郭店出土了〈五行〉篇後，一般的共識都認為此篇為子思的遺著，可以落實戰國後期荀子〈非十二子〉篇批評的內涵，亦可作為判斷傳統認為子思作品的準繩。自從 1998 年〈五行篇〉的「釋文」公布後，已經有不少學者加以研究注釋。其中最重要的有龐樸《竹帛〈五行〉篇校註及研究》，[1] 劉釗《郭店楚簡校釋・五行》，[2] 與最近的《陳來讀子思》（香港：中文大學出版社 2015）。根據這些校詮與研究，可以歸納出子思學術的特點。

二

首先，必須認真看待荀子〈非十二子〉篇，探討在荀子心目中戰國中期的學術情況，有哪些令他不滿的。根據一般的研究，得知荀子在世的時日，大致為 305 B.C.-237 B.C.，他的少年時還看到齊湣王的盛期，中年事齊襄王，短期復興稷下集團，晚年投靠楚之春申君，廢死於蘭陵。他心中之所急，應可反映戰國中期的學術生態。他在〈非十二子〉篇中批評了六組代表人物，其中前五組皆非儒家：①它囂、魏牟②陳仲、史鰌③墨翟、宋鈃④慎到、田駢⑤惠施、鄧析。荀子對這五組代表人物的學說都有深刻的評斷，並且認為他們的共同點為「其持之有故，其言之成理，足以欺惑愚眾」，這些共同點使荀子認為必須指名屏斥。可是到第六組人物，

[1] 龐樸，《竹帛〈五行〉篇校註及研究》（臺北：萬卷樓圖書有限公司，2000）。
[2] 劉釗，《郭店楚簡校釋》（福州：福建人民出版社，2003），〈五行〉，頁 69-81。

他的處理方式顯有不同，其言為：

> 略法先王而不知其統，猶然而材劇志大，聞見雜博，案往舊造說，謂之五行，甚僻違而無類，幽隱而無說，閉約而無解。案飾其辭而祇敬之，曰：此真先君子之言也。子思唱之，孟軻和之。世俗之溝猶瞀儒，嚾嚾然不知其所非也，遂受而傳之，以為仲尼子游為茲厚於後世。是則子思孟軻之罪也。[3]

我將在後面詳為分析〈五行〉篇的各項特徵，來與荀子批評的話相印證，並藉此探討荀子批評字句的語義。不過首先可以注意一點，荀子在這裡並沒有提「其持之有故，其言之成理」，而且似乎在抱怨其主旨（持）含糊，言詞顯不出多少道理。因此荀子並不擔心這一派會「欺惑愚眾」，反而擔心後來的溝猶瞀儒震于「仁義禮智聖」的名目，而認為儒家的精華不過如此。

三

〈五行〉篇的說理型態，就是抓住幾個關鍵字眼，憑著定義來建立架構。在架構中牽涉到的名目，往往越積越多，而對那些名目的實際意義以及對人類的用途，卻講得十分疏闊，而且多數關連到《詩經》中的幾句話，算是已經解釋明白。從〈五行〉篇的起首部分，已經可以體會到這種跡象。

〈五行〉篇首先將繼承自「往舊」的「仁、義、禮、智、聖」五種名目，按其「形」（表現）於內（內心）或「不形於內」的特性而分別定義為「德之行」或「行」。〈五行〉篇並沒有解釋所謂「不形於內」是否「表現於身體」。然後〈五行〉篇認為「仁、義、禮、智、聖」五種「德之行」可以「和」（調和），而定義為「德」，這是「天道」。如缺「聖」，而僅有「仁、義、禮、智」四行，其調和就定義為「善」，這是「人道」。為了要實現「天道」與「人道」之間的關連，〈五行〉篇定義有些人內心都具有「仁、義、禮、智、聖」五德，而時常實行（這裡的「行」字是動詞，與上面定義的「行」不同），又意義未達「君子」的「士」，如果有意於成為「君子」，則稱為「志士」。定義了「君子」以後，〈五行〉篇認為「君

---

[3] 楊倞注，王先謙集解，《荀子集解》，《諸子集成》第 2 冊，卷 3，頁 59-60。

子」的心中必定有「憂」，因為沒有憂就沒有「智」；心中沒有智就沒有「悅」；心中沒有悅就會「不安」；不安又導致「不樂」，不樂就會導致無德，這就與君子的定義相違。在上述的關連中，〈五行〉篇從往舊的用語中引進了「悅」、「安」、「樂」而沒有進一步解釋，也沒有解釋何以不樂就會無德。上面所定義的「善」必須要有作為，不然就「無近」（無法接近？）。對上面所定義的「德」，必須立志，否則不成功。下面又引進「思」的觀念，由下面的解釋，我們大概可以將這個「思」字當作「思慮」來了解。〈五行〉篇認為「智」沒有思慮，就得不到（功效？），思慮的品質也需要注意。〈五行〉篇特別提及兩種品質：「思精」（精細）與「思長」，我認為這裡的「長」字應作思慮的範圍長大而言（因此我不贊成劉釗將這個「長」字解作「長久」），這兩種品質分別與「仁」與「智」相關。〈五行〉篇認為思慮不精細，則不能明察；思慮不長，則成不了形（局面）。〈五行〉篇又用前面的推理方式，認為「不形」可以造成「不安」，不安又導致「不樂」，不樂就會導致無德，這與「君子」的定義相違。〈五行〉篇在後面又就「思不長不形」一點加以補充，認為「智之思」有「長」的品質，長則有心得，有心得就會不忘，不忘則眼能明辨，能夠明辨則能夠發現賢人，發現賢人則容顏如玉（溫潤），容顏如玉則成形。成形則智。這一連串「則……則……則……」的字眼，雖然具有「推理」的型態，實際上什麼結論都下不了。

用同樣的手法，〈五行〉篇認為「仁之思」有「精」的品質，精則明察。明察則「安」（不躁？），安則「溫」，溫則「悅」，悅則「戚」（親近），戚則「親」，親則「愛」，愛則容顏如玉，容顏如玉則成形。成形則仁。同樣，這些「推理」，什麼結論都下不了。而且在兩個段落內，屬於「智」的「玉色」與「形」，和屬於「仁」的「玉色」與「形」，到底是同是異，也沒有講清楚。

反過來，如果不仁不智，則其思既不精，也不長，應該離「君子」的境界很遠。〈五行〉篇認為有詩為證，因為《詩經・召南・草蟲》的第二章有這樣的句子：

未見君子，憂心忡忡。亦既見止，亦既覯止，我心則說。[4]

（「止」字，〈五行〉篇引作「㞢」，《釋文》認為應作「之」，其實是韻尾，作「止」亦可。）

---

[4] 毛亨傳，鄭玄箋，孔穎達疏，《毛詩正義》，卷 1，〈草蟲〉，頁 82。

〈五行〉篇從「不見君子」聯想到「不是君子」，那時心中不能喜悅，到看見了「君子」，那就是「君子」了，心中喜悅。剛好前面的「推理」有「溫則悅」，因此〈五行〉篇認為「此之謂也」。然而原詩說「未見君子，憂心惙惙」，而〈五行〉篇則說「憂心不能惙惙」，是不是寫錯了呢？

〈五行〉篇將「仁」與「智」的處理方式，也用到「聖」的情況，認為「聖之思」的品質為「輕」（高妙？），輕則成形。成形則不忘。不忘則「聰」（聽覺靈敏）。聰則可以聽到「君子之道」（君子之言？），聽到君子之道則如聽到玉磬之音（其聲輕純）。如聽到玉磬之音則成形（又是成行？），成形則聖。〈五行〉篇認為有詩為證，所引的詩是《詩經．召南．草蟲》的第一章：

未見君子，憂心忡忡。亦既見止，亦既覯止、我心則降。[5]

〈五行〉篇認為不仁不聖，則思既不能精，亦不能輕。未見君子，憂心不能忡忡，既見君子，心不能降（放下）。大概是認為若聽覺不能靈敏，則見不見到君子，心理表現都不能正常。

四

上面複習了〈五行〉篇中五十枝竹簡的起首十五枝。讓我們停一下，看看與荀子所批評的有沒有關係。「五行」的名稱，本來出自〈洪範〉。《左傳》的對話中，數度引述過這篇文章。戰國初期的〈五行〉篇著者很可能熟悉並被其中的「水曰潤下，火曰炎上，木曰曲直，金曰從革，土曰稼穡。潤下作鹹，炎上作苦，曲直作酸，從革作辛，稼穡作甘」的分析文章迷住了，立大志想將孔子討論過的「仁、義、禮、智、聖」各項理想的品性也建構起一種架構，確立各品性的特點。可是他的志向雖大，能力卻不足。他在描述「仁、智、聖」的性質時，被逼到要用偏僻的事例，譬如玉色和玉音，顯然喻非其類，怪不得荀子要說他「甚僻遠而無類」。他企圖聯繫「君子」與「仁、智、聖」的品性，而訴諸幽隱的名目，如「精、長、輕」，甚至要曲解所引的詩句，結果還是說明不了什麼。他在一連串抽象的名詞，如「安」、「悅」、「樂」、「溫」、「戚」等中間打轉，思想閉約而得不到解脫。因此荀

5 毛亨傳，鄭玄箋，孔穎達疏，《毛詩正義》，卷 1，〈草蟲〉，頁 82。

子批評他「幽隱而無說，閉約而無解」，也不為無據。

由〈五行〉篇的內容回看荀子的〈非十二子〉篇，反而可以明瞭荀子當日用語的意義，反而比唐朝楊倞僅憑猜測得來的注釋（例如他解「僻違而無類」為「乘僻違戾而不知善類」）來得正確。

五

〈五行〉篇目第十六簡以後的篇幅，大致仍在一些抽象名詞中打轉，因此荀子的批評還是用得上。偶然也會談到修身功夫，有一些原創的見解（可是都沒有充分發展），下面衹述其大略，〈五行〉篇憑著引用《詩經．曹風．鳲鳩》與《詩經．邶風．燕燕》而認為君子必然「慎獨」。其義應為專心一致。〈五行〉篇在後面提到心可以驅役耳目鼻口手足，似是為「專一」作注解，可是也沒有說清楚。

〈五行〉篇又用了相當的篇幅專談「聖智」，將之聯繫到耳目的「聰明」，又聯繫到君子行善的「終始」，又聯繫到音樂中的玉振與金聲，在聯繫中又涉及「悅」、「戚」、「親」、「愛」、「直」、「肆」、「果」、「簡」、「敬」、「嚴」、「尊」、「恭」等名目，企圖兼顧及「仁、義、禮」。〈五行〉篇在前半部甚少提到倫常與治國，僅為了要引證《詩經．大雅．文王》的「文王在上，於召于天」才談到「有德則邦家舉」。在後半部，似覺悟到前半部的缺失，開始談到愛父愛人、尊賢、恭敬等原則，開始談到實行仁義禮智聖的過程，強調「進之」的重要，而歸結為「君子集大成」，談的還是以原則為主。唯一提出的具體方案，僅為：「有大罪而大誅之，簡也；有小罪而赦之，匿也。」可是並沒有說明「大、小」的標準。衹是又引《詩經．商頌．長發》的「不競不絿，不剛不柔」來作理論的支撐。看來，荀子的評論還是能夠適用到全文。

六

現在學術界的共識，是〈五行〉篇（指郭店出土的竹簡）一定是子思的作品。

這篇文章雖然受到荀子的批評，可是由於口號響亮，在戰國的中後期還是產生很大的影響。其影響一直延續到漢初的賈誼，還提出將「樂」加入子思的「仁、義、禮、智、聖」的「五行」之內，而成為「六行」(見賈誼《新書》)，甚至在戰國後期出現的數學書《周髀》，也出現這樣的句子：「是故知地者智，知天者聖」，這種影響的效應當然會使荀子擔心，而在〈非十二子篇〉中加以非議。

受子思影響者多數接受其口號而修改其理論，其中以孟子為最重要。雖然《史記》說孟子受業於子思之門人，可是《孟子．離婁下》明言他僅為「予私淑諸人也」。孟子當然有他自己的思想，可是也為子思的一些口號所吸引。今日《孟子》書中有兩段他呼應子思的地方，一段在〈盡心下〉：

> 口之於味也，目之於色也，耳之於聲也，鼻之於臭也，四肢之於安佚也，性也，有命焉，君子不謂性也。仁之於父子也，義之於君臣也，禮之於賓主也，智之於賢者也，聖人之於天道也，[6]命也，有性焉，君子不謂命也。[7]

《孟子》此處的「仁、義、禮、智、聖」的名目，顯然是繼承自子思，連同上面的「口、目、耳、鼻、四肢」也是採自〈五行〉篇（簡 45）。然而孟子將它們用到日常生活與常見之人際關係，因而發揮他自己的「性命」理論，完全聞不到任何「五行」的氣味，可謂善學子思。另一段在〈萬章下〉：

> 孔子之謂集大成。集大成也者，金聲而玉振之也。金聲也者，始條理也；玉振之也者，終條理也。始條理者，智之事也。終條理者，聖之事也。智，譬則巧也，聖，譬則力也。由射於百步之外也，其至，爾力也；其中，非爾力也。[8]

這裡的「集大成」、「金聲玉振」等等名目，顯然是採自〈五行〉篇。然而孟子自己也加入了「條理」的觀念，也加入了「巧、力」的譬喻，其說理比子思要明朗多了。因此荀子被說「孟軻和之」，他所歸罪的主體是子思，至於孟子，祇是「從

6 「人」字疑衍。
7 趙岐注，孫奭疏，《孟子注疏》，卷 14 上，〈盡心章句下〉，頁 463-464。
8 同前引，卷 10 上，〈萬章章句下〉，頁 316-317。

犯」，其罪過是加強了〈五行〉篇的影響。

七

子思的〈五行〉篇雖然涉及很多名目，可是也很容易掛一漏萬，因此探討〈五行〉篇沒有涉及的名目，亦可以反映子思的學術特點。首先引人注意的是，〈五行〉篇沒有「性」、「命」兩個字，這與〈中庸〉一開篇就是「天命之謂性」是明顯對比。〈五行〉篇的「中」字，完全沒有「庸」、「教」等字，進一步讓人懷疑子思心目中著重的字眼與〈中庸〉著者不同。〈五行〉沒有「理」字，沒有「誠」、「忠」、「孝」、「慈」等字，甚至沒有「勇」字「恥」字，這與〈中庸〉以「知、仁、勇」為「三達德」顯然著重點不同。〈五行〉篇雖然首先提出「慎獨」的觀念，然其義僅為「專心一致」，顯然〈中庸〉與〈大學〉所講的「慎獨」，衹是利用子思提出的名目，而收作己用。基於〈五行〉與〈中庸〉這些不同，我不認為子思是〈中庸〉的著者，陳來認為〈中庸〉是子思不同時代的作品，我很懷疑。

陸、戰國「誠」作為德目的演變

一

「誠」字本義，據《說文》、《廣韻》為「信也」，一般作副詞用，如：《孟子・梁惠王上》：「是誠何心哉」、《孟子・公孫丑上》：「子誠齊人也」、《孟子・萬章上》：「故誠信而喜之」、《論語・顏淵》引《詩經・小雅・我行其野》：「誠不以富，亦祗以異」。「誠」字有時亦作形容詞用，與「真」字義近。

二

「誠」字作為一個德目（一般為名詞，引申則作動詞）似始自《孟子》，而由《戴記・中庸》盡情發揮。後來的文獻皆受其影響。這是本文主要探討的對象。

三

《孟子》對「誠」德目的論述，在〈離婁上〉的一章：

居下位而不獲於上，民不可得而治也。獲於上有道，不信於友，弗獲於上矣。信於友有道，事親弗悅，弗信於友矣。悅親有道，反身不誠，不悅於親矣。誠身有道，不明乎善，不誠其身矣。是故誠者，天之道也。思誠

> 者，人之道也。至誠而不動者，未之有也。不誠，未有能動者也。[1]

另外，〈盡心上〉的一章可作配合：

> 萬物皆備於我矣。反身而誠，樂莫大焉。強恕而行，求仁莫近焉。[2]

《孟子》此章之內容與〈離婁上〉前面的內容關係密切，的確反映孟子的主要思想。我判斷這一章是孟子自己的創作，而不是其他資料的引述。若與《戴記．中庸》篇比較，更顯示《中庸》是在發揮孟子的原創論述。

四

《中庸》對「誠」的論述位於相當後的部分，開始時並沒有涉及《中庸》的主題。下面引述第二十章的中間一段，可以看出《中庸》的作者如何將「誠」這項德目與前面鋪陳的《中庸》主旨聯繫起來。

> 凡事豫則立，不豫則廢。言前定則不跲，事前定則不困，行前定則不疚，道前定則不窮。在下位不獲乎上，民不可得而治矣。獲乎上有道，不信乎朋友，不獲乎上矣。信乎朋友有道，不順乎親，不信乎朋友矣。順乎親有道，反諸身不誠，不順乎親矣。誠身有道，不明乎善，不誠乎身矣。誠者，天之道也，誠之者，人之道也。誠者不勉而中，不思而得；從容中道，聖人也。誠之者，擇善而固執之者也。

這一段除了少數字眼的變動外，幾乎照抄了《孟子》的話。重要的改變為將「思誠者」改為「誠之者」，將「誠」當作動詞。至於《孟子》收尾的「誠」與「物」的關連，《中庸》則用數章來發揮。下面引述《中庸》第二十一章至第二十五章的內容：

---

1 趙岐注，孫奭疏，《孟子注疏》，卷 7 下，〈離婁章句下〉，頁 316-317。

2 同前引，卷 13 上，〈盡心章句下〉，頁 414-415。

> 自誠明，謂之性；自明誠，謂之教。誠則明矣，明則誠矣。（第二十一章）

這裡將「誠」與《中庸》起首的「性」與「教」聯繫起來。這和前章的「不勉而中」、「從容中道」都加強了「誠」與「中庸」的關係。

> 唯天下至誠為能盡其性，能盡其性，則能盡人之性，能盡人之性，則能盡物之性，能盡物之性，則可以贊天地之化育，可以贊天地之化育，則可以與天地參矣。（第二十二章）

這裡將《孟子》所提的「至誠」的能耐發揮得淋漓盡致，認為「可以與天地參」超過了《孟子》的「能動」。

> 其次致曲。曲能有誠，誠則形，形則著，著則明，明則動，動則變，變則化。唯天下至誠為能化。（第二十三章）

即使未達「至誠」而有偏曲，但有誠，則能動，且進一步能變化，更何況「至誠」。這裡更擴展了《孟子》的論述。

> 至誠之道，可以前知。國家將興，必有禎祥；國家將亡，必有妖孽。見乎蓍龜，動乎四體。禍福將至，善必先知之，不善，必先知之。故至誠如神。（第二十四章）

《中庸》更擴大「能動」的範圍，以致能夠經由各種跡象前知，因此「至誠如神」。

> 誠者，自成也，而道，自道也。誠者，物之終始。不誠無物。是故君子誠之為貴。誠者，非自成己而已也，所以成物也。成己，仁也，成物，知也。性之德也，合外內之道也。故時措之宜也。（第二十五章）

因為「誠」字從「成」，因而可以用「成」釋「誠」，正如以「道（路）」來釋「道」一樣。而且君子不僅可以用「誠」成「己身」而已（這是仁），而且還可以

「成物」(這是知)。《中庸》因此將「誠」看作是「合物內之道」的一股力量。

《中庸》在第二十六章用「故至誠無息」作小結，而後於第三十二章以「唯天下至誠，為能經綸天下之大經，立天下之大本，知天地之化育。夫焉有所倚」來作大結。《中庸》對「誠德」的經營，固然用《孟子》的論述為骨架，然而對其內涵的發揮，已經遠超過孟子的本意，而構成《中庸》後半部的主體，由此可知《中庸》的寫作，一定在《孟子》之後，才能夠用一段《孟子》論述的粗坯，發揮成宏偉的理論。

五

《孟子．離婁上》的論述已經將「誠」形容成一種廣泛的德目，其含義遠超過「誠」字「信實」的本義。再經由《中庸》的發揮，將「誠」的能耐形容成「經綸天下之大經」，顯然其含義更廣。有些字書嘗試照應到《中庸》中「誠」字的語義。例如宋毛晃父子所撰之《增韻》，企圖用「純也」、「公平」、「真實」、「無偽」來作《中庸》中「誠」字的定義。由上面的討論看來，這種嘗試是失敗的，因為《中庸》已經使「誠」成為一個包含萬象的德目。勉強作比，《中庸》中「誠」字的地位，有點像《論語》中「仁」的地位。《中庸》雖用「性」、「道」、「教」開篇，然其後半篇完全圍繞著「誠」字來發揮，而歸結為「肫肫其仁，淵淵其淵，浩浩其天」。由此我感覺到《中庸》的撰述主旨，就是要提升「誠」德的地位。前面的談「中和」與「庸德之行，庸言之謹」，不過是為配合與引導此主旨而已。

六

我有一個猜想：《中庸》本來沒有篇題，「中庸」的篇題完全是《戴記》的編者從開篇的論述而賦與，不見得能夠包含《中庸》的主旨。

七

後世受《中庸》「誠德」理論影響的，主要有《易傳．乾文言》之九二與九三，引述如下：

> 九二曰：「見龍在田，利見大人。」何謂也？子曰：「龍德而正中者也。庸言之信，庸行之謹，閑邪存其誠。善世而不伐，德博而化。《易》曰：『見龍在田，利見大人。』君德也。」[3]
>
> 九三曰：「君子終日乾乾，夕惕若，厲，無咎。」何謂也？子曰：「君子進德修業。」忠信，所以進德也。脩辭立其誠，所以居業也。知至至之，可與幾也。知終，終之，可與存義也。是故居上位而不驕，在下位而不憂。故乾乾因其時而惕，雖危無咎矣。[4]

上引〈乾文言〉，無論「存其誠」或「立其誠」，「誠」字的用語，都有《中庸》的意味。〈乾文言〉的作者將九二的龍德，聯想到《中庸》第十三章之「庸德之行，庸言之謹」（與〈文言〉之文稍異，可能由於傳承而致異），著重在修身，對「誠德」存而不外露。至於九三，著重在處世，「誠德」不但要外露，而且要脩辭而立之。雖然《易傳》涉及「誠德」的地方僅此二條，然而《易傳》本有其自身的淵源，能引述得如此深入，可見〈文言〉的作者對《中庸》的理論，甚能理解並能認同。

〈文言〉因為引述《中庸》，所以〈文言〉出現的時間一定在《中庸》之後。又因《乾文言．上九》之文，被〈繫辭上．第八章〉所引用，故〈繫辭〉又在其後。而〈繫辭〉之大部分已出現在漢初馬王堆出土的文物中，因此《中庸》出現的時間，一定在戰國，當然在《孟子》之後，這於《中庸》第二十八章的「今天下車同軌，書同文，行同倫」的時代相合，宋儒以為《中庸》為子思所著，當然是不可信的。

---

[3] 王弼注，孔穎達疏，《周易正義》，卷 1，〈乾〉，頁 17。

[4] 同前引，頁 18-19。

八

順便談一談孟子與子思的關係。《史記・孟子列傳》說孟子受業於子思之門人，雖然在時間上講得過去，卻是沒有根據的，讀遍《孟子》書，可以發現雖然其中提到子思之處不少，可是都是將子思當作一個前輩學者，一點也沒有當作祖師的跡象，尤其〈離婁下〉一段最明顯：「孟子曰：『君子之澤，五世而斬，小人之澤，五世而斬。予未得為孔子徒也，予私淑諸人也。』」如果孟子曾受業於子思之門人，則他與子思之間的輩分差，衹有三世，如何能不認他為祖師？方之〈離婁下〉記載子濯孺子與庾公之斯的關係。孟子既引此例來向門人說明「羿有罪焉」。如果他本身與子思的關係也像子濯孺子與庾公之斯的關係，門人怎會不提問？

九

今日，可以判斷子思學說的事，是孟子之後不久，荀子的〈非十二子〉篇，說子思、孟子一派「案往舊造說，謂之五行」，並且說「子思唱之，孟軻和之」。今日我們提到「五行」，總是會聯想到鄒衍一派的五行說。然而近來發現戰國時另有一種「五行」思想（「行」字的字音如「衡」），以「仁義禮智聖」為五種相關的德目，[5]我們還是可以由《孟子》書中找到「和之」的痕跡，如：

> 仁之於父子也，義之於君臣也，禮之於賓主也，智之於賢者也，聖人之於天道也，命也，有性焉，君子不謂命也。[6]
>
> 集大成也者，金聲而玉振之也。金聲也者，始條理也；玉振之也者，終條理也。始條理者，智之事也，終條理者，聖之事也。智，譬則巧也，聖，譬則力也。（《孟子・萬章下》）[7]

---

5 請參考龐樸，《竹帛〈五行〉篇校注及研究》（臺北：萬卷樓圖書，2000）。

6 見趙岐注，孫奭疏，《孟子注疏》，卷 14 上，〈盡心章句下〉，頁 463-464。另文中「聖人」之「人」字可能為衍文。

7 趙岐注，孫奭疏，《孟子注疏》，卷 10 上，〈萬章章句下〉，頁 316-317。

這種「思孟五行」可能就是子思的主要學術思想，由於荀子的時間相近，此說應屬可靠。至於《中庸》的作者，則在孟子以後。

十

《中庸》賦與「誠」的新義，對後世發生了影響，除了〈乾文言〉中的「存其誠」與「立其誠」外，姑從《戴記》引述三例：

1.〈學記〉諷刺「今之教者」的「使人不由其誠，教人不盡其材」。

2.〈樂記〉:「窮本知變，樂之情也；著誠去偽，禮之經也。」

上兩例中的「誠」，雖然仍保留了部分原義，然而由上下文判斷，其義已經擴大，向《中庸》的「誠」字傾斜。

3.〈大學〉:「所謂誠其意者，毋自欺也。」

此例中，雖然亦將「誠」形容為一個重要的德目，然而僅用之於「意」，未免太狹窄，無怪乎陳確對〈大學〉不滿。（參閱陳乾初〈大學辨〉）

後世又往往將「誠」與「敬」字聯用，久之，其義相融。如：《廣韻》即以「誠，敬也」來作為「誠」的釋義。這顯然非其本義。

【後記】

查〈引得〉，發現《周易》、《論語》、《尚書》、《詩經》中用「誠」字真少。除前引者外，補充《論語．子路》:「誠哉斯言也」、《詩經．大雅．崧高》:「謝于誠歸」，上二例的「誠」字皆普通用法。

《尚書》僅偽古文〈太甲下〉有「鬼神無常享，享于克誠」，作偽古文時已受《中庸》影響。

《孟子》書中「誠」字出現較多，然除前引〈離婁〉與〈盡心〉中之二段外，皆普通用法。

《禮記》（戴記）中用「誠」頗多，除前引〈中庸〉、〈大學〉、〈學記〉、〈樂記〉各條外，餘皆集中于〈曲禮〉、〈檀弓〉、〈文王世子〉、〈禮器〉、〈郊特牲〉、〈祭統〉諸篇。這些篇章最早也出現於戰國，非常可能會受《中庸》影響。

柒、我讀《中庸》

一、孟子是否受業於子思之門人？

《史記》說孟子受業於「子思之門人」，也有人說「人」字為衍字，據司馬遷，孟子或是子思的學生，或是子思學生的學生。可是由《孟子》書內，孟子祗將子思當作一個前輩來尊敬，絲毫沒有「受業」的跡象，也沒有引述子思傳道之言，似乎不會是子思的學生。若說是受業於「子思之門人」，這個「門人」又是誰？對自己的業師一句話也不提未免不合理，一個合理的假設應是：孟子私淑子思，並且受他的思想影響。孟子自言願學孔子，這就將子思也包括進來了。

【回應】

怡嚴教授認為「孟子私淑子思，並且受他的思想影響」。忠天按：此說似合理，可備一說。

二、子思有否作《中庸》？

《史記》說子思作《中庸》，可是沒有其他支援的證據。由《中庸》全書來看，顯然是孟子學說的發揮，當然這些學說可能包含有子思的成分，可是在史料缺乏的情況下，很難分判子思到底貢獻了多少。事實上戰國後期的荀子已經將子思與孟子的學說講成一派，無怪乎司馬遷會認為子思是《中庸》的作者，可是觀察今本《中庸》，可以發現有些思孟觀念被發揮到極端。這些部分祗可能產生於孟子之後，最值得注意的是，《孟子》書中對「誠」特為提倡（離婁，盡心各篇），到《中庸》被發揮為第二十章至第二十六章的主題（到第三十二章又再回顧一下），其中很多講法都是孟子不會主張的，尤其是第二十四章提出「至誠如神」與「至誠之道可以前知」，都是將孟子原來的主張推展到「至極」。由思的源流來設想，這也不可能是子思的貢獻，因此我覺得《中庸》成書的時間應是在《孟子》之後，在《易傳》（尤其是〈乾文言〉）之前。《中庸》的主旨在於個人的「修身」，而對「修身」以後的事，僅指出途徑與效應。（「修身」對家、國、天下的治理僅是必要條件，而不是充分條件。）故雖有些地方推展到極端，究竟還未像《大學》那樣，說出「治國平天下」的大話，（那牽涉到千頭萬緒，沒有人能夠從《大學》找到「治國平天下」的秘訣）仍保持有戰國時對儒家學術哲學化的學風，而又不像漢代那樣講求政治效益。

這是我與胡志奎《學庸辯證》違異的地方。

【回應】

怡嚴教授認為「《中庸》成書的時間應是在《孟子》之後，在《易傳》之前」。忠天按：《中庸》成書是否在「孟子之後」，此說恐須更多證據。經典形成，原非成於一時一人，往往為集體創作，以部分推翻全體，似無必要。

三、《中庸》「敬」字宜作「尊敬」解

《中庸釋疑》在第十五章稱涉及「誠」之外（透過朱子解釋「所以行之者一也」的注），跳過第 21-25 章，到第拾陸章為「至誠無息」章釋疑，也祇涉及此章最後《周頌．維天之命》一詩，而完全沒有碰到章首「至誠無息」之句，中間《中庸》說「誠」的地方完全沒有顧到，是否認為那些地方沒有疑點呢？還是認為不重要呢？

《中庸釋疑》頁 97 注 6 引朱注：「一」指「誠」而言。實則朱注指為五倫（五達道），不僅對朋友，而且朱注中亦未將朋友之「信」與統括之「誠」放在同一層次。似不支持將「誠信」當作一個「複合名詞」用。

頁 159（2）用了另一複合名詞「誠敬」，實則《中庸》中出現「敬」字在第三十一章「足以有敬也」、「而民莫不敬言」皆作「尊敬」解，在《左傳》中有很多批評禮儀「不敬」的地方，亦祇指「存心恭敬」而言，到後來理學的「敬」才將「敬」等同於「欽哉」的「欽」，似非先秦原義。

將「誠敬」合為一複合名詞，往往引致以「敬」釋「誠」，甚至以「敬」代「誠」，可能不妥。

【回應】

怡嚴教授認為《中庸》「敬」字宜作「尊敬」解，並指出拙作《中庸釋疑》行文中往往以「誠敬」、「誠信」合為一詞，似不以為然！並謂將「敬」等同「欽哉」之「欽」，蓋失先秦原意。上述諸說，頗有啟發性。惟先秦「敬」字作「敬慎」解有多處，如《大學》:「為人臣止於敬」，宜作「敬事」(敬慎其事)解。又如《論語．學而》子曰:「道千乘之國:敬事而信，節用而愛人，使命以時」，上述「敬」字若解為「尊敬」，恐流於阿諛奉承者流。

四、《中庸》的夫婦與五倫的關係

《中庸釋疑》頁 89:「本章首指『君子之道費而隱』一語，接著便從『夫婦』一倫說起，章末又以『君子之道造端乎夫婦』作結」，頁 94:「況『夫婦』一倫，尤為人倫之造端，焉可略去不言。」按「中庸」並未特別標出「五倫」一辭，第二十章:「天下之達道五，……曰君臣也，父子也，夫婦也，昆弟也，朋友之交也。五者，天下之達道也。」皆在照應前面:「親親為大」、「修身不可以不事親」。「五達道」中，並未將「夫婦」當作最基本成分。至於第十二章:「夫婦之愚」、「夫婦之不肖」，從前後文觀之，與「聖人」對照，應指:「最卑微之個人」。我認為這裡的「夫婦」為「匹夫匹婦」的簡稱，「匹夫匹婦」在春秋戰國為常用之套語，見《論語．憲問》:「匹夫匹婦之為諒也」《孟子．萬章下》:「匹夫匹婦有不與被堯、舜之澤者」《左傳．昭公七年》:「匹夫匹婦強死」。這些地方「夫」、「婦」皆指「庶人之男女」。對照之下:《中庸》中「夫婦之愚」、「夫婦之不肖」亦有此意。因此我認為這裡「夫婦」為「匹夫匹婦」之簡稱，後面:「君子之道，造端乎夫婦，及其至也察乎天地」，也指「個人」而言，與「天地」成兩個極端。

【回應】

怡嚴教授認為《中庸》並未特別標出「五倫」，「夫婦」一辭未必與之有關。忠天按:「夫婦」為「匹夫匹婦」之簡稱，許多文獻中，是可以接受。但既為「夫婦」必有「夫婦之道」，亦不爭之事實，蓋道無不在，五達道舉「君臣、父子、夫婦、昆弟、朋友」五種人倫關係，君子之道造端乎夫婦，一句，其一寓有平凡，其一寓有夫婦為人倫之始，否則少了「夫婦」一倫，焉有其他各倫？

【編者附記】

本文為李怡嚴教授於 2015 年至 2019 年之間，與黃忠天每週三在清大中文系教授休息室論學的部分討論，李教授將之撰成本文。此次付梓，忠天再略就本文內容另加標題，以求醒目，並附當時的回應。

第伍編
文史雜論

壹、獲麟解

文獻上最早提到「麟」的，是《詩經．周南．麟之趾》：

麟之趾。振振公子，于嗟麟兮！
麟之定。振振公姓，于嗟麟兮！
麟之角。振振公族，于嗟麟兮！[1]

這篇詩，是借「麟」作起興，以讚嘆公族子孫。「振振」亦出現於《周南．螽斯》：「宜爾子孫振振兮」，義為「眾盛貌」，或《召南．殷其靁》：「振振君子」，義為「威武貌」；「于嗟」為讚嘆辭，亦出現於《召南．騶虞》：「于嗟乎騶虞」。既然借「麟」的身體各部：趾、定（額）、角作起興，則「麟」應是一種當時很常見的動物，不然，就引不起讀者的共鳴。

至於到底是怎樣一隻野獸，就必須查一下中國最古的兩部類書：出於西漢的《爾雅》與出於東漢的《說文》。《爾雅》並無「麟」字，衹有一個相通的「麐」字。《爾雅．釋獸》載：「麐，麕身、牛尾、一角。」〈疏〉：「麐，瑞應獸名。」《說文》載：「麟，大牡鹿也。」綜觀之，「麟」應為鹿的一種，大概體形壯碩，容貌出眾而給人深刻的印象，故古人認為是瑞祥的象徵。有一點很確定：雖然「麒麟」連稱，用「麒麟」分牡牝是後出的講法，因為《說文》認為「麟」是牡的。

鹿的種類本來很多，隨便拿一本字典查「鹿」部，就可看到「麂麋麈麛麝麞」等字眼，多可從大小、毛色、頭型、角形、腿尾各部來辨認。現存之鹿科（Cervidae）動物有 16 屬 40 種，古有而今已滅絕的不知有多少。舉一個例，清時南苑畜養一種異鹿，角僅有兩個分叉，稱為「四不像」，被外國傳教士發現，引介到國外。（有人認為那就是「麈」，可是據《古今圖書集成》上的圖看，實在不像。）

---

[1] 毛亨傳，鄭玄箋，孔穎達疏，《毛詩正義》，卷 1，〈麟之趾〉，頁 72-74。

照《周南・麟之趾》來看，「麟」引人注目的部位是角、額頭・腳趾，其實各種鹿的特徵，還是在角上，蹄趾與額頭的差別並不太大。可是《爾雅》卻說「麐」有一角，這很可疑，可是並非不能解釋。鹿角的主要功能，本為族內互相炫耀，實不能用以抵抗猛獸（那要靠奔跑的速度）。故在每年過了繁殖季節以後，那些角多會脫落，以免浪費養分。到次年，角又會重生。有時脫落不盡，就會成為一角的狀態。新生的角，外表有毛皮包住（俗稱鹿茸），被富有聯想力的人們看到，稱讚牠「設武備而不為害」，故認為牠是「仁獸」。後來的儒家讚嘆「麟」是「聖王之嘉瑞」，這就是主要的原因。古文獻上從來沒有說那「一角」生在頭中央，《周南・麟之趾》甚至分言「麟之定」與「麟之角」，可見《金石索》上所畫之麟，頭中央生一角，角端有一個肉球，純是望文生義。

用這個資訊來看《春秋經・哀公十四年》的「西狩獲麟」，就很清楚了。《左傳》的記載是：

> 春，西狩于大野，叔孫氏之車子鉏商獲麟，以為不祥，以賜虞人。仲尼觀之，曰：「麟也。」然後取之。[2]

《左傳》的記載相當明確，唯一可疑的是「以為不祥，以賜虞人。」如果認為這野獸會帶給持有者不幸，就應該棄之埋之，而不應賜給別人。又，誰有賞賜權呢？難道是子鉏商嗎？當然不是。在那次狩獵中，叔孫州仇顯然是主持人。從〈哀公十一年傳〉所載他與吳王夫差的對答中，知道他職為司馬，主持大狩是他的任務。可是他僅是一個紈袴子弟，戰爭與狩獵本不在行，（與吳王對答那次，如果不是子貢替他撐著，就會出醜！）更不懂辨認野獸。他衹知道狩獵以多得猛獸為榮。可是當日的洙泗地區，人口膨脹，猛獸本就不多，當他的車御子鉏商射到一隻像鹿的野獸，他心中不滿，認為此行不吉（不祥），意興闌珊而回，就將所獲賞給虞人，部下雖然知道是麟，哪裡敢講？要等孔子親自告訴他，他才回心轉意，收回那隻麟。

《左傳》的記載沒有神秘的地方。雖然涉及孔子，衹顯示他的博學。孔子自己的情緒並沒有受到影響，這與《公羊傳》不同。《公羊傳》涉及此事的陳述很長，下面衹錄其重點：

---

2 左丘明傳，杜預注，孔穎達正義，《春秋左傳正義》，卷 59，〈哀公十二年至十五年〉，頁 1930-1931。

> 何以書？記異也。何異爾？非中國之獸也。然則孰狩之？薪采者也。薪采者，則微者也。曷為以狩言之？大之也。曷為大之？為獲麟大之也。曷為為獲麟大之？麟者，仁獸也。有王者則至，無王者則不至。有以告者曰：「有麕而角者。」孔子曰：「孰為來哉！……！反袂拭面，涕沾袍。……西狩獲麟，孔子曰：「吾道窮矣。」[3]

後面的文字太繁，不具引；衹提一句：整段記述結穴在最後的「制春秋之義以俟後聖。」這是《公羊傳》最著意的地方。

《公羊傳》以麟非中國之獸，好像牠在西周時專程到周南一趟，以備詩人讚嘆公子，又在春秋末期專程到魯國一趟，甘心死在樵夫箭下，衹是為了要見證《春秋》之完備。無論誰都可以看出其荒唐之處，真不知道何以公羊家會傳承這段記述！《公羊傳》對麟的描述還算合理，衹說「有麕而角者」，並認為是仁獸。這種講法，可能是戰國時的共識，被西漢時的《爾雅》所吸收。到東漢的何休就添上：「一角而戴肉，設武備而不為害，所以為仁也。」到唐徐彥的《疏》就更變本加厲，說麟是木精，真不敢相信這是儒家學說。

對《公羊傳》的說法，傅隸樸《春秋三傳比義》有很嚴厲的批評，計分四點：（一）不當以狩名加之於一樵夫。（二）既說麟之出現是孔子撥亂功成的瑞應，則孔子又何故感傷哭泣？此為一大矛盾。（三）說孔子制春秋之義以俟後聖，明是有意諂媚漢室，以保其學術地位，有誣聖背經之嫌。（四）以獲麟為撥亂功成之瑞應，就不當有十四年齊人弒君，孔子欲討的事件。傅隸樸的結論是：「公羊此傳，可謂無一是處。」

至於《穀梁傳》，大致沿襲《公羊傳》瑞應之說，而特創「引取」之論，認為《春秋》將瑞應引而歸之魯。甚屬無謂。因非重要，不再討論。

可是何以《春秋經》終於魯哀公十四年春，則始終沒有解決。對這個問題，顧棟高的《春秋大事表．春秋絕筆獲麟論》提出一個看法，甚有理緻。下面引述其重點：

> 愚嘗反覆通《經》，而知諸儒之說非矣，即朱子亦未為得。蓋《春秋》之《經》因是年請討陳恆之不行而絕筆也。夫《春秋》為天下之無王作，臣弒其君、子弒其父，生人之道絕矣。故不得已而作《春秋》，汲汲乎別嫌

[3] 公羊壽傳，何休解詁，徐彥疏，《春秋公羊傳注疏》，卷 28，〈哀公十一年至十四年〉，頁 709-716。

> 明微，正名定分。其用於魯也，則墮三都以張公室。逮其歸老，季氏伐顓臾則沮，旅泰山則沮，口誅筆伐，猶望人心懾于大義而不敢肆。至十四年之四月，陳恆執其君，寘于舒州，六月行弒。孔子是時年七十一，沐浴請討，而魯之君臣哆然不應，則是人心死而天理絕，天下無復知簒弒之為非者，于是喟然太息曰：「已矣，無為復望矣！」遂輟簡廢業，而是春適有西狩獲麟一事，《春秋》遂以是終焉。是則《春秋》之絕筆者，為大義之不復伸也，豈區區為一物之微而漫託于不可知之氣數哉！……魯與齊為唇齒且甥舅之邦，聖人于此，蓋日懼三桓之為陳氏也，故其答季子然問仲由冉求，曰：「弒父與君，亦不從。」至請討不行，顯然勢合而交成其絕筆也，目不忍見，口不忍言，故斷其簡于春秋，而著其事于魯論。[4]

我認為顧棟高的結論是對的。唯一可補充的是，也許對「西狩獲麟」的傷感，是孔子提出，作為絕筆的藉口。畢竟他對魯哀公是有感情的，他不忍心讓哀公受到責備，也不願意無故絕筆，所以需要一件小事作藉口。正像他於定公十二年，藉口「從而祭，燔肉不至」的微罪而離魯，是同一心態。（這是《孟子．告子下》所說的。）

孔子並非沒有感傷的場合，《論語．述而》載：「子曰，甚矣吾衰也！久矣，吾不復夢見周公。」《論語．子罕》載：「子曰，鳳鳥不至，河不出圖，吾已矣夫！」那些場合孔子多用以自勉。孔子從未以麟自況，倒是其弟子以此形容孔子。《孟子．公孫丑上》述有若的話：「豈惟民哉！麒麟之於走獸，鳳凰之於飛鳥，太山之於邱垤，河海之於行潦，類也。聖人之於民，亦類也。」《孟子》成書於戰國，那時「麒麟」、「鳳凰」已成慣用的套語。

---

4 顧棟高輯，吳樹平、李解民點校，《春秋大事表》（北京：北京大學出版社，1993），卷 42 之 4，〈春秋絕筆獲麟論〉，頁 2438-2439。

貳、微言大義解

長久以來，經學家們多認為「微言大義」是《春秋經》的一項特徵。可是稍微考察一下，就可以發現這個名詞出現得出奇地晚。在《春秋三傳》中，都找不到這個四字詞的蹤影，一直找到西漢的後期，才發現在劉歆的〈移書讓太常博士〉中，有這樣的句子：

> 是故孔子憂道之不行，歷國應聘。自衛反魯，然後樂正，〈雅〉、〈頌〉乃得其所；修《易》，序《書》，制作《春秋》，以紀帝王之道。及夫子沒而微言絕，七十子終而大義乖。重遭戰國，棄籩豆之禮，理軍旅之陳，孔氏之道抑，而孫、吳之術興。

在這段文章內，劉歆用「微言」來代表孔子所倡的詩、樂、易、書、春秋之教，而用「大義」來代表孔子弟子所傳承的學問。都是泛言，並沒有專指《春秋》。班固一方面將此文全錄於劉歆本傳內，一方面也似乎特別欣賞這兩句話，也用在他自己的《漢書．藝文志》的起首（稍加變化）：

> 昔仲尼沒而微言絕，七十子喪而大義乖。故《春秋》分為五，《詩》分為四，《易》有數家之傳。戰國從衡，真偽分爭，諸子之言紛然殽亂。[1]

和劉歆一樣，班固也泛指諸經。

劉歆在學術論爭中，創造了這個名詞，以增強他的文章氣勢；班固見賢思齊，襲用了這個名詞，來解釋戰國至漢初學術紛爭的龐雜。顯然這個口頭禪很好用。可能後來效法的人多了，漸漸用「大義」來形容某項特定的經義的卓越。例如晉杜預

---

[1] 兩段引文見班固，《漢書》第 6 冊，卷 30，〈藝文志第十〉，頁 1701。

就稱讚劉歆：「劉子駿創通大義」。

也許應該轉換方向，探討一下在《春秋三傳》中，有沒有與「微言」相近的話頭，可以供後人套用。這讓我們注意到《左傳》中有兩段「君子曰」的評論。

《左傳．成公十四年》載：

> 秋，宣伯如齊逆女。稱族，尊君命也。……「九月，僑如以夫人婦姜氏至自齊」。舍族，尊夫人也。故君子曰：「《春秋》之稱，微而顯，志而晦，婉而成章，盡而不汙，懲惡而勸善；非聖人，誰能脩之？」[2]

這是《左傳》對《春秋經》：「秋，叔孫僑如如齊逆女。」與「九月，僑如以夫人婦姜氏至自齊。」的解釋。解釋得是否恰當，有可商榷之處 ，可是左氏顯然接受孔子「正名」之說，並引「君子」之言作支持。根據楊伯峻的解釋，《春秋》的用詞造句（稱）有下列特徵：言辭不多而意義顯豁（微而顯）、記載史實而意義幽深（志而晦）、表達婉轉屈曲但順理成章（婉而成章）、盡言其事實而無所紆曲（盡而不汙）、懲惡而勸善。這五項特徵顯然是左丘明所特別認同的。請注意這裡的「微」字僅表示「言辭不多」，卻不能紆曲事實。這與後世將「微」作「微妙」解，是很不同的。上古書寫用竹簡，不能長篇大論，故用辭需要精簡。左丘明是在讚揚記載《春秋》的魯太史，在各種客觀環境的限制下，還能達成保存事實、顯示禮制、懲惡勸善的要求，必定有聖智的能力，才能夠勝任愉快。

左丘明的「正名」思想，在另一段表達得更為顯著，而且所引的「君子曰」與前一段可以相發明。《左傳．昭公三十一年》載：

> 冬，邾黑肱以濫來奔。賤而書名，重地故也。君子曰：「名之不可不慎也如是，夫有所有名而不如其已。以地叛，雖賤，必書地。以名其人，終為不義，弗可滅已。是故君子動則思禮，行則思義；不為利回，不為義疚。或求名而不得，或欲蓋而名章，懲不義也。齊豹為衛司寇，守嗣大夫，作而不義，其書為『盜』。邾庶其、莒牟夷、邾黑肱，以土地出，求食而已，不求其名，賤而必書。此二物者，所以懲肆而去貪也。若艱難其身，以險危大人，而有名章徹，攻難之士， 將奔走之。若竊邑叛君，以徼大利而無名，貪冒之民，將寘力焉。是以《春秋》書齊豹曰「盜」、三叛人

---

[2] 左丘明傳，杜預注，孔穎達正義，《春秋左傳正義》，卷 27，〈成公十一年至十五年〉，頁 878-879。

> 名，以懲不義；數惡無禮，其善志也。故曰：「春秋之稱，微而顯，婉而辨，上之人能使昭明，善人勸焉，淫人懼焉。」是以君子貴之。[3]

上面的引文，其中的「君子曰」，被左氏的一大段解釋文句（「夫有所有名……善志也」）打斷成兩截 ，需要注意。左丘明在這裡不僅為《春秋經》的「冬，黑肱以濫來奔。」作解釋，還兼論及衛齊豹之「盜」與邾庶其、莒牟夷的以土地出奔。今姑不詳論其解釋與議論的對或錯，就其極力強調《春秋》不書齊豹之名（以「盜」代之），卻一定要書三個叛徒的人名與地名，就可以知道左氏受孔子「正名」影響之深，與〈成公十四年傳〉的論調（以族名做文章）可以相發明；附帶引述的「君子曰」，也與前引類似，可以相比較。在兩段引文中，都有「微而顯」，可是前文中的「婉而成章」卻變成後文的「婉而辨」，後文中的「善人勸焉，淫人懼焉」就相當於前文的「懲惡而勸善」；後文少了「志而晦」、「盡而不汙」兩項，卻多出了「上之人能使昭明」，無非是讚揚魯太史能使執政者明瞭為政之道。一般說來，〈昭公三十一年傳〉所引的「君子曰」不如〈成公十四年傳〉所引來得明確，故杜預的〈春秋序〉（見注 3）全抄其文，而名之曰「為例之情」，成為後世經學家所持「春秋義法」的五項標準。這是杜預憑己意來提升其價值，並非左丘明的本意。

《左傳》將「微而顯」定作《春秋》的一項重要特徵，顯然影響到後世。戰國後期的荀子，在他的〈勸學篇〉中寫道：

> 禮之敬文也，樂之中和也，詩書之博也，春秋之微也，在天地之閒者畢矣！[4]

荀子是《左傳》的傳承者，唐孔穎達《春秋左傳正義》引漢劉向《別錄》記載：

> 左丘明授曾申，申授吳起，起授其子期，期授楚人鐸椒，椒作《抄撮》八卷，授虞卿；虞卿作《抄撮》九卷，授荀卿；荀卿授張蒼。[5]

---

3 左丘明傳，杜預注，孔穎達正義，《春秋左傳正義》，卷 53，〈昭公二十九年至三十二年〉，頁 1750-1751。

4 楊倞注，王先謙集解，《荀子集解》，《諸子集成》第 2 冊，卷 1，〈勸學篇第一〉，頁 1。

5 左丘明傳，杜預注，孔穎達正義，《春秋左傳正義》，卷 1，〈春秋序〉，頁 2。

荀子用《左傳》所強調的字眼來形容《春秋》，是合理的。而且這裡所引的兩種《抄撮》，比之《漢書・藝文志》所列的《鐸氏微》與《虞氏微傳》，強力暗示它們是兩種節本，也讓「微」的本義為「言辭不多」的訓詁增加一項旁證。

左氏用「微而顯」來印證孔子「正名」的學說，已開後世附會之端。其後司馬遷就師其意而形容「孔子作春秋」的義法：

> 孔子明王道，干七十餘君，莫能用，故西觀周室，論史記舊聞，興於魯而次《春秋》，上記魯，下至哀之獲麟。約其辭文，去其煩重，以制義法，王道備，人事浹。[6]

《左傳》中的「微而顯」，在這裡被改寫為「約其辭文，去其煩重」。類似的文句，也出現在《史記》的〈孔子世家〉（約其文辭而指博）、〈儒林列傳〉（其辭微而指博）、〈太史公自序〉（《春秋》文成數萬，其指數千），可見司馬遷受其影響之深。西漢時的司馬遷已經無法了解春秋時期的物質限制，又篤信孔子作《春秋》之說，看到《左傳》上的「微而顯」，不禁與當時流傳的公羊義例聯想起來，以為這是孔子的偉大創構，就表現在《史記》中。後來的劉歆即受他的啟發，稍變其辭作「微言」，並擴大其範圍，泛指孔子六經之教。

左丘明從《春秋》中找出「正名」的宗旨，這是他心目中的「大義」。司馬遷從《春秋》中找出「王道備，人事浹」的內涵，這是他心目中的「大義」。同樣，董仲舒從《春秋》中發明出「三科九旨」，這當然也是他心目中的「大義」。推而言之，任何人讀一本書而有心得，衹要他的信心夠強，當然也可以形成他心目中的「大義」。「大義」甚至可用為形容詞：魯隱公四年，衛石碏大義滅親 ，這也是一種「大義」。「大義」本來是一個相對性的字眼，卻被劉歆征用於「七十子終而大義乖」這強氣勢的文句內。從此以後「大義」似乎就衹能限於「經義」。劉歆爭立《左傳》、《毛詩》、《逸禮》、《古文尚書》於學官，本來是為了廣道術 ，結果他創造的辭句，最後甚至成了「公羊學」的專用術語，這也許是劉歆始料未及的。

清代的今文學家，似乎特別喜歡用「微言大義」來辯解他們的主張。一個典型的例子是皮錫瑞，他的《經學歷史》就如此主張：

---

6 司馬遷著，裴駰集解，司馬貞索隱，張守節正義，《史記》第2冊，卷14，〈十二諸侯年表第二〉，頁107。

> 治經必宗漢學，而漢學亦有辨。前漢今文說，專明大義微言；後漢雜古文，多詳章句訓詁。……惟前漢今文學能兼義理訓詁之長。武、宣之間，經學大昌，家數未分，純正不雜，故其學極精而有用。以〈禹貢〉治河，以〈洪範〉察變，以《春秋》決獄，以三百五篇當諫書，治一經得一經之益也。……，將欲通經致用，先求大義微言，以視章句訓詁之學，……其難易得失何如也。[7]

漢代提倡「通經致用」，本來是為了政治的目的，可是其結果實在不敢恭維。皮錫瑞稱漢元、成間為「經學極盛時代」，可是那也是漢代國力衰落的時代。皮錫瑞說元、成以後公卿大夫士吏未有不通一藝，可是事實上卻無法阻止哀帝的寵信董賢。真不懂何以清代的公羊學者堅持把那些「微言大義」當作救國圖強的良藥！

公羊學派的典型「微言大義」，如「大一統」、「張三世」、「存三統」、「異內外」、「以孔子為素王」等，討論的文獻已多，這裡不再炒冷飯。我祇補充一點。

前面所引《春秋經．昭公三十一年》「冬，黑肱以濫來奔」，《公羊傳》有一大篇野史傳說與相連的「微言大義」，值得注意。《公羊傳》由經文中「黑肱」未繫國名「邾婁」出發，認為作經文的孔子將地名「濫」當國名來看，因為濫邑是黑肱祖先叔術的世襲封邑。因為叔術是賢人（他做過讓國的事），所以他的子孫「宜有地也」。至於叔術讓國的過程，《公羊傳》講得很複雜（那是一篇野史傳說），可是並不重要。本文要強調的是，即使叔術讓國的傳說可靠，而且叔術的賢德的確值得庇蔭他的子孫「有地」，由歷史看來，叔術的讓國與黑肱的出奔是兩個獨立事件。說作經文的孔子抓住了黑肱出奔的事件，故意不繫「邾婁」的國名，以表揚叔術的賢德，是完全講不通的。設使叔術沒有子孫出奔，或是出奔到別的國家而未赴告到魯國，則他的賢德豈不是被埋沒了！孔子（照今文家所說）如真的認可叔術的賢德，就應該直截講出來，而不是用「微言」寫在《春秋》中，而讓後人去委屈解釋。這太違反「盡而不汙」的原則！

這種倚賴一兩字的存亡，連繫到預定結論的「法寶」，也不僅出現在《公羊傳》。《左傳》「五十凡」（除純訓詁之外），有許多視《公羊傳》也如五十步之笑百步。後來這種趨勢也漸漸被其它著作所效法。

---

7 皮錫瑞著，周予同注釋，《經學歷史》（北京：中華書局，2011），卷 3，頁 56-57。

如今「微言大義」幾乎已成了被用濫了的套語，人們在為自己的意見辯護時，往往把它當成萬靈丹，結果其效率也越來越降低。始作俑者的經學家，是應該警惕的。

2017 年 10 月 11 日

參、周文王與《周易》關係的臆測

一、導言

關於周文王被殷紂拘繫於羑里的問題，一直成為國學界爭訟的對象。其記載，首見於《左傳・襄公三十一年》：

> 北宮文子……，言於衛侯曰：「……《周書》數文王之德。曰：『大國畏其力，小國懷其德。』……紂囚文王七年，諸侯皆從之囚，紂於是乎懼而歸之，可謂愛之。文王伐崇，再駕而降為臣，蠻夷帥服，可謂畏之。」[1]

卻大盛於戰國與漢初之諸子的議論文章，而凝固於司馬遷之《史記》。謹引諸子的記述數處，以見一斑。

《戰國策・趙策三》：

> 鬼侯之鄂侯、文王，紂之三公也，……，醢鬼侯。……，脯鄂侯。文王聞之，喟然而嘆，故拘之於牖里之庫百日，而欲舍之。[2]

《韓非子・難二》：

> 昔者，文王侵盂、克莒、舉豐，三舉事而紂惡之。文王乃懼，請入洛西之

[1] 左丘明傳，杜預注，孔穎達正義，《春秋左傳正義》，卷 40，〈襄公三十年至三十一年〉，頁 1303-1306。

[2] 高誘注，《戰國策》第 2 冊，卷 20，〈趙策〉，頁 74-75。

地、赤壤之國，方千里，以解炮烙之刑。天下皆說。仲尼聞之曰：「仁哉文王！……智哉文王！出千里之地而得天下之心。」或曰：仲尼以文王為智也，不亦過乎！……紂以其大得人心而惡之，己又輕地以收人心，是重見疑也。固其所以桎梏囚於羑里也。[3]

《呂氏春秋．孝行覽．首時》：

王季歷困而死，文王苦之，有不忘羑里之醜，時未至也．武王事之，夙夜不懈，亦不忘王門之辱，立十二年，而成甲子之事。

《新書．君道》：

……諸侯之不諂己者，杖而梏之。文王桎梏，囚於羑里七年，而後得免。[4]

《淮南子．道應訓》：

崇侯虎曰：「周伯昌行仁義而善謀，太子發勇敢而不疑，中子旦恭儉而知時。若與之從，則不堪其殃；縱而赦之，身必危亡。冠雖弊，必加於頭。及未成，請圖之。屈商乃拘文王於羑里。於是散宜生乃以千金求天下之珍怪，得騶虞雞斯之乘、玄玉百工、大貝百朋、玄豹黃羆青犴白虎文皮千合，以獻於紂。因費仲而通。紂見而說之，乃免其身，殺牛而賜之。[5]

《淮南子．氾論訓》：

紂居於宣室，而不反其過，而悔不誅文王於羑里。[6]

在上述的引文中，有些沒有足夠的細節，有些卻充滿了囉嗦的描寫，近於小說家

[3] 王先慎撰，鍾哲點校，《韓非子集解》，卷 15，〈難二第三十七〉，頁 361。
[4] 賈誼撰，盧文弨校，《新書》，卷 7。
[5] 劉安著，高誘注，莊逵吉校，《淮南子》第 4 冊，卷 12，〈道應訓〉，頁 12。
[6] 同前引，卷 13，〈氾論訓〉，頁 10。

言。因此後人往往把「周文王被拘禁」當成一個遙遠的傳說，而不太重視。也有不相信者。

我以前對這個問題並沒有花太多腦筋，甚至有些規避。例如，我在〈克黎後的慶功宴——試釋《清華簡．耆夜》撰作的學術背景與內涵〉中就含糊地說：

> 後人甚至傳聞他曾囚禁文王一段時間，真實性待考。[7]

我在〈左丘明與《左傳》、《國語》關係再揣測〉一文中，對司馬遷以文王為例，僅輕鬆地帶過：

> 現在看起來，有關西伯演易的事，恐怕祇是漢時的傳聞，暫不理它。[8]

我在〈術士的占卦秘笈——《清華簡．筮法》試探〉中。對《周易》興盛於周朝的原因，也採取同樣的規避態度：

> 《周易》開始時，當然也是民間師徒相傳的占卦方術，也許源流綿長（也許始於殷商之時）。為了某些未知原因，受到周王室的青睞，從此有整個官僚系統來支援發展（周室的太卜、太史等），有足夠的人手收集下層社會的卦例與斷卦之辭。只有在這樣的支援下，才能發展成有系統的卦辭與爻辭。[9]

在這篇文章內，我準備面對這個問題，提出我自己的意見與揣測，因此可以算是以上所引各文的重要補充。

二、周文王被殷紂拘禁傳聞的可靠性與可能的時間

在提出我自己的見解以前，先複習一下《史記》所凝固的紀載。《史記．殷本紀》：

---

7 見本書第貳編第參章，〈克黎後的慶功宴——試釋《清華簡．耆夜》撰作的學術背景與內涵〉。

8 見本書第參編第壹章，〈左丘明與《左傳》、《國語》關係再揣測〉。

9 見本書第貳編第壹章，〈術士的占卦秘笈——《清華簡．筮法》試探〉。

……紂乃重刑辟，有炮烙之法。以西伯昌、九侯、鄂侯為三公。……西伯昌聞之，竊嘆，崇侯虎知之，以告紂，紂囚西伯羑里。西伯之臣閎夭之徒，求美女奇物善馬以獻紂，紂乃赦西伯。西伯出而獻洛西之地，以請除炮烙之刑。紂乃許之，……。[10]

《史記．周本紀》：

崇侯虎譖西伯於殷紂曰：「西伯積善累德，諸侯皆嚮之，將不利於帝。」帝紂乃囚西伯於羑里。閎夭之徒患之，乃求有莘氏美女，驪戎之文馬，有熊九駟，他奇怪物，因殷嬖臣費仲而獻之紂。紂大悅曰：「此一物足以釋西伯，況其多乎！」乃赦西伯，……西伯蓋即位五十年，其囚羑里，蓋益《易》之八卦為六十四卦。[11]

《史記．龜策列傳》（褚先生補）：

紂……殺周太子歷，囚文王昌。投之石室，……。[12]

《史記．太史公自序》：

昔西伯拘羑里，演《周易》；孔子戹陳蔡，作《春秋》；屈原放逐，作《離騷》；左丘失明，厥有《國語》；孫子臏腳，而論兵法，不韋遷蜀，世傳《呂覽》，韓非囚秦，《說難》、《孤憤》。[13]

司馬遷〈報任少卿書〉[14] 幾乎全用〈太史公自序〉的句子，祇是後面跟了幾句：「及如左丘明無目，孫子斷足，終不可用。」則是私人書信中發洩感情之言；「無目」即「失明」，祇是變更寫法，應非另有新資訊。

---

10 司馬遷著，裴駰集解，司馬貞索隱，張守節正義，《史記》第 1 冊，卷 3，〈殷本紀第三〉，頁 106。

11 同前引，卷 4，〈周本紀第四〉，頁 116-119。

12 司馬遷著，裴駰集解，司馬貞索隱，張守節正義，《史記》第 10 冊，卷 128，〈龜策列傳第六十八〉，頁 3234。

13 同前引，卷 130，〈太史公自序第七十〉，頁 3300。

14 見《漢書．司馬遷傳》之引文。

由於諸子對周文王被紂拘禁一事往往遺漏重要的細節（例如拘禁的時間），而對不重要的細節（例如周臣所求寶物的名稱）則踵事增華，所以很多後世學者都抱懷疑的態度。可以清之崔述為代表，他在《豐鎬考信錄》說：

> 後之儒者皆謂文王親立於紂之朝，北面為臣。余獨以為不然。君臣之義，千古之大防也。文王既立紂之朝矣，諸侯叛紂而歸文王，文王當拒其歸而討其叛，安得儼然而受之！……文王之事，《詩》、《書》言之詳矣，……紂果文王之君，不應《詩》、《書》反無一言及之。況羑里之囚乃文王之大厄，……尤當鄭重言之，……豈非文王原未嘗立於紂之朝哉！[15]

顯然他受儒家的影響太深，把「君臣之義，千古之大防也」當作理所當然之理。因此他將「君臣之義」的有無，用二分法定義為絕對的「全有」或「全無」。對於文王與紂的關係，他認為一旦文王立於紂之朝，則理所當然地，文王之生死就應該懸於紂之手；一切反抗的意圖都是大逆不道。由於歷史的記載不像有「文王立於紂之朝」之事，故他的結論是：「文王被紂拘禁於羑里」一事是假的。可是他的大前提就錯了，他的結論當然就有問題。

讓我們設身處地，回溯當時的情況。文王的父親季歷，倒是立於殷商之朝而替殷商賣命的。祇是季歷功高震主，在殷帝文丁死前被殺。[16] 那時殷商等於與文王結了仇。文丁將此燙手山芋留給兒子帝乙，卻沒有考慮到帝乙的軟弱與顢頇性格。當第一年他沒有看到季歷之子姬昌（周文王）的報復行動，[17] 他就放心並鬆弛下來。到第二年姬昌真的出兵打來，[18] 他一點準備都沒有，只好向周行成。結果帝乙向周示好，把女兒嫁給姬昌（周文王）；並且為了羈縻周這個大國，他承認周文王為西方諸侯之長，號為「西伯」。

周文王之所以（暫時）放棄復仇而就婚姻，是由於他估計一時還沒有滅殷的力量；作為殷商的女婿，至少可以增加他在諸侯間折衝的份量。他才不會像他父親那

---

15 崔述撰著，顧頡剛編訂，《豐鎬考信錄》，《崔東璧遺書》上冊（上海：上海古籍出版社，2013），卷 2，〈文王下〉，頁 176-177。

16 雖然崔述不承認此事，卻為《竹書紀年》記下，而為《晉書・束晳傳》所引。請參閱方詩銘、王修齡，《古本竹書紀年輯證》。我也有這方面的文章，請參閱本書第貳編第參章，〈克黎後的慶功宴——試釋《清華簡・耆夜》撰作的學術背景與內涵〉。

17 事實上那一年周文王正在努力穩定國內局勢，並增強其控制力，暫時無力出兵。

18 此事載於《竹書紀年》：「帝乙處殷，二年，周人伐商。」而徵引於《太平御覽》，卷 83，皇王部。

樣，真的為帝乙賣命！

至於帝乙，只要周文王不打過來，就謝天謝地；對於周文王在諸侯間發展自己的力量，甚至兼併別人的土地，只好睜隻眼閉隻眼。所以終帝乙之世，殷周之間總算相安無事。

可是在周文王發展出足夠的力量之前，帝乙就死了。周文王對帝乙之子紂並不瞭解。為了決定以後對殷的戰略，他有必要親自觀察紂的性格。他平日雖非立於殷商之朝的人，身為西方諸侯之長，他卻可以利用紂新即位的機會，率領西方諸侯朝殷；一來祝賀紂的繼位，再則乘機觀察殷朝廷的施政情況。這就給紂一個機會去拘禁他。他的冒險朝殷，似乎有一點輕敵。

在有關文王被拘禁的記載中，以《左傳・三十一年》那一段為最可信，一來出現之時間最早，未受後來傳聞的混淆；再則傳述者北宮文子（佗）亦為學問之士，且其場合為對君之問，必不敢虛構事實以欺君。[19] 用這個記載為基準，可以用設想來補充最可能的細節。

我以前曾經估計過商周間各帝的在位時間，[20] 得帝乙為 1106-1087 B.C.、帝辛（紂）為 1086-1045 B.C.、周文王為 1106-1057 B.C.、周武王為 1056-1043 B.C.。既然文王朝殷的最可能時間為紂剛即位時，那就是 1086 B.C.。[21] 那時文王約三十九歲，武王剛二歲。據《左傳》，他被拘七年，連頭尾計算，那就是 1086-1080 B.C.。

我猜想當時周文王率領一批親周的西方諸侯，浩浩蕩蕩抵達朝歌，館於羑里。對紂來說，那成為一種示威的行動。本來他就對姬昌（周文王）懷有成見，認為他父親對周的和親。是一種「城下之盟」。終帝乙之世，姬昌也沒有替殷商效過力。現在他剛即位，姬昌就來示威，是可忍孰不可忍！紂認為不應該讓姬昌這種示威行動順利得逞，然後揚長而去；現在剛好姬昌自已送上門來，不能讓他逃走了！這時他顯現出暴躁與沉不住氣的本性，下令將姬昌軟禁在寄居之所。其它同來諸侯，當然也受到池魚之殃，被當作同黨，一併被軟禁。

我相信以上的猜想，與實際情況相差不會太遠，尤其是，這樣才會產生「諸侯皆從之囚」的效果。紂拘禁周文王是由於一時的衝動，下一步就很難走，紂的辦法是與周文王對耗，靠時間來解決問題；拘禁的時間因此被拖長了。當然，周室的解

---

19 可是未免有所誇飾，例如紂決不會由於「諸侯皆從之囚」而恐懼。

20 見李怡嚴，《科學與歷史》，〈西周各王年歲估計〉，頁 433-436。

21 《今本竹書紀年》把紂拘禁周文王的時間定在「帝辛二十三年」，不過這顯然不合理。那時紂在位已久，他的暴虐與野心，已為世人所知，周文王當然不可能冒然送上門去讓紂拘禁。目前大部分的學者都認為《今本竹書紀年》是偽造的，所以我不取此說。

救活動一直沒有鬆馳，獻地獻寶的行動，都是可能的。其時周文王可能犧牲了他的長子，《史記．龜策列傳》（褚先生補） 記載：「紂……殺周太子歷」，「歷」可能就是「伯邑考」的名，[22] 冒險想營就文王而為紂所執殺。

時間拖長了，紂也在等待下台階的機會。等寶物撈夠了自然會釋放周文王，[23] 他瞭解到最後的解決需要殷商本身夠強。從此他執意於擴軍。周文王固然吃了虧，可是也有回收。他意識到了紂的野心，知道周的將來為了圖存，必須有新的戰略與做法。他也見識到紂的局限：紂太自信、太剛愎、且器小易盈，不足以成大事。這對他形成日後對殷的戰略，是有用的。他的餘生，將盡瘁於此。

其實，紂要是夠聰明，能壓抑一下自己的自大本性，（至少表面上）宣稱將沿襲帝乙的政策，而且在招待過這群諸侯後，送他們安全離去，我相信在一段長時間內，周將不會與殷為敵。不特如此，紂也可以趁此機會，了解西方諸侯的情勢，甚至挑選其中忠心的，結為盟友。當時新的車戰的戰術剛傳入，西方諸侯得風氣之先，紂大可以從這些新盟友學得這種新戰術；這對他將來的建軍與征東夷，是有益處的。可惜紂未能把握這個機會，與所有西方諸侯都撕破了臉，上述那些好處都成泡影了！

周文王被拘禁，他本國的家人及卿大夫當然著急，多方設法營救。我猜文王的嫡妻（即帝乙之女）自願赴殷以姊姊的身分求情。她由長子伯邑考 [24]（可能是她的親子）陪同，帶了寶物前往。不料這又觸犯了紂「自以為是」的脾氣，紂乾脆將他們也扣留下來，不讓周文王與他們會面。帝乙之女可能被逼大歸，而伯邑考以憂死。[25] 這影響到周文王的家庭。

時間久了（「七年」大概是一個約數），紂終於失去最初「勝利」的新鮮感：本身這又撈夠了賄賂，這才放這些諸侯離去。可是周文王對紂的仇恨已經建立了。這終於導致紂與殷商的滅亡。

不過首先，他在拘禁中玩弄筮法，有了特別的心得，必須趁熱與他的太卜、太史商討。這是下一節的題材。

---

22 「季歷」僅是字，不需要隱諱。周文王可能為了紀念父親而用其字為其子命名。

23 《史記》載紂的說話：「此一物足以釋西伯，況其多乎！」如果不是誤傳的話，可能就是紂藉以下台階之言。

24 周室對伯邑考多所隱諱，先秦記錄此事僅見《禮記．檀弓》，然講得紂很殘忍。本文節取之。

25 上述的想像情節，當然只是一種合理推測。可是看到帝乙之女出場時的風光，卻忽然沒有了下文，就知道許多事實都被隱諱掉了。在這種情況下，想像與推測都是免不了的。

三、周文王對改革筮法的主張與實行

在有關「周文王被拘禁於羑里」的記載中，《史記》顯得特別，因為他指出：「西伯拘羑里演周易。」「其囚羑里，蓋益易之八卦為六十四卦。」因為他這話是在憂憤中講的，所以很多學者都不信而另找重卦之人。例如伏羲、神農、夏禹等，可信度都不大。本文重新考察「文王重卦」的說法。

讓我們繼續推想周文王在羑里的反應。他對於將來充滿疑慮，很可能用他熟悉的筮法[26]來決疑。在三千多年以後，我們很難知道當時他占得什麼卦，不過有一條線索似乎可用：今傳的《周易》有一條似乎與周文王被拘禁有關。那就是隨卦上六的爻辭：

> 拘係之，乃從維之，王用亨于西山。

高亨《周易古經今注》釋之：

> 從讀為放縱之縱，古字通用。……維疑當讀為遺，古字通用。……《說文》：「遺，亡也，亡逃也。」縱遺之者，縱之使去也。此乃文王故事。……《周易》此文拘係之，謂紂囚文王於羑里也，從維之，謂放歸於周也。亨即享字，王用亨于西山，謂文王歸周以為賴神之庇右，得免於難，因享祀於西山以報之也。[27]

當時當然還沒有此爻辭，可是這也是時人的見解。

因為《清華簡．筮法》[28]發現，我們知道當戰國時，在楚文化區域的民間，流行著一種筮卦的方法。有八經卦（其名稱與《周易》大同小異），可是卻沒有重卦。我在一篇討論此事的文章[29]內，曾猜測在《周易》出現以前，在西方的民間也流行著類似的方法。以此猜想為基礎，我們可以推想，在周文王初期，可能由民間

---

[26] 在拘禁中，不會有甲骨可用。乃至於蓍草，則可從庭院拔取。

[27] 高亨，《周易古經今注》（北京：中華書局，1987），頁 213。

[28] 見李學勤主編，《清華簡（肆）》，頁 77-122。

[29] 本書第貳編第壹章，〈術士的占卦秘笈——《清華簡．筮法》試探〉。

學到此方法，而且在決疑過程中，往往會使用。

可是《筮法》的出現，是在戰國中後期，時間與周文王相差太遠，很難成為周文王時期民間占筮法的代表。我們目前所能依賴的資料，筮近期發現的殷商器物上所出現的零碎數字卦。在王化平與與周燕所著的《萬物皆有數：數字卦與先秦易筮研究》[30] 頁 63-66 上搜羅了三十八例，足以表達該時期數字卦的特徵。在此 38 例中，六爻卦占了 29 例；其餘的三爻卦（ 6 例 ）與四爻卦（3 例）皆為少數，很可能當時「叠卦」的觀念已經出現。

再看，此 38 例中共用了七種數字：一、五、六、七、八、九、十。這些數字共出現 200 次（已減去四個空白方塊）。其中「六」出現次數最多（83），其次是「七」（46），再次為「八」（29）、「一」（26）、「五」（12）、「九」（3）、「十」（1）。可見分布頗不正常。對此我只有一個假設可以解決：當時以「一」籠統地代表「一」、「二」、「三」、「四」。因為如此可以使次數由五至一依次遞減，令整個分佈符合「中間大，兩端小」的統計規範。並且有些卦「一」與「七」同時並立，可知後世慣用的「以一代七」的條例當時並未出現。

單靠研究這三十八例，顯然很難知道它們成卦與斷卦過程。唯一可講的，是這些過程一定很複雜；用了這麼多數字，也簡單不起來。也許我們可以合理地假設：周文王當時學習這種民間技術時，一定也感到這種複雜性，且有簡化的企圖。現在人被拘禁，沒有別的事好做，正好利用此時機來構想如何去簡化。

我推測周文王再拘禁時的構想，大概有以下幾個原則：

第一，減少所用的數字。只用「九」、「八」、「七」、「六」，而放棄其它數字。

由於「一」的不用，而「七」字中間豎實在太長，會干擾其它數字，因此索性以「一」代「七」。這個慣例經過周文王創始以後，就一直用到現在。連民間其他占筮系統也採取了。

第二，四個數字再分陰陽，「一」與「九」屬陽，「六」與「八」屬陰。周文王提出「八經卦」作為基礎，而八經卦的三爻都由陰與陽構成。至於陰陽與斷卦的特殊關係，則等到回國後與太卜太史們商討後才決定。

第三，以八個三爻的經卦為基礎，建立「重卦」系統，得到六十四個六爻的「重卦」，各有各的卦名。其中除了八個以相同三爻經卦自己相重，可以保持原卦名外，其餘五十六個「別卦」都是以不同的三爻經卦相重的結果，其卦名要等到回國後與太卜太史們商討後才決定。重卦大大地增加卦的數目，可以照顧到更多的事

---

[30] 王化平、周燕，《萬物皆有數：數字卦與先秦易筮研究》（北京：北京人民出版社，2015）。

項。這是周文王特殊的貢獻。請注意「重卦」與「疊卦」是非常不同的。

最後，占筮時為了使斷卦更容易與確定，需要大量收集卦例，附益到每一卦與每一爻，成為卦辭與爻辭，這更需要太卜太史們用更多的精力去做。周文王無法看到這件事的完成，要到武王時才有初步的結果。

對於成卦的程序，周文王可能也有構想，可是除非有了新的考古發現，我們是無法知道了。

總結一句，「周易」在周文王以前是不存在的，周文王是開創者，日後則作為王室日常作業的決疑工具。那個「易」字，最初一定是「簡易」之意。至於「變易」、「不易」等字眼，是要等日後「之卦」發展後才出現的。

四、小結：有莘氏的倔起

有莘氏（太姒）本是周文王的一個娣妾，周文王納她時已經是近四十的中年。不過她十分宜男。1087 B.C. 她生了小子發，1086 B.C. 周王動身赴殷時，她已經懷了小子旦的孕。（我這樣推測是基於武王與周公密切關係，年齡應相差不大。）周文王回家後她又生了七個兒子（見《左傳・定公四年》），故周文王也相當寵她。

周文王回國後，日夜計畫如何利用紂的缺點去擊敗他。當然，這一切都需要保密。然而作為一個寵妾，她總會有所感覺而受到影響。故她心中也常想著如何報復紂。日有所思，夜有所夢。一夜，她忽然得了一個怪夢。下面一段，引自《清華簡（壹）・程寤篇》：

> 商廷惟棘，迺小子發取周廷梓樹于厥間，化為松柏棫柞。[31]

驚醒後，告訴周文王。文王立召小子發來，三人都經過繁複的祓除（潔身）儀式，再來占卜。結果是天命已厭棄商，而轉向周。文王即宣告當年 （1058 B.C.）為他受命之年，並立發為太子，而有莘氏也取得周文王嫡妻的地位。這就是《詩・大明》所說的「纘女維莘」。

[31] 李學勤主編，《清華簡（壹）》，〈程寤〉，頁 136。

周文王受命後僅一年（1057 B.C.）就去世。去世前對太子發講了關於舜與上甲微的故事，用意在使他以滅殷為努力的目標（見《清華簡（壹）·保訓》，頁143）。[32] 武王用了十一年去滅殷。再兩年，精力用盡，也去世了。

[32] 同前引，頁 143。

肆、孔子與《周易》關係的揣測

一、緣起

一年多以前，我從黃忠天教授處看到廖名春教授的未印稿〈試論孔子易觀的轉變〉，覺得他的立場有些偏頗，曾經寫下幾點意見，透過黃教授向廖教授請益。其大綱如下：

1.《帛書・要》篇衹是傳易者的著作，不應視為敘述孔子歷史的權威。

2. 根據《論語》與《左傳》，看不到孔子的學術立場有重大改變的跡象。

3. 戰國時儒家大師孟子與荀子並沒有很看重《周易》。

4.《帛書易傳》的思想受戰國時黃老道家的影響，對孔子的敘述不符事實。

5. 魯國易學傳承者可能另有其人，我認為可考慮子服景伯。

最近，我又看到廖教授的專書[1]以及其他兩篇文章〈「六經」次序探源〉與〈論「六經」並稱的時代兼及疑古說的方法論問題〉，[2]宣揚同樣的論調，覺得這個問題還有詳談的價值。謹就我原來所提幾點意見作為骨架加以擴充。

二、《帛書・要》等文件的性質與成書時間

馬王堆帛書《周易》包含有《六十四卦》的「經」與六篇「傳」。前者包含六十四卦的卦辭與爻辭，與現行本《周易》相當（僅有個別文字的差異），可是次序不同；後者則與現行之《十翼》相當不同。帛書《易傳》包含六個部分：(一)

---

1 廖名春，《帛書《周易》論集》(上海：上海古籍出版社，2008)。

2 兩文皆收入廖名春，《中國學術史新證》(成都：四川大學出版社，2005)。

二三子問、(二)繫、(三)衷、[3](四)要、(五)繆和、(六)昭力。帛書《易傳》中完全沒有現行《十翼》中之彖辭(上下)、象辭(上下)、文言、序卦、雜卦。今本〈說卦傳〉祇有前三章的內容滲入《帛書·衷》內,今本〈繫辭上傳〉除第九章「天數五……其知神之所為乎」外,全見於《帛書·繫》,今本〈繫辭下傳〉差不多祇有一半見於《帛書·繫》,其餘有兩段見於《帛書·要》,有五段散見於《帛書·衷》。帛書《易傳》的其它部分,都是新的,不見於今本《十翼》。

帛書出土於長沙漢墓,其埋葬時間,據估計在漢文帝時,墓主則非當時的貴族莫當。書寫的文字為漢隸,可知其抄寫的時間就在漢初。這六份文件顯然是易學家傳承的經典。王德有的文章下結論道:「先秦易學非儒非道,自成一家,漢代之後,易學分流,不獨屬儒亦不獨屬道。」[4]

〈繆和〉與〈昭力〉為此一易學學派在傳承過程中門徒與業師問答之語錄。文中業師稱「先生」,其答語前冠以「子曰」。〈昭力〉篇之提問者為昭力一人;〈繆和〉篇之提問者為繆和、呂昌、吳孟、莊但、張射、李平。門徒與業師問答之跡象甚明。

〈二三子問〉由《周易》各卦之卦爻辭連繫到此學派之哲學觀點,而全歸之孔子的主張,篇中孔子應「二三子」提問的回答語冠以「孔子曰」(「孔子」二字僅書「孔」字右下角加一重文號)。可知是出於後人的重述。

司馬遷〈孔子世家〉說:「孔子晚而喜易,序、彖、繫、象、說卦、文言。」(斷句依《史記正義》。也有一種斷句法是:序彖,繫象,說卦,文言。)不管如何解釋法,司馬遷是知道彖辭與象辭的。我們知道司馬遷的父親司馬談受《易》於楊何,而由漢初田何至楊何的傳承關係,是有史可據的。所以《帛書·易傳》代表易學的一個學派,他們與司馬遷所敘述的「十翼學派」有共同的繼承(繫辭與部分說卦),可是在其它部分有所堅持。

我們不難想像,當戰國末期,由於時局不靖,智識分子因理想的破滅而感到空虛,易學就大幅興盛起來。卦爻辭代表著前人智慧的結晶,對人們生活與思想的各個層次,都有指引的價值。易學家們紛紛從事於卦爻辭的哲學化。由於易學沒有受到秦火的干預,興盛的易學就由六國時代順利進入漢代。受到各王侯的鼓勵,就更蓬勃起來,漸走上分化的道路。戰國後期的易學家將他們的思想歸宗於孔子,這不是很奇怪的事。今傳「十翼」的〈繫辭傳〉與〈文言〉,都有很多號稱為「子曰」

---

[3] 原涉篇首文字而題作「易之義」,後來找到殘帛上的篇末之篇題而改題作「衷」。

[4] 見陳鼓應,《易傳與道家思想》(北京:商務印書館,2010,修訂版),頁 302-311。

的引述。問題是：單憑易學家所傳承的追源記載，是否可以反映孔子時期的事實？我覺得這種認定，需要審慎。

三、由思想看《易傳》的學術歸屬

以下幾點值得重視；

1. 由《論語》與《左傳》的記載來看，孔子的基本主張似無改變的跡象。《論語．為政》說：「七十而從心所欲不踰矩。」顯示他對自己的行為未曾後悔過。他在晚年回魯後相當不得意，甚至用「河不出圖」之類的感嘆語來懷疑天命。可是卻沒有跡象說他從《周易》獲得寬慰。齊君被弒，他齋戒而後往見哀公，請伐齊；並沒有先占易。他對後期弟子的教導重點，還是「一以貫之」，沒有對《周易》特別重視。當然，孔子認為《周易》是「周禮」的一部分，對其中的智慧語，他也會像其他古籍一樣，引以教導弟子。可是實在看不出他在晚年曾對《周易》特別癡迷。後人將某些《周易》的發展附會到他的身上，他是不能負責的。數百年後《史記》說他「晚而好易」，固然有所傳承，卻不能認為真實反映了孔子的事實。尤其是說「商瞿」是他的及門弟子，實在很難想像，何以《論語》中沒有記載商瞿的受業情況，以及與孔門弟子互動的情形？

2. 易學與儒學的交涉，其起源也許不晚，然而在戰國初期，卻沒有影響力。不然《孟子》不會不引述。孟子最崇拜孔子，在《孟子》書中，也有多處提到孔子與其門人互動的情況。如果孔子晚年真對《周易》那樣癡迷，很難想像不會對孟子造成影響。（不論孟子自己贊成與否，至少應有如〈萬章下〉「魯人獵較，孔子亦獵較」之類的辯解語。）可是今天《孟子》卻連《周易》的影子也沒有，可見儒學與易學即使互為滲透，需發展到產生〈大象〉的地步，時間很可能在孟子之後。即使到了戰國的後期，這個學派的影響力仍為有限。荀子頗引《周易》，可是在他的學說中卻無特別的地位。他的〈勸學〉篇強調：「《禮》之敬文也，《樂》之中和也，《詩》《書》之博也，《春秋》之微也，在天地之間者畢矣！」卻並沒有將《周易》納入「畢矣」的學習對象，很可能，他也像孔子將《周易》視作「周禮」的一部分，無需特別提出。那時即使有孔子晚年對《周易》癡迷的傳聞，荀子也不會予以採信。

3. 根據陳鼓應先生的意見，《帛書易傳》的思想受到黃老道家的影響。我認為這可以用「剛柔」的觀念來說明。「易傳」中的「剛柔」，本是由物體的「剛柔」擴展而來，其應用到「修身」的範疇，則明顯是一種隱喻。其成立或否，不是自明的，至於將「剛柔」用到個人的處世態度，則明顯是老學的主張。（從《老子》書以水為喻，就有此跡象，這與孔子的主張是有違的。）《論語．公冶長》記：「子曰：『吾未見剛者！』或對曰：『申棖。』子曰：『棖也慾，焉得剛！』」可見孔子是將「剛」的德性與「慾」相對待的。孔子如果採取「柔」的身段，以貪圖省事，他也不會堅持要討伐齊陳恆的弒君了！

由以上三點，可以確定戰國時的易學並非源自孔子。

四、魯國易學派建立的揣測

可是，「十翼」與《帛書．易傳》的確包含大量儒家學說，可見那時有一個深受儒學影響的易學派。而且，「無風不起浪」。戰國後期為何會在易學傳承中，產生「孔子晚而好《易》」的說法，的確需要進一步思考。單純訴諸「作偽」或「托古改制」，只是在逃避問題，而不是解決問題。固然，二千餘年以前的事無法復原，然而至少可以設身處地，尋找一些可能的假設，以求照應到最多的傳聞。「孔子好易」之說，出於易學家，而非出於儒家嫡傳的孟子或荀子學派。這顯示戰國時出現一個易學派，一方面繼承了卜筮家對《周易》的研究，另一方面又深受儒學的影響。我認為最有可能開創這樣學派的人，就是子服景伯。

子服景伯在魯國的政壇上很活躍，可是似乎並不很得意。由《左傳》的引文可見一斑：

> 夏，公會吳于鄫。吳來徵百牢。子服景伯對曰：「先王未之有也。」吳人曰：「宋百牢我，……？」景伯曰：「晉范鞅貪而棄禮，……。」吳人弗聽。景伯曰：「吳將亡矣，……。」乃與之。……康子使子貢辭。……季康子欲伐邾，……子服景伯曰：「小所以事大，……？」不樂而出。秋，伐邾，……邾茅夷鴻……，請救於吳。[5]
>
> 吳為邾故，將伐魯，……三月，吳伐我，……懿子謂景伯：「若之何？」

[5] 左丘明傳，杜預注，孔穎達正義，《春秋左傳正義》，卷 58，〈哀公六年至十一年〉，頁 1887-1892。

對曰：「吳師來，斯與之戰。……？」吳人行成。……景伯負載，造於萊門。……乃請釋子服何於吳，……吳人盟而還。[6]

吳子使太宰嚭請尋盟。公不欲，使子貢對……乃不尋盟。……吳人藩衛侯之舍。子服景伯謂子貢曰：「……子盍見太宰？」……語及衛故，……太宰嚭說，乃舍衛侯。[7]

夏，公會……吳夫差于黃池。……吳人將以公見晉侯，子服景伯對使者曰：「王合諸侯，……？」吳人乃止。既而悔之，將囚景伯。景伯曰：「何也，立後於魯矣。……」謂太宰曰：「魯將以十月上辛，有事於上帝先王，季辛而畢。何世有職焉，自襄以來，未之改也。若不會，祝、宗將曰：『吳實然。』且謂魯不共，而執其賤者七人，何損焉？」……乃歸景伯。[8]

春，成叛於齊，武伯伐成，不克，……冬，及齊平。子服景伯如齊，子贛為介，見公孫成，曰：「人皆臣人，而有背人之心。……利不可得，而喪宗國，將焉用之？」成曰：「善哉！吾不早聞命。」陳成子館，……景伯揖子贛而進之。……成子病之，乃歸成。[9]

子服景伯對魯貢獻與功勞都很大，可是始終為三桓打壓。黃池之會，子服景伯被囚（那次沒有子貢在旁），魯君也沒有為他交涉。可能他覺得寒心，漸退出政壇，專心學術。

子服景伯（名何）是子服惠伯的孫子。子服惠伯對《周易》有深入的研究，[10] 景伯當然會繼承家學。他與孔子及子貢的關係都不錯，他曾為子路打抱不平，[11] 也曾告訴子貢關於叔孫武叔的謗言，[12] 當然會受儒學的影響。當他退出政壇時，孔子已開私人講學之風，因此他也收弟子以傳授他的易學，逐漸建立學派。

因為漢代已把易學劃為儒家的學術，故將易學的傳人「商瞿」定為儒家。我懷疑「商瞿」指的就是子服景伯。後世已無「子服」之姓，可能因商為「子」

---

6 左丘明傳，杜預注，孔穎達正義，《春秋左傳正義》，卷 58，〈哀公六年至十一年〉，頁 1894-1898。

7 同前引，卷 59，〈哀公十二年至十五年〉，頁 1918-1920。

8 同前引，頁 1922-1926。

9 同前引，頁 1938-1941。

10 見李怡嚴，《科學與歷史》，〈孔子的「五十以學易」〉。

11 見《論語．憲問》篇。

12 見《論語．子張》篇。

姓而以「商」為姓。「瞿」義為「驚視」，[13] 與「何」字意義有關，可能原來子服景伯字「子瞿」，而司馬遷誤以為名。而後世見到他與孔子間良好的關係，遂以為他是孔子的弟子。《史記》載「商瞿」的年齡較子貢稍長，也與子服景伯合。

子服景伯當然很尊重孔子，不會憑空假造他的話。然而數傳以後的弟子，為了爭取學派的勢力，就可能利用祖師與儒門的關係創造對話，為《十翼》與《帛書・易傳》的記述者記下，傳到漢代，就成為牢不可疑的經典。

2021 年 1 月 5 日改稿

[13] 這個釋義雖然是由南唐徐鍇《說文繫傳》所補出，然而在先秦已有此用法。例如《禮記・檀弓上》有：「曾子聞之，瞿然曰：『呼！ 是季孫之賜也！』……」已經顯示出「驚」的情緒。

伍、《帛書繫辭》異文異釋舉隅

試將朱熹《易本義・繫辭上・第十章》[1] 與《帛書周易・繫辭》[2] 的對應部分排列，比較其異文，見下：(《易本義》用楷體，《帛書》用明體)

子曰：夫易何為者也？夫易，開物成務，冒天下之道，如斯而已者也。

子曰：夫易可為者也？夫易，古物定命，樂天下之道，如此而已者也。

是故聖人以通天下之志，以定天下之業，以斷天下之疑。

是故耶[3] 人以達天下之志，以達天下之業，以斷天下之疑。

是故蓍之德圓而神，卦之德方以知，六爻之義易以貢。

故筮之德員而神，卦之德方以知，六肴之義易以工。

聖人以此洗心，退藏於密；吉凶與民同患。神以知來，知以藏往，

耶人以此佚心，內臧於閉；吉凶能民同願。神以知來，知以將往，

其孰能與於此哉！古之聰明、叡知、神武而不殺者夫！

亓誰能為此？茲古之蔥明、叡知、神武而不粆者也夫！

是以明於天之道，而察於民之故，是興神物以前民用。聖人以此齋戒，以神明其德夫！

是亓明於天又察於民故，是闔神物以前民。民用。耶人以此齋戒以神明亓德夫！

是故闔戶謂之坤，闢戶謂之乾，一闔一闢謂之變，往來不窮謂之通。

是故闔戶胃之川，辟門胃之鍵，一闔一辟胃之變，往來不窮胃之迵。

---

1 本文以下《易本義》文字引自朱熹撰，楊家駱主編，《易本義》，〈繫辭上傳〉，頁 62-63，後文不一一註出。

2 本文以下《帛書周易・繫辭》文字引自濮茅左，《楚竹書《周易》研究——兼述先秦兩漢出土與傳地易學文獻資料》，頁 596-611，後文不一一註出。

3 《帛書周易》中的「聖」字缺下面的「王」字，應屬異體。

見乃謂之象，形乃謂之器，制而用之謂之法，利用出入，民咸用之謂之神。

見之胃之馬，刑胃之器，製而用之胃之法，利用出入，民一用之胃之神。

是故易有太[4]極，是生兩儀；兩儀生四象，四象生八卦。八卦定吉凶，吉凶生大業。

是故易有大恆，是生兩橇；兩橇生四馬，四馬生八卦，八卦生吉凶，吉凶生六業。

是故法象莫大乎天地，變通莫大乎四時，縣象著明莫大乎日月，崇高莫大乎富貴。

是故法馬莫大乎天地，變迵莫大乎四時，垂象著明莫大乎日月，榮莫大乎富貴。

備物致用，立成器以為天下利，莫大乎聖人。

備物至位，成器以為天下利，莫大乎耶人。

探賾索隱，鉤深致遠，以定天下之吉凶，成天下之亹亹者，莫大乎蓍龜。

深備錯根，枸險至遠，定天下吉凶，定天下之勿勿者，莫善乎蓍龜。

是故天生神物，聖人則之；天地變化，聖人效之。

是故天生神物，耶人則之，天變化，耶人效之。

天垂象，見吉凶，聖人象之；河出圖，洛出書，聖人則之。

天垂馬，見吉凶而耶人馬之；河出圖，雒出書，而耶人則之。

易有四象，所以示也。繫辭焉，所以告也。定之以吉凶，所以斷也。

易有四馬，所以見也。毄辤焉，所以告也。定之以吉凶，所以斷也。

比較二文，發現異文甚多。有些屬於假借或誤寫的，不詳論。有些會影響到文義的，舉兩例以見一斑：

(1) 朱熹《易本義．繫辭》的一段作：

神以知來，知以藏往，其孰能與於此哉！古之聰明、叡知、神武而不殺者夫！

對應的《帛書繫辭》作：

---

4 朱熹《易本義》，此字作「大」，然注曰：「大音泰」。

神以知來，知以將往，亓誰能為此？茲古之蒽明、叡知、神武而不糂者也夫！

顯然為一問一答。「問題」中的第一個「知」作「知道」解、第二個「知」作「智」解，應無別說。「聰明、叡知、神武」應為形容（古之）「聖人」。可是「殺」字卻費解。據《帛書繫辭》，此字下面明顯是一個「心」，上面黑作一團，據張政烺[5]的判斷，應為「米」。姑依此隸定，則此字應為「悈」，[6]義為「惑」。整段表達一個見解：古時有聰明、睿知、神武而不惑的「聖人」，[7]憑其神智，能藉過往而知未來。由此解釋卜筮的作用。

(2)《易本義．繫辭》作：

是故易有大極，是生兩儀；兩儀生四象，四象生八卦。八卦定吉凶，吉凶生大業。

對應的《帛書繫辭》作：

是故易有大恆，是生兩橇；兩橇生四馬，四馬生八卦，八卦生吉凶，吉凶生六業。

起頭用「易有」，顯示這一段完全是為「易」這本書或這個系統而講的，到下面才會用到「天地」、「四時」、「日月」等實際事項。唐《周易正義》說：「易有太極」，[8]《易本義》雖說「易有大極」，然注曰「大音泰」，故實際無別，都說在「易」這個系統內有「太極」這個事項。按「極」之本義為屋宇之高梁，引申為「窮端」，卻與下文沒有照應。故以往正統的講法，多將「太極」形容為「天地未生」前的虛玄狀態，以包容後面的「天地」、「四時」、「日月」等事項。現在由《帛書繫辭》知道原文應為「易有大恆，是生兩橇」可以無需訴諸虛玄的事。不過是在說：在「易」這個系統內，恆常用上一種「對比」的手法去處理各項觀念。「橇」

5 根據陳鼓應、趙建偉，《周易注譯與研究》頁 623，注 7 的說明。
6 此從《集韻》。若隸定為「悉」，依《正字通》同「悉」，然與下文不配合。
7 可能對照前面「洗心」並「退藏於密」的「聖人」。
8 王弼、韓康伯注，孔穎達正義，《周易正義》，卷 7，〈系辭上〉，頁 340。

字的意義是「榦」,「是生兩檥」表明去設作兩個對比的支幹，用此為基礎，再產生「四象」[9]與「八卦」。《易本義》說:「八卦定吉凶」，而《帛書繫辭》則說:「八卦生吉凶」。由行文結構來看，沿用「生」字似較有理。《帛書繫辭》主張的是，由每一卦再分生出「吉」與「凶」的對比。再下去，《易本義》說：「吉凶生大業」，甚費解。朱熹注曰：「有吉有凶，是生大業。」等於沒有解釋。陳鼓應、趙建偉合著之《周易注譯與研究》[10]注釋為:「就聖人而言，謂富有天下，就百姓而言，謂創造物質財富。」以此釋「大」字，顯得勉強。可是《帛書繫辭》則說：「吉凶生六業」，我認為指的應是下面：「法象莫大乎天地」、「變通莫大乎四時」、「縣象著明莫大乎日月」、「榮[11]莫大乎富貴」、「備物致用，成器以為天下利，莫大乎聖人」、「探賾索隱，鉤深致遠，以定天下之吉凶，成天下之亹亹[12]者，莫大乎蓍龜」六項結論。由於下文的確列舉了六件事，我認為《帛書》作「六」字是正確的。如果一定要聯上「大」字，則可舉上文六個「莫大乎」為應。

[9] 《帛書繫辭》慣常用「馬」字來代替「象」字。不過並不徹底，如「垂象著明莫大乎日月」就沿用「象」字。

[10] 陳鼓應、趙建偉，《周易注譯與研究》(臺北：臺灣商務印書館，1999)。

[11] 此從《帛書》，似優於《易本義》之「崇高」。

[12] 《帛書》用「勿勿」代替「亹亹」，應屬音近之假借。

陸、《易》、《詩》、《書》中的「君子」與「小人」

一、導言

「君子」與「小人」，是儒家理論中重要的觀念。在《論語》中，孔子將「君子」描述為個人品行修養達到相當高水準的人。他說：

> 聖人，吾不得而見之矣，得見君子者，斯可矣！[1]

可見孔子對「君子」這種境界的高度嚮往。他也經常提出「小人」的觀念作為對比，在《論語》中強調兩種人的表現差異。例如：

> 君子喻於義，小人喻於利。[2]
> 君子坦蕩蕩，小人長戚戚。[3]

君子成人之美，不成人之惡；小人反是。[4] 他也告誡門人子夏：

> 女為君子儒，無為小人儒！[5]

類似的記載還很多，不再一一舉例。可是，至少有一處的「君子」與「小人」有不

[1] 見《論語．述而第七》。
[2] 見《論語．里仁第四》。
[3] 見《論語．述而第七》。
[4] 見《論語．顏淵第十二》。
[5] 見《論語．雍也第六》。

同的意義：

> 子之武城，聞弦歌之聲。夫子莞爾笑曰：「割雞焉用牛刀？」子游對曰：「昔者，偃也聞諸夫子曰：『君子學道則愛人，小人學道則易使也。』」子曰「二三子，偃之言是也，前言戲之耳。」[6]

這裡的「君子」與「小人」，顯然不涉及道德修養，而以地位高下為判準。還有下面這一段：

> 樊遲請學稼，子曰：「吾不如老農！」請學為圃，曰：「吾不如老圃！」樊遲出，子曰：「小人哉！樊須也。上好禮，則民莫敢不敬；上好義，則民莫敢不服；上好信，則民莫敢不用情。夫如是，則四方之民，襁負其子而至矣！焉用稼？」[7]

孔子大概嘆惜樊遲不能擺脫小民的習氣，故脫口叫出「小人哉」。他不會真的以為樊遲的道德有虧。

《論語》中還有一些記述，指涉並不很清楚，如：

> 子曰：「君子懷德，小人懷土；君子懷刑，小人懷惠。」[8]

其中的「君子」與「小人」，用地位高低來解釋，也可以講得通。

在《論語》中，用德行的高下來判分「君子」與「小人」，可能是由孔子創始的。而以地位的高下來判分「君子」與「小人」，則顯然是對往日慣例的沿襲。孔子能創新義，在此前，必有一段演變的過程，值得去探討。下面遍搜此前的古籍——《尚書》、《周易》、《詩經》，探討其中「君子」、「小人」兩辭的含義，以突顯這個演變的過程。

---

6 見《論語·陽貨第十七》。
7 見《論語·子路第十三》。
8 見《論語·里仁第四》。

二、《尚書》中的「君子」與「小人」

「今文尚書」中涉及「君子」與「小人」的地方很少，僅有以下數例：

〈盤庚上〉：無或敢伏小人之攸箴。（此指小民）

〈酒誥〉：庶士、有正、越庶伯君子，……。（此指在官位者）

〈無逸〉：君子所其無逸。（謂君王官吏等）

則知小人之依。相小人，……。（此指民眾）

爰暨小人。……舊為小人，……爰知小人之依。……不聞小人之勞。（在下位者）

此數處之「君子」與「小人」，皆以地位之高下為判。

《古文尚書》則不同，謹舉一例以見一斑：

〈大禹謨〉：君子在野，小人在位。（此為所舉有苗之罪狀）

顯然受儒家學說之影響，以德行判分「君子」與「小人」，露出偽造的痕跡。

三、《周易》中的「君子」與「小人」

《周易》包含很多部分，其出現的時間也各自不同。本文將其中有「君子」與「小人」的句子全部摘出，探討其含義，也藉此顯示其出現時間。

卦辭與爻辭

〈乾九三〉：君子終日乾乾。

〈坤卦辭〉：君子有攸往。

〈屯六三〉：君子幾不如舍。

〈師上六〉：小人勿用。

〈小畜上九〉：君子征凶。

〈否卦辭〉：不利君子貞。

〈否六二〉：小人吉，大人否。

〈同人卦辭〉：利君子貞。

〈大有九三〉：小人弗克。

〈謙卦辭〉：君子有終。

〈謙初六〉：謙謙君子。

〈謙九三〉：君子有終。

〈觀初六〉：小人无咎，君子吝。

〈觀九五〉：君子无咎。

〈觀上九〉：君子无咎。

〈剝上九〉：君子得輿，小人剝廬。

〈遯九四〉：君子吉，小人否。

〈大壯九三〉：小人用壯，君子用罔。

〈明夷初九〉：君子于行。

〈解六五〉：君子維有解，吉。有孚于小人。

〈夬九三〉：君子夬夬。

〈革上六〉：君子豹變，小人革面。

〈既濟九三〉：小人勿用。

〈未濟六五〉：君子之光有孚。

案卦爻辭之作用為替占問者解決疑慮，其判斷往往視占問者之身分而不同，需要明言。故卦爻辭中之「君子」與「小人」，多為斷辭中分辨適用者而言。如〈觀初六〉之「小人无咎，君子吝」、〈剝上九〉之「君子得輿，小人剝廬」、〈革上六〉之「君子豹變，小人革面」等。顯然「君子」指「在上位者」，「小人」指「在下位者」或「民眾」。有時「小人」亦與「大人」對舉，如〈否六二〉之「小人吉，大人否」。

「卦辭」與「爻辭」出現在西周初期，其中「君子」與「小人」仍保存古義。

小象（繫屬於各卦之爻辭）

〈屯六三〉：君子舍之。

〈師上六〉：小人勿用……。

〈大有九三〉：小人害也。

〈謙初六〉：謙謙君子……。

〈謙九三〉：勞謙君子……。

〈觀初六〉：小人道也。

〈剝上九〉：君子得輿，民所載也；小人剝廬，終不可用也。

〈遯九四〉：君子好遯，小人否也。

〈大壯九三〉：小人用壯，君子用罔也。

〈明夷初九〉：君子于行……。

〈解六五〉：君子有解，小人退也。

〈夬九三〉：君子夬夬……。

〈未濟六五〉：君子之光……。

案小象之作用，為解釋各對應之爻辭，其中所出現之「君子」與「小人」，涵義皆隨所釋之爻辭而定。故「君子」指「在上位者」，「小人」指「在下位者」或「民眾」。後人之擴充解釋，應非原義。

由其中「君子」與「小人」用法看來，「小象」出現的時間應該後卦爻辭不會太久。

彖辭（解釋各卦之卦辭）

〈坤〉：君子攸行……。

〈泰〉：內君子而外小人；君子道長，小人道消也。

〈否〉：內小人而外君子；小人道長，君子道消也。

〈同人〉：君子正也，唯君子能通天下之志。

〈謙〉：卑而不可踰，君子之終也。

〈剝〉：不利有攸往，小人長也。……君子尚消息盈虛，天行也。

彖辭之作用本為解釋各卦之卦辭，唯現存之彖辭，多經儒家發揮，灌注道德思想，超越原有之「解釋」功能。就「君子」與「小人」而言，僅四卦之卦辭（坤、否、同人、謙）涉及，其作用不外乎分辨適用者。然對應於後三卦之彖辭則用「小人道長，君子道消」、「能通天下之志」、「卑而不可踰」加以發揮。至於泰卦與剝卦之卦辭，本未涉及「君子」與「小人」，然其對應之彖辭則用「君子道長，小人道消」、「不利有攸往，小人長也。……君子尚消息盈虛，天行也。」補充，這是與小象不同的地方。

我判斷彖辭出現的時間應在儒家學說出現之後，也許在戰國前期。

大象

〈乾〉：君子以自強不息。

〈坤〉：君子以厚德載物。

〈屯〉：君子以經綸。

〈蒙〉：君子以果行育德。（專指有德之士）

〈需〉：君子以飲食宴樂。

〈訟〉：君子以作事謀始。

〈師〉：君子以容民畜眾。（專指在上位者）
〈小畜〉：君子以懿文德。
〈履〉：君子以辯上下，定民志。（專指在上位者）
〈否〉：君子以儉德辟難，不可榮以祿。（專指有德之士）
〈同人〉：君子以類族辨物。
〈大有〉：君子以遏惡揚善，順天休命。
〈謙〉：君子以裒多益寡，稱物平施。（專指在上位者）
〈隨〉：君子以嚮晦入宴息。
〈蠱〉：君子以振民育德。（專指在上位者）
〈臨〉：君子以教思无窮，容保民无疆。
〈賁〉：君子以明庶政，无敢折獄。（專指在上位者）
〈大畜〉：君子以多識前言往行以畜其德。（專指有德之士）
〈頤〉：君子以慎言語，節飲食。（專指有德之士）
〈大過〉：君子以獨立不懼，遯世无悶。（專指有德之士）
〈坎〉：君子以常德行，習教事。（專指有德之士）
〈咸〉：君子以虛受人。
〈恆〉：君子以立不易方。
〈遯〉：君子以遠小人，不惡而嚴。
〈大壯〉：君子以非禮弗履。（專指有德之士）
〈晉〉：君子以自昭明德。
〈明夷〉：君子以莅眾，用晦而明。
〈家人〉：君子以顏有物而行有恆。
〈睽〉：君子以同而異。
〈蹇〉：君子以反身脩德。
〈解〉：君子以赦過宥罪。（專指在上位者）
〈損〉：君子以懲忿窒欲。
〈益〉：君子以見善則遷，有過則改。
〈夬〉：君子以施祿及下，居德則忌。（專指在上位者）
〈萃〉：君子以除戎器，戒不虞。
〈升〉：君子以順德，積小以高大。
〈困〉：君子以致命遂志。

〈井〉：君子以勞民勸相。

〈革〉：君子以治歷明時。（專指在上位者）

〈鼎〉：君子以正位凝命。（專指在上位者）

〈震〉：君子以恐懼脩省。

〈艮〉：君子以思不出其位。（專指有德之士）

〈漸〉：君子以居賢德善俗。

〈歸妹〉：君子以永終知敝。

〈豐〉：君子以折獄致刑。（專指在上位者）

〈旅〉：君子以明慎用刑而不留獄。（專指在上位者）

〈巽〉：君子以申命行事。

〈兌〉：君子以朋友講習。（專指有德之士）

〈節〉：君子以制數度，議德行。（專指在上位者）

〈中孚〉：君子以議獄緩死。（專指在上位者）

〈小過〉：君子以行過乎恭，喪過乎哀，用過乎儉。（專指有德之士）

〈既濟〉：君子以思患而預防之。

〈未濟〉：君子以慎辨物知方。

大象涉及「君子」之處，共五十三則。其指居上位者共十三處，其指有德者共十處，其餘三十處則兩者皆可。顯示編寫「大象」時，「君子」之語義正在變化之中。可能在戰國中期。

乾文言（分四段，以「一、二、三、四」名之。分釋卦辭與各爻辭。）

〈一卦〉：君子體仁……。君子行此四德。

〈一九三〉：君子終日乾乾。君子進德脩業。

〈一九四〉：君子進德脩業。

〈四初九〉：君子以成德為行。是以君子弗用也。

〈四九二〉：君子學以聚之，……。

坤文言（僅一段，分釋卦辭與各爻辭）

〈六二〉：君子敬以直內，美以方外，……。

〈六五〉：君子黃中通理，正位居體，美在其中；……。

「文言」之儒家氣息甚濃，其涉及「君子」處皆指有德之士。其出現時間可能在戰國後期。

繫辭上傳

〈第二章〉：是故君子所居而安者，是故君子居則觀其象……。

〈第五章〉：故君子之道鮮矣。

〈第八章〉：君子居其室……。君子之所以動天地也。君子之道……。勞謙君子有終。是以君子慎密……。負也者，小人之事也，乘也者，君子之器也；小人而乘君子之器，盜思奪之矣。

〈第十章〉：是以君子將有為也……。

繫辭下傳

〈第四章〉：陽一君而二民，君子之道也；陰二君而一民，小人之道也。

〈第五章〉：小人不恥不仁……。小人以小善為無益……。君子安而不忘危。君子上交不諂……。君子見幾而作。君子知微……。君子安其身……。君子脩此三者。

其中上傳第八章：「負也者，小人之事也，乘也者，君子之器也；小人而乘君子之器，盜思奪之矣。」與下傳第四章：「陽一君而二民，君子之道也；陰二君而一民，小人之道也。」之「君子」指在上位者，「小人」指在下位者；其它各條則以德行分辨「君子」與「小人」。我判斷「繫辭」的出現，應與「文言」相先後。

雜卦傳

君子道長，小人道憂也。

此處甚難判斷「君子」與「小人」之語義。其出現之時間可能很後。

綜觀《周易》中「君子」與「小人」的用法，可知出現較早的卦爻辭與小象保存了古義，而其他部分出現較晚，不免受儒家思想的影響。要看「君子」與「小人」兩種含義演化過程，還須依賴《詩經》。

四、《詩經》中的「君子」與「小人」

《詩經》中涉及「小人」處甚少，且語義單純；其涉及「君子」處則非常多，且語義較複雜。故需要分別處理。先引涉及「小人」之句：

〈邶風．柏舟〉：慍于羣小。（「人」字省略，義指小民）

〈小雅．采薇〉：小人所腓。（指小民）

〈小雅．節南山〉：無小人殆。（指民眾）

〈小雅．大東〉：小人所視。（指小民）

〈小雅・角弓〉：小人與屬。（小民之依附）

《詩經》中涉及「小人」處就這幾條。下面引涉及「君子」之句。因同樣的句子會在好幾篇詩中重複出現，故將篇名綴附在後。

君子好逑。〈關雎〉（指有地位的人）

樂只君子。〈樛木〉、〈南山有臺〉、〈采菽〉（指在上位之人，亦用以稱呼所尊敬之人）

未見君子，⋯⋯。〈汝墳〉、〈草蟲〉、〈車鄰〉、〈晨風〉、〈出車〉、〈頍弁〉（指所尊敬之人，有時亦用以稱呼親近之人，〈車鄰〉則指諸侯）

既見君子，⋯⋯。〈汝墳〉、〈風雨〉、〈揚之水〉、〈車鄰〉、〈出車〉、〈蓼蕭〉、〈菁菁者莪〉、〈頍弁〉、〈隰桑〉（指所尊敬之人，有時亦用以稱呼親近之人，〈車鄰〉則指諸侯）

振振君子。〈殷其靁〉（稱呼親近之人）

展矣君子，⋯⋯。〈雄雉〉（稱呼親近之人）

百爾君子，⋯⋯。〈雄雉〉（指在上位之人）

君子偕老。〈君子偕老〉（指丈夫）

大夫君子，⋯⋯。〈載馳〉、〈雲漢〉（指大夫）

有匪君子，⋯⋯。〈淇奧〉（指諸侯）

君子陽陽。〈君子陽陽〉（指丈夫）

君子陶陶。〈君子陽陽〉（指丈夫）

彼君子兮，⋯⋯。〈伐檀〉（指高官）、〈有之杜〉（稱呼親近之人）

言念君子，⋯⋯。〈小戎〉（指丈夫）

君子至止，⋯⋯。〈終南〉、〈庭燎〉（皆指諸侯）、〈瞻彼洛矣〉（指周王）

淑人君子，⋯⋯。〈鳲鳩〉、〈鼓鐘〉（皆指諸侯）

君子是則是傚。〈鹿鳴〉（指在上位者）

君子之車。〈采薇〉（指在上位者）、〈卷阿〉（指諸侯）

君子所依，⋯⋯。〈采薇〉（指在上位者）

君子有酒，⋯⋯。〈魚麗〉、〈南有嘉魚〉、〈瓠葉〉（稱呼宴會之主人，亦親近之人）

顯允君子，⋯⋯。〈湛露〉（指諸侯）

豈弟君子，⋯⋯。〈湛露〉、〈卷阿〉（皆指諸侯）、〈旱麓〉、〈泂酌〉、〈青蠅〉（皆指周王）

允矣君子，……。〈車攻〉（指周王）
君子攸芋。〈斯干〉（稱呼所尊敬之人）
君子攸躋。〈斯干〉（稱呼所尊敬之人）
君子攸寧。〈斯干〉（稱呼所尊敬之人）
勿罔君子。〈節南山〉（在上位者）
君子如屆，……。〈節南山〉（在上位者，此特指師尹）
君子如夷，……。〈節南山〉（在上位者，此特指師尹）
君子秉心，……。〈小弁〉（指尊親）
君子信讒，……。〈小弁〉（指尊親）、〈巧言〉（在上位者）
君子不惠，……。〈小弁〉（指尊親）
君子無易由言。〈小弁〉（指尊親）
君子如怒，……。〈巧言〉（在上位者）
君子如祉，……。〈巧言〉（在上位者）
君子屢盟，……。〈巧言〉（在上位者）
君子信盜，……。〈巧言〉（在上位者）
君子作之。〈巧言〉（在上位者）
君子樹之。〈巧言〉（在上位者）
君子所履，……。〈大東〉（在上位者）
君子作歌，……。〈四月〉（此為官者自言）
嗟爾君子，……。〈小明〉（在上位者）
君子萬年，……。〈瞻彼洛矣〉、〈鴛鴦〉、〈既醉〉（皆指周王）
君子宜之。〈裳裳者華〉（指周王）
君子有之。〈裳裳者華〉（指周王）
君子樂胥，……。〈桑扈〉（指周王）
君子維宴。〈頍弁〉（指所親近之人）
君子來朝，……。〈采菽〉（指諸侯）
君子所屆。〈采菽〉（指君侯）
君子有徽猷，……。〈角弓〉（在上位者）
彼君子女，……。〈都人士〉（貴者之女）
君子有孝子。〈既醉〉（指周王）
假樂君子，……。〈假樂〉（指周王）

維君子使，……。〈卷阿〉（指諸侯）

維君子命，……。〈卷阿〉（指諸侯）

君子之馬，……。〈卷阿〉（指諸侯）

視爾友君子，……。〈抑〉（指周王）

君子實維，……。〈桑柔〉（指執政者）

君子是識。〈瞻卬〉（在上位者）

君子有穀，……。（指諸侯）

由以上的例子看來，《詩經》中對「君子」一辭的賦義，雖然繁複，可是萬變不離其宗，多用「在上位者」的原義或其引申義。屈萬里教授的意見可供參考：

> 《詩經》中之「君子」，多指有官爵者言(婦人稱其夫亦用之)，與後世專指品德高尚之人言者，異。[9]

有四處是「君子」與「小人」一同出現的：

〈小雅·采薇〉：君子所依，小人所腓。

〈小雅·節南山〉：弗問弗仕，勿罔君子；式夷式已，無小人殆。

〈小雅·大東〉：君子所履，小人所視。

〈小雅·角弓〉：君子有徽猷，小人與屬。

以位之高下來判分，非常顯然。其它如〈巧言〉的「君子作之」、「君子樹之」〈小明〉的「嗟爾君子」，〈瞻卬〉的「君子是識」，由內文就可知是指在上位者。其它有很多地方專指周王或諸侯，例子甚多，不再一一指明。

可是《詩經》中的「君子」有一個重要的引申義：用以指所尊敬的人（或尊親），如「既見君子」，或進一步用以稱呼所尊敬之人，如〈斯干〉的「君子攸芋」。再進一步，妻子往往用「君子」來稱呼丈夫，如〈君子陽陽〉中的「君子陽陽」與「君子陶陶」。屈萬里教授特別提醒這一點。《詩經》中對「君子」的賦義雖然繁多，卻都可以由「在上位者」的本義引申而來。

---

9 屈萬里，《詩經詮釋》（臺北：聯經出版事業公司，1983），頁 4，注 8。

柒、關於「中」與「正」——黃忠天教授〈《周易》的中正義理及其實踐進路〉讀後感

拜讀黃忠天教授的〈《周易》的中正義理及其實踐進路〉後，有幾點感想，寫出來請黃教授指教。

一

對「中」的原義探討，似可超越《說文解字》，近來出土的文物，也許可以提供先秦時「中」的意義。文王在死前將「滅商」的使命交給大子發。《清華簡．保訓》[1]記載文王臨死前，透過虞舜與上甲微的兩個故事，宣示「滅商」為努力的目標。《清華簡．保訓》的發現讓我們對先秦「中」的觀念與意義的演變有較透徹的了解。根據甲骨文，「中」的初義為測日影所立之表。李零先生[2]認為可以由這個原始義引申為「標竿」，再推廣為「目標」。〈保訓〉透過虞舜與上甲微的兩個故事，顯示「中」有「努力的準則」的意思，[3]其中尤以上甲微的故事最為顯著。〈保訓〉說上甲微「假中于河」，後又說「追中于河」，文義不清晰，因此眾說紛紜。我認為這兩個「中」字用的就是上述的引申義，指奮鬥的目標而言。上甲微既向河伯借兵討伐有易，當然會來到河水下游的九河區域。他看到此九河流過廣大的地區，可是都奔向大海而去。他不禁有所感觸。他的祖先習慣於遷徙游牧兼經商的生活，沒有長期的目標。就算他這次出兵報仇，報完仇以後又完成了什麼？他由河水的奔流，聯想到他日後的努力也應該有一個目標（土地的征服與統治）。我認為這就是他由河水所「假」的「中」。上甲微的復仇之戰打勝了，也殺了有易之君緜

1 李學勤主編，《清華簡（壹）》，頁 143。參閱劉麗，《清華簡《保訓》集釋》（上海：中西書局，2018）。

2 李零，〈說清華簡〈保訓〉篇的「中」字〉。

3 見馮時，〈《保訓》故事與地中之變遷〉（臺北：「古文字與古代史」國際學術研討會，2013）。

臣。我相信他根據既定的目標，併吞了有易的土地，以為將來武裝拓殖的基礎。他成功了以後，追源最初定此目標，是由於河水的聯想，因此對河神舉行盛大的祭典。這就是《保訓》所說的「追[4]中于河」。上甲微將這個目標流傳給子孫，終於建立了一個強大的諸侯國。

《中庸》可以賦予「中」以富有道德意味的新義，可是「新義」也必須是傳統意義的引申。程頤「不偏之謂中」的解釋，固然只是他自己的心得，未必符合原書；可是將上述的「目標」再引申為「準則」，也可以照應到程頤對「中」的解釋。如果只看《中庸》本書的定義，所謂「喜怒哀樂之未發」，就是在「喜怒哀樂」各種情緒未顯現於表情與動作之前，在心中先受到一個「準則」的篩選的過程，也講得通。而第二章的「小人而無忌憚」，正可以顯示「喜怒哀樂」失去「準則」的狀況。到第十四章還結之以「射有似乎君子，失諸正鵠，反求其身」強調正確「準則」的重要。

二

黃教授提到《尚書．呂刑》的「咸庶中正」。其實《今文尚書》中用到「中」字與「正」字的地方還多，值得探討。根據屈萬里教授的考證，[5]《今文尚書》中的「虞夏書」以及〈湯誓〉、〈牧誓〉，皆春秋以後述古之作。故我探討的對象為「商書」的〈盤庚〉至〈微子〉、「周書」中的〈洪範〉至〈顧命〉及〈呂刑〉，共十九篇。[6]其中〈盤庚〉篇似最古。屈教授[7]認為「盤庚」的諡號應出自祖甲之後，然由其文字的古樸考慮，應出於殷末的史官記錄。[8]

下面列舉各篇用到「中」字與「正」字之處，及其意義：

〈盤庚〉：以常舊服，**正**法度。（定也）
汝分猷念以相從，各設**中**于乃心。（準則）
乃**正**厥位，綏爰有眾。（定也）

---

4 此處之「追」字，應是「歸功」之意。

5 見屈萬里，《尚書集釋》（臺北：聯經出版，1983）。屈教授的考證見各篇的篇首說明。

6 其中〈西伯戡黎〉、〈顧命〉與〈大誥〉沒有「中」字與「正」字。

7 見屈萬里，《尚書集釋》，頁 81-82。

8 今傳本之「上篇」與「中篇」次序顛倒，似亦顯示其流傳時間之長，因此易生錯誤。

〈高宗肜日〉：惟先格王，**正**厥事。（定也）
非天夭民，民**中**絕命。（中歲）
天既孚命**正**厥德。（定也）
〈微子〉：殷其弗或亂**正**四方。（征也）
〈洪範〉：凡厥**正**人。（官名）
王道**正**直。……一曰**正**直。……平康正直。（不偏）
〈金縢〉：乃納冊于金縢之匱**中**。（中間）
〈康誥〉：惟厥**正**人、越小臣、諸節。（官名）
越厥小臣外**正**。（官名）
〈酒誥〉：越少**正**、御事。（官名）
有**正**、有事。……庶士、有**正**。（官名）
作稽**中**德。（準則）
茲乃允惟王**正**事之臣。（官名）
〈梓材〉：皇天既付**中**國民越厥疆土于先王。（中土）
〈召誥〉：自服于土**中**。……其自時中乂。（中土）
〈洛誥〉：篤敘乃**正**父，罔不若。（官名）
其自時**中**乂，萬邦咸休。（中土）
〈多士〉：予亦念天即于殷大戾，肆不正。（征也）
〈無逸〉：昔在殷王中宗。……肆**中**宗之享國，七十有五年。…自殷王**中**
宗。（謚名）
自朝至于日**中**昃。（日中）
以庶邦惟**正**之供。……以萬民惟**正**之供。（政也）
文王受命惟**中**身。（中歲）
乃變亂先王之**正**刑。（政也）
〈君奭〉：在今予小子旦，非克有**正**。（不偏，引申為善）
〈多方〉：爾乃自作不典，圖忱于**正**。（準則）
越惟有胥伯小大多**正**。（征也）
〈立政〉：惟**正**是乂之。（準則）
茲式有慎，以列用**中**罰。（公平）
〈呂刑〉：罔**中**于信，以覆詛盟。（當也）

士制百姓于刑之**中**。……故乃明于刑之**中**。……觀于五刑之**中**。（公平）

五辭簡孚，**正**于五刑；五刑不簡，正于五罰；五罰不服，正于五過。（以為準則）

惟良折獄，罔非在**中**。（公平）

明啟書胥占，咸庶**中正**。（以公平為準則）

罔不**中**聽獄之兩辭。（公平）

非天不**中**。（公平）

于民之**中**。（公平）

咸**中**、有慶。（公平）

由上引之各條，我們大致可歸納出「中」字與「正」字在西周中業以前的用法。「中」字大致保持著「準則」的寓義，可是在特定的場合，會分化而用以表達「公平」、「中位」、「中土」、「中歲」、「日中」、「不偏」等意義。「正」字原來似乎是一個動詞，義為「以……為準則」，或「以……為定」。又引申為「征討」、「為官長」，並特化為官名。又通假為「政」。日久又從動詞轉為形容詞，義為「不偏」，就與「中」字同義。在〈呂刑〉篇的「咸庶**中正**」的場合，因「中」字已特化為「公平」，故此辭的意義成為「以公平為準則」。在一般的場合，「中正」二字連用，[9] 會成為「同義雙聲聯緜辭」，義即「不偏」。

三

與「周誥」差不多同時的古籍，為《周易》的卦辭與爻辭，其中用到「中」字與「正」字的地方仍很有限。黃教授在他的文章內已列出《周易》卦爻辭用到「中」字的十二處，值得探討各處的含義；

「日**中**」（〈豐〉卦辭、六二、九三、九四爻辭）、「**中**吉」（〈訟〉卦辭），此五處皆用作時間之「中」。

「**中**行」（〈復〉六四、〈泰〉九二、〈夬〉九五爻辭）、「林**中**」（〈屯〉六三爻辭）、「師**中**」（〈師〉九二爻辭），此五處皆用作空間之「中」。

---

[9] 包括《中庸》的「齊莊中正」。

「**中**饋」(〈家人〉六二爻辭),「廚房」之別名。

「**中**孚」:卦名。

可見《周易・卦爻辭》用到「中」字的地方,除兩處專名外,都沒有什麼新義。至於用到「正」字的地方,只有一處,〈无妄〉卦辭:

> 无妄,元亨,利貞;其匪**正**有眚。不利有攸往。

這裡的「匪**正**」,顯然是在替卦辭斷語提供「有眚」的條件。其「匪正」者可能是占問者自身的行為,也可能占卦的特殊空間或時間;總之是違反了某些「準則」。這也是前面討論過的「正」字意義之一。

然而黃教授認為《周易・卦爻辭》中經常出現的「貞」字都作「正」字解,我則持保留的態度。固然朱熹《易本義》根據《左傳・襄公九年》穆姜的話「貞,事之幹也……貞固足以幹事」而作出「貞,正而固也」的解釋,然而很多「貞凶」(如〈隨〉九四、〈恆〉初六、〈中孚〉上九、〈節〉上六之爻辭)都很難找到恰當的解釋。自從甲骨文出現「貞」字,作「問」解,學者大多接受《周易・卦爻辭》中出現的「貞」字都應作「占問」解。[10] 因此我認為在《周易・卦爻辭》中,「正」字只出現一次。

四

《周易》的「彖辭」與「象辭」因大量使用卦爻象與爻位,故「中」字與「正」字出現次數不少,然皆不涉及新義,故不再一一檢視。就「中正」兩字聯用的情況而言,如〈觀〉彖辭:「大觀在上,順而巽,**中正**以觀天下。」如〈同人〉彖辭:「文明以健,**中正**而應,君子正也。」又如〈豫〉六二象辭:「不終日,貞吉,以**中正**也。」此三例中的「中正」,皆可視為「同義雙聲聯緜辭」,義即「不偏」。所以戰國時《周易》的象數與義理雖有長足的發展,其用辭則仍承舊慣。

[10] 參見高亨,《周易古經今注》(臺北・里仁書局,1982)。

捌、補《史記》之褚先生非褚少孫辨

一、前言

《漢書．司馬遷傳》[1] 在介紹了《史記》[2] 一百三十篇的內容後，繼續說：

而十篇缺，有錄無書。

唐朝顏師古注《漢書》時引張晏曰：

遷沒後，亡景紀、武紀、禮書、樂書、兵書、漢興以來將相年表、日者列傳、三王世家、龜策列傳、傅靳蒯成列傳，凡十篇。元成間褚少孫補之，文詞鄙陋，非遷原本也。

後代的學者就一直信任這條間接徵引的注釋，其實大有問題。首先，所提供的缺失篇名，是否確實？其次，補作者是否褚少孫？下面檢討這十篇的情況。

二、所謂亡失的十篇

班固在作〈司馬遷傳〉時，應已有《史記》全文在手頭，既然知道缺了十篇，應不難將所缺之篇名列出。為何要等到三國魏的張晏，[3] 才給出此十篇之篇名，此

1 班固撰，顏思古注，《漢書》，第 62 篇。
2 司馬遷撰，裴駰集解，司馬貞索隱，張守節正義，《史記》。
3 據已有的資料，只知張晏為三國魏中山人。著有《西漢書音釋》四十卷。他的研究範圍本為《漢

中消息，惹人懷疑。在《漢書・藝文志》[4]中，「太史公百三十篇」項下，雖然注有「十篇有目無書」，可是到後面算總數：「凡春秋二十三家九百四十八篇」項下，卻注「省太史公四篇」。[5]為什麼只省四篇？是不是班固雖然提出「十篇有目無書」的傳聞，他自己卻並不相信；可是就他手頭所有的《史記》，卻無法判斷哪十篇無書！可見班固手頭的《史記》，是已經補全的，而且班固用了全力，只找到四篇可能有問題。[6]這使我懷疑原來「十篇有目無書」的說法。現在姑且就張晏所提的十篇來審查。

〈孝景本紀第十一〉(《史記》，卷 11)：此篇首尾俱全，篇末有「太史公曰」論贊。其內容亦與〈太史公自序〉所述之「諸侯驕恣，吳首為亂。京師行誅，七國伏辜。天下翕然，大安殷富。」相符，應為太史公原文。[7]

〈今上本紀第十二〉(《史記》，卷 12)：此篇題〈孝武本紀第十二〉，與〈自序〉異。很顯然事涉「今上」，會變得很敏感，很可能被扣留或毀損。今傳本通篇絕大部分為取自〈封禪書〉。無人具名負責，亦無證據說是「褚先生」所為。

〈禮書第一〉(《史記》，卷 23)：由「太史公曰」開篇，篇中略述三代損益之跡與高祖定禮之由，至「垂之於後云」。全篇首尾具足，未亡失。後人取《荀子》之〈禮論〉與〈議兵篇〉之文益之，無法證明何人所為。

〈樂書第二〉(《史記》，卷 24)：由「太史公曰」開篇，篇中略述歷代詩歌與政治之關聯得失，而以汲黯與公孫弘之爭為結。全篇首尾具足，未亡失。後人取《禮記・樂記》之文益之，無法證明何人所為。

〈律書第三〉(《史記》，卷 25)：張晏稱為「兵書」，實誤。太史公以為：「六律為萬事根本焉，兵械尤所重。」已足以照應〈自序〉之言。[8]太史公對「兵」之見解，另見〈司馬穰苴列傳〉與〈孫武吳起列傳〉，無須另作「兵書」。〈律書〉全篇

書》。《史記》本非他的所長。

4 見《漢書》，卷 30。

5 原有二十九項，如何歸併為二十三家，班固並沒有講清楚。所引「卷」與「篇」的單位如何轉換，也不知道，因此無法替他驗算。可是項下的注明言「省太史公四篇」，應該是不會錯的。

6 據我的判斷，這四篇可能是〈今上本紀〉、〈禮書〉、〈樂書〉、〈律書〉。

7 唐司馬貞《史記索隱》在〈太史公自序〉的最後，寫下一條注：「案景紀取班書補之」，不知是不是糊塗掉了！司馬貞以為補〈景紀〉的人在東漢嗎？

8 在行軍作戰時，往往用金鼓號角指揮兵士進退，這種實務與一般音樂不同，兵家常以「律」稱之，因為那是一種規律性的聲音。到戰國末期，黃老派之兵家往往賦于這種實務以哲學性的詮釋。見《鶡冠子・天權》篇。太史公以為「六律為萬事根本焉，兵械尤所重。」實受其父黃老思想的影響。張晏不懂司馬遷的時代背景，亦無可厚非。並參閱李怡嚴，《科學與歷史》，〈鶡冠子世兵的錯簡問題〉。

首尾具足，未亡失。

〈漢興以來將相年表第十〉（《史記》，卷 22）：全篇首尾具足，未亡失。僅篇首無太史公之前序為可疑，然此非大缺失。

〈日者列傳第六十七〉（《史記》，卷 127）：太史公特為表彰司馬季主，見之「太史公曰」。此列傳首尾俱全，並未亡失。褚先生別有感念，具名敘其與卜者相處之逸事，可為史料之增益，然非補作。

〈三王世家第三十〉（《史記》，卷 60）：此篇一開始，太史公就引用群臣的奏疏，請求封武帝的三個兒子劉閎、劉旦、劉胥為王。再記述武帝決定於元狩六年（117 B.C.）封劉閎為齊王、劉旦為燕王、劉胥為廣陵王。再全載封王的策文，殿之以太史公的論贊，結尾為：

> 燕齊之事，無足采者。然封立三王，天子恭讓，群臣守義。文辭爛然，甚可觀也。是以附之世家。

首尾具足無餘義。封王之年 117 B.C. 距武帝之死 87 B.C. 達三十年，三王皆年幼，無事蹟可記。然而褚先生身在昭宣之朝，目睹三王皆無好結果，故續述其後事，以供後人參考。無關乎補文。

〈龜策列傳第六十八〉（《史記》，卷 128）：此篇以「太史公曰」開篇，至「豈不信哉！」為止，全篇首尾具足，未亡失。然褚先生以為原文未記載從事卜龜筮蓍業者之事蹟，意有未足，故具名以所訪之資料益之，非補作。

〈傅靳蒯成列傳第三十八〉（《史記》，卷 98）：全篇首尾具足，未亡失。

以上複習了張晏指明「亡失」的十篇，結果除了〈今上本紀〉之外，並無亡失，有些篇被人附益，附益者也不只是「褚先生」。很顯然張晏在替《漢書》作注釋時，並沒有詳細查閱過《史記》。他的「遷沒後，亡景紀、武紀、禮書、樂書、兵書、漢興以來將相年表、日者列傳、三王世家、龜策列傳、傅靳蒯成列傳，凡十篇。」說法被證明為靠不住。那麼他的「元成間褚少孫補之」說法呢？下面我要說明：即使具名「褚先生」增益《史記》的人，也不會是「元成間的褚少孫」。

三、「褚先生」所表現的面目

張晏只查了〈日者列傳〉、〈三王世家〉、〈龜策列傳〉三篇「褚先生」署名增益之文，就以為所有十篇「亡失者」皆為姓褚的褚少孫所補。其實「褚先生」在《史記》中共有十段署名增益之文。由其內涵，多少可以看出「褚先生」的一些面目。下面條列這十段文章之所在。

〈三代世表第一〉:「張夫子問褚先生曰:『詩言契、后稷皆無父而生，……』褚先生曰:『不然，……。』」褚先生之答言甚長，後文以霍光為黃帝後，似別有感嘆。

〈建元以來侯者年表第八〉:「後進好事儒者褚先生曰:『太史公記事，盡於孝武之事。故復修記孝昭以來功臣侯者，……。』」他可惜那些為侯者，不能守成。似乎有所指，很可能與楊惲[9]有關。

〈陳涉世家第十八〉: 褚先生曰:「地形險阻，所以為固也。兵革刑法，所以為治也。猶未足恃也，夫先王以仁義為本，而以固塞文法為枝葉，豈不然哉。」下面就引賈誼〈過秦論上〉，[10]作為評論。

〈外戚世家第十九〉:「褚先生曰:『臣為郎時，問習漢家故事者鍾離生，……』」，記修成君事。後面又記載衛青尚平陽公主事，似感嘆衛霍家族後來的沒落。

〈梁孝王世家第二十八〉:「褚先生曰:『臣為郎時，聞之於宮殿中老郎吏。好事者稱道之也，……』。」記田叔等為梁孝王事，調停於太后與景帝之間。褚先生似藉此感嘆後日田仁之得罪。

〈三王世家第三十〉:「褚先生曰:『臣幸得以文學為侍郎，[11]好讀太史公……』。」褚先生身在昭宣之朝，目睹三王皆無好結果，皆不得世其家，故續述三王家之後事，以供後人參考，並感嘆官場之無常。

〈田叔列傳第四十四〉: 褚先生曰:『臣為郎時，聞之曰: 田仁故與任安相善。……』」。田仁即田叔之子，任安即任少卿，與太史公相善，太史公有〈報任少卿書〉。田仁與任安皆為人任俠，雖為高官，然都被捲入漢武帝與太子的糾紛而棄市。褚先生補入任安之傳，可以意會到有為太史公鳴不平之意。文末復加以評論:

---

[9] 褚先生所增益的那些侯名，皆列於表後，而未進入表內。其中有兩個與楊惲有關: 一為安平侯，始於楊敞，傳至孫楊翁君，以季父楊惲故出惡言，繫獄當死，得免為庶人。另一為平通侯，始楊惲，到五鳳四年，作為妖言，大逆不道，腰斬，國除。

[10] 在〈始皇本紀〉，太史公已全引賈誼〈過秦論〉三篇。褚先生復引於〈陳涉世家〉，稍嫌不適。

[11] 在漢代，「郎官」一般為宮廷衛士，年久則稱「侍郎」。因接近權力中心，「郎」往往為升官的基礎，故都有文學與經術的根底。

> 夫月滿則虧，物盛則衰，天地之常也。知進而不知退，久乘富貴，禍積為祟。故范蠡之去越，辭不受官位，名傳後世，萬歲不忘，豈可及哉！後進者慎戒之。

亦似為楊惲之命運嘆息之意。基於他在〈建元以來侯者年表〉補記孝昭以來為侯者，其中有兩個人與楊惲有關，我非常懷疑褚先生與楊惲的關係不凡。在下一節，我會盡力建立一個猜想：褚先生很可能就是替楊惲將《太史公書》偷帶出去的人。他也很可能替司馬遷流傳〈報任少卿書〉。

〈滑稽列傳第六十六〉，褚先生曰：

> 臣幸得以經術為郎，而好讀外家傳語。竊不遜讓，復作故事滑稽之語六章，編之左方，可以覽觀揚意，以示後世好事者，讀之以游心駭耳。以附益上方太史公之三章。

褚先生所增的六章，記述郭舍人、東方朔、東郭先生、淳于髡、王先生五人之逸事，（其中四人為漢時人，淳于髡一段則為連帶敘及前人之傳說，其事為新的），以及戰國時西門豹治鄴的事蹟。最後這一章為純粹的古文，一定是褚先生由當時殘存古籍中發現的。

〈日者列傳第六十七〉，褚先生曰：

> 「臣為郎時，游觀長安中，見卜筮之賢大夫，……臣為郎時，與太卜待詔。為郎者同署言曰：孝武帝時，聚會占家問之，某日可取婦乎？五行家曰可，堪輿家曰不可，建除家曰不吉，叢辰家曰大凶，歷家曰小凶，天人家曰小吉，太乙家曰大吉。辯訟不決，以狀聞。制曰：避諸死忌以五行為主，人取於五行者也。」

褚先生記下他與卜者相處之逸事，可為史料之增益。

〈龜策列傳第六十八〉，褚先生曰：

> 臣以通經術受業博士，治春秋，以高第為郎，幸得宿衛，出入宮殿中十有餘年。竊好太史公傳……臣往來長安中，求龜策列傳。不能得，故之太卜

官問掌故，文學長老習事者，寫取龜策卜事，編于下方。

褚先生的補文十分詳細，顯然他花費了不少精力，在市井探訪。他記錄命龜與卜兆的細節，都是珍貴的史料。甚至瑣屑逸事，例如宋元王與漁者、博士衛平間的對話，雖傳自戰國，然演變為長篇大論，一定是錄自市井講故事之人。褚先生有聞必錄，細大不捐，毫無取捨剪裁。其非史才，固不待言。然探訪記錄之勞務，亦宜予以承認。

由上述的資料，我們多少可以對褚先生的出身與為人有一個瞭解。他被郡國舉為「文學高第」(簡稱「文學」)，以通經術受業於博士，治春秋。他同時為郎，為宮廷宿衛，出入宮殿中十有餘年。按宣帝時，在本始元年 73 B.C.，郡國舉文學高第。褚先生很可能在那一年被舉。他習春秋，宣帝初只有公羊學立學官，博士為嚴彭祖。褚先生當師事嚴彭祖。然而那時公羊學已退流行，嚴彭祖自己不喜進取，[12] 宣帝自己則好穀梁學。褚先生為郎十餘年，無法補官。[13] 他為郎的時間大約為 72 B.C.-60 B.C.。他為侍郎的小官，卻不務正業，專好打聽宮闈與市井逸事。他無史才，卻喜歡聽故事與講故事。因此他對《太史公書》有極大的興趣。

我們可以探討一下褚少孫的出身與為人，看看與「褚先生」有多類似。根據《漢書．儒林傳》：

王式，……臣以三百五篇諫，是以亡諫書。使者以聞，亦得減死論。歸家不教授。……沛褚少孫亦來事式，問經數篇，式謝曰：「聞之於師，具是矣，不肯復授。唐生、褚生應博士弟子選，詣博士，摳衣登堂，頌禮甚嚴。試誦說有法，……諸博士驚問何師，對曰事式。……張生、唐生、褚生皆為博士。……由是魯詩有張、唐、褚氏之學。[14]

---

[12] 根據《漢書．儒林傳》:「嚴彭祖……廉直不事權貴。」「迺召五經名儒，太子太傅蕭望之等，大議殿中，平《公羊》、《穀梁》同異，各以經處是非。時公羊博士嚴彭祖、侍郎申輓、伊推、宋顯，穀梁議郎尹更始、待詔劉向、周慶、丁姓並論。公羊家多不見從，願請內侍郎許廣，使者亦並內穀梁家中郎王亥。各五人，議三十餘事，望之等十一人各以經誼對，多從穀梁。由是穀梁之學大盛。」這就是有名的「石渠閣會議」。當時公羊家弟子多安於公孫弘以來學術界的聲望，不努力研討各經之同異優劣。因此在會議中吃虧。因此與武帝時比較，宣帝時公羊學術的確有中衰的跡象。

[13] 有一個人可以作比較。著《鹽鐵論》的桓寬大約與他同時，也習公羊學。到最後也只做到廬江太守丞。請參閱李怡嚴，《科學與歷史》，〈鹽鐵論的臆造考釋——一個值得辯解的公案〉。

[14] 見班固撰，顏思古注，《漢書》，卷 88。

由是知道褚少孫習魯詩，為大儒王式之弟子，為人甚拘謹，自己後來亦為博士，為一學派宗師。而「褚先生」習春秋，與王式無關。為郎十餘年而不務正業。二人判若雲泥。因此我們應可下一結論：褚少孫絕非續《史記》的「褚先生」。

四、結語、「褚先生」身分的猜測

由上一節歸納出「褚先生」的表現，可以看到他對涉及楊惲的事，總特別敏感。再看《漢書．司馬遷傳》[15]的記述：

> 遷既死後，其書稍出。宣帝時，遷外孫平通侯楊惲祖述其書，遂宣布焉。

可知《史記》的面世，與楊惲的關係不小。再看《漢書．楊惲傳》，節引如下：

> 惲字子幼。……惲母，司馬遷女也。惲始讀外祖太史公記，頗為春秋，以材能稱，好交英俊諸儒。……霍氏伏誅，……惲為平通侯。……與太僕戴長樂相失，卒以是敗。……下廷尉。……上不忍加誅，免……為庶人。……以財自娛。……報會宗書……惲幸有餘祿，……上書告惲，……廷尉當惲大逆無道，要斬。妻子徙酒泉郡。

可知太史公所謂「藏之名山，副在京師。」完全是故作狡獪。事實上司馬遷將全套《太史公書》的竹簡，都托付給他的女兒，隨同嫁到楊敞之家。楊敞為霍光之黨，足以保存這批竹簡。到楊惲貴為平通侯，想讓他外祖的書面世，必定希望此書盡量完整。我因此作了以下的假設：

1. 《太史公書》共有五十餘萬字，竹簡繁重。楊惲家中鉅富，買得起綾帛，因此養起一批賓客，替他將竹簡上的文字謄寫到綾帛上。[16]
2. 《太史公書》原來有些篇章太短，楊惲為求完美起見，請賓客找資料充實之。因賓客之程度參差不齊，增補的結果並不合理想。至於〈今上本紀〉，因為太敏感，楊惲決定扣下，以〈封禪書〉的文字補入。那時已有「孝武

[15] 《漢書》，卷 62。

[16] 假設在一平方公分的面積上可以寫兩個字，則《史記》全部五十二萬六千餘字需要二十七平方公尺的綾帛，或九張三平方公尺的綾帛相疊，可以藏在一條被或而兩件外衣內。

帝」的諡號，故改題為「孝武本紀」。

3.「褚先生」十餘年為郎，無法補官。又對《太史公書》感興趣，因此約在 60 B.C. 往投楊惲為賓客，以求一觀，並加入增補者的行列。他因富有雜學，又好打聽宮闈與市井逸事，對增補《太史公書》的成績超過其他賓客，很快就獲楊惲的信任。「褚先生」往往表現出對司馬遷同僚（如任安）的同情，贏得楊惲對他的推心置腹。
4. 宣帝五鳳二年（56 B.C.），楊惲得罪宣帝，被廢為庶人。然家中仍然鉅富。他當然了解禍事隨時會降臨。因此他托付「褚先生」將抄有《太史公書》[17]的綾帛縫在衣服內，潛出隱姓埋名，等待時機將司馬遷的心血公布於世。至於原竹簡，被漢廷沒入，一定逃不過宣帝的破壞，時人亦諱言之。「十篇有目無書」的傳說亦因此產生。
5. 當時「褚先生」還年輕，基於義氣與對楊惲的尊敬，答應下這個任務。楊惲會給他一筆錢以維持隱居的生活。因「褚」字有衣囊之義，故改姓「褚」。假設他在 73 B.C. 宣帝本始元年舉文學高第時為 20 歲，到 56 B.C. 時約為 37 歲。元帝即位於 48 B.C.，那時他 45 歲。他很可能活到成帝時，那時班况家因為班婕妤之故很有聲望，而班况的次子班斿對史學很有造詣。「褚先生」就可能帶同帛書投入班斿家。後漢班固知道這件事，因祖先的原故，他不能明講，只好說：「遷外孫平通侯楊惲祖述其書，遂宣布焉。」

以上是我的猜測，提供給後來的研究者參考。

[17] 同時亦可能帶出有關司馬遷的其他史料，例如〈報任少卿書〉的原稿。

玖、「李白」二詞〈憶秦娥〉與〈菩薩蠻〉新探

一、前言

一向掛在「李白」名下的二闋詞〈憶秦娥〉與〈菩薩蠻〉，不見於宋刊本的《李太白文集》；[1] 亦不見有唐人引述，到宋朝始為世人所知，因此歷來都受人懷疑。可是也有名學者（例如王國維與吳梅）極力維護李白的著作權。王國維說：

> 太白純以氣象勝。「西風殘照，漢家陵闕」寥寥八字，遂關千古登臨之口。[2]

吳梅說：

> ……〈憶秦娥〉……太白此詞，實冠今古，決非後人可以偽托。[3]

這個千古之謎，前人討論得已相當多。除了那些極端主觀的（例如某句非某人不能作之類），俞平伯的〈今傳李太白詞的真偽問題〉[4] 已作了相當詳盡的綜述，我自己也受益不少。可是我覺得前人的注意力似有盲點。贊成盛唐李白是作者的人與反對

---

1 如今存世的《李太白文集》有兩本，一本藏北京圖書館，一本藏靜嘉堂（日本京都大學有影印本）。事實上此二詞亦不見於清刊之繆曰芑本。瞿蛻園校註的《李白集校註》（臺北：里仁書局 1981），頁 410-414 有很好的歸納與考證。關於宋咸淳本的問題，我將在第五節表述我的意見。

2 王國維，《人間詞話》（上海古籍出版社 2011）。

3 吳梅，《詞學通論》，《吳梅全集》（石家莊：河北教育出版社，2002）。

4 俞平伯，《俞平伯全集》（石家莊：花山文藝出版社，1997），〈今傳李太白詞的真偽問題〉。此文原載於《文學研究》，1（1957）。

的人都提不出夠強的論據。反對者甚至也提不出夠格的替代者。（唯一的例外是明朝的胡應麟，[5] 他認為二詞的作者是溫庭筠，然而他僅訴諸個人的感覺，所提出的理由極為薄弱。）因此我覺得還有嘗試的餘地。謹貢獻一得之愚於讀者之前，希望引起討論，於問題的解決，庶幾有益。

在尋找縫隙，力求突破之際，我終於碰上一個切入點。我的切入點是〈憶秦娥〉的詞牌。這闋詞的文獻資料極少，我卻由此詞牌在北宋使用的情形判斷當時的詞人不太能適應它，由此顯示它的晚出。

二、「憶秦娥」詞牌的起源與演變

「憶秦娥」的詞牌是相當特殊的。它的起源，不見於唐人的記載；我們現在祇能追溯到南宋黃昇所輯的《唐宋諸賢絕妙詞選》[6] 所錄的那闋詞，題為唐李白所作。其原文如下：

簫聲咽，秦娥夢斷秦樓月。秦樓月，年年柳色，灞陵傷別。樂遊原上清秋節。咸陽古道音塵絕。音塵絕，西風殘照，漢家陵闕。

此詞充滿了濃烈的懷人情緒，所懷念的是一位在秦地（似指長安）的女子。詞中也有豐富的情景暗示：似乎作者於八九月登上長安近郊之樂遊原[7] 玩樂，偶然聽到幽咽的簫聲，引發他對往日一個女子的思念。而伊人已杳，唯有藉此詞紓寫情懷。自來閱此詞者，沒有不受感動的！

由此詞牌之別名「秦樓月」看來，無疑宋以後「憶秦娥」詞牌即源自此詞（以下簡稱「原詞」）。而珠玉在前，也理當引起宋人仿效的興趣。然而奇怪的是，唐代文獻絕未提及此詞。它不似源自唐代的教坊歌曲。不但如此，北宋詞人使用此詞牌者也寥寥可數；而且當時其格律亦似尚未凝固。要到南宋以後，使用者才漸多，那時也少有人違抗日漸凝固的格律。顯然這一段演變的過程很值得探討。我嘗試

[5] 胡應麟，《少室山房筆叢．莊岳委談》說「二詞雖工麗，而氣亦衰颯。于太白超然之致，不啻穹壤！藉令真出青蓮，必不作如是語。詳其意調，絕類溫方域輩；蓋晚唐人詞，嫁名太白。⋯⋯」「此詞新播，故人君喜歌之。余屢疑近飛卿，至是釋然，自信具只眼也。」認為著者是溫庭筠。

[6] 見黃昇輯，《唐宋諸賢絕妙詞選》（臺北：臺灣商務印書館，1965）。

[7] 樂遊原據傳為一高地，位於長安郊外，為登臨之勝地。

由《全宋詞》[8]中找出較早試填〈憶秦娥〉或〈秦樓月〉的十二位詞人以及他們的詞（他們每人僅試填了一闋），按大致的時間先後列在下面：[9]

參差竹，吹斷相思曲，情不足。西北有樓，窮遠目。憶筲溪寒影透清玉。秋雁南飛速。菰草綠，應下溪頭，沙上宿。——張先（子野）
十五六，脫羅裳長恁黛眉蹙。紅玉暖。入人懷，春困熟。展香裀帳前明畫燭。眼波長斜浸鬢雲綠。看不足。苦殘宵，更漏促。——歐陽修（永叔）

請注意：這兩闋詞的句逗形式的差異以及與「原詞」皆不同；似乎當時尚不知有所謂「原詞」！

清溪咽，霜風洗出山頭月。山頭月，迎得雲歸，還送雲別。不知今是何時節。凌歊望斷音塵絕。音塵絕，帆來帆去，天際雙闕。——李之儀（端叔）

據《全宋詞》，此詞有自注「用太白韻」，顯示當時已知有「原詞」。且作者由「原詞」照抄了「音塵絕」，有點取巧。

曉朦朧。前溪百鳥啼匆匆。啼匆匆，淩波人去，拜月樓空。去年今日東門東。鮮妝輝映桃花紅。桃花紅，吹開吹落，一任東風。——賀鑄（方回）
牽人意。高堂照碧臨煙水，清秋至。東山時伴，謝公攜妓。黃菊雖殘堪泛蟻。乍寒猶有重陽味。應相記，坐中少個，孟嘉狂醉。——晁補之（无咎）

---

8 唐圭璋編，《全宋詞》（北京：中華書局，1997）。

9 後來我發現南唐馮延巳亦有對〈憶秦娥〉詞牌的試作：「風淅淅，夜雨連雲黑。滴滴，窗外芭蕉燈下客。除非魂夢到鄉國，免被關山隔。憶憶，一句枕前爭忘得。」這闋詞與張先的詞相類似，也沒有疊韻，唯第三句與第八句皆為二字句。這可增強我後面所提「先有曲譜」的假設。在時間上，雖早於宋，卻也後於後文所提議的韋莊。此例顯示〈憶秦娥〉的曲譜在五代後期已傳到南唐。這又使時間的限制變得更為嚴峻。

請注意；賀詞用了平聲韻，而晁詞無疊韻。[10] 以後各闋較少形式變異。[11]

薔薇折，一懷秀影花和月。花和月，著人濃似，粉香酥色。綠陰垂幕簾波疊。微風過竹涼吹髮。涼吹髮，無人分付，這些時節。——毛滂（澤民）

帳離闕。淮南三度梅花發。梅花發，片帆西去，落英如雪。新秦古塞人華髮。一樽別酒君聽說。君聽說，胡笳征雁，隴雲沙月。——吳則禮（子副）

千里草。萋萋盡處遙山小。遙山小，行人遠似，此山多少。天若有情天亦老。此情說便說不了。說不了，一聲喚起，又驚春曉。——万俟詠（雅言）

梅花發。夜寒吹笛千山月。千山月，此時愁聽，龍吟幽噎。數枝飛盡南枝雪。風光又作年時別。年時別，江頭心緒，亂絲千結。——王庭珪（民瞻）

東風歇，香塵滿院花如雪。花如雪，看看又是，黃昏時節。無言獨自添香鴨。相思情緒無人說。無人說，照人只有，西樓殘月。——周紫芝（少隱）

臨高閣，亂山平野煙光薄。煙光薄，棲鴉歸後，暮天聞角。斷香殘酒情懷惡。西風催襯梧桐落。梧桐落，又還秋色，又還寂寞。——李清照（易安）

芳菲歇，故園目斷傷心切。傷心切，無邊煙水，無窮山色。可堪更近乾龍節。眼中淚盡空啼血。空啼血，子規聲外，曉風殘月。——向子諲（伯恭）

以上諸人，從万俟詠之後，其卒年多已進入南宋。再後使用者漸多，其格律亦少有變化。可是最初幾次，卻很不同，值得進一步去探討。

讓我們先來看頭兩次的嘗試。張先（990 -1078）與歐陽修（1007-1072）都是北宋中葉僅次於柳永的作手。此二人所填的〈憶秦娥〉詞的句逗卻有如此大的差

10 「疊韻」是一種文學表現手法，裴普賢教授稱之為「齊根疊」。請參閱裴普賢，《詩詞曲疊句欣賞研究》（臺北：三民書局，2005），第 5 章。

11 毛滂除了模仿「原詞」外，亦作了較大變動的嘗試，大量裁減「原詞」的字數，並互換平仄韻。唯他的努力似得不到共鳴，本文不納入考慮。

異，令人無法瞭解。如果與「原詞」比較，也看不到應有的格律與疊韻。倒好像是兩個生手所作的不成熟嘗試！我們當然不能把此結論加到張先與歐陽修身上。我衹能假設：當時可能發現了一個題名為「憶秦娥」的雙調曲譜，吸引了幾位懂音樂的詞家去依譜試填；可是卻並未同時發現「原詞」。這個曲譜現在當然早已失傳了，可是也許可以由張歐兩位的詞去猜測其某些特點。張歐二人的詞都押入聲屋韻（詞韻一屋二沃相通），「原詞」也押入聲韻（七月九屑相通），這一定表現在曲調急速的音尾上。從押韻處，我們不難定出張歐二詞的正確斷句。須注意：「原詞」上下片結尾前一句為不押韻的句逗。這一點也為張歐兩人所掌握。

這裏要先解決一個校勘上的問題。歐詞的第三句根據《全宋詞》為「紅玉暖」，可是這裏實在應該押韻。我懷疑在傳抄中，有二個字顛倒了：原文可能是「紅暖玉」。此處「暖」字應讀「咺」字音，意義為「柔婉貌」，如《莊子》中「暖姝」的用法。[12] 在作了這個假設的更動後，再來比較三闋詞。「原詞」中的疊韻，張歐二詞完全沒有採用，這強烈暗示原曲調在此處並未重複前一樂句的後部分。再注意這三闋詞的第一、三句都是三字句，似乎樂曲這些地方相當急促，沒有增加襯字的餘地。張詞的第五句，歐詞的第四、五、九、十句也都是三字句，而「原詞」卻是四字句；似乎對應樂曲有兩音急速相連，使人誤會為泛音。張詞的第二、七句亦類似。至於張詞第六句、歐詞的第二、六、七句，則有襯字。對此假設樂譜的推測，只能作到這個地步，我承認相當勉強，然而如果不作「樂譜先出現」的假設，則張歐兩詞差異如此之大，就更難解釋。下面再看第三位嘗試者。

李之儀（ 1038 -1117 ）的活動事蹟，多在北宋的神宗朝，較之張先與歐陽修的時期，又晚了約二十年。他的詞自注「用太白韻」，可見當時「原詞」已出現。李之儀在當時也算是一個名家，他的〈卜算子〉至今尚存活於流行歌曲中（即「我住長江頭」）。他的〈憶秦娥〉雖然還算平穩，然而此詞牌的格律尚未被歸納出來，故他的詞除了步韻以外，實無格律可言。據龍沐勛《唐宋詞格律》[13] 所載，此詞的平仄聲規定，相當嚴格：全詞四十六字，其第一、五、八、九、十一、十二、十五、十九、二十、廿三、廿六、廿七、三十、卅三、卅四、卅六、卅七、四十、四十四、四十五凡二十個字必須為平聲，其第三、七、十、十三、十七、十八、廿

---

12 見《莊子‧徐无鬼》篇。

13 見龍沐勛，《唐宋詞格律》（臺北：里仁書局，1996）。有關詞的學問，並參閱洪北江，《詩詞曲作法講話》（臺北：洪氏出版社，1975）；龍沐勛，《倚聲學（詞學十講）》（臺北：里仁書局，1996）。在此書頁 19 引〈菩薩蠻〉為例時，註明「傳為李白作」。

二、廿五、廿八、卅二、卅五、卅八、四十二、四十三、四十六凡十五字必須為仄聲，僅其餘十一字可以任意。如果更講究一些，上下兩片煞拍四字句之首字還必須限為去聲。若用這個標準，李之儀的〈憶秦娥〉犯禁凡六次！我們只能推論說當時還未有這些格律。

即使不管格律，李之儀的取巧做法並未能發揮出〈憶秦娥〉原詞的情緒生命。這點，相信北宋詞家的心裡都有數。這種挑戰讓新一代的詞家去力求變化；這反映在賀鑄與晁補之的作品上。此兩人在北宋已經晚到哲宗徽宗時期了。力求變化的成效，似乎很少被再下一代的詞家所認同，因為很少有人追隨。現在回顧這兩闋詞，可以發現其因素：賀鑄用一東二冬的平聲韻，[14] 聲調是響亮了，可是總顯不出「原詞」的縈繞情緒。晁補之押了去聲四寘五未的韻，在情緒上是順了；可是放棄疊韻而另用轉折語「清秋至」、「應相記」，在連繫上終覺得弱了一些。這兩次嘗試的失利，[15] 使再以後填「憶秦娥」或「秦樓月」的人（除毛滂外）嚴守「原詞」的格律，上下片各有疊韻；有時甚至用韻窄化到入聲。這時已開始進入南宋，使用此詞牌的人漸多，各憑功力馳騁，而此詞牌的演化也終於成熟。前面也錄有七闋過渡時期的作品，似乎祗有李清照的那闋差可匹敵「原詞」。

「憶秦娥」詞牌在北宋由於使用者稀少，故可推測其演化過程。由前面的討論，我們發現其演化時段從北宋中期延伸至北宋晚期。由一開始的完全不適應，到逐漸運用成熟。照理，題名「李白」的〈憶秦娥〉至遲到李之儀的時代就已出現了，有了模範在面，何以還需要這麼久才能適應呢？顯然當時的人雖然被「原詞」的優美所吸引，卻不熟悉其格律。這使人懷疑「原詞」的來源。它真的是盛唐詩人李白的作品嗎？為何唐代的記述連一點影子也沒有呢？何以沒有在教坊樂曲中留下痕跡？如果不是李白，卻又引出一個更深邃的謎：如果此詞產生於宋初，這位精通音樂的文學家又是誰？他何以甘心隱名而冒心血淪喪的危險？同樣的問題也適用於唐末或五代的隱名作者！要尋找這一位佚名作者，我們可以開出下列條件：第一，他必須是通音樂的文學家；第二，他必定感受到深沉的感情激蕩，欲藉詩詞來發洩；第三，他必須有某些顧慮，至少暫時不願意露面！第四，他可能寄居長安一段

---

14 賀鑄的創作，格律家稱為「平韻格」。其聲調較響亮，顯現不同的情緒。用的人較少；謹引秦觀的作品作為比較：「曲江花，宜春十里錦雲遮。錦雲遮，水邊院落，山下人家。茸茸細草承香車，金鞍玉勒爭年華。爭年華，酒樓青旆，歌板紅牙。」

15 談到「變格」，後世詞話家似乎習慣用此名目作為藉口，來抹殺詞調演化中的變動。其實變動中的調式需要通過使用者的考驗，免於被淘汰的「變格」通常不會太多；而且往往顯示於詞牌名，如「攤破浣溪紗」或「減字木蘭花」。

時間並有機會登樂遊原。能想到合適的候選人嗎？這將是一項值得的挑戰。

我反復由唐末到宋初的名作家，過濾掉太不像的。最後總算得到一位較可能的候選人——唐末的韋莊。他在少年時寫過一首長詩〈秦婦吟〉，[16] 而到晚年卻又隱諱它。我就是由「秦婦」聯想到「秦娥」。在下一節，我將從〈秦婦吟〉出發，希望能建立起這個聯想的可信度。

在討論的過程中，我將引用大量韋莊的詩詞。現存的《浣花集》已不完整，我所參閱的是後人整理過的本子，包括江聰平校注的《韋端已詩校注》、[17] 齊濤箋注的《韋莊詩詞箋注》、[18] 與李誼校注的《韋莊集校注》。[19]

三、由「秦婦」聯想到「秦娥」

由韋莊的長詩〈秦婦吟〉，我們知道他與一位秦地女子有一段邂逅之緣。謹錄此詩的最初一段如下：

> 中和癸卯春三月，洛陽城外花如雪。東西南北路人絕，綠楊悄悄香塵滅。路旁忽見如花人，獨向綠楊陰下歇；鳳側鸞攲鬢腳斜，紅攢黛斂眉心折。「借問女郎何處來？」含嚬欲語聲先咽。回頭斂袂謝行人：「喪亂漂淪何堪說！三年陷賊留秦地，依俙記得秦中事。君能為妾解金鞍，妾亦與君停玉趾。」

他和她相遇在洛陽郊外的綠楊樹蔭下。在傾聽她的不平凡遭遇之前，先有一段簡短的對話，由此，我們知道他正騎著馬，顯然在旅行之中；而她則精疲力竭，坐在樹蔭底下。應她的要求：「君能為妾解金鞍，妾亦與君停玉趾」，他似乎暫時中斷了旅行，與她在洛陽待了下來。這顯然是一段羅曼史的開端。這些情節雖然只是我的推測，然而不如此想，卻無以解釋何以韋莊會用「君」與「妾」的字眼。從現實方面來講，秦婦從長安逃難至此，已經筋疲力竭，而且前途茫茫。〈秦婦吟〉後

[16] 〈秦婦吟〉一度失傳，後在敦煌發現數本抄本，經過無數中外學者的校勘箋證，已成定本。其全文見陳寅恪，《秦婦吟校箋》（臺北：華正書局，1974）。

[17] 江聰平校注，《韋端已詩校注》（臺北：中華書局，1969）。

[18] 齊濤箋注，《韋莊詩詞箋注》（濟南：山東教育出版社，2002）。

[19] 李誼校注，《韋莊集校注》（成都：四川省社會科學院出版社，1986）。

面講得很淒慘：「出門唯見亂梟鳴，更欲東奔何處所？仍聞汴路舟車絕，又道彭門自相殺。」就算沒有愛情，韋莊也實在應該幫助她安頓下來。這樣也很容易產生愛情。在本文中，我會繼續使用這個推測。

當時為唐僖宗中和三年（883 A.D.）三月，黃巢大敗於李克用，被逐出長安。可是百足之蟲，死而不殭。黃巢雖行將敗亡。卻還有餘力寇陳州；要到明年六月才敗死於泰山狼虎谷。[20] 當時洛陽可能在時溥所遣部隊的控制下，還算安定。因此韋莊在中和三年寄寓洛陽並無安全上的問題。在韋莊詩集 [21] 中頗有寓洛的記述，例如在〈洛陽吟〉[22] 中他自注:「時大駕在蜀，巢寇未平，洛中寓居。」在《浣花集》中有多處注稱當時黃巢猶未平，其時間下限都應放在中和四年。

可是在同一卷內，還有一首〈洛北村居〉，[23] 詩內充滿對兵慌馬亂的無奈情緒。我判斷他在遇到秦婦以前，本來寄居於洛陽北邊的郊外，與〈洛陽吟〉自注的「洛中」不同。當他聽到黃巢將寇陳州的消息後，就離開居停準備避難。後來既然瞭解到洛陽城有兵駐守，又希望幫助秦婦安定下來，故遷到洛陽城內。在同一卷內的〈喻東軍〉[24] 可能也作於此時。

唯韋莊寓居洛陽城內，為時並不太久。因為他的弟妹多散居在南方各地，經常會令他思念；而且據傳又有客從金陵至，誇揚了江南的種種好處，亦使他嚮往。所以韋莊大概於中和三年的下半年，就離開洛陽起程赴江南。因為洛陽並沒有立即的危機，使他誤以為暫時離開無妨；他沒有夢想到兩年之後，叛賊秦宗權竟會焚掠洛陽，[25] 令人民流離失所！這使他再度失去了秦婦的訊息，讓他終生懷念不已！其實當時整個中原烽火處處，連江南也不見得安寧。韋莊自己浪跡四方，這些消息要等到日後才會得知。在〈投寄舊知〉[26] 中他寫下這樣的詩句：「萬里有家留百越，十年無路到三秦」，可以想見他備受播遷之苦的無奈情形。到他日後發迹後，還發

[20] 關於黃巢之亂的事蹟，可參見《資治通鑑》252-256 卷，以及《舊唐書》與《新唐書》的〈僖宗本紀〉與〈黃巢列傳〉。張蔭麟譯英人翟理斯（Lionel Giles）的〈秦婦吟之考證與校釋〉也有簡單的敘述。見翟理斯（Lionel Giles）著，張蔭麟譯，〈秦婦吟之考證與校釋〉，收入《張蔭麟文集》（臺北：中華叢書委員會出版，1956）。

[21] 在後人整理的集子中，多保留明刊本《浣花集》十卷的原貌。下文的徵引皆以此為據，不一一申明今本的出處。

[22] 見《浣花集》，卷 3。唯由「漢皇西去竟昇仙」、「不見承平四十年」之句，可知此詩為日後追思之作。

[23] 見《浣花集》，卷 3。

[24] 同前引。

[25] 見《資治通鑑》，卷 256，以及《舊唐書》與《新唐書》的〈秦宗權列傳〉。

[26] 見《浣花集》，卷 8。

過這樣的牢騷：「請看京與洛，誰在舊香閨！」[27]

韋莊晚年在蜀填過五闋一組〈菩薩蠻〉，[28] 描述他少年的濫情、中年的悔情、與晚年的思情：

紅樓別夜堪惆悵，香燈半捲流蘇帳。殘月出門時，美人和淚辭。琵琶金翠羽，弦上黃鶯語。勸我早歸家，綠窗人似花。
人人盡說江南好，遊人只合江南老。春水碧於天，畫船聽雨眠。壚邊人似月，皓腕凝霜雪。未老莫還鄉，還鄉須斷腸。
如今卻憶江南樂，當時年少春衫薄。騎馬倚斜橋，滿樓紅袖招。翠屏金屈曲，醉入花叢宿。此度見花枝，白頭誓不歸。
勸君今夜須沉醉，樽前莫話明朝事。珍重主人心，酒深情亦深。須愁春漏短，莫訴金滿杯。遇酒且呵呵，人生能幾何。
洛陽城裡春光好，洛陽才子他鄉老。柳暗魏王堤，此時心轉迷。桃花春水淥，水上鴛鴦浴。凝恨對殘暉，憶君君不知。

據一般共識，其第一闋描寫的就是他與情婦在洛陽分別的情形；而我認為這位美人也就是第五闋結尾「憶君君不知」的那位想像中思念的主體。「人似花」使人聯想到〈秦婦吟〉中的「路旁忽見如花人」。再加上〈秦婦吟〉末尾秦婦所囑付的「願君舉棹東復東，詠此長歌獻相公。」強烈暗示韋莊在洛陽所訣別的美人就是秦婦。這與本節起始所作的假設相符。美人勸他早回家，顯然彼此了解這只是暫別。臨別時美人彈琵琶相送，並寄以心聲，顯示兩人，都是樂曲的知音者。

這裏要先討論韋莊的年齡問題。由於前蜀不算中國的正統朝代，因此《五代史》與《新五代史》[29] 都沒有韋莊的傳，《十國春秋》[30] 雖有一篇政治性的短傳，卻很不詳細。使得後人只能根據各種蛛絲馬跡來作猜想性的考證。據英人翟理斯的

---

[27] 見《浣花集・補遺・贈姬人》。

[28] 韋莊在蜀所填五闋一組〈菩薩蠻〉，很多人都引述過，無須徵引出處。我要特別推薦葉嘉瑩教授在《唐宋詞十七講・第三講》的詮釋。祇是她釋最後兩句「凝恨對殘暉，憶君君不知」為韋莊自己的情緒發揮，則我不敢苟同。我認為這兩句指的是韋莊想像中秦婦的情緒；韋莊自己不會有恨，而「君」字似不能指女性。

[29] 這兩部書對暸解當時中原分崩離析的情況，卻有參考價值。

[30] 清吳任臣，《十國春秋》（臺北：臺灣商務印書館，1983），卷 40。

意見，[31] 當中和三年時，韋莊約為二十三歲；可是據夏承燾 [32] 的《韋端己年譜》，當年韋莊為四十八歲；兩個說法相差達二十五年之多！夏承燾考證的主要假設是：《浣花集》是根據時間編次的。其實不論此詩集原來是如何編的，由於「補遺」之多，可知現傳的版本早非原來面目了。所以他的假設是有問題的。至於翟理斯，則沒有提出多強的證據來支援他的說法。其實在前述詞組中的第三闋就有這樣的話頭；「如今卻憶江南樂，當時年少春衫薄。」由當時人的平均壽命來著想，過了三十歲就很難被人稱為「年少」了。所以把中和三年韋莊的年齡定為二十八歲，決不會有多大的錯。韋莊在江南顯然很有女人緣：「騎馬倚斜橋，滿樓紅袖招。」反襯他在洛陽郊外的遇合，就顯得合情合理。否則，很難會發展出愛情。

韋莊對這個秦地女子的思念，到老始終未改變。在前述詞組中的第五闋結尾，他如此描寫：「凝恨對殘暉，憶君君不知。」顯然在他的想像中，「秦婦」是始終對他「凝恨」的。可是何以他要隱諱〈秦婦吟〉那首詩呢？難道真的是為了詩內「內庫燒為錦繡灰，天街踏盡公卿骨」的礙語 [33] 嗎？據一般的共識：這個講法顯然為托辭；陳寅恪和俞平伯都建議了別的關礙之處。[34] 這些提議都很有道理，可是似乎都不強烈。許多人所忽略的一點是：隱諱是出於韋莊自己的主動要求，「不許垂〈秦婦吟〉障子」的字眼，是他自己寫在《家戒》內的。他也許有自己的顧慮或苦衷，下面還要試著去分析。可是無疑的是：一般民眾卻都爭相抄寫並流傳〈秦婦吟〉，甚至將詩直接寫在懸掛用的障子上；他們才不管有什麼關礙呢！亂世的人民經歷過太多的喪亂，對殘酷的描寫，恐怕都有些麻木了。

至於韋莊自己的顧忌，要到他在官場中開始爬升以後，才會逐漸成形。在乾寧元年他舉進士以前，還談不到。當時他飽受播遷之苦；受經書薰陶而養成的「治國平天下」理想，顯然暫時還遙不可及！他的一腔孤憤，正需要藉詩詞來發洩！到他舉了進士，並任為校書郎以後，瞭解到如欲在亂世存身，必須依靠掌握軍權的

---

[31] 見翟理斯（Lionel Giles）著，張蔭麟譯，〈秦婦吟之考證與校釋〉。

[32] 夏承燾，〈韋端己年譜〉，《唐宋詞人年譜》（上海：上海中華書局，1961）。

[33] 根據孫光憲《北夢瑣言》：「蜀相韋莊應舉時，遇黃寇犯闕，著〈秦婦吟〉一篇，內一聯云：『內庫燒為錦繡灰，天街踏盡公卿骨』，爾後公卿亦多垂訝，莊乃諱之。時人號『秦婦吟秀才』。他日撰家戒，內不許垂〈秦婦吟〉障子，以此止謗，亦無及也。」顯示當時有此傳言。孫光憲著，賈二強點校，《北夢瑣言》（北京：中華書，2002），卷 6。

[34] 陳寅恪的講法見注 16 所引之《秦婦吟校箋》，大致謂詩中內容可能影射新朝宮闈之隱情。俞平伯的講法見他的〈讀陳寅恪《秦婦吟校箋》〉（收入注 4 所引之《俞平伯全集》），大致謂黃巢在長安有吃人之事，而官軍甚至供應其「貨源」。後日官軍將領成為新貴，遂厭聞〈秦婦吟〉詩中提及黃巢吃人之事，而成為禁忌。

武人，可能才開始謹言慎行。漸漸他自己的文學見解，也較往日為成熟，開始以杜甫作為精進的模範，此時當然會後悔少年時的孟浪之言。到他寫出〈長年〉[35]中「長年方悟少年非，人道新詩勝舊詩」的論調時，〈秦婦吟〉中過分曝露之言，就會日漸在他心目中淡出，而僅留下濃郁的思念之情。到他晚年，赴蜀為王建掌書記；到王建稱帝，他由左散騎常侍累官至門下侍郎同平章事，等同宰相。表面上顯赫異常，事實上他以書生佔高位，徒惹周遭武人的忌恨。因此他更為謹慎，不敢稍有僭越。即使如此，還是無法避免蜚短流長之言；有些甚至為稗史所記錄。《朝野僉載》[36]說他「數米而炊，稱薪而爨」就是一例。在當時的割據勢力中，王建算是比較愛民的，然而對部下卻相當猜忌，他曾因細故而殺其有功之義子王宗滌（華洪）。韋莊雖然高居相位（然居王建義子王宗佶之下），卻不會忘記「趙孟之所貴，趙孟能賤之」的道理，他不得不隨時留神。上引詞組中的第四闋就有「樽前莫話明朝事，珍重主人心，酒深情亦深」、「遇酒且呵呵，人生能幾何」之句，說盡了他「伴君如伴虎」的心態。一般人不會顧忌的事，他卻不得不特別小心！無怪乎他要以「不認〈秦婦吟〉」來表態了。

還有一層，當他將〈秦婦吟〉獻給鎮海節度使周寶時，自以為祗是暫離洛陽，不久還要回去，故透露秦婦的悲慘遭遇只會令人同情。可是後來卻再度和秦婦失散，生死莫測。韋莊不得不考慮倘若她仍活在另一環境中，散播她往日的遭遇會不會傷害到她。這當然是韋莊不願意見到的。不再提〈秦婦吟〉也許能使大眾淡忘這件事。

在前一節「『憶秦娥』詞牌的起源與演變」的結尾處，我們提出了一個挑戰：如果〈憶秦娥〉「原詞」的作者不是李白，還有其他的候選人嗎？嘗試比較前一節所開的條件與本節前面所述韋莊的事績，我們可以產生一個聯想：「秦婦」與「秦娥」會不會指的是同一個人？「娥」是不是「婦」的少女時期（在詩人的想像之中）？如果這個聯想有幾分真實性，那麼韋莊可不可能就是〈憶秦娥〉「原詞」的作者？下面我設法去增強這個聯想。我固然明知，除非出現了新的事證，我們永遠不能「證明」某人是某詞的作者，可是〈憶秦娥〉的來源是千古之謎，總有人千方百計去找縫隙。將「秦婦」聯想為「秦娥」，似乎還沒有人提出過。讓我們繼續推想下去，看看能不能導致有意義的結果；這應是值得嘗試的。

由前面的討論，我們可以意會到韋莊對秦婦是有濃厚的情感的，不過後來由愛

[35] 見《浣花集》，卷 2。
[36] 見張鷟，《朝野僉載》（臺北：藝文印書館，1969）。

慾漸轉變為思念；恐怕還有幾分悔恨（將她留在洛陽）的自責。當他於景福元年的年底入關回長安時，一定已經備知洛陽一帶兵荒馬亂的情況。然而他這次回京的目標是舉進士，餘事都不遑顧及。到次年舉進士卻下第了，他心中定充滿失落的感覺，這可由〈下第題青龍寺僧房〉[37]的詩句「要路無媒果自傷」意會得到。當然他會準備於次年捲土重來，可能為了放鬆心情，他也會到長安郊外遊樂。他很有機會於是年的 清秋節（疑即中秋節）[38]登樂遊原散心，這就合了前一節的一個條件。

那時距黃巢的敗亡已有十年，長安的秩序已大致恢復，城東的灞陵還像舊日一樣，為旅客道別之處；可是人口顯然減少了，畢竟兵災的創傷不是那樣容易痊癒的。韋莊登上了樂遊原，遙望咸陽古道與諸先帝的山陵，在夕陽殘照下，他感覺到大唐帝國的前景也在沒落之中，不禁興起「黍離」之感。此時他聽到附近樓頭有人吹簫，其聲幽咽。不知誰家的女子在訴心聲？他又想起自己心愛的女子本來也是住在長安的，可是現在卻不知道流落到哪裏去了！如果她還在，抬頭望著月亮，一定會思憶起自己少女時代無憂無慮的歲月吧 ！韋莊可能感到：既然她不在現場，自己應該替代她思憶。少女時代的秦婦，應該稱為「秦娥」吧，也許應該寫一首詩或詞，作為紀念。就名之為「憶秦娥」吧！也許在韋莊的潛意識中，成熟的「秦婦」是屬於洛陽的；而少女的「秦娥」，才是屬於長安的。韋莊是一位知音律的文學家，或許已有的曲調，不夠裝載他的感情。他有創作新聲的衝動！他選擇了「雙調」來嘗試。

上面一段是我為了增強「秦婦」與「秦娥」的聯想而作的猜測。韋莊當然很熟悉秦婦以往的生活情形。〈秦婦吟〉並沒有提多少秦婦少女時代的事，可是還有一些：「前年庚子臘月五，正閉金籠教鸚鵡。斜開鸞鏡懶梳頭，閑憑雕欄慵不語。」可知她是樓居的，不然不會有欄可憑。從韋莊詩〈長安春〉[39]中的「家家樓上如花人」，亦可得到同樣的結論。韋莊替代秦婦思憶少女時的狀況，其實是他自己思念一個想像中的樓居少女，舉頭望明月的情景。這大概就是「秦娥夢斷秦樓月」詞句的張本。韋莊將當時的情景接合對「秦娥」的想像：如果沒有那場戰禍，屬於長安的秦娥也會在灞陵與親友傷別吧；可是現在唐朝已經步入季世，無力保護其兒女，使秦娥流離失所，讓韋莊空在樂遊原上憑弔，望著咸陽古道卻等不到音訊。詩人以他生花之筆，將現實與懸想相融合，而成為一篇傑作。

---

[37] 見《浣花集》，卷 1。
[38] 唐時「清秋節」即「中秋節」。參閱李怡嚴，《科學與歷史》，〈清秋節的意義〉。
[39] 見《浣花集・補遺》。

還有沒有別的跡像顯示韋莊可能是〈憶秦娥〉的作者嗎？我們也許可以比較一下文風。固然〈秦婦吟〉是少作，有些不成熟；可是還有一些詩句的風格與〈憶秦娥〉類似。尤其秦婦由長安逃出的一段：

來時曉出城東陌，城外風煙如塞色。路旁時見遊奕軍，坡下寂無迎送客。
灞陵東望人煙絕，樹鎖驪山金翠滅。大道俱成棘子林，行人夜宿牆匡月。

上面八句，轉了一次韻，可是都在入聲內。（陌、色、客三字屬十一陌與十三職，絕、滅、月三字屬六月與九屑；唐代歌行詩韻與詞韻相通的情形類似。）仔細咀嚼一下，就會發現韋莊喜用入聲韻，且其凝鍊的風格與〈憶秦娥〉相當類似。這裏只是舉一個例子，〈秦婦吟〉中相彷彿的其他事例還很多。

還有一個問題是：倘若韋莊作了〈憶秦娥〉並且編了曲，何以又隱諱不認？這不難回答。韋莊可能作〈憶秦娥〉的時間，一定在景福二年下第之後。到乾寧元年他舉了進士，心情當然就不同了。日後他走上了仕途，隱諱〈憶秦娥〉的壓力和隱諱〈秦婦吟〉一樣。所不同的是，〈憶秦娥〉寫成的時間較近，費的心血也較多，較不容易捨棄。他可能就假托另一人的名字傳後。至於何以假托為李白，則不容易回答。我想到一個可能的答案：那與另一闋世傳為李白所著的詞〈菩薩蠻〉有關。不過那又牽涉到另一些假設，需要更多的解釋。下一節我試著把這些假設及其依據寫下來。

四、「李白」〈菩薩蠻〉與韋莊的可能關係

北宋所流傳掛在「李白」名下的詞，祗有〈憶秦娥〉與〈菩薩蠻〉兩闋值得考慮。〈菩薩蠻〉詞牌的來源比較沒有問題，它是由外國傳入的舞曲，在音樂上屬於中呂調；開元崔令欽的《教坊記》[40]已有此曲名。唐宣宗大中初，女蠻國入貢，當時倡優驚於其服飾的奇異，製「菩薩蠻曲」，[41]可能有新的變化，讓文士們效尤。我頗懷疑這裡的「蠻」字為「鬘」字之訛。我們今天還可以看到一闋「敦煌曲子詞」的〈菩薩蠻〉：（轉引自《俞平伯全集》）

---

[40] 見崔令欽，《教坊記》（臺北：鼎文書局，1974）。
[41] 此據蘇鶚，《杜陽雜編》（臺北：藝文印書館，1966）之記載。

枕前發盡千般願，要休且待青山爛。水面上秤錘浮，直待黃河徹底枯。白日參辰現，北斗回南面。休即未能休，且待三更見日頭。[42]

與日後溫庭筠慣用的〈菩薩蠻〉比較，此詞的用韻已有「仄、平、仄、平」輪換的現象，可是句型的長短，卻有好些不同之處；似乎此詞牌正處於變化的過程中。謹引溫庭筠最著名 的一闋〈菩薩蠻〉[43] 如下：

小山重疊金明滅，鬢雲欲度香腮雪。懶起畫蛾眉，弄妝梳洗遲。照花前後鏡，花面交相映。新貼繡羅襦，雙雙金鷓鴣。

可是署名李白的〈菩薩蠻〉[44] 卻作：

平林漠漠烟如織，寒山一帶傷心碧。暝色入高樓，有人樓上愁。玉階空佇立，宿鳥歸飛急。何處是歸程？長亭更短亭。

其格律卻同於溫庭筠的，而與「敦煌曲子詞」的〈菩薩蠻〉不同。因為不知道「敦煌曲子詞」的著作時間，因此我們不能輕易排除李白曾經著過〈菩薩蠻〉的可能性。俞平伯提過另一個論證：第二句「傷心碧」與杜甫〈滕王亭子〉的「傷心麗」太像，而李白不會抄襲杜甫，故李白未作此詞。[45] 這個論證不強，因為李白可能根本沒有注意到杜甫的那首詩。然而如果「李白」的〈菩薩蠻〉卻有同於溫庭筠的格律，則除非溫庭筠沿襲李白的格律，否則就很難解釋。而如果真的如此，則文學史上何以沒有記載？何以《北夢瑣言》述說唐宣宗與溫庭筠的醜聞時，[46] 沒有帶上這一筆？這個論證就強多了；匯合俞平伯的說法，至少可讓人懷疑李白曾作此詞。然而此論證雖強，對當時一般人來講卻無效！當時的人對詞曲的演化，不會有自覺性的認識。如果一個人在客棧的板壁上發現一闋感傷的詞，題曰「菩薩蠻」；又如

[42] 這闋「敦煌曲子詞」的〈菩薩蠻〉，為轉引自俞平伯之《唐宋詞選釋》（收入注 4 所引之《俞平伯全集》，卷 4）。

[43] 見趙崇祚編，《花間集》（廣陵古籍出版社，1986）。此集共收溫庭筠之〈菩薩蠻〉十四闋。本文所引為其中最有名的一闋。

[44] 顧梧芳《尊前集》已收入此詞。顧梧芳，《尊前集》（臺北：廣文書局，1972）。

[45] 見注 4 所引之文。

[46] 見孫光憲，《北夢瑣言》。其內容為：「宣宗愛唱菩薩蠻詞，令狐相國假溫飛卿新撰，密進之，戒以勿泄。而遽言於人，由是疏之。」

果他知道開元時已有此曲調，他很容易被其風格所吸引，而斷為李白的作品。事實上就有這樣一個傳說。很多人引述過宋文瑩的筆記小說《湘山野錄》：

> 此詞寫于鼎州滄水驛，不知何人所作。魏道輔見而愛之。後至長沙得《古集》于曾子宣內翰家，乃知李白所撰。[47]

後人對此傳說並不重視。我們知道唐與宋都有「鼎州」。唐之鼎州為岐之李茂貞所置，不數年旋廢。宋之鼎州在今湖南的常德，[48] 位置稍南。如果指的是宋之鼎州，何以宋人不受此傳說吸引而去實地勘察？如果有很多人去勘察，其記錄就絕不會限於一本冷門筆記。而且曾子宣就是曾布，為曾鞏的胞弟。曾布既知道李白曾經寫過〈菩薩蠻〉，何以曾鞏在替《李白詩集》整理其先後次序 [49] 時，未把〈菩薩蠻〉加入？所以很可能此地點是記錯的。可是地點的記錯，其故事仍有幾分啟發性。「由旅驛板壁抄下」的講法仍值得認真看待。

當我決心探討此詞時，首先吸引我的，是「寒山」二字。我需要解決的問題是：「寒山」究竟是特有的山名，還是僅為泛指。經過考慮後，我的結論是：「寒山」為專指的山名。理由是：如果是泛指，則「寒山一帶」的「一帶」二字，就成為辭費。對一闋寫得如此誠摯的詞，這是不合理的。仔細品味此詞，我覺得全篇似乎有一個故事的脈絡，都不像是泛指。

可以找到好幾個名為「寒山」的山。其中最有名的有二：其一在蘇州附近，另一在徐州東南的泗水旁。二處韋莊在逃難時都經歷過。我翻閱了韋莊的詩集，終於發現有一首與後者有關：

> 夏初，與侯補闕江南有約，同泛淮汴，西赴行朝。莊自九驛路先至甬橋，補闕由淮楚續至泗上，寢病旬日，遽聞捐館！回首悲慟，因成長句四韻弔之：

---

47 文瑩，《湘山野錄》，收入《歷代筆記小說大觀．湘山野錄 續錄 玉壺清話》（上海：上海古籍出版，2012）。請注意「得《古集》」的字眼。魏慶之的《詩人玉屑》（臺北：世界書局 1966）才說「曾子宣家有《古風集》」。

48 參閱譚其驤主編，《中國歷史地圖集》第 6 冊（北京：中國地圖出版社，1996）。

49 見曾鞏，《元豐類稿》（北京：中華書局，1973），卷 12，〈李白詩集後序〉。請注意，曾鞏祗寫了〈李白詩集後序〉，是《李太白文集》的編印者將此文改題為「李太白文集後序」，並改其文首所述之篇數。這些更改很可能未得曾鞏之同意。

本約同來謁帝閽，忽隨川浪去東奔。九重聖主方虛席，千里高堂方倚門。世德只應榮伯仲，詩名終自付兒孫。遙憐月落清淮上，寂寞何人弔旅魂！[50]

現存的《浣花集》已不完整，我們很難判斷這首詩寫作的年代。可是後來的整理者往往憑詩中一兩個字來作種種猜測。這詩大概是日後補作的，故曰「回首悲慟」。值得注意的是前面的長標題。頗有人看到「帝閽」兩字，而將此詩繫於光啟二年，並認為這是韋莊受周寶之命，去向襄王熅勸進的政治之旅。齊濤箋注的《韋莊詩詞箋注》尤其如此。[51] 我不敢苟同這種講法。韋莊由洛陽赴江南，主要為的是探親，當然也誤信了江南客的宣傳，以為周寶有多了不起，所以將〈秦婦吟〉獻給他。其實，照周寶的表現，他根本就是一個不成氣候的軍閥。以韋莊的聰明，到了那裏不會看不出來。固然他一度入其幕府，可能只為謀一枝之棲，順便做些利民之事。韋莊那時不過是一個年輕秀才，對政治毫無經驗，對於各節度使間的生態，也毫無認識，周寶怎會放心把這樣重要的使命交給他？更何況勸進之事最重時效，弄得不好就成叛逆。怎容得韋莊從容遊淮汴？事實上周寶根本得不到鎮海軍的軍心，光啟三年的年初，一個兵變就教他下臺了。那時淮南的軍亂也影響到江南烽火處處，韋莊到處流離，居無定所，離洛陽後差不多有十年未能北上。[52] 到景福元年，唐昭宗即位已三年，雖然李克用與朱全忠還在各地角力，至少表面上朝廷已恢復秩序，也恢復了科舉。韋莊僅有秀才身分，希望回京師舉進士。他於該年夏季，在江南約了候姓好友，準備先遍遊淮汴，再西赴長安。在標題中有一個可疑的字眼「行朝」，然而在詩中就用了「帝閽」；顯示在相約時，他們並不很確定皇帝會不會再被逼離京師（尤其李茂貞近來很猖狂）。

候姓好友的名字及生平暫時待考。然而由韋莊的敘述中得知，他也是一個詩人，並且已為「補闕」（中諫）的官，當已經舉進士。他回朝的目的，當為謀求晉用。他上有二兄，高堂有老母，且已有子，年齡可能較韋莊為長。韋莊大概於當年秋天先抵達今安徽省宿縣之北數十里的甬橋。[53] 甬橋又稱為「埇橋」或「符離橋」，位於汴水之上，地當彭城（今徐州）之門戶。候姓友人則大約經由淮南往東

[50] 見《浣花集》，卷 4。

[51] 請參閱注 18 所引書，頁 254。

[52] 請參閱注 26 所引詩。

[53] 請參閱譚其驤主編，《中國歷史地圖集》第 5 冊（中國地圖出版社，1996）。

北行，到了泗水邊。當時的時局並不平靖；感化節度使時溥據彭城一帶，正與朱全忠的兒子朱友裕對持。侯姓友人在泗水附近，終於病倒而逝世了！韋莊在甬橋的旅舍中等不到朋友，忽然聽到此噩耗，不禁北望欷歔。為亂兵所阻，他不可能前往料理朋友的後事，可是他忽然失去了旅伴，也沒有再滯留下去的意義。那時泗州等地都已降了朱全忠，向西的路途應該已通，韋莊隨即整裝西上。他大概於此年的年底，或次年的年初到達長安，在景福二年舉進士失利，至乾寧元年（894）才中舉。

試將韋莊的這一段遭遇，與「李白」的〈菩薩蠻〉詞相比較，就會發現其間的互通性是驚人的。上引韋莊的弔挽詩，是日後追作的，典雅有餘而情感不足；前面用典故來襯托朋友的功績與地位，悼念之辭僅出現於尾聯。很難相信他在當時沒有發洩情感的動作。假設韋莊聽到朋友病故的消息時，正當傍晚，由於北邊時局不靖，他只能登上一座高樓，向北遙望，聊作憑弔。泗水當然為房屋及其它地上物所遮蔽，而看不到；寒山上排列著蒼翠的樹木，在晚霧的背景中，卻歷歷在目。他很容易移情將那一帶也聯想成傷心之地；此時連樹木的碧綠顏色也成了負面的刺激。悲愴也打斷了他原來的遊興。這時飛鳥的聲音使他想起原來西歸的目的。向西瞭望，彷彿有長亭短亭相連，那將是他西歸的路途。高樓上的所感所思，在他的潛意識中留下了深刻的印象，終有一天會形之於文字。

很可能當晚他也沒有多想，就匆匆收拾行李西行。在旅途中寄宿旅舍，因失眠而想起往事，就會在旅舍的板壁上題了這闋〈菩薩蠻〉詞，可能也忘記了署名。就格律來講，韋莊的時間在溫庭筠之後，繼承溫庭筠是必然的。可是韋莊的詞自有他自己的風格，就如今傳下來的這闋〈菩薩蠻〉看來，除了充滿感情外，不事雕琢的風格也是非常明顯的。

我認為將「平林漠漠……」假設為韋莊的作品，可以解決很多問題。首先，「寒山一帶傷心碧」與「宿鳥歸飛急」、「長亭」、「短亭」諸語到底有何關聯？「傷心」之後何以會想到「歸程」？第二，詩題中的「甬橋」與詞中的「寒山」在地理中都有記載，假造不得；而兩地相隔僅數十里，可以遙望。何以會有此巧合？第三，詩題中的「泗上」又明明與詞中的「寒山」相合，也是巧合嗎？第四，《湘山野錄》云此詞原抄自驛舍，有多少分可信？

我們當然也可以問：韋莊由甬橋至長安的路線，有沒有可能繞道至洞庭湖邊的朗州[54]（宋時為鼎州）？由地理上來看，可能性很小。不過當時是一個兵荒馬亂的時期，地方性的衝突不斷，而且多沒有留下歷史記錄；因此也不能完全排除《湘山野

54 請參閱前注所引地圖。

錄》的說法。如果他向西南繞過彭城的戰區後，發現還得繼續西南行，一直被逼到朗州；最後要經襄陽入秦，他一定會更加對戰爭反感，而更會思憶起死去的好友。將長時期悶在胸中的情緒在旅社板壁上發洩，也是可以了解的。

一個有趣味的問題是：我們知道韋莊是最佩服杜甫的。則俞平伯所提杜甫的「清江錦石傷心麗」與此詞「寒山一帶傷心碧」的驚人相似，能不能增強韋莊是此詞作者的可能性？經過考慮後，我認為不能。因為我們從此詞祗能感到感情的奔放，而看不到雕琢的痕跡。即使韋莊確為此詞的作者，杜甫對他的影響也是無意識的。然而只要能判定韋莊是感情真摯的人，再輔以景況的相似，其說服力就已夠強了。

讓我們來探討一下韋莊詞的風格，並與本文所討論的〈菩薩蠻〉比較一下。在第三節〔由「秦婦」聯想到「秦娥」〕，我們談過韋莊在晚年寫過五闋一組的〈菩薩蠻〉，由所討論的那些片段，我們可以欣賞到他的豪放處以及清麗處。然而他所表達的情感總是毫無造作，有時還會隨伴著一股氣勢。這個特色，我們從「平林漠漠」那闋詞中也髣髴可以見到。也許有人會反對我講「平林漠漠」是白描，他們也許會引謝朓〈游東田〉的「生煙紛漠漠」來作比較。[55] 其實「漠漠」是一個聯緜形容詞，為當時人的口語所習用，其「布列貌」或「布散貌」的語義完全由聲而來。謝朓可以用「漠漠」來白描，韋莊當然也可以。事實上，韋莊就有一首詩〈古離別〉就如此用：

> 晴煙漠漠柳毿毿，不那離情酒半酣。更把馬鞭雲外指，斷腸春色在江南。[56]

其風格就很像「平林漠漠」那闋詞。

韋莊的詞也有描寫閨怨的，例如〈木蘭花〉：

> 獨上小樓春欲暮，愁望玉關芳草路。消息斷，不逢人，却斂細眉歸繡戶。
> 坐看落花空歎息。羅袂溼斑紅淚滴。千山萬水不曾行，魂夢欲教何處覓。[57]

---

[55] 事實上揚憲益的〈李白與菩薩蠻〉就引謝朓來支援李白作〈菩薩蠻〉的說法。此文重印於楊憲益，《零墨新箋》（臺北：明文書局 1985），頁 5-15。

[56] 見《浣花集》，卷 1。

[57] 見注 19 所引書頁 553。這也是一個轉變中的詞牌，顯示韋莊的音律造詣。

這種白描的手法，很容易在《花間集》[58]等一類詞集中顯得鶴立雞群。（本來將韋莊歸類到「花間派」就不太妥當。）然而再怎樣白描，他的字句總是有所凝鍊。可是「平林漠漠」的詞，其遣辭用句卻非常樸素，這是與韋莊一般的詞不同的地方。不過那也可以解釋為當時太倉促了。

我們今日已看不到《古風集》或《古集》，不知道其性質為何，然而既有人從之得出李白為那闋〈菩薩蠻〉的作者的判斷，並且筆之於書，則必有人讀而信之；又驚於此詞古樸的風格，以為非李白就做不出來。平心而論，既然開元之時已經有「菩薩蠻舞曲」，以李白與樂府歌辭關係之深，依曲作歌詞並非絕無可能，衹是沒有證據說他那樣做而已。問題是，如果韋莊是真作者，他自己何以不講？我們知道韋莊對自己的詞不如對自己的詩來得看重，他可能認為詞僅為時髦的新聲；他有詩集而沒有詞集。對侯姓友人，他補作了一首悼念詩，並在標題上詳記其事，他可能已經忘記了在倉促中所作的詞。當然，久之他也會聽到人說發現了李白所作〈菩薩蠻〉的消息，他可能一笑置之。反正他也有一些後悔當初自己的急就章，就任其將錯就錯。

到後來，他需要隱諱自己花過心血的〈憶秦娥〉時，就索性也將之掛在李白名下，並讓曲譜別傳（至淮南）。[59]另外，他也填了五闋一組的〈菩薩蠻〉，以寄托他對秦婦的思念之情。他在第五闋替代秦婦表達她「凝恨」的情緒，與〈憶秦娥〉中替代秦娥的思憶，用的是同一種手法。而且他選擇「菩薩蠻」的詞牌作為發揮的載體，這些都似乎是有意加強〈憶秦娥〉與〈菩薩蠻〉間的聯繫。當然，這一切都須作得不著痕跡，若有似無。不然，就會破壞原來隱諱的目的。當然，他真想隱諱的是〈憶秦娥〉，〈菩薩蠻〉原來就被掛到李白的名下，韋莊不過巧妙地加以利用罷了。

五、小結

首先，我想藉此篇幅，表達我對「李白集」的意見。近來讀到[60]葛景春先生所著的〈宋咸淳本《李翰林集》中有《菩薩蠻》、《憶秦娥》詞——李白《菩薩蠻》詞

---

[58] 見注 43 所引書。

[59] 蜀與吳由於都反梁而有各種聯繫往來。後來南唐馮延巳最先得到此曲譜，並試擬詞句。參見注 9。

[60] 感謝師大楊晉綺教授寄給我此文之影印本。

補證〉。[61] 葛先生認為宋咸淳本《李翰林集》[62] 的祖本原有〈菩薩蠻〉與〈憶秦娥〉兩詞，卻在宋蜀本[63]《李太白文集》編印過程中被曾鞏刪去，原稿留在其弟曾布家中，成為「古集」。我認為此說證據不足。第一、根據曾鞏《元豐類稿．李白詩集後序》，[64] 他只替宋敏求所編的詩集次第先後，除非能證明曾鞏說謊，否則不應該講他刪除了任何東西。第二、我們對宋咸淳本的編印過程完全不清楚，根本不能排除咸淳本編者會將當時已流行的二詞加進去，正像不久之後，蕭士贇在刊刻《分類補注李太白集》時，也如此做一樣。咸淳本的編者擅自將曾鞏的〈李白詩集後序〉改題為「李翰林集序」，不尊重原著者，他們的可信度應打折扣。第三、根據南宋陳振孫《直齋書錄解題》，[65]《李翰林集》的祖本原是他的家藏本，他極力強調「其本最為完善」，甚至引「姑孰十詠」等詩歌，與東坡考證語與以證實之，可是卻沒有提〈菩薩蠻〉與〈憶秦娥〉兩詞（這一點應為證實其家藏本與蜀本不同的最佳理由），因此不能說咸淳本《李翰林集》的祖本原來就有〈菩薩蠻〉與〈憶秦娥〉兩詞。限於篇幅，我認為以上三點已經足夠令人懷疑咸淳本《李翰林集》的祖本就有〈菩薩蠻〉與〈憶秦娥〉兩詞。

我要再次強調，本文並不能「證明」什麼事，因為涉及太多假設和主觀的猜想。我只是提出一些前人尚未注意及的可能性，以供後人參考。自問還差勝於明朝胡應麟將兩詞作者歸之於溫庭筠的論調。我最初的切入點——「憶秦娥」詞牌到北宋的中期仍未凝固，由是減少了李白作此詞的可能性。——讓我有了一個新的視界。我查閱前人的著作，似乎沒有人能說明「憶秦娥」詞牌的起源。楊憲益與任二北的「李白利用故鄉的俗曲」理論，[66] 最多祇能指涉「菩薩蠻」的詞牌，而對「憶秦娥」卻無能為力。事實上，「憶秦娥」的資料是如此地少，以致俞平伯的〈今傳李太白詞的真偽問題〉對此幾乎無話可說。而且裴普賢教授在引此〈憶秦娥〉詞舉例時，以作者為「佚名」。[67] 所以第二節是我最有把握的。然而接下來的

---

[61] 收錄於南京師範大學中文系編，《中國首屆唐宋詩詞國際學術研討會論文集》（南京：江蘇教育出版社，1994）。

[62] 宋咸淳本《李翰林集》刊刻於南宋度宗己巳，離南宋亡國祗有十年。此本現已失傳，現存者為清劉世珩玉海堂影刻宋本，與清何焯校明陸元大刻本。

[63] 蜀本其實原為北宋晏知止在蘇州刊刻的蘇本，今已失傳。今傳之蜀本是南宋初影刻的。

[64] 見注 49 所引書。

[65] 陳振孫，《直齋書錄解題》，卷 16。

[66] 楊憲益與任二北的理論，重印於楊憲益，《零墨新箋》，頁 5-15。他在序中也承認原說李白先世出於西南邊疆是錯的。

[67] 見裴普賢，《詩詞曲疊句欣賞研究》，頁 69。

問題卻不是那麼容易解決，我對自己所提的答案也不是那樣有信心。

第三節所提的聯想在理論上不可能是唯一的，可是我卻找不出其他的可能方案。主要是時間的限制相當嚴峻：如果〈憶秦娥〉原詞產生於中唐或北宋開國戰爭以後，即使作者加以隱諱，總不可能一點風聲不漏，到北宋中葉才被人發現；祗有晚唐到宋初一段兵慌馬亂的時期，才做得到。再加上第二節末尾所開的限制條件，逼我把候選人的箭頭指向韋莊；當然我還需要假設那位與韋莊在洛陽訣別的美人就是秦婦。希望我的聯想可以通過考驗。

第四節強調「平林漠漠……」詞已有抄自驛舍的傳聞，只是一向被忽略。我用此傳聞結合「寒山」的地理，也將作者的箭頭指向韋莊。這個結論需要兩個重要的假設：

其一是有關韋莊淮汴之行的傳統解釋——光啟二年韋莊受周寶之命向襄王熅勸進——是錯的。其二是韋莊對他倉促中所寫的悼念詞並不重視，不在乎被誤認為李白的作品。對第一個假設，我相當有把握；對第二個假設，我的理由是韋莊祗有詩集而無詞集，可能稍嫌薄弱。可是如果此節的結論能成立，則〈憶秦娥〉原詞被掛在李白名下一事，就不顯得那麼神奇。

千古之謎，我也知道不是那麼容易解決的。本文只是一個嘗試，前面的綜述歸納了我所用的假設。就我所知，前人還很少這樣想過。寫下來作為拋磚引玉之用，應該不是毫無意義的。

【後記】

本文之構思大致在 2013 年，因為部分問題難於解決（主要為宋咸淳本《李翰林集》的地位問題），因此擱置了好幾年，最近才重新思考並修改前文。中間我曾經與好幾位教授討論並備受鼓勵。我要特別感謝楊晉綺教授、李欣錫教授、蔡英俊教授與黃忠天教授。

2019 年 5 月

拾、屈原〈離騷〉與「自我焦慮」

有學者評述陳世驤教授的〈論中國抒情傳統〉，說陳氏「認為屈原是『個體意識高度自覺的突出例證』，並將〈離騷〉……認為是自詩人『自我焦慮中』洶湧而出。」然後給出評斷：「屈原的『自我焦慮』源於並最終指向楚國政治，指向君王與家國，而非純粹個人化的抒情。」我的意見是：就屈原這項個案來說，陳世驤教授的說法較為有理，而上述說法卻未能充分體認當時實際政治的複雜性，並且被太史公誤導了。下面是我的分析。

《史記．屈原賈生列傳》記載：

> 屈原……為楚懷王左徒，博聞彊志，明於治亂，嫻於辭令。入則與王圖議國事，以出號令；出則接遇賓客，應對諸侯。王甚任之。上官大夫與之同列，爭寵而心害其能。懷王使屈原造為憲令，屈平屬草稾未定，上官大夫見而欲奪之，屈平不與。因讒之曰：「王使屈平為令，眾莫不知，每一令出，平伐其功，以為非我莫能為也。」王怒，而疏屈平。

楚懷王前期相當明瞭屈原的長處在辭令典章。用他為「左徒」，張守節《正義》解釋為「蓋今左右拾遺之類。」這也許不太確切；然看後文：他的工作主要在「造為憲令」，「憲令」應該就是「法令」，典出《國語．周語下》（二十三年）單穆公諫鑄無射之言：「夫耳內和聲而口出美言，以為憲令，而布諸民。」《韋注》：「憲，法也。」則他的職務，大約與日後的「知制誥」相類。屈原可能喜於被信任，而疏於保密，以致「眾莫不知」，犯《周易》「君不密則失臣，臣不密則失身，幾事不密則害成」之忌。無怪乎懷王不再信任他。這就是太史公所謂：「王怒，而疏屈平。」屈原自以為懷才被讒，而未曾自反「露才揚己」之失，當然就有了「自我焦慮」。太史公繼續記述：「屈平疾王聽之不聰也，讒諂之蔽明也，邪曲之害公也，方正之不容也，故憂愁幽思而作〈離騷〉。」這不是「焦慮」是什麼？

太史公記載「屈平疾王……」之四點，在當時完全是屈原心理中的自我防禦，初無涉於「治國、平天下」。而且日後的歷史顯示，楚懷王並不是一個值得「託身」的「明君」。屈原最初沒有這項認識，到「被疏」之後，當然就有更強的失落感。類似的事件在中國官場中層出不窮，衹是後人比較學會了「自我慰藉」，而屈原將他的「焦慮」發揮於詩賦中而已。後人以為如果沒有那些讒人，屈原本來可以大展其才。這其實是誤讀了《史記·項羽本紀》的一段話：「居巢人范增……好奇計，往說項梁曰：『陳勝敗固當。夫秦滅六國，楚最無罪。自懷王入秦不反，楚人憐之至今。故楚南公曰：『楚雖三戶，亡秦必楚』也。今陳勝首事，不立楚後而自立，其勢不長。……」可見「楚最無罪，自懷王入秦不反，楚人憐之至今！」本是范增用「奇計」的託辭，而未必是當時的事實。後引楚南公之言，以明楚人之恨秦，主要應源自王翦率六十萬大軍滅楚之役，必定多所殺戮。而這段史實，史書失於記載，卻被范增輕易移轉為「對懷王的思念」，並因此影響對屈原的判斷。其實楚懷王志大才疏，而且剛愎自用。他即位時，楚威王留下一個強盛的楚國；到他死後，楚國的好日子也不多了。這些史實，其實都載於《史記》。後來讀者的印象卻不深，不敵范增一句「奇計」之言，也夠反諷的。

在秦惠王時，楚懷王已經被張儀耍得團團轉。可是他偏以為自己有辦法在諸侯間兜得轉。他當了一次從長，可是卻虎頭蛇尾。就是他這份自信，才讓秦昭王有機可乘，約他在武關相見。昭睢的諫言顯然不對他的胃口，結果自身成為秦的人質，為天下笑。當時楚國幸虧有昭睢支撐大局，設法從齊請回為質的太子橫，立為王（頃襄王）以距秦的要脅，這種情形，就有些像日後明英宗被俘，于謙立景泰帝一樣。可是這樣一來，楚懷王更加回不了楚國。他雖由秦逃到了趙國，趙當然不敢接手，否則不但得罪秦昭王，也同樣得罪了楚頃襄王。此時不會有人可憐懷王。一直到頃襄王三年，懷王死於秦，頃襄王沒有了被廢的危機，才替他辦喪事。《史記》說：「楚人皆憐之，如悲親戚。」絕不可能發生在頃襄王三年以前，更不可能維持很久。所以范增所說：「懷王入秦不反，楚人憐之至今。」絕非當時的事實。屈原當時如果還沒有自殺，衹會對局勢感到絕望，而不會「冀幸君之一悟，俗之一改也。」他在〈離騷〉中嘆息：「何昔日之芳草兮，今直為之蕭艾也！」「芳草」是他昔日的錯認，而「蕭艾」才是幻想受到打擊後的真相。

由以上的分析，我認為在屈原的個案中，陳世驤教授的判斷是對的。

【編者按】

本文原收錄於李貞慧教授主編《中國敘事學：歷史敘事詩文》（新竹：清華大學出版社，2016，頁 377-382）。書後附錄李怡嚴教授所撰寫的〈有關「圓桌會議」的發言詞追記〉，內容原無標題，編者為求醒目，依其內容各補相應的標題。

拾壹、左史記言右史記事

《周禮・春官》:「內史掌敘事之法。」《禮記・玉藻》言「(古代天子)動則左史書之,言則右史書之。」《漢書・藝文志》說:「左史記言,右史記事,事為春秋,言為尚書。」

其實這些文獻,出現的時間都相當晚。左史、右史之名,在春秋以前的可靠文獻中無考。而「記言」、「記事」也不是這樣容易分辨。而「史」之一職,在西周時似為一類名(參閱《觀堂集林・釋史》)。其有關記述之職務,往後稱為「作冊」(金文中常見)。在古文獻中未見強分「記言」與「記事」者。近來《清華簡》出現,有兩篇文章似可支持我的看法。

(1)《清華簡壹・耆夜》。這是在周武王八年,畢公高討伐黎國獲勝(此役即《尚書》的〈西伯戡黎〉)後,由作冊逸所記述,武王與周公邀請有功人員參加的一個慶功宴。此篇原則上是記事,並供應了有價值的資訊(例如戡黎之役發生於武王八年,離牧野之戰很近)。然而此文詳細記述了席中賦詩的原句,這就近於「記言」了。尤其在結尾處記述周公因感於一隻蟋蟀落在席上,而即席作了〈蟋蟀〉詩。這首詩顯然是《詩・唐風・蟋蟀》的前稿。作冊逸雖然忠實地記言,而這首詩的發展過程的重要資訊,也就留傳下來了。

(2)《清華簡參・傅說之命》三篇。此篇之發現,證明「古文尚書」中的三篇「說命」是假的。篇題是「傅記之命」,當然是以武丁對傅說的命辭為主。可是武丁對傅說的首次任命的命辭,記在第二篇,第三篇則雜記武丁在各種場合中命傅說之言。第二、三篇皆可列入「記言」的範圍。唯首篇是純粹記事,記述武丁任命傅說去處理一件小諸侯的違命事件,以觀其才。傅說公正且合情合理地處理了此案(是為赦俘之戎),通過了武丁對他的考驗,武丁才在第二篇正式給他高位。這三篇的發現,可補充殷代歷史的缺失。而「記言」與「記事」全列在三篇之中。

【編者按】

本文原收錄於李貞慧教授主編《中國敘事學：歷史敘事詩文》（新竹：清華大學出版社，2016 頁 377-382）。書後附錄李怡嚴教授所撰寫的〈有關「圓桌會議」的發言詞追記〉，內容原無標題，編者為求醒目，依其內容各補相應的標題。

拾貳、史書運用史料不經意的錯誤

敘事以準確無誤為原則。然史書之撰寫對史料必須加以別擇，有時容易產生錯誤。在閱讀史書時，必須特別注意，下面舉兩個例子：

(1)《左傳・僖公二十三年》敘述晉公子重耳離狄後即過衛，衛文公沒有對他禮遇。然後出於五鹿，「乞食於野人，野人與之塊。」似乎因不受禮遇而絕糧，因而被逼向五鹿之農夫乞食。然在《國語・晉語四》卻說重耳離狄以後即行過五鹿，乞食於野人，然後即適齊。至一年後，桓公卒，齊國大亂，然後過衛，「衛文公有邢狄之虞，不能禮焉」，然後自衛過曹。

兩項記載不同，可是很少有人分析何以不同。楊伯峻《春秋左傳注》認同左傳的記載，可是沒有講原因。可是仔細想一下，就可以知道《左傳》的記載是多麼不合理了。重耳居狄十二年，至魯僖公十六年離狄，(《左傳・僖公二十三年》為追記）前一年管仲已死。據狐偃的話，重耳需要儘快至齊，與齊桓公建立良好關係，所以他們一行人一定會採取最短的路線赴齊，當時衛的故都為赤狄所破殘，衛文公在河水之南楚丘落腳。河水之北本為衛之故地，卻為赤狄破壞，重耳一行從赤狄出行，經過赤狄佔領過的土地應為最自然。如果轉朝向南，渡河水至楚丘，路線就長了許多。所以最理想的路線，應在夷儀西邊一帶渡河。追隨重耳的人不少，旅行時當然會帶有糧食。在經過五鹿（據顧棟高的考証，在今河北省大名縣附近。）乞食於農人，祗是一件偶然的事。

《國語》記載而《左傳》沿襲，祗不過將此事當作一個好兆頭（獲得土地），不可能因為沒有飯吃。而且當時衛文公在楚國勵精圖治，與齊桓公的關係良好，該年十二月還與齊桓公有淮之會。如果對重耳有不禮之事，在會中如何向齊桓公交待？招待重耳一行人所費無幾，既然六年前文公可以接納來奔的溫子，這時卻無故拒絕重耳一行，衛文公是這樣一個糊塗人嗎？

至僖公十八年冬，重耳一行從齊國亂局中逃出過衛才是合理的事。可是那時邢人、狄人連合伐衛，圍菟圃，衛文公自顧不暇，雖然甯莊子的諫言十分有理，可是文公也需要顧慮外客的安全，被逼要以國讓父兄子弟及朝眾。所以《國語》所言：「衛文公有邢狄之虞，不能禮焉」。講的完全是事實。

再看《左傳．僖公二十三年》追記的那一大段，其事實完全出自《國語．晉語四》，連有些特殊字眼，也由《國語》沿襲而來，對《左傳》來說，《國語》這一段也是史料，祇省略了很多對話（例如狐偃的幾段話，甯莊子的諫言等），對敘事也濃縮了很多。既然此段追記的史料採自《國語》，沒有理由「衛文公」一段獨異，所以我判斷：本來「過衛，衛文公不禮焉」一句是在「及曹」之前。在《左傳》流傳的過程中，因錯簡而混到前面。這是我的判斷，希望有人繼續研究。

(2) 另一個例子，是《漢書．宣帝紀》記載本始二年「匈奴數侵邊，又西伐烏孫。」似乎當時（宣帝時）有匈奴入侵之事。我們現在已看不到漢代的直接史料，可是有另一個獨立的史書有不同的記載。荀悅的《漢紀》卷 17 宣帝三年載：「……初，匈奴數侵邊，又西伐烏孫。武帝欲與烏孫共擊匈奴，故以江都王建女細君為公主，妻烏孫昆彌。……於是匈奴復侵烏孫昆彌，昆彌與公主上書，請擊匈奴，……」可見兩書有同樣的史料，祇是《漢紀》講明是追記（用了「初」的字眼，後面再用「於是」接續），而漢書卻過分簡化（也有可能在抄傳之中脫去一段），以致敘事不明。按《漢紀》：「匈奴數侵邊」是發生在武帝朝，而非宣帝朝。如果不是保存了這個獨立的記載，則對匈奴外患的敘事就要被歪曲了。

【編者按】

本文原收錄於李貞慧教授主編《中國敘事學：歷史敘事詩文》（新竹：清華大學出版社，2016，頁 377-382）。書後附錄李怡嚴教授所撰寫的〈有關「圓桌會議」的發言詞追記〉，內容原無標題，編者為求醒目，依其內容各補相應的標題。

第陸編
學術評議

壹、嚴靈峰《老子》、《列子》、《易經》的學術觀察

嚴靈峰教授是前輩學人，他著作等身，然很多是叢書或入門書，很難從其中看出著者的思想。所以我挑選了三本書作討論的對象：《易學新論》、《老子研讀須知》、《列子辯誣及其中心思想》作為討論的目標。

《易學新論》[1] 是嚴教授年輕時代在大陸的作品，後來在臺灣再版。他費了一番心血去收集資料，對《周易》的各個面向都照顧到，並參考了當代其他學者的成果，所以很有參考價值。

嚴教授比較了《周易·繫辭》與《老子》的內容，提出《周易》的哲學內涵：自化、變、生、一元論、循環論、生尅論。這形成嚴教授自己獨特的觀點。

嚴教授也比較了《周易》卦爻辭與古文獻（詩、書、卜辭等），以研討《周易》卦爻辭產生的時代與社會背景。這方面他用力甚勤。

遺憾的是，他在說理的時候，過分依賴傳統的權威說法，（例如「易歷三聖」的問題），以致雖然書名為「易學新論」，實則新義甚少。

雖然如此，這還是一本夠份量且有價值的書。

嚴教授的另一篇談《周易》的文章：〈馬王堆帛書《繫辭傳》殘本全文的剖析〉（《中國哲學史季刊》，1，北京：1994）則令人失望。此文一點也沒有就公布的帛書[2]《繫辭傳》做「剖析」，反而去談無涉的《文言傳》。[3] 我認為如果他真的詳細研讀了帛書的《繫辭傳》，他應會發現帛書《繫辭傳》特有的「易有大恆，是生兩儀……」一句，[4] 並應會討論其哲學意義。

嚴教授在「諸子學」以《老子》為專長。在他年輕時已經出版了《老子章句

---

1 臺灣再版由正中書局 1969 年出版。

2 重現帛書《周易》的書很多，例如濮茅左，《楚竹書《周易》研究》下冊。

3 在他另一篇文章〈馬王堆帛書易經「六十四卦」的重卦和卦序問題〉，他花了很多精力去收集並檢討後世各家的「重卦方式」，而沒有涉及易筮在古代的傳承問題，似乎有點捨本逐末。

4 可能《繫辭》原意是：《周易》中有一恆常的作法，就是陰陽對舉，因此產生出「兩儀」、「四象」等名目表現；而非在「兩儀」之上還有一個「太極」。

新編》。[5]將《老子》全文依性質重排為五十四章，始於道體的「有物混成」，終於用兵。頗能清晰顯示《老子》的思想體系。其後，他的興趣轉為輯集歷代學者[6]有關《老子》的作品。一般來說，他勤於收羅資料，而對其運用，往往太保守，以致很少有真正的突破。他晚年時，又集中所得資料，編著《老子研讀須知》（臺北：正中書局，1992），可算是他研究「老學」一輩子的總結。

在這本書中，他檢討了自己研讀《老子》文本時的校勘經驗，列出各本的異同；然後列出前人[7]對老子其人其書的考證文章。再引介對《老子》重要的注疏以及有關的作品書目。這些內容對初入門者有很大的幫助。

在此書之中卷，嚴教授提供讀者對老子學說的簡介。他針對《老子》中兩個重要的觀念「道」與「德」發揮其含義，頗能抓到重點。

此書之下卷為附錄，列出當時所知的《老子》版本文字（包括馬王堆帛書甲本與乙本）。然後重印了幾篇他認為最重要的期刊論文，再次強調了他對《老子》的見解與詮釋。

一般來說，這是一本很有用的參考書。可是有一點需要提醒的是：他在詮釋老子的思想時，往往借用現代的名詞與術語，如「動的觀點」、「相對原理」、「循環的理論」等，如不留意，很容易被誤導。他又從《老子》中找出「物質循環論」、「物質不滅定律」、「星雲說」、「原子說」，認為有「科學」的影子，[8]更有誤導的可能。

嚴教授對道家的莊子與列子的學說都有涉獵，也都編有「章句新編」。他對《列子》似乎有特別的感情。鑑於長年來，學術界大多數認為現存的《列子》是偽書，為了扭轉這個傾向，他寫了《列子辯誣及其中心思想》。[9]然而其成效很有限。

本來《列子》的問題，可分幾個層次來檢討。最容易的是「列禦寇」這個人的問題；據已有資訊，[10]可以確信「列禦寇」這個人的活動期間大約在鄭亡（376 B.C.）之前二十餘年左右。他曾從關尹問道，並曾在韓國建立一個道家的學派，其傳人為史疾，曾為韓使楚，以「貴正」答楚王之問，[11]這些都沒有問題。

其次是這人的學說是否能完整地避過秦火，傳到漢朝，供劉向採集？這就很成

5 嚴靈峰，《老子章句新編》（重慶：文風書局，1944）。
6 包括嚴遵、葛玄、成玄英、李榮、程大昌、王安石等。
7 他的蒐羅並不完整。
8 民初的學人（包括胡適）多有這種傾向，不只嚴教授。
9 嚴靈峰，《列子辯誣及其中心思想》（臺北：時報文化，1983）。
10 可參閱錢穆，〈列禦寇考〉，《先秦諸子繫年》。
11 據《戰國策．韓策》。此原則很可能下開申不害與尸佼學說之路。

問題。事實上，劉向在整理完後，寫下他的感想：

> 秉要執本，清虛無為，及其治身接物務崇，不競合於六經。而穆王湯問二篇，迂誕恢詭，非君子之言也。至於力命篇，一推分命。楊子之篇，唯貴放逸。二義乖背，不似一家之書。

可知劉向也沒有把握說這些篇章包含列子的真正思想。而最重要的是，史疾傳下的「貴正」原則，[12] 在今傳本中卻一點影子也沒有。可見雖非有人作偽，漢代所存的列子學說，已大量失真。

再次，現傳張湛作注的《列子》八篇，是否能還原劉向所校錄的文本？這一點，恐怕連張湛自己也沒有把握。永嘉之亂，他只帶了三卷逃到江南，需要到處訪查，盡量復原。至於別人的傳本是否真實，他是沒有把握的。後人從今本中找出許多魏晉思想的痕跡，其成立或否，[13] 往往要靠主觀的認定;在沒有發現新的證據前，往往會成為懸案。

上面顯示了《列子》問題的複雜性。嚴教授反對稱《列子》為偽書，固有他的理由；可是他雖不否認現存《列子》中「羼雜有他人文字」，卻仍堅持它表現了列禦寇的真正學說，是走到另一極端去了。不講別的，韓國史疾對楚王強調的「貴正」，就沒有被包括進《列子辯誣及其中心思想》的第三章內。

雖然如此，嚴教授還是花了很多心血，提出了很多前人忽視的論點，故此書還是有它的價值。

總括來說，嚴教授治學認真，勤於收集資料。可是在見解方面，稍嫌保守。

---

[12] 此原則很可能下開申不害與尸佼學說之路。

[13] 可是今傳本《列子．周穆王》一開始談「化人」，忽然插進西王母之事，甚不自然，很可能是晉時人據《穆天子傳》加入。其中載有：「西王母為王謠，王和之。」不見於《山海經》，漢時辭賦家從未用此為典故。如劉向在校書時看到此事，很難不宣揚出去。可知劉向所校錄的《列子》沒有這一段。

貳、戴君仁《尚書》學思想評論

一、前言

在清大圖書館保存有《戴靜山先生全集》，1980 年由他的門人以「戴靜山先生遺著編輯委會」的名義編輯。其中包括專書《中國文字構造論》、《談易》、《閻毛古文尚書公案》三種；以及以「梅園」為名義的文章結集。其中包括結集草篇論文的《梅園論學集》（以及「續集」、「三集」）、《梅園雜著》、《梅園詩存》、《梅園外編》，為「非賣品」。其中涉及《尚書》的並不太多，除《閻毛古文尚書公案》一書需要另論之外，其餘僅有下列論文談及。

二、《梅園論學集》《續集》相關《尚書》的研究

《梅園論學集》有數篇，其中〈禹貢禹錫玄圭告厥成功解〉，將「玄圭」解釋為禹受天命的符瑞，這就〈禹貢〉本身來看，是可以成立的。因為〈禹貢〉的出現，最早在春秋中期，那時「符瑞」的觀念，已經出現了。（當然，歷史中的禹到底完成了什麼事，是另一件事。）戴教授在此書的另二篇文章：〈河圖洛書的本質及其原本的功用〉及附河圖洛書的本質補證，又加強了對「符瑞」的認定，這與〈顧命〉中所載「越玉五重，陳寶，赤刀、大訓、弘璧、琬、琰、在西序。大玉、夷玉、天球、河圖，在東序」，是符合的。需要強調的是，周初雖然重視這些「符瑞」，而將之尊為傳國之寶，可是在心理上很少依賴這些「符瑞」。正相反，周初的王室，由周公開始，都充滿了憂患意識（由《詩．周頌》的「成王不敬康可見」，唯恐喪失天命。不像後世的統治者在心理上倚賴「符瑞」，甚至造假，其效應之優劣，相較懸殊。戴教授對於「符命」的詮釋，亦見於另一篇〈釋史〉。

戴教授在另一篇文章〈洪範五紀說〉，以及其後的〈談易〉，將「紀」釋為「結繩計數」，以及這種手法與曆法間的關聯，這是一項有意義的創見。雖然〈洪範〉出現的時間並不太早，可是其中保存了一些初民的文化傳承，很有啟發性。在另一篇文章〈陰陽五行學說交原〉中也涉及這個題材。（見第四節）

在《梅園論學續集》中，有很重要的一篇〈兩漢經學思想的變遷——書經部分〉，談到兩漢學者對《尚書》中一些重要的辭句的訓詁與涵義的推究所表現的變化。在表面上，這是兩漢的「今古文之爭」，而究其實，由西漢的「學術為政治服務」，到東漢的歸於平實，這種學術思想的變遷，是經學史中的重要題材，戴教授特別舉了其中數篇來做說明，如〈堯典〉、〈臯陶謨〉、〈禹貢〉、〈高宗肜日〉、〈泰誓〉、〈洪範〉、〈金縢〉，其中對〈堯典〉的討論尤為詳細。通過戴教授的歸納，我們才能瞭解何以兩漢經學家要為起首四字「曰若稽古」，大作文章，甚至與「天」產生關係。以東漢鄭玄的博學，亦無法擺脫，到王肅想用較平實的講法，反而受到漫罵。透過教授的說明，我們才能欣賞漢代訓詁學家對這些怪異思想的廓清，其功績是何等重大。

《續集》中另一篇文章〈人心之危道心之微申義〉與《偽古文尚書》中的「十六字心傳」有關。戴教授透過《荀子．解蔽》所引《道經》原文，將「危」訓為「戒懼」，將「微」訓為「精妙」，使人清楚這句話的原義。

在戴教授《全集》中，涉及《尚書》的部分似乎並不太多，尤其周初諸誥很少談到，不知《全集》的編集，是否有所遺漏？

三、《閻毛古文尚書公案》的研究

《閻毛古文尚書公案》在這本書中，戴教授詳述了《古文尚書》晚出二十五篇被確認為「偽書」的考證過程，而集中於評述閻若璩《尚書古文疏證》的內容及其所用之方法。與此對比，戴教授也綜述了毛奇齡《古文尚書冤詞》的內涵，並作相當激烈的批評。戴教授也簡述了清代其他學者對此問題的貢獻。他也討論了「晚書」（即晚出的二十五篇）到底是由何人「偽作」的各種猜想，在結論中，他也強調「晚書」雖非三代遺書，然中也有很有價值的話語，不宜廢棄。「我們把這二十五篇《偽古文尚書》，不看做上古的經典，三代的信史，而只當作魏晉間子書來讀，似乎仍不失為一部很有價值的書。」

如果祗是想知道考證的結果，那麼很簡單，「晚書」不是先秦的遺書，這個結論還因最近的發現而加強了。《清華簡（參）·說命》顯示了戰國時流傳的〈傅說之命〉三篇，與《偽古文尚書》中的三篇〈說命〉不同，可是其內容安排非常合理。《國語》中引用〈說命〉的一大段，在「清華簡」的文本中分為數處，各有所指，不像《偽古文尚書》中的浮泛。單單這個新發現，就可以增強「晚書」不是先秦遺書的信心。可是在考據上，沒有「絕對」的事，我就聽到一些傳聞，說「清華簡」是假造的。針對這樣強的證據，還有人想繞過它，可想而知，梅鷟與閻若璩當年那些蓽路藍縷的工作，是多麼困難了。有好些因素，使整個問題複雜化，姑舉其最重要的：

（一）伏勝所傳二十九篇中，真正「詰屈聱牙」之外，有「周誥殷盤」，一些名義上應說「更古」的文章，例如〈堯典〉、〈禹貢〉等，反而相對地平易。這牽涉到《尚書》在春秋戰國時結集的問題，而是明清學者所不敢碰的。

（二）由孔壁發現《古文尚書》，並由孔安國整理，這事大概不假。可是西漢時對先秦文字的整理，實在還太幼稚，孔安國祇能用已有的二十九篇《今文尚書》作標準去比較，雖說多出十六篇，可想而知是很不完整的。以致孔安國自己也沒有把握，在他身前並沒有獻到朝廷，到他死後，其家族將遺稿獻上，可知也不會完整。因此，不但未立學宮，而且也無師說。到東漢時《古文尚書》學術的興起，其還要靠許慎等人對「古文」的識別與整理。然而終因僅在民間流傳，一遇戰亂，就容易散失。

（三）兩漢時，由於鼓勵民間獻書，就不斷有人造假。伏勝所傳之外的〈泰誓〉三篇，就很有問題。後來被馬融批評得體無全膚。到東漢又有張霸的「百兩篇」。所以，「造假」是由漢魏至晉宋時的一種連續現象，學者們一不小心，就會被蒙蔽。

（四）「偽經」之外，又有「偽孔傳」在那裡攪局。由於解經的「傳」產生時間較近，其真偽判斷的標準比較模糊，容易被擁護《古文尚書》的人所利用。

（五）魏晉間的學術派系也在那裡搞局，鄭玄的注往往混有讖緯而為人不滿，到魏時王肅雖力圖改變，卻因政治利益而讓人看不起。更由於政治利益而形成新一波的造偽之風。

（六）漢魏晉南北朝之間，太平日子不多，使真正的學者儘量收集一些片語隻字，這形成「輯逸」之風，可是當時並沒有建立嚴謹的輯逸規則，學者往往會將所輯之片語用己意聯集。戴教授的卓識之一，就是「晚書」並不是東晉第一次作偽的結果，而是南朝有心之士輯逸的成因，其實當時「輯逸」與「偽造」的界限也很含糊，而且恐怕是一種連續過程，這增加了後來考證者的困難，也讓毛奇齡之輩，有所藉口。戴教授當然亦深切瞭解上述各點，尤其在第八章批評毛奇齡《寃詞》往往利用這些搞局的因素來作強辯。

戴教授將毛奇齡的主張，分析得十分細緻，可是就內容而言，大部分前人已經提過，這裡亦不再重覆，這裡祇提一項，以見一斑。毛奇齡據《隋書・經籍志》之文，而強調東晉梅氏所上，只是《孔傳》，這就是利用《孔傳》來轉移視線。又涉及唐初學者不能細考東漢時造假的情況，以致誤信晉世祕府所存有《古文尚書》經文，實則西晉末永嘉之亂，晉室倉促南渡，東晉時祕府何來《古文尚書》？

戴教授對閻若璩考證各條之欣賞，具見第四、五章。其中特別推重用地理的考證來突出「晚書」之偽（頁 71）。其他各點，前人亦多已提過。戴教授在討論曆法的證據時，亦不忘提醒共和以前的年代不可審知（頁 70）。這是細緻的地方。這裡我要提一點修正，戴教授言：「第六十三條言泰誓有族誅之刑為誤本荀子」、「第六十四條言胤征有玉石俱焚語，為出魏晉間。」（頁 50）實則西周時的戰爭就相當激烈，在金文往往公開宣示「勿遺壽幼」，就是說要殺戮老少無遺。在厲王時之「禹鼎」中，就連提兩次，而其時復將此語刻在鼎上，傳之後世，顯示西周時，就不以「玉石俱焚」為怪。到春秋以後，更變本加厲，故不能用這種語辭來作考證的根據。

戴教授也提到閻氏對「晚書」內容本源的探討（頁 74）。當然，這些前人也多提過，由這些討論，可以看出戴教授對《尚書》的深厚功力，然而所涉及的大多是「偽古文」的二十五篇，對於「今文」部分，尤其周初的政局，戴教授很少提及。在他其他學術論文中，也沒有看到那些內容，這是很遺憾的事。

戴教授的論文中，一再提到荀子所引「道經」中「人心、道心」之語，不能因為見於「偽古文」，而減低其價值，這一點其實與他對荀學的深切瞭解與倡導有關，在《梅園論學》三本書中，也有很多篇與此相應。

2016 年 6 月 22 日

參、趙生群《左傳疑義新證》疑義商榷

襄二十一年：「有死而已，吾蔑從之矣。」

《左傳疑義新證》頁 178：

「有死無貳」條：趙釋：「有，雖也。」

按：「有」與「雖」實有別。「有」有「假設」之意。未必實然，而「雖」字則已預定其後所領之事為實有，持其反應有異而已。

如上引襄二十一年「有死而已，吾蔑從之矣」

此「有」字就不能釋為「雖」字。

此條楊伯峻之釋實不誤。

頁 156：「使民知神姦」條，最好檢討句讀。

宣公三年：「……昔夏之方有德也，遠方圖物，貢金九牧鑄鼎象物，百物而為之備，……」若改其句讀為：

昔夏之方有德也，遠方圖物、貢金，九牧鑄鼎象物，百物而為之備，……

似較好。「圖物」與「貢金」皆從遠方，不九牧皆貢（有些州不產某一金），而「鑄鼎象物」則由九牧分任（這當然是周時的傳說，夏時未必如此），就近象物，這樣比較有說服力。

僖公二十四年《左傳》「君子曰」誤釋事實，杜說未改正，而楊伯峻沿襲之，趙君似應在頁 102「服之不衷」條指出之。

按：「鷸冠」指「以天文為業之人」。「聚鷸冠」者，聚其人也。所以聚「以天文為業之人」，則有異志可知。既有異志，又不能秘之，故鄭伯聞而惡子臧。既客居宋，鄭不能明討，故使盜誘之使出，而殺之於陳宋之間，以避免宋之干預。其事本甚明，可惜左氏誤解之，其引「君子曰」之首二句：「服之不稱（衷？），身之災也」本可指批評此等人不知秘藏，然後文則指摘「子臧之服」。原文僅指子臧「好聚鷸冠」，未嘗指子臧以之自服（否則，用「聚」字何謂者？），若僅為服裝之異，鄭文公亦何必跨國誘之使出，而冒得罪宋國之險哉。

肆、論朱高正對朱熹《易本義》的理解

最近，我從《經學研究集刊》第21期頁97-109（高雄：國立高雄師範大學經學研究所，2016）讀到朱高正先生的〈論周易中的「陰陽老少」與「七八九六」——替朱子為少陰少陽與「七八常多，而九六常少」正名〉，覺得朱先生有誤讀朱熹《易本義》的地方，這可能影響到他的結論。謹說明如下。

首先，朱先生不贊成朱熹將「少陽」定為「⚎」。按朱熹《易本義》中「伏羲八卦次序、伏羲八卦方位」之圖看來，朱熹僅用「太陽」、「少陰」、「少陽」、「太陰」來為「四象」命名。其中「太陽」與「少陰」屬於「二儀」中的「陽」（以「⚊」代表）。八卦中最下的一爻皆為「陽」。「少陽」與「太陰」則屬於「二儀」的「陰」（以「⚋」代表）。八卦中最下的一爻皆為「陰」。至於「四象」中的「陰」與「陽」則要看八卦中的第二爻。「太陽」與「少陽」的第二爻都是「陽」，只能看第一爻的「陰陽」而用「少太」來分辨。所以用「⚎」為「少陽」的符號，是一點問題也沒有的。由「少陽」分化出來的「坎」與「巽」，則要用第三爻的「陰陽」來決定。朱熹用「太少」作為「四象」命名的一部分，卻與描述「爻數」用「老陽」、「少陰」、「少陽」、「老陰」分別代表「九」、「八」、「七」、「六」的「老少」無關。在古書中，「太少」的對比，多有「大小」之義，不能與「老少」的對比混淆。朱熹用「⚏」為「太陰」的符號，可沒有說它是「老陰」的爻數「六」；用「⚌」為「太陽」的符號，可沒有說它是「老陽」的爻數「九」。（朱熹在《易本義》「乾之初九」爻辭下面的注講得很清楚。）同樣，朱熹用「⚎」為「少陽」的符號，也沒有說它是「少陽」的爻數「七」。

朱高正先生顯然混淆了「老、少」與「太、少」的分別。可是在他的文章內，並沒有說明何以將「太」解釋成「老」，以致我不能確定到底是他粗心看錯了，還是他自己另有一套理論。如果是前者，則是朱高正先生誤解了朱熹。如果是後者，則朱高正先生的理論應該獨立於朱熹的理論之外；兩個理論只有「好、壞」，並無「對、錯」之可言。看樣子，朱高正先生是有自己一套理論的，所以他在頁102的附圖中，將「七、八、九、六」分配於四方位，又解釋成「卯、酉、午、子」的時間。因此他下了「朱子所界定的少陰少陽，與一般圖書象數不協調」的結論。可是朱熹本來並沒有把「⚍」的符號，解釋成爻數的「七」。朱高正先生只是打倒了一個稻草人。

朱高正先生的另一個錯誤，在於他描述「大衍筮法的操作程式」時，加上一句：「把掛一的竹簽放回去」，不合朱熹《易本義》之「筮儀」。後面在處理「大衍筮法的操作程式」時，在第一變與第二變後，都憑己意分別加上一個括弧：「將掛一的竹簽放回去」與「將掛一的竹簽再放回去」。這使他下結論：「是九八常多，而六七常少」。其實是他自己不遵守「筮儀」。

下面詳細解釋「筮儀」的正確過程與結果。其過程可大致分為下列數點：

一、設一木架，上有兩大刻與三小刻。

二、原始之四十九策分為兩份，分別置於兩大刻。（此為「分」）

三、從右大刻中取一策掛於左手小指間。（此為「掛」）

四、用左手取左大刻之策，用右手收揲之以四。（此為「揲」） 歸奇而扐之於左手無名指間。（此為「扐」） 然後返過揲之策於（原空）之左大刻。

五、再用右手取右大刻之策（已掛掉一策），照樣過揲而返之於右大刻。歸奇而扐之於右手無名指間。

六、合左右手一掛二扐之策，置之於第一小刻。

七、合兩大刻（皆已過揲）之策，結果或為四十四策，或為四十策。是為第一變。

八、用此四十四策或四十策重複上述之「分」、「掛」、「揲」、「扐」（第二至第五）步驟，合左右手一掛二扐之策，置之於第二小刻。合兩大刻（皆已過揲）之策，結果或為四十策，或為三十六策，或為三十二策。是為第二變。

九、再用第二變結果之策重複上述之「分」、「掛」、「揲」、「扐」（第二至第五）步驟，合左右手一掛二扐之策，置之於第三小刻。合兩大刻（皆已過揲）之策，結果或為三十六策，或為三十二策，或為二十八策，或為二十四策。是為第三變。

十、第三變結果之策數除以四，得或九或八或七或六。是為一爻之數。九為「老陽」，八為「少陰」，七為「少陽」，六為「老陰」。如此重複六次，得六爻之數而成卦。六爻由下而上，以「初」、「二」、「三」、「四」、「五」、「上」記之。對「本卦」，不論老少，「陽」皆記為「—」，「陰」皆記為「--」。對「之卦」，「老陽」則變為「陰」，與「少陰」皆以「--」記之；「老陰」則變為「陽」，與「少陽」皆以「—」記之。

對「分」的過程，若忽略邊緣效應（即皆在「中分」附近），則每一變結果之雙分機率即可計算。其中四十九至四十四或四十之雙分情況（49 → 44、40），見表一所列：

表一

右	右掛後	左	右過揲	左過揲	總過揲
20	19	29	16	28	44
21	20	28	16	24	40
22	21	27	20	24	44
23	22	26	20	24	44
24	23	25	20	24	44
25	24	24	20	20	40
26	25	23	24	20	44
27	26	22	24	20	44
28	27	21	24	20	44
29	28	20	24	16	40
30	29	19	28	16	44
23	22	26	20	24	44
24	23	25	20	24	44
25	24	24	20	20	40
26	25	23	24	20	44
27	26	22	24	20	44
28	27	21	24	20	44
29	28	20	24	16	40
30	29	19	28	16	44

49 → 44：3/4 ； 49 → 40 ： 1/4

四十至三十六或三十二之雙分情況（40 → 36、32），則見表二所列：

表二

右	右掛後	左	右過揲	左過揲	總過揲
16	15	24	12	20	32
17	16	23	12	20	32
18	17	22	16	20	36
19	18	21	16	20	36
20	19	20	16	16	32
21	20	19	16	16	32
22	21	18	20	16	36
23	22	17	20	16	36

40 → 36 、32 ： 1/2　餘皆仿此得 1/2

其他三種情況為：44 → 40、36；36 → 32、28；32 → 28、24 。其計算之表格皆與表二相彷、皆為各得 1/2，不另列表。

由各雙分機率，我們就可算出得各爻數：九、八、七、六的對應機率。先算「九」，這相當於 49 → 44 → 40 → 36，機率為 (3/4)．(1/2)．(1/2) = 3/16 。再算「六」，這相當於 49 → 40 → 32 → 24，機率為 (1/4)．(1/2)．(1/2) = 1/16 。再算「八」，這相當於三種情況相加：49 → 44 → 40 → 32；49 → 44 → 36 → 32；49 → 40 → 36 → 32，機率相加成為 (3/4)．(1/2)．(1/2) + (3/4)．(1/2)．(1/2) + (1/4)．(1/2)．(1/2) = 7/16 。再算「七」，這也相當於三種情況相加：49 → 44 → 36 → 28；49 → 40 → 36 → 28；49 → 40 → 32 → 28，機率也要相加，成為 (3/4)．(1/2)．(1/2) + (1/4)．(1/2)．(1/2) + (1/4)．(1/2)．(1/2) = 5/16 。由此可以判斷：「七八常多，而九六常少。」這也就是朱熹的結論。

必須要注意，在「筮儀」中，放置於每一小刻中之策，為每一變合左右手一掛二扐之策，也就是每一變過揲後淘汰下來之策。不會像朱高正先生的論文中所述，將原掛的那一策放回去。如果照朱高正先生所言，則所有雙分機率都照表一決定，表二無用武之地。當然會得到「九八常多，而六七常少」的結果。不過這不出自朱熹「筮儀」的過程，而出自朱高正先生誤讀「筮儀」而自創的過程。

2019 年 5 月 23 日

伍、對廖名春〈試論孔子易學觀的轉變〉的幾點意見

1.《帛書・要》篇是一篇重要的易學文獻，其時間可以推到戰國的後期，這一點應無問題。與〈要〉篇一起出土的還有一些其他的「易傳」著作，可見這一篇文章是戰國後期傳承易學的人所著的，著者將部分「易傳」的思想歸宗於孔子，這不是很奇怪的事。今傳「十翼」的〈繫辭傳〉與〈文言〉，都有很多號稱為「子曰」的引述。問題是：單憑易學家所傳承的追源記載，是否可以反映孔子時期的事實？我覺得這種認定，需要審慎。

2. 由《論語》與《左傳》的記載來看，孔子的基本主張似無改變的跡象。《論語・為政》說：「七十而從心所欲不踰矩。」顯示他對自己的重大未曾後悔過。他在晚年回魯後相當不得意，甚至用「河不出圖」之類的感嘆語來懷疑天命。可是卻沒有跡象說他從《周易》獲得寬慰。他對後期弟子的教導重點，還是「一以貫之」，沒有對《周易》特別重視。當然，孔子認為《周易》是「周禮」的一部分，對其中的智慧語，她也會想像其他古籍一樣，引以教導弟子。可是實在看不出他在晚年曾對《周易》特別癡迷。後人將某些《周易》的發展附會到他的身上，他是不能負責的。數百年後《史記》說他「晚而好易」，固然有所傳承，卻不能認為是他的事實。尤其是說「商瞿」是他的及門弟子，實在很難想像，何以《論語》中沒有記載商瞿的受業情況，以及與孔門弟子互動的情形？

3. 易學與儒學的交涉，其起源也許不晚，然而在戰國初期，卻沒有影響力。不然《孟子》不會不引述。孟子最崇拜孔子，在《孟子》書中，也有多處提到孔子與其門人互動的情況。如果孔子晚年真對《周易》那樣癡迷，很難想像不會對孟子造成影響。（不論孟子自己贊成與否，至少應有如〈萬章下〉「魯人獵較，孔子亦獵較」之類的辯解語。）可是今天《孟子》卻

連《周易》的影子也沒有，可見儒學與易學即使互為滲透，需發展到產生〈大象〉的地步，時間至少必在孟子之後。即使到了戰國的後期，這個學派的影響力仍為有限。荀子頗引《周易》，可是在他的學說中卻無特別的地位。他的〈勸學〉篇強調：「《禮》之敬文也，《樂》之中和也，《詩》《書》之博也，《春秋》之微也，在天地之間備矣！」卻並沒有將《周易》納入「備矣」的學習對象，很可能，他也像孔子將《周易》視作「周禮」的一部分，無需特別提出。那時即使有孔子晚年對《周易》癡迷的傳聞，荀子也不會予以採信。

4. 根據陳鼓應先生的意見，《帛書易傳》的思想受到黃老道家的影響，我認為「易傳」中的「剛柔」，本是由物體的「剛柔」擴展而來，其應用到「修身」的範疇，則明顯是一種隱喻。其成立或否，不是自明的，至於將「剛柔」用到個人的處世態度，則明顯是老學的主張。（從《老子》書以水為喻，就有此跡象，這與孔子的主張是有違的。）《論語．公冶長》記：「子曰：『吾未見剛者！』或對曰：『申棖。』子曰：『棖也慾，焉得剛！』可見孔子是將「剛」的德性與「慾」相對待的。孔子如果採取「柔」的身段，貪省事，他也不會堅持要討伐齊陳恆的弒君了！

5. 可是，「無風不起浪」。戰國後期為何會在易學傳承中，產生「孔子晚而好《易》」的說法，的確需要進一步思考。單純訴諸「作偽」或「托古改制」，只是在逃避問題，而不是解決問題。固然，二千餘年以前的事無法復原，然而至少可以設身處地，尋找一些可能的假設，以求照應到最多的傳聞。「孔子好易」之說，出於易學家，而非出於儒家嫡傳的孟子或荀子學派。提示一種可能：這個說法也許起源於學派之間的辯論。據近代的認知科學顯示，人腦遇到切身關切的事項，往往會「選擇性地遺忘」，不見得故意作偽。（在魯與孔子關係密切的易學派，可能傳承於子服景伯，景伯則傳承其祖父惠伯的家學。）上述的學術辯論，可能產生於景伯與子貢之間，也可能產生於他們的門徒間，內容或涉及對「討陳恆」之事。（可能景伯是站在三桓一邊），景伯可能開創一個易學派，不斷從儒學中吸取養分，傳到戰國後期，產生「連孔子也支持他們」的印象，而反映到《帛書．要》之中。

2016 年 11 月 30 日

陸、對黃忠天《中庸釋疑》之「致齊」誌疑

黃忠天教授在《中庸釋疑》頁 119-123 中，接受《禮記．祭義》中的「致齊」與「散齊」，作為古代齋戒需求的主要內容。我讀了心有所疑，謹提出下列的商榷。竊以為《禮記．祭義》所闡述的傳統，最早不會超過戰國後期。至於「齊」的觀念，出現雖稍早，然不見於西周；似要到春秋時才普遍。而且其目的主要是為了要表達對某事的專誠，並不專為祭祀。至於分化為「致齊」與「散齊」，則是後人的踵事增益，不見得有精義。

《尚書》對西周初期王族的祭祀，屢有記載。例如〈洛誥〉載：

> 戊辰，王在新邑，烝，祭歲；文王騂牛一，武王騂牛一。王命作冊逸祝冊，惟告周公其後。王賓，殺、禋，咸格。王入太室祼。王命周公後，作冊逸誥。在十有二月，惟周公誕保文武受命、惟七年。

記載得很詳細，可是卻沒有提到「齊」。根據後來的《禮記．曲禮上》「齊戒以告鬼神」的講法，周公告先王為武王求免病的場合，應該用最莊重的禮節，可是《尚書．金縢》僅如此記載：

> 公乃自以為功，為三壇同墠。為壇於南方，北面、周公立焉。植璧秉珪，乃告太王、王季、文王：……。

也沒有提先要「齊」幾日。《金縢》當然是後人的追述，並且用了「追王」的太王與王季名號，卻還是沒有「齊戒」的禮節。因此我懷疑「齊戒」的禮節是在西周後期逐漸演變而來的。到春秋時，漸被貴族所接受。《左傳．隱公十一年》有如下的記載：

十一月，公祭鍾巫，齊于社圃，館于寫氏。壬辰，羽父使賊弒公于寫氏，立桓公。

魯隱公齊于社圃，將祭鍾巫，一定是獨居，所以羽父才有機會弒他。「鍾巫」是神名，隱公立其主於魯。這件事與後來的《禮記・表記》所述之「齊戒以事鬼神」相符。可見「齊戒」的禮節在當時已漸普遍。到春秋後期，孔子也很看重這項禮節，所以《論語・鄉黨》記載他：

齊必有明衣布。齊必變食，居必遷坐。

他不僅在祭祀以前齊，在重要的場合，為了表達他的專誠，他也齊數日後才從事。

《左傳・哀公十四年》記載：

齊陳恆弒其君壬于舒州。孔丘三日齊，而請伐齊三。

《論語・憲問》記此事曰：

陳成子弒簡公，孔子沐浴而朝，告於哀公曰：「陳恆弒其君，請討之。」

「齊」必沐浴，這與《論語・鄉黨》的「齊必有明衣布」的記載相符。可知「齊」不一定用於祭祀。其實，「齊」的原義之一，就是整肅身心。這表現於《論語・鄉黨》「祭必齊如也」中的「齊如」。（請注意：「齊如」的態度可用於祭祀，也可用於其他事項。）我懷疑「齊」字現代的兩個讀音：「ㄑㄧ ˊ」與「ㄓㄞ」在古代並未分化，因此往往可以互訓。這個解釋為《禮記・祭統》所吸收，成為：

「齊」之為言，齊也。齊不齊，以致齊者也。

這裡第三個「齊」字作動詞用。

然而孔子雖然重禮，《論語》卻沒有像《禮記・祭義》那樣把「齊」分解為「致齊」與「散齊」。荀子是先秦儒家中最著重「禮」的細節的，可是他也沒有談及這兩個項目。據我所知，儒家經典中最早談到「至齊」與「散齊」的，祇有《禮記・祭義》與《禮記・祭統》。這兩篇文章著成的時間不會早於戰國後期，到漢代被戴聖收輯，才成儒家的經典。後人討論「至齊」與「散齊」的，都在引述這兩篇《禮記》而加以發揮，對儒家學術原始的精神，很難抓到癢處。就「致齊」與「散齊」而言，最被後世認同的，是《禮記・祭義》中的一段：

> 致齊於內，散齊於外。齊之日，思其居處，思其笑語，思其志意，思其所樂，思其所嗜。齊三日，乃見其所為齊者。

這一段並沒有解釋「散齊」的內容，祇是強調了「致齊於內，散齊於外」，還是會誤導後人。個人行為，無不出自內心。若內心不服外在的制約，則除非訴諸官府的壓力，否則如何防閑？強分內外，殊屬無謂。清胡渭也強調過：

> 僅以齋肅其心，明潔其體，分內外者，非是。可知齋之與明，心與體同，內外不間也。

黃教授《中庸釋疑》也引了這一段，可是僅在頁 124〈釋「明」〉那一段；卻沒有用在前面〈釋「齋」〉那一段，甚為遺憾。

《禮記・祭統》篇則補充了「散齊」的目標：

> 不齊則於物無防也，耆欲無止也；及其將齊也，防其邪物，訖其耆欲耳。不聽樂，故記曰齊者布樂，言不敢散其志也。心不苟慮，必依於道。手足不苟動，必依於禮。是故君子之齊也，專致其精明之德也。故散齊七日以定之，致齊三日以齊之。

這裡用了「散其志」的字眼，「散」字當作「雜亂」解。若與「散齊」的「散」字對比，顯得刺目。是故我懷疑「散齊」的名目，可能是矛盾與妥協的產物。若考較「散」字的各項本義，如分離、散布、錯雜、雜亂、疏略、閒散等，幾乎無一不與「齊」字相反。真不知道當時何以把這兩字組合在一起。按後人的解釋，為對外在行為的制約，如鄭玄所謂不御、不樂、不弔之類。然而「齊戒」之禮既然需要整肅身心，當然不會做那些行為。前面談到魯隱公齊于社圃，一定是獨居，也不會有享樂。我懷疑「散齊」的名目可能起源於儒家禮教日益僵化之際；有人受不了長期不與外人接觸，以為在閒居時亦可約束身心，遂取「散」字「閒散」之義，倡為「散齊」之說。人總是喜逸惡勞的，所以這種說法也有其市場。後來的儒家遂作調停之論，另創「致齊」以與「散齊」分掌內外。自從《禮記・祭統》提出「散齊七日，致齊三日」的論調而成為經典時，後來的爭論就集中在前面的「純散齊」應該是四日還是七日。其實這種形式上的「純散齊」，不論是四日還是七日，都是無意義的。若取消「散齊」的名目，則「致齊」可以回歸為原始的「齊」。我認為這才符合孔子的原意。

第柒編
其他

壹、節氣溯源——《清華簡（捌）・八氣五味五祀五行之屬》讀後

一、導論

由於地球的自轉軸對公轉軸傾斜二十餘度，形成四季。曆算家以一年中日間最長的一日定為「夏至」、最短的一日定為「冬至」；中間日夜時間相等的二日為「春分」與「秋分」。[1] 戰國時的曆法家加以推廣，根據氣候與農作物之生長現象大致將全年分割為二十四等分，[2] 其名稱最早見於《周髀》。[3] 其「二十四氣」之名分別為：冬至、小寒、大寒、立春、雨水、啟蟄、春分、清明、穀雨、立夏、小滿、芒種、夏至、小暑、大暑、立秋、處暑、白露、秋分、寒露、霜降、立冬、小雪、大雪。這些名稱與次序，大致為後世所繼承。[4]

《周髀》出現的時間，一定在西漢以前，很可能在戰國晚期。其考證請參閱我的〈秦漢間算數傳統的分化與發展〉，[5] 此處不再重複。《月令》雖詳述四時的氣象與相關政事，然對二十四氣的記載，只是一個大概。它有四立、二至及二分。[6] 可是其它的敘述如「始雨水，桃始華」、「涼風至，白露降」等句子，不過是對現

---

1 可是《月令》所用的名稱卻不同，見後面的討論。

2 古代只能將每年的時間作大致地等分。後世曆算家將一年中地球繞日運行的黃道經度（以春分點為零度）作二十四等分，每十五度為一氣。因為地球公轉的軌跡為橢圓，故各氣間的時距並不完全相等。（在夏至附近為十六日弱，在冬至附近為為十五度弱。）表現在下文表一最後一欄「實際應距日數」的大約日數。

3 《周髀》傳統上稱《周髀算經》，收入戴震校勘，王雲五編，《算經十書》（臺北：臺灣商務印書館，1974），頁 1-62。

4 唯漢以後「啟蟄」因避景帝諱而改稱「驚蟄」。又在實行「三統曆」時期，「雨水」與「驚蟄」互換，「清明」與「穀雨」互換。參閱李怡嚴，〈對《周髀・八節二十四氣》的考察〉，《科學與歷史》，頁 60-66。

5 李怡嚴，〈秦漢間算數傳統的分化與發展〉，《科學與歷史》，頁 6-24。

6 可是《月令》的二至及二分之名卻分別為「日長至」、「日短至」及「日夜分」，與《周髀》不同。

象的描述，最多只能當作「節氣名」的發端，而不能當作「節氣名」的本身。[7] 因此《月令》所記述的「節氣」的觀念，較《周髀》為原始；然而它的確開創了「四立」的觀念，將「日長至」、「日短至」、「日夜分」四氣再加上「立春」、「立夏」、「立秋」、「立冬」，均分為八氣，並把「四立」分配給「孟春」、「孟夏」、「孟秋」、「孟冬」四月，[8] 的確相當先進。因此它出現的時間大致也在戰國晚期，[9] 可能比《周髀》稍早。

二、新資料

最近出版的《清華大學藏戰國竹簡（捌）》有一篇〈八氣五味五祀五行之屬〉，將「二十四氣」的演化史再向前推進一步。這篇文章的頭三簡，其「釋文」作如此之記述：

> 自冬至以算六旬，發氣。自發氣之日二旬又五日，木氣竭，進退五日。自竭之日三旬又五日，甘露降。自降之日二旬又五日，草氣竭，進退五日。自草氣竭之日二旬又五日，不可以稱火。或弌旬，日南至。或六旬，白露降。或六旬，霜降。或六旬，日北至。[10]

此文所記九個節氣名（發氣、木氣竭、甘露降、草氣竭、不可以稱火、日南至、白露降、霜降、日北至）多與後世不同，很可能是在演變之中；其相距日數也僅為約數，不過可用以推測後世的對應名。顯然前六氣間相距的日數較少；從「日南至」起到「日北至」，則都是六旬一跳，顯得粗略。下面列於表一，以為比較：

7 請參閱李怡嚴，〈對《周髀・八節二十四氣》的考察〉，《科學與歷史》，頁 60-66。

8 透過「是月也，以立春。」之類的句子來分配。不過由於有閏月，有時立春會跑到上一（陰曆）年去，故這種「分配」，並不完善。

9 《月令》現為《禮記》的第六篇。可是它也被《呂氏春秋》採用來作為「十二紀」之首，誰先誰後出現，就有了爭議。如考慮「二十四氣」的演進，就可以確定它的出現要比《呂氏春秋》為早。請參閱鄭玄注，孔穎達疏，《禮記注疏》，（影印清阮元校《十三經注疏附校勘記》本）。與高誘注，畢沅校，《呂氏春秋新校正》，《新編諸子集成》第 7 冊（臺北：世界書局，1972）。

10 李學勤主編，《清華簡（捌）》（上海：中西書局），2018，頁 157-160。

表一：《清華簡．八氣》所載九氣與《周髀》所載的比較

距前一列之日數（清華簡）	清華簡之氣名	約當周髀之氣名	實際應距日數
	冬至（上一年）		
六旬	發氣	雨水	約 59 日
二旬又五日，進退五日	木氣竭	春分	約 30 日
三旬又五日	甘露降	穀雨	約 30 日
二旬又五日，進退五日	草氣竭	小滿	約 31 日
二旬又五日	不可以稱火	芒種（？）	約 16 日
或弍旬	日南至	夏至	約 16 日
或六旬	白露降	處暑（？）	約 63 日
或六旬	霜降	霜降	約 61 日
或六旬	日北至	冬至	約 59 日

此篇的標題「八氣五味五祀五行之屬」是李學勤教授擬定的，他講「八氣」而非「九氣」，可能是數錯了，不過下面仍然沿用此標題來稱呼此文。[11]

《清華簡．八氣》記述節氣間相距的日數時，用了兩次「進退五日」，又用了四次「或」，顯示其觀測之粗糙。與表一之第四欄比較，顯示一般的不確定程度大多限於五日之內。唯第六列「不可以稱火」[12]為可疑，表中第三欄用《周髀》的「芒種」相配，其實並不太恰當。根據《清華簡．八氣》，由「草氣竭」到「日南至」相距約三旬又五日，與第四欄的 32(16+16) 日相比，算是相當準確；可是中間忽然出現一個「不可以稱火」，距「日南至」僅一旬，顯得相當特別。我懷疑古時民間的習俗，在暑天有一日停止生火，日後發展成「寒食」，[13]此習俗流傳到春秋時代，變成一個節氣名，塞在「夏至」前，遂成為《清華簡．八氣》的這個奇特的記載。當然，這個節氣日後被淘汰了。《周髀》在「小滿」與「夏至」間安排了「芒種」，這是用農作物結實的情形來取名的。

《清華簡．八氣》第八列的「白露降」，按照時間的順序，只能配合於《周髀》的「處暑」，而不能配合於下一個的「白露」。顯然「白露」這個節氣名正在演變之中。

《清華簡．八氣》第二列的「發氣」，按照字面，有「地氣上升」之義；可是卻不能遵循「注釋」來配合「立春」，只能按次序配合「雨水」。不知道上古之人是

11 下文簡稱為「《清華簡．八氣》」。

12 稱火，按李學勤教授的注釋，為舉火；亦即生火之意。

13 現在的「寒食」，定在清明前二日，並扯上介子推的故事，則顯然是日後的附會。

否已經了解雨水的成因為地面的水蒸氣上升凝結所致。如果不這樣解釋，則只好說節氣名正在演變之中；後人將「立春」[14]提前，而另創一個「雨水」來補位。

《清華簡．八氣》第三列用「木氣竭」來配合「春分」時節，顯然受民間的五行思想影響，以「木」來代表四季的「春」，「木氣竭」顯示「春季」的精氣已經發洩到極端，而開始衰竭，以後將漸離春而入夏。

可是將四季連到五行，僅此一見。反而第五列比照「木氣竭」而出現「草氣竭」，描述那時稻麥之草葉已經長得很豐滿，停止長草而開始開花結實。《周髀》用「小滿」之名配合，可謂傳神。

第四列的「甘露降」，形容那時所下的及時雨，對稻穀生長十分重要，在農民心目中，不啻降下甘露。故《周髀》乾脆用「穀雨」來稱呼這個節氣。

《清華簡．八氣》第九列「霜降」顯示秋氣已深，草木上的露水凝結為霜。《周髀》也用同樣的名目來稱呼這個節氣。

《清華簡．八氣》第七列的「日南至」相當於後世的「夏至」，第十列的「日北至」相當於後世的「冬至」，這都沒有問題。但是《清華簡》一開始就說：「自冬至以算六旬，發氣。」故「日北至」應是「冬至」的別稱。對照來看，「日南至」也應該是「夏至」的別稱。「冬至」與「夏至」應是歷史上最早的兩個節氣名。

「日北至」與「日南至」兩個別名，應該都是在原始時代，一般民眾將氣候的冷熱，與北南方位產生聯想的結果，與太陽的位置無關。太陽每天由東方升起，向西方落下。至於路徑的偏南或偏北，原始時代的民眾不太會注意；即使注意了，也很難判別何日偏到極南，或何日偏到極北。[15]可是李學勤教授的「注釋」，卻認為〈八氣五味五祀五行之屬〉的作者寫錯了，他認為：「日南至」應該是「冬至」，「日北至」應該是「夏至」。[16]他的根據，是晉代杜預對《左傳．僖公五年》的注。對李教授的意見，我有所保留，在下面解釋。

《左傳．僖公五年》[17]的傳文是：

---

14 古人可能僅懵懵懂懂地將「地氣上升」當作「木氣已到極端」的前置現象，所以在「木氣竭」一個月之前，安排了「發氣」這個名目。後來曆法進步了，需要將「立春」放在「冬至」與「春分」的中間一位，故將「立春」移前一位。

15 固然春秋時已經可以用測竿測量到這種偏差，可是並沒有與理論掛鉤。到戰國時《周髀》發展出「七衡圖」的理論，認為當夏至，太陽在內衡復返；當冬至，太陽在外衡復返。也沒有注意及「南至」與「北至」的問題。

16 參閱注 6 與注 7。

17 見左丘明傳，杜預注，孔穎達正義，《春秋左傳正義》。

五年春，王正月，辛亥朔，日南至。

杜預注曰：

周正月，今十一月。冬至之日，日南極。

按照魯國的曆法，周正（建子）正月初一是辛亥日。按照杜預的解釋，那一天剛好是冬至。事實上，魯國的司曆官與杜預都有誤，那一天既不是辛亥日，也不是冬至。楊伯峻根據後人的推算，注曰：[18]

此年正月初三，甲寅，冬至，建子。

按照此注，魯僖公五年初一是壬子日，距冬至二日。[19] 如果不把杜預的注當作權威，重新查考原傳文，可以發現傳文僅記載：於辛亥當日（不管是否朔日）測量到日中的太陽位置最為偏南[20] 而已，並未指實是冬至。從來日中太陽的位置是否最偏南，並非決定冬至日的最準確評判標準；應看的是當日的日間是否最短。故《月令》稱冬至為「日短至」而非「日南至」。就僖公五年的事例來看，「冬至」日（乙卯）[21] 離「日南至」日（辛亥）四日，雖然接近，卻非重合。故杜預把「日南至」注釋為「冬至」，是錯誤的。

《左傳》還有另外一個事例。查閱《左傳・昭公二十年》，有如下之記載：[22]

春，王二月，己丑，日南至。

杜預的注是：

---

18 見楊伯峻，《春秋左傳注》，頁 300。

19 其實後人的推算亦有微誤。他們將每日的（平均）時間作為不變的定值，而沒有顧及到地球的自轉受月球潮汐力摩擦而逐漸變慢的效應。此效應會使古代每日的時間長度較後世稍短。數千年積聚下來，其差異不能忽略。我曾經顧及此效應重新計算每年冬至日的干支，結果是魯僖公五年的冬至日的干支應是乙卯，較楊伯峻的所引，又後一日。

20 在春秋時，已可以利用測竿的日影測量到。

21 根據我的計算。

22 見左丘明傳，杜預注，孔穎達正義，《春秋左傳正義》。

> 是歲，朔旦冬至之歲也。當言：「正月己丑朔，日南至。」時史失閏，閏更在二月後。故經因史而書「正月」，傳更具於二月，記南至日，以正曆也。

姑不管「失閏」之事。根據我的推算，當年的冬至日在壬辰，離「日南至」日（己丑）三日。故也可察知《左傳》此條的「日南至」，並非「冬至」。

基於上面的討論，我相當有信心斷言：《清華簡．八氣》以「日南至」為夏至、以「日北至」為冬至，並非誤寫。這只顯示《清華簡．八氣》所敘述的節氣系統，正在演變之中，而且正處於相當原始的階段。這個事實，連同整篇文章所呈現的原始五行信仰的氣息，有助於追溯這篇文章的源流。

三、原始的五行信仰

雖然《清華簡（捌）》之〈八氣五味五祀五行之屬〉帶有五行思想的氣味，可是多屬於民間的原始信仰。而且其涉及節氣部分，僅用「木氣竭」代表春分，其它夏、秋、冬三季，就沒有與火、金、水掛鈎，可見當時這種關聯並沒有很確實地建立。

此篇的其它部分倒是專講「五行」。首先，它將五行連繫到包含酸、甘、苦、辛、鹹的五味，[23] 並且解釋了五味的性質：

> （酸）為斂、甘為緩、苦為固、辛為發、鹹為淳。

可是〈洪範〉[24] 已經那樣做，而《左傳》[25] 中曾數度徵引過〈洪範〉這篇文章。可以判斷《清華簡．八氣》所根據的是更早的信仰。再如關於「五祀」的描述：

---

[23] 由於損失掉一支竹簡，故這方面的資料不完整。所引之「酸」字即為補出。

[24] 《洪範》篇的句子是：「潤下作鹹，炎上作苦，曲直作酸，從革作辛，稼穡作甘。」涉及五項廣泛的過程，顯然比《清華簡．八氣》為複雜，時間應較後。請參閱屈萬里，《尚書集釋》。《洪範》篇在頁 114-126。

[25] 見《左傳》襄公三年傳、文公五年傳、成公六年傳。本文所引之《左傳》，見左丘明傳，杜預注，孔穎達正義，《春秋左傳正義》。

> 玄冥率水以食於行，祝融率火以食於竈，句余芒率木以食於戶，司兵之子率金以食於門，后土率土以食於室中。

就完全屬於家室的祭祀，沒有像鄒衍那樣涉及政治。[26] 此篇後面又將五行連繫到五種個人修養的必行與禁制事項：

> 木曰唯從毋拂，火曰唯適毋違，金曰唯斷毋紉，水曰唯攸毋止，土曰唯定毋困。

也可以看作同樣的聯想。總之，《清華簡・八氣》所顯現的是很原始的五行信仰。

四、我的推斷

由上面的討論，可見《清華簡・八氣》所呈現的節氣系統，是相當原始的。它奠基於廣大農民針對氣候影響農作物的經驗，又引用了原始五行信仰的術語，似乎是一種綜合的嘗試。這種嘗試，可能不是一兩個人的能力所做得到的。我的猜想是：早期某個以農立國的諸侯國（例如秦國），企圖以政府的力量綜合民間的經驗，記載於竹簡，作施政之參考。這種記載流傳到後世（戰國時），雖然當時曆法已大幅超前，可是原始的文獻，仍為留心掌故的人當作史料來保存。

總結一句：《清華簡（捌）》之〈八氣五味五祀五行之屬〉的抄寫日期雖然在戰國，[27] 它所包含的資料則相當早，可能出於春秋之時。

---

26 見《史記・孟荀列傳》：(鄒衍)「稱引天地剖判以來，五德轉移，治各有宜，而符應若茲。」

27 根據一般共識，「清華簡」的入土日期，應在戰國中後期。

貳、我對國歌國徽的修改建議

編者先生：

四月十五日「自由廣場」有金恆煒先生的〈從「國徽」看民進黨的黨國情結〉，談到國旗、國徽、國歌等問題。其實國歌是用行政命令規定的，應該最容易改。為顧及大家已養成的習慣，我提出下列方案，以作拋磚引玉：

自由、**平等**，**全民**所宗，以建民國，以進大同。
緬懷多士為民前鋒，夙夜**莫**懈，**正**義是從。
矢勤，矢勇；必信，必忠；一心，一德；貫徹始終。

將原來四十八個字改掉十個字（黑體字），韻腳與配樂都不改，而問題字眼都不在了。

至於國徽，與國旗有關。在目前的憲法下，為與國民黨的黨徽分辨，只好改得更像國旗。我的建議是在原國徽外加上一圈紅色環（寬度比例可請教美學專家）。這可以產生很醒目的效果。至於套色的成本，應該是小事。

2021 年 4 年 16 日

參、由「地圓說」說到古印度的世界傳說

在與西方接觸以前，華夏學者一向以為「天圓地方」是無庸懷疑的真理，而西方很早就有「地圓」之說。西方哲學家亞里斯多德，曾將當時希臘學者的想法，歸納為幾個很有說服力的理由。其中有一些（如觀看海船靠近，先看到桅杆之類），只涉及局部的球面；他將月蝕解釋為地球的影子投射到月球，則最有說服力。中國學者一直卡在這一點上，例如宋代的沈括已經瞭解，日蝕為月球對日光的遮蔽，由此猜想月蝕也是一種遮蔽。他卻被逼要由印度的神話，來假設一些虛構的星球（羅睺 Rahu、計都 Ketu）來替「遮蔽者」定位，可見「天圓地方」的想法是多麼根深蒂固了。到元代以後，華夏與西方學術才有大量接觸。西方天文地理學術通過回回人傳入，才知道「地圓」之理，可是傳播還是不廣。

有人以為，印度古代就已經知道「地圓說」。就文化交往的角度來看，地中海東岸地區與印度河流域一直有貿易來往，而且亞歷山大大帝東征，一直打到印度河流域，因此這種學說傳遞的可能性，不能完全被排除。然而從已知的文字記錄來看，則缺少這種跡象。當然也有人想從佛經發掘出一些「地圓」的想法，多謝好友王道還教授，寄給我一篇嚴耕望所著〈佛藏所見之大地球形說〉影印本，[1] 讓我有機會檢討這種想法。

嚴耕望教授主要的根據，為西晉時傳入中國的《大樓炭經》，其卷 1〈閻浮利品〉云：

> 須彌山之北有天下，名鬱單曰，廣長各四十萬里，正方。須彌山之東有天下，名弗于逮，廣長各三十六萬里，周匝正圓。須彌山之西有天下，名俱耶尼，廣長各三十二萬里，如半月形。須彌山之南有天下，名閻浮利，廣長各二十八萬里，北廣南狹。

---

[1] 嚴耕望，〈佛藏所見之大地球形說〉，《大陸雜誌》，72.4（臺北：1986），頁 5-6。

單單這些引述，並沒有「地圓」的意思。嚴耕望教授的解釋為：「其所顯示之大地形狀為一個球形體，須彌山猶如指地球之北極。」因此環繞「須彌山」的四大區域（天下）。鬱單曰、弗于逮、俱耶尼、閻浮利，占著「地球」的四個區域。

然而將「須彌山」講成「北極」的說法，古印度絕無文獻（或甚至傳說）上的證據。正相反，《大樓炭經》說鬱單曰，在「須彌山」之北邊。這就講明了「須彌山」不是北極（沒有比北極更北的地方）。《大樓炭經》所講的，只是記在印度傳說中，「須彌山」的四方有四個大區域，如此而已。

為了要加強他的論據，嚴耕望教授復徵引後秦傳入之《長阿含經》，與隋代傳入之《起世經》。其中有類似的記載，可以看出沿襲《大樓炭經》的跡象（少數譯音有變）。但也加上不少神話上的踵益，例如《長阿含經》說鬱單曰之地方，人面亦方，像彼地形。弗于逮，地圓，人面亦圓之類，一望即知其為神話。《起世經》則將前述之各地區，不稱為「天下」，而稱為「洲」，可能是譯名之異。唯《長阿含經》新加了一項記載：「閻浮提日中時，弗于逮日沒，拘耶尼日出，鬱單曰夜半。拘耶尼日中，閻浮提日沒……。」《起世經》亦有類似記載。嚴教授由這些記載，判定「大地縱然不是個球形體，但至少是一個圓柱形體，四洲各據此圓柱體之一面。」

然而這卻與前面所說四個「天下」，各在「須彌山」的東西南北各方不協調。如果單以太陽的方位論判，則中國古代也有類似的看法，中國《周髀》的「蓋天說」，認為太陽在上面兜圈子。「日落」僅表示日頭距離太遠，為山川地形所遮，而看不見。是不是印度也有類似的學說，或是否受中國的影響（因《長阿含經》遲至後秦時才傳入）是另一回事，可是至少我們不能由日出日落的記述，判定他們必定有「地圓說」。

佛經上這些記載，雖不能支持「地圓說」，卻都顯現了印度古代的世界傳說。這是一個很有趣味的問題，值得進一步探討。首先需要研討佛經中的「須彌山」，究竟有沒有現實的影子。

佛經中的「須彌山」，事實上因襲了印度婆羅門教的神話，「須彌山」（Semern）亦譯為「妙高山」。神話中極力描述其高與大，且謂山頂為帝釋天（即婆羅門教的主神因陀羅 INDRA）所居。可以想像，此山在古印度民族神話中的神聖地位，與希臘的奧林匹斯山相彷。而古印度民族（此指婆羅門與剎帝利的北方侵入者），與希臘民族皆屬於印歐（Indo-European 系統，言文化有其共源。因此仿希臘情形，探索「須彌山」的神話源流，尋找其現實中的原型，應非無意義。嚴教授的文章，對此山以及其四周四大「天下」（洲）的引文，正好取來應用。

首先考慮，「須彌山」有沒有現實的山脈與其對應。印度傳說中，將此山說得又高又大，剝除其中誇大的因素後，應該還有一極高極大之山為其原型。答案其實很明顯，印度民族（印歐族那部分）在入主印度半島之前，勢必須在其西北方滯留一段時日。當時當地最能引起這些原始民眾敬畏的山，應該是葱嶺（即帕米爾高原），以及與其相連的喜馬拉雅山。對印度人民來說，甚至還可能包括山後的西藏高原。

以此作為「須彌山」的原型，《大樓炭經》所描述的四個外圍「天下」，其南方與西方二者最易找到其地理原型。先說南面的：按《大樓炭經》，南方之「天下」名「閻浮利，北廣而南狹（呈倒三角形）。《長阿含經》記其名稱為「閻浮提」（顯為同名的異譯），形狀則無異說。倒三角形正像是印度半島。「閻」字上古之聲類屬「喻四」，又與印度古名 Hindu 的首音“h”相近，「利」字古音屬流音，極易與“d”相混，而其異譯「提」字，則更像“d”音，有把握可以將南方的「天下」原型，認作地理上的印度半島。此地為印度立國之地，當然最熟悉。

有關音韻學的根據，請參閱竺家寧《聲韻學》第十六講。[2]

西方為印度民族的發源地，當然也熟悉。按佛經所述，西方之「天下」名「俱耶尼」，形狀如半圓形，這很容易使人聯想到兩河流域的新月形盆地。此地自古與印度就有交通，而古代此地最強大的國家，就是亞述（Assyr），此字當時就加上語尾“ia”而成為 Assyria。Assyr 最初僅為一城之名。而 Assyia 似指涉被 Assyr 征服之廣大地區所建之國。因當地古代語言不重母音，故字首之元音“As”逐漸脫落，而成為 Syria。後來羅馬在此地所建之屬省，就取 Syria 為名，此亦現代名「敘利亞」的來源。請注意此字之讀音與俱耶尼很接近，舌尖音“s”經過顎化就與舌根音“γ”（俱）很接近。

「須彌山」北邊「天下」的原型，雖然不是那樣容易確定，可是亦彷彿有跡象可尋。按佛經，其名為「鬱單曰」，其形為方形。我認為此即指涉葱嶺以北的北方大草原地區，其廣闊可給人以「方形」的印象。在古代，此大草原住著一大群遊牧民族，由這些游牧民族所建的國家，最有名望者應為「月氏」，其音與「鬱單曰」亦近。「月」、「鬱」雙聲，「單」字按《集韻》可讀為「之膳切」。後面加上一個「曰」的團舌音，易與「支」音相混。而歷史上「月氏」的「氏」，正讀為「支」。此國後來為匈奴所逼，西遷而為「大月氏」。日後演變為「貴霜王朝」，一度相當強大，且拓地及於印度之西北方。在《大樓炭經》寫成之時，印度人應該熟悉此國

---

2 竺家寧，《聲韻學》。

家，並且學到此國以往的歷史。

東方「圓形」的「弗于逮」比較麻煩，幾經考慮，我認為最可能的指涉地為青海盆地。此地後世為羌族所據，然在上古時似無專屬。就地形而言，柴達木盆地勉強可稱為圓形。此地古時因山面得名「白蘭」或「巴顏」(見顧頡剛著《史林雜識》)。而「弗于逮」的「弗」字，古音與「白」或「巴」音通：因古無輕唇音，今之“f”音古時為“b”，故“buddha”會音譯為「佛陀」。「逮」字通「隶」，按《廣韻》，古音為「羊至切」，音「肄」。“于逮”二字急讀可成「顏」音，音近似非偶然。上古印度向東的交通為群山所阻，對東方的知訊，僅靠少數冒險者所提供的傳聞。青海地區，當時恐怕是其訊息所達之極限。這一帶山區在華夏春秋時期以前，有效阻斷印度與華夏之間的交通。即使稍後到戰國時，由於楚威王使莊蹻征滇，中印交通才逐漸經滇國而成形。至於佛教，還要到漢代才經西域輾轉傳入，可知印度古時對東方是多麼無知。

結論：嚴耕望教授所引的佛經段落，雖然不顯示印度古代已有地圓說，然而都相當程度地顯示，印度古代的世界觀。

2015 年 6 月 10 日

肆、先父亦卿公行述

先父不幸於七月二日病逝於美國。他一生刻苦自勵，從一無依傍中將子女帶領成立。他忠於職務，恕以待人，他從不講究自己的享受。將永為後人留下榜樣。

先父諱芳，字亦卿，別號彊盦，前清光緒十五年農曆十月十三日生於江蘇南通州（今稱南通縣）的西亭鎮。

先父幼時，從祖父在私塾中讀四書五經，兼及時文，祖父於游庠後屢應鄉試不售，益自刻苦攻讀，不事生產，家道因此中落，科舉旋廢，祖父進取之途遂絕，內憂家計，外耻干求，卒爾一病不起。是時先父已讀畢經書，並進入高等小學。學校的功課未能饜足求學慾，唯有結集同好，進行自修，先父尤喜數學，借得數理精蘊，八線備旨等書自行研習，皆能通其意，以里無良師，發憤而負笈南京。

光緒三十四年，先父赴寧，就讀於兩江師範附屬中學，以成績特異，獲監督李公梅盦賞識，免附一切費用，以是能安心學業。至辛亥革命爆發，學校停頓，以畢業論。先父受　國父孫公之影響，以建國百端，民生為重，遂考入民國法政大學經濟科。二次革命後，南京紛亂，北上插班入北京大學。於經濟學本行之外，並以餘力讀古書治古文。求學之餘，不忘愛國活動，曾投書順天時報，痛駁楊度之「君憲救國論」。

民國六年，先父以優異成績畢業，得校長蔡孑民先生之賞識，留校擔任教職。至民國十六年離開北大為止，十年期間，勤於教學寫作，此外並兼國務院僑工事務局之職務。民國九年家母來歸以後，以生計日繁，學校經常欠薪，又入交通銀行，兼任辦事員。先父素來注重攝生，然而繁重的職務終於使他健康大損，終生受累。

先父離開北大以後，仍在交通銀行服務，於民國十九年升任哈爾濱分行副理，民國二十一年調回任上海總行稽察，至民國二十四年始應錢公新之先生之邀，轉入四行儲蓄會，在交行服務前後計十六年，其後任職四行，至民國四十年去職為止，年數亦如之，在四行先任秘書，抗戰時留滬維持行務，勝利後四行改組為聯合銀行，改任總行總秘書之戰。先父勇於任事，數十年以行為家，參與各項籌劃工作，生平大部分心血，皆消耗於此一段時間。抗戰時在滬應付各種複雜局勢，更使得他心力交瘁，遂得心臟病痼疾，時常發作。日後在公務方面未能再有建樹，即由此故。

勝利以後，共匪開始叛亂，先父對局勢洞燭機先，知在共匪控制之下，銀行必受攫奪，而個人喪失自由，更無論於事業，因謀曲突徙薪之計，請求總行南遷，先父於三十七年年底挈全家赴香港，本人則來往穗滬各地謀求保存銀行。繼而南遷之議受各種牽制而中寢，先父在港，眼見大局日非，而同人多燕處堂，晏安自如，個人孤掌難鳴隻手難挽，而心臟病又大發，因此在民國四十年毅然辭去聯合銀行職務，病廢於香江數年，以港居生活不易，於民國四十五年遷臺，時家兄慰嚴已先期赴美留學，不孝怡嚴畢業後入臺灣大學肄業一年，復行赴美，二老在木柵購屋而居，得舊日長官協助任復興航業公司董事，賴董事車馬費以資挹注，暇日則蒔花讀書為樂，至兩年前始應家兄之請，赴美就養。先父於求學時即善於吟詩，中間棄置三十年；迨病廢於香江，再執詩筆，胸中感慨日深，一一發之篇章，來臺以後，得舊友唱和切磋，辭句日益老練，十餘年來，積集成卷，彌自珍重，付之後人，自稱為豹死之留皮，實則以先父之學力，若非困於瑣務，能在大學畢業後繼續出國深造，必能在學術上有大貢獻，又豈僅以詩文自遣而已。

先父自奉甚薄，然對子女之教育，則不遺餘力。不孝等兄姐三人，皆先後在美完成學業。三人於赴美途中，皆記有日記，先父親為整理謄寫，裝訂成冊，留作紀念，今日重撫先父手跡，為之心痛不已。

不孝對先父事跡，所知皆得自追述，勉力草此行述，必多疏漏之處，望各位長輩賜予　矜察。

不孝男　怡嚴泣述

第捌編
附錄

永遠的教務長——李怡嚴教授

李怡嚴教授的論文，〈術士的占卦秘笈——《清華簡・筮法》試探〉，經過兩位專家學者的審查以及編輯委員會議的決議，同意刊載，並且列為「特稿」，主要用以表彰李怡嚴教授在中國古典學術研究領域的貢獻。《清華學報》主編劉承慧教授囑託我為這篇論文撰寫引言，謹識如下。

李怡嚴教授身為知名的物理學家，不但將其一生奉獻在科學教育，更致力於古代科學史與中國古典學術的研究，曾經擔任國立清華大學教務長，戮力從公，同仁敬稱他是「永遠的教務長」。2015 年出版《科學與歷史》，深刻明確地展示了李教授在科學史、科學教育與古典學術這三個領域的具體成果。其中，「歷史篇」中載錄的二十二篇關於中國古代經典與歷史問題的探討、「科學史篇」中載錄的五篇關於中國古代算數與節氣的相關討論，足以擴展人文學者在研究中國古代歷史及其文化現象上的論述視野與視角。

我知道李怡嚴教授，首先來自於高中時代一個遙遠而朦朧的記憶：大約是在民國五十九年，我就讀嘉義高中一年級的時候，聽聞學校來了一位穿著白襯衫、卡其褲的清華大學教授，向準備報考聯考的高三學生介紹清華大學的物理學系，我們高一生不在場，但樸素的穿著確也在高中校園引起注意，形塑了懵懵懂懂的高中生對於大學教授的印象，那是樸素而高大的學者身影。民國六十九年，梅廣教授擔任清華大學第一個人文科系，中國語文學系，首任系主任，那時我剛取得碩士學位，有幸有榮成為梅廣教授的助教，也來到了清華大學，協助系務。中午時間，往往在自強樓一樓的餐廳用餐，親見到了每天用餐時大聲談論學術問題的李怡嚴教授，而印象最深的場景，即是突然間李教授會跑回樓上的宿舍，搬下一堆書來，手指著某書中的某個段落，繼續在比劃中與梅廣教授討論問題。

我第一次正式參與李怡嚴教授的演講，則是李教授應邀到哲學研究所主講「隱喻」的問題。經濟系賴建誠教授，他是李怡嚴教授當時在人文社會學院教師群中得以相互論學的同好，約了我一起前往聽講，我就是在那場演講中知道了萊科夫（G.

Lakoff）相關的著作。隨後，我常常在走過人文社會學院一樓的迴廊時，隔著巨大的玻璃窗，看見坐在人社圖書館書庫中桌椅上低著頭閱讀、深思的身影，我覺得如果要選取一張足以代表學者形象的照片，李教授在人社圖書館的影像最具典型。我並不善攝影，也不想驚動，所以一直沒有這樣的一張照片。在旺宏館總圖書館落成啟用後，就漸漸看不到這幅場景了，至多只能在人社院二樓的大廳，見到李教授進出人社圖書分館借還書的匆忙，那時刻腦中想到的是兵法中所說的「疾如風」的境界。

今年二月間，經濟學系賴建誠教授提及李怡嚴教授去年出版新書，現在更有一篇極為特殊的研究論文，並問及是否能夠在人文社會學院舉辦一場公開演講，因此，李怡嚴教授〈術士的占卦秘笈——《清華簡．筮法》試探〉這篇論文，即是 2016 年 2 月 19 日第一次在人文社會學院 A202 演講廳公開發表，我們邀請生命科學院李家維教授到場主持並且擔任引言。關於古代數字卦與占卜的文化現象，在學術研究上其實是到晚近才被正式提出來，藉由考古出土的文物而開展出相關論題的討論，譬如 1979 年在江蘇海安縣青墩遺址挖掘的鹿角枝與骨角柶，其上出現八個數字卦的易卦刻文；至於這種占卦的系譜與《周易》的關聯性，則仍有待更多學者的探討。李怡嚴教授這篇論文所提出的考察及其相關的推論，代表了一位現代數學與物理學者對於數字卦此一古老占卜文化現象的判讀，而在撰稿與修訂過程中不斷增補的「附錄」、「附言」，更深切著明反映了一位學者在探索問題時應有的嚴謹。我很高興能夠為這樣一位學者的這樣一篇論文撰寫引言。

蔡英俊

【編者按】

本文原刊於 2017 年 3 月清華學報新 47 卷第 1 期之「引言」，新標題為編者所加。

學術界的福爾摩斯——李怡嚴教授

《經學研究集刊》第 21 期擬以李怡嚴教授四篇論文為本期專輯的內容刊載，《集刊》主編陳政揚教授囑託我為此專輯撰寫引言，身為引介人，義不容辭，謹識如下。

李怡嚴（1937-2024），為江蘇南通人，生於上海。1949 年移居香港，完成小學、初中、高中學業，1955 年就讀國立臺灣大學電機系一年級，其後轉往美國西北大學電機系，1959 年取得學士學位，1964 年於美國密西根大學完成博士學位，隨即返臺任教於國立清華大學物理系，1966 年升等教授並兼物理研究所所長，1982 年至 1989 年擔任清華大學教務長，1994 年自清華大學物理系教授退休。

李怡嚴教授為臺灣知名的理論物理學家，著有《大學物理學》（全四冊）、《科學與歷史》。前者為物理學基礎的經典之作，後者為其在科學史、科學教育、古典學術三方面的學術成果。李教授於臺灣歷史最悠久的科學普及雜誌《科學月刊》草創時期曾扮演重要推手，為科學月刊基金會第一任董事長，畢生致力於臺灣科學教育，1967 年 榮獲教育部中山學術獎，1969 年榮獲十大傑出青年。

我認識李怡嚴老師的因緣來自我的碩士論文指導教授黃慶萱老師，2014 年年初，黃老師知道我在清華大學中文系授課，特別寄來李老師所撰的兩篇文章，除讚賞有加外，並囑咐我閱讀後能向李怡嚴教授請益。4 月間，我電話連絡幾次，均未能接通（後來方知李老師向來不接電話，也不使用電腦）。是年，我為了舉家從高雄遷居新竹事宜，忙得焦頭爛額，遂暫擱此事。直到 2016 年，得知 2 月 19 日李教授在清華大學人文社會學院有一場演講，講題為：術士的占卦秘笈——《清華簡．筮法》試探，終於在會場與李教授第一次踫面，並蒙邀約每週三下午 14:00 在中文系教授休息室相與問學。

李怡嚴教授被清華水木書局評為「清大閱讀範圍最廣的教授」，與其說是相與問學，不如說是我向他請教得多。李教授為當代罕見的博通學者，除了物理專業外，舉凡天文學、生物學、心理學、經學、史學、文學等等無不涉獵，其中尤以認知心理學最有心得。不過，他認為認知科學牽涉太廣，不如歷史較易聚焦，故近年的興趣則轉向中國古代史的研究。我們的討論亦大多側重於此。其中尤以《清華簡》與《左傳》一書的討論尤多。此次專輯即以《清華簡》綰結《尚書》、《左傳》撰成五篇文章：〈周穆王有三公嗎——試析《清華簡‧祭公之顧命》「三公」問題〉、〈真的「傅說之命」三篇——試析《清華簡‧傅說之命》衍生的學術問題〉、〈克黎後的慶功宴——試釋《清華簡‧耆夜》撰作的背景與內涵〉、〈純理論的治國術——從《清華簡‧命訓》談《逸周書‧度訓》等三篇詮釋問題〉、〈吳國史記——左丘明的未竟之業〉五篇文章，從中可以看出李教授在出土文獻與古史辨證上的功力。

先秦經典流傳千年，時代湮邈，人事難詳，雖然近百年來頗有大量出土文獻的發現，釐清一些學術疑點，解決了不少聚訟千年的學術公案，不過，藏在經典中的問題仍然很多，單靠傳世文獻與地下出土文物二重證據法，仍無法解決許多謎團，李怡嚴教授除了嫻熟上述兩種研究方法外，更具有偵探小說福爾摩斯的辦案手法。例如：他在〈克黎後的慶功宴——試釋《清華簡‧耆夜》撰作的背景與內涵〉一文中，曾討論傳統以來受戰國時傳說影響，以為姜太公受周文王知遇時，已經七老八十，認為：「如果在文王時已老態龍鍾，怎能在牧野之戰還『維師尚父，時維鷹揚』」，並接受顧頡剛教授的考證，以為「師尚父在牧野之戰時約為三十歲，回溯戡黎時，應為約二十七歲。」諸如此類，在文獻的基礎下，從事合情合理的推測，或從人類生理年齡，或從人情事故的合理性，對傳統說法加以辨證，可謂填補了文獻解說的不足。雖然這樣的推測結果仍有待未來出土文獻的驗證，不過，在文獻不足徵的狀況下，能作如此合情合理的假設，至少可以解決吾人閱讀經典的疑惑，合於「大膽假設，小心求證」的科學精神，頗可作為治學的參考。李怡嚴教授這種結合廣博的知識、絕佳的記憶、科學的論證等等獨特的治學方式，與其清大物理系高足中央研究院院士黃一農教授所提出數位 e 化方式考據的「e 考據」觀念，利用「大數據」治歷史，誠大異其趣，亦相互輝映。

李教授的好學精神在清華大學可謂廣為人知，即使是「堅持永遠跟執政黨對立」、以批評時政、臧否人物，夙富盛名的清大彭明輝教授，亦對其敬重景仰有加，他曾在個人的部落格說：「又要罵人了，所以得說清楚：我不是目中無人，誰都看不起。我敬重、景仰好幾位國內的前輩學者。譬如：成大機械的馬承九教授、陳春錦教授，清大物理的李怡嚴、閻愛德教授。……我敬佩李怡嚴、閻愛德教授對學問的真誠投入，不為名、不為利」(2011/4/30)。清大人社院蔡英俊院長於《清華學報》所撰〈李怡嚴教授特稿引言〉亦云：「我常常在走過人文社會學院一樓的迴廊時，隔著巨大的玻璃窗，看見坐在人社圖書館書庫中桌椅上低著頭閱讀、深思的身影，我覺得如果要選取一張足以代表學者形象的照片，李教授在人社圖書館的影像最具典型。」(《清華學報》新 47 卷 1 期，頁 155-156）

一年來與李教授商量舊學期間，每遇經典疑義，李教授往往隔週便撰寫他的研究所得與我分享，其結論往往論證充足，合情合理，每能撥雲見日，教我難以分破，祗能嘆服。2016 年 7 月 14 日中央研究院文哲所舉行「戰後臺灣經學研究學術研討會」邀請我擔任主持兼評論工作，其中有三篇關於屈萬里與戴君仁先生《易》學、《尚書》研究論文，李教授聞之欣然與我與會，會議前他不僅閱讀屈、戴二先生著作，更撰寫〈戴君仁的尚書思想〉一文，文中針對戴先生《梅園論學集》、《閻毛古文尚書公案》二書作了相當中肯的評論，其認真可見。是年 11 月高雄師範大學經學研究所舉辦「2016 海峽兩岸道教道家研討會」，李教授不辭辛勞，亦偕行南下與會，以耄耋高齡好學如此，已躋於仲尼所謂「不知老之將至」的境界。

個人有幸徵得李教授首肯，並經《經學研究集刊》總編陳政揚教授的支持，安排以專輯形式呈現李教授最新的論述，享諸同好，此誠為學術之幸事。李教授另有關於《左傳》方面的新作多篇，精彩絕倫，更為其在文史研究的殊勝所在，希望最近的未來，也能有機會在學術期刊分享學界同道。身為引介人，謹略述如上。

黃忠天

【編者按】

本文原刊於 2016 年 11 月高雄師大《經學研究集刊》21 期，頁 1-5。

李怡嚴教授訪談稿

受訪人：李怡嚴教授

提問人：陳華教授、吳孟真同學、吳孟青同學

（以下簡稱李、陳、孟真、孟青）

2009 年 9 月 7 日於新竹市國立清華大學圖書館

回國服務的過程

陳：今天我們非常高興，邀請到資深教授李怡嚴先生接受我們的訪談，在本校早期畢業同學的清華記憶裡，一定有物理系的李教授。李教授除了在清華大學，在國內的科學教育、物理學研究的推動上，也都非常有貢獻。現在請李教授先談一談 1964 年您到清華任職的經過。在當時，歸國學人其實並不多。您在怎樣的考慮下回國，然後到清華服務呢？

李：其實也沒什麼，我一直想回來。那時候在美國 Michigan 拿到學位以後，剛好有一個不知道是外交部還是教育部主辦的回國輔導。我寫信過去，他們建議我回到清華，而我也接受了。我在去美國之前曾經在臺大電機念了一年，所以清華對我來說其實很陌生。當時清華還很小，我回來的時候，原子科學研究所內有物理組，還沒有物理系，大學部只有數學系和核工系。1965 年才有物理系。事實上，我也參加了物理系建立的策畫活動。

系所行政的透明

陳：您後來也擔任了物理所的第一任所長？

李：我原是擔任原子科學研究所物理組的主任，並籌設物理研究所，直到物理組從

原科所獨立成物理所後，我才擔任所長。1965 年設了大學物理系，王唯農教授為系主任。在禦涞的數年建立了一個制度，每年所長卸任後，由系主任升補，再另選一名系主任。我當時希望能夠把行政工作留下一種制度，一切的行政可以透明化。不像以前的職務慣例好像可以做一輩子，我希望可以建立起一個範例。我認為行政工作不應該是一種權力，而是像當兵那樣的一個義務。我想所謂「民主化」也並不是真正的民主化，其實就是決策的透明化。換句話說，現在的「民主」這個詞恐怕也是被濫用了。

物理研究中心的設立與意義

陳：剛剛李教授提到替物理系的行政主管建立起一個制度，也是清華至今仍然非常優良的傳統，就是學術行政是一種服務而非權力；其中的內涵就是李教授剛剛提及的決策透明化，這表現在我們學校的物理系和物理學會中，李教授都扮演著推手的角色。隨著物理所、系的建立，國科會在本校設立了物理研究中心，也請李教授談一談這方面。

李：當時事實上有很多特別的名目，但是主要的用意就是要透過這些名目來增加經費。當然，分別來說那些錢並不多，而清華經濟情況又還算是好的，當時有一筆清華基金的校款，所以比其他學校還要寬裕一點。我們希望有一個集中管理的基礎，可以吸引其他人，每一兩個禮拜舉行討論會，也可以多一點經費採購書和雜誌，或是其他比較先進的計算機。我記得當時只有交大有一座老款式的電子計算機，後來清華才採購了電晶體電子計算機。這個物理研究中心的意義，其實也就是將資源集中統整後發揮更大的效果；由此看來也達到了一定的目的，起碼使臺灣的科學發展和其他國家的差距不至於太大。在有限的經費下，我想這個中心的目的也就算達到了。

物理系學生態度的轉變

陳：請李教授談談您對早期物理系所師生以及彼此相處狀況的回憶？

李：跟我同年回國的有陳蔡鏡堂，在學校當中比較資深的有李新民和徐道寧。化學所有王企祥，核工所同位素組有葉錫溶、鄭華生，大概就是這些人。學生的名字很多我不太記得了，但是有很多學生畢業後仍然回到母校來服務。

陳：當時的討論風氣和學習風氣有沒有什麼不同呢？
李：剛開始很不錯，後來頗有越來越差勁的感覺。我最不了解的就是許多理工學生表示學理工是「被逼的」，好像學理工就是科學怪人一樣。從他們當時自己出版的學生刊物中，可以看到許多「感性不能被剝奪」之類的說法。這些是我比較難以了解的部分。起初大家對於科學還滿有興趣的，當時國內學生最不滿意的部分就是有些教授一本講義用一輩子，發黃的講義也還在用。我們至少希望就算是開舊課，一樣可以用新的教材。

教學與教材編纂的經驗

李：在教學上，我希望能盡量讓學生知道每一門課程的要求是什麼，應該如何準備。我自己的授課原則，在剛開始都會發給他們一些基本要求，包括習題、考試、評分標準等等。我希望強調的就是「物理是一門理解的科學」，不是記憶的科學。所以做的每一件事都有跡可循，而我的考試也因此都是 open book。當然，在考題出法上就不會是照習題抄。有許多傳言，認為我的考試很難。對我來說，考試應該是教學的一部分，透過考試可以加深印象，所以我也會將考試答案在考試結束後一併發給他們。在評分時，我本身並不認為計算到小數點後幾位有太大的意義。但是因為教育部計算學生成績必須要採分數形式，所以我變通了美國那種 ABCD 的計分方式，改成五分一跳來區分成績。簡單來說，我希望能讓學生了解自己該努力的部分是什麼。
陳：值得一提的是，在座同學從圖書館借出了您編的《大學物理學》(1967 年初版)，一共四冊，只借得到兩冊，另外兩冊已經被借走了，可見直到現在還是很有用的教材。
李：一開始的時候，這個教材一面寫，一面覺得要講的部分越來越多，所以這本書第四冊比第一冊還厚。我本來還想進行進一步的整理，稿子已經完成了，但是沒有印出來。大家光看舊版的已經有點吃不消，所以我自己也就放棄了。

任教務長時期的措施與理念

陳：您在毛高文校長時期曾經出任教務長，推動了許多新的想法與作法，也請你為我們回顧一下這段經驗。

李：其實這也沒什麼。我始終認為教務處是一個服務單位，服務的對象主要就是教授，此外還管理各種課程開設的行政作業。對我來說，我認為以前確實有一些弊病。當時有一件事我覺得很奇怪：我們當然希望老師安排課能夠盡量彈性化，因此學生有時候隨藉選的課時間不固定，就會衝堂。以前的狀況下：就是由學生選出代表，重新安排可以調課的時間，常常調到晚上，但是調課以後反而影響了原本並沒有衝堂的學生，或是影響學生的休息時間。我認為這樣不通，當時就想如何盡量能減少衝堂的機率，於是就提出了標準化時間表的構想，也就是大家依循標準的時段來排課。如此一來，如果衝堂就是全部衝，不會一個禮拜只衝一堂，徒增困擾，衝堂的機率也會比較少。此外，我也增加了開課的組，減少衝堂的機率。剛開始也不是很順利，因此如此一來開課後想修改開課時間就變得非常困難，一旦更動時間就會影響其他老師，間接的，也就減少了開課時間更動的問題。

我在推行行政措施時，並不太相信「管理」的效果。許多 management 被抬舉得好像很了不起，但其實管理的效果很有限。一旦養成習慣，就知道如何對付各種政策；所謂「上有政策，下有對策」，這種對策也是自然形成。我常常覺得這就像是細菌發展出對抗抗生素的變種一樣，這些政策在推行的過程中，自然而然得被各單位吸收，任何管理的效果都會自然遞減；也許起初能達到目的，讓大家習慣，後來這種管理就應該轉變為若有似無的，讓大家形成一種慣例就可以了。我並不相信有一勞永逸的管理方法。

行政事務的電腦化

陳：課表的標準化，可以讓同學的選課得到更多機會。招生業務的電腦化，同樣由李教授首先推動，您也可以與我們分享這方面的經驗。

李：一開始的電腦化，是從教務處的日常業務開始的。教務處管學生的成績，輾轉抄寫，既費精力，亦容易錯誤，而這些都是電腦可以優而為之的。尤其是畢業生留學要申請成績單，看到處內同仁逐份打字、又逐行校對。曠費時日，還妨及正常作業；如果一開始就將成績輸入電腦，要多少份成績單，衹要一個指令就行了。剛好當時國內仿製的 Apple 與 IPM pc 逐漸普及，得同仁的協助，用以管理學生成績，並擴及開課業務，有立竿見影之效。有了這些經驗以後，我就進一步策劃碩士班以及大學部轉學生的招生及考試業務的電腦化。

招生業務的電腦化，是一件龐大的工作，無法一次完成。分數年逐漸對較易生效的項目用電腦來處理。其效果漸能抑制行政人員保守的心態。然後再擴大實施範圍。大致過程為：

1. 試卷密碼的產生及印製。以往的「密碼」可以用「掩耳盜鈴」來形容，僅在明碼上加上一個常數，完全達不到保密的效果。這方面電腦的「亂數產生器」可以利用。
2. 報名表中選考科目以及各項資料，在報名時已輸入電腦，並經考生確認。用精心設計的輸入程式來減少作業的時間，結果不但減少資料處理的錯誤，而且也加速報名時間。以往大排長龍報名的情況也大為改善。
3. 各科試卷的印製，包括明、密碼〈明碼角在交卷後及撕去，密碼則彌封，使閱卷者無從得知每份試卷是何人所答〉。
4. 問卷後的成績加總與排序，送招生委員會決定錄取及備取人選。〈此時由密碼控制，招生委員會仍不知考生姓名〉。
5. 考生試場座位的排列設計以及座位標籤的印製。
6. 錄取人選決定後當場用原來保密收藏的明、密碼對照磁碟得出錄取者姓名，並立即印製榜單、成績單，以及各生寄發地址。此一切皆可在數小時內完成。
7. 錄取生的資料立即建檔成為該生註冊及登記成績的資料檔。

每年都根據前一年以經驗來改進程式設計。如此三、四年下來，時間少了，錯誤也少了，這些經驗對全校其他業務的電腦化都有幫助。對我來說，管理就是要有這樣的效果，否則徒增困擾，不如不要管理。

陳：李教授在教務長任內，除了剛剛這些先行性的措施，在大學教育之外，也幫忙推動了許多高中數理教育，比如說高中數理資優生，還有高中教師暑期進修。對於科學園區的實驗中學，學校也有一些教學上的協助，也許李教授也能和我們談一談。

李：這麼講不知道適不適當，其實所謂的資優生教育，我自己起初的動機是不滿意以往教育的僵化，我一向非常反對聯考，只是大家抓住了聯考，認為聯考不能廢。既然如此，我希望能在這個體制下，盡量使得有興趣的人可以接受它。所謂的資優生，其實就是在學習上表現出明顯的興趣，我們再進一步向他們介紹有什麼相關的東西。可是，許多家長把所謂的「資優生」當成一種對外獻寶的途徑，我認為這肇因於中國科舉的毒素。以前從小時候就進學，覺得那樣就是成功的表現，我當時接受訪問時就直接指出，這種想法是錯誤的，學生才剛有一點興趣，你把他當寶獻出去，也就毀了這個人未來的可能性。我當時引了宋代王安石的〈傷仲永〉，仲永很小的時候能做點詩詞，他父親就帶他到處表演，結果就毀掉了這個人。我不知道這樣勸導有沒有影響，但是我想能夠有彈性的教育，在不得已的狀況下其實就是教育部少管，新中學、大學僵化的制度能夠盡量地彈性化；甚至，我當時建議連中學也應該可以選課。在教學真的能彈性化的情況下，所謂的「資優」就根本不需要了。

這也是我從事教育的主要理念，我當時就寫了一些文章，有些發表在月刊，[1] 也有些沒有發表。大家一向認為教育只要弄出一個好制度就可以了，我不這麼認為。後來有一些關於通識教育的意見，其中最著名的就是臺大的通識教育理念；我當時就指出，這種教育方式不論是學理科或是文史都學不好，連一種文化都學不好，何況是人文科學和自然科學的兩種文化。[2] 也許大家覺得我很奇怪，所以這些話他們聽不進去，我也沒有辦法。至於中學教員的進修，那可以算是一種額外的服務，一方面可以動員部分同仁在暑期的時間與精力，加強中學教員的在職訓練；另一方面由於有整套計劃，也建議在四個暑期以後，由教育部授予「教學碩士」的學位，以資鼓勵。我想至少可以達到一點目標。他們可以將所教的東西弄得更清楚，使中學生有更穩固的基礎，因此這個工作我反而覺得比較有結果。目前找到一份當時送教育部的「意見書」，提供參考。

陳：李教授對中學教育的關注，像剛剛提到希望能夠改變大學聯招那種狹隘的入學管道。若中學教育的規劃能夠比較有彈性，老師可以加強學生在學習上的成就，其實這也能影響之後的大學教育效果。

對於聯考制度的建議

李：後來我多少瞭解了一點理科學生的心態，他們之所以認為自己被分到物理系是

1 李怡嚴，〈教育沒有萬靈丹〉，《科學月刊》，18.3（臺北：1987），頁 164-165。

2 關於二種文化的討論，見李怡嚴，〈「自然科學導論」目標的探討〉（大學通識教育研討會，1986）；李怡嚴，〈我對國建會第三分組議題的意見〉，手稿影本，提出建言到教育部。

被逼的，表面上志願都是他們自己填的，可是「志願」這兩個字應該重新定義，所謂「志願」就是「不是他們的志願」。學生明明可以填到那些前面的學校，如果不這樣填，家長就覺得吃虧了，這樣一來，學生雖然沒辦法直接反抗，但是也就產生了自己是被逼的想法。

如此一來當然要從聯考本身加以改變，當時劉兆玄還是校長時和我一起提了一篇文章。[3] 大家覺得一定要有聯合考試，我覺得應該盡量把這些考試打散掉，每門課可以由學生自己決定什麼時候準備好，就什麼時候考試，考了這門課以後就可以不用上課了。本來學習就應該是這樣，把基礎的東西弄懂以後再花時間去學其他東西。日後要用其實還是要查書，沒有非要在聯考前花幾天時間把三年的東西囫圇吞棗的道理。這就是科舉留下來的遺毒，考前幾天讀熟一些應考的文章，後來是八股、找幾個對策，在幾天時間把一生學的東西準備好。科舉本身越來越僵化，明朝就是亡在科舉。清代想改變卻改變不了，還把他們在關外培養出來的靈活頭腦也一起僵化，清朝也是亡在科舉。有人問我：「你反對什麼，連美國都還要跟我們學呢！他們也開始辦了補習班。」我說：「是啊！害了中國，害了滿清還不夠，還要來害美國人啊？」現在的情況就是這樣，大家以為這樣很好，就一個傳一個的害下去。即使現在聯考制度鬆動了，仍然是換湯不換藥。以前我的想法就是徹底打散，從來沒辦法做到。

陳：感謝李教授的分享，李教授也帶來了許多關於教育方面的文章，我們也會妥善收藏。

《科學月刊》與教育理念

☆李：《科學月刊》開始的時候，主要是在芝加哥時林孝信和朋友發起的。我剛好那一年在芝加哥，參與了這個構想，回來之後就把它辦出來。最初我們只是希望能夠介紹大家一點科學觀念，[4] 能夠做多少我也不知道。後來他們說三十年要印個紀念刊，要我寫篇應景文章。雖然我寫完了，結果這個紀念刊卻沒有印，他們說是沒有別的稿件，結果我自己把這篇文章投到《科學月刊》，[5] 被他們改掉好多，

---

[3] 李怡嚴、劉兆玄，〈對改進大學入學考試的初步建議〉，1988，手稿影本，提出建言到教育部。

[4] 關於李教授的科普文章，見李怡嚴，〈林白的先天優勢〉，《科學月刊》，366（臺北：2000），頁528-530；李怡嚴，〈再現天文學革命的年代〉，《科學人》，32（臺北：2004），頁117-118。

[5] 李怡嚴，〈三十年後的省思——紀念《科學月刊》三十週年〉，《科學月刊》，362（臺北：2000），

編輯有這個權力，可以改編文章。

我檢討自己剛回來的時候有個想法是錯的，當時大家都覺得教育萬能，我後來認為這個口號不對。教育也許有一能，即對人類經驗的（部分）傳承。絕對不是萬能，因為覺得教育萬能，大家都要在教育裡面插一嘴，結果教育變成是四不像，連本來應該從事的那一「能」也做不好了。大家都以為好像抓住教育就可以把以後的人訓練成自己想要的樣子，你要他乖乖在那兒，還是你要他做科學家，都是要從教育著手。我回來的時候，心理學上還是行為學派，就是說人生下來是一個白板，你要他做什麼，就可以訓練成什麼樣的人；我現在覺得根本是錯的，所以我後來認為應該讓他自己能夠吸收，很自然地吸收。

為了鼓勵一些人去學理工，有些人打算盡量讓大家覺得科學是一件很容易的事情，我認為科學並不困難，但也不見得容易。現在的認知科學大概知道在某個特別的年齡，可以自然能夠吸收的就是語言。人的大腦裡有特別的部分，而且只是在某一個年紀，兩三歲到七八歲那時候最容易學習，你也不用教他，他在談話間自然會學習，而且自然有語言發展。在南美有一些耳聾的人起初生活是很慘的，後來革命之後，開始提供他們一些教育機會；可是最初手語還沒有發展出來，他們父母親教他們一些初步的手語，結果發現那些小孩子自己發展出一套文法，手語的文法。同時研究發現人的頭腦本身就內建一部分這種能力，其他的學習大部分是由頭腦的聯想作用 association，如此一來就不能專門說要把人訓練成什麼樣子；以前就是要把人訓練出反射動作，好像是巴夫洛夫的狗一樣，這樣子的話只是很簡單的東西才能這樣做。有很多學問是強調實踐的過程，頭腦裡面也有專門處理的部分；譬如說你要學游泳，如果你小時候沒有學過游泳的話，以後一輩子就難學，學溜冰也是這樣，我自己學腳踏車是中學畢業以後才學，很難學，摔了好多跤，很小的時候學很快就會騎了；這些的話，所謂的 procedural memory，可是對其他智識的獲得與學習，主要是利用心智中一項特殊的能力，就是聯想（association）。我為什麼強調隱喻（metaphor），也就是一種 association。[6] 某些人的初始狀況使他較易接受某一類型的隱喻投射；對某些智識的學習較別人快速，我們就說他對這些方面性之所近。

教育的目的不是把一個人專門訓練成科學家或銀行家；以前的話，Watson 曾經說我可以訓練出一個乞丐或是一個醫生，這是不對的。發掘每個人對哪一方面性

頁 164-166。

[6] 關於李教授對心理學的相關見解，見李怡嚴，〈隱喻——心智的得力工具〉，《當代》，177；178（臺北：2002），頁 56-65；頁 120-141。

之可近，實為在中學教育中迫切需要做到的事。所以在這種情況之下，錯誤的觀念不應該繼續下去，這篇文章也就是後來我所講的「教育沒有萬靈丹」，[7] 現在我要進一步講「教育不是萬靈丹，請大家高抬貴手」。科學月刊當然在開始的時候，我投入進去，最後我認為我不應該在裡面佔據位置，我變成每兩年我會續訂，後來有一次根本連一年都還沒有滿期，它就不寄給我，我當然後來也不續訂。我也沒有追問，現在已經好幾年我沒有收到科學月刊了，我也不知道為什麼，也沒有興趣知道。通常我做一件事情會盡量把它做好，有什麼問題我盡量解決，解決問題後我就盡量把它忘記。

談人文歷史方面的研究成果

陳：剛剛李教授非常強調從學習的本身來故瞭解，李教授對於人文教育也是用同樣的角度，是不是也可以請李教授針對這個部分為我們談一下。

李：當然我對各方面都有興趣，剛退休的時候恰好有個機會，和一些老師提起《易經》的問題，那時候也做了一些辯論，不過因為這樣，我比較有系統地去看《左傳》。[8] 古書中，現在我最熟的是《左傳》，其中也談到了《易經》，[9] 現在我還關注裡面的一些問題，但我也已經不太寫這方面的文章了。我和賴建誠教授也談到《鹽鐵論》與井田制度的問題，[10]《史記》我也滿熟的，現在也從裡面發掘出了一些問題。

舉例來說，我曾經關注過《鶡冠子》一書和賈誼的關係。《鶡冠子》中有〈世兵篇〉，其內容中有一段韻文與賈誼的〈鵩鳥賦〉諸多重複。歷來學者通常採用兩種解釋，其一認為《鶡冠子》是漢代以後撰著的偽書，內容抄襲了賈誼的著作。其二認為賈誼曾經讀過《鶡冠子》，將其中的某些句子寫進了〈鵩鳥賦〉。但是，基於新出土的資料，後人考證《鶡冠子》的成書約在戰國，不可能晚於漢代，前說因此難以確信。而〈鵩鳥賦〉為賈誼謫居時所述，情真境實，在這種文章中大量抄錄前

---

7 見注 1。

8 李怡嚴，〈「陽貨」與「陽虎」〉，《歷史月刊》，129（臺北：1998），頁 120-124。

9 關於《易經》的相關討論，見李教授與黃慶萱的〈易學書簡〉，收錄於黃慶萱，《周易縱橫談》（臺北：東大圖書，1999）。

10 其相關著作，見李怡嚴、賴建誠，〈《鹽鐵論》的臆造考釋〉，《當代》，151（臺北：2000），頁 78-97；李怡嚴，〈《鹽鐵論》雜考三則〉，《清華學報》，30.1（新竹：2000），頁 113-121；李怡嚴、賴建誠，〈論孟子的井地說——兼評梁啟超的先秦田制觀〉，《新史學》，13.4（臺北：2002），頁 119-164。

人作品似乎也不甚合理；況且賈誼學養雖大，但細觀其眾多著作，則可知賈誼對於兵家認識並不專業。《鶡冠子》一向被視為兵書，因此認為賈誼受其影響的第二種說法遂也頗有可議之處。

我在研究之後，認為〈世兵篇〉的語氣可以分成上下兩篇，其中與賈誼作品諸多重複之處為下篇。我因此提出了一種假設：〈世兵下篇〉可能是漢代中低層軍官用以操演部隊的準則，而以當時已流行的賈誼〈鵩鳥賦〉為依附，幫助記憶與通行，但在傳鈔的過程中不慎錯簡混入《鶡冠子》一書，遂有上述之公案。[11]

當然很久以前的事情沒有辦法完全確定，但至少能夠講得通，提出假設。我覺得現代人的研究眼光，有些可能是以前人沒有考慮的。我是從發現問題為基礎，去進行觀察和探索，這是我一向感興趣的。[12]

文 / 理學習的一貫性

陳：李教授也在文史方面鑽研，發表文章。當時也許李教授不是刻意要研究，但是也給我們很多啟發。物理學與史學很多人認為是截然不同的兩個世界，如同高中選填理組與文組，會被當作兩種不同類的人，是不是李教授來為我們來談談對於這個問題的想法。

李：其實我的興趣相當廣泛，我也不認為這當中有太多共同之處，真正的共同之處就是思考的邏輯，在這方面我就是用以去解決歷史問題，我也很難說我能夠採取哪些哲學系統或什麼的。這邊也許是我受了以前學物理的訓練，其他的，我什麼時候有興趣，我就鑽進去，一鑽進去，當然別的東西就要放下。所以有的時候我與人家通信，或者有的時候人家回信，過了一兩個月，那時候我的興趣就轉到別的地方；在這種情況下，我就沒辦法馬上回信給人家，因為我要是轉回來的話，我又得把手上的東西放下。不過我對神經科學也很有興趣，基本的化學和生物化學我也很有興趣，不管去看什麼東西，至少不能有基本的錯誤。以前多少有個職業在身，我不能夠花太多時間在別的方面，我退休以後，時間是我自己的，哪個時候我對什麼有興趣，我就可以專心去想這方面的問題。我認為每個人都不一樣，所以我不認為自己可以影響他人的想法。

11 李怡嚴，〈《鶡冠子・世兵》的錯簡問題〉，《中國史研究》，1（北京：2003），頁 19-28。

12 李教授將其部分文史研究著作印一份捐贈校史室留存，其著作目錄請詳附表。

培養人文素養

孟真：我想請問李教授認為物理系學生應該有什麼樣的人文素養。
李：我認為任何人在做任何事情都有基本的要素，即其基礎需要力求紮實。其他喜好要看自己的興趣，主要的就是這樣。不同的學問都會有些影響，如同我剛剛所說，當我在看歷史問題的時候，多少也會用邏輯化的方式去思考，我覺得這是比較清楚的影響。至於你說常識，我覺得越豐富越好。所謂的常識，你能夠抓住某些系統，任何時候要投入，能夠知道自己該走哪一條路，這是最重要的，這就是所謂的常識。我以前談通識教育的時候，上科學導論的課程目標就是增進這方面的常識，你沒有辦法去教給他多少。

我覺得反過來也應該成立，就是你作為知識分子，比方說你專長歷史，不是說你能夠背哪一年，這些需要用到的時候自然可以查書。應該要有一個系統，比方說人、政治、經濟、制度上面有什麼樣的影響，某些大事對後來的影響。有個系統，能夠抓到系統，你就抓住歷史的常識。這個系統可以讓你需要解決問題時知道找哪些書、走哪條路，我覺得這才重要。也不一定只有歷史，談到文學或音樂，甚至於我學物理，後來我覺得對生物有一點興趣，我也知道走哪一條路，現在我敢講我能夠看現代生物研究所碩士班的課本，我覺得這方面的知識我可以把握。

物理系所與物理學會之民主化過程

孟青：物理系所是清華第一個民主化的系所，李教授您也是當時主要的參與人物，推動系主任非由校長指派，而是系所內教授輪流擔任的改革，過程中是否有校方的阻礙或壓力？
李：我的印象沒有太多，主要是因為清華是個新的學校，當然也是有一些以前的人。開始的時候我們算是剛歸國，講的話多少是比較響亮一點，而且那時候人比較少，人事方面我們自己有共識，他們也就沒有什麼反對的理由。我的印象裡面，在清華行政上面的阻力沒有多少。我倒是覺得，我最感到奇怪的是有些人認為我很古怪，例如大禮堂建地裡大榕樹的問題，有人認為我特別要鼓動什麼東西，我覺得我沒有這個企圖嘛（笑）。

陳：那麼物理學會方面的發展呢？

李：物理學會漸漸地在每年的年會能夠發表論文，本身內部的系統化，有些交換的資料或者是新聞，能夠自己發展出一本刊物。

陳：剛剛訪談中有兩個子題能不能請李教授補充，一個是實驗中學，另一個是大學物理學的寫作過程。

李：支援實驗高中，就是有個機會可以跟中學教員接觸，這算是高中教師進修的延伸，那個沒有什麼很特別可談的。大學物理學開始時，我們說沒有自己寫的課本，我一開始也沒有辦法做到，有很多同事在寫，我自己當然也寫了一部分，結果發現越寫就越覺得應該寫進去的越多，這對我來講也算是一個教訓。

回憶教務長時期推動教學評鑑

孟青：李教授，您在毛高文校長時期推動老師的教學評鑑，能不能請您談談推行這項政策的過程與理念。

李：也沒有很特別，評鑑是大家都在做，美國也在推行。以前人少的時候，哪些人哪些方面有優勢，我們都會知道，漸漸地我們人多起來，這項作法至少可以讓學生有些 feedback。我從美國那邊拿到一些表格，看看哪些適合，然後漸漸去做。開始的時候很瑣碎，這些也是慢慢演變的，倒是沒有什麼人有反感，大家覺得這是一件應該做的事情，以前好像不知道怎麼去推動，我也不管三七二十一就推動了。

陳：非常感謝李教授今天接受我們的訪談，還捐贈校史室豐富的資料。

◎李怡嚴教授「文史與科普類」部分著作目錄

教育類

篇名	作者	出處	時間	備註
「自然科學導論」目標的探討	李怡嚴	大學通識教育研討會	1986	民 75.8.26-27
教育沒有萬靈丹	李怡嚴	《科學月刊》，18.3，頁 164-165。	1987	民 76.3
我對國建會第三分組議題的意見	李怡嚴			手稿影本向大會提出。
改進大學入學考試的初步建議	劉兆玄、李怡嚴		1988	出處未註明，向教育部提出。

科普類

篇名	作者	出處	時間	備註
三十年後的省思——紀念《科學月刊》三十週年	李怡嚴	《科學月刊》，362，頁164-166。	2000	
林白的先天優勢	李怡嚴	《科學月刊》，366，頁528-530。	2000.6	
隱喻——心智的得力工具	李怡嚴	《當代》，177、178，頁56-65、120-141。	2002.5、2002.6	
再現天文學革命的年代	李怡嚴	《科學人》，32，頁117-118。	2004.10	

文史研究

篇名	作者	出處	時間	備註
「陽貨」與「陽虎」	李怡嚴	《歷史月刊》，129，頁120-124。	1998.10	87.10
易學書簡（李怡嚴、黃慶萱）	黃慶萱	《周易縱橫談》，東大圖書。	1999	李怡嚴、黃慶萱的書信往返
《鹽鐵論》的臆造考釋	李怡嚴、賴建誠	《當代》，151.1，頁78-97。	2000.3.1	
《鹽鐵論》雜考三則	李怡嚴	《清華學報》，30.1，頁113-121。	2000.3	89.3
《公羊傳》「伯于陽」臆解	李怡嚴	《清華學報》，30.2，頁123-141。	2000.6	89.6
正多邊形求圓周率捷法與「綴述」猜測	李怡嚴	《科學史通訊》，23，頁15-19。	2002.1	
秦漢間算數傳統的分化與發展	李怡嚴	《第六科學史研討會『科技的公共認知與新世紀科技研究的角色』研討會論文彙編》，頁153-165。	2002	
論孟子的井地說——兼評梁啟超的先秦田制觀	李怡嚴、賴建誠	《新史學》，13.4，頁119-164。	2002.12	
從焦循《釋椭》看清代乾嘉天算家的學風與局限	李怡嚴	李弘祺編，《理論、學術和道德的知識傳統》，頁49-94。	2003	92.12
《鶡冠子．世兵》的錯簡問題	李怡嚴	《中國史研究》，1，頁19-28。	2003	
梁啟超論古代幣材	賴建誠、李怡嚴	《清華學報》，34.1，頁227-238。	2004.6	

篇名	作者	出處	時間	備註
西雙版納與西周	李怡嚴、賴建誠	《當代》，220，頁 83-91。	2005.12.1	訂於「論孟子的井地說」最後一頁
西周各王年歲估計與周昭王有關的金文日期考察	李怡嚴			手稿影本，未發表
孔子的「五十以學易」	李怡嚴			手稿影本，未發表
對《周髀．八節二十四氣》的考察	李怡嚴			手稿影本，未發表
古印度之世界傳說	李怡嚴			手稿影本，未發表
賈誼的學術和他的〈鵩鳥賦〉	李怡嚴		2001	手稿影本，未發表
孔子與《春秋經》	李怡嚴			手稿影本，未發表
趙爽注《周髀》的時間考證	李怡嚴			手稿影本，未發表
「人之無良」——伯有的牢騷	李怡嚴			手稿影本，未發表
《邶風．柏舟》與衛宣姜的關係　研討大綱	李怡嚴			大綱

李怡嚴教授演講側記：〈術士的占卦秘笈——《清華簡・筮法》試探〉

105 年 2 月 19 日，人社院經由賴建誠教授居中聯繫，特別邀請了物理系退休教授李怡嚴先生蒞院演講，講題為：「術士的占卦秘笈——《清華簡・筮法》試探」。活動首先由歷史所黃一農教授開場引言，述及大學就讀物理系時頗受李先生啟發，開啟了文史方面的興趣；隨後，生科院李家維教授接棒主持，李教授口才便給，短短幾句話介紹李先生的趣聞軼事，瞬間全場便熱絡了起來。緊接著，李先生發表一篇生動有趣的演講。

李先生這次的主題，圍繞著《清華簡・筮法》一篇開展。他先是從《清華簡》的發現過程、流傳經過、保存方式談起；再論及這批竹簡所記載的內容在學術史上的重要性。至於〈筮法〉一篇，李先生頗有獨到見解，他認為〈筮法〉中所用「數字卦」的表現方式，頗與《周易》相異；竹簡整理者用解釋《周易》的〈說卦傳〉來比附〈筮法〉中的爻象，不見得合適。其次，《左傳》、《國語》中頗多以筮法占卦的紀錄，屬北方傳統；而南方民間的筮法雖可能與北方傳統屬同一來源，卻已發展出另一套絕異的系統。再者，從〈筮法〉部分卦辭來看，可見京房、焦延壽等漢代易學家發展出諸如「互體」、「納甲」、「乾坤運轉」等理論的影子，可推知：漢易的諸多名目，當有古老傳承。最後，在演講結束前，李先生提出了一個特別的觀點：〈筮法〉「邦出政已」一句，似隱含秦亡漢興的讖語，如若成立，竹簡年代便尚有考慮的空間。

李先生在 45 分鐘的演講之後，現場開放提問。聽者與講者之間的討論熱烈，李先生也不厭其煩地回答問題。會場還備有李先生的大作，贈與聽眾；活動結束後，還辦起了小型簽書會。更難能可貴的是：享用茶點之際，李先生仍舊持續與聽者討論學術上的問題；他年歲已屆八十，但仍執著於學問的精神，頗值得後輩學習。（撰文：中文系博士班 黃一凡）

【編者按】

本文原刊於人文社會學院電子報第 403 期（2016.03.15）。

參考文獻

（一）傳統文獻

丁度等撰，方成珪考正，《集韻：附考正》，上海：上海商務印書館，1939。

公羊壽注，何休解詁，徐彥疏，《春秋公羊傳注疏》，收入《十三經注疏》整理委員會整理，《十三經注疏》，北京：北京大學出版社，2000，清嘉慶二十一年（1816）阮元校刻本。

孔安國撰，孔穎達疏，《尚書正義》，收入《十三經注疏》整理委員會整理，《十三經注疏》，北京：北京大學出版社，2000，清嘉慶二十一年（1816）阮元校刻本。

孔鮒撰，《孔叢子》，《續修四庫全書》，上海：上海古籍出版社，1995，影印上海圖書館藏宋刻本。

文瑩，《湘山野錄》，上海：上海古籍出版社，2012。

方詩銘、王修齡，《古本竹書紀年輯證》，上海：文物出版社，2005。

毛亨傳，鄭玄箋，孔穎達疏，《毛詩正義》，收入《十三經注疏》整理委員會整理，《十三經注疏》，北京：北京大學出版社，2000，清嘉慶二十一年（1816）阮元校刻本。

毛晃，《增修互註禮部韻略》，奈良：天理大學出版社，1982。

王夫之，《船山遺書全集》，臺北：自由出版社，1972。

王引之，《經義述聞等三種》，臺北：鼎文書局，1973。

王充，《論衡》，《新編諸子集成》第 7 冊，臺北：世界書局，1972。

王先慎撰，鍾哲點校，《韓非子集解》，《新編諸子集成》，北京：中華書局，2003。

王先謙，《詩三家義集疏》，臺北：世界書局，1979。

王弼注，孔穎達疏，《周易正義》，收入《十三經注疏》整理委員會整理，《十三經注疏》，北京:北京大學出版社，2000，清嘉慶二十一年（1816）阮元校刻本。
王弼注，陸德明釋文，楊家駱主編，《老子道德經注》，臺北：世界書局，1976。
王源，《文章練要》，臺北：新文豐出版，1979，影印清康熙刻本。
司馬光，《司馬光集》，成都：四川大學出版社，2010。
司馬光，《資治通鑑》，臺北：啟明書局，1960。
司馬遷撰，裴駰集解，司馬貞索隱，張守節正義，《史記》，北京：中華書局，1963。
左丘明傳，杜預注，孔穎達正義，《春秋左傳正義》，收入《十三經注疏》整理委員會整理，《十三經注疏》，北京：北京大學出版社，2000，清嘉慶二十一年（1816）阮元校刻本。
朱右曾，《逸周書集訓校釋》，臺北：世界書局，1957。
朱熹，《四書集注》，臺北：世界書局，1968。
朱熹撰，楊家駱主編，《易本義》，臺北：世界書局，1986。
朱駿聲，《說文通訓定聲》，世界書局，1972。
朱彝尊，《經義考》，臺北：中華書局，1966，四部備要本。
何晏注，邢昺疏，《論語注疏》，收入《十三經注疏》整理委員會整理，《十三經注疏》，北京：北京大學出版社，2000，清嘉慶二十一年（1816）阮元校刻本。
佚名著，郭璞注，洪頤煊校，《穆天子傳》，臺北：中華書局，1969。
吳任臣，《十國春秋》，臺北：臺灣商務印書館，1983。
呂不韋著，高誘注，畢沅校，《呂氏春秋新校正》，《新編諸子集成》第 7 冊，臺北：臺灣世界書局，1972。
李昉等，《太平御覽》，北京：中華書局，1995。
李道平撰，潘雨廷點校，《周易集解纂疏》，北京：中華書局，1994。
李燾撰，上海師大古籍所、華東師大古籍所點校，《續資治通鑑長編》，北京：中華書局，2004。
杜預，《春秋釋例》，臺北：中華書局，四部備要版。
房玄齡等，《晉書》，北京：中華書局，1974。
哈佛燕京學社編輯，《十三經引得》，臺北：成文出版社，1966。
姚寬，《西溪叢語》，《唐宋史料筆記叢刊》，北京：中華書局，1997。
姜炳璋，《讀左補義》，臺北：文海出版社，1968，影印清乾隆三十三年刻本。

柳宗元，《柳河東全集》，臺北：世界書局，1970。
胡渭，《中庸諸注糾正》，《中國子學名著集成》第 17 冊，臺北：中國子學名著集成編印基金會，影印清人鈔本，1987。
胡應麟，《少室山房筆叢》，臺北：世界書局，1963。
范甯注，楊士勛疏，《春秋穀梁傳注疏》，收入《十三經注疏》整理委員會整理，《十三經注疏》，北京：北京大學出版社，2000，清嘉慶二十一年（1816）阮元校刻本。
范曄撰，李賢等注，《後漢書》，北京：中華書局，1965。
韋昭注，《國語》，上海：商務印書館，1931。
夏承燾，《唐宋詞人年譜》，上海：上海中華書局，1961。
孫光憲著，賈二強點校，《北夢瑣言》，北京：中華書，2002。
孫貽讓，《墨子閒詁》，上海：商務印書館，1931。
班固，《漢書》，北京：中華書局，1964。
袁康，《越絕書》，《中國野史集成》第 1 冊，成都：巴蜀書社，年份不詳，上海涵芬樓借江安傳氏雙鑑樓藏明藏雙栢堂刊本。
高士奇，《左傳紀事本末》，北京：中華書局，1979。
高誘注，《戰國策》，上海：商務印書館，1934。
崔令欽，《教坊記》，臺北：鼎文書局，1974。
崔述著，顧頡剛編訂，《崔東壁遺書》，上海：上海古籍出版社，1983。
崔述撰著，顧頡剛編訂，《豐鎬考信錄》，《崔東璧遺書》，上海：上海古籍出版社，2013。
張自烈、廖文英編，《正字通》，中國工人出版社，1996，影印清版。
張湛注，《列子注》，《諸子集成》第 3 冊，北京：中華書局，1978。
張鷟，《朝野僉載》，臺北：藝文印書館，1969。
梁玉繩，《史記志疑》，北京：中華書局，1981。
許慎撰，段玉裁注，《說文解字注》，上海：上海古籍出版社，1981。
郭慶藩撰，王孝魚點校，《莊子集釋》，北京：中華書局，1985。
郭璞注，邢昺疏，《爾雅注疏》，收入《十三經注疏》整理委員會整理，《十三經注疏》，北京：北京大學出版社，2000，清嘉慶二十一年（1816）阮元校刻本。
陳振孫，《直齋書錄解題》，臺北：臺灣商務印書館，1978。
陳啟天編，《韓非子校釋》，昆明：中華書局，1941。

陳彭年等，《廣韻》，臺北：中華書局影印四部備要本，1970。
陸佃注解，《鶡冠子解》，臺北：世界書局，1962。
揚雄，《太玄經》，上海古籍出版社，1990，諸子百家叢書。
揚雄，《方言》，臺北：藝文印書館，1975。
揚雄撰，司馬光集注，劉韶君點校，《太玄集注》，北京：中華書局，1998。
曾鞏，《元豐類稿》，北京：中華書局，1973。
馮李驊、陸浩，《左繡》，臺北：文海出版社，1967，影印清康熙五十九年刻本。
楊伯峻，《春秋左傳注》，北京：中華書局，2018。
楊倞注，王先謙集解，《荀子集解》，《諸子集成》第 2 冊，北京：中華書局，1954。
楊憲益，《零墨新箋》，臺北：明文書局 1985。
賈誼撰，盧文弨校，《新書》，北京：中華書局，1985。
趙岐注，孫奭疏，《孟子注疏》，收入《十三經注疏》整理委員會整理，《十三經注疏》，北京：北京大學出版社，2000，清嘉慶二十一年（1816）阮元校刻本。
趙崇祚編，《花間集》，臺北：廣陵古籍出版社，1986。
趙曄，《吳越春秋》，《中國野史集成》，成都：巴蜀書社，年份不詳，上海涵芬樓景印明弘治廣璠本。
趙翼，《陔餘叢考》，石家庄：河北人民出版社，1990。
劉安著，高誘注，莊逵吉校，《淮南子》，上海：中華書局，1930。
劉知幾撰，浦起龍釋，《史通通釋》，臺北：世界書局，1969。
劉昫，《唐書》，臺北：臺灣開明書店，1962，《二十五史》臺一版，縮版影印清殿版。
劉師培，《讀左劄記》，《劉申叔遺書》，江蘇：鳳凰出版社，1997。
劉恕，《通鑑外紀》，臺北：啟明書局，影印清嘉慶十五年刊本。
樂史撰，王文楚點校，《太平寰記》，北京：中華書局，2007。
歐陽修，《新五代史》，臺北：臺灣開明書店，1962，《二十五史》臺一版，縮版影印清殿版。
歐陽修等，《新唐書》，臺北：臺灣開明書店，1962，《二十五史》臺一版，縮版影印清殿版。
蔣驥撰，于淑娟點校，《山帶閣注楚辭》，上海，上海古籍出版社，2019。
鄭玄注，孔穎達疏，《禮記正義》，收入《十三經注疏》整理委員會整理，《十三經注疏》，北京:北京大學出版社，2000，清嘉慶二十一年（1816）阮元校刻本。

鄭玄注，賈公彥疏，《周禮注疏》，收入《十三經注疏》整理委員會整理，《十三經注疏》，北京:北京大學出版社，2000，清嘉慶二十一年（1816）阮元校刻本。
鄭樵，《通志》，臺北：臺灣商務印書館，1987。
黎靖德編，《朱子語類》，京都：中文出版社，1984。
戴望，《管子校正》，《諸子集成》第 5 冊，北京：中華書局，1954。
戴震校勘，王雲五編，《算經十書》，臺北：臺灣商務印書館，1974。
薛居正等，《五代史》，臺北：臺灣開明書店，1962，《二十五史》臺一版，縮版影印清殿版。
韓非撰，凌瀛初輯評，《韓子迂評》，《中國子學名著集成》第 70 冊，臺北：中國子學名著集成編修委員會，1978。
韓愈著，馬其旭校注，馬茂元整理，《韓昌黎文集校注》，上海：上海古籍出版社，2014。
魏源，《魏源集》，北京：中華書局，1983。
魏慶之，《詩人玉屑》，臺北：世界書局，1966。
蘇鶚，《杜陽雜編》，臺北：藝文印書館，1966。
釋玄應，《玄應一切經音義》，臺北：中央研究院歷史語言研究所，1962，重印為專刊之四十七。
顧梧芳，《尊前集》，臺北：廣文書局，1972。
顧棟高輯，吳樹平、李解民點校，《春秋大事表》，北京：北京大學出版社，1993。
酈道元，《水經注》，上海：上海古籍出版社，1990。

（二）近人著作

丁四新，《郭店楚墓竹簡思想研究》，北京：東方出版社，2000。
于省吾，〈利簋銘文考釋〉，《文物》，8，北京：1977。
于豪亮，《馬王堆帛書《周易》釋文校注》，上海：上海古籍出版社，2013。
子居，〈清華簡《筮法》解析（修訂稿上）〉，《周易研究》，6，濟南：2014，頁 17-28。
子居，〈清華簡《筮法》解析（修訂稿下）〉，《周易研究》，1，濟南：2015，頁 60-71。
方詩銘、王修齡，《古本竹書紀年輯證》，上海：上海文物出版社，2005。

毛起，《春秋總論初稿》，上海：生活書店，1935。
王化平，〈讀清華簡《筮法》隨札〉，《周易研究》，3，濟南：2014，頁 71-76。
王化平、周燕，《萬物皆有數：數字卦與先秦易筮研究》，北京：人民出版社，2015。
王明欽，《王家台秦墓竹簡概述》，見《新出簡帛國際學術研討會文集》，文物出版社，2004。
王國維，〈毛公鼎銘考釋〉，《觀堂古今文考釋》，《海寧王靜安先生遺書》，臺北：商務印書館 1976。
王國維，《人間詞話》，上海：上海古籍出版社，2011。
王國維，《觀堂集林》，《海寧王靜安先生遺書》第 8 冊，北京：商務印書館，1940。
王國維校，朱右曾輯，《古本竹書紀年輯校訂補》，《古今本竹書紀年八種》，臺北：世界書局，1967。
王錦貴，《司馬光及其《資治通鑒》》，鄭州：大象出版社，1997。
北京師範大學國學研究所編，《武王克商之年研究》，北京：北京師範大學出版社，1997。
皮錫瑞著，周予同注釋，《經學歷史》，北京：中華書局，2011。
江聰平校注，《韋端己詩校注》，臺北：臺灣中華書局，1969。
竹添光鴻，《左傳會箋》，臺北：廣文書局，1967。
西南書局編輯，《世本八種》，臺北：西南書局出版，1974。
吳梅，《詞學通論》，《吳梅全集》，石家莊：河北教育出版社，2002。
吳闓生集釋，《吉金文錄》，香港：萬有圖書公司，1968。
李守奎編著，《楚文字編》，上海：華東師範大學出版社，2003。
李佳，《《國語》研究》，北京：中國社會科學出版社，2015。
李宗侗，《春秋公羊傳今注今譯》，臺北：商務印書館，1973。
李宗侗，《春秋左傳今註今譯》，臺北：商務印書館，1971。
李怡嚴，〈《鶡冠子．世兵》的錯簡問題〉，《中國史研究》，1，北京：2003，頁 19-28。
李怡嚴，〈《鹽鐵論》雜考三則〉，《清華學報》，30.1，新竹：2000，頁 113-121。
李怡嚴，〈「自然科學導論」目標的探討〉，大學通識教育研討會，1986。
李怡嚴，〈「陽貨」與「陽虎」〉，《歷史月刊》，129，臺北：1998，頁 120-124。

李怡嚴，〈三十年後的省思——紀念《科學月刊》三十週年〉，《科學月刊》，362（臺北：2000），頁 164-166。
李怡嚴，〈再現天文學革命的年代〉，《科學人》，32，臺北：2004，頁 117-118。
李怡嚴，〈我對國建會第三分組議題的意見〉，手稿影本，提出建言到教育部。
李怡嚴，〈易學書簡〉，《幼獅月刊》，49.1，臺北：1979，頁 62-64。
李怡嚴，〈林白的先天優勢〉，《科學月刊》，366，臺北：2000，頁 528-530。
李怡嚴，〈教育沒有萬靈丹〉，《科學月刊》，18.3，臺北：1987，頁 164-165。
李怡嚴，〈隱喻——心智的得力工具〉，《當代》，177；178，臺北：2002，頁 56-65；頁 120-141。
李怡嚴，《科學與歷史・秦漢間算數傳統的分化與發展》，臺北：三民書局，2015。
李怡嚴、黃慶萱，〈易學書簡〉，收入黃慶萱，《周易縱橫談》，臺北：東大圖書，1999。
李怡嚴、劉兆玄，〈對改進大學入學考試的初步建議〉，1988，手稿影本。
李怡嚴、賴建誠，〈《鹽鐵論》的臆造考釋〉，《當代》，151，臺北:2000，頁 78-97。
李怡嚴、賴建誠，〈論孟子的井地說——兼評梁啟超的先秦田制觀〉，《新史學》，13.4，臺北：2002，頁 119-164。
李松儒，《清華簡《繫年》集釋》，上海：中西書局，2015。
李珍華、周長楫，《漢字古今音表》，北京：中華書局，1998。
李惠儀著，文韜、許明德譯，《左傳的書寫與解讀》，南京：江蘇人民出版社，2016。
李零，〈說清華簡〈保訓〉篇的「中」字〉，《中國文物報》（北京），2009，年 5 月 20 日，第 7 版。
李誼校注，《韋莊集校注》，成都：四川省社會科學出版社，1986。
李學勤，〈《歸藏》與清華簡《筮法》、《別卦》〉，《吉林大學社會科學學報》，1，長春：2014，頁 5-7。
李學勤，〈清華簡《筮法》與數字卦問題〉，《文物》，8，北京：2013，頁 66-69。
李學勤，《初識清華簡》，上海：中西書局，2013。
李學勤，《東周與秦代文明》，臺北：駱駝出版社，1983。
汪受寬，《謚法研究》，上海：上海古籍出版社，1995。
沈玉成、劉寧，《春秋左傳學史稿》，南京：江蘇古籍出版社，1992。
谷繼明，〈清華簡《筮法》偶識〉，《周易研究》，2，濟南：2015，頁 23-26。

周玉秀，《逸周書的語言特點及其文獻價值》，北京：中華書局，2005。
周光培編，《漢魏六朝筆記小說六十種》，石家莊：河北教育，1994。
周信芳，《簡帛五行解詁》，臺北：藝文印書館，2000。
季旭昇主編，《上海博物館藏戰國楚竹書（三）讀本》，臺北：萬卷樓，2005。
屈萬里，〈周易卦爻辭成於周武王時考〉，收入黃沛榮編，《易學論著選集——附朱熹周易本義》，臺北：長安出版社，1985，頁 141-164。
屈萬里，《尚書集釋》，臺北：聯經出版事業，1983。
屈萬里，《書傭論學集》，《屈萬里全集》第 14 冊，臺北：聯經出版事業公司，1984。
屈萬里，《詩經詮釋》，臺北：聯經出版事業公司，1983。
林忠軍，〈清華簡《筮法》筮占法探微〉，《周易研究》，2，濟南：2014，頁 5-11。
竺家寧，《聲韻學》，臺北：五南圖書出版公司，1992。
邴尚白，《葛陵楚簡研究》，臺北：臺大出版中心，2009。
俞平伯，《俞平伯全集》，石家莊：花山文藝出版社，1997。
南京師範大學中文系編，《中國首屆唐宋詩詞國際學術研討會論文集》，南京：江蘇教育出版社，1994。
姜廣輝，《郭店楚簡與早期儒學》，臺北：臺灣古籍出版社，2000。
洪北江，《詩詞曲作法講話》，臺北：洪氏出版社，1975。
洪家義，《呂不韋評傳》，南京：南京大學出版社，1995。
胡家聰，《稷下爭鳴與黃老新學》，北京：中國社會科學出版社，1998。
唐圭璋編，《全宋詞》，北京：中華書局，1997。
夏含夷著，《溫故知新錄：商周文化史管見》，臺北：稻禾出版社 1997。
夏承燾，《唐宋詞人年譜》，上海：中華書局，1961。
孫次舟，〈左傳國語原非一書考〉，《北平華北日報圖書周刊》，52-54，北京：1935。
徐仁甫，《左傳疏証》，成都：四川：人民出版社，1981。
徐秀榮編，《中國文史地圖》，臺北：里仁書局，1984。
荊門市博物館編，《郭店楚墓竹簡》，北京：文物出版社，1998。
馬王堆漢墓帛書整理小組，〈馬王堆漢墓出土帛書《春秋事語》釋文〉，《文物》，1，北京：1977。
馬承源編，《商周青銅器銘文選》，上海：文物出版社，1986。
高平子，〈古今交蝕周期比較論〉，《高平子天文曆學論著選》，臺北：中央研究院數學研究所，1987。
高亨，〈周易大傳通說〉，收入黃沛榮編，《易學論著選集》，長安出版社，1988。
高亨，《周易古經今注》，北京：中華書局，1987。
張以仁，《春秋史論集》，臺北：聯經出版公司，1990。
張以仁，《國語左傳論集》，臺北：東昇出版事業，1980。
張以仁，《國語斠證》，臺北：臺灣商務，1969。
張汝舟，《二毋室古代天文歷法論叢》，浙江：浙江古籍出版社，1983。
張克賓，〈論清華簡《筮法》卦位圖與四時吉兇〉，《周易研究》，2，濟南：2014，頁 12-18。
張政烺，〈《春秋事語》解題〉，《文物》，1，北京：1977。
張政烺解題，〈馬王堆漢墓出土帛書《春秋事語》釋文〉，《文物》，1，北京，1977。
張高評，《左傳之武略》，高雄：麗文文化事業，1994。
張高評，《左傳導讀》，臺北：文史哲出版社，1982。
張蔭麟，《張蔭麟文集》，臺北：中華叢書委員會出版，1956。
張鶴，《《國語》研究》，北京：學苑出版社，2013。
梁韋弦，〈有關清華簡《筮法》的幾個問題〉，《周易研究》，4，濟南：2014，頁 15-23。
梁啟超，《中國法理學發達史論》，《飲冰室合集第五冊．飲冰室文集之十二》，上海：中華書局，1936。
梁啟超，《中國法理學發達史論》，臺北：中華書局，1960，飲冰室文集之十五。
梁啟超，《先秦政治思想史》，《飲冰室合集第十三冊．飲冰室專集之五十》，上海：中華書局，1936。
清華大學出土文獻研究與保護中心編，李學勤主編，《清華大學藏戰國竹簡（壹）》，上海：中西書局，2010。
清華大學出土文獻研究與保護中心編，李學勤主編，《清華大學藏戰國竹簡（貳）》，上海：中西書局，2011。
清華大學出土文獻研究與保護中心編，李學勤主編，《清華大學藏戰國竹簡（參）》，上海：中西書局，2012。
清華大學出土文獻研究與保護中心編，李學勤主編，《清華大學藏戰國竹簡（肆）》，上海：中西書局，2013。
清華大學出土文獻研究與保護中心編，李學勤主編，《清華大學藏戰國竹簡

（伍）》，上海：中西書局，2015。
清華大學出土文獻研究與保護中心編，李學勤主編，《清華大學藏戰國竹簡（陸）》，上海：中西書局，2016。
清華大學出土文獻研究與保護中心編，李學勤主編，《清華大學藏戰國竹簡（捌）》，上海：中西書局，2018。
許倬雲，《西周史》，臺北：聯經出版事業公司，1984。
許進雄，《中國古代社會》，臺灣：商務印書館，1990。
許道雄，〈天星觀1號楚墓卜筮禱祠簡釋文校正〉，《湖南大學學報》（社會科學版），22.3，長沙：2008，頁8-14。
郭沫若，《兩周金文辭大系》，臺北：大通書局，1971。
郭沫若，《金文叢考》，《郭沫若全集》第5卷，北京：人民出版社，1954。
陳來，《竹簡〈五行〉篇講稿》，北京：生活．書．新知三聯書店，2012。
陳松長，《馬王堆簡帛書文字編》，北京：文物出版社，2001。
陳偉，《包山楚簡初探》，武漢：武漢大學出版社，1996。
陳寅恪，《秦婦吟校箋》，臺北：華正書局，1974。
陳新雄、于大成主編，《左傳論文集》，臺北：木鐸出版社，1976。
陳鼓應，《易傳與道家思想》，北京：商務印書館，2010。
陳鼓應、趙建偉著，《周易注譯與研究》，臺北：臺灣商務印書館，1999。
傅斯年，〈論伏生所傳書二十八篇之成分〉，《傅斯年全集》第1冊，臺北：聯經出版，1980，頁70-89。
傅隸樸，《春秋三傳比義》，臺北：臺灣商務，2006。
曾鞏，《元豐類稿》，臺北：中華書局，1973。
湖北省荊沙鐵路考古隊編，《包山楚簡》，北京：文物出版社，1991。
湯餘惠主編，《戰國文字編》，福州：福建人民出版社，2001。
程浩，〈清華簡《筮法》與周代占筮系統〉，《周易研究》，6，濟南：2013，頁11-16。
童書業，〈國語與左傳問題後案〉，《浙江圖書館館刊》，4.1.，浙江：1935。
童書業，《春秋史》，臺北：臺灣開明書店，1969。
童書業、呂思勉編，《古史辨》第7冊，香港：太平書局，1963。
馮友蘭，《中國哲學史》，北京：中華書局，1961。
馮時，〈《保訓》故事與地中之變遷〉，臺北：「古文字與古代史」國際學術研討會，

2013。
黃沛榮編，《易學論著選集》，臺北：長安出版社，1985。
黃忠天，〈《左傳》「仲子歸魯」的歷史意義及其相關問題辨疑〉，香港中文大學中國語言及文學系、中國文化研究所劉殿爵中國古籍研究中心合辦，「古籍新詮——先秦兩漢文獻國際學術研討會」，香港：2017 年 12 月 14-15 日。
黃忠天，《中庸釋疑》，臺北：萬卷樓圖書公司，2015。
黃昇輯，《唐宋諸賢絕妙詞選》，臺北：臺灣商務印書館，1965。
黃麗麗，《左傳新論》，合肥：黃山書社，2008。
傳隸樸，《春秋三傳比義》，臺北：臺灣商務印書館，2006。
楊向奎，〈論左傳之性質及其與國語之關係〉，《史學集刊》，2，1936。
楊憲益，《零墨新箋》，臺北：明文書局，1985。
葉嘉瑩，《唐宋詞十七講》，臺北：桂冠圖書，2000。
詹海雲，《陳乾初大學辨研究》，臺北：明文書局，1986。
賈連翔，〈清華簡《筮法》與楚地數字卦演算方法的推求〉，《深圳大學學報》（人文社會科學版），31.3，深圳：2014，頁 57-60。
雷學淇，《竹書紀年義證》，臺北：藝文印書館，1977，卷 28。
廖名春，〈清華簡《筮法》篇與《說卦傳》〉，《文物》，8，北京：2013，頁 70-72。
廖名春，《中國學術史新證》，成都：四川大學出版社，2005。
廖名春，《帛書《周易》論集》，上海：上海古籍出版社，2008。
翟理斯（Lionel Giles）著，張蔭麟譯，〈秦婦吟之考證與校釋〉，收入《張蔭麟文集》，臺北：中華叢書委員會出版，1956。
裴普賢，《詩詞曲疊句欣賞研究》，臺北：三民書局，2005。
趙生群，《春秋經傳研究》，上海：上海古籍出版社，2000。
齊濤箋注，《韋莊詩詞箋注》，濟南：山東教育出版社，2002。
劉大鈞，〈讀清華簡《筮法》〉，《周易研究》，2，濟南：2015，頁 5-9。
劉師培，《讀左劄記》，《劉申叔先生遺書》，南京：江蘇古籍出版社，1997。
劉起釪，《古史續辨》，北京：中國社會科學出版社，1991。
劉釗，《郭店楚簡校釋》，福州：福建人民出版社，2003。
劉彬，〈清華簡《筮法》筮數的三種可能演算〉，《周易研究》，4，濟南：2014，頁 24-28。
劉震，〈清華簡《筮法》中的「象」「數」與西漢易學傳承〉，《周易研究》，3，濟南：2014，頁 77-82。
劉麗，《清華簡《保訓》集釋》，上海：中西書局，2018。
鄭克堂，《子產評傳》，長沙：商務印書館，1941。
鄭良樹編，《續偽書通考》，臺北：臺灣學生書局，1989。
錢玄同，《重論經今古文學問題》，收入顧頡剛等編，《古史辨》第 5 冊，香港：太平書局，1962。
錢穆，《先秦諸子繫年》，香港：香港大學出版社，1956。
錢穆，《國史大綱》，臺北：臺灣商務印書館，2009。
錢穆，《錢賓四先生全集》，臺北：聯經出版，1998。
龍沐勛，《倚聲學（詞學十講）》，臺北：里仁書局，1996。
龍沐勛，《唐宋詞格律》，臺北：里仁書局，1996。
濮茅左，《楚竹書《周易》研究——兼述先秦兩漢出土與傳地易學文獻資料》，上海：上海古籍出版社，2006。
糜文開、裴普賢，《詩經欣賞與研究》，臺北：三民書局，1984。
謝秀文，《春秋左傳疑義考釋》，臺北：文史哲出版社，2011。
韓席籌編著，《左傳分國集註》，臺北：華世出版社，1978。
瞿蛻園校註，《李白集校註》，臺北：里仁書局，1981。
譚其驤主編，《中國歷史地圖集》，北京：中國地圖出版社，1996。
龐樸，《竹帛〈五行〉篇校注及研究》，臺北：萬卷樓有限公司，2000。
嚴可均校輯，《全上古三代秦漢三國六朝文》，北京：中華書局，1985。
嚴耕望，〈佛藏所見之大地球形說〉，《大陸雜誌》，72.4，臺北：1986，頁 5-6。
嚴靈峰，《列子辯誣及其中心思想》，臺北：時報文化，1983。
嚴靈峰，《老子章句新編》，重慶：文風書局，1944。
顧立三，《左傳與國語之比較研究》，臺北：文史哲出版社，1983。
顧棟高，《春秋大事表》，臺北：鼎文書局，1974。
顧頡剛，《史林雜識初編》，北京：中華書局，1963。
顧頡剛，《浪口村隨筆》，瀋陽：遼寧教育出版社，1998。
顧頡剛、童書業，〈夏史三論〉，《史學年報》，2.3，北京：1936，頁 1-42。
顧頡剛講授，劉起釪筆記，《春秋三傳及國語之綜合研究》，成都：巴蜀書社，1988。

Edward L. Shaughnessy, "Of Trees, a Son, and Kingship: Recovering an Ancient Chinese Dream," The Journal of Asian Studies, 77.3, 2018, pp.593-609.

Yuri Pines, "Zhou history and historiography: introducingthe bamboo manuscript Xinian," T'oung Pao, 100.4-5, 2014, pp. 287-324.

編後語

《清華簡與上古史》是李怡嚴教授生平最後的遺作。書名封面的訂定與目次的編排，主要是在怡嚴教授病榻之際，與他敲定的。本來建議他為本書作序，但他似乎覺得沒有必要，只得遵照遺囑，所以本書也就沒有自序或他序了。但一書少了序文，總覺得讀者無法了解本書撰作的原委，只好藉由編後語來略作說明。

但在談撰作的原委，又不得不從我與怡嚴老師認識的機緣與爾後的交往談起。我與怡嚴老師有如來自不同的星球，偶然地碰撞在一起。他是清華大學教授，我是高雄師範大學教授，他是物理系，我是中文系。領域的落差，加上世代的差距，但造化之神卻將我們從南北綰結在一起。

一、緣遇怡嚴教授

認識李怡嚴老師的因緣，來自我的碩士論文指導教授黃慶萱老師。2014 年年初，黃老師知道我因教授休假年在清華大學中文系授課，特別寄來李老師所撰的兩篇文章，除讚賞有加外，並囑咐我閱讀後可多向李怡嚴教授請益。我因公私忙碌，直到 2016 年，得知 2 月 19 日李教授在清華大學人文社會學院有一場演講，講題為「 術士的占卦秘笈——《清華簡 · 筮法》試探」，終得於在會場與李教授第一次相遇，並蒙邀約每週三下午 14:00 在中文系教授休息室見面。

與李教授切磋問學的四年間（2016-2020），我分別在中文系講授《左傳》、《學庸》、《周易》課程，因此，這些學術領域也成為我們相互討論的主要內容。李教授在商量舊學的時候，每遇到經典疑義，往往隔週會面便撰寫研究所得與我分享。他的看法，精闢創新，論證充足，每能撥雲見日，令我大為嘆服，而這些文章也成為本書的主要內容。

二、學術南征北討

2016 年 7 月 14 日中央研究院文哲所召開「戰後臺灣經學研究學術研討會」，邀請我擔任主持兼評論工作，其中有三篇關於屈萬里與戴君仁先生《周易》與《尚書》的研究論文。我向李老師報告，李教授聽後，竟欣然偕同與會，會議前他不僅閱讀屈、戴兩位大師的著作，更撰寫〈戴君仁的尚書思想〉一文。文中針對戴先生《梅園論學集》、《閻毛古文尚書公案》二書作了相當中肯的評論，其認真可見。是年 11 月高雄師範大學經學研究所舉辦「2016 海峽兩岸道教道家研討會」，李教授不辭辛勞，亦偕同我南下與會。在上述兩場會議場上，李老師都能侃侃發言，提出他另類的看法，以耄耋高齡之人好學如此，我想《論語．述而》孔子所謂：「發憤忘食，樂以忘憂，不知老之將至云爾」的境界，應該也不過如此。

三、上古史的研究

李教授晚年投注最多的心力，是在中國上古史的研究。他曾向我說，他從高中時代便閱讀古史辨派學者的作品，對上古史有濃厚的興趣。猜想他晚年會醉心於上古史的研究，可說是其來有自。他的研究也結合了 2008 年 7 月由清華大學校友趙偉國捐贈給母校的一批戰國竹簡，學界簡稱為「清華簡」。這批竹簡經鑒定為戰國中晚期的重要文物，李教授努力閱讀這批新出土的材料，結合傳世文獻，陸續撰寫了七篇有關上古史的的論文。此外，他也針對《左傳》、《國語》的人物史實，撰寫十多篇的長短論文。有一次在香港中文大學學術研討會場，國內《左傳》專家——前成功大學文學院院長張高評教授，在看完李教授發表在《經學研究集刊》的大作後，頗為驚歎，頻頻向我尋問作者的來歷。我想李教授在上古史的成就，很大的部分得力於他絕佳的記憶，加上大量的閱讀，所有的材料在他腦海中醞釀組織，因此，能抽絲剝繭撰寫出許多獨具洞見的學術性文章。

四、遺作的出版

2023 年八月時，賴建誠老師來信，提到李老師生病住院，希望能將他這些年的著作結集出版，並囑託我幫忙。我當時還在英國講學，回國後，便立刻與賴老師討論相關細節，並著手展開編輯工作。其實早在 2017 年我已開始將李老師所寫的全部文章，列了一份著作清單，也曾預想有一天或許會派上用場。後來在編輯過程中，便依著這份原始清單，增補幾篇李老師於疫情期間所撰寫的文章，再就清單內容，依其性質分為先秦人物、清華簡、春秋史實、子思與《中庸》、文史雜論、學術評議、其他、附錄類等八類，初步編成《清華簡與上古史》。收錄文章大致從 2015 年到 2023 年，總字數約在 37 萬字左右。

五、典型在夙昔

與李老師的因緣會遇，讓我見識到一代的通儒。舉例來說，李老師所捐贈的個人藏書約有六萬餘冊，除部分存放清大圖書館外，大部分移往新竹龍山社區圖書館供民眾自由選取，我也帶著家人去淘寶。吾家四人：其一專攻生物科學，其一專治電機、其一專攻現當代文學，我個人則是專研經學，當看到陳列的圖書類別後，我們共同的結論是李老師的藏書已不是一般藏書，已是各個領域的專業等級藏書，從中可見他閱讀之廣之深。我想在現今的社會中，恐怕很難再找到第二人了。孔子曾經說：「十室之邑，必有忠信如丘者焉，不如丘之好學也。」這句話用在他身上，應該也很適合。

六、誌謝

李怡嚴教授的遺作——《清華簡與上古史》得以順利出版，自然要感謝清華大學高為元校長、校內各級主管，以及清華出版社社長巫勇賢教授的鼎力協助。其中尤其要感謝賴建誠教授，他是本書的催生者。在怡嚴老師垂臥病榻之際，他悉心照護，並為他處理李老師親自囑付的許多事務，包括本書的出版。而我祗是在李老師這座豐富的礦山下，偶然經過的採礦人，可惜只採得些許文史寶藏，他便遽歸道山。由於怡嚴老師出身理工背景，不太熟悉中文學界的寫作規範，加以文章中不時牽涉到古字及異體字的造字、若干手寫稿潦草難以辦認、轉檔後格式不一，以及文獻版本的種種問題，均造成排版打字校對上的許多挑戰。這部分更要感謝清華大學出版社執行本書編輯的劉立葳小姐，以及中文系博士生陳葦珊、歷史所碩士生許軒瑜等人所投注的心血。此外，陳思辰先生的封面設計、賴建誠教授、中文系博士生沈潤遠、林穎芝等人在本書先期的整理與打字上也多所協助，在此，一併致上萬分的謝忱。相信怡嚴教授在天之靈，看到紫色清華校園內有這麼多相關人員為本書付梓的努力，或能感到欣慰！

黃忠天
2024 年 8 月 12 日

【附記】

我是 2014 年經濟系退休的賴建誠。1985 年 1 月來清華報到後，就在自強樓的教職員餐廳，見識到李怡嚴教授的博學多聞。將近 40 年來，李教授幫我開啟了好幾扇知識的大門，為我解答了許多困惑。我們合寫過幾篇古代經濟史的論文，幫我解決幾個爭議性的專業難題。這是一段長久難忘的緣分，他在學問上總是有出人意表的成就，這是我最羨慕但無法學習的特點。

2023 年 11 月初到 2024 年元月初，我和物理系 77 級幾位李教授早期的學生，共同處理他的藏書、房子、醫療照護，感謝他對我們的信任。黃忠天教授和李教授合寫過多篇上古史論文，是《清華簡與上古史》最理想的主編，投入許多時間與精神完成李教授的心願。

國家圖書館出版品預行編目 (CIP) 資料

清華簡與上古史/李怡嚴著. -- 初版. -- 新竹市：國立清華大學出版社, 2024.09
536面；19x26公分
ISBN 978-626-98531-5-1(平裝)

1.CST: 簡牘 2.CST: 戰國時代 3.CST: 上古史 4.CST: 文集

796.807 113012019

清華簡與上古史

作　　者：李怡嚴
編　　者：黃忠天
發 行 人：高為元
出 版 者：國立清華大學出版社
社　　長：巫勇賢
執行編輯：劉立葳
校　　對：陳葦珊、許軒瑜
封面設計：陳思辰
封面圖片：李怡嚴手稿
封底圖片：《清華大藏戰國竹簡（肆）》書末附圖
上海中西書局有限公司授權
地　　址：300044 新竹市東區光復路二段 101 號
電　　話：(03)571-4337
傳　　真：(03)574-4691
網　　址：http://thup.site.nthu.edu.tw
電子信箱：thup@my.nthu.edu.tw
其他類型版本：無其他類型版本

展 售 處：水木書苑 (03)571-6800
http://www.nthubook.com.tw
五楠圖書用品股份有限公司 (04)2437-8010
http://www.wunanbooks.com.tw
國家書店松江門市 (02)2517-0207
http://www.govbooks.com.tw
出版日期：2024 年 9 月 初版
定　　價：平裝本新臺幣 800 元

ISBN 978-626-98531-5-1　GPN 1011301008